WIRTSCHAFTSGESCHICHTE SACHSENS
im Industriezeitalter

Gefördert mit Mitteln der
Ostdeutschen Sparkassenstiftung im Freistaat Sachsen
gemeinsam mit der Sparkasse Chemnitz

Rainer Karlsch · Michael Schäfer

WIRTSCHAFTS-GESCHICHTE SACHSENS

im Industriezeitalter

Edition Leipzig

Bild- und Rechtenachweis Farbteil
Bildarchiv Preußischer Kulturbesitz, Berlin: Abb. 6
Foto-Friedrich, Markranstädt: Abb. 24
Kunstsammlungen Chemnitz (László Tóth, Chemnitz) Abb. 17; (Richard Dunn, Sydney): 27
Lieberknecht, Werner, Dresden: Abb. 37
Mitsching, Peter, Görlitz: Abb. 28
PUNCTUM Fotografie, Leipzig (Bertram Kober): Umschlag-Vorderseite Abb. 13, 14, 20, 35, 36
Sächsische Landesbibliothek – Staats- und Universitätsbibliothek, Abt. Deutsche Fotothek, Dresden: Abb. 9
Sächsisches Industriemuseum – Industriemuseum Chemnitz: Abb. 1, 3, 12, 15, 18
(Dietmar Träupmann:) Umschlag-Rückseite, rechts, 11, 16, 26, 32, 34; Kunze, Henry: Abb. 25
Schlossbergmuseum, Chemnitz: Abb. 5, 10
Stiegler, Theo, Mülsen: Umschlag-Rückseite, links, Abb. 23, 33
Verlagsarchiv: Umschlag-Vorderseite, links, Abb. 2, 4, 7, 8, 19, 21, 22, 29, 30, 31

Bibliografische Information Der Deutschen Bibliothek
Die Deutsche Bibliothek verzeichnet diese Publikation in der Deutschen Nationalbibiliografie; detaillierte bibliografische Daten sind im Internet über http://dnb.ddb.de abrufbar.

ISBN-13: 978-3-361-00598-3
ISBN-10: 3-361-00598-1

www. edition-leipzig.de

Umschlaggestaltung: Lambert und Lambert, Düsseldorf
Layout und Satz: Dietmar Senf, Leipzig
Reproduktionen: Förster & Borries GmbH, Zwickau
Druck und buchbinderische Verarbeitung: Westermanndruck, Zwickau
Printed in Germany

Gedruckt auf alterungsbeständigem Papier mit chlorfrei gebleichtem Zellstoff.
Die Schreibweise folgt den Regeln der neuen Rechtschreibung.

INHALT

VORWORT

Bereits im ausgehenden 18. Jahrhundert verfügte Sachsen, von Zeitgenossen bewundert, über prosperierende Gewerberegionen, die ihre Waren auch in entfernte Gebiete Europas, in den östlichen Mittelmeerraum und nach Übersee exportierten. Bald wurde Sachsen zu einem Pionierland der Industrialisierung im deutschsprachigen Raum. Bis zum Ende des Zweiten Weltkrieges wies es – neben dem Ruhrgebiet – die höchste Industriedichte im Deutschen Reich auf. Auch die DDR konnte noch lange von der Leistungsfähigkeit der sächsischen Wirtschaft zehren.

Trotz dieser herausragenden Bedeutung für die Wirtschaftsgeschichte Deutschlands und Europas gab es bisher jedoch keine umfassende Überblicksdarstellung zur wirtschaftsgeschichtlichen Entwicklung Sachsens über den gesamten Zeitraum der letzten 200 Jahre. Der vorliegende Band soll dieses Manko beheben; ein Manko, das auch durch zwei unlängst erschienene Arbeiten mit dem Ziel einer Gesamtsicht der Landesgeschichte nicht ausgeglichen werden konnte. In der Geschichte Sachsens von Rainer Groß findet die Wirtschaftsgeschichte zwar immer wieder Berücksichtigung, aber das Schwergewicht der Darstellung liegt doch auf der politischen Geschichte und dem Anteil des Herrscherhauses der Wettiner. Auch werden in einzelnen Abschnitten von Katrin Kellers Einführung in die Landesgeschichte Sachsens die Wechselbeziehungen zwischen Wirtschaft und Gesellschaft anregend diskutiert, doch bleibt die Darlegung ökonomischer Prozesse notwendig skizzenhaft. Beide Publikationen seien als sinnvolle Ergänzung zur hier ganz im Mittelpunkt stehenden Wirtschaftsgeschichte des Landes empfohlen.

Die vorliegende Überblicksdarstellung zur Wirtschaftsgeschichte Sachsens soll den neuesten Forschungsstand widerspiegeln und wissenschaftlichen Maßstäben genügen. Sie möchte freilich nicht nur Historiker, Geschichtslehrer und Studierende ansprechen, sondern einen breiteren interessierten Leserkreis, ist doch das Interesse an der Geschichte der unmittelbaren Lebenswelt, der eigenen Vergangenheit und der Vergangenheit des Landes seit den 1980er-Jahren und verstärkt seit der Neugründung des Landes Sachsen im Oktober 1990 kontinuierlich gewachsen. Autoren und Herausgeber möchten mit diesem Buch einen Beitrag zur Stärkung der kulturellen Identität Sachsens leisten, eines Landes, das sich seit mehr als zwei Jahrhunderten im internationalen wirtschaftlichen Wachstumsprozess zu positionieren und – trotz mancher Widrigkeiten – zu behaupten wusste. Das Wissen um eine lange Tradition gewerblicher Leistungskraft und Wandlungsbereitschaft vermag auch – davon sind Autoren wie Herausgeber überzeugt – Vertrauen in die Anpassungs- und Zukunftsfähigkeit der sächsischen Wirtschaft zu vermitteln. Trotz einiger Kontinuitätslinien in der langen Industriegeschichte Sachsens ist doch seit dem 18. Jahrhundert der permanente Wandel der eigentliche Dauerzustand und beeindruckt die hohe Adaptionsfähigkeit der sächsischen Unternehmer und Arbeiter; eine Erkenntnis, die es verdient auch in die Vermittlung des Geschichtsbildes an die junge Generation in den Schulen einzufließen.

Die beiden Autoren dieses Bandes schlagen einen weiten Bogen von den protoindustriellen Gewerben an der Wende vom 18. zum 19. Jahrhundert bis zu einer ersten Bilanzierung des ökonomischen Transformationsprozesses nach der deutschen Einheit am Beginn des 21. Jahrhunderts. Obwohl die Wirtschaftsgeschichte Sachsens bewusst breit entfaltet wird – so werden etwa Landwirtschaft, Handwerk, Handel und Konsum, aber auch Urbanisierung und Kommunalwirtschaft eingehend thematisiert – konnten doch nicht alle Facetten der wirtschaftlichen Entwicklung und ihrer Rückwirkungen auf die Gesellschaft Berücksichtigung finden, zumal auch noch nicht alle Forschungslücken geschlossen sind. So wird etwa die Geschichte der sächsischen Arbeiterschaft weitgehend ausgeblendet. Sie mag einer späteren Gesamtdarstellung vorbehalten bleiben. Auch hat die Erörterung älterer oder aktueller wissenschaftlicher Kontroversen nur begrenzt Eingang in den Text gefunden. Unverzichtbar erschienen den Autoren wie dem Herausgeber aber Anmerkungen mit Verweisen auf besonders wichtige ausgewertete und weiterführende Literatur, die aus Platzgründen jedoch keinen Anspruch auf wissenschaftliche Vollständigkeit erheben.

Die Forschungen zur sächsischen Wirtschaftsgeschichte Sachsens haben in den vergangenen 15 Jahren einen bedeutenden Aufschwung erfahren – ohne bisher die in anderen wichtigen Industrieregionen Europas gesetzten hohen Standards bereits erreicht zu haben. Freilich wurde auch vor 1990, ganz abgesehen von der älteren geschichtswissenschaftlichen und volkswirtschaftlichen Literatur des 19. und der ersten Hälfte des 20. Jahrhunderts, substantielle Forschungsarbeit zum Thema in der DDR wie in der Bundesrepublik geleistet.

Für die 1970er- und 1980er-Jahre sind vor allem die bedeutenden Arbeiten zur frühen Industrialisierung Sachsens von Rudolf Forberger und Hubert Kiesewetter zu nennen. Auch heute noch kann etwa die Studie von Ottfried Wagenbreth und Eberhard Wächtler zur Geschichte des Erzbergbaus als Standardwerk gelten. Für die Bevölkerungsgeschichte Sachsens sind nach wie vor die Arbeiten von Felix Burghardt und Karl-Heinz Blaschke grundlegend. Ebenso bleiben für die sächsische Unternehmergeschichte Hartmut Zwahrs Untersuchungen zur Genese und Typologie der sächsischen Unternehmer im frühen Industrialisierungsprozess oder Wolfgang Uhlmanns Studien unverzichtbar.

Dennoch ist der Zuwachs an Wissen über die Industriegeschichte Sachsens seit 1990 erheblich. Nicht zuletzt sind im Rahmen eines Schwerpunktprogramms der Deutschen Forschungsgemeinschaft Untersuchungen zu wichtigen Branchen der sächsischen Wirtschaft durchgeführt worden, die für den vorliegenden Band sehr nutzbringend herangezogen werden konnten. Erfreulich vorangekommen ist auch die unternehmensgeschichtliche Forschung. Neben universitären Qualifikationsarbeiten und Studien, die etwa durch die Audi AG/Ingolstadt oder die Gerda-Henkel-Stiftung finanziert wurden, sind die zahlreichen Beiträge zu nennen, die in den seit 1998 vom Sächsischen Wirtschaftsarchiv e. V. mit unterschiedlichen Partnern herausgegebenen Sammelbänden erschienen sind. Zudem hat die in 40 Jahren DDR weitgehend vernachlässigte Wirtschaftsgeschichte Sachsens in der ersten Hälfte des 20. Jahrhunderts mit einem Projekt der Volkswagen-Stiftung bereits zur Mitte der 1990er-Jahre eine erste Aufarbeitung erfahren. Schließlich galt das besondere Interesse der jüngeren Forschung der wirtschaftlichen Entwicklung und der Wirtschaftspolitik in der Sowjetischen Besatzungszone und der DDR. Erstmals wurde auch die Firmenabwanderung nach Westdeutschland zwischen Kriegsende 1945 und Mauerbau 1961 genauer analysiert.

Neben der universitären Forschung haben in den vergangenen 15 Jahren zahlreiche Einzelpersonen, häufig ehemalige Betriebsangehörige, aber auch Firmen oder Vereine in Eigeninitiative die Geschichte sächsischer Unternehmen bzw. Branchen aufgearbeitet. Außerdem wurden von Wirtschaftsverbänden, Industrie- und Handelskammern und Museen Chroniken oder sonstige Publikationen mit fundierten historischen Rückblicken herausgegeben. Insbesonders jene Industriemuseen in Sachsen, die seit 1998 im Zweckverband Sächsisches Industriemuseum zusammengeschlossen sind, haben verstärkt eigene Forschungen betrieben oder historische Forschung angeregt. Diese breite Rückbesinnung auf Vielfalt und Leistungsstärke der sächsischen Industrie hat zweifellos zur Stärkung des Selbstbewusstseins und des Selbstwertgefühls sächsischer Unternehmen und Unternehmer beigetragen. Von all diesen Veröffentlichungen der jüngsten Zeit haben die Autoren dieses Bandes profitieren können, wenn es auch immer wieder galt, sich durch Forschungslücken – so gibt es keine neue Untersuchung zur Entwicklung der Textilindustrie – nicht entmutigen zu lassen und diese gegebenenfalls durch eigene Recherchen zu schließen.

Ein Überblick über 200 Jahre Wirtschaftsgeschichte hält dazu an, insbesonders Kontinuitätslinien und Wandlungsprozesse bzw. Brüche in der Industrieentwicklung des Landes herauszukristallisieren. Aus einer so eingenommenen »Vogelperspektive« heraus lässt sich konstatieren, dass von den wichtigsten Industriezweigen – neben dem Papier-, Verlags- und Druckgewerbe sowie der Metallerzeugung und -bearbeitung – vornehmlich der Maschinenbau als eine Verkörperung von Kontinuität über den gesamten Untersuchungszeitraum hinweg gelten kann. Das ist umso bemerkenswerter, als der Maschinenbau in den Turbulenzen des 20. Jahrhunderts gleich drei Mal in schwere Krisen geriet, die das weitere Überleben bedrohten: in den Jahren der Weltwirtschaftskrise (1929–1932), während der Demontagen nach dem Zweiten Weltkrieg (1945–1947) und während der Transformationskrise beim Übergang von der Plan- zur Marktwirtschaft (1990–1993). Seine einstige Führungsposition in Deutschland konnte der sächsische Maschinenbau unter diesen spezifischen Bedingungen zwar nicht erhalten, aber es drängt sich die Erkenntnis auf, dass er doch ein vergleichsweise krisensicheres Fundament der Wirtschaft des Landes zu bilden scheint.

Eine Kontinuitätslinie, auch wenn sie »nur« über die letzten 100 Jahre führt, zeigt der Automobilbau in Sachsen. Von der Wende zum 20. Jahrhundert bis zum Zweiten Weltkrieg war das Land auf dem besten Weg mit Horch, Audi, Wanderer und DKW sowie der später aus diesen Firmen zusammengeschlossenen Auto Union ein bedeutender Standort des Fahrzeugbaus in Europa zu werden. Während die Motorradindustrie noch längere Zeit Anschluss halten konnte, verlor jedoch der Automobilbau seine technische Spitzenstellung in den 1950er-Jahren. Mit den Ansiedlungen von VW, BMW und Porsche konnte Sachsen in den 1990er-Jahren an die einstigen Erfolge des Fahrzeugbaus anknüpfen, nicht zuletzt deshalb, weil tausende gut ausgebildete Fachkräfte die Basis einer Chance auf Kontinuität bildeten. Nimmt man die Zulieferer aus der Metall- und Kunststoffindustrie noch hinzu, dann hängt inzwischen jeder vierte Arbeitsplatz in Sachsen von der Automobilindustrie ab. Sie stellt heute das »Herzstück« der sächsischen Wirtschaft dar.

Eine freilich noch stärker durch innere Wandlungsprozesse gebrochene Kontinuität in den letzten 100 Jahren vermag man letztlich auch in der weit gefassten Industriebranche Elektrotechnik / Elektronik / Feinmechanik / Optik und Büromaschinen zu erkennen. Während vom Jahrhundertbeginn bis zum Anfang der 1980er-Jahre der Büromaschinenbau, die Elektrotechnik und der Kamerabau dominierten, wurden diese Zweige noch im letzten Jahrzehnt der DDR zunehmend von der Mikroelektronik abgelöst. Das Mikroelektronikprogramm der DDR erwies sich als gigantischer industriepolitischer Fehlschlag, schuf aber ironischerweise Voraussetzungen dafür, dass unter Marktbedingungen ein Neuaufbau der Branche erfolgen konnte. Die Elektronik bildet heute hinter dem Automobilbau die zweite Säule der sächsischen Industrie.

Ein gewaltiger Strukturbruch in der sächsischen Wirtschaft fand dennoch durch den rasanten Niedergang der Textil- und Bekleidungsindustrie in den ersten Jahren nach 1990 statt. Den Höhepunkt ihrer Entwicklung hatte die Textil- und Bekleidungsindustrie Anfang des 20. Jahrhunderts erreicht. Mehr als 40 Prozent aller Industriebeschäftigten waren damals in dieser Branche tätig. Danach ging ihr Anteil, vor allem in den Kriegszeiten, relativ zurück. Jedoch blieb die Textil- und Bekleidungsindustrie bis Mitte der 1960er-Jahre der größte Arbeitgeber in Sachsen. Noch im letzten Jahr der DDR zählte sie über 200 000 Beschäftigte, das waren immerhin noch rund 18 Prozent aller Beschäftigten in der Industrie. Den in den 1970er-Jahren in Westeuropa einsetzenden Strukturwandel der Branche – Verlagerung in Schwellenländer (»Textilpipeline«) – konnte die häufig technisch rückständige sächsische Textil- und Bekleidungsindustrie Anfang der 1990er-Jahre nicht im Zeitraffer nachvollziehen. Ein Land der Textilindustrie ist Sachsen mit rund 15 000 Beschäftigten in dieser Branche heute nicht mehr. Ebenso haben das Spielwaren- und das Musikinstrumentengewerbe ihre einstige Bedeutung nahezu vollständig verloren.

Blickt man auf das 20. Jahrhundert zurück, so kann man zugespitzt formulieren, dass sich die Wirtschaft Sachsens seit 1914 in einem anhaltenden Ausnahmezustand befand. Es gab kaum Jahre ohne Kriege, Inflation, Depression, Demontagen und/oder massive politische Eingriffe in Produktion und Markt. Dieser enormen politischen Überformung wirtschaftlicher Prozesse musste auch im vorliegenden Band insofern Rechnung getragen werden, als in den Kapiteln zur Wirtschaftsgeschichte des 20. Jahrhunderts ausführlicher als in jenen zum 19. Jahrhundert politische Rahmenbedingungen, Ereignisse und Entscheidungen erklärend eingeführt werden. Die politische Überformung in der Kriegswirtschaft des Ersten Weltkriegs, während des NS-Regimes und in den 40 Jahren DDR hat Wandlungsprozesse forciert, aber auch entschleunigt, vor allem aber neue Branchen aus wehrwirtschaftlichen und außenwirtschaftlichen Gründen aufgebläht, entstehen oder fortbestehen lassen, denen nur eine mittelfristige Lebensdauer beschieden war: etwa die Kohle- und Faserchemie oder der Flugzeugbau.

In Gegenüberstellung mit dem 20. Jahrhundert lässt sich Sachsens Wirtschaftsentwicklung im langen 19. Jahrhundert (bis 1914) nachgerade als ein vergleichsweise ruhiger, relativ kontinuierlicher Prozess des Wandels beschreiben. Nun erscheint es erst einmal merkwürdig, Kontinuität ausgerechnet für das Zeitalter der »industriellen Revolution« zu behaupten. Doch die Industrialisierung in Sachsen entpuppt sich bei näherem Hinsehen bis 1914 als erstaunlich »organischer« Prozess. Vor allem im Textilsektor lässt sich die Entfaltung einer industriellen Wirtschaft als allmähliches Herauswachsen aus protoindustriellen Ursprüngen beschreiben, als »industrielle Evolution«, die eher von fließenden Übergängen geprägt war als von raschen Entwicklungssprüngen. Zwar gab es immer wieder Phasen der Beschleunigung, aber im Allgemeinen vollzog sich die Übernahme technologischer Innovationen und der Übergang zum Fabrikbetrieb in starkem Maße auf der Grundlage von und im Wechselspiel mit gewachsenen Strukturen. In weiten Bereichen der sächsischen Textilindustrie waren heimgewerbliche Produktionsformen auch 1914 nicht verschwunden. Noch am Vorabend des Ersten Weltkrieges gab es hier vielfältige Mischformen: Fabrikunternehmen, die bestimmte Fertigungsstufen an Heimarbeiter vergaben; Heimarbeiter, die ihre Stickmaschinen mit Elektromotoren ausrüsteten und damit die Grenzen zwischen Kleinfabrik und hausgewerblichem Betrieb verschwimmen ließen. Die organischen, evolutionistischen Züge der sächsischen Industrialisierung kommen bis zu einem gewissen Grad auch im Maschinenbau und anderen Industrien zum Ausdruck: Sie besaßen oft kräftige Wurzeln in handwerklichen oder protoindustriellen Gewerben, die Übergänge von der Werkstatt zum Fabrikbetrieb waren häufig fließend, die Orientierung am Bedarf lokaler Industrien/Gewerbe/Konsumenten bildeten den Ausgangspunkt für die Entwicklung dieser Industriebranchen.

Der industrielle Evolutionsprozess schlug sich deutlich im Profil der sächsischen Industriewirtschaft um 1914 nieder, sowohl in der Branchenstruktur und der industrieräumlichen Verteilung als auch in der Betriebsgrößenstruktur: Seit dem Vormärz prägten die Baumwolle und Wolle verarbeitenden Industrien und der aus diesen Industrien hervorgehende Maschinenbau die Branchenstruktur der sächsischen Wirtschaft. Die wichtigsten industriellen Ballungsgebiete Sachsens am Vorabend des Ersten Weltkrieges deckten sich cum grano salis weitgehend mit den schon um 1800 gewerblich verdichteten Regionen: das mittlere und westliche Erzgebirge mit seinem weiteren Vorland, die südliche Oberlausitz sowie die beiden Großstädte Leipzig und Dresden. Die meisten Industriebranchen Sachsens besaßen auch noch 1914 ein (im modernen Wortsinn) ausgesprochen »mittelständisches« Gepräge.

Die Frage nun, ob die Beharrungs- und Prägekraft einmal etablierter Strukturen und Entwicklungspfade seit dem Ende des 19. Jahrhunderts zum Handicap für die sächsische Industriewirtschaft wurden, lässt sich nur schwer schlüssig beantworten. Vor 1914 scheint der hohe Anteil des Textilsektors allenfalls eine Hypothek für die Zukunft gewesen zu sein und nicht unbedingt ein Zeichen aktuellen Niedergangs, denn einige wichtige textile Branchen (Stickerei, Strumpfwirkerei) wiesen auch nach 1900 kräftige Wachstumsraten auf. Außerdem hatten sich bereits zukunftsträchtige Branchen wie der Fahrzeug-, der Büromaschinen- oder der Kamerabau herausgebildet. Das Problem bei der Beantwortung der Frage für die Zeit nach 1914 liegt vor allem darin, dass von da ab das Schicksal der sächsischen Wirtschaft von intervenierenden Variablen bestimmt wurde, die nicht primär wirtschaftlicher Natur waren.

Vergleicht man die sächsische Wirtschaftsstruktur vor dem Ersten Weltkrieg mit der am Beginn des 21. Jahrhunderts so tritt mit aller Klarheit hervor, dass die Industrie ihre einst überragende Bedeutung als wichtigster Wirtschaftsbereich verloren hat. Um 1914 waren mehr als die Hälfte aller Erwerbstätigen in der Industrie tätig. Heute sind es weniger als 18 Prozent. Sachsen ist demnach auf dem Weg zur postindustriellen bzw. Dienstleistungsgesellschaft. Dieser Prozess begann bereits Anfang des 20. Jahrhunderts, wurde dann aber durch zwei Weltkriege mit ihren hohen Anforderungen an die industrielle Massenproduktion und vier Jahrzehnte Planwirtschaft in der DDR mit starker Industriefixierung gebremst. In gewisser Weise war die sächsische Wirtschaft seit Mitte des 20. Jahrhunderts »überindustrialisiert«. Kaum eine andere Region wies bis 1990 einen höheren Besatz an Industriearbeitsplätzen auf. Der verzögerte Strukturwandel fand dann nach 1990 im Zeitraffer statt. Sachsen erreicht bei den Industriebeschäftigen heute freilich nur etwas mehr als die Hälfte des bundesdeutschen Durchschnitts.

Zum Abschluss der Einleitung sei allen Beteiligten an diesem Publikationsprojekt ausdrücklich gedankt. Worte des besonderen Dankes gebühren seitens des Herausgebers und der beiden Autoren der Ostdeutschen Sparkassenstiftung und ihrem Geschäftsführer Friedrich-Wilhelm von Rauch sowie der Sparkasse Chemnitz und ihrem Direktor Reiner Grimm für die, von großem inhaltlichen Interesse getragene finanzielle Förderung des Publikationsprojekts. Unser Dank gilt ebenso dem Verlag Edition Leipzig, seinem Geschäftsführer Bernd Kolf und seiner Cheflektorin Christina Müller für die sorgfältige Durchsicht des Manuskripts und die Hilfestellungen bei der Bildauswahl sowie der Landeszentrale für politische Bildung des Freistaates Sachsen für Förderung und Unterstützung. Hartmut Zwahr (für das 19. Jahrhundert) und Lothar Baar sowie Ulrich Heß (für das 20. Jahrhundert) haben sich bereitwillig der mühevollen Durchsicht der Manuskriptteile unterzogen und manch wertvolle Hinweise gegeben. Da nicht alle kritischen Anmerkungen noch in die Überarbeitung des Textes aufgenommen werden konnten, tragen freilich Herausgeber und der jeweilige Autor die volle Verantwortung für eventuelle sachliche Fehler oder fehlerhafte Interpretationen. Schließlich sei Ulrich Heß für die organisatorischen und fachlichen Anregungen in der Startphase des Publikationsprojekts gedankt.

Dieses Buch beruht auf kritischer Sichtung und wertender Auswahl einer doch recht umfangreichen und vielschichtigen Literatur sowie teilweise auf eigenständiger Quellenforschung der Autoren. Es war das Bestreben, die Detailforschung zusammenzufügen, ohne die Vielzahl und Vielfalt der Aspekte sowie die Forschungsleistungen, die zu deren Kenntnis geführt haben, zu verschleiern. Aber es musste kritisch gesichtet, ausgewählt und gewertet werden, und das, ohne dass jedes Mal die Kriterien der Auswahl sichtbar werden konnten. Möge dieses Buch daher nicht nur eine Lücke in der Darstellung der Wirtschaftsgeschichte Sachsens schließen und dieser zu einer größeren Präsenz in Öffentlichkeit wie Fachwissenschaft verhelfen, sondern auch zur Debatte über die besonderen Merkmale bzw. spezifischen Verlaufsformen der sächsischen Industrialisierung herausfordern sowie zu neuen Forschungen anregen.

Prof. Dr. Rudolf Boch

EINLEITUNG

Die sächsische Geschichte ist in hohem Maße eine Geschichte friedlicher Leistungen, wirtschaftlicher Entwicklung und geistig-kultureller Blüte. Insofern kommt im Unterschied etwa zur preußischen Geschichte, die stärker von politischen und militärischen Ereignissen bestimmt wurde, der sächsischen Wirtschafts- und Kulturgeschichte ein besonderer Stellenwert zu.

Dabei ist es alles andere als einfach, die Anfänge und die territorialen Grenzen einer sächsischen Wirtschaftsgeschichte zu bestimmten. Der historisch-geografische Begriff Sachsen lässt sich nicht auf eine für alle Zeiten gültige Abgrenzung festlegen. Einen gewissen Rahmen bildet die Entstehung der Mark Meißen im 10. Jahrhundert mit der achthundertjährigen Regierungszeit der Wettiner in diesem Land und schließlich die Beschränkung Sachsens auf seine Grenzen von 1815. Gemeinhin geht die Landesgeschichte davon aus, dass die Bezeichnung »Sachsen« erst Mitte des 15. Jahrhunderts auf den gesamten wettinischen Territorialbesitz ausgedehnt wurde, der sich zwischen dem Thüringer Wald und dem Erzgebirge, dem Raum südlich von Potsdam und jenen um Coburg erstreckte.

Die einzige wirklich dauerhafte natürliche Grenze in der sächsischen Geschichte stellte der Erzgebirgskamm dar. Sie blieb über Jahrhunderte in großen Zügen unverändert. Nach allen anderen Seiten hin war Sachsen immer nur ein aus einer größeren natürlichen Einheit herausgeschnittener Teil ohne natürliche Grenzen. Eine Wirtschaftsgeschichte Sachsens im Industriezeitalter sollte sich daher sinnvollerweise auf das Territorium beziehen, das Kursachsen nach den Beschlüssen des Wiener Kongresses 1815 verblieb (s. S. 57).

Bereits einige Jahrzehnte zuvor hatte in England das Industriezeitalter begonnen. Dort nahm die industrielle Revolution in der Textilindustrie ihren Anfang und führte zu einer bis dahin beispiellosen Steigerung der Produktivität. Auf dem europäischen Festland gehörte Sachsen zu den Pionierregionen der Industrialisierung, was die Frage nach den Voraussetzungen für den Frühstart aufwirft.

Von großer, wenn nicht gar entscheidender Bedeutung dafür waren die natürlichen Voraussetzungen: die geografische Lage, das Klima und die Bevölkerungsdichte. Dank der Lage Sachsens im Zentrum Europas führten zwangsläufig wichtige Handelsrouten durch sächsisches Gebiet. Am Schnittpunkt zweier zentraler Fernhandelsstraßen hatte sich Leipzig als einer der bedeutendsten Handelsplätze in Europa etabliert.

Seit dem frühen Mittelalter gehörte Sachsen zu den am dichtesten besiedelten Gebieten in Europa. Die vergleichsweise junge Bevölkerung stellte sowohl ein Reservoir an Arbeitskräften als auch an potentiellen Konsumenten dar. Eine wichtige Komponente für den gewerblichen Aufschwung Sachsens waren die aus den habsburgischen Territorien in den Kurstaat einströmenden Exulanten, durch die der Bevölkerungsverlust aus den Kriegszeiten schneller ausgeglichen werden konnte. Ihr technisches Know-how und ihr Gewerbefleiß kurbelten die Wirtschaft an. Eine gezielte staatliche Gewerbe- und Exportpolitik schuf dafür die nötigen Rahmenbedingungen. Noch bis Anfang des 20. Jahrhunderts zählte Sachsen zu den deutschen Ländern mit dem anteilig höchsten Bevölkerungszuwachs.

Ein gemäßigtes Klima begünstigte die Landwirtschaft, wobei höhere Niederschlagsmengen im Erzgebirge und der südlichen Oberlausitz zu einer Ausweitung des Flachsanbaus beitrugen, der wiederum die Garnherstellung ermöglichte. Bereits Mitte des 16. Jahrhunderts war nur noch die Hälfte der sächsischen Bevölkerung in der Landwirtschaft tätig. Die Produktivität der Landwirtschaft muss demzufolge im späten Mittelalter deutlich gestiegen sein. Die sächsische Getreideproduktion wurde auf das zur Eigenversorgung nötige Maß beschränkt, auch dadurch konnten Arbeitskräfte für die gewerbliche Produktion in den Städten freigesetzt werden. Das Schwergewicht der wirtschaftlichen Entwicklung verlagerte sich von der Landwirtschaft auf die gewerbliche Wirtschaft.

Eine weitere wichtige Voraussetzung für die ökonomische Prosperität war die Entfaltung des Städtewesens. In den Städten hatten sich vor allem der Fernhandel, die Tuchmacherei und das Handwerk angesiedelt. Eine herausragende Rolle für die Entstehung frühkapitalistischer Verhältnisse spielten die Bergbaustädte des Erzgebirges.

Trotz guter natürlicher und gesellschaftlicher Voraussetzungen war der frühe Industrialisierungsbeginn keineswegs zwangsläufig. Der Siebenjährige Krieg (1757–1763) schadete der sächsischen Wirtschaft schwer und führte zu einer Unterbrechung der vorindustriellen Entwicklung. Dennoch erholte sich

Kursachsen schneller als andere Territorien des Reiches von diesem Rückschlag. In der sächsischen Landwirtschaft setzte sich nach 1763 der Futterrübenanbau durch und der Kartoffelanbau wurde ausgeweitet. Dank der intensiveren Feldwirtschaft stiegen die Getreideerträge. Einen bis dahin nicht gekannten Aufschwung erlebte die Schafzucht. Auch der Silber- und Erzbergbau erreichte nochmals eine Blüte. Für die Industrialisierung mindestens ebenso wichtig war der Aufschluss neuer Kohlenvorkommen.

Die Grundlagen für einen weitreichenden sächsischen Außenhandel wurden ebenfalls in der zweiten Hälfte des 18. Jahrhunderts geschaffen. Die von Preußen und Österreich verhängten zeitweiligen Handelssperren schadeten der sächsischen Wirtschaft kurzfristig. Die sächsischen Unternehmer wichen mit ihren Manufakturwaren auf fernere Märkte aus und bauten ein dichtes Handelsnetz auf. Die dabei gewonnenen positiven Erfahrungen begründeten eine starke freihändlerische Tradition. Als Exportland verfolgte Sachsen konsequent eine Freihandelspolitik, die von Teilen des Wirtschaftsbürgertums befürwortet wurde. Durch diese hier nur angedeuteten Prozesse wurden die Gewerbeentwicklung und die Industrialisierungsprozesse in Sachsen früher und ausgeprägter als in anderen deutschen Ländern bzw. Regionen begünstigt.

TEIL I
DIE WIRTSCHAFTSGESCHICHTE SACHSENS VON 1800 BIS 1914

Michael Schäfer

VORAUSSETZUNGEN UND ANFÄNGE DER INDUSTRIELLEN REVOLUTION IN SACHSEN

Vorboten der industriellen Revolution

Pünktlich zu Beginn des 19. Jahrhunderts, im Jahr 1800, nahm in Harthau bei Chemnitz die erste Baumwollfabrik auf sächsischem Territorium ihren Betrieb auf. Der Kaufmann Carl Friedrich Bernhard, ein gebürtiger Pfälzer, war in den 1790er-Jahren im Zentrum der frühen englischen Fabrikindustrie, in Manchester, an einer Baumwollspinnerei beteiligt gewesen. 1797 siedelte er nach Sachsen über und brachte Know-how und Spezialisten aus dem Mutterland der Industrialisierung mit: einen Mechaniker, einen Spinnmeister und einen Eisen- und Stahlarbeiter. Bernhard und sein Chemnitzer Kompagnon Johann August Bugenhagen erboten sich in einer Petition an die sächsische Regierung, auf eigene Gefahr und Kosten eine Baumwollspinnerei »nach englischer Art« anzulegen. Im November 1798 erhielten sie ein Exklusivprivileg des Kurfürsten auf zehn Jahre zur Herstellung von feinem Baumwollgarn mit nachgebauten englischen Spinnmaschinen, den »Mules«. Im übernächsten Jahr nahm die Fabrik den Betrieb mit fünf Maschinen und 620 Spindeln auf. Seit 1803 wurden die Maschinen mittels eines Wasserrades angetrieben.

Die Baumwollspinnerei war zu diesem Zeitpunkt die technisch am weitesten fortgeschrittene Fabrikindustrie, und Bernhard war nicht der einzige unternehmenslustige Kaufmann, der versuchte, diese neue Art der Garnproduktion in Sachsen einzuführen. Dem Chemnitzer Baumwollwarenverleger Conrad Wöhler war es gelungen, Zeichnungen von englischen »Water Frames«, einer anderen Art von Spinnmaschinen, zu erhalten. 1799 bewegte er einen englischen Mechaniker dazu, nach Chemnitz zu kommen. Noch im gleichen Jahr erhielt er ein kurfürstliches Privileg zur Herstellung von »Water«-Garnen für zehn Jahre und konnte bald den Spinnereibetrieb mit sechs Maschinen und 432 Spindeln in Furth bei Chemnitz aufnehmen. Etwa zur gleichen Zeit, als Bernhard und Wöhler ihre Chemnitzer Baumwollspinnereien einrichteten, begann der unternehmende Adlige Detlev Carl Graf von Einsiedel in Wolkenburg bei Penig die Verspinnung von Schafwolle mit »am Wasser laufenden« Maschinen. Einsiedel, der Eisenwerke in Lauchhammer und Gröditz besaß und eine Zeitlang sächsischer Minister gewesen war, hatte schon seit den 1760er-Jahren auf seinem Gut in Wolkenburg eine Zucht spanischer Merinoschafe aufgebaut. In der zweiten Hälfte der 1790er-Jahre, das genaue Jahr lässt sich nicht mehr mit Sicherheit bestimmen, baute er hier zwei Fabrikgebäude, leitete Wasser aus einem nahen Bachlauf um und trieb über ein Wasserrad seinen gesamten Betrieb an.[1]

Die »Spinnmühlen« Wöhlers, Bernhards und des Grafen Einsiedel markieren die ersten Anfänge eines neuen Zeitalters in Sachsen, der industriellen Revolution. Das Verspinnen von Garn mit Maschinen, die von Wasserrädern angetrieben wurden, war ein entscheidender Schritt zu einer neuen Produktionsweise, die sich im Laufe des 19. Jahrhunderts mehr und mehr ausbreitete und zum Motor einer alle Bereiche menschlichen Lebens erfassenden Umwälzung wurde. Die wesentlichen Grundzüge dieses Prozesses seien kurz skizziert: Zunächst einmal stellte sich die industrielle Revolution als lange Folge technologischer Innovationen dar, mittels derer die Herstellung von Gütern mechanisiert wurde. Was zuvor in Handarbeit hergestellt wurde, übernahmen nun Maschinen. Menschliche und tierische Antriebskraft, ebenso Wind- und Wasserkraft, wurden zunehmend von leistungsfähigeren Energieträgern ersetzt: Dampf, später Gas, Elektrizität, Benzin. Der Einsatz dieser neuartigen Technologien ermöglichte sprunghafte Produktivitätssteigerungen und eine Massenproduktion von Gütern. Ein wesentliches Kennzeichen dieser Entwicklung war der Übergang zur zentralisierten Produktion in Fabriken.

Ein zweites grundlegendes Element der Industrialisierung des 19. Jahrhunderts wird man in der Durchsetzung marktwirtschaftlicher Prinzipien sehen können, welche die staatlich regulierte, korporativ gebundene und feudale frühneuzeitliche Sozial- und Wirtschaftsordnung sukzessive außer Kraft setzten. Die Produktionsfaktoren Boden, Kapital und Arbeit wurden als Ware verfügbar und kalkulierbar; die vielfältigen Beschränkungen bei der Produktion und dem Austausch von Waren fielen nach und nach weg. Preise und Löhne regulierten sich – zumindest im Prinzip – über Angebot und Nachfrage im Wettbewerb am Markt.

Der Prozess der Industrialisierung verlief ungleichmäßig. Wachstumsschübe lösten sich mit Phasen der relativen Stagnation ab, bestimmte Wirtschaftssektoren und bestimmte Regionen wurden von der Dynamik der industriellen Revolution deutlich früher erfasst als andere. Es waren einzelne »Leitsektoren«, in denen sich industrielle Wirtschaftsformen zunächst durchsetzten und von denen Ausbreitungseffekte und Wachstumsimpulse auf andere Wirtschaftszweige ausgingen.

Schließlich wird man auch von »Führungsregionen« sprechen können. Es waren dies Gebiete, in denen der Industrialisierungsprozess besonders frühzeitig in Gang kam und in denen sich die Grundlagen für eine breite Durchsetzung der Industriewirtschaft auf nationalstaatlicher Ebene herausbildeten. Im deutschsprachigen Raum entstanden solche frühindustriellen Ballungsräume im Rheinland, in Schlesien, vor allem aber auf dem Territorium des Kurfürstentums bzw. (seit 1806) Königreiches Sachsen. In den Gebieten, in denen die industrielle Revolution ihren Anfang nahm, hatten sich gewöhnlich schon über einen längeren Zeitraum hinweg gewerbliche Strukturen herausgebildet, die den Übergang zu industriellen Produktionsweisen förderten und ermöglichten.[2]

Um die Frage zu beantworten, warum gerade Sachsen zu einem Pionierland der deutschen Industrialisierung werden konnte, wird man sich mit den spezifischen Bedingungen und Voraussetzungen zu befassen haben, die der sächsischen Frühindustrialisierung den Boden bereiteten. Unser Augenmerk richtet sich also zunächst einmal auf gewerbliche und »protoindustrielle« Strukturen, die Sachsens Wirtschaft in der Frühen Neuzeit von der mitteleuropäischen »Normalität« der feudalen Agrargesellschaft und des städtischen Zunfthandwerks abhoben. Um den dynamischen Elementen der vorindustriellen sächsischen Wirtschaft auf die Spur zu kommen, empfiehlt es sich daher, gewissermaßen nach den Löchern im System zu suchen, nach den Räumen, in denen die Prinzipien handwerklicher Nahrungssicherung und der Produktion für einen lokalen Markt frühzeitig suspendiert worden waren.[3]

Der Erzbergbau und das Erzgebirge

Tatsächlich können wir im ausgehenden 18. Jahrhundert auf dem Territorium des Kurfürstentums Sachsen unschwer verdichtete gewerbliche Regionen ausmachen, »Gewerbelandschaften«, in denen sich eine »proto-industrielle« Wirtschaft entwickelt hatte. Die bemerkenswerteste und älteste dieser vorindustriellen Gewerbelandschaften Sachsens erstreckte sich entlang des Nordrandes des kargen und waldreichen Gebirgskammes, der von alters her die sächsisch-böhmische Grenze bildete. Diese Gegend führt auch heute noch ihre ehemalige wirtschaftliche Bedeutung im Namen: das Erzgebirge. Schon im Mittelalter begründeten die

Ausbeutemedaille der St. Anna-und-Altväter-Fundgrube, 1690. Staatliche Kunstsammlungen Dresden Münzkabinett

ergiebigen Silbervorkommen des Erzgebirges den Reichtum der Meißener Markgrafen, der sächsischen Herzöge und Kurfürsten. 1168 stieß man bei dem Ort Christiansdorf, dem späteren Freiberg, zum ersten Mal auf eine mächtige Silberader. In den folgenden Jahrhunderten entstanden an zahlreichen Orten des Gebirges Silberbergwerke und aus den Ansiedlungen der Bergleute entwickelten sich mit speziellen Privilegien ausgestattete »Bergstädte«: Freiberg, Schneeberg, Annaberg, Marienberg u. a.

Der sächsische Silberbergbau erlebte in der ersten Hälfte des 16. Jahrhunderts seinen Höhepunkt. Mit der Erschöpfung der oberen Teufen, vor allem aber im Gefolge des Einströmens großer Mengen amerikanischen Silbers büßte der Silberbergbau aber schon im späteren 16. Jahrhundert viel von seiner Ertragskraft und Bedeutung ein. Neben dem Silber wurde im Erzgebirge nach Eisen, Zinn, Kobalt, Kupfer, Wismut, Blei und anderen Erzen geschürft. Um 1800 war vor allem der Eisen- und Kobaltbergbau bedeutsam, auch wenn Silber noch bis zur Mitte des 19. Jahrhunderts wertmäßig den größten Ertrag von allen in Sachsen abgebauten Erzen erbrachte.[4]

Charakteristisch für den Bergbau in Sachsen und in anderen deutschen Territorialstaaten war bis weit ins 19. Jahrhundert hinein das hohe Ausmaß staatlicher Regulierung. Das schon früh vom König auf die Territorialfürsten übergegangene Bergregal verlieh den sächsischen Herzögen und Kurfürsten das alleinige Verfügungsrecht über eine Reihe wichtiger Bodenschätze. Zwar überließ der spätmittelalterliche und frühneuzeitliche sächsische Fürstenstaat gegen eine jährliche Abgabe, den »Zehnt«, die Ausbeutung dieser Bodenschätze im Allgemeinen der privatwirtschaftlichen Initiative. Doch fungierten diese Bergwerksbesitzer, oft als Anteilseigner in »Gewerkschaften« zusammengeschlossen, vornehmlich als Kapitalgeber. Der eigentliche Bergwerksbetrieb, die Festsetzung von Löhnen und Arbeitszeit sowie von Gewinn und »Zubuße« standen unter der Direktion des Oberbergamtes Freiberg bzw. lokaler Bergämter in Freiberg, Schneeberg, Altenberg, Annaberg, Marienberg und Johanngeorgenstadt. Auch bei der Verhüttung und Aufbereitung der Erze spielte der sächsische Staat eine wesentliche Rolle. Die Silberschmelzhütten befanden sich seit dem frühen 18. Jahrhundert allesamt in kurfürstlichem Besitz, während es etwa bei der Blaufarbengewinnung aus Kobalt sowohl staatliche als auch private Werke gab. Im späten 17. Jahrhundert war die Zahl der Farbenwerke begrenzt und ein vom Kurfürsten privilegiertes Absatzkartell gebildet worden, das bis 1845 bestand.[5]

Die Eisenhütten und Hammerwerke waren dagegen hauptsächlich im Besitz privater Unternehmer. Die Abbau- und Produktionsstätten des sächsischen Eisengewerbes zogen sich nicht nur entlang des gesamten Erzgebirgskammes bis in den Dresdner Raum (Berggießhübel, Gottleuba), sondern auch in der Niederlausitz wurden Eisenvorkommen erschlossen. Zu einem der bedeutendsten sächsischen Eisenunternehmen entwickelten sich die Lauchhammerwerke, welche die im frühen 18. Jahrhundert auf dem Rittergut der Freifrau von Löwendaal entdeckten Raseneisenerzlager abbauten, verhütteten und zu Schmiede- und Gusseisen verarbeiteten. Nach dem Tod der Gründerin 1776 gingen die Werke in den Besitz des Grafen Detlef Carl von Einsiedel über, der uns schon als Gründer der Wolkenburger Wollspinnerei begegnet ist. Er errichtete in den 1790er-Jahren ein Zweigwerk in Gröditz bei Großenhain und stellte schon um 1800 in Lauchhammer eine Dampfmaschine auf, die zum Antrieb des Hochofengebläses diente.[6]

Im sächsischen Erzbergbau und in den ersten Stufen der Metallgewinnung wurden schon früh industrielle Produktions- und Betriebsformen entwickelt und erprobt. Hier entstanden »Proto-Fabriken«, kapitalintensive Förder- und Produktionsanlagen mit arbeitsteiliger Betriebsorganisation und komplexer Technologie. Seit dem späten Mittelalter, als die oberflächennahen Silberlagerstätten erschöpft waren, stand die sächsische Montanwirtschaft immer wieder vor technologischen und betriebsorganisatorischen Herausforderungen. Wenn auch die eigentliche bergmännische Arbeit des Abbaus vor Ort bis ins frühe 20. Jahrhundert im Wesentlichen körperliche Handarbeit mit recht einfachen Werkzeugen blieb, so erforderte der Aufschluss immer tieferer Erzlager anspruchsvolle Vorrichtungen zur Wasserhaltung. Mittels aufwändiger Graben- und Stollensysteme sowie Pumpanlagen, die zunächst mit Pferdegöpeln, seit dem 16. Jahrhundert zunehmend mit Wasserkraft betrieben wurden, gelang es, in mehr als 300 Meter Tiefe vorzustoßen. Leistungsfähige Wasserräder waren auch bedeutsam für den Betrieb der Hochöfen mit ihren großen Gebläsen und der Hammerwerke. Die Verhüttung der Erze regte die Entwicklung und Verbesserung thermo- und chemotechnischer Verfahren an. Mit der Gründung einer staatlichen Bergakademie in Freiberg 1765 wurde schließlich die Verwissenschaftlichung der montantechnischen Forschung und Ausbildung institutionalisiert. Die frühneuzeitliche sächsische Montanindustrie hatte also einen Fundus wissenschaftlich-technologischen Know-hows hervorgebracht, der nutzbar gemacht werden konnte, um

Frohnauer Hammer, Hammergerüst, Ende 17. Jahrhundert

Herausforderungen der frühen Industrialisierung zu bewältigen, etwa beim Einsatz von Wasserkraft oder im Steinkohlenbergbau.[7]

Darüber hinaus gingen vom Erzbergbau und der Hüttenindustrie direkte und indirekte Ausbreitungseffekte für die frühe sächsische Gewerbeentwicklung aus. So wurden die im Bergbau gewonnenen Rohstoffe oft auch in der näheren Umgebung der Fundstätten weiter verarbeitet. So entstanden auf Grundlage des örtlichen Eisenerzbergbaus um Schwarzenberg, Eibenstock und Schneeberg zahlreiche Hammerwerke, in denen Eisenstangen und Bleche geschmiedet wurden. Aus diesen Halbwaren stellten dann Handwerker und Heimgewerbetreibende der Umgebung Nadeln, Nägel, Löffel und verschiedene andere Haushaltsgeräte her, die vornehmlich im Hausierhandel vertrieben wurden. Zinn diente vor allem zur Umwandlung von Eisenblech in höherwertiges »Weißblech«, wurde aber auch in den Zinngießereien der Bergstädte in mannigfaltiger Weise zu oft kunstvoll verzierten Gebrauchsgegenständen verarbeitet. Zunehmend bedeutsam wurde im 17. und 18. Jahrhundert ein vielfach verwendbarer und entsprechend begehrter Farbstoff, der aus Kobalterzen gewonnen wurde. Das sächsische Erzgebirge versorgte Werkstätten und Manufakturen in ganz Europa mit Blaufarben für Baumwoll- und Leinenstoffe, Steingut, Porzellan, Fliesen, Glas und Papier.[8]

Auf längere Sicht bedeutsamer erscheinen allerdings die eher indirekten Folgewirkungen der frühneuzeitlichen Montanindustrie. Zu den Hochzeiten des Silberbergbaus war das Erzgebirge zu einem aufnahmefähigen Markt für gewerbliche Waren, vor allem für hochwertige Textilien geworden. Kleiderbesätze (»Borten«) und andere Schmuck- und Putzgegenstände wurden bald auch im Erzgebirge selbst in Heimarbeit gefertigt. Am Haupthandelsplatz Annaberg organisierten vornehmlich Frauen aus den führenden Kaufmanns- und Bergwerksbesitzerfamilien der Stadt den Verkauf und fungierten als Verlegerinnen. Mehr noch als der Aufstieg des Silberbergbaus trug sein plötzlicher Niedergang nach der Mitte des 16. Jahrhunderts zur weiteren gewerblichen Entwicklung des Erzgebirges bei. Viele der durch die Krise des Bergbaus freigesetzten Bergleute wandten sich nun anderen Tätigkeiten zu, etwa der Verfertigung hölzerner Haushalts- und anderer Gebrauchsgegenstände. Seit dem 18. Jahrhundert gewann die Produktion von Spielwaren an Bedeutung. Die Herstellung der einzelnen Produkte konzentrierte sich jeweils in bestimmten Ortschaften und war vor allem in der Spielwarenfertigung stark arbeitsteilig organisiert.

Klöpplerin bei der Arbeit

Ehemalige Bergleute nahmen zudem die bis dahin von Frauen betriebene Bortenwirkerei und Posamentenmacherei auf. Die Spitzenklöppelei verbreitete sich im späteren 16. Jahrhundert ebenfalls von Annaberg aus – überwiegend als Heimgewerbe, das Frauen und Kinder beschäftigte. Einzelne örtliche Handwerke spezialisierten sich auf den Bedarf der Klöpplerinnen: Die Klöppel selbst wurden von Klöppeldrehern gedrechselt, spezielle Nadeln kamen vom Oberwiesenthaler Nadlerhandwerk, das für die Klöppelmuster benötigte rote und blaue Papier wurde in der Papiermühle Niederlößnitz produziert. Die Ausbreitung des Spitzenklöppelns brachte wiederum ein Arbeitskräftereservoir hervor, dessen Fertigkeiten die Ansiedlung weiterer ähnlicher Textilhausindustrien, vor allem der Stickerei, begünstigte. Diese Gewerbe wiesen – bei allen Unterschieden im Einzelnen – gewisse strukturelle Gemeinsamkeiten auf: Die Produktion war im Allgemeinen dezentral, oft als ländliches Hausgewerbe organisiert. Die hergestellten Waren wurden vorwiegend auf überregionalen Märkten und auf Messen abgesetzt. Eine Schlüsselposition kam den Verlegern zu, welche die Heimarbeiter mit Grundmaterialien versorgten, die gefertigten Waren wieder entgegennahmen und gegebenenfalls weiter verarbeiten ließen, um sie schließlich in das Netzwerk des überregionalen Handels einzuspeisen.[9]

Protoindustrielles Gewerbe zwischen Zunfthandwerk, Heimarbeit und Manufaktur

Die erzgebirgische Textil- und Holzwarenherstellung unterschied sich damit in wesentlichen Punkten vom frühneuzeitlichen »Normalfall« gewerblicher Produktion, dem städtischen Zunfthandwerk. Das sächsische Zunftwesen gründete auf zahlreichen, bis ins späte Mittelalter zurückreichenden Reichs- und Landesgesetzen, die 1780 in Generalinnungsartikeln zusammengefasst und systematisiert wurden. Dazu kamen die verschiedenen Zunftordnungen der Städte und schließlich die »Spezialartikel« der einzelnen Zünfte, die in Sachsen im Allgemeinen »Innungen« genannt wurden. Voraussetzung zur Ausübung einer handwerklichen Erwerbstätigkeit war ein meist recht langwieriger Ausbildungsgang, zunächst eine Lehre im Betrieb eines Handwerksmeisters, die mit der Gesellenprüfung abgeschlossen wurde. Dann mussten die Handwerksgesellen in der Regel einige Jahre lang auf Wanderschaft gehen, bevor sie sich mit Erlaubnis der örtlichen Innung als Meister in einer Stadt niederlassen konnten. Den Meistern stand das alleinige Recht zu, in eigener Werkstatt für eigene Rechnung zu arbeiten und eine bestimmte Zahl von Gesellen und Lehrlingen zu beschäftigen.

Die Innungen verfügten über so genannte Verbietungsrechte: Sie konnten das Betreiben eines zunftmäßigen Gewerbes innerhalb ihres Distriktes allen, die nicht der Innung angehörten, untersagen. Das Verbietungsrecht erstreckte sich in der Regel allerdings nur bis an die Stadtgrenzen. Auch die gleichzeitige Ausübung ein und desselben Handwerks an zwei verschiedenen Orten oder der Betrieb zweier Werkstätten an einem Ort waren verboten. Das zünftige Gewerbe war im Regelfall auf den Bereich der Städte beschränkt. Handwerkliche Tätigkeit auf dem Lande sollte im Prinzip nur zur Befriedigung des unmittelbar notwendigen täglichen Bedarfs zulässig sein. Der Verkauf von Waren in den Städten und ihrem Weichbild war den Landhandwerkern untersagt.

Die Gewerbeverfassung des Kurfürstentums Sachsen im 18. Jahrhundert steckte also den grundsätzlichen Rahmen der vorindustriellen Wirtschaftsordnung ab: Im eng umrissenen Raum der Stadt, abgegrenzt vom agrarisch-feudalen Umland, war es einer streng regulierten Zahl von Handwerkern überlassen, die Grundversorgung der lokalen Bevölkerung mit einfachen Bedarfsgütern zu gewährleisten. Die Ordnungen der Innungen zielten darauf ab, dem einzelnen Mitglied eine sichere »Nahrung« zu garantieren. Die Größe der produzierenden Betriebe war strikt begrenzt; Mittel und Methoden der Fertigung beschränkten sich im Wesentlichen auf Handarbeit mit einfachen Werkzeugen. Der Wettbewerb zwischen den Handwerksbetrieben sollte weitgehend unterbunden werden.[10]

Die Prinzipien und Regularien der zünftigen Wirtschaftsordnung waren im verlagsgewerblichen Produktionssystem des Erzgebirges in der Praxis weitgehend außer Kraft gesetzt. Weder die Spielwarenherstellung noch die Spitzenklöppelei oder die Stickerei entwickelten sich zu zünftigen Handwerken. Im Falle der Klöppelei und Stickerei war es wohl nicht zuletzt der hohe Anteil weiblicher Arbeitskräfte, der eine solche Entwicklung blockierte. Auch wurden diese Beschäftigungen oft von der bäuerlichen Bevölkerung als Nebenerwerb betrieben. Im Posamentiergewerbe, wo männliche Arbeitskräfte und städtische Fertigungsstätten vorherrschten, kam es dagegen nach dem Beispiel anderer wichtiger Produktionsstandorte wie Nürnberg und Augsburg zur Bildung von Zünften. Dennoch unterschieden sich die Produktionsweisen in der erzgebirgischen Posamentenmacherei faktisch wenig von denen in den unzünftigen Heimgewerben. Die Posamentierer mochten noch im Besitz ihrer Arbeitsgeräte sein, doch die Rohmaterialien erhielten sie gewöhnlich von einem Verleger, dem sie wiederum das fertige Produkt abzuliefern hatten. Selbst die Muster für die meisten ihrer Erzeugnisse schrieb ihnen der Verleger vor.[11]

Ähnliche Strukturen wie im Erzgebirge entwickelten sich im Laufe des 17. und 18. Jahrhunderts nach und nach in den angrenzenden Gebieten, im Vogtland, im Zwickauer Raum einschließlich der Schönburgischen Rezessherrschaften um Glauchau und im Chemnitzer Raum, ebenso in der westlichen und südlichen Oberlausitz. Im Einzelnen erscheinen aber die Beziehungskonstellationen zwischen Großkaufleuten, Verlegern, Zunfthandwerkern und Heimarbeitern erstaunlich vielgestaltig und variantenreich. Chemnitz war seit dem Mittelalter ein Zentrum der Tuch- und Leinenweberei gewesen, an deren Stelle aber im 18. Jahrhundert die Baumwolle verarbeitenden Gewerbe getreten waren. Die Baumwollweberei lag hier in den Händen der altehrwürdigen Zeug- und Leinweberinnung, während die Spinnerei in Heimarbeit, zum Teil von Familienangehörigen der Weber, betrieben wurde. Die Webermeister produzierten auf eigene Rechnung, einige von ihnen beschäftigten neben Gesellen und Lehrlingen auch Lohnweber. Ein Teil der so produzierten Baumwollwaren wurde an Kleinhändler verkauft oder auf Jahrmärkten direkt angeboten. Einen anderen Teil übernahmen so genannte Manufakturgroßhändler zum weiteren Vertrieb auf den Messen oder zum Versand auf weiter entfernte deutsche, europäische oder überseeische Märkte. In diesem Falle erhielten die Weber und Faktore als Bezahlung neben einem Geldbetrag ein Quantum Baumwolle bzw. Garn. So entwickelten sich bis zur Mitte des 18. Jahrhunderts zwischen den Großhandlungen und den ihnen verbundenen Webermeistern verlagsähnliche Beziehungen.

Es erscheint bemerkenswert, dass solche durch die Manufakturgroßhändler dominierten Verlagsbeziehungen im letzten Drittel des 18. Jahrhunderts in Chemnitz offenbar fast vollständig wegbrachen. Die Webermeister übernahmen hier die verlegerischen Funktionen fortan zunehmend selbst. Ihre über lange Zeit akkumulierten Rechte und Privilegien lieferten den Zunftmeistern den Hebel für die Ausschaltung der Verlegerkaufleute. Die Mitglieder der Chemnitzer Zeug- und Leineweberinnung besaßen zum einen das verbriefte Recht, mit ihren Erzeugnissen ohne regionale Begrenzung en gros und en detail Handel zu treiben. Zum anderen hatte sich die Innung die exklusive Kontrolle über die vorbereitenden Arbeitsgänge, also das Kämmen, das Spinnen und die Zubereitung der Baumwolle, sichern können. Der enorme Aufschwung, den die Herstellung von Kattunstoffen nach dem Ende des Siebenjährigen Krieges nahm, bot so unternehmensfreudigen, wohlhabenden Webermeistern die Chance zum schnellen wirtschaftlichen und sozialen Aufstieg. Ausgestattet mit den von ihrer Innung vermittelten Privilegien, ihrer intimen Kenntnis der örtlichen Verhältnisse und ihren produktionstechnischen Erfahrungen und Qualifikationen gelang es ihnen, die gewinnbringenden Schlüsselpositionen im protoindustriellen Produktions- und Handelsnetzwerk überwiegend selbst zu übernehmen.[12]

Als zweites baumwollverarbeitendes Gewerbe etablierte sich in Chemnitz und den umliegenden Ortschaften die Strumpfwirkerei, die sich schließlich im Laufe des 18. Jahrhunderts bis ins Erzgebirge hinein ausbreitete. Die Chemnitzer Zunftorganisation erfasste dabei auch die hausgewerblichen Produzenten und schließlich entstanden in Stollberg, Limbach, Neukirchen und Thum 1781/85 eigenständige Strumpfwirkerinnungen. Doch allenfalls in der Stadt Chemnitz selbst konnten die Strumpfwirkermeister eine gewisse Unabhängigkeit bewahren, während sie in den Strumpfwirkerdörfern der Umgebung und erst recht im noch weiter entfernten Erzgebirge Rohbaumwolle oder Garn gewöhnlich von Verlegern und ihren Faktoren erhielten, die ihnen wiederum die fertigen Waren abnahmen.[13]

Im Vogtland, vor allem in Plauen und Umgebung, war das Baumwollgewerbe seit dem 16. Jahrhundert aus der Schleiermacherei, also der Herstellung feiner Leinengewebe, entstanden und hatte allmählich die Woll- und Leinenweberei verdrängt. Ähnlich wie in Chemnitz und im Erzgebirge hatten sich auch im Plauener Raum protoindustrielle Strukturen in ganz eigentümlicher Verknüpfung mit zünftigen Elementen herausgebildet. Hier hatten sich die Verlegerkaufleute selber zu einer Innung zusammengeschlossen und mit Hilfe zahlreicher städtischer und landesherrlicher Privilegien ein von ihnen kontrolliertes und gesteuertes Produktionsregime errichtet. Die Verleger ließen Rohbaumwolle von unzünftigen Spinnern, die hauptsächlich auf dem Lande und oft im Nebenerwerb gegen Lohn tätig waren, zu Gespinst verarbeiten. In gleicher Weise gaben sie das Garn an die (überwiegend städtischen) Weber ab, um dann die Stoffe nach weiteren Verarbeitungsschritten (Bleichen, Drucken etc.) in den Handel zu bringen. Die vogtländischen Verleger bedienten sich eines umfassenden, obrigkeitlich sanktionierten Reglements, das ihnen einerseits den Zugriff auf den gesamten Produktionsprozess und den Vertrieb der Fertigwaren sicherte. Andererseits unterwarf es die eigentlichen Produzenten, die Spinner und Weber, einem engmaschigen Netz von Vorschriften und Qualitätskontrollen. Dabei drängte die Innung der Verleger-Manufakteure das zünftige Textilhandwerk im Baumwollgewerbe des Vogtlandes im Laufe des 18. Jahrhunderts offenbar systematisch zurück, so dass in den 1770er-Jahren die unzünftigen »Würker« eine deutliche Mehrzahl der Weber ausmachten. Die Webermeister durften zwar auf eigene Rechnung arbeiten, doch war es ihnen verboten, ihre Erzeugnisse an jemand anderen zu verkaufen als an einen »Innungsverwandten« oder selbst unzünftige Weber zu verlegen. In anderen textilen Gewerben des Vogtlandes – vor allem der Stickerei und der Spitzenklöppelei – herrschte wie im unzünftigen Heimgewerbe das Verlagssystem vor. Im Musikinstrumentenbau, der in Marktneukirchen und Klingenthal seine Mittelpunkte besaß, bildeten sich zwar zünftige Organisationen heraus, doch zeugten eine weit entwickelte Arbeitsteilung, die starke Orientierung auf den Export und ausgeprägte Verlagsbeziehungen auch hier von der Entstehung protoindustrieller Strukturen.[14]

Anders als in den südwestsächsischen Textilregionen, wo das Leinengewerbe im Laufe der Frühen Neuzeit seine einstige Bedeutung fast völlig eingebüßt hatte, wurden in der südlichen Oberlausitz auch noch am Ende des 18. Jahrhunderts überwiegend Leinenwaren hergestellt. Seit dem 16. Jahrhundert hatten zunächst Nürnberger Kaufleute in Zittau und anderen oberlausitzischen Städten Massenware herstellen lassen, die in Nürnberg gefärbt und auf den europäischen und überseeischen Märkten abgesetzt wurden. Mit der Zeit nahmen lokale Kaufleute, die zuvor als Faktoren oberdeutscher, englischer und Hamburger Handelshäuser agiert hatten, zunehmend die Organisation der Produktion und des Handels mit Leinwand in die eigene Hand. Flachsspinnerei und Leinenweberei verlagerten sich ab dem späteren 17. Jahrhundert gegen den erbitterten Widerstand der Leineweberzünfte von der Stadt aufs Land. Produktionsnahe Dorfhändler drangen vermehrt in Spinnerei wie Weberei ein. Dabei entwickelte sich die Firma Abraham Dürninger & Co., die mit der Herrnhuter Brüdergemeine, einer pietistischen Religionsgemeinschaft, verbunden war, nach 1750 schnell zum bei weitem größten Unternehmen der Region. Letztlich waren sowohl die unzünftigen ländlichen wie auch die zünftigen städtischen Produzenten in die von den verschiedenen Händlergruppen organisierten Verlagsstrukturen integriert. Zwar stagnierte die Leinwandproduktion der Oberlausitz in der zweiten Hälfte des 18. Jahrhunderts, doch noch 1785 hielt das Leinengewerbe offenbar den Löwenanteil am Export sächsischer Textilwaren.[15]

Um 1800 hatte sich also in einem breiten Streifen entlang der Südgrenze des Kurfürstentums Sachsen eine ganze Reihe protoindustrieller Gewerbelandschaften herausgebildet, in denen Verbrauchsgüter für überregionale Märkte produziert wurden: vor allem Textilien, aber auch Haushaltswaren aus Holz oder Metall, Musikinstrumente, Spielzeug u. a. m. Charakteristisch für alle eben beschriebenen Gewerbe war ein Verlagssystem, das sich zwar branchen- und regionenspezifisch in zahlreichen Varianten ausformte, aber doch gewisse strukturelle Gemeinsamkeiten aufwies. Zünftige Handwerker wie unzünftige Heimarbeiter übernahmen bestimmte Produktionsstufen in der Regel in eigenen Räumen und überwiegend mit eigenen Werkzeugen. Der Verlag fungierte gewissermaßen als Transmissionsriemen, der eine stark dezentralisierte Produktion organisierte und an größere Märkte anband. Die protoindustriellen Unternehmer erlangten damit Kontrolle über die Produktion, ohne sich durch die Anlage fixen Kapitals in Werkzeugen, Maschinen und Gebäuden zu belasten. Allerdings fanden sich in den verlagsindustriell geprägten Branchen nicht selten auch zentralisierte Betriebsformen, vor allem bei bestimmten einzelnen Arbeitsgängen. So hatte sich bis zum Ende des 18. Jahrhunderts im vogtländischen Musikinstrumentenbau ein Produktionssystem ausgebreitet, in dem Handwerker und Heimarbeiter jeweils nur bestimmte Teile einer Geige oder eines Blasinstruments fertigten, der Zusammenbau und das Lackieren der Instrumente aber in zentralen Werkstätten erfolgte.

Auch in textilen Gewerben wurden bestimmte Stufen der Endverarbeitung wie das Bleichen der Stoffe und die Appretur häufig in zentralen Betrieben durchgeführt, die wiederum oft von den Verlagsunternehmern unterhalten wurden. Als relativ eigenständiges Gewerbe etablierte sich seit Mitte des 18. Jahrhunderts vor allem in Chemnitz und in Plauen die Baumwolldruckerei. In Chemnitz und Umgebung bezogen diese Kattundruckereien rohe Ware von Verlegern und Großhändlern und brachten die verarbeiteten Stoffe selbst auf den Markt. In Plauen zogen dagegen die Verleger die Druckereien an sich: 1756 gründeten acht prominente »Innungsverwandte« eine gemeinsame »Societät« und holten einen Nürnberger Kattundrucker nach Plauen, der für sie den Druck von Rohkattunen gegen Lohn besorgte. 1783 gingen die Druckereianlagen in den Besitz der Societät über, die von nun an auch für andere vogtländische Verleger Baumwollstoffe bedruckte.[16]

Hier haben wir es mit Manufakturen im engeren Wortsinn zu tun, mit arbeitsteilig organisierten größeren Betrieben, in denen zumeist handwerkliche Werkzeuge und Methoden benutzt wurden. Staatliche Konzessionen entzogen diese »Proto-Fabriken« dem Zugriff der Handwerkerinnungen. Neben den eben erwähnten, in die protoindustriellen Verlagsstrukturen integrierten Betrieben und den montanindustriellen Werken waren in Sachsen vor allem im Zuge der merkantilistisch geprägten so genannten Retablissement-Politik nach dem Ende des Siebenjährigen Krieges Manufakturen entstanden, die Waffen und Luxusartikel wie Uhren, Spiegel, Glaswaren oder besonders wertvolle Textilwaren aus Seide oder eingewirkten Gold- und Silberfäden herstellten. Diese Unternehmen waren häufig mit kräftiger obrigkeitlicher Privilegierung gegründet worden und hatten Herstellungs- und Absatzmonopole für ihre Produkte erhalten. Einige dieser Werke befanden sich in staatlichem Besitz, wie etwa die berühmte, schon 1710 gegründete Meissener Porzellan-Manufaktur.[17]

Meissener Porzellan-Manufaktur, Saal der Dreher, Mitte des 19. Jahrhunderts

Die Geschäfte. Kolorierter Stich von Georg E. Opiz, um 1825

Die Ausdehnung des protoindustriellen Verlags- und Manufakturgewerbes ging einher mit einer dichten Einbindung Sachsens in die Netzwerke des europäischen und transatlantischen Handels. Vor allem über die Elbhafenstadt Hamburg gelangten sächsische Fertigwaren auf die westeuropäischen und überseeischen Märkte. Größere Teile der Lausitzer Leinenwarenproduktion wurden von hier aus über Cadiz in die spanischen Kolonien Mittel- und Südamerikas weitergeleitet. Rohstoffe wie vor allem Baumwolle kamen via Hamburg in die westsächsischen Textilreviere.

Als Umschlagsplatz für die kontinentaleuropäischen Märkte besaß die Messe- und Handelsstadt Leipzig herausragende Bedeutung. Der Aufstieg Leipzigs zur Handelsstadt war seit dem 15. Jahrhundert mit dem Aufschwung des erzgebirgischen Silberbergbaus und der Intensivierung des Nürnberger Osthandels verbunden gewesen. Seit dem späten 17. Jahrhundert nahm die Stadt zunehmend eine Schlüsselposition im Handel zwischen Nordwesteuropa und dem europäischen Osten und Südosten ein. Leipzig wurde so zum führenden deutschen Messeplatz. Ein großer Teil der sächsischen Manufakteure und Verleger besuchte die Leipziger Messen oder bediente sich der Leipziger Kommissionen und Speditionen. Gleichzeitig war Leipzig im 18. Jahrhundert zum Handelsplatz für proto- und frühindustrielle britische Erzeugnisse und von Kolonialwaren wie Kaffee, Tee, Zucker und Baumwolle geworden. In Leipzig selbst hatten sich wiederum Verlags- und Manufakturunternehmen niedergelassen, die Seiden- und Samtwaren, Gold- und Silbergespinste, Wachsleinwand und Tabakwaren herstellten oder herstellen ließen. Zudem war die sächsische Messestadt schon im 18. Jahrhundert eine Drehscheibe des deutschsprachigen Buchhandels; zahlreiche Buchverlage, Sortiments- und Kommissionsgeschäfte, Druckereien und Bindereien hatten hier ihren Sitz.[18]

Die sächsische Landwirtschaft vor der Industrialisierung

Die Städte und gewerblich verdichteten Gebiete Sachsens bildeten am Ende des 18. Jahrhunderts jedoch nur – wenn zum Teil auch recht große – Inseln in einer ländlich geprägten Umgebung. Angesichts der überragenden Bedeutung des Agrarsektors für die frühneuzeitliche Gesellschafts- und Wirtschaftsordnung liegt die Annahme nahe, dass Struktur und Entwicklung der vorindustriellen Landwirtschaft auch bedeutsam für den Industrialisierungsprozess waren. Als dieser Prozess in Gang kam, musste eine wachsende, von gewerblicher Tätigkeit abhängende Bevölkerung ernährt werden. Dazu bedurfte es einer merklichen Steigerung der Produktivität landwirtschaftlicher Betriebe und eine stärkere Ablösung der agrarischen Subsistenzwirtschaft durch eine marktorientierte Produktion. Ähnliche Voraussetzungen waren – so ist argumentiert worden – nötig, um die bäuerliche Kaufkraft für gewerbliche Waren zu stärken und um Kapitalfonds zu akkumulieren, die gegebenenfalls in industrielle Investitionen fließen konnten. Zudem musste sich ein mehr oder minder großer Teil des gewerblich-industriellen Arbeitskräftepotenzials zwangsläufig aus den ländlichen Unterschichten rekrutieren.

Das vielfältige Spektrum der frühneuzeitlichen mitteleuropäischen Agrarverfassungen bot für (proto-) industrielle Verdichtungen höchst unterschiedliche Ausgangsbedingungen. So wird etwa die im ostelbischen Preußen verbreitete Gutsherrschaft im Allgemeinen als extrem ungünstig für die Freisetzung eines ländlichen Arbeitskräftereservoirs angesehen. Erbuntertänigkeit, Leibeigenschaft und Schollenbindung unterwarfen hier die bäuerliche Bevölkerung beinahe vollständig der Verfügungsgewalt des adligen Gutsherrn, der als Obereigentümer des gesamten Grund und Bodens umfangreiche Abgaben und Dienste von den Bauern einfordern konnte und ihnen gegenüber mit weitreichenden obrigkeitlichen Befugnissen ausgestattet war. Zudem basierte die Bewirtschaftung der großen gutsherrlichen Eigengüter in weitgehendem Maße auf bäuerlicher Fronarbeit.[19]

Vor dieser Kontrastfolie gesehen gab die sächsische Agrarverfassung der ländlichen Bevölkerung ungleich mehr Bewegungsmöglichkeiten und Handlungsspielräume. Im größeren, überwiegend westelbischen – »meißnischen« – Teil des Kurfürstentums Sachsen galt eine Form der Grundherrschaft, die den Bauern weitgehende Besitzrechte an dem von ihnen bewirtschafteten Land einräumte. Sie konnten den von ihnen besessenen Grund und Boden frei vererben, zum größten Teil sogar verpachten, verpfänden, verkaufen und nach eigenem Ermessen bewirtschaften. Die sächsischen Bauern genossen hier persönliche Freiheit. Abgaben und Dienste an ihre Grundherrn galten als »Reallasten«, waren also nicht an die Person, sondern an den Grundbesitz gebunden. Sie bestanden – neben dem Kirchenzehnt und den an den Landesherren zu zahlenden Steuern – zum einen aus den in Geld oder Naturalien an den Grundherrn abzuführenden Abgaben. Es handelte sich dabei überwiegend um einen jährlich zu entrichtenden Zins, der aber im Laufe der Zeit nur noch geringen realen Wert besaß, sowie um ein beim Erbgang anfallendes »Lehngeld«, das eine recht drückende Belastung sein konnte. Zum Zweiten konnte der Grundherr von der bäuerlichen Dorfgemeinschaft gewisse »Servituten« einfordern, vor allem Jagd-, Holzungs- oder Weiderechte auf der dörflichen Flur. Zum Dritten waren die sächsischen Bauern zur Leistung von meist unentgeltlichen oder nur gering bezahlten Diensten gegenüber dem Grund- bzw. Gutsherrn verpflichtet. Diese waren in der Praxis – anders als in vielen west- und süddeutschen Gebieten – nur zu einem kleineren Teil in Geldabgaben umgewandelt worden. Im Geltungsbereich der mitteldeutschen Grundherrschaft hatte sich eine recht bedeutende Zahl grundherrlicher Eigengüter gehalten. Diese Rittergüter wie auch die landesherrlichen Kammergüter waren zwar im Allgemeinen wesentlich kleiner als im preußischen Osten, doch auch sie hingen zu einem nicht geringen Maße von bäuerlicher Fronarbeit ab. Die Bauern mussten vor allem während der Ernteperioden auf den Rittergütern »Spanndienste« leisten und konnten darüber hinaus zu mehr oder weniger zeitaufwändigen Arbeiten – etwa zum Bau von Gebäuden und Wegen – herangezogen werden.[20]

Die sächsischen Rittergutsbesitzer verfügten darüber hinaus über eine Reihe obrigkeitlicher Rechte im lokalen Raum, vor allem die Patrimonialgerichtsbarkeit. Dass sie diese Ballung wirtschaftlicher und politischer Macht nicht in ähnlichem Maße nutzen konnten wie ihre preußischen Pendants, lag nicht zuletzt an der vergleichsweise bauernfreundlichen Politik der wettinischen Landesfürsten. In den Lausitzen, die erst im 17. Jahrhundert in den kursächsischen Herrschaftsverband gelangt waren und deren Stände – Adel wie Städte – zahlreiche Sonderrechte zugebilligt bekommen hatten, waren die feudalen Besitz- und Verfügungsrechte bezeichnenderweise wesentlich kräftiger ausgebildet als im meißnischen Kernterritorium: Die Rittergüter waren gewöhnlich größer als in den westelbischen Landesteilen, die Rechtsposition der bäuerlichen Bevölkerung war schwächer und ihre Grundlasten – Abgaben wie Fronden – waren höher. Die lausitzischen Bauern besaßen ihr Land als so genanntes »lassitisches« Eigentum, d. h. sie hatten es – formalrechtlich – vom Grundeigentümer auf Widerruf gegen bestimmte Abgaben oder Fronden erhalten. Beim Ausbleiben der vereinbarten Leistungen konnte das Land ohne weiteres an den Grundherrn zurückfallen. Allerdings hatte sich auch in der Lausitz in der Praxis die Vererblichkeit der Bauernhöfe durchgesetzt. Die Bauern lebten zumeist im Status der Erbuntertänigkeit, was zwar keine Leibeigenschaft im strengen Sinne beinhaltete, doch konnten sie ohne Konsens des Gutsherrn weder heiraten noch ihre Bauernstelle verlassen.[21]

Auch das bäuerliche Erbrecht und die Praxis der Weitergabe von Bauernhöfen in der Generationenfolge dürfte in einem gewissen kausalen Zusammenhang mit der Entwicklung eines protoindustriellen Arbeitskräftereservoirs gestanden haben. Bis in das späte Mittelalter hatte sich die durchschnittliche Größe der bäuerlichen Wirtschaften in Sachsen durch Erbteilungen merklich vermindert. Doch seit dem 16. Jahrhundert überwog die Praxis der ungeteilten Hofübergabe. Die Realteilung wurde zunehmend vom landesherrlichen Regiment unterbunden, und seit 1628 war die geschlossene Vererbung bäuerlicher Wirtschaften kodifiziertes Recht in Kursachsen. In der Regel erbte dabei der jüngste Sohn den Hof, der aber seine Geschwister und gegebenenfalls auch die verwitwete Mutter finanziell abfinden musste. Der Effekt dieser rechtlich fixierten Praxis lässt sich zum einen daran ablesen, dass sich die Zahl der Bauernstellen im Kurfürstentum Sachsen zwischen 1550 und 1750 kaum veränderte. Zum anderen verschob sich aber die soziale Schichtung der dörflichen Gesellschaft signifikant, denn die unterbäuerliche Bevölkerung nahm stark zu. Machten Mitte des 16. Jahrhunderts die Bauernfamilien noch fast drei Viertel der Einwohner aus, so war dieser Anteil zwei Jahrhunderte später auf weniger als 40 Prozent geschrumpft. Andererseits hatte sich im gleichen Zeitraum der Anteil derjenigen, die neben einem Haus kaum oder gar kein Land besaßen (»Gärtner« bzw. »Häusler«) von weniger als einem Zehntel auf beinahe die Hälfte erhöht.[22]

Das Anwachsen der unterbäuerlichen Bevölkerung und die Entstehung protoindustrieller Gewerbelandschaften in Südwest- und Südostsachsen standen in einem engen Zusammenhang. Dort, wo sich gewerbliche Verdichtungen auf dem Lande gebildet hatten, zeigen die demografischen Daten schon für die Mitte des 18. Jahrhunderts ein deutlich höheres Bevölkerungswachstum als in anderen ländlichen Regionen. Während die dörfliche Bevölkerung in Kursachsen zwischen der Mitte des 16. und der Mitte des 18. Jahrhunderts insgesamt um 68 Prozent zunahm, weisen die Dörfer der Kreise Schwarzenberg (179 %), Auerbach (128 %), Glauchau (125 %) und Marienberg (103 %) deutlich höhere Zuwachsraten auf. Noch stärker wuchs die Landbevölkerung in den Zentren des protoindustriellen Leinengewerbes der südlichen Oberlausitz. Im Kreis Löbau betrug die Vermehrung der Einwohnerschaft außerhalb der Städte mehr als 185 Prozent, im benachbarten Zittauer Kreis waren es gar rund 315 Prozent.

Die Ausbreitung des Heimgewerbes bot nichterbenden Bauernsöhnen und Bauerntöchtern die Chance, einem lebenslangen Gesindedienst zu entkommen und eine eigene Familie zu gründen. Im textilgewerblichen Gürtel entlang des Erzgebirges dürften auch zahlreiche Bauernfamilien, zumindest in den weniger arbeitsintensiven Jahreszeiten in das protoindustrielle Produktionssystem integriert gewesen sein, etwa in die Handspinnerei. Die Gärtner und Häusler, die auf den relativ kleinen Rittergütern der meißnischen Grundherrschaftsgebiete kaum als Arbeitskräfte gebraucht wurden, fanden in der Protoindustrie ihre einzige Existenzmöglichkeit auf dem Lande. Diese unterbäuerlichen Gruppen waren von feudalen Fronverpflichtungen nicht ausgenommen. Allerdings wurden sie im Allgemeinen wohl relativ geringfügig belastet, da die Fronden gewöhnlich auf dem Grundbesitz lasteten und ihr Ausmaß sich nach dessen Größe richtete. Grund- und Gutsherren ließen sich solche Verpflichtungen zum Teil auch in Abgaben umwandeln, indem sie dörfliche Wirker und Weber mit »Stuhlgeldern« belegten. In den Textilregionen der Oberlausitz siedelten einige Gutsbesitzer sogar planmäßig Leinen- und Bandweber in ihrem Herrschaftsbereich an, um von ihnen dann eben solche »Stuhlgelder« einzufordern. Hier sehen wir also, dass selbst in Regionen, in denen sich die Gutsherrschaft ausgeprägt hatte, protoindustrielle Verdichtungen nicht unbedingt vom Arbeitskräftebedarf der Rittergüter verhindert wurden.[23]

Eine Reihe von Daten deuten darauf hin, dass die landwirtschaftliche Produktivität im Kurfürstentum Sachsen in der zweiten Hälfte des 18. Jahrhunderts merklich im Steigen begriffen war. Die Getreideerträge verdoppelten (Roggen) bis vervierfachten (Weizen) sich zwischen 1755 und 1791. Der Kartoffelanbau, der seit 1680 nachweisbar ist, wies mit einer Verzwanzigfachung im gleichen Zeitraum noch wesentlich eindrucksvollere Steigerungsraten auf. Pro Kopf der Bevölkerung und Quadratmeile wurden in Sachsen Mitte des 18. Jahrhunderts 1,48 Scheffel Roggen und 0,09 Scheffel Kartoffeln geerntet; am Ende des Jahrhunderts waren es 2,46 bzw. 1,57 Scheffel. Das rasche Wachstums der Bevölkerung hatte also das der Nahrungsmittelproduktion nicht eingeholt. Der Anbau von Klee und Futterrüben verbreitete sich, verbunden mit einer Intensivierung der Stallhaltung und der Ausdehnung von Feldkulturen auf ehemaligen Wiesen- und Weideflächen.

Neue Anbaumethoden breiteten sich vor allem auf den Rittergütern aus. Es wurden hier vermehrt Düngemittel eingesetzt – Gips- und Knochenmehl, Kalk und Mergel –, und am Ende des 18. Jahrhunderts gingen die ersten Landwirte zur mineralischen Düngung mit Kalisalzen über. Die Rittergüter produzierten von jeher stärker für den Markt als die Bauern, die einen größeren Teil ihrer Ernte für den Eigenbedarf benötigten. Die größeren Güter, vor allem die Standesherrschaften in der Oberlausitz, widmeten sich neben dem Getreideanbau und der Viehzucht der Weiterverarbeitung von Feldfrüchten in Getreidemühlen, Brauereien oder Brennereien und betrieben Kalksteinbrüche, Papiermühlen, Glashütten, Eisenwerke u. a. m. Schließlich stiegen viele Rittergutsbesitzer in die Schafhaltung ein, nachdem der sächsische Staat im Zuge seines Retablissement-Programms 300 spanische Merinoschafe eingeführt hatte. Diese wertvollen Tiere bildeten den Grundstock einer auf die Produktion hochwertiger Wollsorten ausgerichteten Schafzucht. Schon Ende des 18. Jahrhunderts wurden in Sachsen rund eineinhalb Mio. Schafe gezählt, welche mit der »Elektorenwolle« einen begehrten Rohstoff für das protoindustrielle Textilgewerbe lieferten.[24]

Der Funken der industriellen Revolution

Überblickt man die frühneuzeitliche Wirtschaftsentwicklung Sachsens, so kann man ohne weiteres konstatieren, dass das Territorium des Kurfürstentums an der Wende vom 18. zum 19. Jahrhundert eine Reihe bedeutender protoindustrieller Ballungszentren umfasste und in vielfältiger Weise in den deutschen, europäischen und überseeischen Handel integriert war. Der Funken, der die Anfänge der industriellen Revolution in Sachsen auslöste, kam aber von außen, von den Britischen Inseln. Denn als sich in den am weitesten fortgeschrittenen Textilrevieren im Norden Englands industrielle Produktionsweisen durchzusetzen begannen, gerieten alle anderen textilen Gewerberegionen unweigerlich in den Sog dieser Entwicklung. Seit den 1770er- und 1780er-Jahren kamen in Lancashire und Yorkshire technologische Innovationen zum Einsatz, die es den dortigen Unternehmern ermöglichten, vor allem Baumwollwaren in großen Mengen, hoher Qualität und zu konkurrenzlos billigen Preisen herzustellen. Damit standen auch die sächsischen Verleger und Manufakteure vor der Herausforderung, diesen Produktivitätssprung nachzuvollziehen oder auf andere Weise zu kompensieren, um nicht von ihren angestammten Märkten verdrängt zu werden.[25]

Zunächst half aber die schnelle Adaption einer britischen Schlüsselinnovation den sächsischen Textilerzeugern ein eigenes ernsthaftes produktionstechnisches Problem zu überwinden. Wie auf den Britischen Inseln hatten auch in Sachsen die Produzenten von Baumwoll- und Wollwaren damit zu kämpfen, dass mit dem Aufschwung der Weberei und Wirkerei zunehmend größere Mengen an Garn benötigt wurden. Da das Garn immer noch mit den althergebrachten Methoden auf einfachen Spinnrädern, oft von bäuerlichen Familien im Nebenerwerb, gesponnen wurde, entwickelte sich die Spinnerei zunehmend zum »Flaschenhals« des Produktionsprozesses. Um 1765 hatte der englische Weber James Hargreaves eine Spinnmaschine konstruiert, mit der es möglich war, zunächst elf, später mehr als 100 Fäden gleichzeitig zu spinnen. Die »Spinning Jenny« wurde von Hand betrieben, fügte sich also leicht in die vorhandenen heimgewerblichen Produktionsstrukturen ein.

»Spinning Jenny« von Hargreaves, 1767

Hargreaves' Handspinnmaschine verbreitete sich rasch in den britischen Baumwollrevieren, und schon 1785/86 fanden die ersten »Jennies« auch in Sachsen Eingang in die Spinnstuben. Die Maschinen wurden anfangs von den Verlegern angeschafft und den Spinnern gegen eine Abgabe leihweise überlassen. Nicht wenige der Heimarbeiter und Textilhandwerker erwarben aber bald eine eigene Spinnmaschine, unterstützt durch Vorschüsse der sächsischen Regierung, die in kleinen Raten zurückgezahlt werden konnten. Diese Spinnmaschinen wurden bereits in Sachsen selbst hergestellt, überwiegend von Maschinenbauern im Raum Chemnitz und Mittweida. Die Weber und Strumpfwirker, die sich auf diese Weise in den Besitz einer Jenny gebracht hatten, gaben ihre Baumwolle nicht mehr aufs Land zum Bauern, sondern ließen sie von ihren Familienmitgliedern verspinnen. Einige von ihnen gaben sogar die Weberei und Wirkerei ganz auf und verdienten fortan ihren Lebensunterhalt mit der Baumwollspinnerei. Im Jahr 1800 wurden in Kursachsen schon über 2000 Spinning Jennies gezählt. Bereits zwei Jahre zuvor hatte ein Chemnitzer Kattundruckereibesitzer und Verleger erstmals Handspinnmaschinen angeschafft, um sie in einem großen Manufaktursaal aufzustellen und die Baumwollspinnerei auf eigene Rechnung mit Lohnarbeitern zu betreiben.[26]

Konnten die einfachen englischen Jenny-Maschinen von der sächsischen Verlags- und Manufakturindustrie noch relativ problemlos adaptiert werden, so gestaltete sich die Beschaffung und Aufstellung der komplizierteren kraftgetriebenen Spinnereimaschinen der zweiten Generation wesentlich schwieriger. 1769 war in England eine kontinuierlich arbeitende, zunächst mit Pferdegöpeln, bald aber mit Wasserkraft angetriebene Spinnmaschine, der »Water Frame«, patentiert worden. Einige Jahre später vereinte das »Mule«, das »Maultier«, die Antriebskraft des »Wasserspinnrahmens« mit dem Prinzip der Spinning Jenny, um eine Vielzahl von Spindeln gleichzeitig zu betreiben. 1786 erhielt zudem der englische Land-

Erste Mule, frühe Spinnmaschine, 1775

pfarrer Edmund Cartwright ein Patent auf den ersten brauchbaren kraftgetriebenen Webstuhl, der sich allerdings auch in Großbritannien nur sehr langsam verbreitete. Eine weitere Schlüsselinnovation, die Dampfmaschine des Schotten James Watt, mit der es möglich war, Spinn- und Webmaschinen anzutreiben, stand ebenfalls seit Mitte der 1780er-Jahre zur Verfügung.

Alle diese Maschinen waren zunächst einmal schwer zu beschaffen. Die britische Regierung hatte ihre Ausfuhr untersagt und unter harte Strafandrohung gestellt, um den Produktivitätsvorsprung der heimischen Industrie abzusichern. Selbst wenn es gelang, die neuen englischen Spinnmaschinen zu besorgen oder nachzubauen, so waren diese großen und kostspieligen Geräte anders als die Jenny nicht für den Einsatz in der Hausindustrie geeignet. Sie mussten vielmehr unter Aufbringung weiterer großer Kapitalsummen in Fabrikgebäuden aufgestellt werden. Zudem besaßen die britischen Textilproduzenten nicht nur in der Spinnerei und Weberei einen bedeutenden technologischen Vorsprung, sondern waren auch in fast allen anderen Verarbeitungsstufen den sächsischen Erzeugern technisch überlegen: So hatten bei der Vorbereitung der Rohbaumwolle Krempelmaschinen Verbreitung gefunden. Neuartige chemische Bleichverfahren hatten – anders als in Sachsen – die traditionelle Rasenbleiche im Freien abgelöst und die Kattundruckereien setzten erste Walzendruckmaschinen ein.[27]

Vor allem seit den frühen 1790er-Jahren bekamen die sächsischen Textilunternehmer den Wettbewerbsdruck der technologisch überlegenen englischen Konkurrenz zu spüren. Besonders betroffen waren zunächst die vogtländischen Baumwollwarenhersteller. Die feinen Plauener Musselinstoffe waren auf den Messen wegen zu hoher Preise nicht mehr verkäuflich, während die übrigen sächsischen Baumwollenwaren meist zu grob waren, um mit englischen Erzeugnissen in direkten Wettbewerb zu treten. Im Sommer 1791 reiste daher der Plauener Verleger Johann Christian Baumgärtel nach England, um sich von den rapiden technologischen Fortschritten in der dortigen Textilindustrie ein genaueres Bild zu machen und möglichst eine der neuen Spinnmaschinen zu beschaffen. Viel Glück hatte Baumgärtel aber offensichtlich auf seiner Bildungsreise nicht. Er habe, so teilte er der staatlichen Kommerziendeputation mit, die besagten Maschinen »nur flüchtig und auf kurze Augenblicke zu sehen bekommen und dabei viel Vorsicht nötig gehabt ... um nicht für einen aufmerksamen Beobachter erkannt zu werden.« Zwar holte Baumgärtel gleich nach seiner Rückkehr aus England einen Chemnitzer Maschinenbauer nach Plauen, um ihn nach seinen Anleitungen eine Spinnmaschine konstruieren zu lassen. Doch es gelang ihnen nicht, eine brauchbare wasserkraftgetriebene Maschine nach dem Muster der »Mule« oder des »Water Frame« herzustellen.

In einem Punkt waren die Anstrengungen Baumgärtels aber schließlich doch erfolgreich. Er hatte aus England eine Schlüsselinnovation der Webstuhltechnik mitgebracht, den »Flying Shuttle«. Dieser »Schnellschütze«, bereits 1733 erfunden, war eine Vorrichtung, bei der das Webschiffchen mittels eines Seilzugsystem in der Weblade hin-und hergeschnellt wurde, was sowohl die Herstellung breiterer Gewebe als auch eine wesentliche Erhöhung der Schusszahl ermöglichte. Baumgärtel löste schließlich die englische Herausforderung auf eine einfache wie bestechende Weise, die im Plauener Baumwollgewerbe schnell Nachahmer fand: Er verarbeitete fortan hochwertiges englisches Maschinengarn, das über den Handelsplatz Leipzig auf den Markt gebracht wurde. Mit Hilfe der durch den Schnellschützen verbesserten Webtechnik konnte Baumgärtel die englischen Musselinstoffe nachahmen und blieb aufgrund der niedrigen Weberlöhne gegenüber der britischen Konkurrenz wettbewerbsfähig.[28]

Auch in den Baumwollrevieren des Erzgebirges, des Chemnitzer und des Glauchau-Meeraner Raumes verfolgten Verleger und Manufakturunternehmer, die sich mit der britischen Konkurrenz auseinander zu setzen hatten, ähnliche Strategien wie Baumgärtel: Soweit zugänglich und für die sächsischen Verhältnisse adaptierbar, versuchten sie britische Innovationen zu übernehmen. Von den Engländern auf den Markt geworfene neue Textilmodewaren wurden mit billigen

Arbeitskräften und preiswertem englischem Maschinengarn, das sich nach der Sperrung der französischen Märkte für britische Produkte seit 1793 zunehmend Absatz in Deutschland suchte, so gut wie möglich imitiert. Mit diesen Mitteln konnten die sächsischen Hersteller ihre technologischen und betriebsorganisatorischen Handicaps leidlich kompensieren und in den nächsten zehn bis 15 Jahren den englischen Fabrikwaren zumindest zeitweise auf den Märkten Paroli bieten.[29]

In den Jahren nach 1799 gelang es schließlich, wie in der Einleitung geschildert, den Chemnitzer Kaufleuten Conrad Wöhler und Carl Friedrich Bernhard die neuen englischen Spinnmaschinen nachzubauen, sie an Wasserrädern laufen zu lassen und im Fabrikbetrieb Baumwolle zu verspinnen. Wöhler war in den Besitz von Konstruktionszeichnungen und Modellen des »Water Frame« gekommen, hatte die Maschinen von einem aus Yorkshire angeworbenen Mechaniker bauen lassen und schließlich im Chemnitzer Vorort Furth eine Fabrik eröffnet. Bernhard nutzte seine englischen Geschäftsverbindungen und Erfahrungen zur Gründung einer Baumwollspinnfabrik in Harthau, die seine in England angeheuerten Techniker mit »Mule«-Maschinen ausstatteten. Auch Detlev von Einsiedel übergab die Leitung des Betriebes der nahe seinem Schloss Wolkenstein errichteten mechanischen Wollspinnerei einem englischen Maschinenmeister. Das maschinelle Verspinnen von Schafwolle erwies sich aber als technisch schwierig, so dass Einsiedel schon wenige Jahre später den Betrieb auf Baumwolle umstellte. Die Landes-Ökonomie-, Manufaktur- und Commerzien-Deputation, die merkantilistische Zentralbehörde des sächsischen Staates, gab diesen ersten Schritten in das Fabrikzeitalter kräftige Hilfestellung. Sie räumte den Fabrikgründern langfristige Produktionsprivilegien ein, gewährte ihnen Darlehen zu günstigen Konditionen und übernahm zum Teil die Besoldung der nach Sachsen geholten englischen Spezialisten.[30]

Baumwollspinnerei Becker und Schraps in Chemnitz, 1811 errichtet

Die Jahre um 1800 markieren zwar mit der Gründung der ersten Maschinenspinnereien den Übergang zu industriellen Produktionsweisen im engeren Sinne, doch blieb deren wirtschaftliche Bedeutung zunächst eher marginal. Die Spinnereien von Bernhard, Wöhler und Einsiedel waren – außer einem 1803 im thüringischen Langensalza gegründeten Betrieb – fast ein Jahrzehnt lang die einzigen sächsischen Spinnfabriken, nicht zuletzt auch aufgrund der ihnen vom Staat bewilligten Privilegien. Bernhard strengte sogar einen Prozess gegen Wöhler an, nachdem dieser versucht hatte, Mule-Maschinen in seiner Fabrik einzuführen. Solange englisches Baumwollgespinst in genügenden Quantitäten auf den sächsischen Markt kam, blieben die mechanischen Spinnereien eine nicht sonderlich profitable Ausnahmeerscheinung.

Dies änderte sich nach 1806/07, als im Zuge der napoleonischen Kontinentalsperre die Einfuhr englischer Maschinengarne zu versiegen drohte. Obgleich die französischen Zwangsmaßnahmen den Zustrom britischer Waren nach Sachsen nie auch nur annähernd unterbinden konnten, bewirkten sie dennoch eine spürbare Verknappung und Verteuerung der englischen Baumwollgarne und textilen Fertigwaren. Diese partielle Ausschaltung der britischen Konkurrenz auf den kontinentaleuropäischen Märkten beflügelte vor allem die junge sächsische Maschinenspinnerei. Innerhalb weniger Jahre entstanden in Südwestsachsen entlang der Zwickauer Mulde, der Chemnitz, der Flöha, der Zschopau und anderer Flussläufe mehr als 80 mit Wasserrädern angetriebene Spinnfabriken, vor allem, als sich der Mangel an englischem Garn tatsächlich bemerkbar machte. In den ersten Jahren nach 1806 war in Leipzig englisches Baumwollgarn noch offen an der Börse notiert und gehandelt worden. Seit 1810 begannen die französischen Militärbehörden die Kontinentalsperre nachhaltiger durchzusetzen und ließen große Lager mit britischen Importwaren in Leipzig öffentlich verbrennen. Zudem waren nun die 1798/99 an Wöhler und Bernhard vergebenen zehnjährigen Privilegien abgelaufen.

Die Gründer der neuen Fabriken waren zunächst vornehmlich kapitalkräftige Großkaufleute, Textilverleger und Kattundruckereibesitzer, welche die nicht unerheblichen Gelder aufzubringen vermochten, die mit dem Übergang zur industriellen Produktion verbunden waren. Der Lengenfelder Kaufmann Gottlob Friedrich Thomas etwa veranschlagte 1807/08 die Summe von 100 000 Talern für den Bau und die Inbetriebnahme seiner Baumwollspinnerei. Die Hälfte dieses Betrages hatte Thomas von einer Bank in Greiz erhalten, einen weiteren Teil aus dem eigenen Vermögen und dem seines Kompagnons aufgebracht. Auch der sächsische Staat sprang Thomas und anderen Fabrikgründern mit Krediten, Zuschüssen und Spindelprämien bei, allerdings wohl in eher bescheidenem Ausmaß.[31]

Dem schnellen Wachstum der maschinellen Baumwollspinnerei in Sachsen kam sicherlich auch entgegen, dass nun genügend technisches Know-how im Lande vorhanden war, um die benötigten Maschinen herzustellen. Die Spinnereifabrikanten stellten nicht allein Spinnmaschinen – Mules, Water Frames oder für den Wasserradbetrieb umgerüstete Jennies – auf, sondern die Zurichtung der Rohbaumwolle für den eigentlichen Spinnprozess war in weitgehendem Maße in einzelne Arbeitsgänge zerlegt und ebenfalls mechanisiert worden: Krempelmaschinen, welche die Baumwolle durch eine über eine Trommel gespannte Kratze reinigten und die einzelnen Fasern in eine parallele Lage brachten; Streck- Kannen- und Vorspinnmaschinen, die diese Fasern streckten, drehten und zu Bändern vereinigten u. a. m.

Die Gründer der ersten sächsischen Maschinenspinnereien hatten zum Bau ihrer technischen Ausrüstung noch selbst Mechaniker angeworben und angestellt. Nun entstanden eigene Maschinenbauanstalten, welche die englischen Spinn- und Vorbereitungsmaschinen nachbauten und eigene Versionen dieser Maschinen konstruierten. Die erste dieser Maschinenbauwerkstätten eröffnete der britische Mechaniker Evan Evans, den Carl Friedrich Bernhard einige Jahre zuvor für den Bau seiner Mule-Spinnerei nach Chemnitz geholt hatte, 1807 bei Zschopau (seit 1809 in Geyer), wofür ihm die sächsische Regierung auf fünf Jahre ein Gehalt von jährlich 400 Talern aussetzte. 1812 stellten schon elf solcher Werkstätten in Sachsen Maschinen für die Spinnereiindustrie her. Sicherlich kam der schnellen Entwicklung des sächsischen Maschinenbaus nach 1800 auch entgegen, dass es in den protoindustriellen Textilrevieren zahlreiche Handwerker und Mechaniker gab, die sich bereits auf die Herstellung von Web- und Wirkstühlen, Spinnrädern und ähnlichen Gerätschaften spezialisiert hatten.[32]

DER LANGE WEG ZUR FABRIK: DIE INDUSTRIELLE REVOLUTION IN SACHSEN

Die Baumwoll- und Wollspinnerei

Mit dem Ende der Kontinentalsperre und nach der Niederlage des napoleonischen Frankreich brach der rasche Aufschwung der sächsischen Fabrikindustrie ab. Die britische Spinnereiindustrie brachte sofort nach Friedensschluss ihre jahrelang gehorteten Baumwollgarne auf die kontinentaleuropäischen Märkte. Der Exportoffensive einer technologisch überlegenen Konkurrenz konnte die sächsische Baumwollspinnerei, die im Glashaus eines geschützten Marktes gewachsen war, zunächst wenig entgegensetzen. In den nordenglischen Industrierevieren hatten sich viele der Spinnfabriken bereits zum Großbetrieb entwickelt. Dagegen waren in Sachsen während der Kontinentalsperre in der Regel kleine, bescheiden ausgestattete »Spinnmühlen« entstanden, zum Teil noch als Manufakturen mit Handspinnmaschinen ohne Kraftantrieb. Diesen Unternehmen fehlte es oft an Betriebskapital, um sich längere Zeit unter den nun einsetzenden schwierigen Bedingungen über Wasser zu halten, und eine ganze Reihe der während des Booms errichteten Maschinenspinnereien musste ihren Betrieb einstellen und in Konkurs gehen.

Allerdings überlebten auch einige der größeren, besser ausgestatteten Betriebe diese erste Reinigungskrise und seit den frühen 1820er-Jahren wurden im Raum Chemnitz schon wieder neue Fabrikspinnereien gebaut. Mit der Zahl von 72 sächsischen Fabrikspinnereien war aber 1831 noch nicht wieder der Höchststand von 1814 (86) erreicht. Die Gesamtzahl der Spindeln hatte sich jedoch um fast zwei Drittel erhöht. Von diesen 72 Spinnfabriken verwendeten 61 ganz oder überwiegend Wasserräder als Antriebsaggregate, drei setzten zusätzlich Dampfmaschinen ein und in elf waren – neben den diversen Vorbereitungsmaschinen – nur Handspinnmaschinen aufgestellt. Es ist auch eine tendenzielle Abwanderung der Baumwollspinnereien aus dem Chemnitzer Raum in das Erzgebirge zu beobachten. Im Gebirge fanden die Spinnmühlen bessere Bedingungen für den regelmäßigen Betrieb der Wasserräder. Zudem waren die Arbeitskräfte hier deutlich billiger als etwa in der Stadt Chemnitz.[33]

Insgesamt blieben die Expansionschancen der sächsischen Baumwollspinnerei auch nach der Erholung seit Mitte der 1820er-Jahre recht begrenzt. Da sie bei den feineren Garnsorten nicht mit den englischen Produzenten mithalten konnten, spezialisierten sich die sächsischen Baumwollspinnereien auf die Herstellung der gröberen Garne. Der Markt für solche Baumwollgarne war in Sachsen selbst wiederum eher klein, so dass ein Teil der sächsischen Garnproduktion exportiert werden musste. Mitte der 1830er-Jahre erlebte die sächsische Baumwollmaschinenspinnerei einen spürbaren Aufschwung. Die Zahl der Spinnereien stieg bis 1837 auf 130; die Gesamtzahl der eingesetzten Spindeln hatte sich seit 1830 von 361 000 auf 490 000 erhöht. Diese Daten zeigen allerdings auch an, dass die durchschnittliche Betriebsgröße nun wieder rückläufig war. Sie fiel von rund 4300 Spindeln pro Betrieb (1830) auf weniger als 3800 (1837). Der Zuwachs ging also überwiegend auf das Konto kleinerer, eher bescheiden ausgestatteter Spinnereien. Zur Ausweitung der sächsischen Maschinenspinnerei mag auch die Gründung des Deutschen Zollvereins 1834 beigetragen haben. Durch die, wenn auch mäßigen, Einfuhrzölle auf Baumwollgarn gegenüber der britischen Konkurrenz begünstigt, stand den sächsischen Garnerzeugern nach dem Wegfall der innerdeutschen Zollabgaben nun in vermehrtem Maße der deutsche Markt offen.[34]

Der Aufschwung nach 1834 war aber nur von kurzer Dauer. Seit den späten 1830er-Jahren gerieten die sächsischen Baumwollspinnereien in den Sog einer internationalen, von den USA ausgehenden Wirtschaftskrise. Eine ganze Reihe von Spinnereien musste in den folgenden Jahren den Betrieb einstellen. Erst 1846 hatte die Zahl der Baumwollspinnereien und die Gesamtzahl der Spindel wieder in etwa den Stand von 1837 erreicht. Auch im folgenden Jahrzehnt nahm das Wachstumstempo kaum zu. 1861 gab es 153 Baumwollspinnereien im Königreich Sachsen. Ihre durchschnittliche Größe bewegte sich mit 4623 Spindeln pro Betrieb nur unwesentlich über dem Niveau von 1830. Diese Entwicklung erscheint um so bemerkenswerter, als sowohl in den anderen deutschen Staaten und erst recht in Großbritannien die Durchschnittszahl der Spindeln pro Betrieb in der Baumwollspinnerei in diesem Vierteljahrhundert kräftig gewachsen war. Auch den technologischen Rückstand gegenüber dem Mutterland der Industrialisierung hatten die sächsischen

Baumwollspinner Mitte des 19. Jahrhunderts nicht aufgeholt. Die erste selbsttätige Spinnmaschine, der so genannte »Selfaktor«, der in Großbritannien bereits in den 1830er-Jahren zur Standardausrüstung von Baumwollspinnereien gehörte, wurde in Sachsen erst 1840 aufgestellt. Selbst nachdem 1842 der Export von Maschinen von der britischen Regierung freigegeben worden war und die neuesten Modelle des englischen Textilmaschinenbaus auf dem Kontinent frei erhältlich waren, verbesserte sich die technische Ausstattung vieler sächsischer Spinnereien kaum.[35]

Die geringe technologische Innovationsbereitschaft der sächsischen Baumwollgarnerzeuger rührte nicht zuletzt auch daher, dass etwa die Hälfte der Betriebe Lohnspinnereien waren, die auf Bestellung arbeiteten. Diese konnten nicht einige wenige Garnsorten in großen Mengen herstellen, sondern mussten sich an den jeweiligen Vorgaben ihrer Auftraggeber orientieren. Sie wechselten fortwährend die Garnnummern (welche die Feinheit des Fadens anzeigten), was bei den neueren komplizierteren Spinnmaschinen mit technischen Problemen verbunden gewesen wäre. Der Einsatz von Dampfmaschinen in den sächsischen Spinnfabriken war auch noch in den 1850er Jahren die große Ausnahme. Von den 135 Baumwollspinnereien, die es 1855 im Königreich Sachsen gab, arbeiteten nur sieben vollständig mit Dampfkraft; bei 19 weiteren Spinnereien diente die Dampfmaschine als Reserve für den Fall ungenügenden Wasserantriebs. Die Fabrikanten selbst sahen lange Zeit vor allen Dingen die Vorteile, die ihnen die naturräumlichen Bedingungen des Erzgebirges und seines Vorlandes zu verschaffen schienen. Dass die sächsischen Baumwollspinner in ihrer Mehrzahl auf die kostengünstige Nutzung der Wasserkraft an den aus dem Erzgebirge kommenden Flüssen setzten, hatte seinen Preis. Damit waren einer Vergrößerung der Fabrikationsanlagen Grenzen gesetzt. Zudem machte die Abhängigkeit von den natur- und witterungsbedingten Schwankungen des Wasserpegels der Flüsse den Spinnereibetrieb unregelmäßig und störanfällig.[36]

Neben und zum Teil an die Stelle der mechanischen Baumwollspinnerei trat nach 1815 in vermehrtem Maße auch die fabrikatorische Produktion von Wollgarnen. Die gewisse zeitliche Verzögerung, mit der sich die Entwicklung der Woll- gegenüber der Baumwollindustrie in Sachsen (und anderswo) vollzog, gründete nicht zuletzt in den besonderen technischen Problemen der Verarbeitung von Schafwolle. Besonders die Vorarbeiten, das Aufbrechen der Wolle durch Kratzen und das Streichen bzw. Kämmen, entzogen sich längere Zeit einer effizienten Mechanisierung. Hier konnte sich daher die hausindustrielle Handspinnerei länger halten als bei der Baumwolle. Noch 1817 ergriff die sächsische Regierung auf Initiative des Plauener Amtshauptmannes von Wietersheim Maßnahmen zur Förderung der Wollhandspinnerei im Vogtland und richtete Spinnschulen ein, um die durch die Krise der Baumwollindustrie eingetretene Arbeitslosigkeit zu lindern. Im gleichen Jahr nahm in Reichenbach im Vogtland aber die erste sächsische Maschinenwollspinnerei – abgesehen von dem kurzzeitigen Experiment des Grafen Einsiedel in Wolkenburg – die Produktion auf. Für die weitere Entwicklung der sächsischen Wollspinnerei ist zunächst einmal die Unterscheidung zweier technischer Verfahren bedeutsam, der Herstellung von Streichgarn und von Kammgarn. Bei der Streichgarnspinnerei wurde die Wolle mit Kratzen (Streichen) aufgelockert und die Fasern ineinander verwirrt zu Garn versponnen. Bei der Kammgarnspinnerei wurden die Wollfasern durch heiße Kämme gestreckt, nebeneinander gelegt und nach und nach lang gezogen zu einem möglichst glatten Faden versponnen. Kammgarn konnte zu wesentlich feineren und teureren Stoffen als Streichgarn verarbeitet werden.

Beide Branchen der Wollindustrie entwickelten sich in markant unterschiedlicher Weise. Die sächsische Streichgarnspinnerei ähnelte von der Struktur insofern der Baumwollspinnerei, als zahlreiche kleine, technische eher bescheiden ausgestattete Betriebe entstanden. Im Laufe der 1830er-Jahre verdoppelte sich die Gesamtzahl der Spindeln glattweg. 1840 gab es 126 Streichgarnfabriken in Sachsen, 1846 sogar schon 172. Im Durchschnitt liefen in diesen Fabriken aber kaum mehr als 500 Spindeln. Allerdings erscheint die sächsische Streichgarnspinnerei der dreißiger und vierziger Jahre krisenfester als die Baumwollspinnerei. Sie stand unter wesentlich geringerem Wettbewerbsdruck. Zudem wurde ihr Rohmaterial, die Schafwolle, überwiegend in Sachsen selbst produziert, so dass die Abhängigkeit von fluktuierenden Weltmarktpreisen deutlich geringer war als etwa beim Importgut Baumwolle.[37]

In der Kammgarnspinnerei, wo die Arbeitsprozesse eine relativ starke Ähnlichkeit mit denen in der Baumwollverspinnung besaßen, konnten die fortgeschritteneren technischen Innovationen der Baumwollindustrie vergleichsweise einfach adaptiert werden. Hier dominierten auch in Sachsen die größeren Betriebe und die Fabrikation wurde gewöhnlich schon mit Spinn- und Vorbereitungsmaschinen der zweiten Generation begonnen. 1825 nahm die erste sächsische Kammgarnmaschinenspinnerei den Betrieb auf; 1836/37 waren es insgesamt 14 Kammgarnfabriken, die im Durchschnitt fast dreimal soviel Spindeln einsetzten wie die Streichgarnspinnereien. Zur Gründung einer konkurrenzfähigen Kammgarnspinnerei waren daher im Allgemeinen größere Kapitalsummen nötig. Als der Leipziger Textilgroßkaufmann Ferdinand Hartmann 1830 im nahe gelegenen Pfaffendorf eine Kammgarnfabrik erbaute und moderne, mit Dampfkraft betriebene Spinnmaschinen aufstellte, musste er nicht nur das eigene, beträchtliche Vermögen einsetzen, sondern auch das seiner beiden Schwäger und das seiner Ehefrau. Für den weiteren Ausbau des Betriebes erwiesen sich die eigenen Kapitalressourcen bald als zu gering, und 1836 wurde das Unternehmen mit Hilfe zweier Leipziger Bankhäuser in eine Aktiengesellschaft mit einem Grundkapital von 500 000 Talern umgewandelt.[38]

Die Garn verarbeitenden Branchen

War die Mechanisierung der Garnproduktion also schon um 1830 relativ weit fortgeschritten, so befand sich die sächsische Maschinenweberei zu diesem Zeitpunkt erst in den Anfängen. Technologische Innovationen wie der Schnellschütze waren in Sachsen zwar seit den 1790er-Jahren eingeführt worden oder hatten sich, wie der Jacquard-Webstuhl zur Herstellung gemusterter Stoffe, seit den späten 1820er-Jahren schnell verbreitet. Kraftgetriebene Maschinenwebstühle fanden jedoch vergleichsweise spät Eingang in die sächsische Baumwoll- und Wollindustrie und blieben bis über die Mitte des 19. Jahrhunderts hinaus wie in anderen deutschen Staaten die Ausnahme. Noch für das Jahr 1861 weist die Statistik aus, dass selbst in den sächsischen Baumwollfabriken deutlich mehr Handwebstühle als Maschinenwebstühle (42,2 zu 57,8 Prozent) in Benutzung waren. Dabei standen zum gleichen Zeitpunkt immer noch 89 Prozent aller in Sachsen erfassten Baumwollwebstühle außerhalb von Fabriken in den Werkstätten und Arbeitsräumen der kleingewerblichen und hausindustriellen Weber.

Die Ursachen für diese zögerliche Entwicklung waren vielfältig. Zunächst einmal war für die Mechanisierung der Weberei eine wesentlich komplexere Technik vonnöten als für die der Spinnerei und der ihr vorgelagerten Produktionsstufen. Der Arbeitsprozess des Webens war nicht wie das Spinnen in Einzelschritte, die auf mehrere Maschinen verteilt werden konnten, zerlegbar. Vor allem bei der Streichgarnweberei kam hinzu, dass die Garnfäden im maschinellen Betrieb leicht rissen, so dass der Arbeitsvorgang oft unterbrochen werden musste. Kraftwebstühle waren nicht nur kostspielig, sondern brachten zunächst nur eine geringe Produktivitätssteigerung gegenüber den von Hand betriebenen Webstühlen. Zudem behinderten die Grenzen der in Sachsen vorherrschenden Antriebsenergie, des Wassers, die eigentlich nahe liegende Integration des Weberbetriebes in die Fabrikspinnereien. In den meisten Spinnfabriken entlang der Zwickauer Mulde, der Chemnitz, der Zschopau oder der Flöha wäre es kaum möglich gewesen, zusätzliche Antriebskraft für mechanische Webstühle bereitzustellen.[39]

Während die sächsische Maschinenspinnerei in den ersten beiden Jahrzehnten des 19. Jahrhunderts relativ zügig die Handspinnerei zurückdrängte, konnte sich die Handweberei noch lange nach der erstmaligen Aufstellung mechanischer Webstühle in einer sächsischen Fabrikhalle behaupten. In der Weberei waren zudem zahlreiche Vorarbeiten notwendig, die im hausgewerblichen Betrieb von den Frauen und Kindern der Weber erledigt werden konnten. Auch in anderer Hinsicht bremsten und behinderten die etablierten Strukturen des protoindustriellen Verlagssystems eine zügige Durchsetzung des Maschinenwebstuhls. Die Einführung der Maschinenspinnerei war kaum auf nennenswerten Widerstand gestoßen. Im Gegenteil, angesichts ernsthafter Engpässe bei der Versorgung der Weberei und der Wirkerei mit Garnen drängten Verleger wie Handweber und Strumpfwirker geradezu auf die Einführung von Spinnmaschinen. Für die Handspinner wiederum war es in Zeiten, in denen sich der produktionstechnische »Flaschenhals« von der Garnherstellung zur Garnverarbeitung verschob, relativ einfach, einen neuen Broterwerb zu finden.

Anders lagen die Dinge bei der Frage der Mechanisierung der Weberei. Zum einen boten sich für die Handweber kaum Möglichkeiten, kurzfristig auf neue Betätigungsfelder auszuweichen, die von einem Produktivitätsgewinn infolge der Mechanisierung geschaffen worden wären. Die kraftgetriebene Webmaschine drohte die auf Handwebstühlen arbeitenden Handwerker und Heimarbeiter brotlos zu machen. Doch als etwa nach 1815 in Plauen die Einführung mechanischer Webstühle zur Debatte stand, protestierten nicht allein die Handwerkerinnungen, sondern auch die Verleger. Alle diejenigen Textilwarenverleger, die nicht den Schritt zum Fabrikanten machen konnten oder wollten, mussten in der maschinellen Fabrikweberei eine ebenso ernste Bedrohung ihrer Existenzgrundlage sehen wie die Handwerker selbst.[40]

Doch war es vielerorts nicht so sehr der Widerstand von Heimarbeitern, Handwerkern und Verlegern, der den Einsatz maschinengetriebener Webstühle verhinderte, sondern schlichtweg der Umstand, dass mechanische Webfabriken in den sächsischen Textilrevieren noch bis zur Mitte des 19. Jahrhunderts kaum eine lohnende Investition darstellten. Solange den sächsischen Unternehmern weder moderne Textilmaschinen noch billige Steinkohle zum Dampfbetrieb zur Verfügung standen, war an einen direkten Wettbewerb mit den britischen Marktführern kaum zu denken. Andererseits waren die Handweber bis über die Jahrhundertmitte hinaus durchaus konkurrenzfähig, vor allem bei Waren aus feinen Garnen und mit komplizierten Mustern sowie bei Textilwaren, bei denen häufige Modewechsel flexible Reaktionen der Hersteller verlangten. So sahen sich die Chemnitzer Webereiunternehmer seit den 1820er-Jahren nicht allein von der englischen Maschinenweberei in Bedrängnis gebracht, sondern auch von ihren sächsischen Konkurrenten, die in den kleinen Fabrikstädten und Industriedörfern den von ihnen beschäftigten Handwebern wesentlich geringere Löhne zahlen konnten.

Die Chemnitzer Webereien gingen daher vermehrt von der Herstellung einfacher »weißer« Waren zur Buntweberei und zur Herstellung von Möbelstoffen über. Mit der Jacquardmaschine stand ihnen dabei ein Instrument zur Verfügung, das erlaubte, mit relativ einfachen Vorrichtungen und ohne mechanische Antriebskraft komplizierte Muster in Form und Farbe auszuführen und mit unterschiedlichen Webstoffen beliebig zu variieren. 1805 hatte der französische Mechaniker Joseph Marie Jacquard eine Apparatur erfunden, die mit Hilfe von Lochkarten die Wahl der Kettfäden automatisch steuerte. Um ein neues Muster zu weben brauchte man also nur noch die Lochkarten auszutauschen. Das Gerät war zudem für Hand- wie für maschinengetriebene Webstühle kompatibel. Nach seiner erstmaligen Einführung 1827 fand der Jacquardwebstuhl schnell Verbreitung in Chemnitz, wo um 1840 schon 600 solche per Hand zu bedienende Maschinen in Betrieb waren.[41]

In den übrigen protoindustriellen Textilgewerben – der Strumpfwirkerei, der Spitzenklöppelei, der Posamentenherstellung usw. – gingen die Mechanisierung der Produktion und der Übergang zum Fabrikbetrieb in den Jahrzehnten nach 1815 im Allgemeinen noch wesentlich langsamer voran als in der Weberei oder gar der Spinnerei. Die protoindustriellen Spitzen- und Wirkwarenproduzenten des Erzgebirges, des Vogtlandes und des Chemnitzer Raumes begegneten den frühindustriellen Herausforderungen mit einer charakteristischen Ambivalenz, wie sie sich auch schon bei der Weberei gezeigt hatte. Sie legten dabei eine bemerkenswerte Anpassungs- und Adaptionsfähigkeit an den Tag. Sobald neue Werkstoffe wie das billige und fein gesponnene Maschinengarn zur Verfügung standen, fanden sie Eingang in das protoindustrielle Produktionssystem. Neue Muster und Modeartikel wurden rasch in das eigene Programm aufgenommen, kopiert und variiert; die Produktion wurde elastisch ausgeweitet. Im Erzgebirge wurden nach 1815 Klöppelschulen eingerichtet, um die Qualität und Vielfalt der Spitzenherstellung zu steigern. In Aue entstand mit der Wäscheindustrie ein für den Erzgebirgsraum ganz neuer Gewerbezweig. Diese erstaunlich elastische Expansion der Produktionskapazitäten vollzog sich aber überwiegend innerhalb der über lange Zeiträume gewachsenen handwerklich-hausgewerblichen Strukturen.

Der sächsischen Strumpfwirkerei gelang es seit den 1820er-Jahren, im großen Stil überseeische Märkte zu erschließen, vor allem in Nordamerika. Im erzgebirgischen Kreis waren 1797 rund 74 000 Dutzend Strümpfe und Handschuhe hergestellt worden. 1840 hatte sich die Produktion dieser Waren auf mehr als das Fünfundzwanzigfache, auf zwei Mio. Dutzend, erhöht. Gab es um 1800 im Chemnitzer Raum etwa 1000 Wirkstühle, so waren es 40 Jahre später 22 000, die meisten von ihnen hölzerne Handstühle im Eigentum der Wirker. Über 30 000 Menschen waren um 1840 mit dem Wirken von Strümpfen und Handschuhen beschäftigt. Dieses eindrucksvolle Wachstum wurde also ohne eine grundlegende Modernisierung der technologischen Basis des Produktionsprozesses erzielt, sondern allenfalls durch eine stärkere Arbeitsteilung innerhalb der verlagsindustriellen Strukturen: Statt fertiger Strümpfe lieferten die Wirker nun Rohware, die von den meist am Ort ansässigen Faktoren übernommen und an die Chemnitzer und Limbacher Verleger weiterverkauft wurden. Diese »Fabrikanten« wiederum ließen die rohen Wirkwaren im eigenen Manufakturbetrieb oder gegen Lohn bleichen und appretieren und brachten sie auf den Markt.

Dass es den sächsischen Wirkwarenunternehmen gelang, die britische Konkurrenz auf den überseeischen Märkten zurückzudrängen, lag nicht zuletzt daran, dass die Kosten und Risiken der Produktion in hohem Maße auf die einzelnen Wirker abgewälzt werden konnten. Die Strumpfwirkermeister und Heimarbeiter besaßen in der Regel ihre Arbeitsgeräte und arbeiteten in der eigenen Wohnung oder in eigens angemieteten Räumen. Ihre große Zahl und geringe

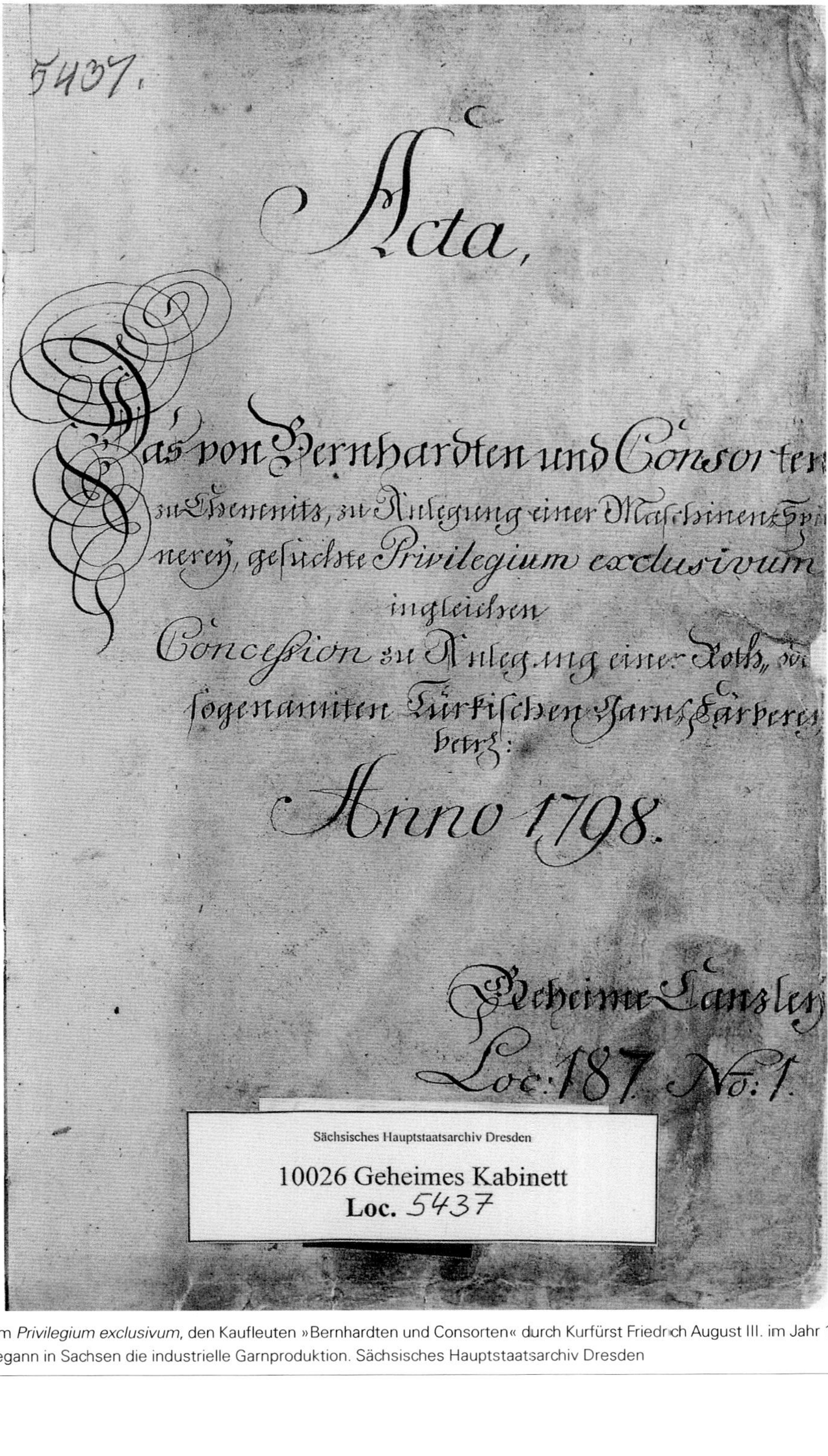

1 Mit dem *Privilegium exclusivum*, den Kaufleuten »Bernhardten und Consorten« durch Kurfürst Friedrich August III. im Jahr 1798 erteilt, begann in Sachsen die industrielle Garnproduktion. Sächsisches Hauptstaatsarchiv Dresden

2 Die Eisenhütte Wittigsthal bei Johanngeorgenstadt, Gemälde von Paul Anton Skerl, um 1820. Staatliche Kunstsammlungen Dresden, Kupferstich-Kabinett

3 Spinnerei von Becker & Schraps, Chemnitz, 1810/1811 errichtet
4 Eisenhütte Erla. Gemälde eines unbekannten Malers, um 1840. Museum »Erzgebirgisches Eisen und Zinn«, Schwarzenberg

5 Königsscheibe, die Eisenbahnbrücke über die Annaberger Straße darstellend, 1858. Schlossbergmuseum Chemnitz

6 Fest zur Feier der Fertigstellung der 100. Lokomotive zu Chemnitz. Lithografie, 1858

7 Deckelhumpen der Bergknappschaft. Silber, teilvergoldet, nach 1680. Stadt- und Bergbaumuseum Freiberg

8 Bauer mit Tragkorb, Meissener Porzellanfigur von Johann Joachim Kaendler. Porzellanmuseum im Zwinger, Dresden

9 Album der Sächsischen Industrie von Louis Oeser. Titelblatt mit Beschreibung der Handwerke und Industriezweige, um 1850

10 Blick auf die Hartmannsche Maschinenfabrik in Chemnitz. Lithografie von Oeser, 1860. Schlossbergmuseum, Chemnitz

Mobilität – viele waren Hausbesitzer – hielten die Löhne so niedrig, dass die regelmäßig auftretenden Absatzstockungen das Arbeitseinkommen der Wirker immer wieder unter das Existenzminimum fallen ließ. »Wenn es möglich wäre, in Sachsen die Spinnerei so zu betreiben, wie die Strumpfwirkerei, nämlich in den eigenen Wohnungen der Arbeiter«, schrieb Friedrich Georg Wieck, der publizistische Wortführer der Textilfabrikanten, 1840, »die englische Konkurrenz würde besiegt werden, wie die Strumpfwirkerei sie besiegt hat.« Erst in den 1850er-Jahren gingen die Strumpfunternehmer des Chemnitzer Raums zur stärkeren Zentralisierung der Produktion über. Innerhalb eines Jahrzehnts entstanden hier 46 Wirkwarenfabriken, die auf modernen Wirkstühlen französischer oder britischer Bauart Strumpfteile herstellten, die anschließend mit Nähmaschinen weiterverarbeitet wurden. Allerdings arbeitete auch in diesen zentralen Produktionsstätten die Mehrzahl der Wirkstühle zunächst im Handbetrieb und noch 1863 kamen 34 der 46 Strumpffabriken ohne Dampf- oder Wasserkraft aus.[42]

Der Einsatz von kraftgetriebenen Maschinen blieb in der Wirkerei wie in der Stickerei und Strickerei oder in der Posamentenherstellung bis in die 1860er-Jahre die Ausnahme. Die Ursachen für diese ausgesprochen langsame Adaption industrieller Produktionsweisen wird man in ganz ähnlichen Faktoren wie in der Weberei zu suchen haben. Erstens erschien lange Zeit der Produktivitätsgewinn der Fabrikproduktion zu marginal, um die Investition größerer Summen fixen Kapitals in kostspielige Maschinen und Fabrikgebäude zu rechtfertigen. Die niedrigen Arbeitslöhne und die elastische Anpassungsfähigkeit des überkommenen Produktionsregimes, welche das Risiko von Absatzkrisen ganz überwiegend den Handwerkern und Heimarbeitern aufbürdeten, wog in Sachsen lange Zeit die Vorteile des Fabrikbetriebes auf. Innovationswillige Unternehmer mussten zuweilen frustrierende Erfahrungen machen, wenn sie sich an den Schritt zur Textilwarenfabrik wagten. Der Chemnitzer Maschinenbauer Friedrich Georg Wieck war vor seiner publizistischen Tätigkeit einer dieser wagemutigen Unternehmer. Er hatte 1827 auf einer Englandreise die maschinelle Spitzenherstellung mit so genannten Bobinetmaschinen kennen gelernt und es war ihm zusammen mit seinem Bruder Heinrich und dem Konstrukteur Carl Wilhelm Schönherr gelungen, eine solche Maschine nachzubauen. Wieck konnte einige kapitalkräftige Investoren für sein Projekt einer Bobinetfabrik interessieren, die 1830/31 mit zunächst 14 selbst gebauten Maschinen den Betrieb aufnahm.

Doch schon bald geriet die Chemnitzer Fabrik gegenüber der englischen Konkurrenz, die wichtige technische Verbesserungen an ihren Maschinen vorgenommen hatte, ins Hintertreffen. Wieck, der die technische Leitung des als »Aktienverein« organisierten Unternehmens übernommen hatte, fuhr 1833 wieder nach England und brachte Modelle der neuesten Bobinetmaschinen samt einem englischen Techniker mit. Doch auf Dauer gelang es trotzdem nicht, die Produktivitätsfortschritte der Briten aufzuholen. Als Mitte der 1830er-Jahre innerhalb von kurzer Zeit die Verkaufspreise für Bobinetstoffe auf einen Bruchteil gefallen waren und die Chemnitzer Fabrik mangels neuen Kapitals den Maschinenbetrieb einschränken musste, gab Wieck auf und das Unternehmen wurde 1837 liquidiert. »Wäre das Geschäft auf dem Fuß der Hausindustrie angelegt worden und die Kosten der Maschinen so wie die Folgen des Preisabschlags der Waare von 15 auf 3 Groschen hätten auf die Schultern der einzelnen Besitzer der Maschinen und der Arbeiter geworfen werden können, so wäre es vielleicht möglich gewesen, durch Darben und Entsagen mit den Engländern Konkurrenz zu halten«, resümierte Wieck.[43]

Risikofreudige Unternehmer, die versuchten, die durchaus vorhandenen und verfügbaren technischen Innovationen für eine Mechanisierung der Spitzen-, Strumpf- oder Posamentenproduktion einzusetzen, mussten sich zudem mit dem hartnäckigen und nicht selten auch gewalttätigen Widerstand all jener auseinander setzen, die sich durch einen solchen Schritt in ihrer beruflich-gewerblichen Existenz bedroht sahen. In den dicht vernetzten Milieus der Dörfer und Kleinstädte des Erzgebirges, des Vogtlandes oder der südlichen Oberlausitz waren Neuerungen mit dem Risiko des Boykotts und der sozialen Ächtung verbunden. Als besonders widerspenstig erwiesen sich dabei die zünftig organisierten Posamentierer des oberen Erzgebirges, wo dieses Gewerbe in ganzen Ortschaften nahezu den einzigen Erwerbszweig der männlichen Bevölkerung darstellte. Schon im ausgehenden 18. Jahrhundert hatten sich die Posamentiererinnungen erfolgreich gegen die Einführung verbesserter Posamentierstühle gewehrt, obwohl die sächsische Regierung Prämien und die Befreiung vom Innungszwang für diejenigen in Aussicht gestellt hatte, die diese Bandmühlenstühle anschafften.

Dabei blieb es in den ersten Jahrzehnten des 19. Jahrhunderts, mit dem Effekt, dass die erzgebirgischen Posamentenhersteller Absatzmärkte an ihre französischen und Schweizer Konkurrenten verloren.

In den frühen 1830er-Jahren ging schließlich eine Reihe von Annaberger Posamentenverlegern dazu über, in eigenen Räumlichkeiten Lohnarbeiter an Bandmühlstühlen zu beschäftigen, die mit der Jacquardvorrichtung ausgestattet waren. Zwar blieben die Proteste der Posamentiererinnungen in Dresden wirkungslos, doch im Gefolge des Konjunktureinbruchs von 1837 mussten alle diese Manufakturen aufgeben. 1846 genügte das bloße Gerücht, dass einer der führenden Annaberger Verleger eine Posamentiermaschine aufgestellt hatte, um die Posamentierergesellen zu gewalttätigen Ausschreitungen zu veranlassen. Auch von anderen sächsischen Textilrevieren sind vor allem für die krisenhaften 1840er-Jahre solche »Maschinenstürme« belegt. In Seifhennersdorf in der Oberlausitz 1842, in Crimmitschau und Chemnitz 1847/48 und in Werdau gingen Handweber noch 1856 gewaltsam gegen mechanische Webstühle vor.[44]

Das protoindustrielle Leinengewerbe schließlich, das sich besonders in der Oberlausitz konzentriert hatte, erlebte nach 1815 einen nachhaltigen Niedergang. Stark beeinträchtigt vom Ausschluss von den angestammten überseeischen Märkten infolge der englischen Seeblockade bis 1814 und den nachfolgenden Wirren der Unabhängigkeitskriege in Lateinamerika, versuchten die Oberlausitzer Leinwandverleger in den 1820er-Jahren, ihre alten Handelsverbindungen wieder neu zu knüpfen. Einigen der größeren Handelshäuser gelang dies auch bis zu einem gewissen Grad. Mit der Aufnahme der mechanischen Flachsspinnerei seit den dreißiger Jahren erholte sich das Leinengewerbe etwas, ohne aber die frühere Bedeutung auch nur entfernt zurückzuerlangen. Gegen das massive Vordringen billiger Baumwollwaren konnten auch noch so kostengünstig hergestellte leinene Textilien in vielen Marktsegmenten letztlich nicht bestehen. Einem Teil, vor allem der dörflichen Leinwandunternehmer gelang es aber, die von ihnen verlegten Weber zur Verarbeitung von Baumwolle zu bewegen. Schon in den frühen 1830er-Jahren hatte die Produktion von Baumwollwaren in der Oberlausitz die Leinenherstellung an Umfang und Wert überholt: auf 47 Prozent der vorhandenen Webstühle wurden 1832/33 Baumwollstoffe und auf 28 Prozent Mischgewebe hergestellt, während nur noch auf 25 Prozent der Stühle Leinwand gewebt wurde. Die oberlausitzische Baumwollweberei verfolgte im Übrigen ganz ähnliche Strategien wie ihre südwestsächsischen Pendants: Man konzentrierte sich auf die Buntweberei von Rock- und Hosenstoffen und ging daran, die Vor- und Nachbereitung der Ware, besonders Appretur und Veredelung, zu zentralisieren, während das Weben selbst bis in die fünfziger Jahre hinein ganz überwiegend hausindustriell-handwerklich organisiert blieb.[45]

Der Maschinenbau und die Mechanisierung der sächsischen Industrie

Die um 1800 einsetzende Mechanisierung von Arbeitsprozessen, die in den folgenden Jahrzehnten allmählich von der Baumwollspinnerei in andere Branchen und Verarbeitungsstufen des sächsischen Textilgewerbes eindrang, stimulierte schnell die Entstehung eines Textilmaschinenbaus. Anders als in anderen frühindustriellen Regionen Deutschlands lieferten in Sachsen heimische Hersteller schon vor 1815 einen größeren Teil des Maschinenbedarfs der Textilindustrie. Die enge Verbindung zwischen der Textilindustrie und dem frühen Maschinenbau kommt auch darin zum Ausdruck, dass nicht wenige Maschinenbauer mit den eigenen Maschinen ausgestattete Spinnereien und andere Textilfabriken betrieben. Dazu gehörten neben dem oben erwähnten Friedrich Georg Wieck mit seiner Bobinetfabrik etwa die Chemnitzer Maschinenbaupioniere Johann Samuel Schwalbe und Carl Gottlieb Haubold, die beide in den 1820er-Jahren Baumwollspinnereien gründeten. Seit den dreißiger Jahren, vor allem nach dem plötzlichen Ende des Spinnereibooms 1837, trat der Bau von Spinn- und Vorbereitungsmaschinen für die Baumwollgarnindustrie gegenüber der Produktion anderer Textilmaschinen in den Hintergrund. Dazu gehörten vor allem Maschinen für die Wollspinnerei, handbetriebene Web- und Wirkstühle und auch schon die ersten für den Kraftantrieb geeigneten Webmaschinen.

Der Entwicklung des frühen sächsischen Maschinenbaus kam entgegen, dass die technologisch zunächst hoch überlegene englische Maschinenindustrie bis 1842 durch ein striktes Exportverbot der eigenen Regierung daran gehindert wurde, auf dem Kontinent mit ihren Erzeugnissen Fuß zu fassen. Andererseits konnten aber diese Sperrmaßnahmen den Technologietransfer nicht vollständig verhindern. Auch nach 1815 gelangten englische Maschinenteile und Konstruktionspläne über den Ärmelkanal, ebenso wie britische Techniker, deren Ausreiseverbot 1825 aufgehoben wurde, so dass auch neuere Modelle in Sachsen eingesetzt und nachgebaut werden konnten. Sächsische Textilunternehmer und Maschinenbauer reisten in schöner Regelmäßigkeit nach Frankreich, Belgien und vor allem nach Großbritannien, um hier die fortgeschrittensten Maschinen in Augenschein zu nehmen oder, etwas weniger freundlich ausgedrückt, um Industriespionage zu betreiben.[46]

Neben dem mehr oder minder stark modifizierten Nachbau ausländischer Maschinen wurden Eigenkonstruktionen für die sächsischen Maschinenbaufirmen zusehends wichtiger, um sich am Markt halten zu können. Zu den kreativsten Konstrukteuren des frühen sächsischen Maschinenbaus gehörten die Brüder Carl Wilhelm und Louis Schönherr. Als Söhne eines Plauener Webermeisters waren sie von Kindheit an mit den technischen Problemen der Weberei vertraut gewesen und beschäftigten sich seit den späten 1820er-Jahren intensiv mit der Konstruktion von Webstühlen. Zunächst arbeiteten sie an der Verbesserung des Handwebstuhls, der die Hausweber gegenüber den mechanischen Fabrikwebereien konkurrenzfähiger machen sollte. Doch nachdem sie für dieses Modell keinen Absatz gefunden hatten, bauten die Schönherr-Brüder ihren Webstuhl für den Kraftantrieb um. Allerdings blieben diese Eigenkonstruktionen lange, wie Wieck noch 1840 vermerkte, britischen Fabrikaten weit unterlegen und galten den Engländern als »Nürnberger Spielzeug«. Louis Schönherr hielt sich 1837 bis 1839 längere Zeit in Leeds und Manchester auf, während sein Bruder die gemeinsame Werkstatt in Niederschlema leitete. Bis in die frühen fünfziger Jahre hinein waren die Brüder immer wieder gezwungen, Anstellungen in anderen Maschinenfabriken anzunehmen. Erst 1851 gelang es Louis Schönherr, ein längerfristig erfolgreiches eigenes Unternehmen zu gründen.[47]

Im Allgemeinen fertigten die frühen Maschinenbauwerkstätten nicht ausschließlich Textilmaschinen, denn die Nachfrage nach Spinn- und Krempelmaschinen, Web- und Wirkstühlen war noch so unregelmäßig, dass eine ständige Beschäftigung so nicht gesichert werden konnte. Daher übernahmen die Maschinenbauer die Anfertigung einer breiten Palette von Maschinen, oft nach den Wünschen des Kunden einzeln gebaut und installiert. Ein wichtiger Produktionszweig neben dem Textilmaschinenbau war die Fertigung von Antriebsmaschinen, zunächst vor allem Wasserradanlagen, später auch von Dampfmaschinen. Ein wesentliches Moment der Entwicklung der sächsischen Fabrikindustrie bestand auch im vermehrten Übergang von der Wasser- zur Dampfkraft. Im Erzbergbau und der Hüttenindustrie wurde schon um 1800 gelegentlich mit »Feuermaschinen« zur Wasserhaltung und zum Antrieb von Gebläsen experimentiert. In Lauchhammer war offenbar seit dieser Zeit auch tatsächlich eine Dampfmaschine in Betrieb. Die erste Dampfmaschine in einer sächsischen Spinnerei wurde aber

Maschinenfabrik Louis Schönherr und Seidler in Chemnitz, 1851 errichtet

wohl erst 1820 aufgestellt. Hier blieb ihr Einsatz bis zur Jahrhundertmitte im Wesentlichen auf Standorte beschränkt, wo Wasserkraft nicht in ausreichendem Maße – etwa in Chemnitz und Leipzig – oder gar nicht vorhanden war, wie in Crimmitschau oder Werdau.

Relativ zügig verbreitete sich die Dampfmaschine im Steinkohlenbergbau, wo der Brennstoff Kohle naturgemäß preiswert und einfach zu haben war. Im Plauenschen Grund nahe Dresden war 1820 eine erste Dampfmaschine auf einer staatlichen Schachtanlage in Betrieb genommen worden. Seit den dreißiger Jahren folgten die neu aufgeschlossenen Steinkohlengruben im Zwickau-Oelsnitzer Revier und 1844 auch der Freiberger Erzbergbau. 1846 wurden im Königreich Sachsen 197 Dampfmaschinen gezählt, von den 82 in der Textilindustrie (41,6 %) und 54 im Bergbau (24,4 %) eingesetzt waren. 15 Jahre später hatte sich diese Zahl mehr als verfünffacht, und es gab nun insgesamt

Dampfmaschine auf dem Steinkohlenbergwerk zu Döhlen und Zauckerode im Plauenschen Grund, um 1820

1003 Dampfmaschinen in Sachsen, 374 in der Textilindustrie (37,3 %), 255 im Bergbau (25,4 %). Bis Mitte der 1830er-Jahre waren noch gut drei Viertel der in Sachsen aufgestellten Dampfmaschinen importiert worden. Danach wurden sie aber zunehmend in sächsischen Maschinenfabriken selbst gebaut. 1856 stammten 413 von 550 Dampfmaschinen von sächsischen Herstellern, von denen die Chemnitzer Maschinenbaufabriken von Richard Hartmann und von Constantin Pfaff mit 94 bzw. 48 Dampfmaschinen die bedeutendsten waren.[48]

Die Stadt Chemnitz und ihre nähere Umgebung entwickelte sich zum unbestrittenen Zentrum des sächsischen Maschinenbaus. Hier entstanden seit den frühen 1820er-Jahren auch die ersten größeren Maschinenbaufabriken, namentlich die von Carl Gottfried Haubold. Als Sohn eines Zimmerermeisters hatte er das väterliche Handwerk erlernt und sich, nachdem er in den Reparaturwerkstätten der frühen Chemnitzer Fabrikspinnereien die entsprechenden technischen Kenntnisse erworben hatte, schon seit 1807 auf den Bau von Spinnmaschinen spezialisiert. Als seine Werkstatt 1822 zu eng geworden war, um den mittlerweile 30 Beschäftigten ausreichend Platz zu bieten, pachtete Haubold das Fabrikgebäude der inzwischen stillgelegten Spinnerei Wöhlers in Chemnitz. 1828 beschäftigte die Fabrik rund 100 Arbeiter, doch musste Haubolds Unternehmen mit ständigem Mangel an Kapital kämpfen. 1836 ging die Fabrik mit ihren nun rund 500 Beschäftigten an eine neu gegründete Aktiengesellschaft über, die Sächsische Maschinenbau-Compagnie, und der Gründer zog sich schon bald aus der Leitung des Unternehmens zurück. Haubolds Maschinenfabrik besaß nicht zuletzt Bedeutung für die Rekrutierung unternehmerischen Nachwuchses, denn in den zwanziger und dreißiger Jahren hatte eine ganze Reihe späterer Chemnitzer Maschinenfabrikanten hier gearbeitet. Dazu gehörten etwa Carl Wilhelm und Louis Schönherr ebenso wie Haubolds Vetter Carl Gottlieb, der sich 1837 mit einer eigenen Werkstatt selbstständig machte, Richard Hartmann, Johann Zimmermann und Konstantin Pfaff.

Der Werdegang Haubolds und der Schönherr-Brüder erscheint in gewisser Weise typisch für viele der frühen Gründer von Maschinenbauwerkstätten und -fabriken. Anders als etwa die Textilfabrikanten, die gewöhnlich aus den Kreisen der Großkaufleute und protoindustriellen Verleger kamen, entstammten sie oft dem handwerklichen Herkunftsmilieu. Sie waren in Handwerkerhaushalten aufgewachsen, hatten eine zünftige Handwerkerlehre oder auch schon eine unzünftige Mechanikerlehre abgeschlossen und waren dann auf Wanderschaft gegangen, wo sie zum Teil schon mit dem frühen Fabriksystem in Berührung kamen. Manche von ihnen hatten als Techniker und Konstrukteure in den frühen Maschinenbaubetrieben reüssiert, bevor sie sich schließlich mit einem meist recht bescheidenen eigenen Kapital und gegebenenfalls mit einem finanzkräftigeren Partner selbstständig machten. Daher waren auch nicht wenige der sächsischen Maschinenbaupioniere keine gebürtigen Sachsen. Richard Hartmann, dessen Elsässer Landsmann David Gustav Diehl oder der in Ungarn geborene Johann Zimmermann waren erst gegen Ende ihrer Wanderschaft nach Chemnitz und andere Standorte der sächsischen Maschinenindustrie gekommen. Die gewerblich-industrielle Verdichtung bot ihnen hier besonders gute Chancen einer Existenzgründung.[49]

Richard Hartmann. Gemälde eines unbekannten Künstlers, um 1860

Bis zur Jahrhundertmitte besaß die große Mehrzahl der sächsischen Maschinenbaubetriebe eher den Charakter bescheidener Werkstätten. 1846 hatten die 232 statistisch erfassten Maschinenbau-»Fabriken« im Durchschnitt nicht einmal zehn Beschäftigte. Zudem blieb auch in den größeren Maschinenbauanstalten der Betrieb in weiten Teilen von Handarbeit bestimmt. Die Vielfältigkeit der Produktpalette und die häufige

Einzelanfertigung von Maschinen standen einer stärkeren Standardisierung und Mechanisierung der Produktion zunächst entgegen. Seit den 1840er-Jahren kamen vermehrt Werkzeugmaschinen auf den Markt, welche die Mechanisierung von Arbeitsgängen im Maschinenbau selbst erleichterten: Drehbänke, Bohr-, Hobel-, Schleifmaschinen u. a. m. Da sich schon das Gros der sächsischen Textilmaschinenfabriken in Chemnitz und seinen Vororten niedergelassen hatte, nimmt es kaum Wunder, dass sich die Stadt auch zu einem Zentrum des Werkzeugmaschinenbaus entwickelte. Einer der Pioniere dieses Zweiges des Maschinenbaus war Johann Zimmermann, der sich seit seiner Ankunft in Chemnitz vom Mechanikergesellen zum Teilhaber einer Zylinderfabrik emporgearbeitet hatte. 1848 zahlte Zimmermann seinen Kompagnon aus und wandte sich bald dem Bau von Werkzeugmaschinen zu, da er auf seinen zahlreichen Geschäftsreisen immer wieder beobachtet hatte, wie groß der Bedarf für solche Maschinen in der frühen deutschen Fabrikindustrie war.[50]

Rückwirkungen auf die Entwicklung des sächsischen Maschinenbaus hatte die seit den 1820er-Jahren einsetzende Mechanisierung in einigen Branchen außerhalb der Textilindustrie. Prototypisch erscheint dabei die Entwicklung in den polygrafischen Gewerben der Buchhandelsstadt Leipzig. 1826, 14 Jahre nach dem Ersteinsatz der Schnellpressen beim Druck der Londoner »Times«, rüstete das Leipziger Druck- und Verlagsunternehmen Brockhaus seine Druckerei mit dampfgetriebenen mechanischen Druckpressen aus. Der Protest der Leipziger Buchdruckerinnung blieb wirkungslos, da Brockhaus seine Druckerei mit staatlicher Konzession betrieb und sie daher dem Zugriff der Innung entzogen war. Für die meisten anderen Druckereien galt dies jedoch nicht und so verbreitete sich die neue Technologie selbst in Leipzig in den nächsten beiden Jahrzehnten nur langsam. 1847 gab es in den 29 polygrafischen Betrieben der Stadt gerade einmal 34 Schnellpressen. Erst in den fünfziger Jahren beschleunigte sich die Diffusion der Druckmaschinen, so dass es 1863 in Leipzig erstmals mehr Schnellpressen (128) als Handpressen (122) gab. Der sächsische Maschinenbau konzentrierte sich allerdings zunächst weniger auf die Herstellung von Schnellpressen, wo das Würzburger Unternehmen des nach Deutschland zurückgekehrten Erfinders Friedrich Koenig die Marktführerschaft inne hatte, sondern auf die Fertigung anderer polygrafischer Maschinen. Seit den 1850er-Jahren entstand in Leipzig und Umgebung eine ganze Reihe von Unternehmen, die sich, wie etwa die Betriebe von Karl Krause oder August Fomm, auf die Produktion von Buchbindereimaschinen spezialisierten.[51]

In Dresden waren schon in den zwanziger Jahren die ersten Schokoladenfabriken entstanden. Mit ihnen siedelten sich in der sächsischen Hauptstadt Werkstätten an, die sich auf den Bedarf dieser neuen Industrie an Spezialmaschinen einstellten. So eröffnete der Mechaniker Johann Martin Lehmann 1834 eine Werkstatt, die zunächst Walzenreibmaschinen für Schokolade herstellte. Mit dem Ausbau des Betriebs zur Maschinenfabrik weitete er die Palette überwiegend selbst konstruierter Maschinen beständig aus und belieferte auch andere Branchen. Seit den fünfziger Jahren bot die Firma J. M. Lehmann u. a. Pressen zur Kakaoentölung an und baute Schneidemaschinen für die Seifenherstellung. Auch in der Papierherstellung waren seit den dreißiger Jahren vermehrt Maschinen im Einsatz. Davon wird später noch ausführlicher die Rede sein.

Ein weiterer wachsender Markt für Maschinen war durch die beginnende Mechanisierung in der Landwirtschaft entstanden. Der Publizist und Agrarwissenschaftler Wilhelm Hamm eröffnete 1849/50 in Leipzig ein Handelsgeschäft für Saatgut und landwirtschaftliche Maschinen, die er zunächst aus England und den USA einführte. Seit 1855 ließ er diese Maschinen in einer Werkstatt im Leipziger Vorort Eutritzsch selbst herstellen. Im Jahr zuvor hatte der Zimmermann Carl August Klinger auf dem elterlichen Bauernhof in Rennersdorf bei Stolpen eine Reparaturwerkstätte für landwirtschaftliche Geräte eingerichtet. Er ging aber bald dazu über, Getreidereinigungsmaschinen, Häckselmaschinen und Handsämaschinen selbst zu fertigen. 1859 war der Betrieb so angewachsen, dass Klinger in ein Fabrikgebäude nach Stolpen umzog, wo er vor allem Dreschmaschinen produzierte. Auch Rudolf Sack, später der bedeutendste sächsische Landmaschinenhersteller, baute seine ersten Pflüge in den frühen fünfziger Jahren. Es dauerte aber bis 1863, bis Sack den Sprung zum eigenen Produktionsbetrieb im Leipziger Vorort Plagwitz wagte.[52]

Der Bau der ersten Eisenbahnen

Im Allgemeinen gilt der Eisenbahnbau der mittleren Jahrzehnte des 19. Jahrhunderts in der wirtschaftshistorischen Forschung als der Leitsektor der deutschen Industrialisierung. Die Schaffung eines Verkehrssystems, mit dem sich Güter um vieles schneller

Friedrich List. Steindruck von Kriehuber, 1845. Stadtgeschichtliches Museum Leipzig

und billiger und in weit größeren Mengen transportieren ließen, habe einerseits zahlreiche und mächtige Wachstums- und Modernisierungsimpulse für andere Wirtschaftssektoren gegeben (»Vorwärtskopplungseffekte«), insbesondere für den Steinkohlenbergbau und die Eisen- und Stahlindustrie. Anderseits seien vom Bau und Betrieb der Eisenbahnen Rückkopplungseffekte in Form einer massiv verstärkten Investitionsnachfrage nach Baumaterialien, Betriebsmitteln und Energie ausgegangen. Von der Nachfrage des Eisenbahnsektors hätten wiederum vor allem die Eisen- und Stahlindustrie, die Schienen und andere Materialien bereitstellte, der Steinkohlenbergbau als Energielieferant und der Lokomotiven- und Waggonbau profitiert.[53] Inwieweit diese Lesart des Industrialisierungsprozesses auch für die regionale Industrialisierung in Sachsen Aussagekraft besitzt, wird im folgenden Kapitel beleuchtet.

Der Eisenbahnbau begann in Sachsen zu einem im innerdeutschen Vergleich bemerkenswert frühen Zeitpunkt und war zunächst vor allem von den Interessen und Bedürfnissen des Leipziger Handelsbürgertums bestimmt. Während Leipzig im Messe- und Fertigwarenhandel seine dominierende Position auch nach 1815 hatte behaupten können, war der Fernhandel mit schweren und voluminösen Massengütern – Kaffee, Zucker, Baumwolle u. ä. – seit dem späten 18. Jahrhundert in zunehmendem Maße an der Stadt vorbeigelaufen. Solche Kolonialwaren mussten auf ihrem Weg nach Leipzig von Hamburg aus die Elbe aufwärts transportiert und in Magdeburg auf Pferdefuhrwerke umgeladen werden. Die hohen Transportkosten über Land brachten es mit sich, dass vor allem Magdeburg als zentraler mitteldeutscher Umschlagsplatz an Gewicht gewann. Nach 1815 verschärften sich die Probleme des Leipziger Handels noch, als der preußische Staat seine Durchfuhrabgaben, die nach dem Warengewicht bemessen wurden, erhöhte und die Flussschifffahrtsabgaben auf der Elbe 1821/22 spürbar gesenkt wurden. Diese Maßnahmen drohten eine Straßenbeförderung von Massengütern nach Leipzig noch unattraktiver zu machen. Als daher Friedrich List 1833 an die sächsische Staatsregierung mit dem Vorschlag herantrat, eine Eisenbahnlinie zwischen Leipzig und Dresden zu bauen, traf er dabei vor allem bei der Leipziger Großkaufmannschaft auf offene Ohren.

Zu diesem Zeitpunkt waren gerade einmal acht Jahre vergangen, seitdem zwischen Stockton und Darlington im nordostenglischen Kohlenrevier die erste regelmäßige Eisenbahnverbindung eröffnet worden war. List, der einige Jahre lang in Pennsylvania gelebt hatte und dort initiativ am Bau einer kleinen Eisenbahnstrecke beteiligt gewesen war, hatte sich nach seiner Rückkehr nach Deutschland als Propagandist eines systematisch geplanten deutschen Eisenbahnnetzes einen Namen gemacht. Doch erst als er diesen ehrgeizigen Plan zugunsten einer realistischeren kleineren Lösung zurückstellte, konnte er genügend politische und finanzielle Unterstützung mobilisieren, um seinen Vorstellungen näher zu kommen. Kurz nachdem List seine Denkschrift an die sächsische Regierung veröffentlicht hatte, formierte sich in Leipzig, angeführt von Gustav Harkort, Albert Dufour-Feronce und Carl Lampe, ein Kreis von Bankiers und Großkaufleuten. Im November 1833 trat diese Gruppe an Regierung und Ständekammer mit der Bitte heran, die notwendigen gesetzlichen und administrativen Maßnahmen für den Bau einer Eisenbahnlinie zwischen Leipzig und Dresden zu erlassen.

Der Streckenbau selber, die Finanzierung und auch der spätere Bahnbetrieb blieben weitgehend in der Hand der Leipziger Initiatoren des Projekts. 1834 konstituierte sich in Leipzig ein Eisenbahn-Komitee, das die Gründung einer Aktiengesellschaft vorantrieb, die im folgenden Jahr als Leipzig-Dresdner Eisenbahn-Compagnie ins Leben gerufen werden konnte. Innerhalb kurzer Zeit wurde das gesamte Aktienkapital von 1,5 Mio. Talern gezeichnet. 1835 war ein von der Regierung im Landtag eingebrachter Gesetzentwurf verabschiedet worden, der es der Eisenbahngesellschaft ermöglichte, notfalls das Land für die Schienentrasse zu enteignen. Im März 1836 begannen die Bauarbeiten und im April 1839 wurde die gesamte Strecke von Leipzig bis Dresden-Neustadt feierlich eingeweiht. Damit war in Sachsen die erste deutsche Ferneisenbahnstrecke dem Verkehr übergeben worden.[54]

Mit dem Bau einer Eisenbahnverbindung zur Elbe hatte das Leipziger Handelsbürgertum seine Magdeburger Kontrahenten in Zugzwang gebracht, die nun ihrerseits ein vitales Interesse an einer Zugverbindung nach Leipzig entwickelten. Und auch die Stadt Nürnberg, wo schon 1835 eine kurze Eisenbahnstrecke ins benachbarte Fürth eröffnet worden war, suchte den Anschluss an die Leipziger Bahn, um seine hergebrachte Position an der alten Handelsstraße nach Norddeutschland abzusichern. In Leipzig war man wiederum besorgt, mit einer Linienführung über das preußische Halle auf der Nord-Süd-Strecke umgangen zu werden. Beide grenzübergreifenden Bahnprojekte wurden daher schnell in Angriff genommen, und die Strecke Leipzig – Magdeburg konnte schon 1840 eröffnet werden. Die Bauarbeiten der Eisenbahnlinie von Leipzig nach Hof und Nürnberg begannen im Jahr darauf. Diese Projekte wurden, wie auch die Verbindung zwischen Dresden und Breslau (Baubeginn 1843), zunächst nach ganz ähnlichem Muster wie der Bau der Leipzig – Dresdner Bahn angegangen: Es wurden Aktiengesellschaften gegründet, die das notwendige Kapital aufbringen sollten. Der sächsische Staat engagierte sich zunächst nicht direkt im Eisenbahnbau, sondern beschränkte sich auf flankierende Maßnahmen. Er schloss Verträge mit den Nachbarstaaten Bayern und Preußen ab, konzessionierte die Aktienunternehmen, genehmigte die Linienführung und verlieh Enteignungskompetenzen an die Eisenbahngesellschaften.

Doch schon bald sah sich die Dresdner Regierung veranlasst, aktiv in den Bau und den Betrieb der Eisenbahnen einzugreifen. 1847 waren der Bayerisch-Sächsischen Eisenbahngesellschaft vor allem durch den Bau der mächtigen Göltzschtalbrücke die Kosten über den Kopf gewachsen. Angesichts der krisenhaften Wirtschaftskonjunktur konnte kein weiteres Kapital auf dem Markt mobilisiert werden. Der sächsische

Göltzschtalbrücke bei Netzschkau im Bau, 1850

Staat musste schließlich die Bahngesellschaft übernehmen und wandelte die Aktien in Staatspapiere um. Auch die Oberlausitzer Eisenbahngesellschaft, welche die Linie Dresden-Breslau in Angriff genommen hatte, verkaufte die Strecke schon 1850/51 an den Staat Sachsen. Für die Linie von Dresden nach Böhmen (Baubeginn 1845) war das Interesse privater Investoren so gering gewesen, dass die sächsische Regierung den Bau von Anfang an in eigene Regie übernahm.[55]

Zunächst waren diese ersten sächsischen Eisenbahnlinien ganz überwiegend auf die Beförderung von Personen eingestellt. Der Güterverkehr spielte in den ersten Jahren eine nachgeordnete Rolle. Die Schienentrassen verbanden vornehmlich die größeren Städte miteinander, während die sächsischen Industriereviere bei der Streckenführung nur peripher berücksichtigt worden waren. Die westsächsischen Industriestädte Werdau, Crimmitschau, Reichenbach und Plauen lagen an der sächsisch-bayerischen Bahnstrecke und erhielten bis 1851 ihre Anbindung an den Verkehrsknotenpunkt Leipzig. Seit 1845 verband eine Zweigbahn den Bahnhof Werdau mit dem Zwickauer Kohlenrevier. 1848 wurde mit der Linie zwischen Löbau und Zittau das oberlausitzische Industriegebiet an die sächsisch-schlesische Bahn angeschlossen. Doch blieben etwa Chemnitz und das Erzgebirge bis in die 1850er-Jahre hinein ohne Eisenbahnanschluss. Zwar hatte es schon Mitte der 1830er-Jahre Pläne für eine Verkehrserschließung des westsächsischen Industriegebiets gegeben und es hatte sich 1837 eine »Erzgebirgische Eisenbahngesellschaft« konstituiert, doch gegen die Konkurrenz des vom finanzkräftigen Leipziger Handelsbürgertum propagierten Projekts der Leipzig-Nürnberger Bahn konnten sich die Chemnitzer Industrieinteressen zunächst nicht durchsetzen.

Auch für die sächsische Regierung besaß die (durchaus nachvollziehbare) Überlegung, zunächst einmal den Anschluss Sachsens an die überregionalen Hauptstrecken zu sichern, unbedingte Priorität vor dem Ausbau des innersächsischen Eisenbahnnetzes. Im Wettbewerb mit den Nachbarstaaten war es für Sachsen wichtig, bei der Streckenplanung nicht umgangen zu werden und nicht wirtschaftlich ins Abseits zu geraten. Erst 1845 gab die Regierung in Dresden grünes Licht für den Bau einer Eisenbahnstrecke von Riesa nach Chemnitz und sagte eine fünfundzwanzigprozentige Beteiligung an den Kosten zu. Seit 1852 besaß das »sächsische Manchester« schließlich einen Anschluss an das Eisenbahnnetz. 1858 kam das Erzgebirge mit der Linie von Zwickau nach Schwarzenberg erstmals in die Reichweite der Eisenbahn. Aber erst 1866 wurde die von Chemnitz entlang der Flöha und der Zschopau nach Annaberg führende Bahnstrecke eröffnet. Insgesamt scheinen die Rückwirkungen des Eisenbahnbaus auf die Marktanbindung der sächsischen Industrie zunächst einmal eher begrenzt gewesen zu sein. Wichtige industrielle Zentren wurden erst in den fünfziger Jahren an das Eisenbahnnetz angeschlossen. Bis dahin hatte der sächsische Eisenbahnbau vor allem den auswärtigen Konkurrenten der südwestsächsischen Industrien den Zugang zu den städtischen Märkten und Handelsumschlagplätzen in Sachsen erleichtert.[56]

Die Industrialisierungsimpulse der Eisenbahn

Industrielle Wachstumsimpulse gingen vom Bau und Betrieb von Eisenbahnen gemeinhin vor allem durch die Nachfrage nach Kohle, Eisen und Stahl, Maschinen und Fahrzeugen aus. Der – zumindest auf den ersten Blick – offenkundigste Zusammenhang zwischen dem Bau der ersten sächsischen Eisenbahn und der fabrikindustriellen Entwicklung in Sachsen bestand im Lokomotivbau. Bei der ersten Eisenbahnfahrt von Leipzig nach Dresden war die Überlegenheit der ausländischen Hersteller sinnfällig zum Ausdruck gekommen: Die Wagen wurden von zwei in England gebauten Lokomotiven gezogen. Eine erste in Sachsen gebaute Lokomotive, die »Saxonia«, fuhr allein hinter dem Zug her. Konstrukteur der »Saxonia« war Johann Andreas Schubert, Professor an der Dresdner Technischen Bildungsanstalt und Gründer einer Maschinenfabrik im nahen Übigau. Nach dem Bau einer weiteren Lokomotive gab man in Übigau diesen Teil des Produktprogramms mangels Konkurrenzfähigkeit auf. Der Lokomotivbau fasste in Sachsen erst Wurzeln, als einige Jahr später die Dresdner Regierung ein Interesse daran entwickelte, dass Lokomotiven im eigenen Land gebaut würden. Nun war der sächsische Staat auch bereit, größere finanzielle Ressourcen für dieses Ziel einzusetzen. Die Regierung bewilligte 1846 dem Chemnitzer Maschinenfabrikanten Richard Hartmann, der in den 1840er Jahren neben dem Textilmaschinenbau auch die Fertigung von Dampfmaschinen aufgenommen hatte, einen Kredit von 30 000 Talern zum Aufbau einer Lokomotivfabrik. Hartmann gelang tatsächlich der Bau eines konkurrenzfähigen Modells, das ab Anfang 1848 ausgeliefert werden konnte.

Lokomotive »Muldenthal«, 1861 von Hartmann in Chemnitz gebaut

Es entbehrt dabei nicht einer gewissen Ironie, dass die ersten von Hartmann in Chemnitz gebauten Lokomotiven von Pferden mühsam zu ihrem Einsatzort gezogen werden mussten, weil die Stadt zu diesem Zeitpunkt immer noch nicht an das Schienennetz angeschlossen war. Bereits 1851 waren 26 der 27 in Sachsen eingesetzten Lokomotiven von Hartmann in Chemnitz gebaut worden. In den folgenden Jahren gelang es dem Unternehmen, seine Lokomotiven auch außerhalb Sachsens abzusetzen. Der Eisenbahnbau hatte zudem die Gründung einiger Waggonbaufabriken angeregt, der ersten schon 1837 in Leipzig zur Ausrüstung der Leipzig-Dresdner Eisenbahn. Doch insgesamt scheinen die direkten Impulse des Eisenbahnbaus auf die Entwicklung der sächsischen Maschinenbauindustrie eher bescheiden gewesen zu sein. Selbst bei Hartmann machte der Lokomotivbau im Jahrzehnt nach 1848 wertmäßig nur etwa ein Drittel der Gesamtproduktion aus.[57]

Die Eisenbahnschienen waren beim Bau der Linie von Leipzig nach Dresden Ende der dreißiger Jahre überwiegend aus England und Belgien angeliefert worden. Die Menge an geeignetem, mit Koks erzeugtem Roheisen, die allein für die Schienen dieser ersten deutschen Bahnfernverbindung nötig war, hätte einen erheblichen Teil der gesamten Jahresproduktion aller Zollvereinsstaaten ausgemacht. Die sächsische Eisenindustrie war zu diesem Zeitpunkt weit davon entfernt, überhaupt für den Bedarf des Eisenbahnbaus brauchbares Roheisen herzustellen. Die protoindustriellen Hütten und Hammerwerke des Erzgebirges und Vogtlandes taten sich schwer, den Übergang zum modernen eisenerzeugenden Industriebetrieb zu vollziehen. Sie verwendeten immer noch Holzkohle, denn ihr ursprünglicher Standortvorteil im dicht bewaldeten Gebirge hatte sich nun zum ernsthaften Nachteil gewandelt: Steinkohlenkoks, der zur Produktion von industriell verwertbarem Roheisen unerlässlich war, konnte meist nur unter größten Anstrengungen und entsprechenden Transportkosten herangeschafft werden, zumindest solange die Eisenbahn nicht zu den abgelegenen Standorten vorgedrungen war.

So nimmt es nicht Wunder, dass die frühe sächsische Großeisenindustrie kaum in direkter Beziehung zu ihren protoindustriellen Vorgängern im Erzgebirge stand. Den ersten ernsthaften Versuch, ein modernes Eisenwerk auf Steinkohlebasis zu errichten, machte 1831/32 der eben in den Freiherrenstand erhobene Großunternehmer C. F. A. Dathe von Burgk im Plauenschen Grund bei Dresden. Der Ritterguts- und Kohlengrubenbesitzer Burgk hatte 1827 ein nahe gelegenes Hammerwerk erworben, das er nun zu einem ausgedehnten Hütten-, Gießerei- und Maschinenbaubetrieb ausbaute. Die Roheisenerzeugung erwies sich aber bald als unwirtschaftlich, weil die Transportkosten für die Erze zu hoch waren und zudem die in der Umgebung geförderte Steinkohle wenig geeignet für diese Zwecke war. 1848 legte Dathe von Burgk den Hochofen schließlich still. 1842, drei Jahre nach der Eröffnung der Leipzig-Dresdner Eisenbahn, errichteten die Brüder Heinrich und Alexander Schönberg in Riesa, wo die Bahn die Elbe überquerte, ein Eisenwerk, das sich auf die Produktion von Eisenbahnschienen spezialisieren sollte. Doch auch hier verhinderten Probleme bei der Rohstoffversorgung die Verwirklichung dieses Planes und das Werk stellte schließlich überwiegend Stabeisen her. 1850 ging der Betrieb nach dem vorzeitigen Tod Heinrich Schönbergs in den Besitz der Lauchhammerwerke über, deren nahe gelegenes Eisenwerk in Gröditz bis dahin immer noch auf Holzkohlebasis gearbeitet hatte. Den Einstieg in das lukrative Schienengeschäft schaffte letztlich nur die 1839/40 in Cainsdorf bei Zwickau gegründete Königin-Marienhütte. Nach langwierigen Versuchen gelang es diesem Unternehmen die in der Umgebung geförderte Steinkohle für die Roheisenerzeugung aufzubereiten. 1848 konnte schließlich der Puddel- und Walzwerkbetrieb in Cainsdorf aufgenommen werden. In der Folgezeit deckte das Werk einen recht bedeutenden Teil des Schienenbedarfs beim Bau der sächsischen Eisenbahnen ab.[58]

Der Erfolg der Königin-Marienhütte kam nicht von ungefähr, denn seit den frühen 1830er Jahren waren im Kern des südwestsächsischen Industriereviers ergiebige Steinkohlenlager aufgeschlossen worden, in einem Gebiet, das sich von Zwickau über das am Nordrand des Erzgebirges gelegene Oelsnitz bis nach Lugau südwestlich von Chemnitz hinzog. Einen wesentlichen Anstoß zur Erschließung der sächsischen Steinkohlenvorkommen gab zunächst der sächsische Staat. Der Verlust des größeren Teils des Staatsgebietes 1815 hatte den Holzkohlenmangel in der Roheisenproduktion spürbar verschärft, so dass die sächsische Regierung Maßnahmen zur Förderung des Steinkohlenbergbaus

Königin-Marienhütte Cainsdorf. Aquarell von Tretau, um 1840. Städtisches Museum Zwickau

ergriff. 1822 modifizierte ein königliches Mandat die rechtlichen Rahmenbedingungen des Kohlenbergbaus. Besitzer von Grundstücken, auf denen Stein- oder Braunkohlenlager entdeckt worden waren, wurden verpflichtet, entweder die Kohlen selbst abzubauen oder das Förderrecht gegen einen »Zehnten« an andere abzutreten. Der Kohlenbergbau wurde von staatlichen Abgaben entlastet. Zudem standen die sächsischen Kohlengruben anders als die Erzbergwerke und auch anders als etwa die preußischen Steinkohlenzechen nicht unter staatlicher Direktion. Die Bergwerksbesitzer waren hier direkt für die Betriebsleitung verantwortlich – der staatliche Zugriff beschränkte sich auf die Konzessionserteilung und die polizeiliche Überwachung der Sicherheitsbestimmungen.[59]

Bis dahin war die Steinkohlenförderung in Sachsen unbedeutend gewesen. Allein im Plauenschen Grund, im Tal der Weißeritz an der südwestlichen Peripherie Dresdens, wurde Steinkohle vor 1830 in nennenswerten Mengen abgebaut, zum Teil von staatlichen Werken, zum Teil von privaten Grundbesitzern wie dem schon oben erwähnten Freiherrn Dathe von Burgk. In der Zwickauer Gegend wurde zwar an einigen Orten (Planitz, Bockwa, Oberhohndorf) seit dem 16. Jahrhundert nach Kohle gegraben, doch blieb die Förderung dieser kleinen Gruben in einem sehr begrenzten Rahmen. Als zwei Geologen der Freiberger Bergakademie 1837 systematische Probebohrungen unternahmen, stießen sie auf reichhaltige Steinkohlenlager. Unmittelbar nach dieser Entdeckung setzte eine Gründungswelle von Bergwerksgesellschaften ein. Hinter den kapitalkräftigsten von ihnen wie dem Erzgebirgischen Steinkohlen-Aktienverein oder dem Lugau-Niederwürschnitzer Steinkohlenbauverein standen prominente Leipziger Bankhäuser, deren Leiter schon beim Bau der Leipzig-Dresdner Eisenbahn eine tragende Rolle gespielt hatten, im ersten Falle die Brüder Carl und Gustav Harkort, im zweiten Falle Albert Dufour-Feronce. Andere Gesellschaften trugen eher den Charakter genossenschaftlicher Zusammenschlüsse lokaler Grundbesitzer, die sich des öfteren gegen den Zugriff der auswärtigen Kapitalbesitzer zur Wehr setzten. Daneben entstand aber auch eine nicht geringe Zahl kleiner Bergwerksbetriebe, oft Familienunternehmen, die allenfalls bescheidene Gewinne abwarfen.

Eisengießerei von Friedemann Wachsmuth in Dresden. Lithografie von W. Kirchner, um 1860

Die schnelle Erschließung des Kohlenreviers zwischen Zwickau, Lugau und Oelsnitz im Erzgebirge spiegelte sich eindrucksvoll in der Entwicklung der sächsischen Steinkohlenförderung, die sich in den 25 Jahren zwischen 1835 und 1860 mehr als verzehnfachte. In den fünfziger Jahren stammten etwas mehr als zehn Prozent der gesamtdeutschen Förderung aus Sachsen. Der sächsische Steinkohlenbergbau des 19. Jahrhunderts erlangte gewiss nicht die Ausdehnung und den Rang der großen deutschen Montanreviere an der Ruhr, der Saar oder in Oberschlesien. Auch brachte der Zwickauer Kohlenbergbau letztlich kaum Impulse für die Entstehung einer montanindustriellen Verbundwirtschaft, denn die sächsischen Steinkohlen waren für den Verhüttungsprozess wenig geeignet. Doch für den Fortgang der Industrialisierung in Sachsen war die Erschließung des Zwickau-Oelsnitz-Lugauer Reviers von kaum zu unterschätzender Bedeutung. Ertragreiche Steinkohlenvorkommen in unmittelbarer Nähe der textil- und maschinenbauindustriellen Ballungsräume Südwestsachsens erleichterten den Übergang von der Wasserkraft zum effizienteren Energieträger Kohle. Dies war besonders bedeutsam, solange das deutsche Schienennetz erst im Entstehen begriffen war und die Transportkosten noch nicht so weit gefallen waren, dass eine Einfuhr von Kohlen im größeren Maßstab aus weiter entfernten Revieren in Frage gekommen wäre.[60]

Der Durchbruch der industriellen Revolution in Sachsen

Wenn wir nun die Befunde zum Verlauf der Industrialisierung in Sachsen überblicken, so bleibt eine wichtige Frage zu klären: Von welchem Zeitpunkt an kann man von einem Durchbruch der industriellen Revolution sprechen? Oder vorsichtiger formuliert: Kann man einen solchen Zeitpunkt überhaupt ausmachen? Die wirtschaftshistorische Diskussion um die Periodisierung der industriellen Revolution ist längere Zeit stark von diesen Fragen geprägt worden. Sie hat sich dabei besonders an dem Modell des »Take-Off« orientiert, das der amerikanische Wirtschaftswissenschaftler W. W. Rostow entworfen hat. Rostow geht von der Vorstellung aus, dass man im Verlauf des Industrialisierungsprozesses eines Landes einen Punkt des »Abhebens« ausmachen kann. Die Phase des »Take-Off« bezeichnet demnach einen relativ kurzen Zeitraum, in dem das Wachstum des Sozialprodukts eine entscheidende Beschleunigung erfuhr. Es ist dies der Punkt, an dem die industrielle Entwicklung in einen selbsttragenden, unumkehrbaren Wachstumsprozess umschlug.[61]

Die beiden Historiker, die sich am intensivsten mit der Industrialisierung Sachsens beschäftigt haben, Rudolf Forberger und Hubert Kiesewetter, sind in dieser Frage durchaus geteilter Ansicht. Für Kiesewetter erfolgte der Durchbruch zur Industrialisierung mit selbsttragendem Wirtschaftswachstum und gesamtwirtschaftlichen Impulsen und Auswirkungen im Zeitraum zwischen 1825 und 1834. Forberger macht den Beginn der industriellen Revolution in Sachsen dagegen vor allem an der »Pilotindustrie« Baumwollspinnerei fest und legt ihn demnach auf die Jahre um 1800, als die ersten sächsischen Maschinenspinnereien entstanden. Seine Periodisierung des Verlaufs der sächsischen Industrialisierung orientiert sich stark an technologisch-betriebsorganisatorischen Entwicklungen und politischen Zäsuren. Die weitgehende Durchsetzung des mechanischen Großbetriebs in der Baumwollspinnerei und die staatspolitischen Reformen um 1830 markieren für Forberger den Abschluss der ersten Phase der industriellen Revolution in Sachsen. Ihren Endpunkt setzt er mit der Verabschiedung der Gewerbeordnung von 1861.[62]

Letztlich fehlt aber ein schlüssiger Beleg, mit dem der Zeitpunkt eindeutig bestimmt werden könnte, an dem die sächsische Wirtschaft zum »Take-Off« ansetzte. Aussagekräftige Zahlen zur Entwicklung des Sozialprodukts, der Investitionsrate oder ähnliche Datenreihen zum gesamtwirtschaftlichen Wachstum liegen nun einmal für Sachsen aus der ersten Hälfte des 19. Jahrhunderts nicht vor. Sie dürften angesichts der Quellenlage auch in Zukunft nur schwer zu erstellen sein. Wir müssen uns daher mit anderen Indikatoren behelfen, um einer Datierung des Durchbruchs der Industrialisierung in Sachsen näher zu kommen. Ein markantes Anzeichen für den Übergang von einer agrarisch zu einer gewerblich-industriell bestimmten Wirtschaft bietet die Auflösung des engen Zusammenhangs zwischen den Ernten, den Lebensmittelpreisen und der Kaufkraft der Bevölkerung.

Die in der folgenden Graphik dargestellte Entwicklung der Unternehmenskonkurse zwischen 1830 und 1850 im Vergleich zu den Preisen des Grundnahrungsmittels Roggen deutet darauf hin, dass Sachsens Gewerbewirtschaft schon in den dreißiger Jahren nicht mehr von der Kaufkraft seiner agrarischen Bevölkerung bestimmt war, sondern von industriellen Konjunkturzyklen. Die sächsische Konkurskurve folgte nämlich nicht mehr wie die preußische – im Abstand von zwei bis drei Jahren – den Roggenpreisen. Sie stand vielmehr in starker Beziehung zu internationalen Wirtschaftskonjunkturen. Besonders auffällig wird dies in der zweiten Hälfte der 1830er-Jahre. Während sich die Roggenpreise wie die Zahl der Konkurse in Preußen ihrem Tiefpunkt näherten, ging die sächsische Kurve der Unternehmenskonkurse im gleichen Zeitraum steil in die Höhe. Hier wirkte augenscheinlich die 1837 von Nordamerika ausgehende internationale Wirtschaftskrise auf Sachsens in hohem Maße auf überregionalen und internationalen Märkten agierende textile Gewerbewirtschaft zurück.

Konkurse in Sachsen und Preußen sowie Roggenpreise in Preußen 1830–1850 (1830 = 100)

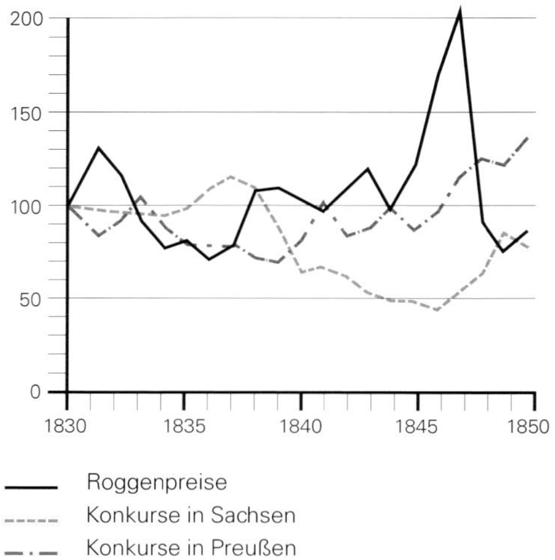

Die ersten aussagekräftigen Daten zur sächsischen Berufsstatistik, die für das Jahr 1846 vorliegen, bestätigen die frühzeitige gewerblich-industrielle Prägung der sächsischen Wirtschaft eindrucksvoll. Deutlich mehr als die Hälfte der rund 750 000 Berufstätigen in Sachsen (410 864 = 54,7 Prozent) war schon Mitte der vierziger Jahre in Gewerbe und Industrie sowie im Bergbau tätig. Mehr als ein Drittel der erwerbstätigen Bevölkerung war dabei in den textilen Branchen beschäftigt (255 807 Personen = 34,1 Prozent), den Löwenanteil von 155 502 Personen machten dabei die Beschäftigten in der Weberei, Wirkerei und Zwirnerei aus.[64]

Bei näherer Betrachtung der industriellen Entwicklung in den Textilwaren produzierenden Branchen kommt jedoch ein gewisses Paradox zum Vorschein. Die klassische frühindustrielle Leitbranche, die Baumwollspinnerei, deren Maschinisierung in Sachsen schon zu einem frühen Zeitpunkt einsetzte, erlebte zwar stürmische Expansionsphasen (1807–1814; 1834–1837). Solche Wachstumsperioden waren jedoch von kurzer Dauer und wurden gewöhnlich schnell von längeren Krisenphasen abgelöst. In den zwei Jahrzehnten nach 1837, einer Zeit also, in der das industrielle Wachstum in den deutschen Staaten Fahrt aufnahm, stagnierte die Baumwollspinnerei. Zudem waren die sächsischen Maschinenspinnereien bekannt für ihre rückständige Technologie und ihre kleinen Betriebsgrößen. Um 1860 hatten sie selbst im innerdeutschen Vergleich ihre einstige Führungsposition eingebüßt. Unter normalen Bedingungen waren die sächsischen Spinnmühlen mit ihrer englischen Konkurrenz nicht wettbewerbsfähig und verharrten deshalb in einer kaum ausbaufähigen Nische, der Herstellung der weniger begehrten gröberen Garnsorten. Die Dynamik der sächsischen Baumwollspinnerei und ihre Bedeutung für die Entwicklung anderer Sektoren der Textilindustrie scheinen daher eher begrenzt gewesen zu sein. Für viele der Baumwolle verarbeitenden Unternehmen in Sachsen war die reibungslose Versorgung mit billigem und hochwertigem britischem Maschinengarn offenbar wichtiger als die Nutzung des im Lande produzierten Garnangebots.

Die erfolgreichen Wachstumsbranchen der sächsischen Frühindustrialisierung, wie etwa die Strumpfwirkerei, besaßen wiederum ein ausgesprochen protoindustrielles Gepräge. Produktivitätsfortschritte sind hier eher in der Effektivierung des überkommenen Verlagssystems zu suchen als im Übergang zur Fabrik mit kraftgetriebenen Maschinen. Bedeutsamer als die Verwendung von Wasserrädern oder gar Dampfmaschinen erscheinen technische Verbesserungen der Web- und Wirkstühle und anderer von Hand betriebener mechanischer Vorrichtungen. Die bemerkenswerte Konkurrenzfähigkeit der sächsischen Wirkerei, Stickerei und Weberei gegenüber der textilen Fabrikindustrie basierte in der ersten Hälfte des 19. Jahrhunderts auf der Konzentration auf Produkte, die noch nicht in gleicher Qualität maschinell herzustellen waren. Ein riesiges Reservoir gut ausgebildeter und billiger Arbeitskräfte, die einen größeren Teil der fixen Kapitalkosten selbst trugen, war hier der Schlüssel zum unternehmerischen Erfolg. Solange der Transfer der zeitgenössischen Spitzentechnologie ein mühsames Unterfangen war und der heimische Maschinenbau bestenfalls die im westeuropäischen Ausland schon eingeführten Web- und Wirkstühle nachbaute, war es für innovationswillige Unternehmer schwierig, auf Augenhöhe mit den britischen Textilfabriken zu konkurrieren.

Erst als der britische Textilmaschinenbau nach 1842 ungehinderten Zugang zu den kontinentaleuropäischen Märkten erlangt hatte und die sächsischen Maschinenbauer allmählich mit ihren Eigenkonstruktionen die technologische Lücke geschlossen hatten, mehrten sich seit den 1850er-Jahren die Anzeichen für einen Übergang der sächsischen Wirkerei, Weberei und anderer textiler Fertigwarenbranchen zum Fabrikbetrieb auf breiter Front.

Die Textilwarenproduktion besaß trotz ihrer lange Zeit ausgesprochen protoindustriellen Züge in gewisser Hinsicht die Funktionen eines Leitsektors der Industrialisierung in Sachsen. Allein ihre schiere Größe und ihre riesigen Beschäftigungszahlen machten sie zu einem Wirtschaftsfaktor ersten Ranges, der für andere Wirtschaftssektoren bedeutsam war. Zahlreiche Zulieferindustrien und -gewerbe waren an den Bedarf der diversen textilen Branchen gekoppelt, von chemischen Betrieben wie den Färbereien und Bleichereien, über die Hersteller von Metallwaren wie Nadeln oder Kratzen bis zu den Web- und Wirkstuhlbauern. All dies hatte seine Wurzeln vor 1800, doch seit den dreißiger und vierziger Jahren verloren diese Zuliefergewerbe zusehends ihren handwerklich-hausindustriellen Charakter. So stellte etwa der handwerkliche Familienbetrieb in Leisnig, den der Kammsetzermeister Christian Gottlob Otto in den zwanziger Jahren von seinem Vater übernommen hatte, metallene Kratzen für die Vorbereitungsmaschinen in der Streichgarnspinnerei her und beschäftigte dabei neben zünftigen Gesellen auch Heimarbeiter. Auf Drängen seines Sohnes Moritz schaffte Otto Ende der vierziger Jahre die ersten Maschinen an, stellte einige Jahre später den Betrieb auf Dampfkraft um und entging so dem allgemeinen Niedergang des Kammsetzerhandwerks.[65]

Demgegenüber erscheinen die Vorwärts- und Rückwärtskopplungseffekte des Eisenbahnbaus für den regionalen Industrialisierungsprozess in Sachsen eher indirekter Natur oder von begrenzter Bedeutung gewesen zu sein. Natürlich partizipierte auch die sächsische Gewerbewirtschaft an den Wachstumsimpulsen, die von der Beschleunigung und Verbilligung des Warentransports im mitteleuropäischen Raum ausgingen. Aber die Effekte, die vom Eisenbahnbau auf die Struktur der sächsischen Industriewirtschaft wirkten, erscheinen doch als relativ peripher. Der sächsische Steinkohlenbergbau blieb auf den regionalen Markt beschränkt. Eine Eisen und Stahl erzeugende Industrie

Türkischrot-Garnfärberei der Gebr. Römer in Hainsberg. Lithografie, um 1860

konnte sich in Sachsen nur kurzzeitig und in bescheidenem Maßstab entwickeln. Einige Lokomotiv- und Waggonbaufabriken änderten nichts an der hergebrachten Dominanz des Textilmaschinenbaus in Sachsen. Dagegen wird man die Ausbreitung der Dampfmaschine in den anderthalb Jahrzehnten vor 1861 ursächlich mit dem Eisenbahnbau in Verbindung bringen können. Als die südwestsächsischen Industriereviere Anschluss an das Schienennetz erhielten, sanken die Preise des Energieträgers Steinkohle und damit die Betriebskosten von Dampfmaschinen rapide. Es sollte aber noch bis in die siebziger Jahre hinein dauern, bis die Eisenbahn tatsächlich alle wichtigen Industriestandorte in Sachsen erreicht hatte.[66]

Kommen wir nun zurück zur Ausgangsfrage nach dem Zeitpunkt, an dem man von einem Durchbruch der Industrialisierung sprechen kann. Angesichts der dargelegten Befunde erscheint es eher zweifelhaft, ob man tatsächlich einen Punkt des »Abhebens« bestimmen könnte, selbst wenn die entsprechenden wirtschaftsstatistischen Datenreihen vorliegen würden. Die Entfaltung einer industriellen Wirtschaft in Sachsen vollzog sich eher als allmähliches Herauswachsen aus protoindustriellen Ursprüngen denn als einzelner großer Sprung.

Man mag von einer »industriellen Evolution« sprechen, einem langwierigen Prozess des Wandels, geprägt von fließenden Übergängen und starken Ungleichzeitigkeiten. Nimmt man die Durchsetzung des Fabriksystems als Maßstab für die Periodisierung der sächsischen Industrialisierung, so kann man mit Forberger den Beginn dieses Prozesses ohne Weiteres in die ersten Jahre des 19. Jahrhunderts legen. Doch mindestens bis in die dreißiger Jahre hinein waren fabrikindustrielle Produktionsweisen so beschränkt, dass man sie kaum als strukturprägend ansehen kann. Erst mit der durch den Eisenbahnbau ermöglichten Ausbreitung der Dampfmaschine als Antriebskraft und der Durchsetzung kraftgetriebener Maschinen im Textilsektor und einigen anderen Branchen kann man vom Durchbruch einer Fabrikindustrie auf breiter Front sprechen. Diese Entwicklung begann sich erst ganz am Ende des hier ins Auge gefassten Zeitraums abzuzeichnen, in den 1850er-Jahren.

RAHMENBEDINGUNGEN UND FAKTOREN DER INDUSTRIALISIERUNG: KAPITALMARKT, STAAT, LANDWIRTSCHAFT

Banken und Kapital in der Frühindustrialisierung

Der Prozess der Industrialisierung in den produzierenden Gewerben stand in einer mehr oder minder ausgeprägten Wechselwirkung mit einem tief greifenden Wandel des Kapitalmarktes und seiner Institutionen. Industrielle Unternehmen benötigten Finanzdienstleistungen, auf deren Befriedigung die bestehenden Finanzinstitutionen um 1800 nur unzureichend eingestellt waren. Die Hauptgeschäfte der Banken drehten sich im Allgemeinen um den Handel mit Staatsanleihen und um die Kreditvergabe gegen hypothekarische Sicherung. Einige Bankhäuser hatten sich auf die Bedürfnisse des Großhandels eingestellt und fungierten als Vermittler zwischen den Kaufleuten; Sie finanzierten den Kauf von Waren, die relativ schnell umgesetzt wurden. In der Praxis liefen solche Transaktionen gewöhnlich über die Diskontierung von Wechseln: Der Warenkäufer übergab dem Verkäufer eine schriftliche Versicherung, innerhalb eines bestimmten Zeitraumes einen Geldbetrag für die erhaltenen Waren zu zahlen. Die Verkäufer konnte diesen Wechsel bei einer Bank gegen einen Abzug einlösen, während die Bank zur Fälligkeit des Wechsels den vollen Betrag beim Käufer einforderte.

Die Beziehungen zwischen Bankier und Kaufmann waren geprägt durch persönliche Bekanntschaft und das Vertrauen in die Bonität des Geschäftspartners. Der geschäftliche Aktionsradius der Privatbankiers bewegte sich daher überwiegend in einem lokalen Rahmen. Auch die Ausbreitung des protoindustriellen Verlagssystem änderte wenig an diesen Strukturen, zumindest solange die Produktionskosten auf die einzelnen Handwerker und Heimarbeiter abgewälzt werden konnten. Erst der Übergang zur zentralisierten Produktion, zur Manufaktur und mehr noch zur Fabrik, veränderte die Kapitalbedürfnisse der Unternehmer grundlegend. Ein Großteil des Geschäftskapitals steckte nicht mehr in den Warenlagern, sondern war langfristig in Grundstücken, Fabrikgebäuden und Maschinen festgelegt.[67]

Für die meisten Banken und potenziellen Geldanleger bargen Kredite und Investitionen in solche Fabriken, gerade unter den Bedingungen einer sich erst entfaltenden Industrialisierung, kaum übersehbare Risiken. Die Befunde für die frühe Industrialisierungsphase in Sachsen deuten denn auch darauf hin, dass es meist recht schwierig war, auf diesem Wege das Gründungskapital für Fabrikunternehmen zu mobilisieren. In der Regel griffen die frühindustriellen sächsischen Unternehmensgründer auf andere Ressourcen zurück. Vor allem die erfolgreichen Verlagsunternehmer setzten bei der Errichtung von Maschinenspinnereien und ähnlichen Betrieben ihr eigenes akkumuliertes Vermögen ein. Auch aus dem Familienkreis des Gründers flossen nicht selten kleinere und größere Kapitalsummen in das neu gegründete Unternehmen. Ein gängiges Mittel zur Kapitalmobilisierung war die Aufnahme von Hypotheken auf Grundstücke.

Unternehmensgründer, die nur über geringe eigene oder familiäre Vermögensressourcen verfügten, wie sie etwa im frühen sächsischen Maschinenbau nicht selten waren, mussten sich einen finanzkräftigen Partner oder andere Geldgeber suchen. Das konnte eine ausgesprochen langwierige und frustrierende Angelegenheit sein. Die Brüder Wilhelm und Louis Schönherr hatten 1836 einige Geldgeber für ihre Webstuhlwerkstatt in Niederschlema bei Schneeberg gefunden, mussten aber schon 1841 in Ermangelung weiterer Geldmittel den Betrieb wieder aufgeben. Louis Schönherr gelang es einige Jahre später, eine Reihe kapitalkräftiger Investoren für den Bau einer Webstuhlfabrik in Dresden zu gewinnen. Doch die revolutionären Unruhen im Frühjahr 1848 und ein Vorstoß der Dresdner Weberinnung zum gesetzlichen Verbot mechanischer Webstühle bewogen die Geldgeber, sich von dem Projekt zurückzuziehen. Einen größeren Auftrag eines russischen Tuchfabrikanten musste Schönherr an Richard Hartmann weitergeben, in dessen Chemnitzer Maschinenbaufabrik Schönherr nun als Angestellter den Bau der von ihm konstruierten Webstühle leitete. Mit einem Kaufmann als Kompagnon und einem Startkapital von 6 000 Talern machte sich Schönherr schließlich Ende 1851 in Chemnitz in angemieteten Fabrikräumen selbstständig. In den folgenden Jahre war das Unternehmen dann so erfolgreich, dass Schönherr schon 1857 seinen Teilhaber auszahlen konnte.[68]

Doch sollte man die Probleme der frühindustriellen Fabrikgründer bei der Aufbringung von Kapital auch nicht überschätzen. In der ersten Hälfte des 19. Jahrhunderts genügten oft relativ bescheidene Summen für den Bau und die Ausrüstung einer Spinnerei oder Weberei. Darauf deuten die zahlreichen kleinen Spinnmühlen entlang der erzgebirgischen Flussläufe hin, ebenso die Webereien, die den Betrieb mit wenigen Handwebstühlen aufnahmen, um ihn dann nach und nach zu erweitern und zu mechanisieren. Auch im Maschinenbau war es möglich und durchaus üblich, einen bescheidenen Werkstattbetrieb zum Ausgangspunkt für ein Industrieunternehmen werden zu lassen. Nicht wenigen der erfolgreichen sächsischen Maschinenbauindustriellen gelang es, unter Einsatz der durch den Verkauf ihrer Maschinen erzielten Gewinne, ihre kleine Werkstatt sukzessive zu einem umfangreichen Fabrikunternehmen auszubauen.

Ob nun aber eine größere Bereitschaft, vorhandene Kapitalressourcen in industrielle Unternehmen zu investieren, für die sächsische Baumwollspinnerei und andere frühindustrielle Branchen bessere Entwicklungsmöglichkeiten gebracht hätten, wie oft vermutet wurde, ist eine kontrafaktische und letztlich wenig erhellende Betrachtungsweise. Zudem deutet etwa das Beispiel der Kammgarnspinnerei darauf hin, dass es eine durchaus rationale Entscheidung sein mochte, in Unternehmen zu investieren, die weniger dem scharfen internationalen Wettbewerb ausgesetzt waren als die Baumwollspinnereien, aber in ähnlicher Weise die Produktivitätsvorteile des maschinellen Fabrikbetriebs nutzen konnten.[69]

Die Umwandlung der Pfaffendorfer Kammgarnspinnerei oder Haubolds Chemnitzer Maschinenfabrik Mitte der 1830er-Jahre in Aktiengesellschaften deuten an, dass in bestimmte Bereiche der sich entfaltenden sächsischen Industriewirtschaft schon vor 1860 größere Kapitalmengen flossen. Vor allem am Handels- und Finanzplatz Leipzig entwickelte sich in den ersten Jahrzehnten des 19. Jahrhunderts der Typ des »multipotenten Unternehmers« (Hartmut Zwahr), der seine Handels- und Bankgeschäfte auf diverse industrielle Projekte ausdehnte. Gustav Harkort etwa, Spross einer prominenten Kaufmannsfamilie aus Hagen in Westfalen, war 1820 nach Leipzig gekommen. Hier hatte er zusammen mit seinem Bruder Carl ein Kommissions- und Speditionsgeschäft gegründet und vor allem mit dem Export sächsischer Waren nach Übersee und der Einfuhr englischen Baumwollgarns Geld gemacht. Albert Dufour-Feronce hatte 1817 die Leitung des bedeutenden Leipziger Handelsunternehmens Dufour

Das Direktorium der Leipzig-Dresdner Eisenbahngesellschaft, 1852 (sitzend von rechts: Wilhelm Seyfferth, Albert Dufour-Feronce, Gustav Harkort)

Gebr. & Co. übernommen, das sich auf den Seidenwarenhandel mit der französischen Textilmetropole Lyon spezialisiert hatte. Wilhelm Seyfferth war 1832 seinem Vater als Hauptteilhaber eines großen Speditions- und Wechselgeschäfts gefolgt, das den Farb- und Kolonialwarenhandel mit umfangreichen Bankgeschäften verband. Alle drei befanden sich unter den Initiatoren des Baus der Leipzig-Dresdner Eisenbahn. Seyfferth und Gustav Harkort fungierten als Direktoren der 1830 gegründeten Leipziger Lebensversicherungsgesellschaft. Harkort und Dufour-Feronce gehörten seit 1836 zu den Hauptaktionären der Pfaffendorfer Kammgarnspinnerei. Die Bank der Gebrüder Harkort und das Bankhaus Dufour-Feronce waren in den neuen sächsischen Steinkohlenrevieren im Zwickauer Raum ebenso wie in der Dresdner Peripherie aktiv und beteiligten sich an der Gründung einer ganzen Reihe von Bergwerksunternehmen. Schließlich waren sowohl Gustav Harkort als auch Wilhelm Seyfferth und Albert Dufour-Feronce 1856 unter den Gründern der Allgemeinen Deutschen Credit-Anstalt (ADCA), der bedeutendsten Leipziger Aktienbank.[70]

Aus diesen Kreisen Leipziger Großkaufleute und multipotenter Unternehmer gingen seit den 1820er-Jahren wichtige Anstöße zur Modernisierung des sächsischen Bankensystems aus und es wurden erste Schritte unternommen, den Geld- und Zahlungsverkehr in Sachsen den Bedürfnissen einer rasch expandierenden Wirtschaft anzupassen. 1824 gründeten führende Handelshäuser der Stadt gemeinschaftlich einen Leipziger Kassenverein, der mit Hilfe unverzinslicher Vorschüsse der sächsischen Regierung von insgesamt 600 000 Talern daran ging, den Geldumlauf zu vermehren und Barzahlungen zu erleichtern. Der Kassenverein gab zu diesem Zweck Kassenscheine zwischen 100 und 1000 Talern aus, die durch die Unterschriften aller Mitglieder der Gesellschaft die nötige Bonität erhielten. 1827/28 ging aus dem Kassenverein die als Aktiengesellschaft konstituierte Leipziger Discontokasse mit einem Geschäftskapital von 250 000 Talern hervor. Die Discontokasse erhielt das verbriefte Recht, Banknoten von nicht weniger als 100 Talern auszugeben, die zu zwei Dritteln durch die Barbestände der Bank gedeckt sein mussten. 1839 erfolgte schließlich die Gründung der Leipziger Bank, deren Aktienkapital von 1,5 Mio. Talern ein Mehrfaches der im gleichen Jahr aufgelösten Discontokasse betrug und die unbeschränkt Banknoten von 20 Talern und mehr emittieren durfte. Die Bank stand unter der Aufsicht eines Regierungskommissars und verpflichtete sich, diese Geldscheine jederzeit binnen 72 Stunden in Münzgeld umzutauschen.[71]

Allerdings waren Discontokassen wie die Leipziger Bank vornehmlich auf die Bedürfnisse der Leipziger Großkaufmannschaft zugeschnitten. Ihre Hauptaktivitäten lagen im Diskont- und Lombardgeschäft. Daher kamen auch aus Chemnitz und den westsächsischen Industrierevieren vor allem seit der konjunkturellen Stockungsphase der späten 1830er-Jahre zunehmend Klagen über die mangelnde Kreditversorgung der textilen Fabrikunternehmen und des Maschinenbaus. Vorstöße zur Gründung einer Aktienbank scheiterten an der Haltung der Regierung, die ein dringendes Bedürfnis verneinte und die notwendige Konzession verweigerte. Auch Forderungen nach der Gründung einer »Nationalbank« in staatlicher Regie stießen in Dresden auf taube Ohren. Eine Reihe von Chemnitzer Unternehmern beteiligte sich zwar an der Gründung der Leipziger Bank, aber die vorgesehene Eröffnung einer Chemnitzer Filiale der neuen Bank scheiterte daran, dass die Leipziger Zentrale nicht auf die Forderungen nach weitgehender Selbstständigkeit der Chemnitzer Zweigstelle eingehen wollte.

Im Gefolge der Wirtschaftskrise von 1846 bis 1848 spitzten sich die Liquiditätsengpässe vieler Unternehmen des Chemnitzer Raumes und des Erzgebirges zu. Die Zahlungseinstellung des Leipziger Bankhauses Hammer & Schmidt und die bedrohliche Liquiditätskrise des führenden Chemnitzer Privatbankiers Julius Haase, von deren Krediten viele südwestsächsische Firmen abhingen, legte die Labilität des im Wesentlichen auf der Finanzkraft einiger Privatbankhäuser beruhenden sächsischen Industriekreditsystems schlagartig offen.

1848 wurden Vertreter der Chemnitzer Unternehmer- und Kaufmannschaft mit einem dringlichen Hilfegesuch in Dresden vorstellig. Die Regierung konzedierte daraufhin die Gründung einer Bank in kommunaler Trägerschaft. Der Chemnitzer Stadtbank wurden im Wesentlichen zwei Mittel der Kreditschöpfung zugewiesen. Zum einen erhielt sie das Recht der Warenlombardierung. Zum anderen bekam sie die Befugnis zuerkannt, Kassenscheine im Wert von 300 000 Talern auszugeben, die mindestens zu einem Drittel in Silbergeld gedeckt sein mussten.

Im Laufe der 1850er-Jahre entspannte sich offenbar auch in den südwestsächsischen Industrierevieren die Kreditversorgung der Unternehmen. Die Chemnitzer Stadtbank konnte ihren Geschäftskreis ausweiten, und auswärtige Geldinstitute, vor allem einige Thüringer Banken, die Filialen in Chemnitz aufmachten, zeigten nun aktiveres Interesse an der Industriefinanzierung. In Leipzig wurde schließlich 1856 eine Aktienbank gegründet, die von vornherein den Industriekredit zu ihrem zentralen Aufgabenbereich machte, die Allgemeine Deutsche Credit-Anstalt. Eine wichtige Rolle bei der allmählichen Verbesserung des Industriekredits spielten nicht zuletzt die so genannten »Vorschussvereine«, die seit den späten fünfziger Jahren auf genossenschaftlicher Basis in einer ganzen Reihe von sächsischen Städten gegründet wurden.[72]

Die Option, den Defiziten des frühindustriellen Kapitalmarktes mit Strukturreformen im Bankensystem zu begegnen, gingen die sächsischen Regierungen des Vormärz nur sehr zögerlich an. Der Gründung von Aktienbanken stand die sächsische Regierung gewöhnlich recht skeptisch gegenüber. Man fürchtete eine Überschwemmung des Landes mit Papiergeld und abträgliche Folgen für den Kurs der Staatsanleihen. Der Plan einer Zentralnotenbank, wie sie Preußen 1846 errichtet hatte, die den Geldumlauf vermehren und im Notfall als Kreditgeber für andere Banken auftreten konnte, nahm in Sachsen erst in den frühen 1860er-Jahren konkrete Formen an. Die Landtagsmehrheit hielt eine Staatsbank nach preußischem Muster für eine unzeitgemäße Einrichtung und plädierte statt dessen für eine private Notenbank mit staatlicher Garantie. Erst 1865 wurde dieses Projekt durch die Gründung der Sächsischen Bank als Aktiengesellschaft mit einem Grundkapital von 5 Mio. Talern verwirklicht. Das Recht der Ausgabe von Banknoten musste sich die Sachsenbank aber bis auf Weiteres mit anderen sächsischen Banken teilen.

Eine gewisse Umorientierung der staatlichen Geldpolitik ist allerdings schon seit Mitte der 1840er-Jahre zu erkennen. Die krisenhafte Zuspitzung der »Geldknappheit« in den Jahren nach 1846 verpflichtete den sächsischen Staat, größere finanzielle Verantwortung zu übernehmen, um einen Kollaps des frühindustriellen Wirtschaftsgebäudes abzuwenden. Die sächsische Regierung sah sich nun veranlasst, den zum Stillstand gekommenen Eisenbahnbau in eigener Regie voranzutreiben, und nahm allein für diesen Zweck in den Jahren bis 1850 Anleihen in Höhe von 13 Mio. Talern auf, eine Summe, die den gesamten regulären staatlichen Jahreshaushalt überstieg. Gleichzeitig wurden dem Geldumlauf durch Ausgabe bzw. Übernahme der Gewähr für Eisenbahnkassenscheine rund 4 Mio. Taler hinzugefügt.[73]

Eine weitere Option staatlicher Wirtschaftspolitik zur Stimulierung der Industriefinanzierung, die gesetzliche Liberalisierung des Aktienrechts, nahm die sächsische Regierung nicht wahr. Allerdings wurden in Sachsen Aktiengesellschaften im Vergleich zu anderen deutschen Staaten recht großzügig konzessioniert. 1837 bestanden hier immerhin 21 Aktiengesellschaften, mehr als im größeren Nachbarstaat Preußen. Dabei erfreuten sich etwa die sächsischen Aktienbanken, Bergbauunternehmen und Eisenbahngesellschaften zumindest in Zeiten guter Konjunktur regen Zuspruchs unter den Kapitalanlegern. Doch erscheint es eher fraglich, ob eine durchgreifende Liberalisierung des sächsischen Aktienrechts die Bereitschaft potenzieller Investoren, ihr Geld in Fabrikunternehmen anzulegen, wesentlich gefördert hätte. Von den 66 zwischen 1831 und 1861 in Sachsen gegründeten Aktiengesellschaften waren die eigentlichen Fabrikunternehmen in der Minderzahl. Neben drei Aktienbanken gab es 18 Bergwerksgesellschaften auf Aktienbasis, neun Eisenbahngesellschaften und eine Dampfschifffahrtsgesellschaft sowie sechs Aktienbrauereien.

In den eigentlichen industriellen Schlüsselsektoren, der Textilindustrie und dem Maschinenbau, wurde der Schritt zur anonymen Kapitalgesellschaft nur vereinzelt gegangen. Denjenigen Industrieunternehmen, die sich tatsächlich als Aktienverein konstituierten, war zudem oft nur ein kurzzeitiges Dasein beschieden, bevor sie den Betrieb aufgeben mussten oder von einem einzelnen Unternehmer übernommen wurden. Das Schicksal der Sächsischen Bobinetmanufaktur AG ist oben schon geschildert worden. Auch die Sächsische Maschinenbau-Compagnie, welche die Fabrik des Chemnitzer Industriepioniers Haubold übernommen hatte, musste bald Konkurs anmelden. Die Mechanische Weberei Auerhammer, 1837/38 als Aktiengesellschaft gegründet, ging schon 1842 in den Besitz des Baumwollfabrikanten Ernst Iselin Clauss über. Die Königin-Marienhütte in Cainsdorf, das wohl erfolgreichste frühindustrielle Eisenwerk Sachsens, war 1839 auf Aktienbasis errichtet worden. Sie wurde aber 1844 vom Vorsitzenden des Direktoriums, dem Kammerherrn Arnim auf Planitz gepachtet, der das Unternehmen schließlich 1851 käuflich erwarb.[74]

Warum industrielle Aktiengesellschaften in der ersten Hälfte des 19. Jahrhunderts in der Praxis nicht gerade ein Erfolgsmodell darstellten, lässt sich aus den Schilderungen Friedrich Georg Wiecks, der aus eigener leidvoller Erfahrung berichtet, gut nachvollziehen: Fabrikunternehmen verlangten »die Dispositionskraft eines Mannes, der nur sich selbst verantwortlich ist,

Aktie der Sächsischen Maschinenfabrik, 1870

um, wenn und wo es gilt, schnelle und entscheidende Schritte thun zu können«. Die Direktion einer Aktiengesellschaft sei dagegen in weitgehendem Ausmaß von den Aktionären abhängig, die ihr wenig Handlungsspielraum einräumten. Gewinne würden meist sofort ausgeschüttet, anstatt sie in das Unternehmen zu reinvestieren. Daher eigne sich die Form der Aktiengesellschaft, so schlussfolgert Wieck in seiner 1840 veröffentlichten Schrift, nur für solche Unternehmen, »deren Verwaltung höchst einfach ist, deren Geschäftsanordnung keiner kaufmännischen Disposition bedarf, kein Wagen und Spekuliren; deren mechanische Arbeitskräfte, Gebäude und Werke, ein für allemal hergestellt werden, und deren Betrieb so beschaffen ist, das er entweder so ziemlich ein Jahr wie das andere gleichen Gewinn abwirft, oder keine weiteren und erneuerten Kapitalien erforderlich macht, als nur solche, die gleich von dem Jahresgewinn genommen werden können: wie bei Assekuranzen, Dampfschifffahrt, Bergbau, Eisenbahnen, Kanäle, Rhederei etc.«[75]

Staatliche Gewerbepolitik und industrielle Entwicklung

Bei der Frage der Modernisierung des Bankwesens wie auch in vielen anderen bisher behandelten Themenbereichen ist die sächsische Regierung immer wieder als intervenierender und initiativer Akteur oder als Adressat von wirtschaftspolitischen Forderungen verschiedener Interessengruppen in den Blickpunkt des Geschehens getreten. Dies kommt nicht von ungefähr, denn der spätabsolutistische wie der frühkonstitutionelle Staat der ersten Hälfte des 19. Jahrhunderts konnte als gesetzgebende und in alle Bereiche des öffentlichen Lebens administrativ einwirkende Instanz weitreichenden Einfluss auf den Gang der Industrialisierung nehmen, ihn fördern oder auch bremsen. Wenn im Folgenden die Rolle des sächsischen Staates im regionalen Industrialisierungsprozess untersucht wird, so geht es einmal um das breite Spektrum aktiver staatlicher Gewerbeförderung. Zum anderen stehen die zentralen ordnungspolitischen Herausforderungen im Mittelpunkt der Betrachtung, vor allem die Außenhandelsgesetzgebung und die Reform der frühneuzeitlichen Gewerbeverfassung.

Staatliche Wirtschaftspolitik in Sachsen stand am Beginn des 19. Jahrhunderts noch ganz in der Tradition merkantilistischer Gewerbeförderung, die nach dem Ende des Siebenjährigen Krieges 1763 noch einmal intensiviert worden war. Um die schweren Schäden, die der Krieg in Sachsen hinterlassen hatte, und seine finanziellen Folgelasten zu bewältigen, verkündete die sächsische Regierung ein umfassendes Wiederaufbauprogramm, ein »Retablissement«. Die Maßnahmen zur Förderung von Handel und Gewerbe wurden der 1735 gegründeten »Landes-Ökonomie-, Manufactur- und Commercien-Deputation« übertragen. Neben der Handels- und Gewerbeaufsicht sollte die Kommerziendeputation als Anlaufstelle für Berichte, Anfragen und Klagen dienen, Vorschläge und Gutachten über gewerbliche Förderungsmaßnahmen vorlegen, Preisausschreiben veranstalten, um innovative Methoden, Erfindungen und Verbesserungen zu prämieren, sowie in Einzelfällen Vorschüsse für die Wiederherstellung beschädigter oder abgebrannter Produktionsstätten vergeben. Allerdings waren die Entscheidungsbefugnisse der Deputation beschränkt, die eigenen Mittel eher bescheiden.

Ein Schwerpunkt staatlicher Wirtschaftsförderung war die Hilfestellung bei der Gründung von Manufakturen. Wenn es sich dabei auch teilweise um Unternehmen handelte, die ohne staatlich verbürgte Monopolgarantien nicht lebensfähig gewesen wären, so scheint doch der sächsische Spätmerkantilismus vergleichsweise erfolgreich gewesen zu sein. Die Kommerziendeputation bestand bei seiner Förderungspolitik nicht auf der ausschließlichen Verwendung heimischer Rohstoffe, so dass auch das protoindustrielle Baumwollgewerbe von staatlicher Hilfe profitieren konnte. Auch befand sich lediglich ein kleiner Teil der Manufakturen in staatlichem Besitz und nur bei wenigen Unternehmensgründungen besaßen politische Motive Vorrang vor wirtschaftlichen Erwägungen.[76]

In diesem Rahmen leistete der sächsische Staat auch Hilfestellung beim Übergang der Baumwollspinnerei zur maschinellen Produktion. Die Regierung bewilligte seit den 1780er-Jahren zahlreiche Kredite, die es heimgewerblichen und handwerklichen Produzenten ermöglichte, »Spinning Jennies« anzuschaffen. Sie stattete 1798/99 die ersten Maschinenspinnereien mit zehnjährigen Produktionsmonopolen aus und subventionierte in den Jahren der Kontinentalsperre die Gründung von Baumwollspinnmühlen mit zinsverbilligten Darlehen, Barzuschüssen und Spindelprämien. Die Fördermaßnahmen der Kommerziendeputation erstreckten sich zudem auf die Beschaffung, den Nachbau und die Konstruktion von Maschinen. Sie setzte Prämien für die Lösung technischer Probleme aus und gewährte einzelnen Technikern staatliche Jahrespensionen.

So gesehen hatte der sächsische Staat einen nicht gering zu schätzenden Anteil an der Durchsetzung industrieller Produktionsweisen in der klassischen Schlüsselbranche der industriellen Revolution, der Baumwollspinnerei. Man sollte aber andererseits auch nicht ganz übersehen, dass die staatliche Gewerbeförderungspolitik der Jahre um 1800 auch gewisse kontraproduktive Züge aufwies. Merkantilistische Steuerungsinstrumente wie die Bewilligung von Produktionsprivilegien für einzelne Fabrikanten hatten zwangsläufig zur Folge, dass für die Dauer solcher Monopolvergaben andere Unternehmer vom Einstieg in den Fabrikbetrieb abgehalten wurden. Zudem stellte sich spätestens 1815 die Frage nach der Lebensfähigkeit einer Industrie, die unter den Bedingungen der Marktabschottung herangezüchtet worden war.[77]

In den Jahren nach 1815 überließ der sächsische Staat die Maschinenspinnereien weitgehend ihrem Schicksal. Die Zurückhaltung der Regierung bei der Stützung der Baumwollindustrie war zunächst einmal ganz banal durch die leeren Kassen bestimmt, die das für Sachsen unglückliche Ende der Napoleonischen Kriege mit sich brachte. Sodann scheint in der hohen Beamtenschaft die Auffassung Oberwasser bekommen zu haben, der Wirtschaft sei am besten zu helfen, wenn der Staat sich aktiver Interventionen enthalte. So äußerte etwa 1825 der Plauener Amtshauptmann von der Planitz die Überzeugung, in konjunkturellen Krisenzeiten besitze der Staat nicht die Mittel, die Nachteile der Konjunktur auszugleichen und in Wachstumsperioden bedürfe es dieser Hilfen nicht.

Andererseits gab es in Dresden offenbar gewisse, aus alten merkantilistischen Prinzipien entspringende Vorbehalte gegenüber einer Industrie, die in ihrer Rohstoffbasis so völlig auf den Import ausländischer Erzeugnisse angewiesen war wie die Baumwollspinnerei. So zeigte sich die Kommerziendeputation eher bereit, die Wollindustrie zu fördern – nicht zuletzt auch deswegen, weil die Zucht von Merinoschafen für viele sächsische Rittergutsbesitzer seit dem letzten Drittel des 18. Jahrhunderts eine einträgliche Erwerbsquelle geworden war. Staatliche Maßnahmen im Jahrzehnt nach 1815 konzentrierten sich aber im Wesentlichen auf die Krisenintervention in den besonders von der Nachkriegsdepression betroffenen Branchen und Gebieten. Solche Interventionen richteten sich häufig eher auf die Beschäftigung erwerbsloser Heimarbeiter und Handwerker, als dass sie den Industrialisierungsprozess gefördert hätten. So ergriff die Regierung auf Anregung des Kreishauptmanns von Wietersheim 1817 Maßnahmen zur Förderung der Wollhandspinnerei im Vogtland, nicht eben eine zukunftsweisende Technologie.[78]

Allerdings war es gerade von Wietersheim, der 1827 in einer Denkschrift die Dresdner Regierung zu einer aktiveren Wirtschaftsförderungspolitik nach preußischem Vorbild aufforderte und die Bereitstellung umfangreicher staatlicher Mittel zur Unterstützung des Fabrikwesens befürwortete. Tatsächlich bahnte sich seit den späten 1820er-Jahren ein Umdenken in der sächsischen Ministerialbürokratie an. Das verstärkte wirtschaftspolitische Engagement des sächsischen Staates schlug sich zunächst einmal in einer breiten Palette von Maßnahmen nieder, die überwiegend aus dem Arsenal merkantilistischer Gewerbeförderung stammten und die seit dem späten 18. Jahrhundert auch bei der Unterstützung der frühen Fabrikindustrie erprobt worden waren. Dazu gehörte, dass die Regierung mit zinsgünstigen Krediten und Zuschüssen einsprang, wenn sich das Kapital für Fabrikgründungen oder -erweiterungen nicht oder in nicht genügendem Maße auf dem Kreditmarkt aufbringen ließ. 1833 bewilligte die neu konstituierte Ständekammer einen Dispositionsfonds von insgesamt 60 000 Talern, die in den folgenden neun Jahren für Darlehen und Zuschüsse an größere und neuere Unternehmen verwendet werden sollten.

Insgesamt erhielten bis 1842 aus diesem Fonds 33 Antragsteller niedrig verzinste Darlehen, die sich meist aber nur auf 1000 bis 2000 Taler beliefen. Zwischen 1842 und 1850 stellte der sächsische Staat weitere 80 000 Taler für diesen Fonds zur Verfügung. Dazu kamen Mittel aus diversen anderen Quellen oder Einzelbewilligungen wie die 30 000 Taler, die Richard Hartmann 1846 für den Aufbau seiner Lokomotivfabrik erhielt. Insgesamt wird man aber davon ausgehen können, dass die finanziellen Fördermaßnahmen des sächsischen Staates kaum die strukturellen Defizite des frühindustriellen Kapitalmarktes kompensieren konnten. Dazu waren die Kreditbewilligungen zu sporadisch, die Gesamtsumme der ausgezahlten Gelder zu gering. Das Bewilligungsverfahren war zudem oft einigermaßen umständlich und langwierig, und bei der Genehmigung von Krediten und Zuschüssen scheint eine gewisse Willkürlichkeit und Zufälligkeit geherrscht zu haben. Schließlich war eine solche Subventionierungspraxis einzelner Unternehmen immer auch mit der Gefahr der Wettbewerbsverzerrung verbunden. Die Bewilligung staatlicher Unterstützung für einzelne Fabrikanten konnte unter Umständen auch zu Lasten ihrer Konkurrenten gehen.[79]

Die direkte finanzielle Förderung und Subventionierung von Industriebetrieben wurde in vielfacher Weise durch flankierende gewerbepolitische Maßnahmen ergänzt. Der sächsische Staat leistete etwa Hilfestellung beim Transfer neuer industrieller Technologien. So unternahm die Kommerziendeputation Mitte der 1830er-Jahre große Anstrengungen, um die Mechanisierung in der Tuchindustrie voranzutreiben. Für 600 Taler wurde aus Aachen eine neue Tuchschermaschine besorgt und zum halben Preis einem Oschatzer Tuchfabrikanten überlassen. Ein Kamenzer Fabrikant erhielt einige mechanische Webstühle amerikanischer Bauart unter der Bedingung, sie allen einheimischen Interessenten vorzuführen und die dazu nötigen Anweisungen zu geben. Zu den gleichen Bedingungen überließ der sächsische Staat Textilunternehmern in Rosswein und Bischofswerda eine Dekatiermaschine bzw. eine Zylinderschermaschine. Die Kommerziendeputation gab nicht nur mit der Beschaffung von Maschinen Anstöße zur Diffusion von Innovationen in der sächsischen Industrie, sondern förderte auch den Transfer technischen Know-hows nach Sachsen. Sie finanzierte Studienreisen von Unternehmern und Technikern in das technologisch weiter entwickelte westliche Ausland.

Die Kommerziendeputation vergab zudem »Wanderprämien« an Handwerksgesellen, die aus dem Ausland mit verwertbaren Kenntnissen über neue Maschinen und Herstellungsprozesse zurückkamen. Die Regierung setzte staatliche Pensionen für einzelne Erfinder und Techniker aus und bedachte sie mit Prämien für Innovationen und deren Einsatz in Gewerbebetrieben. Zum Instrumentarium staatlicher Industrieförderung gehörte weiterhin die Veranstaltung von Gewerbeausstellungen, auf denen sächsische Unternehmen ihre Erzeugnisse präsentieren konnten. 1824 initiierte die sächsische Regierung in Dresden erstmals eine solche Ausstellung, die in den folgenden Jahren wiederholt wurde.[80]

Seit den späten 1820er-Jahren nahm der sächsische Staat verstärkt Anteil an der Bereitstellung technischer Bildungseinrichtungen. 1828 wurde in Dresden die Technische Lehranstalt, die institutionelle Kernzelle der heutigen Technischen Universität, gegründet, nach der Freiberger Bergakademie die zweite bedeutende staatlich getragene höhere technische Ausbildungs- und Forschungsstätte in Sachsen. In den 1830er-Jahren kamen weitere gewerbliche Lehranstalten auf mittlerer Ebene hinzu, eine Kunstgewerbeschule in Dresden und eine mittlere Gewerbeschule in Chemnitz sowie Baugewerkschulen in Chemnitz, Dresden, Leipzig, Plauen und Zittau. Bereits existierende private oder von diversen Korporationen oder Kommunen getragene gewerblich-technische Bildungseinrichtungen erhielten regelmäßige Zuschüsse aus dem Staatshaushalt. Dazu gehörten die Gewerbeschulen in Leipzig, Plauen, Zittau und Bautzen, die Leipziger Handelslehranstalt, eine Reihe lokaler Sonntagsschulen und diverse Zeichen-, Web-, Klöppel-, Spinnschulen u. a. m. Die staatlichen Aufwendungen für diese Zwecke stiegen von 9000 Taler 1835 auf rund 48 000 Taler 1860.[81]

Erhebliche Auswirkungen auf den Prozess der regionalen Industrialisierung hatte die Schaffung einer der industriellen Entwicklung adäquaten Verkehrsinfrastruktur. Auch hier besaß staatliche Politik einen mehr oder minder zentralen Stellenwert. In den Anfängen des sächsischen Eisenbahnbaus spielte der Staat zwar eine eher passive Rolle, überließ doch die Regierung in Dresden den Streckenbau und seine Finanzierung zunächst ganz überwiegend der privatwirtschaftlichen Initiative. Aber schon nach wenigen Jahren sah sich der Staat veranlasst, aktiver in den Ausbau des sächsischen Eisenbahnnetzes einzugreifen und die ins Stocken geratenen Bauprojekte in die eigene Verantwortlichkeit zu übernehmen. Bereits Anfang der 1850er-Jahre wurden drei der vier bis dahin fertig gestellten Bahnlinien in staatlicher Regie betrieben. 1852 wurde schließlich in Dresden eine königlich-sächsische Eisenbahndirektion gebildet. Der weitere Streckenausbau vollzog sich bis auf einige wenige Nebenlinien unter staatlicher Federführung und unter Einsatz öffentlicher Mittel.[82]

Vom Brückenzoll zum Zollverein

Mindestens ebenso wichtig für den Fortgang des Industrialisierungsprozesses wie die staatliche Infrastruktur- und Gewerbeförderungspolitik war die Schaffung rechtlich kodierter oder administrativ verordneter Rahmenbedingungen, welche die weitere Entfaltung industriellen Wachstums begünstigten oder gar erst ermöglichten. Dazu gehörte eine Liberalisierung des überkommenen Gewerbe-, Handels- und Bodenrechts, eine Reform der Zoll- und Steuergesetzgebung und die Schaffung eines modernen Patentrechts. 1815 bestanden im Königreich Sachsen zumindest auf dem Papier noch zahlreiche Regularien der vormodernen Wirtschaftsverfassung, welche geeignet waren, einen nachhaltigen industriellen Wachstumsprozess zu behindern.

Das sächsische Patentrecht entsprach etwa zu diesem Zeitpunkt kaum den Erfordernissen einer sich entwickelnden Industriewirtschaft. Zwar hatten sich in Sachsen schon seit dem 16. Jahrhundert gewisse Grundsätze für Beantragung, Prüfung und Gewährung von Schutzrechten für Innovationen herausgebildet. Der sächsische Staat erteilte diesen Schutz gewöhnlich in Form von Privilegien, die dem betreffenden Antragsteller Herstellungs- und/oder Verkaufsmonopole gewährten. Solche Privilegien bezogen sich auf einen bestimmten Bezirk oder das Kurfürstentum bzw. Königreich Sachsen als Ganzes und waren in der Regel zeitlich begrenzt, meist auf zehn Jahre. Diese Praxis haben wir etwa bei der Einrichtung der Baumwollspinnereien von Bernhardt und Wöhler 1798/99 kennen gelernt. Im Effekt wurde damit aber die Verbreitung technologischer Innovationen auch innerhalb Sachsens eher gehemmt als gefördert.

Diese Erkenntnis verbreitete sich auch bald bei den zuständigen Regierungsbehörden. Allerdings trug sie paradoxerweise dazu bei, dass man nach 1800 in der Kommerziendeputation der Erteilung von Schutzrechten für Erfindungen und ihrer Verwertung überhaupt zunehmend skeptisch gegenüberstand. Auch diese Haltung erwies sich nicht gerade als förderlich für den Industriestandort Sachsen. So war der Erfinder der Schnellpresse Koenig, aus Sachsen nach England ausgewandert, um seine Innovation zunächst dort unter dem Schutz eines wirksamen Patentrechts zu verwerten. Auch einer der frühen Pioniere des sächsischen Maschinenbaus, Carl Gottlieb Haubold, hatte seit den 1820er-Jahren mit der Obstruktionspolitik der sächsischen Ministerialbürokratie zu kämpfen. Mehrfach sah er sich um die Früchte seiner Arbeit gebracht, weil Patentanträge abgelehnt oder überhaupt nicht bearbeitet wurden. Maschinen, die Haubold in Dresden zum Patent angemeldet hatte, waren in der Zwischenzeit von anderen einfach nachgebaut worden.

Die Auseinandersetzungen zwischen Haubold und der Kommerziendeputation trugen immerhin dazu bei, dass die sächsische Regierung im Laufe der dreißiger Jahre allmählich ihre Vorbehalte gegen die Gewährung von Patenten für Erfindungen ablegte. Die starke Zunahme der vom sächsischen Innenministerium erteilten Patente spiegelt diesen Wandel eindrucksvoll wider. In den Jahrzehnten vor der Reichsgründung verzeichnete das Königreich Sachsen von allen deutschen Staaten die höchste Zahl von Erfindungspatenten. Doch erst 1853 veröffentlichte die sächsische Regierung per Verordnung formale Richtlinien und Verfahrensweisen für die Patenterteilung. Auch jetzt besaßen die sächsischen Patente noch den Charakter von Privilegien, Gnadenakten des Landesherrn. Niemand hatte einen einklagbaren Anspruch auf Erteilung eines Patents, auch wenn alle Voraussetzungen erfüllt waren. Die Erfindungen, die den Gegenstand von Privilegien bildeten, wurden weiterhin nicht veröffentlicht. Ein Rechtsanspruch auf Schadensersatz infolge von Patentverletzungen bestand nicht. Alle diese Unzulänglichkeiten wurden auch in Sachsen erst mit dem Reichspatentgesetz von 1877 beseitigt.[83]

Noch dringlicher als die Schaffung eines neuen Patentrechts war in den Jahren nach 1815 eine durchgreifende Reform der Zoll- und Steuergesetzgebung. Der Warenaustausch wurde innerhalb Sachsens durch eine unübersichtliche Vielzahl von Wege-, Brücken- und Akzisegeldern, die wie Binnenzölle wirkten und einen wesentlichen Teil der staatlichen Einnahmen darstellten, nicht unerheblich erschwert. Hinzu kam, dass das sächsische Staatsgebiet streng genommen keine einheitliche Wirtschaftszone darstellte und für einzelne Regionen wirtschaftsrechtliche Sonderregelungen galten. Die Wareneinfuhr in die Messestadt Leipzig war von den in anderen Landesteilen gültigen Zöllen ausgenommen. Die Oberlausitz galt bis 1822 zollrechtlich als Ausland. Die Schönburgischen Rezessherrschaften und die Herrschaft Wildenfels behielten ihre zollpolitische Eigenständigkeit sogar bis 1878.[84]

Die Reform der sächsischen Zoll- und Steuergesetzgebung in den zwanziger und dreißiger Jahren erscheint unentwirrbar verknüpft mit den handelspolitischen Auseinandersetzungen zwischen den deutschen Staaten, die schließlich 1834 zur Gründung des Deutschen Zollvereins führen sollten. 1818 modernisierte Preußen sein Zollabgabensystem, schaffte die meisten noch bestehenden Binnenzölle und Wegeabgaben ab und belegte ausländische Waren mit Einfuhr- und Durchgangszöllen. Damit machte der preußische Staat nicht nur einen großen Schritt auf dem Weg zu einem integrierten Binnenwirtschaftssystem, sondern brachte auch den kleineren Nachbarn Sachsen in arge Kalamitäten. Die preußischen Einfuhrzölle behinderten die eingespielten Absatzbeziehungen zwischen den sächsischen Gewerberegionen und den überwiegend agrarischen Gebieten, die 1815 an Preußen gefallen waren. Vor allem aber erschwerten die Durchgangszölle den Zugang sächsischer Fertigwaren auf die norddeutschen Märkte und ihren Transit in das nichtpreußische Deutschland, in das europäische Ausland und nach Übersee beträchtlich. Außerdem schotteten Österreich, Russland, Frankreich, Bayern und Württemberg ihre Binnenmärkte durch Importzölle zunehmend gegen ausländische Waren ab.[85]

Die sächsische Staatsregierung dagegen mochte sich diesem kontinentaleuropäischen Trend zum nach außen zollgeschützten, im Innern jedoch freien Binnenmarkt nur ganz partiell anschließen. Sie erließ 1824 zwar eine neue Generalakziseordnung, die aber vom Grundsatz her das bestehende System der Warenbesteuerung nicht außer Kraft setzte. Erst auf der Basis der konstitutionellen Verfassung von 1831 und mit dem Beitritt zum Zollverein 1833/34 wurden die zahlreichen Binnenzölle und andere indirekte Abgaben abgeschafft. Die preußischen Durchgangszölle und der Protektionismus anderer europäischer Staaten veranlassten einen Teil der sächsischen Fertigwarenproduzenten, verstärkt nach ungeschützten Märkten und alternativen Handelswegen zu suchen. Nachdem mit der Unterzeichnung der Elbschifffahrtsakte 1821 der Warentransport auf der Elbe erheblich erleichtert worden war, bildete sich 1822/23 eine Elb-Amerikanische Compagnie, die den Export sächsischer Güter auf die mittel- und südamerikanischen Märkte reaktivieren sollte. Erst nach längerem Zögern fand sich die sächsische Regierung bereit, wenigstens einen kleineren Teil der ausgegebenen Aktien zu übernehmen. Trotz anfänglicher Erfolge musste die Compagnie aber wegen der geringen Aufnahmefähigkeit der lateinamerikanischen Märkte sowie der Auswirkungen der internationalen Handelskrise von 1826 liquidiert werden. Längerfristig erfolgreicher waren dagegen weniger spektakuläre Bemühungen, auf überseeischen Märkten Fuß zu fassen, wie etwa die der Chemnitzer und erzgebirgischen Strumpfwirkerei im prosperierenden Nordamerika.[86]

Vor allem konnte sich Sachsen nicht entschließen, dem Beispiel einiger Nachbarstaaten zu folgen und seinerseits erhöhte Einfuhrzölle zum Schutz seiner eigenen proto- und frühindustriellen Gewerbe zu erheben, wie dies etwa die südwestsächsischen Baumwollspinner und eine Reihe weiterer, von der britischen Konkurrenz hart bedrängter Textilgewerbe vehement einforderten. Ob im sächsischen Fall die Erhebung prohibitiver Zölle ein probates Mittel zur Abschirmung und Förderung der im Jahrzehnt vor 1815 entstandenen

Karte des Königreiches Sachsen und der 1815 an Preußen abgetretenen Länder

industriellen Kerne gewesen wäre, darf jedoch bezweifelt werden. Beim Textilmaschinenbau stellte sich das Problem kaum, weil die britische Konkurrenz von der eigenen Regierung vom kontinentalen Absatzmarkt fern gehalten wurde. Der Baumwollspinnerei wäre es zwar kurzfristig entgegen gekommen, auf dem sächsischen Binnenmarkt vom Wettbewerbsdruck der englischen Maschinengarnproduzenten entlastet zu werden. Doch für größere Teile der sächsischen Gewerbewirtschaft hätten prohibitive Einfuhrzölle vor allem eine Verteuerung ihrer Produktionskosten mit sich gebracht. Dies gilt vor allem für die noch stark protoindustriell geprägten Baumwollgarn verarbeitenden textilen Exportbranchen Südwestsachsens – ganz abgesehen von dem Schaden für den Handels- und Messeplatz Leipzig, den eine Schutzzollpolitik verursacht hätte.[87]

Letztlich hätten zollpolitische Maßnahmen zum Schutz der heimischen Industrie nur dann Erfolg versprochen, wenn der damit abgeschirmte Binnenmarkt groß genug gewesen wäre, um dieser Industrie auch genügenden Absatz zu ermöglichen. An eben diesem Ziel orientierte sich die Handelspolitik der sächsischen Regierung seit Mitte der zwanziger Jahre. Ein erster Schritt zur Ausweitung des Binnenmarktes war 1828 die Gründung eines Mitteldeutschen Handelsvereins, dem neben dem Königreich Sachsen Hessen-Kassel, Hannover, Nassau, Oldenburg, Braunschweig und die thüringischen Kleinstaaten angehörten. Dieses Zollbündnis brachte allerdings für die sächsische Gewerbewirtschaft kaum die erhoffte Erleichterung. Der Handelsverein ermöglichte zwar die Ausfuhr sächsischer Waren unter Umgehung der preußischen Durchgangszölle, doch für den Bau der dazu benötigten Straßen fehlte den beteiligten Klein- und Mittelstaaten das Geld. Das Kalkül, Preußen mit Durchgangszöllen zu handelspolitischen Zugeständnissen zu nötigen, erwies sich bald als falsch. Der preußischen Regierung gelang es schnell, mit einigen der thüringischen Kleinstaaten Sonderverträge zu schließen und so eine Verbindung nach Süddeutschland herzustellen. Spätestens nachdem sich 1831 Hessen-Kassel dem preußischen Zollverbund angeschlossen hatte, war der Mitteldeutsche Handelsverein obsolet geworden. Schließlich gab auch die sächsische Regierung ihre politischen Vorbehalte gegen ein Zollbündnis unter preußischer Führung auf und trat 1833 wie die meisten anderen deutschen Staaten dem neuen Deutschen Zollverein bei.[88]

Das Leipziger Handelsbürgertum hatte sich aus Sorge um den Messestandort Leipzig bis zuletzt gegen den Beitritt Sachsens zum Zollverein zur Wehr gesetzt. Doch für die (proto-) industriellen Produzenten öffnete sich mit dem Inkrafttreten des Zollvereinsvertrages am 1. Januar 1834 ein ausgedehnter Binnenmarkt und die schutzbedürftigen Branchen erhielten einen, wenn auch im Allgemeinen eher mäßigen Zoll, der bestimmte Waren mit Abgaben belegte, die in das gemeinsame Wirtschaftsgebiet eingeführt wurden. Die Auswirkungen des Beitritts für die sächsische Industrialisierung sind im Einzelnen schwer zu bestimmen. Doch der in den Jahren nach 1834 einsetzende Gründungsboom in der sächsischen Baumwollspinnerei, mehr noch in der Wollspinnerei und den Wollgarn verarbeitenden Branchen, deutet auf kräftige industrielle Wachstumsimpulse hin, die von der Schaffung eines deutschen Binnenmarktes ausgingen. Hier mögen psychologische Gründe eine Rolle gespielt haben: Die Markterweiterung öffnete gewissermaßen einen Erwartungshorizont, der Investitionsanreize für Unternehmer aussandte. Im Allgemeinen wird man davon ausgehen können, dass die industriellen und auch die protoindustriellen sächsischen Textilproduzenten vom Wegfall der innerdeutschen Zollschranken aufgrund ihrer bereits vorhandenen Produktionskapazitäten profitierten. Ähnliches galt längerfristig auch für den sächsischen Maschinenbau, der in den 1830er-Jahren gerade seine erste Ausdehnungsphase erlebte.[89]

Schwieriger erscheint es dagegen, die Effekte der für die Einfuhr von Waren in das Gebiet des Zollvereins erhobenen Zölle zu bestimmen. Eher unbedeutend dürften zunächst die Auswirkungen des sehr mäßigen Zolls auf Baumwollgarne gewesen sein. Hier hatten sich die Interessen des Einfuhrhandels und der Garn verbrauchenden Industrien und Gewerbe Preußens und der anderen Zollvereinsstaaten gedeckt und regelrechte Schutzzölle blockiert. Feinere und mittlere Garnsorten kamen weiterhin in großen Quantitäten vor allem aus Großbritannien auf den deutschen Markt, so dass die sächsischen Spinnmühlen wenig Anreiz bekamen, ihre Spezialisierung auf die groben Baumwollgarne aufzugeben.

Mit dem Konjunktureinbruch in der Baumwollspinnerei seit den späten dreißiger Jahren wurde der Ruf der Garnfabrikanten nach Zollerhöhungen zusehends lauter. Doch fanden diese Forderungen auf den jährlichen Konferenzen der Zollvereinsmitglieder lange kein Gehör. Zwar traten die süddeutschen Regierungen, vor allem die bayerische und die württembergische, regelmäßig für die Belange der Baumwollspinnereien ein. Doch die Vertreter Sachsens schlossen sich ebenso regelmäßig der von Preußen vorgegebenen Haltung an, die Garnzölle nicht zu erhöhen. Die sächsische Regierung begründete ihre Position mit dem Argument, dass nur von einer sehr großen Zollerhöhung auf ausländisches Baumwollgarn eine Besserung der einheimischen Baumwollspinnerei zu erwarten sei. Dies wiederum könne mit Rücksicht auf die heimische Baumwollweberei, die viel mehr Arbeiter beschäftige als die Spinnerei, nicht empfohlen werde. Zudem seien dann vom Ausland Vergeltungsmaßnahmen zu erwarten, welche geeignet wären, die exportorientierten textilen Gewerbe empfindlich zu schädigen.[90]

Erst 1846 konnten Bayern und Württemberg eine Kompromisslösung durchsetzen: Der Zoll für grobes Baumwollgarn wurde um die Hälfte angehoben, während die bisher gültigen Sätze für die feineren Garnsorten unverändert blieben. Forderungen der Spinnereiunternehmer, die Zollsätze mit dem Feinheitsgrad des Garns ansteigen zu lassen, um so einen effektiven Schutz vor der britischen Konkurrenz zu erlangen, blieben unerfüllt. Der neue Zolltarif bot daher einerseits den Unternehmern keinen Anreiz, in neue Anlagen zur Herstellung feinerer Garnsorten zu investieren. Andererseits trugen die seit 1847 erhobenen neuen Zollsätze für grobe Baumwollgarne sicherlich nicht dazu bei, den Druck auf die sächsischen Spinnereifabrikanten zur Modernisierung ihrer immer noch zu 95 Prozent an Wasser laufenden Spinnmühlen zu erhöhen. Wesentlich effektiver wurden dagegen viele der Garn verarbeitenden Branchen durch die Einfuhrzölle des Zollvereins vor ausländischer Konkurrenz geschützt. Importierte baumwollene und wollene Waren wurden mit bis zu einem Drittel ihres Wertes verzollt. Der Zollverein, so hielt Friedrich Georg Wieck 1840 fest, habe durch »die Eingangssteuer von 30 Talern pro Zentner auf ausländische Tuche sehr günstig auf die sächsischen Tuchmanufakturen eingewirkt. Wenn auch die vereinsländische Konkurrenz dieselbe geblieben ist, so ist doch die niederländische und englische ganz ausgeschieden.«[91]

Auf dem Weg zur Gewerbefreiheit

Die umfassendste wirtschaftspolitische Herausforderung der industriellen Revolution, mit der sich die Staatsregierungen der ersten Hälfte des 19. Jahrhunderts konfrontiert sahen, war eine durchgreifende Reform der überkommenen Gewerbeverfassung. Während Preußen mit der Verkündung der Gewerbefreiheit schon um 1810 eine entscheidende Bresche in die vorindustrielle Korporationsverfassung schlug, blieben im frühindustriellen Pionierland Sachsen wie in den meisten anderen deutschen Staaten die rechtlichen Grundlagen der alten Wirtschaftsverfassung bis über die Mitte des Jahrhunderts hinaus in größeren Teilen bestehen. Bis 1861 bildete das Regelwerk der Zunftordnungen noch immer die Grundlage der sächsischen Gewerbeverfassung.

Allerdings war dieses Regelwerk schon in den Jahrzehnten zuvor in vielfältiger Weise durchlöchert, unterlaufen und beiseite geschoben worden. Das Prinzip, dass Handwerksbetriebe primär für den lokalen Bedarf produzierten und ihren Besitzern nicht mehr und nicht weniger als eine auskömmliche »Nahrung« verschaffen sollten, hatte schon mit der Ausdehnung des protoindustriellen Gewerbes im 18. Jahrhundert zunehmend an Geltungskraft verloren. Zudem waren in den von der Protoindustrialisierung erfassten Branchen und Gebieten zunftfreie Handwerke entstanden, wie etwa die Spitzenklöppelei, die Baumwollspinnerei oder der Maschinenbau. Andererseits verwischten sich die Unterschiede zwischen Stadt- und Landwerk im Laufe des 18. Jahrhunderts immer mehr, und die Zunftorganisation dehnte sich auf das Land aus. Um 1800 hatten etwa außerhalb der Städte arbeitende Weber, Strumpfwirker, Instrumentenbauer, Bandmacher, Blechschmiede, Bürstenmacher, Nagelschmiede und Posamentierer eigene Innungen gebildet. Waren sie einmal in das protoindustrielle Verlagssystem einbezogen, fiel es allerdings auch den zünftig organisierten Handwerksmeistern schwer, ihre Selbstständigkeit zu bewahren – zumindest, wenn es ihnen nicht glückte, selbst in die Position eines Verlegers zu gelangen.[92]

In einigen der protoindustriell geprägten Textilhandwerke schlug sich diese Entwicklung selbst in den Innungsartikeln nieder. So bemühten sich viele der sächsischen Strumpfwirkerinnungen seit den 1780er-Jahren, von der Regierung die Zustimmung für einen Erlass der Wanderjahre zu erhalten. Zunächst argumentierten die Innungen, wegen des Einsatzes moderner Strumpfwirkerstühle in Sachsen hätten die Gesellen keinen Vorteil von der Wanderschaft zu erwarten, sondern würden höchstens zu einer unerwünschten Verbreitung dieser Technologie außerhalb Sachsen beitragen. Seit den 1820er-Jahren verwiesen die Petitionen der Innungen darauf, dass die Gesellen oft die Kinder des Meisters seien, die gebraucht würden, um den Lebensunterhalt der Meisterfamilie zu bestreiten. Auswärtige Gesellen würden dagegen wegen der niedrigen Löhne in Sachsen praktisch nicht mehr zuwandern. Die zünftige Strumpfwirkerei hatte sich

Bilderbogen mit Darstellung der Handwerker

also praktisch der Heimarbeit angenähert. Ähnliche Vorstöße zur Suspendierung der Wanderjahre unternahmen auch die Innungen der Tuchmacher, Zeug-, Leinen- und Wollweber. Auch die Beschäftigung von Frauen in Handwerksbetrieben, eigentlich im »ehrbaren« Zunfthandwerk verpönt, erhielt seit dem späteren 18. Jahrhundert obrigkeitliche Sanktionierung. So gestattete schon 1772 ein kurfürstliches Mandat den Webermeistern grundsätzlich, Frauen zu beschäftigen. 1815 erhielten die Limbacher Strumpfwirker von der Regierung die offizielle Erlaubnis, ihre Frauen und Töchter mit handwerklichen Arbeiten zu betrauen.

Die von der protoindustriellen Entwicklung erfassten Zunftorganisationen machten oft selbst einen merklichen Funktionswandel durch. Auf der einen Seite standen die Innungen, die wie in der Plauener und der Chemnitzer Baumwollweberei mehr oder minder von den Verlegern dominiert wurden und zünftige Regulierungskompetenzen zur Kontrolle der Produktion nutzten. Auf der anderen Seite wandelten sich viele Innungen zu Interessenvertretungen der Handwerker gegenüber den Verlagsunternehmern. In den Mittelpunkt ihrer Aufgaben rückte zusehends die Aushandlung von Lohnsätzen und ähnlichen Vereinbarungen. Auf diese Weise wurden die Innungen in den protoindustriellen Industrierevieren Sachsens im Laufe der ersten Hälfte des 19. Jahrhunderts zu quasigewerkschaftlichen Vereinigungen.[93]

Fanden also das sächsische Zunfthandwerk und das dezentrale Verlagssystem vielerorts zu einer durchaus funktionalen Koexistenz, so war der Übergang zur zentralen Produktion in Fabriken schwerer mit der alten Gewerbeverfassung zu vereinbaren. Allerdings hatte der sächsische Merkantilismus hier bereits im Laufe des 18. Jahrhunderts eine Praxis obrigkeitlicher Intervention geschaffen. Diese Praxis wurde 1767 in einem Mandat zusammengefasst und kodifiziert: Die Anlage von Produktionsbetrieben konnte mittels einer besonderen staatlichen Konzession dem Zuständigkeitsbereich der Innungen und ihren Verbietungsrechten entzogen werden. Konzessionspflichtig war die Errichtung aller Fabrikationsstätten auf dem Lande, die fabrik- bzw. manufakturmäßige Herstellung von an sich dem Arbeitsgebiet eines Handwerks angehörigen Gegenständen, die Anlage von Eisenwerken, Mühlen u. a. m. Die staatlichen Konzessionen übertrugen den Unternehmern die Berechtigung, bestimmte Waren unter Anwendung jedweder verfügbarer mechanischer Hilfsmittel durch beliebig viele unzünftige Personen herstellen zu lassen. Lediglich bei Beschäftigung zünftiger Gesellen war eine gesonderte Erlaubnis der Regierung notwendig. Damit wurde nicht nur das Produktionsmonopol der Innungen außer Kraft gesetzt, sondern die Manufaktur- und Fabrikunternehmen auch von sämtlichen zünftigen Vorschriften über das für die Herstellung von Waren zu verwendende Material, die Werkzeuge und Produktionsmethoden oder über die Zahl der Arbeitskräfte befreit.[94]

Da die Förderung von Manufakturen zum Kernbestand der Retablissementpolitik nach 1763 gehörte, wurden solche Konzessionen im letzten Drittel des 18. Jahrhunderts recht großzügig gewährt. Auch den frühen Fabrikunternehmern kam die sächsische Regierung nach der Wende zum 19. Jahrhundert weiter entgegen, als dies gewöhnlich in anderen deutschen Staaten mit einem ähnlichen Konzessionsrecht der Fall war. Einsprüche der Innungen gegen die Aufstellung von Maschinen fanden in Dresden kaum Gehör.

Symptomatisch erscheint der Fall der 1805 gegründeten Dresdner Tuchmanufaktur Fischer & Zumpe. Nach 1815 trennten sich die Partner, Zumpe führte das Unternehmen alleine weiter und ging daran, den Betrieb mit der Aufstellung von Tuchscher- und Raumaschinen zu modernisieren. Diese Entwicklung nahm nun die Tuchscherernnung 1818 zum Anlass, sich bei der Kommerziendeputation zu beschweren: Die Tuchscherer würden durch die Maschinen geschädigt. Zudem sei mit der Auflösung der Partnerschaft auch die Konzession für den Manufakturbetrieb erloschen, so dass Zumpe nicht mehr das Recht habe, unzünftige Arbeiter bei der Tuchherstellung zu beschäftigen. Häufig wurden solche Beschwerden von den kommunalen Amtsträgern unterstützt und auch in diesem Fall schloss sich der Rat der Stadt Dresden dem Protest der Tuchschererinnung an. Doch ebenso typisch erscheint die Entscheidung der Regierung: Der Betrieb könne nur dann mit dem Ausland konkurrieren, wenn er in jeder Weise unterstützt und ihm volle Freiheit gelassen werde, alle zur Herstellung ihrer Fabrikate erforderlichen Arbeiten von freien Arbeitern unter Anwendung aller technischen Vorteile ausführen zu lassen.[95]

Trotz der liberalen Handhabung des Konzessionsrechts durch den sächsischen Staat behinderte das Weiterbestehen der alten Gewerbeverfassung in der ersten Hälfte des 19. Jahrhunderts industrielle Entwicklungen in Sachsen. Wahrscheinlich beraubte sich das Land mancher Wachstumschancen, weil der Bruch mit der Nahrungsökonomie des städtischen Handwerks bis über die Jahrhundertwende hinaus vermieden wurde. Die Gründergeneration der sächsischen Fabrikindustrie musste sich daher mit allerlei Unannehmlichkeiten und Schwierigkeiten herumschlagen. Das Konzessionsverfahren konnte sich, nicht zuletzt wegen der Einspruchmöglichkeiten der Innungen der kommunalen Behörden oder auch anderer konkurrierender Industrieunternehmen, über einen längeren Zeitraum erstrecken und die Unternehmensgründung nicht unwesentlich verzögern. Als die Brüder Alexander und Heinrich Schönberg 1842 eine staatliche Konzession für die Errichtung eines Eisenhüttenwerkes am neuen Verkehrsknotenpunkt Riesa beantragten, legte prompt das nahe gelegene Eisenwerk Gröditz – wenn auch letztlich vergeblich – Einspruch gegen diesen Plan ein.

Fertigmacherei der Buchbinderei E. A. Enders

Bei der Beschäftigung von zünftigen Handwerksgesellen waren die Fabrikanten auf den Konsens der örtlichen Innungen angewiesen, die auch sonst dem Fabrikbetrieb allerlei Schwierigkeiten machen konnten. So musste sich etwa Richard Hartmann mit den Chemnitzer Handwerkerinnungen auseinander setzen, die ihm die Genehmigung zur Beschäftigung von Handwerksgesellen verweigerten. Das Leipziger Buchgroßunternehmen Brockhaus behalf sich damit, die hauseigene Buchbinderei als nominell selbstständiges Geschäft von einem Buchbindermeister betreiben zu lassen, weil dem jeweiligen Firmenleiter die Innungsmitgliedschaft verwehrt war. Für die Buchdruckerei besaß die Firma Brockhaus dagegen eine staatliche Konzession, die es ihr ermöglichte, als erstes Leipziger Unternehmen den Druckereibetrieb zu mechanisieren.[96]

Eine grundlegende Reform der sächsischen Gewerbeverfassung kam auch nach 1815 nur sehr langsam in Gang. Der Staat begnügte sich zunächst damit, den Einfluss und die Machtbefugnisse zünftiger Korporationen mit einzelnen administrativen und gesetzlichen Maßnahmen weiter zurückzudrängen. So wurden die Innungen seit den 1820er-Jahren aus der Aufsicht durch die kommunalen Körperschaften gelöst und unter direkte Kontrolle des Staates gestellt. Versuche, neue Innungen zu begründen, konnten kaum noch auf die Genehmigung der Regierung hoffen. In neu erlassenen Spezialartikeln wurden Verbietungsrechte nicht mehr staatlich sanktioniert.

Seit den dreißiger Jahren stand die Einführung der Gewerbefreiheit in Sachsen auf der Agenda der politischen Debatte. Der Übergang zum Konstitutionalismus 1831/32 gab diesen Auseinandersetzungen ein institutionelles öffentliches Forum. Allerdings erwiesen sich industrielle Interessen gegenüber agrarischen und denen des Großhandels in den neuen parlamentarischen Körperschaften zunächst als wenig durchsetzungsfähig. Zwar verhandelte die Ständeversammlung schon 1832/33 den Entwurf einer neuen Gewerbeordnung, doch erst 1840 kam eine gesetzliche Regelung zustande. Das »Gesetz, den Gewerbebetrieb auf dem Lande betreffend« gab das Betreiben unzünftiger Gewerbe außerhalb der Städte generell frei und gestattete einer Reihe von zünftigen Handwerken die Ansiedelung auf dem Lande. Im Übrigen blieb es bei der Konzessionspflichtigkeit von Fabrikunternehmen. Damit wurde im Wesentlichen nur eine bereits seit langem bestehende Praxis gesetzlich sanktioniert.

Allerdings plädierten selbst die südwestsächsischen Fabrikanten, die sich mit dem 1829 in Chemnitz konstituierten Industrieverein für das Königreich Sachsen einen politisch aktiven Interessenverband geschaffen hatten, in den 1830er-Jahren nicht für einen Übergang zur völligen Gewerbefreiheit. So bekannte der Vorsitzende des Industrievereins, der Chemnitzer Kattunfabrikant Peter O. Clauß, 1834 auf der Hauptversammlung, man habe zu keiner Zeit der Aufhebung des Innungswesens das Wort geredet. Und noch 1840 schrieb Wieck, »die sichere Ordnung, die bei den Zunfteinrichtungen« bestehe, komme »dem fabrikmäßigen Betrieb ökonomisch und administrativ zugute« und beuge »mancher Verwirrung und Unbehaglichkeit« vor.[97]

In den nächsten anderthalb Jahrzehnten kam die Reform der sächsischen Gewerbeordnung kaum voran. Die Regierung weigerte sich bis Mitte der fünfziger Jahre, dem Landtag weitere Gesetzentwürfe vorzulegen. Der Entwurf einer neuen Gewerbeordnung, den sie schließlich 1857 vorlegte, war von der Einführung einer vollen Gewerbefreiheit noch weit entfernt. Hier wurde sogar eine Ausdehnung des Innungswesens über alle Gewerbe vorgeschlagen, wenn auch verbunden mit einer Liberalisierung der Bestimmungen über die Beschäftigung von Arbeitskräften und die fabrikmäßige Produktion. Erst nach dem Scheitern dieses Entwurfs entschloss sich die Regierung zu einer konsequenten Liberalisierung des Gewerberechts. 1860 brachte sie eine Gesetzesvorlage in den Landtag ein, welche die Zunftverfassung und die mit ihr verbundenen gewerblichen Beschränkungen endgültig beseitigte. Die Innungen durften zwar weiter bestehen, verloren aber sämtliche öffentlichrechtlichen Kompetenzen. Die staatliche Konzessionierung gewerblicher Betriebe wurde – bis auf wenige Ausnahmen – abgeschafft. Die neue Gewerbeordnung wurde 1861 verabschiedet und trat zum 1. Januar 1862 in Kraft.[98]

Der langsame Übergang des Königreiches Sachsen zur Gewerbefreiheit wurde von Deregulierungen in anderen Bereichen des Gewerberechts begleitet. 1838/39 waren die frühneuzeitlichen Brau- und Mühlenrechte abgelöst worden: das Verbietungsrecht der Städte gegen den Betrieb von Brauereien auf dem platten Land und den Verkauf von nicht in der jeweiligen Stadt gebrautem Bier; der Mühlenbann, mit dem Müller die Anlange einer neuen Mühle in ihrem Bezirk untersagen konnten, sowie der Mühlenzwang, der die Einwohner eines Ortes oder einer Gegend verpflichtete, ihr Getreide in einer bestimmten Mühle mahlen zu lassen. In den fünfziger und sechziger Jahren wurde schließlich das sächsische Bergbaurecht noch einmal grundlegend reformiert. Mit dem Regalbergbaugesetz von 1851 wurde das Direktionsprinzip, wo es noch bestand (vor allem im Erzbergbau), abgeschafft. Die wirtschaftliche und technische Betriebsführung wurde im Wesentlichen in die Hände der Bergbauunternehmer selbst gelegt. Die bisher geltenden staatlichen Schutzbestimmungen für die Bergleute fielen weg. Die Regelung des Arbeitsverhältnisses wurde zum Gegenstand einer vertraglichen Vereinbarung zwischen Arbeitgeber und Arbeitnehmer. Den Schlusspunkt setzte 1868 das Allgemeine Berggesetz für das Königreich Sachsen, das für die nächsten 50 Jahre das Prinzip des staatlichen Bergregals faktisch außer Kraft setzte. Der Bergbau blieb nun ganz dem Grundeigentümer überlassen und staatliche Genehmigungsrechte wurden stark reduziert.[99]

Der sächsische Staat und die industrielle Revolution

Der Beitrag, den der Staat in der ersten Hälfte des 19. Jahrhunderts zur Durchsetzung des Industrialisierungsprozesses in Sachsen leistete, zeichnet sich durch eine bemerkenswerte Ambivalenz aus. Einerseits lässt sich seit den Anfängen fabrikindustrieller Entwicklungen die Bereitschaft der sächsischen Regierung und ihrer Behörden erkennen, industrielle Unternehmungen in vielfältiger Weise zu fördern und zu unterstützen. In der Kontinuität spätmerkantilistischen Denkens, welche die aktive Förderung der Wirtschaft als Aufgabe des Staates betrachtete, leistete die Dresdner Regierung frühen Fabrikunternehmern im Einzelfall durchaus wertvolle finanzielle und logistische Hilfestellung. Insgesamt wird man aber die Bedeutung der staatlichen Gewerbeförderungspolitik für den Durchbruch frühindustrieller Ansätze nicht allzu hoch veranschlagen können. Dazu waren die finanziellen und sonstigen materiellen Zuwendungen des Staates zu gering und an ihnen hafteten die gewissermaßen strukturellen Mängel merkantilistischer Wirtschaftsförderung: die Zufälligkeit und Willkürlichkeit der Bewilligung von Geldern, die oft erratische Verteilung von Ressourcen, die gegenproduktiven Auswirkungen staatlicher Privilegien- und Monopolvergabe usw.

Trotz einer durchaus bereitwilligen Unterstützung und Förderung einzelner frühindustrieller Entwicklungen setzte andererseits der sächsische Staat aber grundlegende Strukturreformen erst zu einem Zeitpunkt durch, als der regionale Industrialisierungsprozess schon weit fortgeschritten war. Das rechtliche Rahmenwerk für eine industriekapitalistische Wirtschaftsordnung wurde in Sachsen erst geschaffen, als sich die Strukturen der vormodernen Gewerbeverfassung faktisch schon weitgehend aufgelöst hatten. Der sächsische Staat hatte vielmehr schon seit dem späteren 18. Jahrhundert ein System von Ausnahmeregelungen und eine Praxis mehr oder minder stillschweigender Tolerierung geschaffen. Damit war das zünftig regulierte alte Wirtschaftssystem zunehmend durchlöchert und seine Geltungsmacht in weiten Bereichen faktisch suspendiert worden. Allerdings waren die Zunftorganisationen in den gewerblich verdichteten Regionen schon seit dem 18. Jahrhundert in protoindustrielle Strukturen einbezogen, ihnen nutzbar gemacht und unterhöhlt worden.

Zu welchem Zeitpunkt der sächsische Staat unbeschränktes industrielles Wachstum als wünschenswerten bzw. längerfristig unvermeidlichen Prozess betrachtete, lässt sich beim jetzigen Kenntnisstand kaum schlüssig beantworten. Eine gewisse Zäsur brachte die zweite Hälfte der 1840er-Jahre, als der ins Stocken geratene Eisenbahnbau den sächsischen Staat veranlasste, erstmals in großem Stil Schulden für produktive Zwecke aufzunehmen. Für die sektorale Gewerbeförderung in den Jahrzehnten zuvor wurden dagegen vergleichsweise geringe Mittel aus dem laufenden Haushalt bereitgestellt. Wenn seit den späten zwanziger Jahren verstärkte Anstrengungen zur aktiven Wirtschaftsförderung, zum Ausbau der Infrastruktur, zur grenzübergreifenden handelspolitischen Integration und zur Verbesserung des Kreditsystems unternommen wurden, so sollte man dies weniger als Ausfluss eines systematischen Industrialisierungskonzepts sehen. Die sächsische Regierung reagierte hier eher auf konkrete Herausforderungen, innenpolitische Krisensituationen und die Konstellationen zwischenstaatlicher Machtpolitik.

Der spätabsolutistische und frühkonstitutionelle sächsische Staat trat dabei weder als monolithische Einheit noch als von gesellschaftlichen Interessen und Machtkonstellationen unabhängiger Akteur auf. Dass die wirtschaftspolitischen Forderungen der frühindustriellen Unternehmer bis zur Mitte des 19. Jahrhunderts nur beschränkt durchsetzungsfähig waren, lag aber nicht allein an der Machtposition der grundbesitzenden Aristokratie und des Leipziger Handelsbürgertums und deren engen gesellschaftlichen Verflechtungen mit der hohen Staatsbeamtenschaft. Die sächsische Regierung musste auch auf die Interessen des städtischen Handwerks Rücksicht nehmen, wie auf die Belange all jener, die ihre Existenzgrundlage in den vergleichsweise hoch entwickelten protoindustriellen Gewerben gefunden hatten, und zwar auf die der zahlreichen Heimarbeiter ebenso wie auf die eines Großteils der Verleger. Der sächsische Staat sah sich im Verlauf des Industrialisierungsprozesses immer wieder mit massiven sozialen Problemlagen und einem daraus entspringenden Protestpotenzial konfrontiert, was allzu radikale Deregulierungsmaßnahmen gefährlich erscheinen ließ.

Das Ende der feudalen Landwirtschaft in Sachsen

Nach der Wende zum 19. Jahrhundert war die sächsische Landwirtschaft trotz der in den vorausgegangenen Jahrzehnten gemachten Produktionsfortschritte immer weniger in der Lage, die wachsende Bevölkerung des Königreiches zu ernähren. Spätestens mit dem Verlust der landwirtschaftlichen Überschussgebiete im Norden und Westen des Landes 1815 an Preußen mussten Lebensmittel dauerhaft nach Sachsen eingeführt werden. Die periodisch auftretenden Missernten und die damit einhergehenden Steigerungen der Lebensmittelpreise spitzten die Ernährungslage der ärmeren Bevölkerungsschichten schnell krisenhaft zu. 1816/17 und 1825/26 traten vor allem im Erzgebirge und im Vogtland, Gebiete mit wenig ertragreichen landwirtschaftlichen Böden und zahlreicher protoindustrieller Bevölkerung, aber auch in den städtischen Zentren um Chemnitz, Zwickau, Leipzig und Dresden ernsthafte Versorgungsengpässe auf.

Solche Hungerkrisen riefen in den betroffenen Gebieten ebenso periodisch Unruhen hervor, vor allem dann, wenn Lebensmittelverknappung und Arbeitslosigkeit zeitlich zusammentrafen. Die sächsische Regierung versuchte seit den 1820er-Jahren mit dem Ankauf von Lebensmitteln, die an die Kreishauptmannschaften zur Lagerung übergeben wurden, akuten Krisensituationen vorzubeugen. Allerdings richteten sich die Proteste in den agrarischen Regionen oft auch gegen die immer noch bestehenden feudalen Lasten, vor allem die Frondienste, denen die ländliche Bevölkerung in mehr oder minder starkem Maße unterworfen war. Angesichts des Widerstandes des Land besitzenden Adels mochte die königliche Regierung eine Agrarreform nach preußischem Vorbild zunächst nicht in Angriff nehmen. Erst als die

Maschinendrusch auf einem Bauernhof

Unruhen im Revolutionsjahr 1830 von Leipzig und Dresden auf ländliche Regionen übergriffen, gaben die aristokratischen Eliten ihre Blockadehaltung auf.[100]

1832 wurde schließlich ein Gesetzeswerk verabschiedet, das in den folgenden Jahren und Jahrzehnten die Grundlage für die Abwicklung der bislang bestehenden feudalen Agrarordnung bildete. Auf einseitigen Antrag des Grundherrn oder des Bauern waren Dienste, Pflichten und grundherrliche Vorrechte gegen einen nach gesetzlichen Vorgaben zu errechnenden Geldbetrag ablösbar. Dies galt im Einzelnen sowohl für die Frondienste, die an einem Grundstück oder einer Person hafteten, als auch für die Weide-, Jagd- und anderen Nutzungsrechte bäuerlichen Landes durch den Grundherrn. Ein grundlegendes Problem bei der Ablösung der feudalen Ansprüche stellte die Aufbringung der Entschädigungssummen – immerhin das Fünfundzwanzigfache des jährlichen Wertes der abzulösenden Dienste und Rechte – durch die Bauern dar.

Die Erfahrung mit den schon zwei Jahrzehnte zuvor eingeleiteten preußischen Agrarreformen hatte gezeigt, dass in der Praxis die von feudalen Bindungen befreiten Bauern größere Teile ihres Landes an die Gutsherren abgeben mussten, um die Ablösesummen zusammenzubringen. Damit hatte sich das Abhängigkeitsverhältnis zwischen Bauern und Gutsherren im Grunde nur auf eine andere Ebene verlagert. In Sachsen wurde daher 1834 eine staatliche Landrentenbank gegründet, der die Aufgabe übertragen wurde, die Ablösung der bäuerlichen Feudallasten zu erleichtern. Die Grundherrn erhielten die festgelegte Entschädigungszahlung von der Landrentenbank entweder in Form von festverzinslichen Rentenbriefen oder als Gesamtsumme ausbezahlt. Die zahlungspflichtigen Bauern konnten durch diese Praxis, ihre aus der Ablösung entstandenen Zahlungsverpflichtungen in kleinen Jahresraten an die Landrentenbank erstatten. Diese Regelung ermöglichte es den Bauern, sich schnell und ohne Verlust an Land von ihren feudalen Dienstverpflichtungen zu befreien, denn mit der Zahlung der ersten Rate erloschen die bäuerlichen Pflichten. Den bisherigen Grund- und Gutsherren verschaffte die Landrentenbank sofort Kapital, das für eine Modernisierung des landwirtschaftlichen Betriebes eingesetzt werden konnte.

Schon in den ersten zehn Jahren nach Inkrafttreten des Gesetzes waren rund zwei Drittel der Ablösungsanträge für Fronden eingereicht worden. Ähnlich zügig verlief die Ablösung der Weiderechte, während die Jagd- und Holzschlagrechte der Grundherren in Sachsen eine eher untergeordnete Rolle spielten. Als Schlusstermin für Ablösungsanträge war der 1. Januar 1854 festgelegt worden. Wer einen solchen Antrag bis zu diesem Zeitpunkt nicht gestellt hatte, musste die überkommenen Lasten noch weitere 30 Jahre lang tragen, bis sie 1884 ohne weitere Formalitäten ganz entfielen. Zum Jahresende 1913 waren schließlich die letzten von der Landrentenbank übernommen Renten abgelaufen.[101]

Die Agrarreformgesetze von 1832 sahen zudem Regelungen für eine Aufteilung des dörflichen Gemeindelandes vor. Jedes zur Nutzung der Allmende berechtigte Gemeindemitglied konnte die Teilung beantragen und erhielt dann einen Anteil dieses Landes als Eigentum. In den folgenden Jahren wurde eine Reihe weiterer gesetzlicher Maßnahmen verabschiedet, welche die sächsische Agrarverfassung bis Mitte des Jahrhunderts grundlegend deregulierten und entfeudalisierten. 1833 wurde der vierjährige Gesindezwangsdienst für Bauernkinder entschädigungslos aufgehoben. Eine Gesindeordnung ersetzte zwei Jahre später die bisherige unbeschränkte Gewalt des Dienstherrn über das Gesinde mit einem vertraglich begründeten Rechtsverhältnis. 1834 wurde der Flurzwang abgeschafft und die gesetzlichen Grundlagen für eine Flurbereinigung gelegt. Allerdings machte bis zum Ende des 19. Jahrhunderts nur eine Minderheit von Dorfgemeinden von dem Zusammenlegungsverfahren tatsächlich Gebrauch.

1837 wurde das Verbot für Nichtbauern, ohne landesherrliche Dispensation Bauerngüter zu erwerben, aufgehoben. Als königliche Lehen vergebene Rittergüter konnten seit 1834 auf Antrag zu freiem Erbeigentum erklärt werden. Seit 1843 durften Rittergüter, die bislang ungeteilt vererbt werden mussten, unter bestimmten Bedingungen aufgeteilt und Teile davon an Dritte verkauft werden. Damit wurde landwirtschaftlicher Grundbesitz zur handelbaren Ware. Bis 1851 wurden zudem Brauzwang und Mahlzwang abgeschafft und schließlich Regelungen zur Ablösung der nicht unbeträchtlichen Abgaben erlassen, die Hoferben beim Besitzwechsel an ihren Grundherrn entrichten mussten.[102]

Die Agrarreformen der dreißiger und vierziger Jahre schufen die Voraussetzungen für eine weitere Steigerung von Produktion und Produktivität der landwirtschaftlichen Betriebe in Sachsen, sowohl der bäuerlichen Wirtschaften als auch der Rittergüter. Das Ablösungsgesetz ermöglichte den Bauern, bislang für Frondienste auf dem grundherrlichen Rittergut gebundene Arbeitskräfte und Ressourcen zur Bewirtschaftung des eigenen Hofes einzusetzen. Die Aufbringung der Ablösungszahlungen setzte andererseits die bäuerlichen Wirtschaften unter verstärkten Druck, den Anbau und die Verwertung der landwirtschaftlichen Produkte nach ökonomischen Maßstäben zu steuern. Die Erzeugung für den Markt erhielt gegenüber der Subsistenzwirtschaft einen größeren Stellenwert. Die Aufhebung des Flurzwangs gab den einzelnen Bauern die Freiheit, neue Feldfrüchte und Anbaumethoden einzuführen. Die Aufteilung der Allmende verhalf den Bauern zu größeren Anbauflächen.

Die Grundherren verloren zwar durch die Reformgesetzgebung billige Arbeitskräfte für ihren Eigenbetrieb. Doch erscheint es zumindest zweifelhaft, ob die widerwillig erbrachten Fron- und Zwangsgesindedienste eine sonderlich produktive Art des Arbeitskräfteeinsatzes darstellten. Jedenfalls waren die Gutsbesitzer nun in verstärktem Maße auf die Beschäftigung freier Lohnarbeiter angewiesen. Sie sahen sich daher ebenso wie die Bauern unter Druck, ihren Betrieb zu rationalisieren. Die Ablösungszahlungen wiederum und die Möglichkeit einer sofortigen Auszahlung der Gesamtsumme durch die Landrentenbank verschaffte den Gutsbesitzern Kapital, um Rationalisierungsmaßnahmen in die Wege zu leiten. Seit 1843 stand ihnen zudem die Option offen, Teile ihres Rittergutes zu verkaufen, um damit die notwendigen Mittel für eine intensivere und rationellere Bewirtschaftung ihres verbliebenen Besitzes zu mobilisieren.

Agrarreformen und Industrialisierung

Der Reformgesetzgebung und ihrer Umsetzung wird man daher einen wesentlichen Anteil daran einzuräumen haben, dass sich der Ernteertrag an Feldfrüchten in Sachsen rapide erhöhte. Wurden 1830 rund 118 000 Tonnen Roggen geerntet, waren es 1848 etwa dreimal so viel. Die Kartoffelproduktion vervierfachte sich im gleichen Zeitraum, die Weizenerträge hatten sich gar um das Achtfache erhöht. Dieser bemerkenswerte Produktivitätssprung lässt sich nach den vorliegenden Daten tatsächlich auf die zehn bis 15 Jahre nach der Agrarverfassungsreform eingrenzen. In den folgenden Jahrzehnten stagnierten die Ernteerträge der sächsischen Landwirtschaft im Großen und Ganzen. Im innerdeutschen Vergleich wies Sachsen die höchsten Ernteerträge pro Hektar auf.[103]

Neben den durch die direkten Auswirkungen der Frondienstablösungen und Allmendeaufteilungen hervorgerufenen Produktivitätsfortschritten kann noch eine Reihe weiterer (möglicher) Faktoren für diese rasche Entwicklung angeführt werden. Hier ist etwa an einen verstärkten Übergang vom System der Dreifelderwirtschaft zum Fruchtwechsel zwischen Getreide und Hackfrüchten, der auf Brachen verzichten konnte, zu denken. Dabei mag auch die Aufhebung des dörflichen Flurzwanges anregend gewirkt haben. Die sächsischen Landwirte waren zudem Vorreiter beim Einsatz chemischer Düngemittel. Allerdings dürfte sich dieses Mittel zur Ertragssteigerung auch in Sachsen erst in den fünfziger und sechziger Jahren auf breiter Front durchgesetzt haben. Schließlich ist an die Verwendung neuer und verbesserter Gerätschaften für Aussaat und Ernte zu denken. Doch auch hier wird man von einem tatsächlichen Mechanisierungsschub in der sächsischen Landwirtschaft frühestens ab Mitte des 19. Jahrhunderts reden können.[104]

Die Entwicklung der sächsischen Landwirtschaft in den mittleren Dekaden des 19. Jahrhunderts war schließlich durch einen deutlichen Anstieg des Nutzviehbestandes geprägt. Die Zahl der Milchkühe wuchs zwischen den dreißiger und den siebziger Jahren um ein Drittel, die der Schweine verdreifachte sich im gleichen Zeitraum. Anders als beim Anbau von Feldfrüchten lässt sich hier kein plötzlicher Anstieg in den dreißiger und vierziger Jahren beobachten, sondern wir haben es vielmehr mit einer relativ kontinuierlichen Entwicklung zu tun. Die Viehhaltung zur Selbstversorgung trat auch bei vielen kleineren Betrieben hinter der Produktion für einen rasant wachsenden lokalen und regionalen Verbrauchermarkt zurück. Der Fleischverbrauch pro Kopf der Bevölkerung verdoppelte sich in Sachsen zwischen 1834 und 1875 nahezu. Dagegen nahm die Bedeutung der Schafzucht für die sächsischen Landwirte ab. Zwischen 1837 und 1873 fiel die Zahl der in Sachsen gehaltenen Schafe auf weniger als ein Drittel, von rund 685 000 auf etwas mehr als 206 000. Seine wichtigste Ursache hatte dieser Rückgang im Einströmen großer Quantitäten konkurrenzlos billiger Schafwolle aus Übersee, vor allem aus Australien, auf die europäischen Märkte. Gegen diese Entwicklung konnte auch die hochwertige sächsische Elektorenwolle nicht bestehen.[105]

Die Modernisierung der sächsischen Landwirtschaft wurde angeregt und unterstützt durch staatliche Fördermaßnahmen wie durch das nach der Liberalisierung des Assoziationsrechts 1831/32 entstandene landwirtschaftliche Vereinswesen. Neben der schon seit 1764 bestehenden Leipziger Ökonomischen Societät wurden seit den 1830er-Jahren die Landwirtschaftlichen Bezirks- bzw. Kreisvereine sowie eine größere Zahl lokaler landwirtschaftlicher Vereine (1849: 61; 1870: 265) ins Leben gerufen. Eine Spitzenorganisation dieser Vereine gab es seit 1844 im Landwirtschaftlichen Hauptverein, an dessen Stelle 1850 der Landeskulturrat für das Königreich Sachsen trat. In enger Verbindung mit der Staatsregierung widmeten sich die landwirtschaftlichen Vereine vor allem der Einführung und Verbreitung neuer Kultivierungsmethoden.

Der sächsische Staat wiederum versuchte – ähnlich wie bei der Gewerbeförderung – mit Prämien und Zuschüssen eine Modernisierung der Landwirtschaft voranzutreiben. Auch von den staatlichen Hochschulen kamen Anstöße zur Einführung neuer wissenschaftlich fundierter Verfahren in der Landwirtschaft. Die chemische Düngung war schon im ersten Drittel des 19. Jahrhunderts von Wilhelm August Lampadius, Professor für Chemie und Hüttenkunde an der Bergakademie Freiberg, propagiert worden. Seit 1830 besaß die Forstakademie Tharandt einen landwirtschaftlichen Lehrstuhl, dem 1847 ein Lehrstuhl für Agrarchemie folgte. 1869 richtete schließlich die Universität Leipzig eine landwirtschaftliche Abteilung ein. 1849 wurde die erste landwirtschaftliche Lehranstalt in Sachsen gegründet, der in den folgenden Jahren ähnliche Einrichtungen in Chemnitz, Dresden, Zittau und Plauen folgten.[106]

Will man den Beitrag ermessen, den die Agrarreformen seit den frühen 1830er-Jahren und die von ihnen begünstigte Modernisierung der sächsischen Landwirtschaft zum Fortgang des Industrialisierungsprozesses leisteten, so muss man zunächst feststellen, dass das Königreich Sachsen trotz bemerkenswerter Fortschritte in Ernteertrag und landwirtschaftlicher Produktivität auch nach 1832 auf den Import von Lebensmitteln zur Ernährung angewiesen blieb. Die Menge der Einfuhr schwankte je nach Ernteergebnis von Jahr zu Jahr beträchtlich. Sie stand etwa bei Getreide und Hülsenfrüchten 1848 mit weniger als 15 000 Tonnen auf ihren Tiefpunkt, um vier Jahre später mit fast 95 000 Tonnen einen vorläufigen Höhepunkt zu erreichen.

Doch sorgte die kräftige Steigerung der Ernteerträge und des Nutzviehbestandes in Sachsen selbst dafür, dass die rasch wachsende gewerblich-industrielle Bevölkerung in relativ hohem Maße mit regionalen landwirtschaftlichen Erzeugnissen versorgt werden konnte. Solange die Eisenbahn allenfalls die unmittelbar an einigen wenigen Hauptstrecken gelegenen Orte mit importierten Lebensmitteln beliefern konnte, kam diesem Umstand eine nicht zu unterschätzende Bedeutung für eine ausreichende Ernährung der Bevölkerung

Forstakademie zu Tharandt, um 1865

zu. Es ist wohl anzunehmen, dass die rapide Produktionssteigerung der sächsischen Landwirtschaft seit Anfang der dreißiger Jahre wesentlich dazu beitrug, dass die letzte europäische Agrarkrise alten Typs 1846/47 sich im dicht bevölkerten Sachsen nicht zur Katastrophe auswuchs. Selbst für das Jahr der massivsten Ernteausfälle, 1846, zeigt die sächsische Statistik Ernteerträge, die bei den Hauptgetreidearten wie bei Kartoffeln deutlich über dem Niveau von 1830 lagen.[107]

Inwieweit die Agrarreformen und ihre Folgewirkungen den Absatzmarkt für die Produkte der frühen sächsischen Industrie erweiterten, lässt sich kaum exakt erfassen. Sicherlich haben die steigenden Ernteerträge den Anteil des Budgets, das für den Kauf industrieller Waren zur Verfügung stand, sowohl bei den bäuerlichen wie bei den von gewerblicher Beschäftigung abhängigen Familienhaushalten tendenziell erhöht. Doch erscheint es zumindest zweifelhaft, ob das für den regionalen Industrialisierungsprozess in Sachsen von größerer Bedeutung war. Gerade weil viele Branchen der sächsischen Konsumgüterindustrie ihre Waren frühzeitig in großem Stil auf den deutschen, europäischen und globalen Märkten absetzten, besaß die Kaufkraft der sächsischen Bevölkerung für sie einen wohl eher untergeordneten Stellenwert.

Auch die Frage, ob und in welchem Maße die Produktivitätsfortschritte es den Landwirten erlaubten, als Kapitalgeber für die Industrie aufzutreten, lässt sich anhand der verfügbaren Daten nicht schlüssig beantworten. Es ist wohl eher anzunehmen, dass der Kapitalbedarf der Bauern und Gutsbesitzer für die eigenen Investitionen im Zuge der Umstrukturierung der Agrarwirtschaft nach 1832 allzu große Geldanlagen in anderen Branchen nicht erlaubte. Ebenso wenig dürfte sich die sächsische »Bauernbefreiung« in größerem Maße auf die industriellen Arbeitsmärkte ausgewirkt haben. Allenfalls in der Oberlausitz mit ihrer stärker gutsherrschaftlichen Prägung bestanden für die bäuerliche Bevölkerung vor 1832 nennenswerte Einschränkungen ihrer Mobilität. In den anderen Gebieten mag am ehesten der Wegfall des Gesindezwangsdienstes den Rittergütern Arbeitskräfte zugunsten von Industrie und Gewerbe entzogen haben.

Alles in allem hatte sich aber in Sachsen die für die Industrialisierung typische Verschiebung der Beschäftigungsstruktur schon lange vor den Agrarreformen vollzogen. Die Modernisierung der sächsischen Landwirtschaft im Gefolge der Agrarreformen dürfte schließlich für einzelne Industriezweige Entwicklungsimpulse gegeben haben. Dies gilt vor allem für den Landmaschinenbau seit den fünfziger Jahren. 1861 gab es in Sachsen zehn Betriebe, die ausschließlich landwirtschaftliche Maschinen herstellten und weitere zehn, bei denen solche Maschinen zum Produktionsprogramm gehörten. Auch die Gründung von Betrieben zur fabrikmäßigen Herstellung chemischer Düngemittel war in den vierziger und fünfziger Jahren von Regierung, Landwirtschaftsvereinen und Wissenschaftlern bisweilen erörtert worden. Doch entwickelte sich in Sachsen eine auf die Massenproduktion von Kunstdünger spezialisierte Industrie nicht in größerem Ausmaß.[108]

Zwischen Reichsgründung und Erstem Weltkrieg setzten sich die schon in den Jahrzehnten zuvor in Gang gekommenen Entwicklungen im Großen und Ganzen fort. Trotz des kräftigen Bevölkerungswachstums nahm die Zahl der Arbeitskräfte in der sächsischen Landwirtschaft ab. Der Anteil der hier hauptberuflich beschäftigten Personen, der 1861 noch mehr als ein Viertel betragen hatte, war im Vorkriegsjahrzehnt auf etwa ein Achtel geschrumpft. Die Ernteerträge blieben allerdings trotz dieses personellen Aderlasses etwa auf dem Mitte des 19. Jahrhunderts erreichten Niveau.

Um mit weniger Arbeitskräften die Produktionsmengen an Getreide und Kartoffeln zumindest zu halten, waren weitere Rationalisierungsmaßnahmen notwendig. Dazu gehörte sicherlich der verstärkte Einsatz von Maschinen und modernem Ackergerät. Schon in den achtziger Jahren hatten sich die von Rudolf Sack in den Jahrzehnten zuvor konstruierten Pflüge auf breiter Front in der sächsischen Landwirtschaft durchgesetzt. Die Firma selbst hatte diese Geräte in Massen verkauft, andere Hersteller boten ähnliche Modelle an, und sie wurden auch von vielen Dorfschmieden nachgebaut. Schon 1882 benutzten mehr als 12 Prozent der landwirtschaftlichen Betriebe in Sachsen Dresch-, Mäh- und Sämaschinen. Mehr als 1 400 Dreschmaschinen besaßen Dampfantrieb und vereinzelt waren auch Dampfpflüge im Einsatz. 25 Jahre später war es schon rund ein Drittel der Betriebe, die solche Maschinen verwendeten. Es gab nun mehr als 3000 Dampfdreschmaschinen in Sachsen, während Dampfpflüge immer noch die große Ausnahme waren.

Ehrenurkunde aus Anlass der Fertigstellung des millionsten Pfluges und Grußschreiben zum 50-jährigen Jubiläum der Firma Sack, 1913

AN DIE HERREN KOMMERZIENRAT
PAUL SACK UND FRITZ SACK
ZU LEIPZIG

HOCHVEREHRTE HERREN!

Sie feiern in diesem Jahre das 50jährige Bestehen Ihrer Fabrik. Errichtet im Jahre 1863 von Ihrem seligen Herrn Vater, dem im Jahre 1900 verstorbenen Herrn Rudolf Sack und in unermüdlicher Tätigkeit bis zu seinem Lebensende von ihm unter Ihrer Mitwirkung geleitet und fortgeführt, hatte er das erhebende Bewußtsein seine Schöpfung zu einem großen und bedeutenden Werke erblühen und erstarken zu sehen. Und als Sie dann das Erbe des genialen Schöpfers nach seinem Ableben antraten, haben Sie mit derselben Schaffensfreude, die dem Verblichenen eigen war, sein Werk in seinem Sinne weitergeführt und danach getrachtet, es zu der Höhe zu bringen, die seinem Begründer vorgeschwebt hat. Heute steht es da als ein Werk von Weltbedeutung, die Erzeugnisse, die aus ihm hervorgehen, Geräte und Maschinen für den Ackerbau, finden in allen Ländern der Erde Verwendung und eng verknüpft ist der Name Rudolf Sack mit den großen Erfolgen einer neuzeitlichen landwirtschaftlichen Bodenkultur. Sie dürfen, hochverehrte Herren, stolz sein auf das Große und Bedeutende, was Sie in dieser Hinsicht geschaffen haben und würdig reiht sich Ihre erfolgreiche Tätigkeit derjenigen Ihres seligen Herrn Vaters an. Wir deutschen Vertreter wissen sehr wohl die Verdienste zu schätzen, die Sie mit Ihren Erzeugnissen der deutschen Landwirtschaft und damit auch dem deutschen Maschinenhandel geleistet haben, und mit Gefühlen der Dankbarkeit dafür freuen wir uns, daß es Ihnen vergönnt ist, in diesem Jahre auf ein 50jähriges Bestehen Ihrer weltumspannenden Fabrik zurückblicken zu können. Wir wünschen Ihnen von Herzen, daß dieselbe unter Ihrer und Ihrer Nachfolger Leitung auch fernerhin wachsen, blühen und gedeihen möge, und um all diesen Gefühlen, die uns in diesen Tagen beseelen, auch sichtbaren Ausdruck zu verleihen, haben die unterzeichneten deutschen Vertreter sich freudig zusammengetan und Ihnen, hochverehrte Herren, eine bescheidene Gabe in Form einer Ehrentafel gestiftet. Wir bitten Sie um Entgegennahme dieser Gabe, die darstellen soll eine Ehrung für das ganze Haus Rudolf Sack und ein Dokument für das gute Einvernehmen, das alle Zeit zwischen ihm und seinen deutschen Geschäftsfreunden bestanden hat und auch in Zukunft bestehen möge.

LEIPZIG, DEN 5ten MAI 1913

Auch in der Viehwirtschaft setzten sich die Trends der Jahrhundertmitte nach der Reichsgründung fort. Der Bestand an Rindern vermehrte sich zwischen 1873 und 1912 um gut die Hälfte, die Zahl der Schweine erhöhte sich im gleichen Zeitraum um mehr als das Doppelte. Hier spiegelt sich auch der kräftige Anstieg des Pro-Kopf-Verbrauchs von Fleisch in Sachsen wider, der zwischen der Reichsgründungszeit und dem Vorabend des Ersten Weltkrieges rund 150 Prozent ausmachte. Die Zahl der in Sachsen gehaltenen Schafe schrumpfte bis 1912 noch einmal und betrug nur noch etwas mehr als ein Viertel des Standes der frühen 1870er-Jahre. Allerdings blieben Ernteerträge und Fleischproduktion (außer beim Schweinefleisch) in Sachsen mehr oder minder deutlich hinter den Wachstumsraten der Bevölkerung zurück. So kam um die Jahrhundertwende ein beträchtlicher Teil der im Königreich verbrauchten Lebensmittel aus landwirtschaftlichen Überschussgebieten außerhalb Sachsens.[109]

SACHSENS WIRTSCHAFT ZWISCHEN GRÜNDERZEIT UND JAHRHUNDERTWENDE

Die Entwicklung der Baumwoll- und Wollspinnerei

Seit Mitte des 19. Jahrhunderts erhielt die sächsische Industriewirtschaft im Verlauf mehrerer internationaler Konjunktur- und Wachstumsschübe kräftige Entwicklungsimpulse. Nach der Erholung von der Krise der späten vierziger Jahre kam die Konjunktur 1851 in Schwung und hielt über eine Reihe von Jahren mit hohen Wachstumsraten an. Erst 1857/58 wurde die Hochkonjunktur von einer kurzen, aber heftigen Rezession abgelöst, gefolgt von einer Phase unregelmäßigen, immer wieder von Stockungen unterbrochenen Wachstums bis Mitte der sechziger Jahre. 1866/67 setzte eine neue Konjunktur ein, die in den frühen siebziger Jahren durch die Gründung des Deutschen Reiches zusätzlich angetrieben, schließlich 1873 vom »Gründerkrach« beendet wurde, dem eine mehrjährige tiefe Rezession folgte. Die achtziger und die erste Hälfte der neunziger Jahre waren geprägt von einer Mengenkonjunktur, die angetrieben wurde von fortlaufenden Produktions- und Produktivitätssteigerungen in der Industrie. Dieser relativ stetige gesamtwirtschaftliche Wachstumsprozess vollzog sich allerdings unter deflationären Bedingungen bei rückläufigen Preisen, niedrigen Zinsen und bescheidenen Gewinnspannen für die Unternehmen. Das Ende dieser »Großen Deflation« markiert das Jahr 1895, als eine Boomphase mit hohen Wachstumsraten einsetzte, die fast zwei Jahrzehnte lang mit kurzen Unterbrechungen bis 1913/14 währte.

Das Wachstum der sächsischen Industriewirtschaft in der zweiten Hälfte des 19. Jahrhunderts spiegelt sich in den Beschäftigtenzahlen der produzierenden Gewerbe in eindrucksvoller Weise wider. 1849 waren in Sachsen rund 397 000 Personen in Industrie, Handwerk und Heimgewerbe beschäftigt, zwölf Jahre danach hatte sich diese Zahl auf fast 545 000 erhöht. Im Jahr der Reichsgründung 1871 zählte die sächsische Statistik 636 000 gewerblich Beschäftigte. 1895, am Ende der »Großen Deflation«, waren es 945 000. Im Laufe der zweiten Jahrhunderthälfte hatte sich also die Zahl der im gewerblichen Sektor tätigen Personen mehr als verdoppelt.[110]

Dieser allgemeine Wachstumsprozess der Gründerzeit verlief allerdings in den verschiedenen industriellen und sich industrialisierenden Branchen Sachsens mit unterschiedlicher Intensität und spezifischen Ausprägungen. In der sächsischen Baumwollspinnerei sehen wir in den sechziger und frühen siebziger Jahren sogar eine geradezu gegenläufige Entwicklung. 1861 war die Baumwollspinnerei, was den Einsatz von Maschinen und fixem Kapital anbelangt, immer noch die bei weitem fortgeschrittenste unter allen Branchen der sächsischen Textilindustrie. Gegenüber der Stagnationsphase der späten dreißiger und vierziger Jahre hatte sich die Zahl der Spinnereien wieder erhöht, von 132 (1846) auf 153. Die Gesamtzahl der Spindeln war von 475 000 auf 707 000 angestiegen, hatte sich also gut um die Hälfte erhöht. Fast 43 Prozent des Anlagekapitals, das in allen sächsischen Textilfabriken in Antriebs- und Arbeitsmaschinen investiert worden war, steckte in den Baumwollspinnereien, 5,8 Mio. von 13,7 Mio. Talern.

Rund 30 Prozent der sächsischen Baumwoll-Maschinenspinnereien wurden nun zumindest teilweise mit Dampfkraft betrieben. 41 von ihnen (26,8 Prozent) setzten die modernen Selfaktoren ein, meist aber neben den älteren Mules und Watermaschinen. Trotz dieser Fortschritte hatte die Baumwollgarnindustrie des Königreiches Sachsen in den 15 Jahren vor 1861 ihre ehedem beherrschende Position innerhalb des Deutschen Zollvereins weitgehend eingebüßt. Gemessen an der Gesamtzahl der Spindeln im Zollverein hatte sich der Anteil der sächsische Baumwollspinnereien von nahezu zwei Drittel 1846 auf weniger als ein Drittel 15 Jahre später glatt halbiert, und die bayerische hatte die sächsische Baumwollgarnindustrie 1861 fast erreicht.[111]

Im folgenden Jahrzehnt durchlebte die sächsische Baumwollspinnerei eine tiefgehende Krise, die sie, was ihre Produktionskapazitäten betrifft, auf den Stand der dreißiger Jahre zurückwarf. Im Handelskammerbezirk Chemnitz, wo sich die Mehrzahl der Baumwollspinnereien konzentrierte, ging ihre Zahl von 1861 bis 1872 von 146 auf 78 zurück, die Gesamtzahl der Spindeln sank von rund 685 000 auf etwas mehr als 440 000. Für diesen bemerkenswerten Rückgang in einer überwiegend von Hochkonjunkturen und Wachstumsschüben geprägten Periode war eine Reihe mehr oder minder spezifischer Ursachen verantwortlich. Zunächst einmal verknappte sich mit dem Beginn des amerikanischen Bürgerkriegs 1861 und der Blockade der Häfen der Südstaaten die Zufuhr von Rohbaumwolle nach Europa beträchtlich und die Weltmarktpreise zogen schnell an. Die Produktionsanlagen der sächsischen Baumwollspinner konnten nicht mehr ausgelastet werden. Auch scheint es ihnen nicht gelungen zu sein, die hohen Rohstoffpreise in ausreichendem Maße auf die Verkaufspreise des gesponnenen Garns umzuschlagen.

Mit dem Ende des Bürgerkriegs in den Vereinigten Staaten 1865 entspannte sich zwar die Lage auf den Märkten für Rohbaumwolle wieder, doch noch im gleichen Jahr wurde die sächsische Baumwollgarnindustrie vor eine weitere Herausforderung gestellt. Im Zuge des Übergangs zu einer forcierten Freihandelspolitik waren 1865 ermäßigte Zollsätze für Baumwollgarne in den Zollvereinsstaaten in Kraft getreten. Die sächsischen Baumwollspinnereien mussten sich nun wieder stärker mit einer produktionstechnisch überlegenen westeuropäischen Konkurrenz auf dem deutschen Binnenmarkt auseinandersetzen. Schließlich bekamen es die sächsischen Garnerzeuger nach der Reichsgründung auch im Inland mit einem neuen Konkurrenten zu tun, der elsässischen Baumwollspinnerei mit ihren modern ausgestatteten Großunternehmen. Durch die Annexion Elsass-Lothringens hatte sich die Zahl der Spindeln in den Baumwollspinnereien des deutschen Zollgebiets mit einem Schlag um mehr als die Hälfte erhöht.[112]

Mit dem Übergang zum Schutzzollsystem nach 1879 stabilisierte sich die Lage der sächsischen Baumwollspinnerei etwas. Die neuen Garnzölle waren keine Gewichtszölle mehr, durch welche die gröberen Sorten wegen ihres höheren Gewichts stärker mit Abgaben belegt worden waren als die feineren, sondern differenzierten nach Feinheitsgrad der Garne. Der Import englischen Baumwollgarns ging im Laufe der 1880er-Jahre zwar deutlich zurück, doch übernahmen auf dem deutschen Markt nun verstärkt die süddeutschen, besonders die elsässischen Spinnereien die Rolle als Produzenten der feineren Garnsorten, während sich die sächsischen Unternehmen weiterhin vor allem auf die gröberen Sorten konzentrierten. Auch an der relativen Rückständigkeit der sächsischen Baumwollspinnerei, was Betriebsgröße und technische Ausstattung betrifft, änderte sich bis zum Ende des 19. Jahrhunderts kaum etwas: 1895 gab es in Sachsen 118 Betriebe der Baumwollspinnerei, die motorische Antriebskraft verwendeten. 80 von ihnen benutzten zumindest teilweise Dampfmaschinen, während aber immer noch 81 dieser Spinnereien ganz oder zum Teil mit Wasserkraft operierten.

Insgesamt zählte die Gewerbestatistik 1895 in Sachsen rund 731 000 Spindeln an Baumwollspinnmaschinen, davon liefen knapp 600 000 nun an Selfaktoren. Die Spindelzahl von nicht einmal 6200 pro Betrieb bewegte sich nur wenig über dem Niveau von 1861 (ca. 4620). Zwar waren in den achtziger Jahren einzelne moderne Großbetriebe errichtet worden, wie die Leipziger Baumwollspinnerei, die 1888 über 73 000 Spindeln verfügte, rund zehn Prozent der Gesamtspindelzahl in Sachsen, doch stand den wenigen Großbetrieben eine Mehrheit von rund 60 Prozent der Baumwollspinnereien gegenüber, die weniger als 50 Arbeiter beschäftigten.[113]

Eine deutlich günstigere Entwicklung war den Wollgarnspinnereien in der zweiten Hälfte des 19. Jahrhunderts beschieden. 1861 gab es in Sachsen 34 Kammgarnspinnereien mit etwa 106 000 Spindeln und rund zehnmal so viele – 332 – Streichgarnspinnereien mit zusammen genommen 304 000 Spindeln. An der schon seit dem Vormärz typischen Größenverteilung in

Laufwasserkraftwerk Fernmühle, Generator, 1899. Wasserkraftmuseum Ziegenrück

diesen Sparten der Wollgarnindustrie hatte sich demnach nichts geändert: In den Kammgarnspinnereien liefen im Durchschnitt 3 118 Spindeln pro Betrieb; die durchschnittliche Streichgarnspinnerei war mit 916 Spindeln ausgestattet. Anders als im Falle der Baumwollspinnereien, deren Durchschnittsgröße sich auch nach 1861 gegenüber den dreißiger Jahren nur unwesentlich verändert hatte, hatte sich die Ausstattung der Kammgarn- wie der Streichgarnspinnereien mit Spindeln im gleichen Zeitraum im Durchschnitt mehr oder weniger verdoppelt.

Am deutlichsten zeigt sich der technische Vorsprung der sächsischen Kammgarnspinnerei im Vergleich mit anderen Garn produzierenden Branchen bei der Nutzung von Dampfmaschinen. 1861 wurden 14 Kammgarnspinnereien nur mit Dampfkraft betrieben, 16 benutzten Dampf- und Wasserkraft, während lediglich in vier Spinnereien die Maschinen allein an Wasserrädern liefen. Allerdings waren auch hier insgesamt erst fünf Selfaktoren in Gebrauch. In der Streichgarnspinnerei war die Nutzung der Dampfkraft zwar weniger häufig als in den Kammgarnfabriken, doch lag sie auch hier deutlich über dem Niveau der Baumwollspinnerei. 1861 setzten 182 der 332 Betriebe zumindest teilweise Dampfmaschinen ein, also fast 55 Prozent. Dabei mag auch eine Rolle gespielt haben, dass das Zentrum dieser Branche im Raum Werdau-Crimmitschau lag, an Standorten, die frühzeitig eine Eisenbahnverbindung zum Zwickauer Kohlenrevier erhalten hatten.[114]

Einen nicht unbeträchtlichen Anteil an der Ausweitung der Streichgarnspinnerei hatte die seit den frühen fünfziger Jahren aufgenommene Herstellung eines neuartigen Mischgarns, »Vigogne«, das für nahezu die gleichen Fabrikate Verwendung finden konnte wie Wollstreichgarne, aber einen Zusatz an billigerer Baumwolle enthielt. Die Vigognespinnerei entwickelte sich bis in die siebziger Jahre zu einem florierenden Zweig der sächsischen Textilindustrie. Ein größerer Teil der Garnproduktion wurde exportiert, besonders nach England. Die in Werdau und Crimmitschau ansässigen Unternehmen besaßen lange Zeit nahezu ein Monopol für diese Spezialität. Die Vigognefabriken hatten daher wesentlich dazu beigetragen, dass sich der Anteil Sachsens an der Produktion von Streichgarn in den Zollvereinsstaaten bzw. dem Deutschen Reich zwischen 1847 und 1875 von 13 auf 31 Prozent kräftig erhöhte. Sachsens Kammgarnspinnereien verloren dagegen im innerdeutschen Vergleich etwas an Bedeutung, hielten sich aber deutlich besser als die Baumwollspinnereien. Der sächsische Anteil an der Produktion von Kammgarn fiel zwischen Mitte der vierziger und Mitte der siebziger Jahre von fast 40 auf etwas mehr als 31 Prozent.[115]

Die statistischen Zahlen für 1895 deuten an, dass die sächsische Kammgarn-, Streichgarn- und Vigognespinnerei um die Jahrhundertwende, was ihre Betriebsgrößenstruktur anging, sich nicht wesentlich von der Baumwollspinnerei unterschied. Einigen wenigen Großbetrieben standen eine Masse von Kleinbetrieben gegenüber: Mehr als 80 Prozent der sächsischen Wollspinnereien besaßen weniger als 50 Beschäftigte. Doch war die technische Ausstattung in der Woll- und Vigognegarnspinnerei im Durchschnitt deutlich moderner als in der Baumwollspinnerei. Fast 95 Prozent der Betriebe setzte Dampfmaschinen ein, während nur noch 17 Prozent ganz oder teilweise Wasserkraft nutzten. Weniger als 5 Prozent der Spindeln liefen am Ende des 19. Jahrhunderts noch nicht an Selfaktoren. Dreieinhalb Jahrzehnte nach 1860 hatte sich in der Wollspinnerei der Durchschnitt der Spindeln pro Betrieb – in deutlichem Kontrast zur Baumwollspinnerei – noch einmal signifikant erhöht: Statt der rund 1120 Spindeln 1861 liefen 1895 in den Kammgarn-, Streichgarn- und Vigognespinnereien Sachsens durchschnittlich 5320 Spindeln.[116]

Die Garn verarbeitenden Industrien

In den anderen Zweigen der sächsischen Textilindustrie steckte der Übergang zum Fabrikbetrieb am Beginn der 1860er-Jahre dagegen noch in den Anfängen. Mehr als drei Viertel des in Maschinen angelegten Kapitals (77,7 Prozent) entfiel 1861 im Textilsektor Sachsens auf die verschiedenen Spinnereibranchen, 12,6 Prozent auf die Appreturanstalten und Textildruckereien. In allen anderen Branchen, der Weberei, Wirkerei, Stickerei, Spitzen- und Posamentenfabrikation, war zusammen weniger als ein Zehntel des Maschinenkapitals investiert worden, gerade einmal etwas mehr als 1,5 Mio. Taler. Die Zahl der Betriebe, die mechanische Webstühle einsetzte, hatte sich 14 Jahre, nachdem 1847 in Zittau die erste mechanische Weberei in Sachsen eröffnet worden war, auf 81 erhöht. In 55 dieser Betriebe wurden ausschließlich oder teilweise Dampfmaschinen zum Antrieb der Webstühle verwendet; 26 verließen sich allein auf Wasserräder oder -turbinen. Noch wesentlich schwächer war der Einsatz von Maschinen in der Strumpfwirkerei. Zwar gab es 1861 immerhin 46 Betriebe, fast alle im Raum Chemnitz – Stollberg – Limbach, die moderne Rundstühle aufgestellt hatten. Doch da diese Wirkmaschinen leicht genug waren, um von Hand betrieben zu werden, setzten nur zwölf dieser Fabrikwirkereien auch tatsächlich mechanische Antriebskraft ein, zumeist Dampfmaschinen.

Die sächsische Stickerei war seit den frühen fünfziger Jahren gegenüber ihrer Schweizer Konkurrenz, die auf maschinelle Produktion umgestellt hatte, zunehmend ins Hintertreffen geraten. 1857 war es aber dem Mechaniker Albert Voigt gelungen, auf verschlungenen Pfaden eine solche Maschine im Auftrag eines Plauener Fabrikanten nach Sachsen zu schaffen. Vier Jahre später wurden in sieben sächsischen Stickereifabriken insgesamt 52 Stickmaschinen gezählt, aber noch keine davon wurde durch Wasser- und Dampfkraft angetrieben. Die Posamentenherstellung und die Spitzenklöppelei kam in Sachsen in den frühen sechziger Jahren, auch dort, wo sie in Fabrikgebäuden zentralisiert worden war, noch ganz ohne Maschinen vergleichbarer Art aus.[117]

Die durchgreifende Industrialisierung dieser um 1860 immer noch stark protoindustriell geprägten Garn verarbeitenden Gewerbe zog sich die folgenden drei bis vier Jahrzehnte hin. Erst um die Wende zum 20. Jahrhundert kann man in den meisten – aber nicht allen! – Branchen der sächsischen Textilindustrie von einer Produktion in der Fabrik unter Einsatz kraftgetriebener Maschinen als Regelfall sprechen. Am schnellsten kam dieser Prozess in der Weberei voran. 1895 gab es in Sachsen 814 Webereien mit mehr als fünf Beschäftigten; in 609 Betrieben wurden Antriebsmaschinen verwendet, zumeist Dampfmaschinen (in

Rundwirkstuhl, erbaut von C. A. Roscher, Mittweida

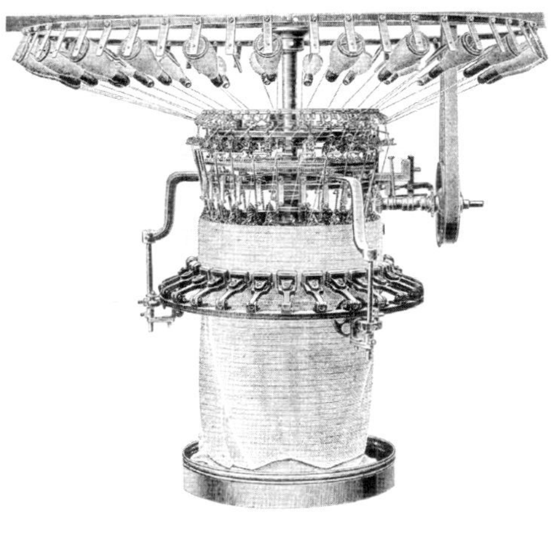

Gardinenweberei Klingenthal. Fotografie von Max Nowak, um 1910

fast 90 Prozent der Fälle). Die Wasserkraft spielte hier zu diesem Zeitpunkt nur noch eine untergeordnete Rolle (rund 11 Prozent), während vereinzelte Betriebe sogar schon Elektrizität als Antriebskraft verwendeten. Mehr als drei Viertel der eingesetzten mechanischen Webstühle wurden in Sachsen 1895 maschinell angetrieben. Allerdings lassen sich angesichts der unübersehbaren Vielfalt der fabrizierten Stoffe und mitunter stark differierender regionaler oder lokaler Gegebenheiten kaum pauschale Aussagen über den Ablauf des Mechanisierungsprozesses im Einzelnen treffen. Generell begann dieser Prozess in der Weberei bei den einfacheren, robusteren und ungemusterten Stoffen, während die Herstellung feinerer und komplexerer Gewebe später mechanisiert bzw. an den Betrieb mit Dampfmaschinen, Wasserrädern oder anderen Antriebsaggregaten angepasst wurde.[118]

Bis in die 1870er-Jahre hinein hatten die sächsischen Maschinenwebereien – ähnlich wie die Baumwollspinnereien – damit zu kämpfen, dass bei den einfachen, in großen Mengen hergestellten Stoffen die britische Konkurrenz oft einen großen technologischen und betriebsorganisatorischen Vorsprung besaß. Hier wurde im Großbetrieb unter Einsatz der modernsten Maschinen und wegen der Verfügbarkeit billiger Kohlen zu vergleichsweise geringen Energiekosten produziert. In manchen Fällen verzichteten die sächsischen Produzenten von vornherein auf einen Übergang zum mechanisierten Fabrikbetrieb. So war die Kattunweberei in der Oberlausitz, die noch um 1850 ein ausgedehntes protoindustrielles Gewerbe gewesen war, am Ende der sechziger Jahre fast völlig verschwunden. Einzelne Versuche, von der heimgewerblichen Handweberei zum Fabrikbetrieb überzugehen, waren bald aufgegeben worden. Je mehr sich aber im Zuge der Verdichtung des Eisenbahnnetzes und der Beschleunigung der Diffusion technologischer Innovationen die Produktionsbedingungen in Sachsen denen in Großbritannien anglichen, desto erfolgreicher gestaltete sich der Übergang von protoindustriellen zu industriellen Produktionsformen.[119]

Am Beispiel der vogtländischen Gardinenweberei lässt sich diese Entwicklung gut illustrieren: Seit den vierziger Jahren war die Herstellung von Gardinen mit Jacquardwebstühlen von Falkenstein ausgehend zu einem der wichtigsten Zweige der vogtländischen

Baumwollweberei geworden. In den ersten 20 Jahren entwickelte sich die Gardinenweberei des Vogtlandes noch ganz in den eingespielten Bahnen eines verlagsindustriellen Hausgewerbes. Doch als es 1866 gelungen war, die Jacquardvorrichtung dem kraftgetriebenen Webstuhl anzupassen, stellte sich die Branche rasch auf den Fabrikbetrieb um. 1871 wurde schon ein Zehntel der vogtländischen Webgardinen auf Maschinenwebstühlen hergestellt. Um 1880 wurden nur noch die einfachsten Qualitäten sowie die allerfeinsten Gardinenstoffe in Handarbeit hergestellt.

Inzwischen waren aber die vogtländischen Gardinen von britischen Tüllgardinen, die auf leistungsfähigen Maschinen in hoher Qualität produziert und zu niedrigen Preis angeboten wurden, zunehmend verdrängt worden. Der deutsche Zolltarif von 1879 brachte den sächsischen Gardinenherstellern nicht die erhoffte Erleichterung auf dem Binnenmarkt, denn noch im gleichen Jahr siedelte sich ein führendes Tüllgardinenunternehmen aus Nottingham mit einer Zweigfabrik in Plauen an. Diesem Beispiel folgten nun auch sächsische Unternehmer. In schneller Folge entstand in den folgenden Jahren eine ganze Reihe meist größerer Fabriken, die in Falkenstein, Auerbach, Plauen und einigen anderen vogtländischen Orten mit englischen Webmaschinen die Produktion von Tüllgardinen aufnahmen. Weitere Tüllgardinenfabriken entstanden in Leipzig, Dresden und Zittau, die bedeutendste unter ihnen ist die Dresdner Gardinen- und Spitzenmanufaktur AG.[120]

Ein anderer bedeutsamer Textilgewerbezweig in Sachsen, die Strumpfwirkerei, war nach 1861 im Gefolge der Baumwollverknappung während des amerikanischen Bürgerkriegs in eine mehrjährige Krise geraten, in deren Verlauf nicht wenige der hausindustriellen Handwirker sich anderen textilen Erzeugnissen zugewandt hatten. Als 1865 mit dem Ende der Baumwollkrise ein mächtiger Boom in der Wirkereibranche einsetzte und ein schneller Ausbau der Produktionskapazitäten notwendig wurde, um an diesem Aufschwung zu partizipieren, gingen viele der Chemnitzer, Limbacher und Stollberger Unternehmer daran, ihren Produktionsbetrieb stärker als bisher zu zentralisieren und zu modernisieren. Eine wichtige Rolle spielte dabei die Einführung des 1861 in England erfundenen mechanischen Paget-Wirkstuhls, der allerdings ebenso wie in der Fabrik auch im hausgewerblichen Handbetrieb Verwendung fand. Zwar waren diese komplizierteren Geräte für die einzelnen Hausarbeiter oft unerschwinglich, doch stellten ihnen ihre

Jacquard-Kurbelbuckskinstuhl, 1880

Pagetstuhl, mechanischer Flachwirkstuhl, 1861

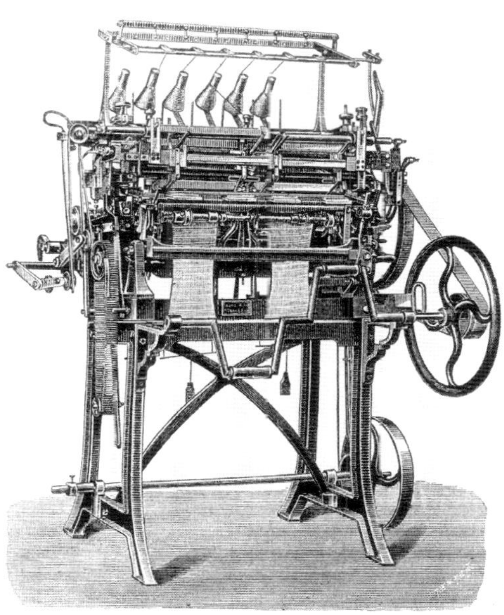

Cotton-Wirkstuhl, konstruiert 1868

Verleger die neuen Stühle gegen Abzahlung auf Raten oder mietweise zur Verfügung. Der eigentliche Durchbruch der Fabrikindustrie in der Strumpfwirkerei vollzog sich aber erst im Gefolge der Einführung des Cotton-Stuhls seit den späten sechziger Jahren. Diese Maschine konnte nun nicht mehr in der Hausindustrie eingesetzt werden; ihre Größe und Kompliziertheit machten den Kraftantrieb und damit die Aufstellung in Fabriken unumgänglich.

Wie schon beim Pagetwirkstuhl macht auch die Verbreitung des Cotton-Wirkstuhls in Sachsen deutlich, dass anders als in der ersten Jahrhunderthälfte technologische Innovationen aus England nun problemlos beschafft und schnell eingesetzt werden konnten. 1869, nur ein Jahr nach der Patentierung der Wirkmaschine durch den Engländer William Cotton, erwarb der Chemnitzer Strumpfwarenfabrikant Hermann Stärker eine Lizenz zur alleinigen Anfertigung des Stuhls auf die Dauer von fünf Jahren in Sachsen und errichtete eigens eine Werkstatt zur Fertigung dieser Geräte. Seit Ende der siebziger Jahre, vor allem nachdem das Patent Cottons 1883 abgelaufen war und die sächsischen Maschinenfabriken den Bau dieser Maschine aufgenommen hatten, verbreiteten sich die maschinengetriebenen Wirkstühle in Sachsen und leiteten das Verschwinden der Handwirkerei alten Stils ein. In den 25 Jahren nach 1882 fiel der Anteil der Hausgewerbetreibenden in der sächsischen Wirkwarenindustrie von zwei Drittel der Beschäftigten auf gerade einmal ein Viertel. Diese Heimarbeiter waren nun nicht mehr vorwiegend männliche Wirker, sondern fast durchweg Frauen, die in der Fabrik gefertigte Strümpfe oder Trikotagen komplettierten oder konfektionierten. Nur in zwei kleineren Bereichen der Wirkerei konnte sich der hausgewerbliche Handbetrieb im Kernbereich der Fertigung über die Jahrhundertwende hinaus halten, in der Herstellung von Kulierhandschuhen und Strickwaren.[121]

Die verschiedenen Sparten der Stickereiindustrie, die sich überwiegend in Plauen und Umgebung konzentrierten, blieben noch mindestens bis in die neunziger Jahre vom Mit- und Nebeneinander von Hausgewerbe und Fabrik- oder besser gesagt Manufakturbetrieb bestimmt. Die Stickmaschinen wurden zwar immer komplizierter und sperriger, doch sie kamen nach wie vor ohne mechanische Antriebsenergie aus und konnten zum Teil durchaus in den Werkstätten der Heimarbeiter aufgestellt werden. Bis Anfang der achtziger Jahre blieben allerdings die Schweizer Produzenten bei den auf Handstickmaschinen hergestellten Textilien Marktführer. Die vogtländische Stickerei war zeitweilig sogar in ein gewisses Abhängigkeitsverhältnis zu den im Raum St. Gallen und Appenzell ansässigen Unternehmen geraten und übernahm die Veredelung von Schweizer Waren. Mit der Entwicklung der Tüllspitze durch den Plauener Spitzenfabrikanten Theodor Bickel und der Aufnahme der Produktion von (gestickten) Gardinen im Vogtland löste sich aber die Bindung zur Schweizer Stickereiindustrie in den achtziger Jahren wieder auf. Die maschinell hergestellte

»Plauener Spitze« verhalf der vogtländischen Stickereiindustrie zu einem gut dreißigjährigen Boom mit hohen Exportraten vor allem nach Frankreich, England und Nordamerika. Doch erst seit der Jahrhundertwende begann sich der Einsatz von kraftgetriebenen Stickmaschinen auch hier allgemein durchzusetzen, ohne dass sich an der ausgesprochen kleinbetrieblichen Struktur dieses Industriezweigs grundsätzlich etwas änderte.[122]

Die sukzessive Mechanisierung der Spitzenherstellung bewirkte auch einen starken Rückgang der erzgebirgischen Spitzenklöppelei. Viele der Klöpplerinnen wandten sich seit den sechziger Jahren der Herstellung von Posamenten zu, was ihnen durch das Inkrafttreten der Gewerbefreiheit 1862 stark erleichtert wurde. Zum Ende des Zunftmonopols kam noch eine weitere, für die Umstrukturierung des Posamentengewerbes bedeutsame staatliche Liberalisierungsmaßnahme, die staatsbürgerliche und handelsrechtliche Emanzipation der Juden 1868/69. Während sich offenbar nur wenige der alten Verleger mit den neuen Verhältnissen zurechtfanden, gründeten Berliner Konfektionäre überwiegend jüdischer Konfession nun in Annaberg Niederlassungen und übernahmen die unternehmerische Kontrolle über die Fertigung der Kleiderbesätze. Es entwickelte sich in den folgenden Jahrzehnten ein gemischtes Produktionsregime, in dem die Fertigung der Halbfabrikate zunehmend im maschinellen Fabrikbetrieb vor sich ging. Die Komplettierungs- und Veredelungsarbeiten wurden im Verlagssystem von (überwiegend weiblichen) Heimarbeitern auf Handstühlen oder in Handarbeit übernommen. 1895 gab es in der sächsischen Posamentenindustrie einerseits fast 9 400 hausgewerbliche Betriebe, andererseits rund 300 Betriebe mit mehr als fünf Beschäftigten, von denen nur die elf größten mehr als 50 Arbeiter(innen) beschäftigten.[123]

Vor allem in diesen zuletzt behandelten Branchen – der Wirkerei, der Stickerei, der Posamentenherstellung, zum Teil auch der Weberei – blieben protoindustrielle und kleinbetriebliche Strukturen bis zur Jahrhundertwende und darüber hinaus im Herstellungsprozess prägend. In der Weberei hatten zwar über 10 Prozent der 814 zentralen Produktionsbetriebe mehr als 200 Beschäftigte, doch gab es hier noch 1895 sage und schreibe 27 873 hausindustrielle Betriebe! In der Wirkerei wurden knapp 13 800 Betriebseinheiten dem Hausgewerbe zugerechnet, in der Stickerei etwas weniger als 6 500. Größere Fabriken waren hier aber, anders als in der Weberei, noch zur Jahrhundertwende die große Ausnahme: Von 841 Wirkereibetrieben mit mehr als fünf Beschäftigten hatten nur ganze neun mehr als 200 Arbeiter; bei den Stickereien war keine der insgesamt 714 »Fabriken« in dieser Größenklasse zu finden. Selbst dort, wo sich der Fabrik- oder Manufakturbetrieb stärker durchgesetzt hatte, stellte das Heimgewerbe (aus der Sicht der Fabrikanten) ein funktionales Element dar. In Hochkonjunkturphasen konnten die Fabrikunternehmen auf ein elastisches Produktionspotenzial zurückgreifen, ohne eigene Kapazitäten aufbauen zu müssen. Die Herstellung bestimmter Textilwaren oder einzelne Arbeitsvorgänge ließen sich auch noch zur Jahrhundertwende nicht oder nur unter Hinnahme von Qualitätsminderungen maschinell bewältigen. Auch dort, wo es auf ästhetische Kriterien und auf eine flexible Anpassung an schnell wechselnde Moden in der Musterung ankam, blieben Handarbeit und Heimgewerbe bedeutsam.[124]

Der Maschinenbau

Die seit den fünfziger Jahren einsetzende Mechanisierung in den Garn verarbeitenden Industrien gab vor allem dem sächsischen Maschinenbau neue Wachstumsimpulse. Schon zu Beginn der sechziger Jahre hatte sich das Profil der Maschinen produzierenden Industrie merklich verändert. Dabei war die Zahl der Maschinenfabriken und -werkstätten in Sachsen 1861 zwar gegenüber der Zählung 15 Jahre zuvor von 232 auf 177 gesunken, doch die Gesamtzahl der beschäftigten Arbeiter hatte sich mehr als verdreifacht. Im Laufe von nur 15 Jahren hatte sich demnach die Zahl der Beschäftigten pro Betrieb von knapp zehn auf mehr als 44 vermehrt. 30 Fabriken beschäftigten mehr als 50 Arbeiter, zwölf mehr als 100. Auch der Einsatz mechanischer Antriebsenergie hatte sich in den sächsischen Maschinenbaubetrieben seit Mitte der vierziger Jahre zunehmend verbreitet: Insgesamt wurden hier 106 Dampfmaschinen gezählt, rund viermal soviel wie 15 Jahre zuvor. 78 Betriebe waren zumindest teilweise mit Dampfkraft ausgerüstet. 63 Maschinenfirmen, also etwas mehr als ein Drittel, arbeiteten noch ganz im Handbetrieb.

Ein größerer Teil der sächsischen Maschinenbaubetriebe hatte also 1861 zumindest den Weg von der Werkstatt zur Fabrik eingeschlagen. Am Ende des 19. Jahrhunderts war die Ausstattung von Maschinenbaubetrieben mit Dampfmaschinen oder auch schon den ersten Elektrogeneratoren selbst bei kleinen Werkstätten zur Regel geworden. Die Gewerbezählung von 1895 registrierte in Sachsen 748 Betriebe mit mehr

Maschinensaal von Hartmann in Chemnitz. Lithografie, um 1876

als fünf Beschäftigten, die Maschinen und Apparate bauten. Knapp ein Viertel dieser Fabriken und Werkstätten beschäftigte mehr als 50 Arbeiter, davon 32 mehr als 200 und elf mehr als 500. Das bei weitem größte dieser Unternehmen, die Sächsische Maschinenfabrik vormals Richard Hartmann AG in Chemnitz, kam um die Jahrhundertwende auf etwa 5000 Arbeiter. Insgesamt zählte der sächsische Maschinen- und Apparatebau 1895 annähernd 42000 Beschäftigte, also mehr als fünf mal soviel wie Anfang der sechziger Jahre.[125]

Auch am Ende des 19. Jahrhunderts war der Bau von Maschinen und Maschinenteilen für die Textilindustrie immer noch ein bedeutendes Arbeitsfeld für den sächsischen Maschinen- und Apparatebau. Mehr als ein Viertel der Unternehmen stellte vorwiegend Spinnerei- und Webereimaschinen sowie Nähmaschinen her. Seit der Jahrhundertmitte lässt sich ein deutlicher Trend des sächsischen Textilmaschinenbaus zur Spezialisierung feststellen. Neben die bereits etablierten Hersteller von Spinnereimaschinen wie Hartmann, Schwalbe oder Haubold jr. traten mit der Mechanisierung der Weberei, Stickerei und Wirkerei auf breiter Front seit den sechziger Jahren Maschinenbauunternehmen, die sich auf diese Zweige spezialisierten. Die enorme Ausweitung des Bedarfs der sächsischen Textilindustrie sowohl für von Hand bediente Maschinen als auch für solche, die an Dampfmaschinen und Wasserrädern liefen, machte eine solche Konzentration auf bestimmte, eng umgrenzte Produktgruppen nun betriebswirtschaftlich möglich.

Die sprunghaft wachsende technische Komplexität der Maschinen, mit denen zusehends kompliziertere Arbeitsvorgänge des Webens, des Wirkens, Strickens und Stickens mechanisiert wurden, legte den Unternehmensgründern die Spezialisierung auf eine Sparte nahe. Louis Schönherr etwa konzentrierte sich, nachdem er den Betrieb in den frühen sechziger Jahren aus seiner Werkstatt in eine neu erbaute Fabrik verlegt hatte, zunächst auf den Bau von Tuchwebstühlen. In den folgenden Jahren und Jahrzehnten erweiterte er, dessen Unternehmen nach seiner Umwandlung 1872 zur Aktiengesellschaft als »Sächsische Webstuhlfabrik« firmierte, seine Produktpalette vorsichtig auf Webstühle für Möbel- und Gardinenstoffe, gemusterte »Buckskin«-Waren und Teppiche. Vor einem Einstieg in die Herstellung von Baumwoll-Webstühlen schreckte das Unternehmen aber wegen der solide fundierten

Marktführerschaft des britischen Textilmaschinenbaus auf diesem Gebiet lange zurück. Erst in den neunziger Jahren begann die Sächsische Webstuhlfabrik in enger Anlehnung an britische Konstruktionen mit dem Bau leichter Kurbelwebstühle für die Herstellung von Baumwoll-, Woll- und Leinenwaren.[126]

Wie Schönherr waren auch die Brüder Karl und Theodor Lieberknecht schon von Kindheit an mit dem Textilmaschinenbau vertraut. Ihr Vater hatte sich in den dreißiger Jahren in Oberlungwitz als Schlossermeister niedergelassen und mit dem Bau von Wirkstühlen befasst. Den Söhnen gelang schließlich die Weiterentwicklung einer Pagetmaschine. Auf Grundlage dieser Konstruktion machten sie sich 1873 mit einer eigenen Werkstatt selbstständig, die bald zur Fabrik erweitert werden konnte. In den achtziger Jahren stellte die Firma Lieberknecht auf den Bau von Cottonmaschinen um, die mit Dampf- oder Wasserkraft betrieben wurden, und folgte damit der Entwicklung in der Wirkwarenindustrie. In diese Phase der grundlegenden technologischen Erneuerung und Maschinisierung der sächsischen Strumpfwirkerei fiel auch die Gründung des erfolgreichsten sächsischen Wirkmaschinenunternehmens. 1883 eröffneten zwei junge Schlosser in Chemnitz unter dem Firmennamen Schubert & Salzer eine kleine Hinterhofwerkstatt zum Bau von Handwirkstühlen, die sie an hausindustrielle Strumpfwirker im Erzgebirge verkauften. Carl Schubert und Bruno Salzer hatten zuvor in zwei der größeren Chemnitzer Textilmaschinenfabriken gearbeitet, der Maschinenfabrik Kappel bzw. der Wirkmaschinenfabrik Hilscher. Ihr baldiger Übergang zur Herstellung von kraftgetriebenen Strumpfwirkmaschinen und zum raschen Ausbau der Produktionskapazitäten deutet an, dass für sie der Fabrik-Großbetrieb von Anfang an im Blickpunkt unternehmerischer Zielvorstellungen lag.[127]

Die Maschinenfabrik Kappel kann als Pionierunternehmen des sächsischen Stickmaschinenbaus gelten. Sie war eine Gründung des Mechanikers Albert Voigt, der sein in der Schweiz erworbenes Know-how nutzte, um in der Ausbauphase der maschinellen Stickerei in Sachsen mit selbst gebauten Maschinen einen aufnahmefähigen Markt zu bedienen. Seit 1860 betrieb er eine Maschinenbauwerkstatt in Kändler bei Limbach. Die Nachfrage nach seinen Stickmaschinen erwies sich als so groß, dass er schon sechs Jahre später eine Fabrik im Chemnitzer Vorort Kappel bauen konnte, die wiederum bereits 1871 in eine Aktiengesellschaft mit einem Grundkapital von 1,35 Mio. Mark umgewandelt wurde. Neben dem unbestrittenen Zentrum des sächsischen (und deutschen) Textilmaschinenbaus, der Stadt Chemnitz, siedelten sich die Unternehmen dieser Branche auch in der Nähe einiger anderer Standorte der Textilindustrie an. Vor allem in Werdau entstanden viele Maschinenbaufirmen, die sich auf die Bedürfnisse der dortigen Weberei und der Vigogne- und Streichgarnspinnerei einstellten. Hier herrschten allerdings kleine und mittlere Unternehmen vor, die kaum für den überregionalen Markt produzierten und auch keine Hersteller von internationalem Rang wie die Chemnitzer Maschinenbauindustrie hervorbrachten.[128]

Suchten die Produzenten von Maschinen für die Spinnerei und die verschiedenen Sparten der Garn verarbeitenden Industrien gewöhnlich die räumliche Nähe zu den südwestsächsischen Textilrevieren, so entwickelte sich die Nähmaschinenindustrie, deren Produkte universeller verwendbar waren, in den großstädtischen Zentren Sachsens, in Dresden und Leipzig. Vor allem die sächsische Residenzstadt wurde früh zu einem bedeutenden Standort für diese Maschinenbaubranche. 1855 eröffnete Clemens Müller, der eine Zeitlang in den USA gearbeitet und dort die Nähmaschinentechnik kennen gelernt hatte, in Dresden die erste deutsche Nähmaschinenfabrik. Auch der gelernte Feinmechaniker Bruno Naumann, der 15 Jahre später zusammen mit einem Kaufmann als Partner die Firma Seidel & Naumann gründete, orientierte sich zunächst am fortgeschrittenen amerikanischen Nähmaschinenbau und brachte in den siebziger Jahren Modelle auf der Grundlage von US-Patenten auf den Markt.[129]

Eine besonders eindrucksvolle Entwicklung machte in den letzten Jahrzehnten des 19. Jahrhunderts der schon in den vierziger Jahren begründete sächsische Werkzeugmaschinenbau, der sich ebenfalls vornehmlich am Standort Chemnitz ansiedelte. Die älteren Unternehmen, wie die Chemnitzer Werkzeugmaschinenfabrik vormals Johann Zimmermann, die Werkzeugmaschinenfabrik Union vormals Diehl oder die Deutsche Werkzeugmaschinenfabrik vormals Sondermann & Stier, deren Anfänge auf die Jahrhundertmitte zurückgingen, wurden bereits um 1870 überwiegend in Aktiengesellschaften umgewandelt. Zu ihnen trat in den sechziger und siebziger Jahre eine neue Gründergeneration, die sich frühzeitig am Wettbewerb auf den internationalen Märkten orientierte. Julius Eduard Reinecker etwa, der nach kleinen Anfängen 1872 den zunächst noch bescheidenen Fabrikbetrieb mit der Herstellung von Bohrern und Gewindeschneidern aufnahm, versuchte seit den achtziger Jahren recht erfolgreich auf den vor allem von amerikanischen

Unternehmen beherrschten Markt für Fräs- und Schleifmaschinen vorzudringen.

Neben Chemnitz entwickelte sich in Leipzig und seinen Vororten ein zweiter wichtiger Standort des sächsischen Werkzeugmaschinenbaus. Ernst Kirchner, der ebenfalls den amerikanischen Werkzeugmaschinenbau kennen gelernt hatte, gründete dort 1878 seine »Deutsch-Amerikanische Maschinenfabrik«, die sich auf den Bau von Holzbearbeitungsmaschinen spezialisierte. Auch der Konstrukteur und Erfinder Wilhelm von Pittler ließ sich in Leipzig nieder und gründete 1889 – nach mehreren wenig erfolgreichen Anläufen, seine selbst konstruierten Dampfmotoren, Stick- und Nähmaschinen zu vermarkten – eine Werkzeugmaschinenfabrik, die vor allem Revolverdrehbänke produzierte. In Aue im Erzgebirge entstanden schließlich einige Maschinenfabriken, die sich auf Blechverarbeitungsmaschinen für den Bedarf der dortigen Metallwarenindustrie spezialisierten. Die erfolgreichsten von ihnen wie die Maschinenfabrik Erdmann Kircheis (gegründet 1861) und die Firma Hiltmann & Lorenz (gegründet 1879) operierten bald auf den überregionalen Märkten.[130]

Maschinenfabrik »Invention«, Wilhelm von Pittler, um 1890. Erstes Werksgebäude in Leipzig-Gohlis. Aquarell aus der Jubiläumsschrift, 1939

Zu diesen spezialisierten Werkzeugmaschinenfabriken kam noch eine Reihe großer Maschinenbauunternehmen, die diesen Produktionszweig in ihr Programm aufnahmen. Den Anfang machte Richard Hartmann schon 1857 mit dem Aufbau einer eigenen Abteilung für den Bau von Werkzeugmaschinen. Die Maschinenfabrik Kappel, die Firma C. G. Haubold jr. und die traditionsreiche Maschinenfabrik Germania vormals J. S. Schwalbe & Sohn gingen allesamt zum Bau von Holzbearbeitungsmaschinen über. Bezeichnenderweise haben wir es hier überwiegend mit Unternehmen zu tun, die ihren Aufstieg mit dem Bau von Spinnmaschinen begonnen hatten, einem Fabrikationszweig, der sich als ebenso krisenanfällig und wenig entwicklungsfähig erwies wie die sächsische Baumwollspinnerei. Neben der Strategie, sich auf einige wenige Produktlinien zu spezialisieren, kommt in diesen Fällen also eine alternative Unternehmenspolitik zum Ausdruck: die Diversifizierung des Herstellungsprogramms, die nicht zuletzt auf eine Reduzierung von Risiken bei Absatzkrisen zielte.

Allerdings war eine erfolgreiche Umsetzung solcher Strategien zumeist nur Großunternehmen möglich, die genügend personelle, organisatorische und materielle Ressourcen mobilisieren konnten, um sich gegen eine spezialisierte Konkurrenz in mehreren Sparten des Maschinenbaus zu behaupten. Ein Musterbeispiel eines solchen multidivisionalen Maschinenbauunternehmens lieferte in der zweiten Hälfte des 19. Jahrhunderts die Hartmann'sche Maschinenfabrik in Chemnitz, die schon bei ihrer Umwandlung zur Aktiengesellschaft 1870 fünf Abteilungen unterhielt, in denen insgesamt fast 3000 Arbeiter Lokomotiven, Werkzeugmaschinen, Dampfmaschinen und Mühleneinrichtungen, Spinnereimaschinen sowie Webereimaschinen herstellten.[131]

Wenn mit dem Bau von Textil- und Werkzeugmaschinen die beiden Zweige erfasst sind, die dem sächsischen Maschinenbau auch in der zweiten Hälfte des 19. Jahrhunderts sein besonderes Gepräge gaben, so entstanden doch daneben seit der Gründerzeit eine Vielzahl oft hoch spezialisierter Unternehmen in Sachsen. Nicht selten siedelten sich diese Fabriken und Werkstätten an den Standorten der Industrien an, für die sie jeweils Maschinen herstellten. In diesem Sinne erscheint die Mechanisierung des Produktionsprozesses eines zunehmend größeren Spektrums von Gewerben und die Entstehung neuer Industrien eng mit der Entwicklung des sächsischen Maschinen- und Apparatebaus verknüpft. So entstanden vor allem im Raum Dresden eine Reihe von Fabriken, die sich auf den Bau von Getreidemühlenanlagen spezialisierten.

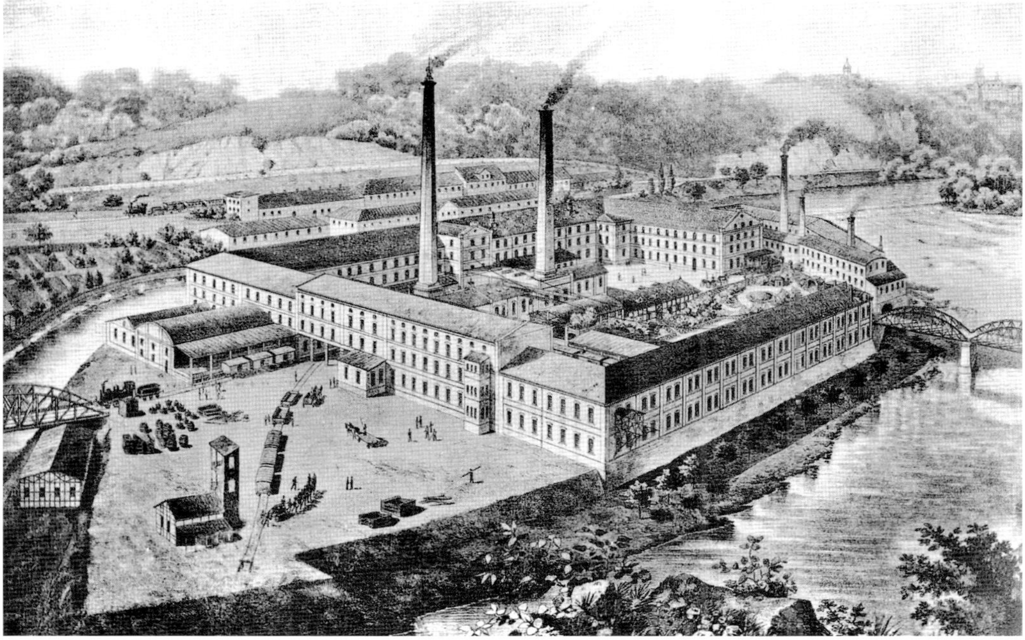

Papierfabrik Golzern bei Grimma

Der Übergang zur industriellen Papiererzeugung in Sachsen stieß die Gründung von Maschinenbaufirmen an, die sich auf die Ausrüstung von Papierfabriken konzentrierten, wie etwa Maschinenbau AG Golzern-Grimma. In Leipzig und seinen seit 1889 eingemeindeten Industrievororten hatten sich schon zur Jahrhundertmitte Unternehmen niedergelassen, die sich dem wachsenden Maschinenbedarf der polygrafischen Gewerbe widmeten. So dehnte die Firma Karl Krause seit den fünfziger Jahren ihr Herstellungsprogramm von Papierschneidemaschinen auf eine Produktpalette von vor allem für Buchbindereien bestimmten Maschinen aus. Die Gebrüder Brehmer begründeten 1879 ihr Unternehmen auf die Verwertung eines Patents für eine Drahtheftmaschine. Preuße & Co. und Kleim & Ungerer stellten vornehmlich Falzmaschinen her. Die Firma Schmiers, Werner & Stein bot Schnellpressen für den Buchdruck an und fusionierte nach der Jahrhundertwende mit einem gleichartigen Unternehmen in Coswig bei Dresden.

Ebenfalls in Leipzig siedelte sich 1875 die Firma Adolf Bleichert & Co. an, die in den nächsten Jahrzehnten zu einem der führenden deutschen Hersteller von Drahtseilbahnen, Kran- und Transportanlagen wurde. Ein ähnliches Produktionsprogramm hatte die Ende der achtziger Jahre in Wurzen gegründete Firma August Schmidt. Landwirtschaftliche Maschinen wurden in der zweiten Hälfte des 19. Jahrhunderts an mehreren Standorten in Sachsen produziert. Am spektulärsten entwickelte sich dabei die Fabrik von Rudolf Sack in Leipzig-Plagwitz, die zu einem der führenden europäischen Hersteller von Pflügen, Eggen und ähnlichen Saat- und Erntegeräten aufstieg.[132] Die Aufzählung der verschiedenen Zweige und Produktlinien des sächsischen Maschinenbaus ließe sich beliebig fortsetzen. Festzuhalten bleibt, dass sich in Sachsen in der zweiten Hälfte des 19. Jahrhunderts eine oft hoch spezialisierte Maschinen herstellende Industrie entfaltete. Es war diese Vielgestaltigkeit, die dem sächsischen Maschinenbau mindestens ebenso seine markante Prägung gab wie die zunächst eher ins Auge fallenden Schwerpunktbildungen in der Textil- und Werkzeugmaschinenproduktion. Zudem stieß der Maschinen- und Apparatebau in Sachsen die Entwicklung einer Reihe von Zulieferindustrien an, die Maschinenteile herstellten, von Dampfkesseln bis zu kleinteiligen Massenwaren wie Kratzen, Spulen oder Nadeln, die in großen Mengen im Spinnerei- und Stickmaschinenbau gebraucht wurden.[133]

Stahlgießerei Rudolf Sack, um 1911

Der sächsische Maschinenbau erhielt nicht nur wesentliche Impulse aus der Mechanisierung handwerklicher und protoindustrieller Gewerbe und der Entstehung neuer Industriezweige, sondern schuf seinerseits auch günstige Voraussetzungen für das Ingangkommen dieses Prozesses. Nachdem sich der Bau von Maschinen in Sachsen als Industriezweig etabliert und damit technisches und unternehmerisches Know-how verbreitet hatte, konnte sich eine expansive Dynamik entfalten. Es gab nun zahlreiche Konstrukteure, Mechaniker und Handwerker, die willens und in der Lage waren, Maschinen nachzubauen, zu verbessern oder selbst zu konstruieren. Nicht wenige von ihnen folgten dem Beispiel ihrer erfolgreichen Vorgänger und eröffneten eine eigene Werkstatt, in der Hoffnung, selbst zum Fabrikanten aufzusteigen. Auch etablierte Fabrikunternehmen auf der Suche nach neuen Arbeitsfeldern und Absatzmärkten boten neu entwickelte Maschinen an. Diese Dynamik hatte einen wohl nicht zu unterschätzenden Einfluss darauf, dass in Sachsen neue Industrien entstanden bzw. bestehende Gewerbebranchen in den Prozess der Industrialisierung eintraten.

Alte Gewerbe – neue Industrien

Der Industrialisierungsprozess erfasste in der zweiten Hälfte des 19. Jahrhunderts eine Reihe von Gewerben, die ganz ähnlich wie die Textilien herstellenden Branchen einen längeren protoindustriellen Vorlauf besaßen. So wies die sächsische Gewerbestatistik schon für das Jahr 1861 zwölf zentrale Fabrikationsstätten aus, die Nägel, Stifte und Nieten herstellten, insgesamt 255 Arbeiter beschäftigten und zusammengenommen 88 Maschinen benutzten. In elf von ihnen wurden diese Maschinen noch mit Wasserkraft betrieben, aber in einer Fabrik war auch schon eine Dampfmaschine aufgestellt worden. Nach wie vor wurde zwar an zahlreichen Orten des Erzgebirges die Nagelschmiederei als Hausgewerbe betrieben, doch war diese Produktionsform schon zu diesem Zeitpunkt deutlich im Rückgang begriffen und bot nur noch kümmerliche Verdienstmöglichkeiten. In ähnlicher Weise vollzog sich der Niedergang des erzgebirgischen Löffelschmiedehandwerks, das um 1880 verschwand. An seine Stelle trat an den Hauptorten dieses alten Handwerks, in Aue und Schwarzenberg, eine Blechwaren- und Emailleindustrie.

In einer weiteren traditionellen Hausindustrie des Erzgebirges, der Spielwarenherstellung, blieben die verlagsindustriellen Strukturen dagegen länger und nachhaltiger bestehen. 1870 wurde im Erzgebirge die erste Spielwarenfabrik eröffnet, der in den folgenden Jahren rasch weitere folgten. Da sich jedoch nur gleichmäßige, wenig differenzierte, nicht zu oft wechselnde Artikel für die maschinelle Produktion in der Fabrik eigneten, behielt die hausindustrielle Fertigung bis über die Jahrhundertwende hinweg ihren festen Platz. 1907 wurden in Sachsen noch mehr als 2000 Hausgewerbetreibende und Heimarbeiter gezählt, die Spielzeug herstellten. Die Rationalisierung der

Produktionsprozesse vollzog sich hier zu einem guten Teil innerhalb des Verlagssystems und über eine stärkere Arbeitsteilung zwischen den Hausgewerbetreibenden. Darüber hinaus waren schon in den 1860er-Jahren für Drechslerarbeiten zentralisierte, mit Wasserkraft ausgerüstete »Drehwerke« eingerichtet worden, deren Besitzer teilweise Lohnarbeiter beschäftigten, aber auch Drehstellen an die Hausindustriellen vermieteten. Schließlich beschäftigten neben den reinen Verlegern auch die Fabrikunternehmen Hausgewerbetreibende, in dem sie bestimmte Produkte oder Produktstufen außerhalb der Fabrik in Handarbeit fertigen ließen.[134]

In ähnlicher Weise verlief die Entwicklung der Musikinstrumentenindustrie, soweit sie hausindustrielle Wurzeln besaß. Die Herstellung von Streichinstrumenten, Gitarren, Blasinstrumenten aus Holz und Blech, Harmonikas, Schlagzeugen u. a. m. mit ihrem Zentrum in den vogtländischen Orten Markneukirchen und Klingenthal hatte auch noch am Vorabend des Ersten Weltkrieges ihre protoindustriellen Züge nicht verloren. Verleger, Handwerksbetriebe und Heimarbeiter agierten in einem meist stark arbeitsteilig und überwiegend dezentral organisiertes Produktionssystem, während der Fabrikbetrieb hier nur ganz vereinzelt Eingang gefunden hatte. So bezogen etwa die Geigenbauer gewöhnlich die Einzelteile von Heimarbeitern, nicht selten aus Böhmen, und bauten sie in ihren Werkstätten zusammen, um dann die fertige Geige an den Verleger weiterzugeben.

Einige der größeren Werkstätten setzten schon seit den 1880er-Jahren Fräsmaschinen ein, die durch Kleinmotoren angetrieben wurden. Seit 1906 besorgte aber ein größerer Fabrikbetrieb in Markneukirchen die maschinelle Herstellung der hölzernen Geigenkorps, Wirbel und andere Bestandteile. Der Zusammenbau, das Einziehen der Saiten und das Stimmen blieb weiterhin den Geigenbauern in ihren Werkstätten vorbehalten. Das weitgehende Festhalten an den überkommenen handwerklich-hausgewerblichen Strukturen mussten die vogtländischen Instrumentenmacher allerdings zusehends mit rückläufigen Marktanteilen bezahlen.

Neben diesem alteingesessenen traditionellen Musikinstrumentengewerbe etablierte sich in Sachsen im Laufe des 19. Jahrhunderts der Bau von Tasten-

Klöppeldrehwerk in Steinbach, Erzgebirge

Geigenbauerwerkstatt, um 1900. Musikinstrumentenmuseum Markneukirchen

instrumenten im zentralen Fabrikbetrieb. Orgeln wurden in Dresden und Zittau hergestellt, während die Pianofortefabrikation vor allem in Leipzig ihr Zentrum hatte. Die Entwicklung dieser Industrie verlief nach einem ganz ähnlichen Muster wie die des Maschinenbaus. Das Beispiel des wohl berühmtesten sächsischen Klavierherstellers Julius Blüthner mag dies verdeutlichen: Blüthner gründete 1853 mit einem kleinen ersparten Kapital und drei Arbeitern in angemieteten Räumen in Leipzig eine Klavierbauwerkstatt, die er im folgenden Jahrzehnt sukzessive vergrößerte. Mitte der sechziger Jahre setzte mit dem Umzug in ein Fabrikgebäude ein rapides Wachstum ein. Zum Stammwerk kamen bis zur Jahrhundertwende mehrere neue Fabriken, ebenso ein eigenes Sägewerk samt Holzlager, so dass die Firma Blüthner 1913 in ihren Leipziger Betrieben rund 750 Arbeiter beschäftigte.[135]

Protoindustrielle Vorläufer besaß auch die sächsische Papierindustrie, denn schon im 18. Jahrhundert wurde eine größere Zahl von Papiermühlen im Erzgebirge betrieben. Der Übergang zum industriellen Betrieb erschien daher fließend, so dass die offizielle sächsische Statistik 1861 bereits 48 Papierfabriken mit insgesamt 53 Papiermaschinen registrierte. Als Antriebsaggregate herrschten Wasserräder vor, doch setzten immerhin 13 dieser Fabriken Dampfmaschinen ein. Der eigentliche technologische Wandel der Papierherstellung war in Sachsen allerdings genau im Jahr 1861 eingeleitet worden, als die Firma Kübler & Niethammer in Georgenthal bei Johanngeorgenstadt eine Holzschleiferei anlegte. Die Technik des Holzschliffs war 15 Jahre zuvor von dem sächsischen Webermeister Friedrich Gottlob Keller entwickelt worden. Damit wurde es möglich, Papier aus Holz herzustellen. Die waldreichen Flusstäler des Erzgebirges und seines Vorlandes boten für die Anlage von Papierfabriken günstige Standortbedingungen. Der Rohstoff Holz war reichlich vorhanden, ebenso fließendes Wasser, das als billige Antriebskraft für Wasserräder und Turbinen nutzbar gemacht werden konnte und bei der Papierherstellung selbst in größeren Mengen benötigt wurde.

Die Firma Kübler & Niethammer, 1856 von zwei gelernten Papiermachern aus Württemberg in Kriebstein bei Waldheim mit der Pachtung einer heruntergekommenen Papiermühle begründet, expandierte vor allem seit den siebziger Jahren zu einem der führenden Unternehmen der deutschen Papierindustrie. Um die Jahrhundertwende betrieben Kübler & Niethammer zahlreiche Holzstoff- und Papierfabriken an mehreren Standorten in Sachsen, deren Belegschaft in den Jahren vor dem Krieg die Marke von 1000 Beschäftigten überschritt. Andere Unternehmensgründer folgten seit den sechziger Jahren in rascher Folge dem Beispiel. Um die Jahrhundertwende gab es im Erzgebirge rund 250 papiererzeugende Betriebe mit zusammengenommen etwa 10 000 Arbeitern, darunter 130 Holzschleifereien, 40 Pappen- und 30 Papierfabriken. Die sächsische Papierindustrie versorgte die Leipziger Buchdruckereien ebenso mit ihren Erzeugnissen wie die großen Berliner Zeitungsverlage. Sie gab dem Entstehen einer Kartonagenindustrie, die Verpackungen für Fertigwaren lieferte, wichtige Impulse z. B. der Gründung von Buntdruck- und Chromopapierfabriken, beides Branchen, die sich vornehmlich im Dresdner Raum ansiedelten.[136]

Seit der Mitte des 19. Jahrhunderts lässt sich der Übergang zu industriellen Produktionsformen auch in verschiedenen, bislang handwerklich organisierten Branchen konstatieren, die keine nennenswerte protoindustrielle Vergangenheit hatten. Hier spielte nicht zuletzt die Liberalisierung des Gewerberechts seit den dreißiger Jahren und die Abschaffung der Zunftverfassung in Sachsen 1861 eine nicht unwesentliche Rolle. So stand nun dem Einsatz von Schnellpressen im Druckereigewerbe nichts mehr im Wege. Wurden 1856 in den Leipziger Buchdruckereien 141 Handpressen und 66 dampfgetriebene Schnellpressen gezählt, so hatte sich dieses Verhältnis acht Jahre später annähernd umgekehrt: Auf 122 Handpressen kamen nun 144 Schnellpressen.

Prozesse der Mechanisierung, des sukzessiven Übergangs von der Werkstatt zum arbeitsteiligen Fabrikbetrieb und zur Massenproduktion für überregionale Märkte erfassten in Sachsen und anderswo in der zweiten Hälfte des 19. Jahrhunderts auch Handwerkszweige wie die Schuhmacherei und Lederwarenproduktion, die Tischlerei und Möbelfabrikation oder die Klempnerei und Schlosserei. Zwar finden wir in diesen Fertigungszweigen um die Wende zum 20. Jahrhundert eine ganze Reihe von Fabrikbetrieben und auch einzelne lokale Ballungen dieser Industrien, doch trugen sie im Großen und Ganzen relativ wenig zur spezifischen Ausprägung der sächsischen Unternehmens- und Branchenlandschaft bei.[137]

Königl. Sächs. Hofpianofortefabrik Julius Blüthner, Leipzig, um 1900

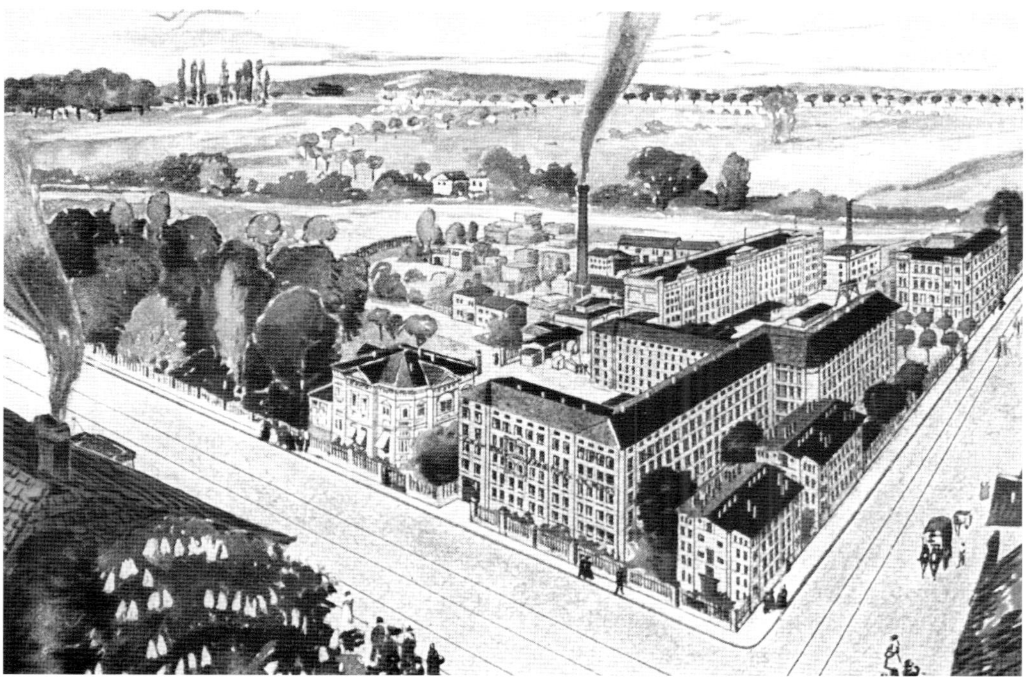

Schnellpressensaal von Breitkopf & Härtel in Leipzig, um 1900

Die Nahrungs- und Genussmittelindustrie

Signifikanter erscheint in dieser Beziehung im dicht besiedelten und städtereichen Königreich Sachsen die Entwicklung der Nahrungs- und Genussmittelindustrie. Diese Branchen wurzelten zumindest teilweise im ländlichen und städtischen Lebensmittelhandwerk, das sich mit der Entstehung urbaner Ballungszentren vor die Herausforderung gestellt sah, eine schnell wachsende Bevölkerung mit immer größeren Mengen oft leicht verderblicher Lebensmittel zu versorgen. So nimmt es nicht Wunder, dass es zunächst die sächsischen Großstädte Leipzig und Dresden waren, in deren Umgebung sich zu einem vergleichsweise frühen Zeitpunkt die ersten Ansätze einer Industrialisierung der Lebensmittelproduktion beobachten lassen. Vor allem die Hauptstadt Dresden, bis ins späte 19. Jahrhundert auch die größte Stadt in Sachsen, entwickelte sich dabei zum Zentrum einer für überregionale Märkte produzierenden Lebens- und Genussmittelindustrie. Zu den frühzeitig von den Prozessen maschineller Produktion erfassten Lebensmittelhandwerken zählte in besonderem Maße die Müllerei, also die Verarbeitung von Getreide zu Mehl. Das überwiegend ländliche Mühlengewerbe war von seinen produktionstechnischen Voraussetzungen geradezu prädestiniert für den Übergang zum industriellen Betrieb: Es handelte sich bei den hergestellten Waren um gleichförmige Massenprodukte. Der Herstellungsprozess erforderte großen Kraftaufwand, war aber an sich wenig komplex und es wurden auch in vorindustrieller Zeit mit nichtmenschlicher Kraft angetriebene Maschinen eingesetzt.

Die Aufhebung des Mühlenbannes und des Mahlzwanges im Königreich Sachsen in den späten 1830er-

Jahren machte grundsätzlich den Weg frei für großbetriebliche Entwicklungen in der Getreidemüllerei. Allerdings wurden die 4 055 Getreidemühlen in Sachsen noch Mitte der 1850er-Jahre fast ausschließlich mit Wasser- oder Windkraft (85,8 bzw. 13,8 Prozent) betrieben. Erst 14 Mühlenbetriebe hatten Dampfmaschinen in Benutzung. Zwanzig Jahre später bietet sich im Lichte der Gewerbezählung von 1875 schon ein deutlich anderes Bild. Die Zahl der Mühlen hatte sich um fast ein Viertel auf 3 186 vermindert, wovon aber immerhin 178 zu den Betrieben mit mehr als 50 Beschäftigten zählten. Zwar wurden auch jetzt noch die sächsischen Getreidemühlen in ihrer überwiegenden Zahl von Wasserrädern angetrieben, doch das Nahrungs- und Genussmittelgewerbe Sachsens wies nun nach der Textilindustrie die meisten Betriebe mit Dampfmaschinen (insgesamt 676) auf. Es waren dies überwiegend die Getreidemühlen, während etwa nur solche Bäckereien, die mit Mühlen kombiniert waren, Maschinenkraft für ihren Betrieb nutzten.[138]

Im Dresdner Raum erfolgten Konzentration und Industrialisierung des Mühlengewerbes besonders zügig und nachhaltig. Die Entstehung der Dresdner Mühlen- und Brotfabrikindustrie war vor allem mit dem Aufstieg des Getreidemüllers Traugott Bienert zum Großunternehmer und zu einem der reichsten Männer Sachsens verbunden. Bienert hatte in den 1830er-Jahren die väterliche Mühle in Eschdorf bei Dresden übernommen und sie zielstrebig ausgebaut. Seit 1843 kombinierte er sie mit einer Bäckerei, die viele wohlhabendere Dresdener in ihren Sommerhäusern am Elbhang versorgte. Der Ausbau des Geschäfts vollzog sich in der Folgezeit im Wechselspiel zwischen Müllerei- und Bäckereibetrieb. Um seine Kunden, die das Sommerhalbjahr in Loschwitz und Pillnitz verbrachten, auch in der Wintersaison in ihren Stadtwohnungen mit Brot zu versorgen, bemühte sich Bienert um eine Backkonzession in Dresden, die er schließlich auch erhielt. Zudem baute er die Mehlproduktion durch Ankauf und Pachtung weiterer Getreidemühlen in der Umgebung von Dresden, u. a. der großen staatlichen Hofmühle im Plauener Grund, weiter aus.

Seit Mitte der fünfziger Jahre modernisierte Traugott Bienert die Produktionsanlagen der Plauener Hofmühle, deren Betrieb sich mit der Einführung einer Dampfmaschine 1858 dem einer Fabrik annäherte. Nachdem die Hofmühle schließlich 1872 in den Besitz Bienerts übergegangen war, wurde sie systematisch erneuert und zum Großbetrieb ausgebaut. Bereits in den sechziger Jahren hatte er eine Reise nach Belgien und Frankreich unternommen, um dort die neueste Technologie für Brotfabriken in Augenschein zu nehmen: Öfen mit Steinkohlefeuerung und drehbaren Herden, Teigknetmaschinen u. a. m. Diese Maschinen führte Bienert in der Folgezeit in seinem weitgehend auf dem Plauener Mühlenwerksgelände zentralisierten Bäckereibetrieb ein. Seine Söhne errichteten nach der Jahrhundertwende eine weitere große Mühlenanlage an der Elbe. Die Unternehmungen Bienerts und seiner Nachfolger hatten damit wesentlichen Anteil daran, dass Dresden bei Ausbruch des Ersten Weltkrieges zu einem der größten deutschen Getreideumschlagplätze geworden war.[139]

Mit fortschreitender Urbanisierung wurden zunehmend andere Grundnahrungsmittel im Großbetrieb in Stadtnähe verarbeitet. Bei der Entstehung von Großmolkereien spielte wiederum die sächsische Hauptstadt eine Vorreiterrolle. Genauer gesagt, es war der gebürtige Dresdner Paul Pfund, der einige Jahre lang auf einem Landgut im Erzgebirge eine größere Nutzviehwirtschaft aufgebaut hatte und dann daran ging, die Produkte in seiner Heimatstadt zu vermarkten. Bis dahin wurde Dresden, zu diesem Zeitpunkt immerhin

Bienert'sche Hafenmühle Dresden, 1913

Pfunds Molkerei, Ladentafel

eine Stadt mit 200 000 Einwohnern, einmal täglich mit Milch versorgt, die in Kannen auf verdeckten Planwagen oder offenen Handwagen aus umliegenden Bauerndörfern in die Stadt transportiert wurde. Mangels effektiver Kühlung wurde die Milch dabei schnell sauer. Pfund eröffnete 1879 ein kleines Milchgeschäft in Dresden-Neustadt, für das er sechs Kühe mitgebracht hatte, wovon eine werbewirksam ins Schaufenster gestellt wurde. Bald zog er auf ein größeres Gelände um, schloss Lieferverträge mit Bauerngütern der Umgebung oder pachtete die Güter selbst. Die Voraussetzung für die Einrichtung eines Molkereibetriebes in der Stadt war der Einsatz moderner Kühl- und Verarbeitungstechnik. Die Milch wurde in Behältnissen transportiert, die über ein neu entwickeltes Kühlsystem verfügten. Entrahmungsmaschinen, Apparate zur Pasteurisierung, Maschinen zur Käse- und Butterherstellung u. a .m. gehörten schon früh zur Ausstattung von Pfunds Molkerei.

Seit 1888 stieg die Firma Pfund als erste deutsche Molkerei in die Herstellung von Kondensmilch ein, nicht zuletzt, um ihre saisonalen Milchüberschüsse haltbar verarbeiten zu können. Damit begann die räumliche Expansion des Unternehmens über Dresden hinaus. Noch im gleichen Jahr wurde ein Verkaufsbüro in London eröffnet; es folgte die Gründung von Filialen in anderen Städten, etwa in Chemnitz und Annaberg. Schließlich vollzog Pfund 1904/05 mit dem Bau einer großen Kondensmilchfabrik im böhmischen Lobositz an der Elbe und der Errichtung eines eigenen Export- und Speditionskontors in Hamburg endgültig den Schritt zu einem Unternehmen, das den Absatz für seine Erzeugnisse auf dem Weltmarkt suchte.[140]

Die sächsischen Großstädte Dresden und Leipzig mit ihrer zahlreichen wohlhabenden Einwohnerschaft waren Drehpunkte des Kolonialwarenhandels und wurden im Verlaufe des 19. Jahrhunderts zum Standort weiterer Nahrungs- und vor allem Genussmittelbranchen. Die fabrikindustrielle Herstellung von Kakao und Schokolade begann schon in der ersten Hälfte des 19. Jahrhunderts. In Dresden wurde 1823 die erste deutsche Schokoladenfabrik eröffnet, Timäus & Jordan. In den folgenden Jahrzehnten siedelten sich eine ganze Reihe weiterer Unternehmen in der sächsischen Landeshauptstadt an, unter ihnen Firmen wie Rüger (1858) oder Hartwig & Vogel (1870). Der Leipziger Konditormeister und Café-Besitzer Wilhelm Felsche schaffte Anfang der vierziger Jahre eine Schokoladenmaschine an und stellte im folgenden Jahrzehnt den Betrieb auf Dampfkraft um.

Die Messestadt Leipzig war nicht zuletzt wegen ihrer überseeischen Handelsverbindungen ein Erfolg versprechender Standort für solche Unternehmensgründungen. So ging etwa die Firma Riquet & Co., eine alteingesessene Kolonialwarengroßhandlung, 1890 dazu über, die von ihr importierten Rohstoffe selbst industriell weiterzuverarbeiten und baute vor den Toren der Stadt eine große Kakao- und Schokoladenfabrik. Fünf Jahre zuvor hatte der Leipziger Kaffeegroßhändler Max Richter eine Großrösterei im Industrievorort Plagwitz errichtet. In Dresden wiederum ließen sich seit den sechziger Jahren zahlreiche Unternehmen nieder, die Zigaretten herstellten. Um die Jahrhundertwende war die sächsische Hauptstadt zum Zentrum der deutschen Zigarettenindustrie geworden. Neben einer ganzen Reihe mittlerer und kleinerer Firmen saßen hier die drei größten deutschen Zigarettenhersteller, Eckstein & Söhne, Yenidze und Jasmatzi. Das letztere Unternehmen, gegründet in den achtziger Jahren von einem Tabakhändler griechischer Herkunft, war allerdings bereits 1901 in einem US-Konzern, der British-American Tobacco Co., aufgegangen.[141]

Riquet-Haus in Leipzig

Schließlich entwickelte sich im Königreich Sachsen in der zweiten Hälfte des 19. Jahrhunderts eine Brauereiindustrie, deren führende Unternehmen sich auch in diesem Falle vornehmlich in der Peripherie der Großstädte ansiedelten. Wie die Getreidemüllerei war das Bierbrauen bis mindestens in die 1830er-Jahre hinein an zahlreiche altertümliche Privilegierungen und Zwangsregularien gebunden gewesen. Mit der Aufhebung der Verbietungsrechte der Städte gegen den Betrieb von Brauereien auf dem platten Lande und den Verkauf von nicht in der jeweiligen Stadt gebrauten Bieres 1838 waren auch hier die größten gewerberechtlichen Hindernisse für den Übergang zum großen, auf überlokale Märkte orientierten Produktionsbetrieb beseitigt worden. Schon zwei Jahre zuvor hatte sich eine größere Zahl prominenter Dresdner Bürger zusammengefunden, um mittels der Bildung eines Aktienvereins eine Dampfbrauerei für Biere nach Münchner Brauart ins Leben zu rufen. Ende 1837 konnte diese »Societätsbrauerei Waldschlösschen« ihren Betrieb aufnehmen. In den folgenden 20 Jahren kamen noch einige weitere Aktienbrauereien in Sachsen hinzu. Einzelne städtische Brauhäuser oder Rittergutsbrauereien wie die Brauerei Sternburg in Lützschena nahe Leipzig modernisierten ihren Betrieb und stellten ihn auf die Erzeugung des sich wachsender Beliebtheit erfreuenden untergärigen »bayerischen« Biers um.

Doch erst etwa um die Mitte der fünfziger Jahre wird man tatsächlich von einem Übergang zu industriellen Produktionsweisen auch in den größeren Brauereien sprechen können. Der Brauprozess wurde nun grundlegend mechanisiert. Die Feuerung mit Steinkohlen begann sich allgemein durchzusetzen und es fanden wissenschaftlich fundierte Verfahren Anwendung. Bis in die frühen siebziger Jahre entstanden nun zahlreiche neue Brauereiunternehmen, oft als kapitalstarke Aktiengesellschaften organisiert, welche den regionalen Markt zusehends unter sich aufteilten und ihre Biere auch über die Grenzen des Königreiches hinaus absetzten. Diese modernen Großbrauereien verteilten sich zwar um die Jahrhundertwende über ganz Sachsen, doch die bedeutendsten von ihnen waren in den Großstädten und ihrer unmittelbaren Umgebung gegründet worden. Unter den sieben größten sächsischen Brauereien hatten um 1900 allein vier ihren Sitz in Dresden. Jeweils eine hatte sich in Leipzig, Chemnitz und Plauen im Vogtland angesie-

Zigarettenfabrik Yenidze, Dresden

delt. Die vielen kleinen Brauhäuser in den Städten sowie die meisten der Brauereien, die aufgrund ihrer besonderen Privilegierung von den Rittergütern betrieben wurden, hatten gegen diese technologisch, organisatorisch und finanziell hoch überlegene Konkurrenz einen schweren Stand. Ihre Zahl nahm in der zweiten Jahrhunderthälfte rapide ab.[142]

Der Auf- und Abstieg der sächsischen Schwerindustrie

Eine Schwerindustrie im Sinne eines Verbundes von Kohlenbergbau, Hüttenindustrie, Eisen- und Stahlerzeugung entstand in Sachsen auch nach 1860 allenfalls ansatzweise. Im Steinkohlenbergbau setzte seit den sechziger Jahren ein Prozess der Betriebs- und Unternehmenskonzentration ein. In den Orten des Zwickauer Reviers, in denen der Steinkohlenbergbau schon vor 1830 betrieben worden war, waren die Kohlenfelder unter eine Vielzahl von Besitzer verteilt. Auch einige Gemeinden besaßen und betrieben Kohlengruben. Die Konkurrenz der großen Aktiengesellschaften und die finanziellen und technisch-organisatorischen Anforderungen, die notwendig waren, um nach der Erschöpfung der oberen Lagen zu den tiefer gelegenen Kohleflözen vorzustoßen, führten zu einer Konsolidierungsbewegung. Viele der Bergwerksbesitzer legten nun ihre Kohlenfelder zusammen und bildeten Genossenschaften. Andere stellten die Förderung ein oder verkauften ihre Kohlenfelder an größere Unternehmen. Die Zahl der Steinkohlenbergwerke im Zwickauer Berginspektionsbezirk verminderte sich auf diese Weise zwischen 1871 und 1889 von 53 auf 20. Im kleineren Lugau-Oelsnitzer Revier, wo Steinkohlenvorkommen erst im frühen 19. Jahrhundert entdeckt worden waren, dominierten von Anfang an die größeren Bergwerksgesellschaften. Um 1890 gab es hier 14 Kohlenbergwerke, fast allesamt im Besitz größerer Unternehmen, und ihre Zahl ging bis 1908 auf ganze acht zurück.

Die Gesamtförderung des sächsischen Steinkohlenbergbaus erhöhte sich zwischen 1861 und 1913 um das Dreieinhalbfache. Die Zahl der Beschäftigten verdoppelte sich auf fast 26 000. So eindrucksvoll diese Zahlen auch zunächst erscheinen mögen – mit den enormen Wachstumsraten der Kohlenreviere an der Saar, an der Ruhr und in Oberschlesien konnte der sächsische Bergbau bei weitem nicht mithalten. Jedoch war die Menge der in Sachsen geförderten Steinkohle auch noch nach der Jahrhundertwende an sich ausreichend, um den Bedarf von Industrie, Eisenbahn und Privathaushalten abzudecken. Es wurde sogar ein nicht unbeträchtlicher Ausfuhrüberschuss erzielt. Der Absatzradius der sächsischen Steinkohlengruben ging jedoch kaum über den südwestsächsischen Raum, die angrenzenden thüringischen und nordbayerischen Gebiete sowie die Gegend um Leipzig hinaus. Die Zwickauer Kohlen wurden vor allem in Zwickau selbst und den benachbarten Industrierevieren abgesetzt. Der Lugau-Oelsnitzer Bergbau versorgte vornehmlich die Stadt Chemnitz und ihre weitere Umgebung mit Kohlen. In den weiter östlich gelegenen Landesteilen, vor allem entlang der Elbe und in der Oberlausitz konnte sich die sächsische Kohle gegen die überlegene Konkurrenz der rheinisch-westfälischen und oberschlesischen ebenso wie der über Hamburg eingeführten englischen Kohle nur schwer durchsetzen.

Wesentlich höhere Wachstumsraten als die sächsischen Steinkohlenzechen erzielte der Braunkohlenbergbau, dessen Förderung sich in Sachsen zwischen 1861 und 1913 mehr als verzehnfachte. Das Belegschaftswachstum war allerdings wesentlich geringer und noch 1912 waren nicht mehr als 5 500 Personen im Braunkohlenbergbau beschäftigt. Dies lag vor allem daran, dass im Tagebau längst nicht so viele Arbeitskräfte benötigt wurden wie im Bergbau unter Tage. Braunkohle war schon längere Zeit in der südöstlichen Oberlausitz im sächsisch-schlesischen Grenzgebiet gefördert worden. Doch um die Jahrhundertwende begann die systematische Ausbeutung der großen Vorkommen im Raum Borna südlich von Leipzig. Erst jetzt wurde der Braunkohlenbergbau zu einem bedeutenden Wirtschaftszweig in Sachsen. Innerhalb von nur 18 Jahren versechsfachte sich bis zum Vorabend des Ersten Weltkrieges die sächsische Braunkohlenförderung und übertraf nun mengenmäßig die des Steinkohlenbergbaus. Der Braunkohlenverbrauch in Sachsen war aber auch 1913 noch wesentlich höher als die heimische Förderung, so dass gut 40 Prozent des Bedarfs importiert wurden, überwiegend aus dem benachbarten Böhmen.[143]

Für eine montanindustrielle Verbundwirtschaft, wie sie in der zweiten Hälfte des 19. Jahrhunderts an der

Steinkohlenbergbau im Plauenschen Grund bei Dresden, 1893

Ruhr, an der Saar und in Oberschlesien entstand, fehlten in Sachsen wesentliche Voraussetzungen. Zunächst einmal war die Verkehrsanbindung der sächsischen Steinkohlenreviere relativ ungünstig, so dass es kaum lohnte, Eisenerze zur Verhüttung hierher zu transportieren. Zwar erlebten die sächsischen Eisenerzbergwerke nach der Anbindung an das Eisenbahnnetz in den 1850er-Jahren eine sprunghafte Produktionssteigerung, doch schon 1860 war dieser kurze Boom wieder vorüber und die sächsische Eisenerzförderung sank von da an stetig. Sächsische Erze konnten weder quantitativ noch qualitativ mit anderen deutschen Eisenerzen – aus dem Siegerland, von der Lahn, aus Hessen-Nassau und seit 1871 aus Lothringen – konkurrieren, geschweige denn mit den importierten schwedischen oder spanischen Erzen.

Die in Sachsen geförderte Steinkohle wiederum erwies sich für die Eisenverhüttung und die Stahlerzeugung als wenig brauchbar. Spätestens als die westdeutschen Montanwerke mit der Einführung des Thomasverfahrens seit den frühen siebziger Jahren in der Lage waren, phosphorreiche lothringische Erze billig und in großen Mengen zu verhütten, hatte die Stunde der sächsischen Hüttenindustrie geschlagen. Die eben zu Aktiengesellschaften umgewandelten Lauchhammerwerke legten in den Jahren nach 1876 ihre Anlagen zur Eisenverhüttung still. 1880 wurde der letzte sächsische Eisenerz-Hochofen in Erla ausgeblasen. Ähnliches gilt für die Erzeugung von Roheisen aus eingeführten Erzen, die schließlich 1901 in Sachsen eingestellt wurde.

Auch der zwischenzeitliche Aufschwung der Stahlproduktion erwies sich als vorübergehendes Phänomen. Mit der Einführung des Bessemerprozesses in der Königin-Marien-Hütte in Cainsdorf bei Zwickau 1869 steigerte sich der Anteil Sachsens an deutscher Stahlerzeugung, der 1865 noch bei 0,08 Prozent gelegen hatte, enorm und erreichte 1870 fast sieben Prozent, um dann schnell wieder abzusinken. Die sächsischen Eisen- und Stahlwerke verlegten sich zunehmend auf die Verarbeitung angekauften Roheisens zu Halbwaren oder zu gusseisernen Produkten. Es entstanden zudem eine Reihe neuerer Eisengießereien und ähnlicher Halbwaren herstellender Betriebe, vornehmlich in der Nähe der Standorte des Maschinenbaus und anderer Eisen verbrauchender Branchen. Einige von ihnen, wie die Leipziger Eisen- & Stahlwerke Meier & Weichelt, entwickelten sich zu ausgedehnten Großunternehmen. Andere Gießereien wurden von den großen Maschinenfabriken in den eigenen Fertigungsbetrieb integriert oder gleich für diese Zwecke neu errichtet.[144]

Kapitalmarkt und Banken

1870 wurde die Industriefinanzierung in Sachsen mit einer Novelle zum Handelsgesetzbuch auf eine neue Grundlage gestellt. Die Bildung von Aktiengesellschaften bedurfte nun nicht länger einer staatlichen Genehmigung. Die Konjunktur der frühen siebziger Jahre entfachte eine Gründungswelle von Kapitalgesellschaften. In Sachsen, wo der Staat sein Konzessionsrecht für Aktienvereine vergleichsweise liberal gehandhabt hatte, gab es zum Zeitpunkt des Inkrafttretens des neuen Aktienrechts immerhin schon 82 solcher Unternehmen mit zusammengenommen 27,5 Mio. Taler Kapital. Noch 1870 kamen weitere neun Aktiengesellschaften hinzu; in den Jahren 1871/1872 wurden in Sachsen insgesamt 151 AG neu gegründet. Bis der »Gründerkrach« 1873 dieser Entwicklung ein vorläufiges Ende bereitete, hatte sich die Gesamtzahl der sächsischen Aktiengesellschaften auf 268 mit insgesamt rund 225 Mio. Talern Kapital erhöht. Unter den während des Gründerbooms entstandenen Aktiengesellschaften waren auch zahlreiche spekulative Neugründungen, von denen viele während der scharfen Wirtschaftskrise nach 1873 in Konkurs gingen. Das neue Aktienrecht hatte zahlreiche Schlupflöcher für betrügerische Transaktionen gelassen, für welche die Gründer weder zivil- noch strafrechtlich zur Verantwortung gezogen werden konnten. Mit Novellierungen des Aktienrechts zog man bis Mitte der achtziger Jahre die Lehren aus den Erfahrungen mit dem »Gründungsschwindel« und baute zahlreiche Sicherungen ein.[145]

Ein Teil der in Sachsen nach 1870 gegründeten Aktiengesellschaften stand allerdings durchaus auf einem soliden wirtschaftlichen Fundament. Dies gilt vor allem für die Industrieunternehmen, die schon zuvor längere Zeit als Einzelfirmen oder Partnerschaften existiert hatten und nun in eine Kapitalgesellschaft umgewandelt worden waren. In vielen dieser Fälle ging es wohl nicht einmal primär darum, die Kapitalbasis des Unternehmens für neue Investitionen zu verstärken. Vielmehr erfolgte der Schritt zur »anonymen« Kapitalgesellschaft, um das im Unternehmen stehende Kapital des Besitzer-Unternehmers zu mobilisieren. So hatten etliche Maschinenbauunternehmer in den fünfziger und sechziger Jahren das rapide Wachstum ihrer Produktionsanlagen in großem Maße durch die Re-Investition ihrer Gewinne finanziert. Eine ganze Reihe dieser Unternehmensgründer – Richard Hartmann, Louis Schönherr, Johann Zimmermann, Albert Voigt, D.G. Diehl u. a. – nutzten seit 1870 die neuen gesetzlichen Möglichkeiten, um einen Teil ihres nahezu ganz in den Fabriken festgelegten Vermögens herauszuziehen. Sie übernahmen dabei aber tunlichst einen größeren Anteil des Aktienkapitals selbst, um so weiterhin Kontrolle und Leitung des Unternehmens in der Hand zu behalten. Zudem brachte die Umwandlung eines Einzelunternehmens oder einer Personengesellschaft mit mehreren Teilhabern den Besitzern weitere Vorteile: Die Haftung erstreckte sich nicht mehr auf das gesamte Vermögen des Unternehmers und in absehbarer Zeit anstehende Erbteilungen ließen sich wesentlich einfacher bewerkstelligen.[146]

In den beiden Jahrzehnten nach 1873 waren Neugründungen von Aktiengesellschaften eher die Ausnahme. Unter den Bedingungen der »Großen Deflation« war es für Industrieunternehmer relativ einfach, ihre Investitionen mit Hilfe billiger, von den Banken großzügig gewährter Kredite zu finanzieren. Im sächsischen Maschinenbau etwa blieben die Börsengänge von Seidel & Naumann (1886) und Schubert & Salzer (1889) die große Ausnahme. Einige Unternehmer nutzten allerdings das Aktienrecht, um ihre Firmen gegen den Abzug von Kapital bei familialen Erbgängen und dem Ausscheiden von Partnern aus der Gesellschaft abzusichern. Als etwa in der Firma Gebr. Schüller, die eine Reihe von Baumwollspinnereien im Chemnitzer Raum betrieb, binnen kurzer Zeit ein Partner starb und ein anderer wegen Krankheit ausschied, brachte die Auszahlung der Gesellschaftseinlagen das Unternehmen in ernsthafte Liquiditätsprobleme. Um künftig solche Schwierigkeiten zu vermeiden, verwandelten es die Inhaber 1891 in eine Aktiengesellschaft und behielten sämtliche Kapitalanteile in der eigenen Hand. Es wurde zudem vertraglich festgelegt, dass die Aktien nur im Kreis der Besitzerfamilie weitergegeben werden durften. Mit der Bildung einer solchen Familienaktiengesellschaft konnten Unternehmensanteile problemlos den gesetzlichen Erben hinterlassen werden, ohne dass diese aktiv in die Leitung der Firma eintreten mussten. Das Gesellschaftskapital blieb im Unternehmen und musste nicht ausbezahlt werden.[147]

Ab Mitte der neunziger Jahre setzte mit dem Übergang zur Hochkonjunkturperiode der Vorkriegszeit ein neuerlicher Gründungsboom von Aktiengesellschaften ein. Auch jetzt handelte es sich großenteils um die Umwandlung bereits bestehender Unternehmen zu Kapitalgesellschaften. Anders als in den Jahren nach der Reichsgründung stand aber in den beiden Jahrzehnten vor dem Ausbruch des Ersten Weltkrieges die Mobilisierung neuen Kapitals für den Ausbau der Produktionsanlagen oder die Übernahme bestehender Firmen im Mittelpunkt unternehmerischer Strategien. 1912/13 gab es insgesamt 473 Aktiengesellschaften in Sachsen, wovon 354 zum industriellen Sektor gehörten.

Dabei machten aber längst nicht alle der großen sächsischen Industrieunternehmen den Schritt zur Kapitalgesellschaft. Die Mobilisierung von Kapital über den Gang zur Börse war für die bisherigen Besitzer-Unternehmer mit gewissen Risiken für ihre eigene Position im Unternehmen verbunden. Im Allgemeinen behielten sie zwar auch nach der Umwandlung zur Aktiengesellschaft die Leitung des Unternehmens, doch waren sie nun leitende Angestellte, die von ihrem Aufsichtsrat prinzipiell jederzeit abberufen werden konnten. Solange sie selbst oder ihre Familie eine solide Majorität des Aktienkapitals hielten, mochte der Übergang vom Geschäftsinhaber zum angestellten Direktor eher eine Formalität sein. Doch je mehr »fremdes« Kapital in das Unternehmen floss, desto prekärer wurde die Kontrolle der Gründerfamilie über »ihre« Firma.

Für viele Unternehmer und Unternehmerfamilien besaß zudem die Sicherung der männlichen Nachfolge in der aktiven Firmenleitung einen nicht zu unterschätzenden sinnstiftenden Wert. Es wurden daher in der Regel große Anstrengungen unternommen, um die Übergabe des Unternehmens vom Vater auf den Sohn oder die Söhne sicherzustellen. Diese Überlegungen spielten wohl bei der Entscheidung, ob das Unternehmen zur AG umgewandelt werden sollte, oft auch eine gewichtige Rolle. Tatsächlich machte eine ganze Reihe führender sächsischer Großunternehmen den Schritt zur Aktiengesellschaft vor 1914 nicht. Die Leipziger Landmaschinenbaufabrik Rudolf Sack, die in den Jahren vor dem Ersten Weltkrieg immerhin rund 1800 Arbeiter beschäftigte, war noch zu Lebzeiten des Firmengründers in eine Kommanditgesellschaft umgewandelt worden. Zwei Söhne und ein Schwiegersohn Sacks fungierten als persönlich haftende Gesellschafter. Die übrigen Nachkommen des Gründers hielten ihre Anteile am Familienunternehmen als Kommanditisten, d. h., sie waren von der Firmenleitung ausgeschlossen und hafteten nur bis zur Höhe ihrer Einlage

Ein anderer Leipziger Großbetrieb, die Eisen- und Stahlwerke Meier & Weichelt mit ihren 1600 Beschäftigten, firmierte auch noch 1914 als eine einfache Offene Handelsgesellschaft. Die traditionsreiche Chemnitzer Maschinenbaufirma C.G. Haubold jr. machte 1905 Gebrauch von einer noch relativ neuen

Eisengießerei Meier & Weichelt in Leipzig, um 1880

Unternehmensrechtsform, der Gesellschaft mit beschränkter Haftung. In dieser Konstruktion agierten die Mitglieder der Unternehmerfamilie als lediglich mit ihrer Einlage haftende Gesellschafter und ernannten aus den eigenen Reihen einen oder mehrere Geschäftsführer.[148]

Die Wandlungen des industriellen Kapitalmarktes nach 1870 wirkten sich nicht zuletzt auch auf die Struktur des sächsischen Bankensystems selbst aus. Die Banken spielten bei der Gründung industrieller Aktiengesellschaften häufig eine tragende Rolle. Dies galt namentlich in den Fällen, in denen Banken bei AG-Gründungen oder Kapitalerhöhungen die emittierten Aktien ganz oder teilweise übernahmen und sie auf eigene Rechnung an der Börse oder an einzelne Kunden weiterverkauften. In diesen Fällen schlossen sich gewöhnlich mehrere Banken zu einem Konsortium zusammen. Bisweilen behielten die Banken – freiwillig oder gezwungenermaßen – größere Aktienpakete von Industrieunternehmen. Auf diese Weise übten sie Einfluss und Kontrolle über das betreffende Unternehmen aus. Hinzu kam, dass die Banken in ihren Geschäftsbedingungen gewöhnlich festlegten, dass sie für Aktien, die Kunden ihnen zur Verwahrung gaben, auf den Hauptversammlungen der betreffenden Aktiengesellschaften das Stimmrecht im eigenen Namen ausüben konnten. Selbst wenn sie nicht über Aktien eines Unternehmens verfügten, waren Vertreter der Hausbank in der Regel im Aufsichtsrat präsent. Allerdings dürfte auch in der Zeit vor dem Ersten Weltkrieg die Zahl der sächsischen Industrieunternehmen, in denen Banken in den Aufsichtsräten das entscheidende Wort zu sagen hatten, nicht allzu zahlreich gewesen sein. In vielen Aktienunternehmen hielten die alten Besitzerfamilien nach wie vor die Mehrheitsanteile, so dass die Banken allenfalls in ernsthaften Liquiditätskrisen entscheidenden Einfluss gewannen.[149]

Mit dem liberalisierten Aktienrecht und den verstärkten Anforderungen an die Kapitalkraft von Banken, die sich am Aktienemissionsgeschäft beteiligten oder auf andere Weise die Kapitalbedürfnisse der Industrie bedienten, entstanden in der Reichsgründungszeit in Sachsen eine Reihe neuer Aktienbanken. Schon Mitte der siebziger Jahre gab es hier 22 als Aktiengesellschaft organisierte Banken, eine weitere firmierte als Kommanditgesellschaft auf Aktien. Eine zweite Gründungswelle von Aktienbanken konzentrierte sich auf die Jahre 1889 bis 1891. In dieser Zeit wandelten sich zahlreiche schon länger bestehende Kreditgenossenschaften in Aktiengesellschaften um. Diese »Vorschussvereine« hatten zum einem mit einem Haftungsrecht zu kämpfen, das alle Genossenschaftsmitglieder in Solidarhaftung nahm. Zum anderen waren die größeren Kreditgenossenschaften in den achtziger Jahren längst über ihr ursprüngliches Tätigkeitsfeld hinausgewachsen. Ihr Kundenkreis beschränkte sich nicht mehr allein auf die eigenen Mitglieder und die stark fluktuierende und unzuverlässige Kapitalbasis einer eingetragenen Genossenschaft genügte nicht mehr den Anforderungen einer Industriekreditbank. In den Boomjahren der Hochindustrialisierung ab 1895 kamen in Sachsen dagegen nur noch vereinzelt neu gegründete Aktienbanken hinzu. 1914 hatten insgesamt 48 Bankaktiengesellschaften ihren Sitz im Königreich.[150]

Unter den sächsischen Aktienbanken befanden sich nur wenige größere Geldinstitute. Neben der in die Rolle einer öffentlichen Notenbank eingetretenen Sachsenbank und den beiden schon länger bestehenden größeren Aktienbanken, der Leipziger Bank und der Allgemeinen Deutschen Credit-Anstalt (ADCA), erwies sich vor allem die 1872 neu gegründete Dresdner Bank als erfolgreich. Sie ging aus dem in der sächsischen Hauptstadt alteingegessenen Bankhaus Kaskel hervor, stand also von Anfang an auf einer soliden Grundlage. Dies kam ihr auch während des »Gründerkrachs« zugute; die neue Bank konnte sich sogar bis 1877 drei lokale Banken angliedern. Bis 1883 erhöhte die Dresdner Bank ihr Aktienkapital von zunächst knapp 10 Mio. auf 36 Mio. Mark. Schon zwei Jahre zuvor, 1881, hatte sie eine Niederlassung in Berlin eröffnet und 1884 wurde auch die Zentraldirektion in die Reichshauptstadt verlegt. Nachdem sich die Dresdner Bank frühzeitig als nationale Großbank in Berlin etabliert hatte, kam der Allgemeinen Deutschen Credit-Anstalt in Sachsen eine führende Rolle als größter sächsischer Regionalbank zu. Das Aktienkapital der ADCA vermehrte sich zwischen 1871 und 1913 von 21 Mio. auf 110 Mio. Mark, bewegte sich demnach etwa bei der Hälfte des Grundkapitals, über das die führenden Berliner Großbanken jeweils verfügten.[151]

Die ADCA war vor 1914 an zahlreichen Aktienemissionen von sächsischen Industrieunternehmen beteiligt. Einige andere sächsische Banken engagierten sich in den Jahren nach 1895 in verstärktem Maße im Aktienemissionsgeschäft und verfolgten dabei mitunter allzu ehrgeizige Pläne. Bei der Leipziger Bank, die seit der Reichsgründung deutlich hinter ihrem örtlichen Rivalen, der ADCA, zurückgeblieben war, war 1887 ein aufstrebender junger Manager, der von der Deutschen Bank kam, in den Vorstand berufen worden, um aus der »eingeschlafenen Notenbank« ein Institut der Hochfinanz zu machen. Diesem Direktor Exner gelang es dank seiner Berliner Verbindungen, den Geschäfts- und Kundenkreis der Leipziger Bank binnen kurzem beträchtlich zu erweitern. Die Gründung von vier Filialen, u. a. in Plauen und Chemnitz, deutete das verstärkte Engagement der Bank in der Industrie an. Den (vermeintlich) größten Coup landete Exner aber durch die Geschäftsverbindung der Leipziger Bank mit der Aktiengesellschaft für Trebertrocknung in Kassel. Dieses Unternehmen hatte das Patent eines Verfahrens zur Umwandlung von Brauereiabfällen in Methylalkohol erworben und ging nun daran, in großem Stil Produktionsanlagen aufzubauen, um ein Weltmonopol in diesem viel versprechenden neuen Industriezweig zu begründen. Die Leitung der Leipziger Bank ließ sich von dieser unternehmerischen Vision der Trebergesellschaft mitreißen und stellte dem Unternehmen seit 1895 große Mengen an Kapital zur Verfügung. Doch das Verfahren der Treber-AG

Bankhaus Günther & Rudolph in Dresden, später ADCA, 1900

erwies sich als technisch unausgereift, so dass sich eine rentable Produktion vorerst nicht verwirklichen ließ. Je länger die Rentabilität des Treber-Konzerns auf sich warten ließ, desto mehr sah sich die Leipziger Bank genötigt, dem Unternehmen neues Kapital zuzuführen. Schließlich machte der Konjunktureinbruch des Jahres 1900 dem waghalsigen Spiel ein Ende. Mitte 1901 musste die Leipziger Bank ihre Zahlungsunfähigkeit erklären. Kurze Zeit später ging sie in Konkurs und riss dabei noch eine Reihe weiterer mit ihr verbundener Unternehmen, wie die Mechanische Weberei Lehmann in Böhrigen bei Rosswein, in den Abgrund.

Mehr Glück hatte die Löbauer Bank, die ihr Kapital zwischen 1895 und 1900 von 500 000 auf 4,5 Mio. Mark verneunfacht und sich zunehmend an der Emission von Industrieobligationen und Aktien beteiligt hatte. 1898 hatte die Leipziger Bank ein großes Aktienpaket der Löbauer Bank übernommen, und beide Geldinstitute waren in eine Interessengemeinschaft eingetreten. Der Zusammenbruch der Leipziger Bank bereitete auch den Großbankvisionen des Löbauer Managements ein plötzliches Ende. Dass die Bank nicht den gleichen Weg wie ihr großer Partner gehen musste, verdankte sie vor allem ihren Großaktionären unter den Neugersdorfer Industriellen, die ihre Zahlungsfähigkeit mit der Überlassung größerer Barsummen aufrecht erhielten. Vom sächsischen Bankenkrach von 1901 war noch eine zweite größere Bank betroffen, die Kreditanstalt für Handel und Industrie in Dresden, die sich massiv beim Bau von Elektrizitätswerken engagiert hatte.[152]

Neben den wenigen sächsischen Großbanken operierte auf dem Gebiet des Industriekredits eine größere Anzahl kleinerer, meist auf einen überschaubaren Aktionsradius beschränkter Aktienbanken. Die größte, der Chemnitzer Bankverein, besaß 1914 ein Aktienkapital von 15 Mio. Mark, während die kleinste sächsische Aktienbank gerade einmal 25 000 Mark Grundkapital aufwies.

Zusammengenommen kamen diese 47 Provinzbanken am Vorabend des Ersten Weltkrieges auf ein Aktienkapital von knapp 69 Mio. Mark, was deutlich weniger war als das der ADCA allein. Diese Institute beteiligten sich nur selten an der Emission von Aktien, sondern legten statt dessen den Schwerpunkt ihrer Tätigkeit auf das Kreditgeschäft. Vornehmlich stellten sie den Unternehmen Kontokorrentkredite zur Verfügung, die meist als Vorschuss für laufende Betriebsausgaben wie die wöchentlichen Lohnzahlungen, Lieferantenrechnungen u. ä. m. in Anspruch genommen wurden.

Ihre Wurzeln hatten diese Banken in vielen Fällen in den Vorschussvereinen der sechziger Jahre. Einige andere, wie etwa der Chemnitzer Bankverein, waren nach 1870 gleich als Aktienbanken etabliert worden, hatten sich aber in der Folgezeit nicht über den Rahmen einer Lokalbank entwickelt. Diese Provinzaktienbanken konzentrierten sich im Wesentlichen auf die Kreditbedürfnisse der kleineren und mittleren Industrieunternehmen. In gewissem Sinne behielten viele dieser Banken den Charakter ihrer Vorläuferinstitute als kollektive Selbsthilfeeinrichtungen der lokalen Industrie. Ihre wichtigsten Aktionäre waren gewöhnlich die führenden örtlichen Unternehmer, die wiederum in erster Linie die Dienstleistungen der betreffenden Bank in Anspruch nahmen. Bei der Kreditvergabe stützten sich die Bankleitungen auf ein intimes Wissen über die geschäftliche und persönliche Bonität des Kreditnehmers. Wenn eine solche Bank einmal in Schwierigkeiten geriet, konnte sie – wie eben im Fall der Löbauer Bank gesehen – durchaus auf Hilfe aus ihrem lokalen Kunden- und Aktionärskreis hoffen.[153]

Im Allgemeinen beachteten die regionalen und überregionalen Großbanken und die sächsischen Provinzaktienbanken eine gewisse Arbeitsteilung von Emissionsgeschäft einerseits und Kontokorrentkredit andererseits. Die auswärtigen Großbanken taten sich angesichts der milieuhaften Verflechtungen von Industrieunternehmen und Lokalbanken lange Zeit schwer, hier im Kreditgeschäft Fuß zu fassen. Bis zur Jahrhundertwende blieb das Filialnetz der Großbanken in Sachsen schwach ausgebildet, während andererseits ein Teil der Lokalbanken durchaus in der weiteren Umgebung ihres Standorts Zweigstellen eingerichtet hatte. Dies änderte sich im Vorkriegsjahrzehnt grundlegend. Die ADCA, die 1898 nur drei Filialen unterhalten hatte, brachte es schon sechs Jahre später auf 17 Zweigstellen; bei Kriegsausbruch 1914 waren es 41, die meisten davon in Sachsen.

Etwa zur gleichen Zeit wie die ADCA begannen auch die Berliner Großbanken sich nach Sachsen auszudehnen. 1900 eröffnete als erste die Darmstädter Bank eine Depositenkasse in Leipzig, 1914 bestanden in Sachsen schon 72 Filialen von nicht-sächsischen Banken. Verbunden mit diesem Vordringen größerer Banken war ein Prozess der Unternehmenskonzentration. Zwar veränderte sich die Zahl der Provinzaktienbanken im Jahrzehnt vor dem Ersten Weltkrieg kaum und nur einzelne dieser kleinen und mittleren Banken gingen mit Großbanken Interessengemeinschaften ein und tauschten Kapitalanteile aus. Auch die ADCA schloss eine solche Interessengemeinschaft mit

11 Jubiläumsbuch für M. F. A. Voigt, der 1861 die Sächsische Stickmaschinenfabrik Chemnitz gegründet hatte

12 Papierfabrik Königstein, Sächsische Schweiz, erbaut nach 1860

13 Mädler-Passage mit Auerbachs Keller in Leipzig, erbaut 1912–1914

14 Kaufhaus Ebert in Leipzig, erbaut 1902–1904

15 Industriemuseum Chemnitz, Zwickauer Straße, entstanden aus der Escher AG, 1907

16 Kopfdrehmaschine aus der Chemnitzer Werkzeugmaschinenfabrik vorm. Joh. Zimmermann AG Chemnitz, 1887

17 Damenstrümpfe der Belle Époque, Chemnitz, um 1900. Kunstsammlungen Chemnitz

18 Strumpfwarenfabrik Moritz Samuel Esche, Chemnitz, erbaut 1886

19 Werbung für den Zentral-Arbeitsnachweis Dresden, Plakat von Georg Oskar Erler, um 1900

der Disconto-Gesellschaft, einer führenden Berliner Großbank. Der Konzentrationsprozess ging jedoch vornehmlich auf Kosten der Privatbankhäuser. Die Zahl der Privatbankiers in Sachsen sank in den letzten 15 Vorkriegsjahren auf weniger als die Hälfte, von 129 auf 57. Die meisten dieser als Personengesellschaften firmierenden Bankhäuser hatten im Übrigen nur lokale Bedeutung. Allein das Dresdner Bankhaus Gebrüder Arnhold, 1864 gegründet, bildete hier mit seinen engen Verbindungen zur sächsischen Brauerei-, Keramik- und Elektroindustrie, eine Ausnahme.[154]

Die sächsischen Sparkassen

Die Anfänge des sächsischen Sparkassenwesens reichen zurück in das frühe 19. Jahrhundert. Die erste in Sachsen dokumentierte Sparkasse gründete der Graf Peter Karl Wilhelm von Hohenthal 1818 in der Standesherrschaft Königsbrück, um es Einwohnern und Dienstboten zu ermöglichen, kleine Ersparnisse anzulegen. Drei Jahre später, 1821, initiierte der Wohltätigkeitsverein »Zu Rath und That« eine Sparkasse in Dresden, und im gleichen Jahr eröffneten zwei Kaufleute in Annaberg ebenfalls eine solche Einrichtung. Die sächsische Regierung forderte 1822 die Städte zur Gründung von Sparanstalten auf und gewährte den Kassen gewisse Rechtsvorteile als Wohltätigkeitsanstalten. So waren die angelegten Gelder von der Stempelsteuer befreit, und ihnen wurde die »Mündelsicherheit« zuerkannt, d. h. Vormünder durften Gelder ihrer Pflegebefohlenen dort anlegen. Der Staat behielt sich dabei das Recht der Bestätigung und des Eingriffs in die Statuten vor.

Die Zielsetzungen dieser ersten Sparkassen waren überwiegend sozialer Natur. Es sollte den ärmeren Bevölkerungsschichten die Gelegenheit gegeben werden, das wenige Geld, das sie erübrigen konnten, verzinslich und sicher anzulegen. Solche Ersparnisse könnten, so hofften die Sparkassengründer und die Staatsregierung, dazu beitragen, den Armen ein Fortkommen aus eigener Kraft zu ermöglichen. Zumindest würde ihnen das ersparte Geld als Rücklage für Notzeiten helfen, womit sie wiederum nicht so schnell der öffentlichen Armenhilfe zur Last fallen würden. Auch in den folgenden Jahren ging die Anregung zur Errichtung von Sparkassen oft von lokalen Wohltätigkeitsvereinen aus. Zu den Kassen in Dresden und Annaberg kamen Neugründungen in Freiberg (1823), Zittau und Leipzig (1825), Grimma (1826) und Meißen (1828). In Chemnitz verzögerten langwierige Auseinandersetzungen in der Bürgerschaft die Gründung eines solchen Geldinstituts, bis schließlich 1839 eine Stadtsparkasse als kommunale Einrichtung ins Leben gerufen wurde. Mitte der vierziger Jahre gab es im Königreich Sachsen rund 30 Sparkassen.

1835 erließ die Regierung in Dresden ausführlichere Richtlinien zu Gründung und Betrieb von Sparkassen. Die staatliche Anerkennung – und die damit verbundenen Steuervorteile und den Status der Mündelsicherheit – erhielten demnach nur solche Einrichtungen, die ihre Satzungen der Regierung vorlegten und von ihr bestätigt bekamen. Der Staat beschränkte zudem die Höchsteinlage pro Sparer auf 100 Taler. Überschritten einzelne Einlagen diesen Betrag, so mussten sie zum Ankauf eines Staatspapiers verwendet werden. Damit war die Beschränkung der staatlich anerkannten Sparkassen auf die Kundschaft der Kleinsparer noch einmal bekräftigt und festgeschrieben worden. Diese Regelungen trugen auch dazu bei, dass die Sparkassen zunehmend zu kommunalen Einrichtungen wurden, die von den Städten und auch von einer Reihe von Landgemeinden getragen wurden. Die meisten von Privatleuten oder Vereinen gegründeten Sparanstalten wurden nach und nach kommunalisiert. 1853 standen von den nunmehr 85 Kassen bereits 70 unter der Garantie von Stadt- und Landgemeinden; das waren mehr als 80 Prozent. 1877 hatte sich dieser Anteil auf fast 95 Prozent erhöht, auf 156 von mittlerweile 168 Kassen. Am Vorabend des Ersten Weltkrieges gab es in Sachsen nur noch kommunale Sparkassen.

Spätestens seit Mitte des 19. Jahrhunderts hatten die Städte und Gemeinden die Nützlichkeit dieser sozialen Einrichtung für ihre eigenen Zwecksetzungen erkannt, und zwar nicht nur als Mittel der Armenpflege. Hatte es anfangs noch Befürchtungen gegeben, die Stadtgemeinde setze sich unübersehbaren finanziellen Risiken aus, wenn sie die Garantie für ein solches Geldinstitut übernehme, so änderte sich diese Haltung schon bald. Die Sparkassen erwirtschafteten gewöhnlich recht ansehnliche Überschüsse, die der städtischen Finanzwirtschaft eine zusätzliche Einnahmequelle verschafften. Mit den Überschüssen ihrer Sparkassen konnten die Städte gemeinnützige Vorhaben oder öffentliche Investitionen finanzieren.

Mit der wachsenden Bedeutung der Sparkassen für die kommunalen Finanzen ergaben sich gewisse Interessenkonflikte mit der sächsischen Regierung. Während die Kommunen auf eine Erhöhung oder die Abschaffung der staatlich verordneten Höchsteinlagengrenze drängten, versuchte der Staat immer wieder, die Sparkassen auf ihre ursprünglichen armenpflegerischen Zwecksetzungen zu beschränken. Die 1822 festgesetzte Höchstgrenze der Einlagen von 100 Talern, also 300 Mark, wurde seit der Mitte des 19. Jahrhunderts schrittweise erhöht. 1902 gestattete die Regierung den Kassen eine Höchsteinlage von 3000 Mark pro Konto, 1912 wurde die Einlagengrenze schließlich auf 5000 Mark festgesetzt. Diese Entwicklung verweist einmal darauf, dass die Sparkassen um 1900 nicht mehr allein eine Einrichtung für die Unterschichten waren, sondern auch Angehörige der Mittelklassen ihr Geld zur Stadtsparkasse brachten. Zum anderen deutet die Verzehnfachung der Maximalspareinlage innerhalb eines Zeitraums von 80 Jahren an, dass sich die Einkommen in den Unterschichten im Verlaufe der Industrialisierung merklich gehoben hatten. Die Lohnarbeiter konnten zunehmend größere Teile ihres Verdiensts zurücklegen.

In den frühen achtziger Jahren sahen sich die sächsischen Sparkassen zur Einführung weiterer Serviceleistungen veranlasst. Wie die Höchsteinlagengrenze war auch die Mindesteinlage im Laufe der vorangegangenen Jahrzehnte sukzessive angehoben worden. Die meisten Sparkassen hatten in der ersten Jahrhunderthälfte mit einem Groschen begonnen. Mitte der siebziger Jahre konnten Sparkonten gewöhnlich ab 50 Pfennig oder einer Mark eröffnet werden. 1881 führte die Sparkasse Burgstädt ein neues System ein, das Kleinsparern den Einstieg erleichtern sollte: Sie gab Sparmarken zu zehn Pfennigen aus, die auf eine Karte mit zehn Feldern geklebt wurden. Mit einer vollen Karte konnte ein Sparkassenbuch erworben werden. Diese Methode fand schnell Verbreitung, und schon zwei Jahre später waren mehr als 100 sächsische Sparkassen dem Burgstädter Beispiel gefolgt.

Der wichtigste Impuls für diese und andere Neuerungen kam wohl von außen: Die Reichspost unternahm nämlich seit 1878 Vorstöße zur Gründung eigener Sparkassen, die einige offensichtliche Vorteile gegenüber den bestehenden kommunalen Kassen geboten hätten. Die Reichspost verfügte mit ihren zahlreichen Postämtern über ein flächendeckendes Netz von Annahmestellen mit ausgedehnten Geschäftszeiten. Als dieses Projekt festere Gestalt annahm, sahen sich viele sächsische Gemeindesparkassen in ihrem Bestand ernsthaft bedroht. Vor diesem Hintergrund kam 1882 in Freiberg ein erster sächsischer Sparkassentag zusammen, der eine Reihe weitreichender Reformen beschloss. Es sollte ein Übertragungsverkehr der sächsischen Kassen untereinander eingeführt werden. An Orten, wo es keine Sparkassen gab, sollten Filialen gegründet werden. Die Zahl der Annahmestellen sollte erhöht und auch kleinste Sparbeträge sollten angenommen werden. Schließlich wurde in Freiberg der Beschluss gefasst, einen landesweiten Sparkassenverband und eine Fachzeitschrift zu gründen.

Hauptstelle der Stadtsparkasse Dresden, um 1905

Der sächsische Sparkassenverband wurde dann im folgenden Jahr auf dem zweitem Sparkassentag in Dresden aus der Taufe gehoben, doch die übrigen Beschlüsse wurden nur sehr partiell umgesetzt. Dies lag wohl vor allem daran, dass 1885 der Gesetzentwurf zur Errichtung von Postsparkassen vom Reichstag abgelehnt worden war. Im gleichen Jahr wurde der letzte sächsische Sparkassentag abgehalten. Danach ließ das Interesse an Sparkassenreformen merklich nach. Allein der Übertragungsverkehr sowie das oben erwähnte Sparmarkensystem wurden letztlich eingeführt, während die Ausdehnung des Filial- und Annahmestellennetzes in Sachsen nur sehr langsam vorankam. 1905 hatten die 332 sächsischen Sparkassen insgesamt gerade einmal 89 Filialen, während es etwa in Bayern zur gleichen Zeit 630, in Württemberg sogar 1 858 Sparkassenfilialen gab.

1908 stieß das Scheckgesetz des Reichstages eine wichtige Innovation im Geldverkehr der sächsischen Sparkassen an. Das Gesetz gewährte den Kassen die Möglichkeit, das Recht der passiven Scheckfähigkeit zu erwerben. Dies brachte allerdings insofern Probleme mit sich, als sich Sparkassenguthaben, die gewöhnlich durch strenge Kündigungsvorschriften vor einem allzu schnellen Abheben geschützt waren, kaum für den bargeldlosen Zahlungsverkehr eigneten. Der sächsische Sparkassenverband initiierte die Einführung von unverzinslichen Girokonten neben den Sparbüchern. Dabei wurden die Spareinlagen wie bisher von den einzelnen Kassen verwaltet, während die Verwaltung der Giroguthaben in einem neu gegründeten Giroverband der sächsischen Gemeinden zentralisiert wurde. 1909 wurde der Giroverkehr mit 144 Sparkassen aufgenommen.

Nach 1885 entwickelten sich die sächsischen Sparkassen zusehends zu Erwerbsunternehmungen der Gemeinden. Die scharfe Oberaufsicht des Staates ließ nach und schlief schließlich fast ganz ein. Erst im Jahrzehnt vor dem Ersten Weltkrieg sahen sich die kommunalen Sparkassen wieder von der Politik des Staates ernsthaft herausgefordert. Die sächsische Regierung bemängelte, die Sparkassen würden Spargelder zu stark in Hypotheken festlegen und damit ihre Liquidität gefährden.

1906 diskutierte der Landtag die Frage, ob die Sparkassen verpflichtet werden sollten, nach preußischem Vorbild einen bestimmten Teil der Spargelder in Staatspapieren anzulegen. Damit verfolgte der sächsische Staat nicht zuletzt ganz eigennützige Ziele, denn eine solche Maßnahme hätte sicherlich den Kurs der Staatsanleihen gehoben. Trotz des Protests der Städte erließ die sächsische Staatsregierung Ende 1906 eine Verordnung, die den Sparkassen die Anlage von 25 Prozent ihres Vermögens in Staatspapieren zur Pflicht machte. Nun belebten die sächsischen Sparkassen ihren zwischenzeitlich eingeschlafenen Sparkassenverband, der 1907 in einer Petition an den Landtag Beschwerde gegen diese Maßnahme einlegte. Nachdem der Petitionsausschuss zu dem Ergebnis gekommen war, die Verordnung der Regierung sei rechtlich nicht haltbar, lenkte das Innenministerium ein und schloss mit dem Sparkassenverband einen Vergleich: Die Regierung setzte die Verordnung vorläufig außer Kraft und der Verbandsvorstand erklärte sich bereit, auf die Sparkassen dahingehend einzuwirken, ihren Bestand an sächsischen Staatsschuldscheinen zu erhöhen.[155]

Das Handwerk zwischen Gewerbefreiheit und Sozialprotektionismus

Das Ende der Zunftverfassung in Sachsen und die Einführung der Gewerbefreiheit 1861 besiegelten eine Entwicklung, die schon in den Jahrzehnten zuvor die hergebrachte Nahrungsökonomie in vielen Zweigen des alten Handwerks praktisch beseitigt hatte. In Produktionsbereichen, in denen sich die proto- und frühindustrielle Massenproduktion verbreitet hatten, konnten viele Handwerksmeister allenfalls noch unter Bedingungen massiver Selbstausbeutung konkurrieren, oder sie waren selbst unter zunehmendem Verlust ihrer Selbstständigkeit in das Verlagssystem einbezogen worden. Mit der Ausdehnung des Eisenbahnnetzes verschwanden sukzessive auch die ländlichen und kleinstädtischen Nischen, in denen die Kosten des Warentransportes den Handwerkern noch einen gewissen Schutz vor der übermächtigen Konkurrenz der Fabrikindustrie geboten hatten. Allerdings wird man auch in Sachsen nicht pauschal von einem allgemeinen Niedergang des Handwerks vor oder nach 1861 sprechen können. Die ehemals zünftigen Gewerbe machten vielmehr einen umfassenden Strukturwandel durch, in dessen Verlauf zwar ein Teil der Handwerke stark schrumpfte oder völlig verschwand, andere sich jedoch konsolidierten oder sogar expandierten.

Zur Veranschaulichung dieses Strukturwandels ist eine Zusammenfassung der einzelnen Handwerke in Gruppen mit bestimmten typischen Merkmalen hilfreich. Erstens verschwand, wie gesagt, eine Reihe von alten Handwerken im Lauf des 19. Jahrhunderts vollständig oder zog sich in kleine Restnischen zurück. Sie wurden von der Industrie verdrängt oder die von ihnen gefertigten Produkte waren überhaupt nicht mehr nachgefragt. Hierzu zählten etwa die Seiler, die Töpfer, die Böttcher, die Gerber, die Schwertfeger, die Sporer oder die Feilenhauer.

Ähnlich erging es, zweitens, all jenen Handwerkern, die in das protoindustrielle Produktionsregime integriert worden waren, aber seit der Mitte des 19. Jahrhunderts im Zuge der sukzessiven Mechanisierung von Arbeitsprozessen überflüssig wurden. In den Jahrzehnten nach 1850 verloren die bislang zünftig organisierten Handweber, Wirker, Posamentierer, aber auch die Nadler oder die Nagelschmiede vollends ihre Existenzgrundlage als selbstständige Handwerker. Einigen wenigen gelang der Aufstieg zum Fabrikanten; alle anderen wurden zu Fabrikarbeitern, wechselten den Beruf oder näherten sich dem Status von Heimarbeitern an. Schon 1861, im Jahr der

Beim Bau des Reichsgerichts in Leipzig, 1889

Verabschiedung der neuen Gewerbeordnung, führte die amtliche sächsische Statistik die Weber, die Tuchmacher und die Strumpfwirker nicht mehr als Handwerker auf.[156]

Drittens machte eine Reihe von städtischen Massenhandwerken – die Schuhmacher, die Schneider, die Tischler – einen Schrumpfungsprozess durch oder ihre Angehörigen wurden in verlagsähnliche Produktionssysteme einbezogen. Eine Lokalstudie zum Handwerk in der sächsischen Kleinstadt Rosswein aus den neunziger Jahren hielt diese Entwicklungen recht anschaulich fest. Die älteren Schuhmachermeister versuchten sich hier seit den siebziger Jahren mit dem Handel von Lederwaren und Reparaturarbeiten über Wasser zu halten, während fast alle jüngeren selbstständigen Schuhmacher ihr Geschäft aufgegeben und in einer der drei örtlichen Schuhfabriken Arbeit angenommen hatten. Die in der Stadt ansässigen Schneider beiderlei Geschlechts stellten offenbar vornehmlich Konfektionswaren für Kleidermagazine her und besserten ihr Einkommen durch den Verkauf fertiger Waren, besonders von Kinderkleidung, auf.

Andere sächsische Handwerke konnten sich, viertens, auch in der zweiten Hälfte des 19. Jahrhunderts ohne größeren zahlenmäßigen Rückgang oder Einkommenseinbußen behaupten und erhielten zum Teil von der Industrialisierung kräftige Impulse zur Expansion. Dieses waren Handwerke, die nicht oder nur in geringem Maße mit der Fabrikindustrie konkurrierten und vom urbanen Bevölkerungswachstum und wachsender Massenkaufkraft profitierten. Dazu gehörten vor allem Lebensmittelhandwerke wie die Fleischer und die Bäcker, reine Dienstleistungshandwerke wie die Friseure oder Handwerke, die ihre Eigenproduktion durch Reparaturen und den Verkauf von nicht selbst gefertigten Waren ergänzen konnten, wie Uhrmacher oder Juweliere. Zum anderen erschlossen sich durch Urbanisierung und technischen Fortschritt für eine Reihe alter Handwerke neue, zum Teil recht lukrative Arbeitsfelder. Dies gilt namentlich für bestimmte Metall verarbeitende Handwerksberufe wie die Schlosser und Klempner, denen die vielfältigen Installations-, Montage- und Reparaturarbeiten, die der Ausbau der städtischen Wasser-, Gas- und Stromversorgungssysteme mit sich brachte, stark vermehrte Chancen selbstständiger Existenz bescherten. Selbst für das kleinstädtische Rosswein stellte die 1897 veröffentlichte Erhebung fest: »Wenn es nun heute nur 5 Schlosser in Rosswein gibt, so unterscheiden sich diese von den früheren 5 Innungsmeistern vor allem dadurch, dass sie eine viel bessere Existenz haben und alle Haus- und Grundstücksbesitzer sind.«

Schließlich war, fünftens, die Entwicklung in den Bauhandwerken von einem ausgeprägten Betriebsgrößenwachstum charakterisiert, ohne dass diese Branche aber zu einer Industrie im engeren Sinne geworden wäre. Schon 1849 waren im sächsischen Maurerhandwerk auf einen Meister im Durchschnitt mehr als 23 Gesellen und Lehrlinge gekommen. 1861 hatte sich dieses Verhältnis auf 1 : 35,5 erhöht. Die Arbeit der Maurer, Bauzimmerleute und Bautischler blieb im Wesentlichen handwerklich geprägt. Größere Maschinen kamen bis zur Jahrhundertwende auf den Baustellen nur in beschränktem Maße zum Einsatz. Die sächsische Gewerbeordnung von 1861 hatte dem Baugewerbe noch eine Sonderstellung eingeräumt, indem sie die selbstständige Ausführung von Bauten auf geprüfte Bauhandwerker beschränkte. Acht Jahre später hob die Gewerbeordnung des Norddeutschen Bundes diese Beschränkung aber auf, und stellte es jedem frei, Gebäude zu errichten, ob Meister oder nicht.

In den größeren Städten wuchsen einzelne Baufirmen zu Unternehmen, die mehrere hundert Arbeiter auf ihren Lohnlisten hatten. 1907 zählte die amtliche Statistik in Sachsen 48 Betriebe des Baugewerbes mit über 200 Beschäftigten. Seit der Jahrhundertwende erhielt das Größenwachstum in der Bauwirtschaft einen neuen Schub durch die Einführung des Eisenbetonbaus und nun begann die Arbeit auf dem Bau auch stärker industrielle Züge anzunehmen. Waren der städtische Mietwohnungsbau und die Ausführung großer öffentlicher und industrieller Bauvorhaben nur von größeren Firmen durchzuführen, so ließ der enorme Aufschwung der Bautätigkeit im Zuge der beschleunigten Urbanisierung des ausgehenden 19. Jahrhunderts genügend Raum für viele kleinere Unternehmen, die ihren handwerklichen Charakter bewahrten.[157]

Um 1900 reichte das Spektrum der sächsischen Handwerksbetriebe von der kleinen Werkstatt, in der ein Alleinmeister ohne Gesellen und Lehrlinge arbeitete, bis zum großen Bauunternehmen mit mehreren hundert Beschäftigten. Die Masse der selbstständigen Handwerker kam auch am Vorabend des Ersten Weltkrieges nicht über einen Klein- oder Kleinstbetrieb hinaus. Ihr Einkommen war in der Regel spärlich und machte oft kaum mehr aus, als das, was ein Arbeiter in der Fabrik verdiente. Auf der anderen Seite hatte sich

Schlosserwerkstatt, um 1890

aber bis zur Jahrhundertwende eine kleine Schicht wohlhabender Handwerker gebildet. Es waren wohl vornehmlich diese besser situierten Handwerksmeister, aus deren Reihen sich die Wortführer einer seit der Gründerkrise der siebziger Jahre zusehends offensiver auftretenden Handwerkerbewegung rekrutierten. Ihren institutionellen Rückhalt fand diese Bewegung in einem sich im späteren 19. Jahrhundert verdichtenden Netzwerk lokaler, regionaler und nationaler Verbände, ebenso in öffentlich-rechtlichen Körperschaften wie den Gewerbekammern für die selbstständigen Handwerker und Einzelhändler.

Auch im politischen Raum, im Sächsischen Landtag wie in den kommunalen Selbstverwaltungsgremien, blieb die organisierte Handwerkerschaft präsent. Das sächsische Handwerk positionierte sich dabei politisch vorwiegend auf der rechten Seite des Parteienspektrums, bei den Konservativen und bei den in Sachsen seit den 1890er-Jahren stark verankerten antisemitischen Parteien. Die Handwerkerverbände stilisierten den »gewerblichen Mittelstand«, zu dem sie ihre Klientel rechneten, zur »staatstragenden Schicht«, zum Bollwerk gegen die Kräfte des »Umsturzes« und zum »Rückgrat« der bestehenden Gesellschaftsordnung. Vom monarchischen Obrigkeitsstaat forderte diese Bewegung wiederum besonderen Schutz ein: vor der Organisationsmacht der Arbeiterbewegung ebenso wie vor einem weiteren Zurückdrängen durch die Fabrikindustrie.

Die Forderungen und Wünsche der organisierten Handwerker richteten sich nicht zuletzt auf eine Wiederbelebung korporativer Strukturen und Privilegien. Die meisten der alten sächsischen Handwerksinnungen waren von ihren Mitgliedern im Jahrzehnt nach 1861 aufgelöst worden. 1881 verlieh eine Novelle der Reichsgewerbeordnung den Innungen wieder den Status öffentlich-rechtlicher Körperschaften und gab ihnen bestimmte Kompetenzen in der Lehrlingsausbildung und bei der Schiedsgerichtsbarkeit. Diese Maßnahme konnte zwar eine Mehrheit der Handwerker nicht dazu bewegen, sich zu einer Innung zusammenzuschließen. Doch gab es 1887 in Sachsen wieder 1186 Innungen, von denen nur 304 schon in der Zeit vor 1862 bestanden hatten.

1897 konnte die Handwerkerbewegung einen weiteren Erfolg verbuchen, als der Gesetzgeber die Errichtung fakultativer Zwangsinnungen gestattete, sofern eine örtliche Mehrheit der Meister dies beantragte. 1907 waren in Sachsen mehr als 57 000 Handwerker Mitglieder in einer der 1272 Innungen. Im gleichen Jahr wurde mit der Einführung des »kleinen Befähigungsnachweises« der Status des Meisters aufgewertet: Die Erlaubnis zur Ausbildung von Lehrlingen wurde nun vom Bestehen einer Meisterprüfung abhängig gemacht.[158]

Sachsens Arbeiter zwischen Heimarbeit, Werkstatt und Fabrik

Mit der Abschaffung der korporativen Privilegien 1861 waren wesentliche Merkmale, die das Handwerk vom Hausgewerbe unterschieden, beseitigt worden. Die Grenzen zwischen beiden Formen kleingewerblicher Produktion verflossen zunehmend. Auf der einen Seite breiteten sich, wie im Falle der Schuhmacher, Schneider und Tischler, in weiteren klassischen Handwerken Strukturen eines Verlagssystem aus. Auf der anderen Seite wurde in den alten protoindustriellen Revieren im Erzgebirgsraum und in der südlichen Oberlausitz die Unterscheidung von zünftigen Textilhandwerkern und unzünftiger Hausindustrie nun vollständig obsolet. In dem halben Jahrhundert zwischen der Einführung der Gewerbefreiheit in Sachsen und dem Ausbruch des Ersten Weltkrieges setzten sich die Wandlungs- und Schrumpfungsprozesse im Heimgewerbe mit ihren für die Betroffenen oft krisenhaften Erscheinungen fort. Auch 1914 waren diese Entwicklungen längst noch nicht abgeschlossen. Zwischen den Berufs- und Gewerbezählungen von 1895 und 1907 hatte sowohl die Zahl der hausgewerblichen Betriebe als auch die der Hausgewerbetreibenden sogar wieder zugenommen. 1907 gab es in Sachsen mehr als 115 000 hausindustrielle Haupt- und Nebenbetriebe mit zusammengenommen, je nach Zählweise, zwischen 117 000 und 149 000 Beschäftigten. Die Mehrzahl der Heimarbeiter wurde nach wie vor in den textilen Gewerben gezählt, allerdings mit abnehmender Tendenz. Vor allem in der Bekleidungsbranche und in der Holzverarbeitung hatte sich dagegen die Zahl der Hausgewerbetreibenden seit den 1880er-Jahren vermehrt. In der Sebnitzer Kunstblumenherstellung dehnte sich die Heimarbeit gerade in den Jahren nach 1900 stark aus.[159]

Drei wesentliche Vorgänge können bei dieser Entwicklung unterschieden werden. Heimarbeit wurde, erstens, im Textilbereich in der zweiten Hälfte des 19. Jahrhunderts zunehmend durch Fabrikarbeit ersetzt. Dies betraf zunächst tendenziell am stärksten die Weberei, wo technische Entwicklung und ökonomische Rationalität auf den dezentralisierten Fabrikbetrieb mit großen, dampfgetriebenen Maschinen drängte. Seit den 1880er-Jahren machte die Strumpfwirkerei einen ähn-

Festwagen der Bau- und Möbeltischlerei Graichen zum Heimatfest in Frohburg, 1910. Heimatmuseum Schloss Frohburg

lichen Prozess durch, während die Stickerei, wenn überhaupt, erst kurz vor dem Ersten Weltkrieg von solchen Tendenzen stärker erfasst wurde.

Die Fabriken wiederum konnten in diesen Branchen für den Aufbau ihrer Belegschaften auf das große Arbeitskräftepotenzial des Heimgewerbes zurückgreifen. In gewisser Weise wurde die Hausindustrie partiell in die Fabrik verlagert, denn neben männlichen Textilarbeitern beschäftigten Webereien und Wirkereien eine große Zahl weiblicher Arbeitskräfte, die oft zuvor im hausgewerblichen Familienbetrieb gearbeitet hatten. Die Beschäftigung von Kindern, die in Heimarbeiterfamilien gewöhnlich in frühem Alter in den Arbeitsprozess einbezogen wurden, war bis zu ihrem gesetzlichen Verbot 1860/65 in den sächsischen Textilfabriken ebenfalls weit verbreitet. Allerdings gab es unter den Heimarbeitern starke Vorbehalte gegenüber dem Wechsel in die Fabrik. Nicht allein die harsche Fabrikdisziplin, kodifiziert in Fabrikordnungen mit langen Strafenkatalogen, schreckte die Heimarbeiter ab. Die Aufgabe ihrer Selbstständigkeit, mochte diese auch noch so fiktiv gewesen sein, und die Annahme von bezahlter Arbeit in der Fabrik war für Heimarbeiter und Verlagshandwerker vor allem auch mit einem Verlust an sozialer Ehre verbunden.

Der Wille und Wunsch vieler Hausgewerbetreibender, an ihrer prekären Selbstständigkeit auch unter widrigen Umständen festzuhalten, trug sicherlich dazu bei, dass wir, zweitens, in einer Reihe textiler Branchen eine Mechanisierung der Heimarbeit beobachten können. Sowohl in der Weberei als auch in der Wirkerei und der Stickerei vollzog sich die Mechanisierung des Produktionsprozesses zu einem guten Teil innerhalb des alten hausindustriellen Betriebs: Handbetriebene Maschinen wurden, solange sie nicht allzu kostspielig und sperrig waren, in den Werkstätten der Heimarbeiter aufgestellt. Seit der Jahrhundertwende rüsteten viele Hausgewerbetreibenden ihre Maschinen sogar mit Gas- und vor allem Elektromotoren aus, und seit 1904 wurden sie dazu mit staatlichen Krediten unterstützt. Die erstaunlichen Steigerungsraten bei der Zahl der Fabriken in der vogtländischen Maschinenstickerei im letzten Jahrzehnt vor 1914 dürften wohl zum Großteil auf diesen Vorgang zurückzuführen sein, war doch dadurch eine statistische Grauzone zwischen Kleinfabrik und Hausgewerbe entstanden. Schließlich können wir, drittens, wie oben schon ausgeführt, in den textilen Hausgewerben eine tendenzielle Verschiebung von der Produktion von Fertigwaren zur Übernahme einzelner Endfertigungsarbeiten beobachten.[160]

Im sächsischen Maschinenbau und anderen Industriebranchen, die keinen nennenswerten Vorlauf im Verlagssystem hatten, unterschieden sich Zusammensetzung und Herkunft der Fabrikbelegschaften deutlich von jener der Textilindustrie. Zwar finden sich auch hier wohl nicht wenige ehemalige Weber und Wirker, die ihr Gewerbe aufgegeben hatten, doch geprägt wurde das Profil der frühen Fabrikarbeiterschaft vor allem von ehemaligen Gesellen der metall- und holzverarbeitenden Handwerke, die auch für den oft zunächst nicht sonderlich mechanisierten Fabrikbetrieb brauchbare Schlüsselqualifikationen mitbrachten. Die Beschäftigung von Frauen war hier die Ausnahme. Insgesamt lassen sich aber in den beiden Schlüsselsektoren der sächsischen Industrie, der Textilindustrie und dem Maschinenbau, doch gewisse grundsätzliche Ähnlichkeiten ausmachen. Angesichts des hohen handwerklich-protoindustriellen Arbeitskräftereservoirs war der Zustrom aus landwirtschaftlichen Regionen auf den sächsischen Industriearbeitsmarkt wohl relativ gering. Zwar wies die Bevölkerungsstatistik des Königreiches Sachsen bis zur Jahrhundertwende eine beträchtliche Zuwanderung auf, doch kamen diese Zuwanderer meist aus den unmittelbar benachbarten Regionen Thüringens, Böhmens und Preußens. Der große Strom von Arbeitsmigranten aus den preußischen Ostprovinzen, der für den industriellen Arbeitsmarkt im Ruhrgebiet so charakteristisch war, ging an Sachsen weitgehend vorbei.[161]

Dieses Grundprofil der sächsischen Arbeiterschaft scheint nicht zuletzt die kollektive Interessenvertretung und die vergleichsweise frühe Bildung von Gewerkschaften begünstigt zu haben. Die sächsischen Industriearbeiter konnten vielfach auf lebendige Traditionen beruflicher und lokaler Solidarität zurückgreifen, auf Selbsthilfenetzwerke der Handwerksgesellen ebenso wie auf die Innungen der Verlagshandwerker oder die milieuhaften Solidarbeziehungen in den Heimarbeiterdörfern. Einzelne Vorläufe proletarischer Interessenorganisation finden sich schon im Vormärz und vor allem während der Revolution 1848/49. Aber bis in die sechziger Jahre verhinderte die scharfe staatliche Repressionspolitik stabile und schlagkräftige Arbeiterorganisationen.

Erst die Liberalisierung des Vereins- und Versammlungsrechts und die Gewährung der Koalitionsfreiheit, die das Königreich Sachsen schon 1861 einführte, gab einer Bildung von Gewerkschaften größeren Raum.

Belegschaft der Maschinenfabrik Hartmann, Chemnitz, um 1870

Crimmitschauer Streikbelegschaft, 1904

Regionale Schwerpunkte der frühen sächsischen Arbeiterbewegung entwickelten sich zunächst in Leipzig, wo das Rückgrat der Bewegung aus selbstbewussten Facharbeitergruppen wie den Buchdruckern bestand, und in den westsächsischen Industrierevieren. In Crimmitschau gründeten die Handweber 1869 eine »Gewerkgenossenschaft der Manufaktur-, Fabrik- und Handarbeiter«, die in den folgenden Jahren mehrere »Webertage« abhielt, ohne aber ihr Ziel einer reichsweiten Gewerkschaft letztlich realisieren zu können. In Chemnitz gab 1871 ein viel beachteter Streik der Arbeiter in den Maschinenbaufabriken der gewerkschaftlichen Organisation kräftige Impulse. Schon seit Mitte der sechziger Jahre politisierte sich die sächsische Arbeiterbewegung zusehends und das Königreich wurde zu einem der wichtigsten Zentren der frühen Sozialdemokratie. In Glauchau/Meerane, in Chemnitz und im Leipziger Raum gelang es der Arbeiterbewegung früh Reichstags- und Landtagssitze zu erobern. In Leipzig wirkten August Bebel und Wilhelm Liebknecht, in Crimmitschau Julius Motteler, der spätere »rote Feldpostmeister«, der während der Dauer des Sozialistengesetzes (1878–1890) den Vertrieb der illegalen Parteipresse organisierte.[162]

Das Sozialistengesetz und die verschärfte staatliche Verfolgung schwächte die Organisationsmacht der sächsischen Arbeiter zeitweilig. Doch mit der Aufhebung des Gesetzes 1890 setzte ein umso stärkerer Aufschwung der Arbeiterbewegung in Sachsen ein, der dem Land den geläufigen Beinamen »rotes Königreich« einbrachte. Die günstigen konjunkturellen Rahmenbedingungen seit Mitte der neunziger Jahre hoben die Kampfkraft der Gewerkschaften, die in zahlreichen Arbeitskämpfen versuchten, Lohnerhöhungen, Arbeitszeitverkürzungen und eine Verbesserung der Arbeitsbedingungen durchzusetzen. Der spektakuläre Höhepunkt dieser Arbeitskämpfe war 1903/04 ein halbjähriger Textilarbeiterstreik in Crimmitschau, der von beiden Seiten als reichsweiter Musterarbeitskampf ausgefochten wurde. Die Mehrzahl der Unternehmer beharrte gegenüber ihren Belegschaften auf dem Prinzip des zwischen dem einzelnen Arbeiter und dem Arbeitgeber frei ausgehandelten Arbeitsvertrages und weigerte sich strikt, die Gewerkschaften als Verhandlungspartner für kollektive Vereinbarungen anzuerkennen. Schon seit den sechziger Jahren hatten sich die Fabrikanten in einer Reihe von Branchen und Industrierevieren zu Vereinigungen zur Bekämpfung der Arbeiterorganisationen zusammengeschlossen. Nach dem Streik in Crimmitschau intensivierten die Unternehmer ihre Organisationsbestrebungen und es entstand in den folgenden Jahren in Sachsen und anderswo ein dichtes Netz von branchenweiten wie branchenübergreifenden lokalen, regionalen und nationalen Arbeitgeberverbänden.

Allerdings kann man gerade in Sachsen nach der Jahrhundertwende gewisse Tendenzen einer Lockerung des rigiden »Herr-im-Hause«-Standpunktes in der Unternehmerschaft ausmachen. In einigen Branchen, vor allem in der polygrafischen Industrie, hatten die Unternehmen schon seit den siebziger Jahren Tarifverträge mit den Organisationen der Arbeitnehmer abgeschlossen. Nach 1900 wuchs auch in anderen Branchen die Bereitschaft, solche kollektiven Lohn- und Arbeitsvereinbarungen abzuschließen und die Gewerkschaften, wenn auch oft widerwillig, als berufene Vertreter der Interessen der Arbeiter anzuerkennen. Auf der anderen Seite versuchten zahlreiche der größeren Unternehmen mit betrieblichen Sozialleistungen wie Kranken- und Rentenkassen, Betriebskindergärten oder Werkswohnungen eine Stammbelegschaft an das Unternehmen zu binden. Ob solche Maßnahmen Ausdruck eines paternalistischen Verantwortungsgefühls waren oder ob man dahinter eher eine kalkulierte Strategie zur Bekämpfung der Gewerkschaften vermuten sollte, lässt sich nicht eindeutig entscheiden. Beide Momente werden in vielen Fällen wohl zusammengewirkt haben.[163]

DIE HOCHINDUSTRIALISIERUNG IN SACHSEN

Neue Leitsektoren

Nach der Periode ungleichmäßig verlangsamten Wachstums und sinkender Preise in den beiden Jahrzehnten nach dem »Gründerkrach« von 1873/74 beschleunigten sich seit etwa 1895 die wirtschaftlichen Wachstumsraten in den Industriestaaten wieder. Die beiden letzten Jahrzehnte vor dem Ersten Weltkrieg werden gewöhnlich als Zeit der Hochindustrialisierung, zuweilen auch als »zweite Industrialisierung« bezeichnet. Mitte der neunziger Jahre setzte demnach ein weiterer Industrialisierungsschub ein, getragen und angetrieben von neuen Leitsektoren, die wesentlich auf der ökonomischen Verwertung einer Reihe technologischer Schlüsselinnovationen basierten. Dabei ist vor allem an die chemische Industrie, an die elektrotechnische Industrie sowie an einige neue Sparten des Maschinen-, Apparate- und Fahrzeugbaus zu denken.[164] Wenn wir auf die Entwicklung dieser Industriebranchen blicken, so werden wir in Sachsen schwerlich die industriellen Konglomeratsbildungen im Stile der großen Chemiekonzerne entlang der Rhein-Main-Schiene (BASF, Höchst, Bayer) entdecken können, noch werden wir elektrotechnische Großunternehmen finden, die mit der AEG oder den Siemens-Schuckert-Werken vergleichbar gewesen wären.

Dies bedeutet aber nicht unbedingt, dass die Entwicklungen der Zeit vor dem Ersten Weltkrieg in diesen Bereichen an Sachsen vorbeigelaufen wären. Eine chemische Industrie hatte sich im Königreich Sachsen im Laufe des 19. Jahrhunderts in mehreren Strängen herausgebildet. Hierzu kann man einmal die vielen Bleichereien und Färbereien zählen, die zumeist eng mit den textilen Gewerben und Industrien verbunden, teilweise betrieblich integriert waren und von der Gewerbestatistik dieser Branche zugerechnet wurden. Stärker zunfthandwerkliche Wurzeln besaß die Seifenindustrie, die sich ab der Mitte des 19. Jahrhunderts vor allem im Chemnitzer Raum aus der Seifensiederei entwickelte.

Dagegen erhielt die industrielle Herstellung von ätherischen Ölen, die vornehmlich in Leipzig und Umgebung aufgenommen wurde, ihre Impulse aus dem Fernhandel. Die Verfügbarkeit einer großen Auswahl von Gewürzstoffen, Essenzen und anderer Rohstoffe am Handelsplatz Leipzig, wo zahlreiche weltweit operierende »Drogenhandlungen« ihren Sitz hatten, lud zur Fabrikation von Duft- und Aromastoffen, Parfüm, Ölen und anderer ähnlicher Erzeugnisse ein. Zu den bedeutendsten dieser Unternehmen zählten etwa die Firma Schimmel & Co. in Miltitz, die aus einer alten Leipziger Drogenhandelsfirma hervorgegangen war, und die Firma Heine & Co., eine Gründung Carl Heines, die allerdings vor 1914 mit einigen hundert Beschäftigten nicht über den Rang mittlerer Unternehmen hinauskamen.[165]

Bedeutsamer für die Entwicklung einer chemischen Großindustrie in Sachsen erscheint ein anderer Strang des Chemiesektors, die Herstellung medizinisch-pharmazeutischer Präparate, deren industriewirtschaftliche Anfänge sich ebenfalls bis in die erste Hälfte des 19. Jahrhunderts zurückverfolgen lassen. Franz Gehe eröffnete schon 1835 ein Fabrikationsgeschäft für Arzneiwaren in Dresden, in dem Rohdrogen zum Weiterverkauf an die Apotheken aufbereitet wurden. Der Chemiker Eugen Dieterich verfolgte ein ähnliches Konzept, als er 1869 in Helfenberg bei Dresden ein chemisches Laboratorium gründete, das bald zu einer Fabrik erweitert wurde. Dieterich stellte einige der gebräuchlichsten pharmazeutischen Präparate im großen Maßstab her und gab sie gebrauchsfertig an die Apotheken ab. Die Chemische Fabrik von Heyden in Radebeul entstand in den siebziger Jahren; Ausgangspunkt der Produktion war ein Patent für ein Desinfektionsmittel – Salicylsäure. Auf diese Weise hatte sich um 1890 der Dresdner Raum zu einem wichtigen Standort der chemisch-pharmazeutischen Industrie entwickelt.

In den folgenden knapp 25 Jahren bis zum Ausbruch des Ersten Weltkrieges erfuhr vor allem dieser Zweig der sächsischen Chemieindustrie eine wesentliche Ausdehnung. Die Firmen Gehe, von Heyden und Dieterich vergrößerten ihre Fabrikanlagen und erweiterten ihr Produktprogramm. Alle drei Unternehmen vollzogen zwischen 1898 und 1903 den Schritt zur Kapitalgesellschaft. Die Chemische Fabrik von Heyden steigerte dabei die Zahl ihrer Mitarbeiter von 1895 bis 1914 von 200 auf 1 500 und errichtete eine eigene Produktionsstätte in den USA. Die Gehe & Co. AG und die Chemische Fabrik Helfenberg vorm. Eugen Dieterich AG blieben dagegen eher mittlere Unternehmen mit einigen hundert Beschäftigten.

Zudem etablierten sich seit den neunziger Jahren vor allem im Dresdner Raum eine Reihe neuer Chemieunternehmen. Den erstaunlichsten Aufstieg vom kleinen Gründerbetrieb zum international agierenden Großunternehmen machte das 1892 eröffnete Dresdner Chemische Laboratorium Lingner. Der ehemalige kaufmännische Angestellte Karl August Lingner konzentrierte sich auf die Herstellung und den Vertrieb chemischer Präparate zu hygienischen Zwecken. Auf der Basis einer Substanz, die von der Chemischen Fabrik von Heyden geliefert wurde, stellte er zunächst mit etwa 20 Beschäftigten ein Mundwasser her, das schnell zu einem »Renner« werden sollte: »Odol«. Der durchschlagende Erfolg dieses Produkts ermöglichte und erforderte eine rasche Ausweitung der Produktionskapazitäten. Nach der Jahrhundertwende expandierte die Firma Lingner systematisch mit der Errichtung von Produktionsstätten in zahlreichen europäischen und lateinamerikanischen Ländern. 1911 wurde das Unternehmen schließlich in eine Aktiengesellschaft mit 6 Mio. Mark Grundkapital umgewandelt.

Karl August Lingner. Gemälde von Robert Sterl, um 1910. Stadtmuseum Dresden

Insgesamt blieb aber der Chemie-Sektor in Sachsen, was die Zahl der Beschäftigten angeht, auch noch im Vorkriegsjahrzehnt hinter dem Reichsdurchschnitt zurück. Nur etwas mehr als 10 000 Personen, d. h. 0,7 Prozent aller in Industrie, Handel und Gewerbe Beschäftigten, wurden 1907 in Sachsen in dieser Branche gezählt. Mit der systematischen Aufschließung der großen Braunkohlenlagerstätten in Nordwestsachsen waren aber schon in der Zeit vor dem Ersten Weltkrieg die Grundlagen für die Entstehung einer chemischen Großindustrie in der Zwischenkriegszeit gelegt worden.[166]

In der jungen elektrotechnischen Industrie waren sächsische Unternehmen schon in den frühen neunziger Jahren engagiert. In einem 1893 erschienenen Sammelwerk zur Volkswirtschaft im Königreich Sachsen ist ein erstaunlich umfangreiches und vielfältiges Spektrum von Unternehmen verzeichnet, die sich auf die Herstellung elektrotechnischer Produkte spezialisiert hatten. Vor allem in Dresden und Umgebung konzentriert, stellten diese Firmen u. a. Schiffsbeleuchtungen, Dynamos, elektro-medizinische Apparate, elektrische Uhren, Telegraphenzubehör, Blitzableiteranlagen und Bogenlampen her. Als in den neunziger Jahren die flächendeckende Elektrifizierung zunächst in den größeren Städten begann, beteiligten sich auch sächsische Unternehmen am Wettbewerb um die meist von den Kommunen erteilten Aufträge und Konzessionen zum Bau und zum Betrieb von Elektrizitätswerken und Leitungsnetzen.

Das bedeutendste dieser Unternehmen, die Firma O. L. Kummer & Co. in Niedersedlitz bei Dresden, übernahm in der zweiten Hälfte der neunziger Jahre in Sachsen und in anderen deutschen Staaten den Bau zahlreicher Elektrizitätswerke im Auftrag von öffentlichen und privaten Kunden sowie auf eigene Rechnung. Um in diesem Geschäft konkurrenzfähig zu bleiben, mussten große Mengen an Kapital mobilisiert werden. Die Firma Kummer war 1894 in eine Aktiengesellschaft umgewandelt worden und erhöhte ihr Grundkapital von zunächst 1,5 Mio. Mark in den nächsten fünf Jahren sukzessive auf insgesamt 10 Mio. Mark. Im Zuge seines schnellen Wachstums geriet das Unternehmen aber zunehmend unter die Kontrolle ihres wichtigsten Geldgebers, der Kreditanstalt für Industrie und Handel. Diese Bank hatte sich erst 1895 dem Industrieanlagengeschäft zugewandt, verfolgte dabei aber allzu ehrgeizige Pläne. Schon 1896 übernahm die Kreditanstalt für Industrie und Handel die Führung bei der Gründung der Allgemeinen Industrie-Aktiengesellschaft, unter deren Dach schnell ein ausgedehnter Konzern der elektrotechnischen Industrie entstand.

Den Kern dieses Firmenkonglomerats bildete die Kummer AG. Darum gruppierte sich eine Reihe weiterer Industriefirmen, darunter das Chemnitzer Elektrounternehmen Pöge sowie eine größere Anzahl neu gegründeter Träger- und Finanzierungsgesellschaften für Elektrizitätswerke. Der Kummer-Konzern betrieb mit den von der Kreditanstalt für Industrie und Handel mobilisierten Kapitalien und Krediten in den folgenden Jahren eine geradezu hemmungslose Expansionspolitik. In der kurzen, aber scharfen Konjunkturkrise der Jahrhundertwende brach dieses Gebilde wie ein Kartenhaus zusammen und die Aktiengesellschaft Elektrizitätswerke vormals O. L. Kummer & Co. musste 1901 in Konkurs gehen.[167]

Nach dem Ende der Kummer AG war offenbar kein in Sachsen ansässiges Unternehmen mehr in der Lage, im Großanlagengeschäft mitzuhalten oder eine ähnliche Spannbreite an elektrotechnischen Produkten – von der Nachttischlampe bis zum Kraftwerk – anzubieten wie die Siemens-Schuckert-Werke oder die AEG. Diese beiden Elektro-Konzerne übernahmen in Sachsen den Bau zahlreicher Elektrizitätswerke und Verteilungsnetze und die Schuckertwerke gründeten 1898 in Dresden ein Tochterunternehmen, die Elektra AG. In der sächsischen elektrotechnischen Industrie wiederum hatte sich bis zum Vorabend des Ersten Weltkrieges eine Struktur ausgeprägt, wie sie auch in vielen anderen Branchen des Königreiches zu finden war: eine Vielzahl vor allem kleinerer und mittlerer Unternehmen, die sich auf einige wenige Produktlinien spezialisierten.

Zu den größten dieser Unternehmen gehörte die 1903 aus der Konkursmasse des Kummer-Konzerns hervorgegangene Sachsenwerk Licht und Kraft AG in Niedersedlitz, die u. a. Elektromotoren und Kraftwerkseinrichtungen herstellte. Die Electricitäts-Aktiengesellschaft vorm. Hermann Pöge, die den Zusammenbruch ihres Mutter-Konzerns offenbar relativ unbeschadet überstanden hatte, war schon 1874 in Chemnitz gegründet worden. Sie hatte sich zunächst auf die Herstellung elektrischer Klingelanlagen konzentriert, um dann den Bau von Telefonen aufzunehmen. Um 1914 hatte Pöge die Produktion solcher Schwachstromanlagen aufgegeben und bot eine Produktpalette an, die vornehmlich aus Generatoren, Elektromotoren und Transformatoren bestand. In Chemnitz allein gab es zu dieser Zeit 29 Hersteller von elektrotechnischen Maschinen und Apparaten, die fast 20 Prozent der Maschinenbaufabriken der Stadt ausmachten.

Die Firma Körting & Matthiesen in Leipzig stellte Bogenlampen her und hatte 1909 eine Stromzählerfabrik bei Dresden erworben. Die Firma Dr. Th. Horn, ebenfalls in Leipzig ansässig und ein Unternehmen, dessen Belegschaft sich zwischen 1895 und 1914 von 20 auf 500 Beschäftigte vermehrt hatte, verlegte sich auf den Bau von Tachometern. Die Dresdner Koch & Sterzel AG produzierte vor allem Transformatoren und Röntgengeräte. In diesem Sinne partizipierte auch die sächsische Industriewirtschaft an dem enormen Bedarf an elektrischen Maschinen, Apparaten und Zubehörteilen, den die Elektrifizierung in den beiden Vorkriegsjahrzehnten geschaffen hatte. Die Ausdehnung des Stromleitungsnetzes selbst schritt im Königreich Sachsen seit den 1890er-Jahren rasch voran. Die flächendeckende Versorgung mit elektrischer Energie brachte nicht zuletzt kleineren Industrie- und Handwerksbetrieben Vorteile. Kleine, vielfältig verwendbare Elektromotoren konnten auch dort zum Einsatz kommen, wo der Bau aufwändiger Dampfmaschinenanlagen nicht in Frage kam.[168]

Wenn der Beitrag der sächsischen Wirtschaft zum Industrialisierungsschub der Jahrhundertwende in den chemischen und elektrotechnischen Branchen – zumindest oberflächlich betrachtet – eher wenig spektakulär erscheint, so gehörte das Königreich Sachsen andererseits in zwei meist weniger beachteten Wachstumssektoren zu den bevorzugten Unternehmensstandorten: in der optischen und feinmechanischen Industrie und in bestimmten Teilen des Maschinen- und Fahrzeugbaus. So wurde Dresden seit den neunziger Jahren zum bedeutendsten europäischen Zentrum des photographischen und kinematographischen Apparatebaus. In der sächsischen Hauptstadt siedelten sich führende Hersteller von Fotoapparaten, Filmkameras, Projektionsgeräten und ähnlichen Produkten an.

Den internationalen Ruf des Dresdner Kamerabaus begründete vor allem die Firma Heinrich Ernemann. Der Firmengründer, der Handlungsreisender gewesen war und dann die Leitung des Kurzwarengeschäfts seiner Schwiegermutter übernommen hatte, kaufte sich mit dem Verkaufserlös dieses Ladens 1889 in eine kleine Kameratischlerei ein. Ohne zunächst über technische Fachkenntnisse zu verfügen, baute Ernemann den kleinen Handwerksbetrieb schon zwei Jahre später zu einer Fabrik photographischer Apparate aus. 1898 verlegte er den Betrieb in einen großen Fabrikneubau und erwarb im gleichen Jahr eine Görlitzer Kamerafabrik. Der durch diese Investitionen erhöhte Kapitalbedarf veranlasste Heinrich Ernemann 1899, sein Unternehmen in eine Aktiengesellschaft umzuwandeln. Er behielt aber weiterhin Kontrolle und Leitung der Firma. 1903 stieg die Firma Ernemann mit ihrer ersten Filmkamera samt zugehöriger Projektionseinrichtung in einen neuen, zukunftsträchtigen Produktionsbereich ein. Bis 1914 wuchs die Zahl der Beschäftigten auf etwa 400 an.

Ernemanns größte Dresdner Konkurrenten, die Firmen Hermann Wünsche und Richard Hüttig & Sohn Nachf., fusionierten im Gefolge des Konjunktureinbruchs von 1907/8 mit einigen weiteren auswärtigen Firmen unter Beteiligung der Jenaer Carl-Zeiss-Stiftung zur Internationalen Camera-Aktiengesellschaft (ICA), die insgesamt mehr als 1000 Arbeiter und Angestellte beschäftigte. Zunächst hatte sich auch Ernemann an den Fusionsverhandlungen beteiligt, war

Heinrich Ernemann. Gemälde von Robert Sterl, um 1910

aber dem Zusammenschluss dann doch fern geblieben. Hauptproduktionsstandort der ICA war Dresden, so dass es nun in der sächsischen Hauptstadt, einige hundert Meter voneinander entfernt in der gleichen Straße, zwei Großbetriebe der Kameraindustrie gab. Die Schwerpunktbildung des Kamerabaus in Dresden stand zudem im engen gegenseitigen Zusammenhang mit der Industrie photographischer Papiere, die schon längere Zeit dort bestanden hatte.[169]

Alte Industrien

Im sächsischen Maschinenbau entfaltete eine Reihe ähnlich strukturierter Unternehmen während der fast zwanzigjährigen Boomperiode nach 1895 eine eindrucksvolle Dynamik. Diese meist relativ jungen Firmen brachten mit ihrem ausgeprägten Expansionsdrang die hergebrachte Rangfolge der führenden Maschinenbauunternehmen gehörig durcheinander. Der Aufstieg der Wandererwerke von einer Fahrradreparaturwerkstätte zum diversifizierten Großunternehmen innerhalb eines Zeitraums von kaum mehr als zehn Jahren veranschaulicht diese Entwicklungen in geradezu prototypischer Weise. 1885 gründeten zwei junge Mechaniker, Johann Winklhofer und Gustav Jaenicke, in Chemnitz besagtes »Velociped-Depot«. Schnell verlegten sie sich neben dem Verkauf und der Reparatur auf den Eigenbau von Fahrrädern. Der Übergang vom teuren Sportgerät Hochrad zum Fahrrad als preiswertem, vielseitig nutzbarem Fortbewegungsmittel führte in den Jahren um 1890 zu einem wahren Gründungsboom von Fahrradfabriken. Der Firma Winklhofer & Jaenicke gelang es, diesen Boom ausgiebig zu nutzen. Bereits Mitte der neunziger Jahre beschäftigte die Fabrik rund 250 Arbeiter.

1896 verwandelten die Gründer ihr Unternehmen in eine Aktiengesellschaft mit 1,1 Mio. Mark Grundkapital und zogen sich mehr (Jaenicke) oder weniger (Winklhofer) aus der Firmenleitung zurück. Nun begann der eigentliche Aufstieg der Wandererwerke vorm. Winklhofer & Jaenicke zu einem der führenden sächsischen Maschinenbauunternehmen. Während viele Fahrradfabriken spätestens dann Probleme bekamen, als Ende der neunziger Jahre eine massive Überproduktionskrise die junge Branche schüttelte, waren die Wandererwerke rechtzeitig dazu übergegangen, neue Produktlinien in ihr Fertigungsprogramm aufzunehmen. In schneller Folge stieg das Unternehmen in den Bau von Fräsmaschinen, Schreibmaschinen, Motorrädern und Rechenmaschinen ein und kam schließlich in den Vorkriegsjahren mit einem kleinen Automobil auf den Markt. 1913/14 waren die Wandererwerke mit einem Aktienkapital von 3,5 Mio. Mark und rund 3 000 Beschäftigten zu einem der größten Industrieunternehmen Sachsens geworden.[170]

Ähnliche Wachstumsstrategien verfolgten auch einige andere sächsische Maschinenbaufirmen. Die Firma Schubert & Salzer, ebenfalls in Chemnitz beheimatet, begann 1883 mit dem Bau von Strumpfwirkmaschinen. Nach der Umwandlung zur Aktiengesellschaft 1889 weitete das Unternehmen seine Produktpalette auf Fahrräder und seit der Jahrhundertwende auf Registrierkassen und Werkzeugmaschinen sowie auf weitere Zweige des Textilmaschinenbaus aus. Ein Versuch des Unternehmens, selbst in die Strumpfwirkerei einzusteigen, wurde aber wegen der negativen Resonanz bei den Käufern seiner Textilmaschinen bald wieder aufgegeben. Das Hauptgeschäft blieb allerdings der Bau von Wirk- und Strickmaschinen. Die Firma Schubert & Salzer beschleunigte den horizonta-

Firmenwerbung der Wanderer-Werke, 1911

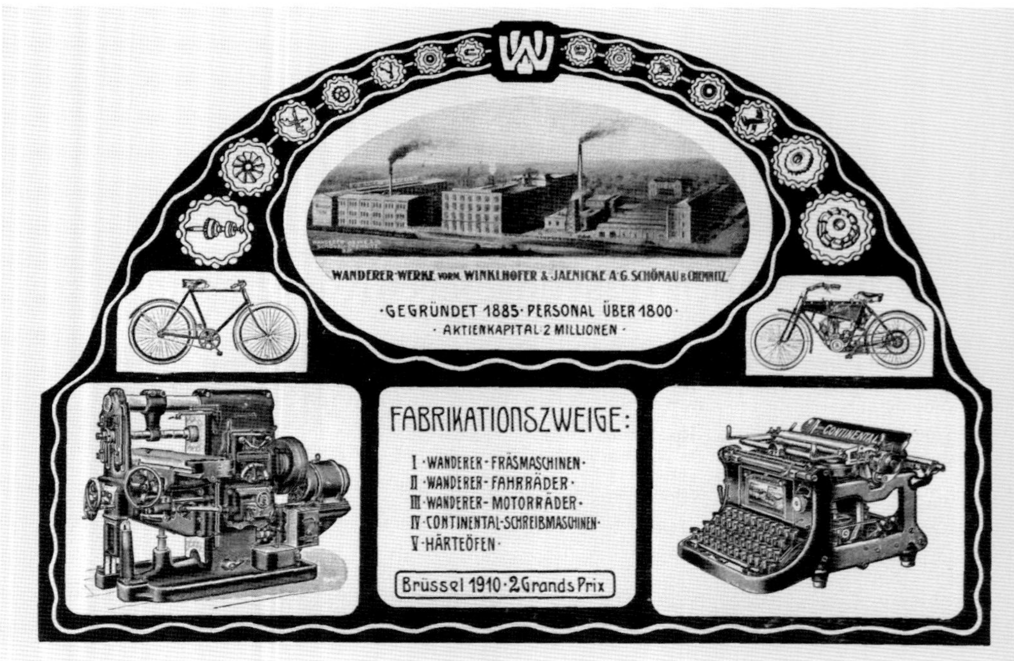

Gießerei Hugo Schreiter Chemnitz, von der Schubert & Salzer AG 1907 erworben

len Konzentrationsprozess in dieser Branche, als sie 1912/13 zwei namhafte Konkurrenten aufkaufte und ihre Produktionsstätten als Zweigwerke angliederte. Zudem übernahm das Unternehmen 1907 eine Chemnitzer Eisen- und Metallgießerei und integrierte damit eine wichtige vorgelagerte Produktionsstufe des Maschinenbaus. Am Vorabend des Ersten Weltkrieges hatte die Schubert & Salzer AG mit einem Aktienkapital von 3,5 Mio. Mark und rund 3 000 Mitarbeitern eine ähnliche Größenordnung erreicht wie die Wandererwerke.

Auf einer vergleichbaren Ebene war zu diesem Zeitpunkt auch die AG vorm. Seidel & Naumann, Dresden, angelangt. Die Expansion des Unternehmens war nach einem ganz ähnlichen Muster wie bei Wanderer und Schubert & Salzer verlaufen: 1886 waren mit der Umwandlung zur Aktiengesellschaft die Grundlagen für eine Kapitalbeschaffung in großem Stil geschaffen worden. In den folgenden Jahren und Jahrzehnten erweiterte das Unternehmen sukzessive sein ursprüngliches Fertigungsprogramm – Nähmaschinen – um neue Produktlinien, die im Allgemeinen ähnliche technische Grundmerkmale aufwiesen: Fahrräder, Geschwindigkeitsmesser, Schreibmaschinen, Rechenmaschinen. Vorgelagerte Produktionsstufen wurden 1911 mit dem Bau einer Eisengießerei integriert, Produktionskapazitäten und Marktanteile durch die Übernahme einer Nähmaschinenfabrik in Meißen 1914 vergrößert.

Wir haben es hier also mit schnell expandierenden Großunternehmen zu tun, die geradezu lehrbuchmäßig die Synergieeffekte von großen Produktionskapazitäten und eigenen Vertriebsnetzen für die Senkung der Produktions- und Transaktionskosten und die Diversifikation ihrer Herstellung in mehrere, technisch verwandte Produktlinien nutzten. Diese Strategie war wirtschaftlich nicht immer erfolgreich. Bei Seidel & Naumann etwa waren im Jahrzehnt vor 1914 die Expansion des Unternehmens und seine stark steigenden Umsätze mit rückläufigen Aktienkursen und Dividenden verbunden. Gerade auf Wachstumsmärkten wie denen für Büro-, Rechen- und Werkzeugmaschinen hatten es die sächsischen Hersteller mit einer zum Teil übermächtigen US-amerikanischen Konkurrenz zu tun, die auf dem Weg zur standardisierten Massenproduktion große Fortschritte gemacht hatte.

Vor allem die älteren Maschinenbauunternehmen, die häufig immer noch Einzelfertigung nach Kundenwünschen mit hohem Arbeitskräfteaufwand betrieben, mussten nach der Jahrhundertwende offenbar mit Rentabilitätsproblemen kämpfen. Traditionsreiche Chemnitzer Firmen wie die Maschinenfabrik Hartmann, die Germania AG vorm. J. G. Schwalbe oder die Werkzeugmaschinenfabrik Zimmermann verteilten im Vorkriegsjahrzehnt magere Dividenden und erlitten Kursverluste an den Aktienbörsen. Andere, meist jüngere Großunternehmen hatten dagegen erfolgreich »amerikanische« Methoden der Austauschfertigung und der Serien- und Lagerproduktion übernommen. Firmen wie Schubert & Salzer, das Leipziger Werkzeugmaschinenunternehmen Kirchner & Co., die Vogtländische Maschinenfabrik in Plauen, aber auch die Maschinenfabrik Kappel schütteten in den Jahren vor 1914 satte Dividenden um die 20 Prozent aus und verbuchten kräftige Kursgewinne bei ihren Aktien.[171]

Schließlich finden wir im Sachsen der Zeit vor 1914 eine ganze Reihe von Unternehmen, die Kraftfahrzeuge und Motorräder herstellten, darunter einige der klangvollsten Namen der deutschen Automobilgeschichte. Von den Wandererwerken, die in den Vorkriegsjahren mit ihrem populären Automodell, dem »Puppchen«, reüssierten, war eben schon die Rede. Gleich zwei sächsische Automobilunternehmen gingen auf die unternehmerische Initiative von August Horch zurück. Horch hatte 1899, nach einigen Jahren als Konstrukteur bei der Firma Benz in Mannheim, in Köln eine Fabrik für seine selbst konstruierten Automobile aufgemacht. Auf Wunsch eines Geldgebers, der das junge Unternehmen im letzten Moment vor dem Konkurs gerettet hatte, siedelte Horch aber nach wenigen Jahren nach Reichenbach im Vogtland über. Schon 1904 machte er den Schritt zur Aktiengesellschaft und verlegte die Produktion in vergrößertem Maßstab nach Zwickau. Bald bekam der Unternehmensgründer, der nun als angestellter Direktor die Firma leitete, Probleme mit seinem Aufsichtsrat und wurde von diesem schließlich 1909 ausgebootet. August Horch fand schnell Geldgeber für eine neue Automobilfabrik, ein Unternehmen, das er mit einem gewissen Sinn für Humor »Audi« nannte, seinen Nachnamen also (in der Befehlsform!) direkt ins Lateinische übersetzte. Über die Fahrradfabrikation fanden die »Phänomenwerke« des Zittauer Unternehmers Karl Gustav Hiller seit der Jahrhundertwende zum Automobilbau. Spezialität des Unternehmens war ein dreirädriges Kraftfahrzeug, das »Phänomobil«.[172]

Alles in allem hat es den Anschein, dass die Industrieregion Sachsen an dem hochindustriellen Wachstumsschub der Jahrhundertwende, der von den neuen Schlüsseltechnologien ausging, durchaus partizipierte. Auf der anderen Seite fielen aber auf die sächsische Textilindustrie im Jahrzehnt vor dem Ersten Weltkrieg immer noch mehr als 20 Prozent aller in Industrie, Handwerk und Handel beschäftigten Personen; im Reichsdurchschnitt waren es zu diesem Zeitpunkt gerade einmal 7,5 Prozent. War das Königreich Sachsen damit zwangsläufig auf dem Weg, das Schicksal »alter« Industrieregionen zu teilen, welche die Herausforderungen des wirtschaftlichen Strukturwandels nicht bewältigen konnten? Verlor Sachsens Wirtschaft schon in der Zeit vor dem Ersten Weltkrieg an Wachstumsdynamik und fiel gegenüber anderen Industrierevieren zurück?

Diese Fragen lassen sich anhand der momentan verfügbaren Daten letztlich nicht schlüssig beantworten. Auf der einen Seite deuten ein verlangsamtes Bevölkerungswachstum, rückläufige Geburtenraten und ein Binnenwanderungsverlust nach der Jahrhundertwende darauf hin, dass das Königreich Sachsen demografisch einen gewissen Sättigungsgrad erreicht hatte, was wiederum auch auf eine nachlassende Attraktivität des sächsischen industriellen Arbeitsmarktes deuten könnte. Doch zeigen andere Indikatoren durchaus positivere Entwicklungen an. So übertrafen die Steigerungsraten des sächsischen Volkseinkommens auch zwischen 1895 und 1907 bzw. 1913 den Reichsdurchschnitt. Das Volkseinkommen pro Kopf lag 1907 in Sachsen deutlich über dem Wert des Ruhrgebietes und war in den zwölf Jahren zuvor kräftiger als dort gewachsen. Die Dividendenausschüttungen der sächsischen Aktiengesellschaften bewegten sich in den Jahren vor dem Ausbruch des Ersten Weltkrieges ebenfalls über den reichsweiten Durchschnittswerten.[173]

Sicherlich stellte der hohe Anteil des Textilsektors in der sächsischen Unternehmenslandschaft auf längere Sicht betrachtet ein Handicap für die Region dar. Doch zumindest bis zum Ausbruch des Ersten Weltkrieges sind Anzeichen für eine Strukturkrise der sächsischen Industriewirtschaft im Allgemeinen oder der Textilindustrie im Besonderen kaum zu entdecken. Die Entwicklung der Beschäftigungszahlen zwischen 1895 und 1907 deuten darauf hin, dass auch die sächsische Textilindustrie am Vorkriegsboom teilnahm. Die Zahl der in der Textilbranche beschäftigten Personen nahm in diesen zwölf Jahren trotz rückläufigem Heimgewerbe und verstärktem Maschineneinsatz in Sachsen um fast ein Viertel zu, eine Zuwachsrate, die deutlich über dem Reichsdurchschnitt von weniger als einem Zehntel lag. Neben eher stagnierenden Textilbranchen wie der Weberei, die nur geringe Zuwachsraten an Beschäftigten verzeichnete, gab es auch wesentlich dynamischere Zweige in der textilen Fertigwarenindustrie Sachsens. Die Strumpfwirkerei beschäftigte 1895 44 000 Menschen, zwölf Jahre später waren es 59 000.

Eine ausgesprochene Boombranche war noch nach der Jahrhundertwende die im Vogtland zentrierte Stickereiindustrie, deren Beschäftigtenzahlen sich zwischen 1895 und 1907 von etwa 23 000 auf annähernd 50 000 mehr als verdoppelten. 1912 erreichte der Export von »Plauener Spitzen« seinen Rekordstand. Wenn die sächsische Maschinenstickerei im folgenden Jahr einen scharfen Absatzeinbruch erlebte, so mögen dabei der Wechsel der Damenmode und die verstärkte Spitzenproduktion in den USA, dem Hauptexportland, durchaus eine gewichtige Rolle gespielt haben. Doch sollte man diesen Einbruch nicht unbedingt als Symptom einer Strukturkrise der Branche deuten. Solche extremen Absatzschwankungen hatte es in der Plauener Spitzenindustrie, die stark von wechselnden Moden und Kaufkraftschwankungen in ihren Exportländern abhing, seit ihrer Begründung in den achtziger Jahren gegeben. Meist sorgten die flexiblen Anpassungsstrategien der Produzenten an den Geschmack und den Geldbeutel ihrer Kunden dafür, dass solche Krisen bald überwunden waren.[174]

Messe, Großhandel und Industrialisierung

Die industrielle Revolution veränderte nicht allein die Herstellung von Gütern grundlegend, sondern unterwarf auch die Warendistribution einem durchgreifenden Wandlungsprozess. Die bedeutendste Drehscheibe des Handels in Sachsen war von jeher die Messestadt Leipzig gewesen. Am Wandel der Leipziger Messen von der Waren- zur Mustermesse im Verlaufe des 19. Jahrhunderts lässt sich auch die Wirkungsmacht des Industrialisierungsprozesses recht greifbar festmachen. Bis in das 19. Jahrhundert hinein funktionierte der Leipziger Messebetrieb nach dem Prinzip einer Warenmesse: Die Verkäufer brachten ihre Waren zu bestimmten Terminen nach Leipzig. Dort fanden sich zur gleichen Zeit die Einkäufer ein, begutachteten die angebotenen Waren und kauften sie gegen Geld, Wechsel oder andere Waren.

Das war angesichts der Praxis des Warentransports vor dem Bau der Eisenbahnen eine mühsame und kostspielige Angelegenheit. Die zum Verkauf angebotenen Güter mussten oft weite Strecken schlecht ausgebauter Landstraßen auf Pferdefuhrwerken vom Verkäufer herangebracht werden, um dann vom Käufer, sofern er nicht in Leipzig selbst ansässig war, auf die gleiche Weise wieder abtransportiert zu werden. Zu den Mühen des An- und Abtransports kamen vielfältige Kosten für Weg- und Brückengebühren, Ein- und Ausfuhrabgaben. Die Strapazen und Kosten des Messehandels waren so lange als unumgänglich betrachtet worden wie gewerbliche Güter in handwerklicher Arbeit hergestellt wurden. Da sich die Qualität der einzelnen Waren stark voneinander unterscheiden konnte, kam es für die Einkäufer darauf an, vor dem Kauf jedes einzelne Stück zu prüfen.

Die Notwendigkeit der Einzelstückprüfung schwand in dem Maße, in dem die maschinelle Pro-

Planwagen zur Leipziger Messe

Leipziger Marktplatz während der Messe, 1844

duktion in der Fabrik Waren von gleichmäßiger Güte hervorbrachte. Nun reichte dem Käufer für die Begutachtung des ihm angebotenen Produkts im Grunde ein einzelnes Warenmuster. Diese Entwicklung stellte wiederum den Leipziger Messehandel in seiner hergebrachten Form grundlegend zur Disposition. Schon seit den 1820er-Jahren registrierte man in der Leipziger Kaufmannschaft mit Besorgnis, dass englische Handelshäuser nicht mehr auf den Messen vertreten waren. Stattdessen schickten sie ihre Handelsreisenden in die Provinzstädte, um den dortigen Kaufleuten ihre Warenmuster zu präsentieren. Die Gründung des Zollvereins und der kurze Zeit später beginnende Bau der ersten Eisenbahnstrecken erleichterten und verbilligten zwar einerseits den Warentransport enorm. Auf der anderen Seite brachten sie auch die Handelsreisenden mit ihren Musterkoffern schneller ans Ziel. In den sechziger Jahren waren viele Warengattungen auf den Leipziger Neujahrs-, Frühjahrs- und Herbstmessen nur noch durch Musterlager vertreten – wenn sich die Verkäufer überhaupt noch die Mühe machten, zu den jeweils mehrwöchigen Messterminen nach Leipzig anzureisen.

In den folgenden zwei, drei Jahrzehnten verstärkte sich dieser Trend noch. Auch ehemals zum Kern des Leipziger Messebetriebes gehörende Warengruppen, wie die wollenen und baumwollenen Textilien, verschwanden zusehends. Seinen atmosphärischen Tiefpunkt erreichte dieser Niedergang, als 1892 die Leipziger Michaelismesse wegen der Hamburger Choleraepidemie ganz abgesagt werden musste. Zur gleichen Zeit unternahm die Stadt Berlin ernsthafte Vorstöße, um die Leipziger Messe in die Reichshauptstadt zu ziehen. Nun regte sich aber in der Leipziger Kaufmannschaft und in den städtischen Verwaltungskörperschaften der ernsthafte Wille, Maßnahmen für die Erhaltung der Messe einzuleiten. Die Leipziger Handelskammer setzte einen Messausschuss ein und die Stadtverordneten bewilligten große Summen für den Bau moderner Messehäuser. 1896 wurde das umgebaute alte Gewandhaus, das 100 Jahre lang als Konzertsaal benutzt worden war, dem Messverkehr übergeben. 1909 konnte der neu errichtete große Städtische Handelshof eröffnet werden.

Zudem war in der Leipziger Innenstadt, die in diesen Jahren zur »City«, zum (nahezu) reinen Geschäftsviertel wurde, eine Reihe weiterer »Messpaläste« in privatwirtschaftlicher Initiative gebaut worden. Bei der Terminierung der Messen waren Stadt und Messausschuss den Wünschen der Besucher entgegengekommen und hatten seit 1894 den Beginn von Frühjahrs- und Herbstmesse vorverlegt und ihre Dauer auf drei Wochen beschränkt. Für den Großhandel war die Leipziger Messe nun zur Mustermesse geworden. Die Kleinmesse und die Schaumesse wurden aus der Innenstadt heraus auf ein separates Gelände verlegt und nahmen stärker den Charakter eines Volksfestes an.[175]

Die Entwicklung des Leipziger und des sächsischen Großhandels im Verlaufe des 19. Jahrhunderts ist weniger eindeutig zu bestimmen. Zwischen den Branchen und sogar zwischen einzelnen Unternehmen gab es recht starke Unterschiede, und es lassen sich durchaus gegenläufige Tendenzen beobachten. So erhöhte die Ausweitung und Differenzierung der Produktion im Zuge des Industrialisierungsprozesses den Bedarf an Transaktionsleistungen im Sinne einer rationellen Vermarktung der Erzeugnisse. Wo Industriebranchen durch viele kleine und mittlere Unternehmen bestimmt waren, konnten Produzenten und Großhandel in vielen Fällen zu einem für alle Seiten vorteilhaften Arrangement kommen. So bildete sich nach dem Aufschwung der sächsischen Gardinen- und Spitzenindustrie im späten 19. Jahrhundert ein auf diese Produkte spezialisierter Großhandel heraus, der den Vertrieb der Erzeugnisse von verschiedenen Fabrikunternehmen übernahm. In ihrem jeweiligen Einzugsbereich führten diese Großhändler ein ausgewogenes breites Angebot an Gardinen und Spitzen, so dass die Hersteller sich auf jeweils bestimmte Dessins konzentrieren und die Kosten für einen umfangreichen eigenen Vertreter- und Vertriebsapparat sparen konnten. Dagegen erschien es vielen Großunternehmen vorteilhafter, den Vertrieb ihrer Produkte selbst zu organisieren. Maschinenbaufirmen, deren Erzeugnisse oft der technischen Anleitung und der regelmäßigen Wartung bedurften, standen unter besonderem Druck, sich aktiv in den Vertrieb einzuschalten.[176]

Wir können allerdings in Sachsen auch die umgekehrte Tendenz beobachten: das Vordringen von Handelsunternehmen in die Produktion. Das war an sich keine neue Entwicklung, vor allem, wenn man sich die Entfaltung des protoindustriellen Verlagssystems und den Übergang zur frühindustriellen Textilfabrik vor Augen hält. Im Allgemeinen war aber mit dem Schritt

Städtisches Kaufhaus, Leipzig

zur Fabrik der Stellenwert des Handels gegenüber der Produktion in diesen Unternehmen bald zurückgetreten. In einigen Branchen gliederten sich Großhandelsunternehmen jedoch während des 19. Jahrhunderts vermehrt eigene Produktionsabteilungen an, ohne dass dies mit einer grundlegenden Umorientierung der Unternehmenstätigkeit verbunden gewesen wäre.

Diese Entwicklung kann man etwa in der sächsischen Rauchwarenwirtschaft verfolgen, die sich in Leipzig und Umgebung konzentrierte. Die Messestadt hatte im 19. Jahrhundert ihre Position als weltweit bedeutendster Handelsplatz für Pelzwaren festigen können. Die Rauchwarenfirmen kauften die Rohpelze auf den regionalen Messen und Umschlagplätzen der Zucht- und Fanggebiete, vor allem in Nordamerika und Russland, brachten sie nach Leipzig und verteilten sie von hier auf die globalen Märkte. Saisonaler Höhepunkt des Leipziger Rauchwarenhandels war die Frühjahrsmesse. In einer Straße in der Leipziger Innenstadt, dem Brühl, reihte sich ein Pelzwarengeschäft neben das andere. Von hier aus operierten die Großhandelsfirmen, aber auch viele kleinere Händler, Kommissionäre und Handelsagenten mischten in dem oft riskanten und spekulativen Rauchwarengeschäft mit.

Etwa die Hälfte der Leipziger Rauchwarenhändler waren Juden, oft osteuropäischer Herkunft, die über dicht verflochtene Netzwerke persönlicher Beziehungen und verwandtschaftlicher Bindungen in Russland verfügten. Die größeren Rauchwarenunternehmen unterhielten eigene Zurichtungsstätten und Kürschnereien, die sich in den Leipziger Vororten und einigen Kleinstädten der weiteren Umgebung (Markranstädt, Lützen, Weißenfels, Rötha) angesiedelt hatten. Ein kleinerer Teil der Betriebe dieser Rauchwarenindustrie arbeitete zwar auf eigene Rechnung. Die meisten richteten aber Pelze und Borstenwaren im Auftrag von Leipziger oder auch auswärtigen Händlern und Kürschnern her oder sie befanden sich, wie gesagt, im Besitz der Großhändler.[177]

In gewissem Sinne entwickelte der Leipziger Buchhandel im 19. Jahrhundert ganz ähnliche Strukturen wie die Rauchwarenwirtschaft. Zum einen entstanden hier eine ganze Reihe großer Buchverlagsunternehmen, die schon früh begannen, die vorgelagerten Produktionsstufen, sprich: Druckerei und Buchbinderei, einzugliedern. Zum anderen fungierte auch hier die Stadt Leipzig als Drehscheibe überregional ausgerichteter Handelsbeziehungen, deren Kernstück der »Verkehr über Leipzig« war. Die Schlüsselfunktion kam in diesem System dem in Leipzig ansässigen Kommissionsbuchhandel zu, der den Waren- und Zahlungsverkehr zwischen Verlagen und Sortiments-

Messestände im Städtischen Kaufhaus, Leipzig, um 1910. Fotografie von Hermann Walter

Buchhändlerhaus, Leipzig, erbaut 1888

buchhandlungen vermittelte. In der Praxis richteten die Buchhandlungen in Deutschland und zum größeren Teil auch im deutschsprachigen Ausland ihre Bestellungen en bloc an ihren Leipziger Kommissionär, der wiederum die bestellten Bücher bei den verschiedenen Verlagen orderte und an die Sortimenter weiterleitete.

Diese zentrale Vermittlungsfunktion des Leipziger Buchhandels zog ein breites Spektrum buchgewerblicher Unternehmen in die Stadt. Buchverlage konnten durch die räumliche Nähe zum Kommissionsbuchhandel ihre Versandkosten minimieren. Einige Firmen unterhielten große Lager gängiger Bücher, Barsortimente, was Lieferungen an die Sortimentsbuchhandlungen wesentlich beschleunigte. Es hatten sich zudem eine Reihe von Spezialbranchen des Buchhandels in Leipzig angesiedelt, allen voran der Musikalienhandel, der Verlag von Notenblättern. Dazu kamen der Antiquariatsbuchhandel, der Landkartenverlag und andere Sparten mehr. Diese lokale Ballung von Verlagen zog wiederum zahlreiche polygrafische Unternehmen nach Leipzig, nicht zuletzt auch solche, die sich hier auf bestimmte Spezialitäten wie eben den Druck von Notenblättern oder Landkarten konzentrierten. Die »Cantate-Woche« der Leipziger Frühjahrsmesse galt vor 1914 als bedeutendste jährliche Zusammenkunft des deutschsprachigen Buchhandels. Auch der 1825 ins Leben gerufene Spitzenverband der Branche, der Börsenverein des Deutschen Buchhandels, hatte seinen Sitz in Leipzig.[178]

Der Einzelhandel im Wandel

Nicht allein der Großhandel wurde von den Auswirkungen des Industrialisierungsprozesses erfasst, sondern auch der Einzelhandel. Der Verkauf von Waren an den Endkonsumenten, war im Verlaufe des 19. Jahrhunderts einem durchgreifenden Strukturwandel unterworfen. Ganz allgemein gesprochen löste die industrielle Revolution zwei in einem engen Kausalzusammenhang stehende Entwicklungen aus, die einerseits eine enorme Expansion des Einzelhandelssektors mit sich brachten und andererseits seine Organisation von Grund auf veränderten. Zum einen vergrößerte, vervielfältigte und verbilligte sich das Warenangebot auf den Märkten mit dem Übergang zur industriellen Massenproduktion. Die zunehmende Verfügbarkeit billiger Konsumwaren ging zum anderen einher mit der wachsenden Verbreitung industrieller Lohnarbeit. Dies wiederum trug dazu bei, dass Güter für den täglichen Bedarf nun eher gekauft als, wie bislang üblich, zu Hause von den Verbrauchern selbst hergestellt wurden.

Um den Gestaltwandel des Einzelhandels im 19. Jahrhunderts zu verdeutlichen, sollten wir zunächst einen Blick auf die Versorgung der Bevölkerung mit marktgängigen Bedarfsgütern um 1800 werfen. Zunächst einmal spielten beim Warenaustausch zwischen Einzelhändlern und Verbrauchern örtlich und zeitlich gebundene Märkte eine wichtige Rolle. Zu diesem Typus gehörten Jahrmärkte und die ein- bis mehrmals jährlich veranstalteten Warenmessen, auf denen sich selbst in Leipzig nicht nur die Großhändler einfanden, sondern dem Publikum ebenso Waren im Einzelverkauf Bedarf angeboten wurden. Die städtischen und ländlichen Wochenmärkte wiederum dienten vor allem der Lebensmittelversorgung der Bevölkerung. Hier boten Bauern ihre Produkte ebenso an wie zünftige und unzünftige Händler – »Kramer« und »Höker« – und die ansässigen Lebensmittelhandwerker. Auswärtige Händler wurden zwar gewöhnlich auch zu städtischen Wochenmärkten zugelassen, mussten sich aber oft mit den ungünstigsten Plätzen auf dem Markt begnügen oder hohe Marktgebühren zahlen. Außerhalb dieser Märkte war der Einzelhandel in der Stadt im Prinzip den Krämern vorbehalten, die gewöhnlich feste Verkaufsgeschäfte – Kramläden – betrieben und dort ein meist recht schmales Warensortiment vertrieben. Allerdings besaßen auch die zünftigen Handwerker in der Regel für die von ihnen hergestellten Produkte das Verkaufsrecht, den »Handwerkskram«. Den Großkaufleuten stand es, sofern sie das Kramerrecht erworben hatten, ebenfalls frei, ihre Handelswaren en détail zu verkaufen.

Neben den periodisch abgehaltenen Märkten und Messen und dem sesshaften, vor allem städtischen Ladenhandel war am Anfang des 19. Jahrhunderts für die Versorgung insbesondere der ländlichen Bevölkerung mit Gebrauchsgütern noch eine dritte Form des Einzelhandels verbreitet, der Wander- und Hausierhandel. Im Wanderhandel wurde eine breite Palette von Konsumgütern vertrieben, von Textilien und Haushaltsgeräten, über haltbare Lebensmittel wie Kaffee, Zucker und Käse, Genussmittel wie Tabak und Branntwein bis zu populären Büchern. Der Warenhandel trug dazu bei, ein ständiges Angebot an Konsumgütern über die Markt- und Messetermine hinaus bereitzustellen. Dies galt vor allem für die »Fremdhausierer«, die ihre Waren von Großkaufleuten oder den Produzenten direkt bezogen. Dagegen fehlte den »Selbsthausierern«, die selbst hergestellte Produkte verkauften, diese Anbindung an den städtischen Fernhandel.[179]

Alle diese traditionellen Formen des Einzelhandels gab es in mehr oder minder modifizierter Form auch noch am Ende des 19. Jahrhunderts. Die Zahl der Wochenmärkte hatte sich vor allem in den größeren Städten sogar vermehrt. Es genügte nun nicht mehr ein zentraler Markt, sondern Markttage wurden zusehends auch in den einzelnen Stadtteilen und Vororten abgehalten. Allerdings hatten sich die Landwirte mehr und mehr von der Eigenvermarktung ihrer Erzeugnisse auf den Wochenmärkten zurückgezogen. Zwischenhändler kauften Lebensmittel in großen Mengen auf dem Lande auf, gaben sie an den städtischen Einzelhandel weiter oder boten sie selbst auf den Wochenmärkten an. Mit der Durchsetzung der Gewerbefreiheit in den 1860er-Jahren wurde es für die städtischen Kramer und Handwerker schwieriger, auswärtige Händler fernzuhalten oder zu diskriminieren. Während die Bedeutung des Wanderhandels und der Messen und Märkte für den Detailvertrieb von Waren, zumindest relativ gesehen, im Laufe des 19. Jahrhunderts zurückging, wurden die stationären Verkaufsläden zum weitaus wichtigsten Medium der Verteilung von Bedarfsgütern.

Allerdings war diese Form des kleingewerblichen Einzelhandels mit dem Fortschreiten des Industrialisierungsprozesses und dem Übergang zur Gewerbefreiheit in der zweiten Jahrhunderthälfte einem grundlegenden Wandel unterworfen. Der zünftig organisierte städtische Kramhandel mit seinem stark regulierten Warensortiment, das meist aus Textilien und Kolonialwaren bestanden hatte, machte nach 1861 einem wesentlich erweiterten und verbreiterten Detailgewerbe Platz. Zum einen erleichterte die Gewerbefreiheit eine rasche Ausdehnung des sesshaften Kleinhandels aufs Land. Zum anderen vermehrte sich mit der Ausweitung des Warenangebots und der steigenden Nachfrage der städtischen und ländlichen Konsumenten die Zahl der Ladengeschäfte beträchtlich.

Allerdings kamen von den länger etablierten Ladenbesitzern immer wieder Klagen über eine »Übersetzung« des Einzelhandels. Nachdem die sächsische Gewerbeordnung von 1861 die wesentlichen Hindernisse für den Einstieg in eine selbstständige gewerbliche Tätigkeit beseitigt hatte, hofften viele Menschen aus den ärmeren Bevölkerungsschichten, sich mit der Eröffnung eines kleinen Ladengeschäfts eine bescheidene Existenzgrundlage zu verschaffen. Zahlreiche verheiratete und verwitwete Frauen versuchten auf diese Weise, ihr unzureichendes Haushaltseinkommen aufzubessern. Die wachsende Konkurrenz innerhalb des Kleinhandels schlug sich im letzten Drittel des 19. Jahrhunderts im Rückgang der Gewinnmargen nieder. Der hohe Grad der urbanen Bevölkerungsverdichtung in Sachsen trug wesentlich dazu bei, dass hier die Zahl der Einzelhändler pro Kopf der Bevölkerung um 1900 einen reichsweiten Spitzenplatz einnahm.

Mit der zahlenmäßigen Ausbreitung des Detailhandels setzte auch eine stärkere Differenzierung der Ladengeschäfte nach Warenangebot, Standort und Größe ein. In den größeren Städten entstanden neben Gemischt- und Kolonialwarenläden mit breitem Warenangebot für den täglichen Bedarf zahlreiche Geschäfte, die sich auf bestimmte Warengruppen spezialisierten, von den hergebrachten Verkaufsläden des Lebensmittelhandwerks (Bäckereien, Fleischereien), über Delikatess-, Spirituosen-, Kaffee-, Milch- oder Tabakläden bis zu Spezialgeschäften, die Haushaltsgeräte, Kurzwaren, Kleidung u. a. m. anboten. In den Großstädten verwiesen unterschiedliche Standorte gleichartiger Einzelhandelsgeschäfte auf den spezifischen sozialen Status des Kundenkreises wie auf den des Ladeninhabers selbst. In den innenstädtischen Lagen mit hohen Grundstückspreisen und Ladenmieten bot ein besser situierter Einzelhandel hochwertige und teure Waren an. Ladenbesitzer in den Arbeitervierteln verkauften Verbrauchsgüter des täglichen Bedarfs in einfacherer Qualität und zu niedrigen Preisen. Erfolgreichere Einzelhändler gründeten Filialgeschäfte in unterschiedlichen Stadtteilen oder expandierten sogar über die Grenzen ihrer Stadt hinaus.

Während einerseits Läden, die Waren des täglichen Bedarfs anboten, sich mehr oder minder gleichmäßig über das Stadtgebiet verteilten, siedelten sich Geschäfte, die speziellere und von den einzelnen Konsumenten nur gelegentlich benötigte Produkte führten, vornehmlich in den Stadtzentren an. In den größeren Städten wandelten sich auf diese Weise die alten Stadt-

Warenhaus Herzfeld, 1901 errichtet

Kaufhaus Brühl, Leipzig, 1907/1908

kerne zusehends zu Geschäftsvierteln. Seit der Reichsgründungszeit entstanden zunächst in Berlin, später auch in anderen deutschen Großstädten Einkaufspassagen. Als erste sächsische Stadt – und als erste deutsche Stadt nach Berlin – erhielt Chemnitz 1884 eine Einkaufspassage, 1898 und 1899 folgte Dresden, während die Leipziger bis 1909 auf eine solche Errungenschaft urbaner Modernität warten mussten. 1914 wurde in der Messestadt aber schon die dritte Ladenpassage eröffnet.[180]

Warenhäuser und Konsumvereine

Im späten 19. Jahrhundert entwickelten sich auch im Einzelhandel zusehends großbetriebliche Strukturen, und zwar in Form der Konsumgenossenschaft sowie in der des Kaufhauses. Der Großbetrieb im Einzelhandel besaß einige grundlegende Wettbewerbsvorteile gegenüber den kleineren Detailgeschäften. Erstens ließen sich mit einem hohen Warenumschlag ansehnliche Gewinne mit relativ geringen Profitmargen für die einzelne Ware erzielen. Zweitens konnten solche Unternehmen als Großabnehmer gegenüber ihren Lieferanten günstigere Bezugsbedingungen durchsetzen, als dies im Allgemeinen den kleinen Geschäften möglich war. Drittens gingen Kaufhausfirmen wie Konsumgenossenschaften dazu über, direkt beim Hersteller einzukaufen und schalteten so den Groß- und Zwischenhandel aus. Große Kaufhäuser und Konsumgenossenschaften waren daher in der Lage, ihre Waren wesentlich billiger anzubieten als ihre kleinbetriebliche Konkurrenz.

Sachsens bedeutendstes Warenhausunternehmen entstand allerdings nicht in einer der drei Großstädte, sondern ging vom Kern des westsächsischen Kohlenreviers aus. 1901 eröffnete Simon Schocken im Auftrag des Leipziger Kaufhauses Gebr. Ury eine Filiale in Zwickau. Nach dem Erfolg des Zwickauer Hauses gründete sein Bruder Salman ein ähnliches Geschäft in Oelsnitz im Erzgebirge. Beide Geschäfte gingen 1907 in den gemeinsamen Besitz der Brüder Schocken über. Hinzu kam eine Einkaufszentrale in Zwickau, die für die Belieferung beider Häuser zuständig war. In den nächsten Jahren bauten Simon und Salman Schocken schnell und planmäßig ihr Kaufhausimperium aus. Bis 1910 wurden drei weitere Warenhäuser im westsächsischen Industrierevier eröffnet, in Lugau, in Aue und in Planitz. In den unmittelbaren Vorkriegsjahren griffen die Schockens mit der Gründung von Filialen in Meißen, Zerbst, Cottbus sowie in Frankenberg und Freiberg über die Grenzen des sächsischen Kohlenreviers hinaus.

Gebäude des Konsumvereins Plagwitz, um 1900

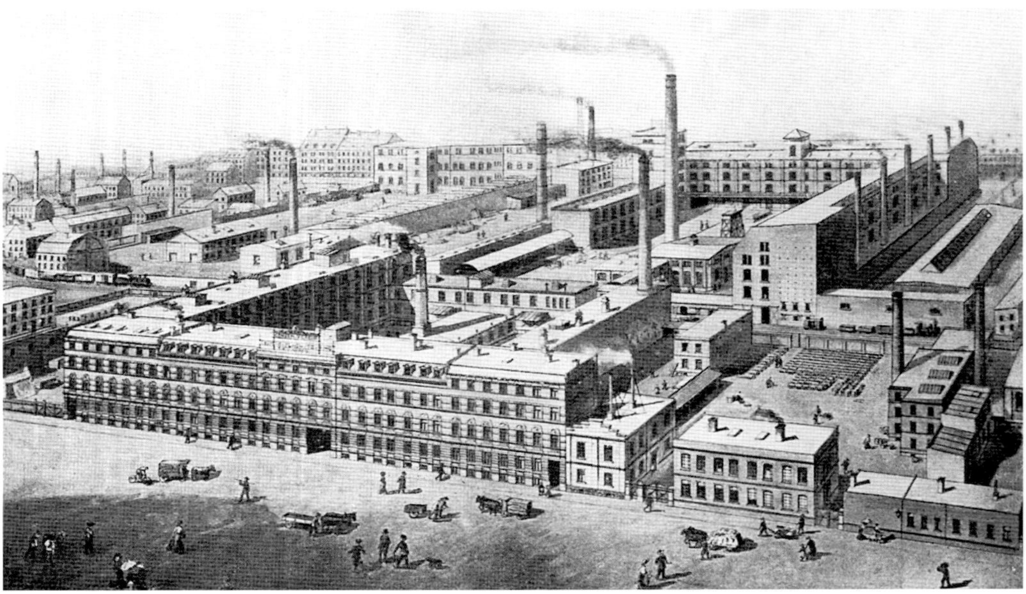

Der Erfolg der Kaufhauskette Schocken im industriellen Ballungsgebiet um Zwickau deutet darauf hin, dass die Industriearbeiterschaft um 1900 zu einem durchaus kaufkräftigen Konsumentenkreis geworden war. Die Voraussetzung für eine erfolgreiche Umsetzung des Konzepts, diese Kaufkraft mit preiswerten Warenhäusern im klein- und mittelstädtisch geprägten Industrierevier am westlichen Erzgebirgsrand abzuschöpfen, waren dichte und billige Verkehrsverbindungen. Als effektive Werbemaßnahme erwies es sich dabei für das Kaufhausunternehmen Schocken, mit der Bahn angereisten Kunden die Fahrtkosten zu erstatten. Bei der Eröffnung des Kaufhauses Schocken in Zwickau verkündete die Geschäftsleitung der Kundschaft ausdrücklich, man verkaufe »zu streng festen Preisen, die auf jedem Gegenstande für den Käufer sichtlich vermerkt sind«.

Diese Form des Verkaufs war um die Jahrhundertwende noch keineswegs eine Selbstverständlichkeit. Im kleinen Detailhandel war es immer noch weithin üblich, dass um die Preise gehandelt wurde. Der Schritt zum Großbetrieb im Einzelhandel musste dieser Praxis notwendigerweise ein Ende bereiten. Genaue Kalkulationen, die für eine Preisgestaltung mit niedrigen Gewinnmargen nötig waren, machten Festpreise unverzichtbar. Zudem wäre das Personal überfordert gewesen, bei jedem Verkaufsvorgang mit den Kunden um den Preis zu feilschen. Zahlen musste der Käufer in bar; das sonst übliche »Anschreiben«, also der Kauf auf Kredit, ließ sich ebenfalls nicht mit dem Konzept des Kaufhauses vereinen. Die persönliche Bindung zwischen dem Ladenbesitzer und seinen Kunden, die den kleinen Einzelhandel charakterisierte, war im Kaufhausbetrieb nicht mehr vorhanden.[181]

Als andere Variante des großbetrieblichen Einzelhandels entwickelte sich seit den 1860er-Jahren die Form des Konsumvereins. Im Kern waren diese Unternehmen Selbsthilfeeinrichtungen von Konsumenten aus den städtischen Unterschichten, die sich genossenschaftlich zusammenschlossen und mit ihren kleinen Einlagen einen Grundstock an Kapital aufbrachten. Auf dieser Grundlage konnten die Konsumgenossenschaften Waren des täglichen Bedarfs unter möglichster Umgehung des Zwischen- und Großhandels einkaufen, diese wiederum billig abgeben und die Gewinne als Dividenden am Jahresende an ihre Mitglieder ausschütten. Die Konsumvereinsbewegung fand im Königreich Sachsen besonders günstige Wachstumsbedingungen. Hier gab es schon frühzeitig viele Industriearbeiter, die gezwungen waren, sich mit selbst gekauften Lebensmitteln zu versorgen.

Zunächst wurden Konsumgenossenschaften häufig in einzelnen, abseits gelegenen Fabriken gegründet, teilweise von den Unternehmern selbst für die Versorgung ihrer Beschäftigten mit Lebensmitteln und anderen einfachen Gebrauchsgütern initiiert. Bis zur Jahrhundertwende verbreiteten sich die Konsumvereine nahezu flächendeckend in den sächsischen Industrierevieren und urbanen Zentren. 1907 gab es in Sachsen 200 Konsumgenossenschaften mit zusammengenommen rund 235 000 Mitgliedern, so dass jeder 19. Einwohner des Königreiches einem solchen Verein angehörte – im Reichsdurchschnitt war es nur einer von 58 Einwohnern. Sachsen hatte damit von allen Bundesstaaten und preußischen Provinzen (außer den Stadtstaaten) das dichteste Konsumvereinsnetz. Rund drei Viertel der Mitglieder von Konsumvereinen in Sachsen waren 1906 Arbeiter und Angestellte. Immerhin mehr als sieben Prozent entstammten dem gewerblichen Mittelstand, der Rest verteilte sich auf Beamte, Altersrentner und verwitwete Frauen.

Die Mehrzahl der sächsischen Konsumgenossenschaften war dem schon 1867 gegründeten Verband sächsischer Konsumvereine angeschlossen. Ein Großteil ihres Warenangebots bezogen die diesem Dachverband angeschlossen Vereine in den Jahren vor 1914 über eine gemeinsame, in Hamburg ansässige Großeinkaufsgesellschaft, an deren Gründung die sächsischen Genossenschaften wesentlich beteiligt gewesen waren. Gewöhnlich boten die einzelnen Konsumvereine ihren Mitgliedern Kolonialwaren, Bekleidungsartikel und Schuhe, zum Teil auch Brot-, Milch- und Fleischprodukte, Töpferwaren, Kohlen und andere Bedarfsartikel an. Einige größere Konsumvereine waren dabei auch in die Eigenproduktion eingestiegen. Der Konsumverein (Leipzig-) Plagwitz, mit rund 40 000 Mitgliedern eine der größten Einrichtungen ihrer Art in Deutschland, betrieb eine Getreidemühle, zwei Bäckereien, eine Großschlachterei und eine Kaffeerösterei. Gerade der Plagwitzer Verein stand in enger personeller Verbindung mit der sozialdemokratischen Arbeiterbewegung; ein größerer Teil der sozialdemokratischen Stadtverordneten in Leipzig war als Lagerhalter oder in ähnlichen Positionen im Konsumverein angestellt.

Seit den 1890er Jahren machten die Verbände des gewerblichen Mittelstandes gegen die Konsumvereine wie gegen die Warenhäuser mobil. Politische Unterstützung erhielten sie dabei vor allem von den Konservativen und den in Sachsen besonders stark organisierten antisemitischen Parteien. Die Vorstöße der organisierten Einzelhändler und Handwerksmeister zielten auf gesetzliche Beschränkungen und eine besondere Besteuerung von Großbetrieben im Einzelhandel. Die Agitation der Mittelstandsverbände und ihrer politischen Verbündeten bediente sich nicht selten antisemitischer Stereotypen, um die Geschäftspraktiken der Kaufhäuser zu brandmarken. Unter den Warenhausbesitzern wurden besonders viele Juden vermutet, was etwa im Falle der Brüder Schocken tatsächlich zutraf. Auch die Nähe der Konsumgenossenschaften zur Sozialdemokratie griffen die Mittelstandsverbände immer wieder auf, um die politischen Entscheidungsträger von der »staatstragenden« Dimension ihrer Forderungen zu überzeugen.

Im sächsischen Landtag fanden seit 1900 Anträge zur Einführung einer besonderen Umsatzsteuer für Konsumvereine und Warenhäuser immer wieder Mehrheiten, doch verweigerte die Staatsregierung letztlich die Zustimmung zu entsprechenden landesgesetzlichen Regelungen. Eine Reihe sächsischer Gemeinden, darunter die Stadt Chemnitz, führte solche Steuern auf kommunaler Ebene ein. Die Stadt Dresden, in deren kommunalen Selbstverwaltungskörperschaften der gewerbliche Mittelstand besonders zahlreich vertreten war, belegte die drei örtlichen Konsumvereine mit einer scharfen Sondersteuer, erhielt aber für diese Maßnahme nicht den erforderlichen Konsens der staatlichen Aufsichtsbehörde. Seit der Jahrhundertwende versuchten die Einzelhändler auch mit kollektiven Selbsthilfemaßnahmen der wachsenden Konkurrenz der Konsumvereine und Warenhäuser zu begegnen. Kolonialwarenhändler fanden sich zur Gründung von Wareneinkaufsgenossenschaften zusammen, um ihrerseits die Vorteile eines Einkaufs in großen Mengen und der Ausschaltung des Zwischen- und Großhandels zu nutzen. 1907 gab es in Sachsen allerdings erst 13 solcher Genossenschaften mit insgesamt 543 Mitgliedern. Größere Verbreitung fanden hier offenbar so genannte Rabattsparvereine, die von Detaillisten für ihre Kunden ins Leben gerufen wurden. Den Mitgliedern solcher Vereine gewährten die Einzelhändler bei Barzahlung einen bestimmten Rabatt, der jeweils zum Jahresende ausbezahlt wurde.[182]

Die Anfänge moderner Produktwerbung

Mit der Industrialisierung der Produktion und den Strukturveränderungen im Handel änderte sich im ausgehenden 19. Jahrhundert auch die Art und Weise, in der Konsumgüter vermarktet wurden. Die wachsende Diversifizierung und Vermehrung des Warenangebots führte zwangsläufig dazu, dass gleichartige und gleichwertige Güter verschiedener Hersteller auf den Verbrauchermärkten in Wettbewerb zueinander traten. Die Kunden hatten also die Auswahl und mussten – aus der Sicht der Anbieter – vom Kauf eines ganz bestimmten Produkts überzeugt werden. Der Werbung für Konsumgüter kam nun eine zunehmende Bedeutung zu. Es entwickelten sich seit den 1880er Jahren viele Formen und Methoden der Präsentation von Waren, die uns heute noch geläufig sind. Der innerstädtische Einzelhandel bot nun seine Waren in Schaufenstern an, die im Zuge der Elektrifizierung nach Einbruch der Dunkelheit beleuchtet werden konnten. In Zeitungsanzeigen, auf Plakaten, Blechschildern und an Litfaßsäulen wurden Geschäfte und einzelne Produkte beworben. Waren wurden immer aufwändiger und bunter verpackt, während sie bislang allenfalls beim Verkauf in einfaches Papier eingewickelt worden waren.

Diese Entwicklungen waren in Leipzig und Dresden mit ihren großen und modernen Einkaufsvierteln und den in diesen Städten und ihrer Peripherie ansässigen zahlreichen Konsumgüterindustrien besonders frühzeitig zu beobachten. Vor allem in der sächsischen Landeshauptstadt war um 1900 ein ganzer Branchenkomplex im Entstehen begriffen, der direkt oder indirekt mit der Werbung für und der Präsentation von Konsumgütern beschäftigt war. Hier hatten sich Hersteller von Verpackungen ebenso angesiedelt wie polygrafische Unternehmen, die sich auf die Bedruckung solcher Warenverpackungen spezialisierten. In Dresden wurden Blechschilder hergestellt, ein beliebter Werbeträger für Bier, Schokolade, Zigaretten und andere Verbrauchsgüter, deren Produktionsstätten sich wiederum in der sächsischen Hauptstadt konzentrierten.[183]

Ein Dresdner Unternehmen, die Firma F. A. Lingner, führte denn auch seit der Jahrhundertwende einen der erfolgreichsten und innovativsten Werbefeldzüge für ein einzelnes Produkt. Das Erzeugnis selbst war an sich eher unspektakulär: Lingner hatte 1893 von der Chemischen Fabrik von Heyden eine desinfizierende Lösung erworben, ein Nebenprodukt aus der Salicylsäureherstellung des Radebeuler Unternehmens. Die Firma Lingner bot nun dieses einfach, billig und massenhaft herstellbare chemische Substrat unter dem Namen »Odol« als »Mundwasser« an, als Mittel zur Gesundheitspflege für Zähne und Mund. Mit der Benennung seines Produkts und der Verwendung eines einheitlichen Schriftzugs für Werbung und Verpackung hatte Lingner einen Markenartikel geschaffen. Das eigentümlich geformte Fläschchen, in dem das Odol-Mundwasser verkauft wurde, erwies sich als ein Zeichen mit so hohem Wiederkennungswert, dass in einer zeitgenössischen Karikatur Karl August Lingners Kopf aufgepfropft auf ein Odol-Fläschchen als Körper erscheint.

Dass viele Konsumgüterfirmen im späten 19. Jahrhundert dazu übergingen, ihre Waren mit bestimmten »Marken« – Namen, Schriftzügen, Symbolen u. ä. – zu kennzeichnen, hatte seine tiefere Ursache im allgemeinen Wandel der Beziehung zwischen Verkäufern und Konsumenten. In den übersichtlichen Strukturen der vorindustriellen Gesellschaft waren die am Ort ansässigen Kaufleute und Handwerksmeister wie die regelmäßig erscheinenden Wanderhändler in der Regel persönlich mit ihren Kunden bekannt. Die Einbindung von Verkäufern und Käufern in engmaschige soziale Netzwerke schuf Vertrauen, musste doch letztlich der Anbieter für die Qualität der Waren mit seiner Person bürgen. Mit der wachsenden Anonymisierung des Kaufens und Verkaufens im städtischen Detailhandel verschwanden diese sozialen Regelmechanismen zusehends. Die Einführung von Markenartikeln war gewissermaßen als vertrauensbildende Maßnahme gedacht, denn damit verband sich die Vorstellung, eine Marke garantiere, dass eine bestimmte Ware in hoher und beständig gleich bleibender Qualität angeboten würde. Im Deutschen Reich waren Zeichen, die »zur Unterscheidung der Waren eines Gewerbetreibenden von den Waren anderer Gewerbetreibender auf den Waren selbst oder auf der Verpackung angebracht werden«, seit 1874 gesetzlich geschützt. 1894, im Jahr nach der Gründung der Firma Lingner, wurde dieser Schutz auf bloße Warenbenennungen ausgeweitet.

Mit der Findung eines Namens für das Produkt – »Odol« – und gewisser spezifischer Merkmale seiner visuellen Präsentation und Verpackung – Namenszug und Fläschchen – hatte Friedrich August Lingner allerdings nur einen ersten Schritt zur Durchsetzung seines Markenartikels am Markt getan. Mundwasser war ein neuartiges Produkt, dessen Funktionsweise und Zweck erklärt und von dessen Nutzen potenzielle Käufer überzeugt werden mussten. Lingners Werbestrategie zielte daher zunächst vor allem darauf ab, der Öffentlichkeit nahe zu bringen, in der Hygiene von Mund und Zähnen ein Problem zu sehen, das mit der täglichen Anwendung von »Odol« zu lösen war. Dabei konnte er sich auf die von der zeitgenössischen Hygiene-Bewegung verbreitete Vorstellung stützen, dass überall bösartige Keime, Bakterien und Bazillen lauerten und die Gesundheit der Menschen bedrohten.

Das Mundwasser »Odol« wurde in die Reihe der von Wissenschaftlern und Ärzten propagierten Maßnahmen zur Säuberung und Desinfizierung der städtischen Umwelt wie des menschlichen Körpers gerückt. Lingner selbst war, nachdem ihm »Odol« schon ein Vermögen eingebracht hatte, initiativ an der Organisation der ersten deutschen Hygieneausstellung in Dresden beteiligt und stiftete aus diesem Anlass ein permanentes wissenschaftliches Ausstellungsgebäude, das Deutsche Hygienemuseum. Allerdings verließ sich die »Odol«-Werbung nicht allein auf die Erzeugung von Angst vor hygienischen Gefahren und den (vorgeblich) wissenschaftlichen Nachweis der gesundheitlichen Vorbeugewirkung des Lingner'schen Mundwassers. Es finden sich in den Annoncen und Plakaten für »Odol« zwei weitere Elemente moderner Werbepsychologie, die auch heute noch gerne eingesetzt werden. Zum einen sprach die Werbung Wünsche nach sozialer Distinktion an, indem Menschen aus der Oberschichten als Konsumenten des Produkts vorgeführt wurden. Zum anderen eignete sich das Produkt Mundwasser auch dazu, erotisch aufgeladene Wunsch-Bilder zu transportieren. In einer Werbeanzeige der Zeit vor dem Ersten Weltkrieg sehen wir eine lächelnde junge Frau das Odol-Fläschchen präsentieren und ein kleines Gedicht verspricht daneben:

»Odol«-Werbung

»Ein Kuss, den mir mein Schätzchen reichet,
Dess Mündchen durch Odol-Genuss
Der duftig-frischen Rose gleichet –
Ja so ein Kuss, das ist ein Kuss«.[84]

Urbanisierung, Städtebau und Kommunalwirtschaft

Die Industrialisierung zog große Massen Arbeit suchende Menschen in die Städte und ihre Peripherie. Diese Entwicklung stellte vor allem im ausgehenden

19. Jahrhundert die sächsischen Kommunen vor immense Herausforderungen. Die Zuwanderer benötigten ausreichenden Wohnraum. Von den Menschenballungen gingen erhöhte Seuchengefahren aus. Die weit über ihre alten Stadtmauern hinaus wachsenden Städte mussten mit Straßen und öffentlichen Verkehrsmitteln erschlossen und mit Wasser-, Gas- und Stromleitungen versorgt werden. Bis ins frühe 19. Jahrhundert waren die Einwohnerzahlen der sächsischen Städte im Allgemeinen nur relativ mäßig vom protoindustriellen Wachstum beeinflusst worden. Lediglich Chemnitz und Plauen, beides Zentren der frühen Industrialisierung, deren Einwohnerschaft sich zwischen 1750 und 1843 mehr als verdoppelte, wiesen ein überdurchschnittliches Wachstum auf. Insgesamt trug aber der ausgeprägt ländliche Charakter der protoindustriellen Verlagsökonomie in Sachsen wesentlich dazu bei, dass von Mitte des 18. Jahrhunderts bis ins erste Drittel der 19. Jahrhunderts der Anteil der Stadtbevölkerung gegen den Trend der Jahrhunderte davor zurückging.

Seit den 1830er-Jahren, als sich die Zentralisierung der Produktion in den Fabriken beschleunigte, drehte sich diese Entwicklung um und die Städte wuchsen in den folgenden vier Jahrzehnten deutlich schneller als die Landgemeinden. Zwischen 1834 und 1871 nahm die Bevölkerung der sächsischen Städte um 94 Prozent zu, die der Landgemeinden aber nur um 43 Prozent. In den folgenden knapp 20 Jahren bis 1890 setzte sich aber gerade in den industriellen Regionen Südwestsachsens und in der Umgebung der drei Großstädte Dresden, Leipzig und Chemnitz wieder ein gegenläufiger Trend durch: Die Einwohnerzahl der Landgemeinden wies nun zum Teil beträchtlich höhere Zuwachsraten auf als die der Stadtkommunen. In dieser Entwicklung kam einmal der Umstand zum Ausdruck, dass sich in vielen Städten nun die Bebauung über das Stadtgebiet hinaus in die noch selbstständigen Vorortgemeinden ausdehnte. Zum anderen wuchsen vor allem in den ursprünglich kleinstädtisch-ländlich geprägten Gewerberevieren zahlreiche »Industriedörfer« zu Ortschaften mit mehreren tausend Einwohnern heran, ohne dass sie vorerst das Stadtrecht erhielten.[185]

Gerade das Vorschieben der städtischen Bebauungsgrenzen über den administrativen Zuständigkeitsbereich der Stadtverwaltungen hinaus verschärfte die Herausforderungen noch, die das schnelle urbane Wachstum mit sich brachte. Neue Siedlungs- und Industriekomplexe entstanden nun auf den Gemarkungen der Landgemeinden, die kaum die Ressourcen aufbringen konnten, um solche Entwicklungen zu steuern. Die bauplanerische Erschließung dieser Flächen blieb in der Praxis letztlich oft weitgehend den Grundbesitzern überlassen: den Fabrikunternehmen, die sich dort angesiedelt hatten, Terraingesellschaften und Bauunternehmern, die in der Hoffnung auf schnelle Wertsteigerungen solcher Areale größere Flächen aufgekauft hatten, oder einzelnen bäuerlichen Alteigentümern, die ihre Äcker auf eigene Faust in Bauland umwandelten.

Der Staat versuchte, gesetzliche Mindeststandards für die Bestimmung von Fluchtlinien, die Anlage von Straßen, die Bebauungsdichte, die Gebäudesicherheit, die Abwässerentsorgung u. a. m. zu setzen. Die Städte und Gemeinden hatten diese Vorgaben in lokalen Bauordnungen umzusetzen und ihre Durchführung und Beachtung zu kontrollieren. Doch auch solche Regularien konnten nicht verhindern, dass die Neubaugebiete »auf der grünen Wiese« oft zu chaotisch anmutenden Konglomeraten von Industrieanlagen, Mietskasernen und provisorischen Unterkünften anwuchsen. Erst das sächsische Baugesetz von 1900, das bei seiner Verabschiedung als das modernste in Deutschland galt, gab den Städten die Befugnisse in die Hand, um eine effektive Stadterweiterungsplanung zu betreiben.[186]

Zu diesem Zeitpunkt hatte sich auch das Problem der überforderten Landgemeinden partiell entschärft, denn seit den späten 1880er-Jahren wurden viele der industriell geprägten Vororte von den Städten eingemeindet und unterstanden fortan dem regulierenden Einfluss der Stadtverwaltungen. Besonders eindrucksvoll verlief dieser Prozess in Leipzig, wo nach der Mitte des 19. Jahrhunderts westlich und östlich der Stadt umfangreiche Industriegebiete und Wohnsiedlungen entstanden waren. Zwischen 1889 und 1893 wurden Orte wie Plagwitz, Lindenau und Reudnitz eingemeindet, und die Einwohnerzahl Leipzigs erhöhte sich von knapp 180 000 auf über 380 000. Damit hatte die alte Messestadt erstmals die Hauptstadt Dresden überflügelt. Weitere umfangreiche Eingemeindungen sorgten dafür, dass Leipzig in den Jahren vor dem Ersten Weltkrieg die Marke von 600 000 Einwohnern überschritt und damit mit München in den Wettbewerb um den Rang der drittgrößten Stadt in Deutschland hinter Berlin und Hamburg eingetreten war.

Die Stadt Dresden, die um 1890 etwa 276 000 Einwohner zählte, blieb aber nicht allzu weit hinter ihrer alten Konkurrentin zurück. Zahlreiche Eingemeindungen brachten ihre Einwohnerzahl in den Jahren vor 1914 auf rund 550 000. Chemnitz wuchs in den zwanzig

Carl Heine, Initiator der bauplanerischen Erschließung der westlichen Leipziger Vororte

Jahren zwischen 1890 und 1910 in ähnlichem Maßstab, von rund 140 000 auf etwa 290 000 Einwohner. Plauen, 1890 mit 47 000 Bewohnern noch eine Mittelstadt, legte in den folgenden beiden Jahrzehnten ein besonders rasantes Wachstum hin und zählte 1910 mit 121 000 Einwohnern zu den Großstädten.[187]

Das urbane Wachstum in den letzten Jahrzehnten vor 1914 lässt sich auch an der Entwicklung der Bauwirtschaft ablesen. Seit 1882 wurden in der Reichsstatistik die Bauunternehmen gesondert aufgeführt, also diejenigen Betriebe, die auf eigene Rechnung bauten, sei es, indem sie Bauausführungen für andere Auftraggeber übernahmen, sei es, dass sie selbstständig Häuser bauten und vermarkteten. In den 25 Jahren zwischen den Gewerbezählungen von 1882 und 1907 wuchs die Zahl dieser Betriebe in Sachsen auf über das Dreifache an, von etwas mehr als 1000 auf rund 3200. Die Beschäftigtenzahlen im Bausektor wiesen noch höhere Zuwachsraten auf und stiegen im gleichen Zeitraum von etwa 25 000 auf rund 90 000.

Doch blieb der Wohnungsbau in den urbanen Ballungsgebieten gerade während der lang anhaltenden Boomperiode der beiden Vorkriegsjahrzehnte hinter dem Bedarf zurück. Es fehlte vor allem an preisgünstigen Wohnungen, die sich die städtischen Unterschichten und unteren Mittelschichten – die Familien der Arbeiter, der kleinen Angestellten und Beamten, der einfachen Handwerker und Kleinhändler – leisten konnten. Das hatte zumindest teilweise mit den Eigentümlichkeiten des Kapitalmarktes zu tun. Bei steigender Wirtschaftskonjunktur und vermehrten Arbeitsmöglichkeiten erhöhte sich in den Städten der Bedarf an Kleinwohnungen. Der Hypothekenmarkt reagierte aber antizyklisch, denn die Attraktivität von Hypotheken ließ in dem Maße nach, in dem Industrie- und Handelswerte in Zeiten guter Konjunktur anzogen. Hinzu kamen um die Jahrhundertwende steigende Bodenpreise in den Städten, erhöhte Baukosten, eine vermehrte Belastung durch öffentliche Abgaben und peniblere Bauvorschriften – alles Faktoren, die das Bauen verteuerten.

Zahlreiche Städte und Gemeinden im industriereichen Sachsen sahen sich vor die Herausforderung gestellt, Wohnraum für eine schnell wachsende Bevölkerung zu schaffen. Selbst wenn die »Stadtväter« sich wenig um die Bedürfnisse der städtischen Unterschichten kümmerten, so konnten sie doch nicht die Seuchen- und Brandgefahr ignorieren, die von überfüllten Slumquartieren ausging. Die Stadtverwaltungen mussten Mittel und Wege suchen, um zumindest der drückendsten Wohnungsnot Abhilfe zu verschaffen. Erst einmal erließen die Städte Vorschriften zu Wohnungshygiene und Brandschutz, legten Höchstbelegungsziffern fest und überprüften deren Einhaltung in mehr oder weniger regelmäßigen Inspektionen. Doch wurde dadurch der Wohnungsmangel nicht behoben, so dass die Kommunalverwaltungen dazu übergingen, in aktiverer Weise in den städtischen Wohnungsmarkt einzugreifen. Sie stellten etwa städtischen Grundbesitz zu günstigen Konditionen als Bauland zur Verfügung, übernahmen Hypotheken, unterstützten gemeinnützige Wohnungsbaugesellschaften u. a. m.

Zum Bau kommunaler Wohnungen konnten sich die Stadtverwaltungen aber nur ausnahmsweise entschließen. Die Machtposition vor allem des Haus- und Grundbesitzes und der lokalen Bauwirtschaft in den kommunalen Gremien verhinderte zumeist ein nachhaltiges Engagement der Kommunen im Wohnungsbau. Nur zwölf sächsische Gemeinden, abgesehen von Dresden allesamt kleinere Städte, bauten vor dem Ersten Weltkrieg Wohnhäuser für Minderbemittelte. 1912 waren in Sachsen zusammengenommen gerade einmal 153 Wohnungen auf diese Weise entstanden. Wesentlich mehr Wohnungen, insgesamt rund 3600, ließen Unternehmen und öffentliche Arbeitgeber – die Gemeinden und der sächsische wie der preußische Eisenbahnfiskus – in Sachsen für ihre Arbeiter, Angestellten und Beamten bauen. Viele Industriearbeiter hegten allerdings eine Abneigung dagegen, in Werkswohnungen zu ziehen, weil sie eine allzu große Abhängigkeit von ihrem Arbeitgeber befürchteten, waren doch Miet- und Arbeitsvertrag gewöhnlich mit einander gekoppelt.

In den Vorkriegsjahren gingen Staat, Kommunen und Unternehmen vermehrt dazu über, von ihren Beschäftigten getragene Baugenossenschaften zu unterstützen, statt die Kapitalien für den Bau von Wohnungen selbst aufzubringen. Sie trugen damit zu dem Boom des Genossenschaftswohnbaus unmittelbar vor Ausbruch des Ersten Weltkrieges bei. Zwar gab es diesen gemeinnützigen Wohnungsbau in Sachsen schon seit der Reichsgründungszeit, doch bis zur Jahrhundertwende waren nur vereinzelt Wohngenossenschaften gegründet worden. Erst nach 1900 entstanden solche Gesellschaften in nennenswerter Zahl, eine Entwicklung, die sich in den Jahren seit 1910 stark beschleunigte. Ende 1913 gab es in Sachsen 154 gemeinnützige Baugesellschaften, überwiegend in der Rechtsform einer Genossenschaft organisiert. Bis 1912 waren über 6600 Wohnungen von diesen Bauträgern errichtet worden, weitere 2000 befanden sich zu diesem Zeitpunkt kurz vor der Fertigstellung.

Eine Sonderform des gemeinnützigen, nicht auf Gewinn ausgerichteten Wohnungsbaus stellten die Gartenstädte in Hellerau bei Dresden und in Leipzig-Marienbrunn dar. Ihre Initiatoren verfolgten mit diesen Siedlungen lebensreformerische und sozialhygienische Zielsetzungen: Sie wollten neue Formen des Bauens und Wohnens vorzugsweise in ländlicher, aber doch stadtnaher Umgebung erproben. Schließlich widmete sich eine Reihe von karitativen Stiftungen wohlhabender Bürger dem Bau und der Verwaltung von Wohnungen für die Unterschichten. Insgesamt 2675 Wohneinheiten wurden auf diese Weise gebaut, wovon aber 1965 zu den Meyerschen Häusern in Leipzig gehörten, einem Projekt des Lexikonverlegers Hermann Meyer. In den fünf Städten Dresden, Leipzig, Chemnitz, Plauen und Zwickau ging in der Vorkriegszeit immerhin fast ein Viertel des Kleinwohnungsbestandes auf die gemeinnützige Bautätigkeit zurück.[188]

Während die sächsischen Städte im Sozialwohnungsbau vor dem Ersten Weltkrieg kaum direkt in die Verantwortung eintraten, war die kommunale Wirtschaftstätigkeit in anderen Bereichen wesentlich ausgeprägter. Dies galt vor allem für den Aufbau einer städtischen Versorgungs- und Verkehrsinfrastruktur.

Gartenstadt Hellerau

Wasserwerk Saloppe, Dresden, 1878

Diese Entwicklung hatte ihren Ursprung oft in der Bewältigung der hygienischen Herausforderungen des schnellen urbanen Wachstums. Um die allgegenwärtige Seuchengefahr einzudämmen, waren Abwässersysteme angelegt worden und die Wasserversorgung der Städte war modernisiert worden. Die Wasserwerke waren wegen ihrer stadthygienischen Bedeutung meist als städtische Betriebe gegründet oder schon bald in kommunale Regie übernommen worden. Aus ähnlichen Erwägungen heraus errichteten die größeren Kommunen städtische Schlachthöfe und Markthallen.

Schon in der ersten Hälfte des 19. Jahrhunderts waren in den Städten Gaswerke entstanden. In Dresden hatte in den 1820er-Jahren die königliche Regierung den Mechaniker Rudolf Sigismund Blochmann mit der Modernisierung der innerstädtischen Straßenbeleuchtung beauftragt. 1828 konnte die Leuchtgasanlage am Zwinger ihren Betrieb aufnehmen. 1833 übergab der Staat schließlich das Gaswerk in die Verwaltung der Stadt Dresden. Zwei Jahre später eröffnete auch die Stadt Leipzig ihre kommunale Gasanstalt. Seit den 1860er-Jahren überließen die Stadtverwaltungen solche Einrichtungen vorzugsweise privatwirtschaftlichen Gesellschaften, doch gingen im ausgehenden 19. Jahrhundert die Betriebsanlagen oft in städtischen Besitz über. Ein Anreiz zur Kommunalisierung solcher Einrichtungen war sicherlich, dass sie versprachen, ansehnliche Gewinne abzuwerfen, die der Stadtkasse zugute kommen würden.

Die Elektrifizierung des urbanen Raumes seit den 1890er-Jahren und der Bau elektrischer Straßenbahnen in ihrem Gefolge vollzogen sich nach einem ganz ähnlichen Muster. Zunächst überließen die Stadtverwaltungen Anlage und Betrieb überwiegend privaten Anbietern. Doch die Gemeinden machten meist schnell die Erfahrung, dass sich privatwirtschaftliche Gewinnmaximierung und stadtplanerische Zielsetzungen nur schwer in Einklang bringen ließen. Die Elektrizitäts- und Straßenbahngesellschaften waren kaum zu bewegen, ihre Leitungs- bzw. Schienennetze in die äußeren Stadtteile auszuweiten, wo nicht sogleich ansehnliche Gewinne zu erwarten waren. Solche Auseinandersetzungen bewogen etwa die Stadt Leipzig 1905 dazu, das Elektrizitätswerk zu kommunalisieren. Im gleichen Jahr nahm Dresden die elektrische Straßenbahn in eigene Regie.

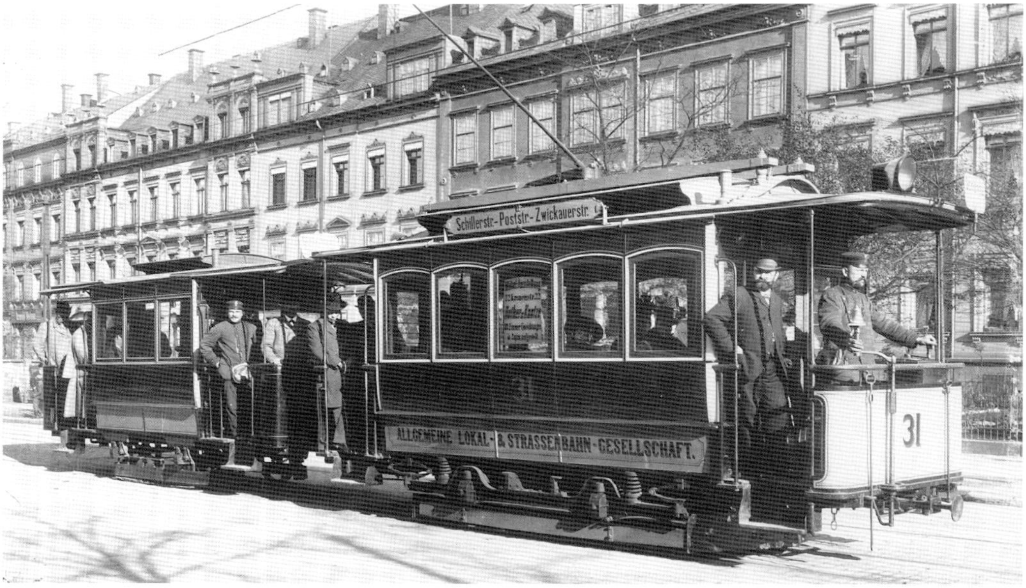

Elektrische Straßenbahn in Chemnitz, um 1910

Während die Anlage von Straßenbahnen nur für die größeren Städte in Frage kam, erfassten die Versorgungsnetze der Elektrizitätswerke bis zum Ersten Weltkrieg auch die kleineren Gemeinden. Es entwickelte sich hier eine bunte Vielfalt von Organisationsformen. Private Überlandzentralen, überwiegend im Besitz der beiden großen Elektrizitätskonzerne AEG und Siemens-Schuckert, versorgten zahlreiche kleine Landgemeinden und übernahmen dabei viele kleine, nicht konkurrenzfähige Werke als Umformerstationen. Städtische E-Werke dehnten ihr Leitungsnetzwerk auf die Gemeinden der näheren und weiteren Umgebung aus. Kleinere Städte und Ortschaften schlossen sich zu Gemeindeverbänden zusammen, um eigene Werke zu errichten oder als Großabnehmer Strom billiger zu beziehen. In einigen Fällen gründeten Kommunen und private Stromversorger gemischtwirtschaftliche Unternehmungen.[189]

Staat, Parlament und Industrie

In der zweiten Hälfte des 19. Jahrhunderts trat der Stellenwert der direkten Gewerbeförderungspolitik des sächsischen Staates merklich zurück. Während der Krise der Baumwollindustrie in den frühen 1860er-Jahren griff die Staatsregierung den Fabrikanten noch einmal mit Geldmitteln unter die Arme. Doch danach verlieren sich in den Akten die Spuren des vormärzlichen Vorschussfonds. Das sächsische Innenministerium verfügte zwar auch nach 1870 über Haushaltsmittel zur Förderung der heimischen Gewerbe in Höhe von durchschnittlich rund 200 000 Mark pro Jahr. Die etwa 25 000 Mark, die aus diesem Fonds jährlich als Zinsbeihilfen und Zuschüsse zur Unterstützung von Unternehmen und Handwerksbetrieben oder zur Förderungen von Innovationen ausgeschüttet wurden, dürften nun aber jegliche Bedeutung für die Industrieentwicklung in Sachsen verloren haben. Der größte Posten dieses Dispositionsfonds ging als Beihilfe an die Handels- und Gewerbekammern. Der sächsische Staat hatte sich damit endgültig von seinen alten, merkantilistisch inspirierten Konzepten einer Einführung und Hebung einzelner Industrien durch gezielte finanzielle Zuwendungen oder Hilfestellungen beim Technologietransfer verabschiedet.[190]

An die Stelle der Industrie als Nutznießer staatlicher Subventionierung trat zunehmend der gewerbliche und landwirtschaftliche Mittelstand. Um die Jahrhundertwende stellten Landtag und Staatsregierung großzügige Mittel zur Förderung des genossenschaftlichen Kredits zur Verfügung. Während die

Landwirtschaft sich dieser staatlichen Fördergelder sogleich bedienen konnte, blieb den Kleingewerbetreibenden die Nutzung des bewilligten Darlehensfonds von zwei Mio. Mark zunächst verwehrt. Es stand kein genossenschaftliches Institut zur Verfügung, das die staatlichen Bedingungen für die Sicherung der Kredite erfüllt hätte. Schließlich erließ die Regierung 1904 eine Verordnung, nach der Geld aus dem Fonds ausbezahlt werden konnte, wenn eine Gemeinde dem Staat gegenüber die Verzinsung und Tilgung des gewährten Darlehens übernehme. In den Jahren nach 1904 wurden die staatlichen Gelder von handwerklichen und hausgewerblichen Kleinbetrieben rege für die Motorisierung und Elektrifizierung ihrer Werkstätten in Anspruch genommen. Hier betätigte sich der sächsische Staat noch ganz ähnlich wie mehr als ein Jahrhundert zuvor, nur waren nun Elektromotoren an die Stelle der Spinning Jennies getreten.

Das wichtigste Feld staatlicher Gewerbeförderung in einem weiteren Sinne stellte im späteren 19. Jahrhundert die gewerblich-technische Bildung dar. Die Polytechnische Schule in Dresden, die prestigereichste Institution des sächsischen Staates zur Vermittlung höherer technisch-wissenschaftlicher Bildung, wurde 1890 zur Technischen Hochschule erhoben. Mit der zunehmenden Verwissenschaftlichung der produktionstechnischen Grundlagen in der Industrie wurde das Dresdner Polytechnikum seit den siebziger Jahren attraktiv für Unternehmenserben und Absolventen höherer Schulen, die eine Karriere im technischen Management von Industrieunternehmen anstrebten. In den ersten Jahrzehnten ihres Bestehens war die Anstalt vornehmlich von angehenden Staatsdienern besucht worden. Die 1836 in Chemnitz eröffnete staatliche »Gewerbschule« erhielt 1862 den Status einer höheren technischen Schule und wurde 1909 zur Gewerbeakademie, deren Absolventen den Titel des Ingenieurs führen durften. Im Jahre 1878 war sie mit der Werkmeisterschule und der Baugewerkeschule zu den Technischen Staatslehranstalten Chemnitz zusammengefasst worden.

Daneben unterhielt der sächsische Staat um die Jahrhundertwende noch eine Reihe weiterer gewerblicher Bildungsanstalten: fünf Ausbildungseinrichtungen für den kunstgewerblichen Bereich, angeführt von der Dresdner Akademie der bildenden Künste;

Königl. Polytechnisches Institut Dresden. Lithografie, um 1850. Stadtmuseum Dresden

Ständehaus Dresden, erbaut 1907, Sitz des Sächsischen Landtages

fünf Bauschulen sowie die Königliche Zeichenschule für die Textilindustrie in Schneeberg. Zudem subventionierte der Staat zahlreiche private und von Verbänden, Innungen und Gemeinden getragene gewerblich-technische Schulen, von den privaten Technika und Ingenieurschulen in Mittweida, Zwickau, Hainichen und Riesa, über Web- und Posamentierschulen, spezielle Fortbildungsschulen, Hauswirtschafts- und Klöppelschulen, Mal- und Zeichenschulen u. a. m.[191]

Ein großer Stellenwert kam auch nach 1861 der handels-, gewerbe-, verkehrs-, steuer- und sozialpolitischen Ordnungspolitik der Regierungen und Parlamente auf Landes- und seit 1867 bzw. 1871 auch auf nationaler Ebene zu. Für die sächsische Wirtschaft kam es darauf an, auf die Entscheidungen, die in Dresden und Berlin getroffen wurden, Einfluss zu nehmen. Umso erstaunlicher erscheint es daher, dass die sächsische Industrie, nachdem der Industrieverein in den 1850er-Jahren allmählich eingeschlafen war, bis 1902 nicht mehr über einen landesweiten Spitzenverband verfügte. Die industrielle Interessenvertretung in Sachsen zersplitterte sich in der zweiten Hälfte des 19. Jahrhunderts in eine Vielzahl lokal, regional und national operierender Branchenorganisationen und (sub-) regionaler Verbände wie den Vogtländisch-Erzgebirgischen oder den Oberlausitzer Industrieverein.

Die Führung des alten Industrievereins für das Königreich Sachsen hatte schon 1846 angeregt, den eigenen Verband durch die Bildung von Handelskammern mit gesetzlich begründeten Befugnissen zu ersetzen. Erst 1862 kam es zur Gründung von fünf Handels- und Gewerbekammern in Leipzig, Chemnitz, Plauen, Dresden und Zittau, die als öffentlich-rechtliche Körperschaften für ihren Bezirk die Vertretung der gewerblichen Wirtschaft übernahmen. Von den Behörden wurden sie zur Begutachtung und Beratung in wirtschaftspolitischen Angelegenheiten herangezogen.[192]

Die gutachterliche und beratende Tätigkeit der Handelskammern für die Ministerialbürokratie bot den sächsischen Unternehmern die Möglichkeit, eigene Interessen und Belange in politische Entscheidungsprozesse einzubringen. Auf der anderen Seite gewann die Rolle des Landesparlamentes als Organ der Gesetzgebung und Steuerbewilligung im letzten Drittel des 19. Jahrhunderts an Bedeutung. Bis 1868 blieb die parlamentarische Machtposition der sächsischen Industrieunternehmerschaft infolge des mittlerweile reichlich veraltet anmutenden Landtagswahlrechts des

Königreiches in einem eher bescheidenen Rahmen. In der ersten Kammer saßen die adligen Standesherren. Die Abgeordneten der zweiten Kammer wurden – nach dem kurzen liberal-demokratischen Intermezzo der Revolutionsjahre 1848/49 – immer noch wie im Vormärz nach »Ständen« getrennt gewählt. Faktisch reservierte dieses Wahlrecht den Vertretern agrarischer Interessen – Rittergutsbesitzern und Bauern – eine solide Mehrheit. Erst im Gefolge der Niederlage Sachsens im Krieg von 1866 und der Integration des Königreiches in den Norddeutschen Bund sah sich die sächsische Monarchie zu einer Wahlrechtsreform genötigt. Seit 1869 durften alle erwachsenen Männer, die mindestens einen Taler bzw. drei Mark jährlich an direkten Staatssteuern entrichteten, in gleicher Wahl die 80 Abgeordneten der zweiten Kammer bestimmen. Genau ein Viertel der neu gewählten Mandatsträger waren Unternehmer. Im Laufe der siebziger und achtziger Jahre steigerte sich dieser Anteil auf ein rundes Drittel. Dazu kamen noch einige angestellte Interessenvertreter, wie vor allem die Handelskammersekretäre, die sich meist besonders aktiv in der Parlamentsarbeit betätigten.[193]

In den Jahren nach der Reichsgründung bekannte sich die große Mehrzahl der landespolitisch aktiven Unternehmer zu den Liberalen, die seit 1869 die Mehrheit in der zweiten Kammer des sächsischen Landtages stellten, doch geriet im Laufe der siebziger Jahre die wirtschaftsbürgerlich-liberale Hegemonie zusehends unter Druck. Mit der Ausweitung des Kreises der Wahlberechtigten für den sächsischen Landtag und der Einführung des allgemeinen und gleichen Männerwahlrechts für den Deutschen Reichstag 1871 entwickelte sich gerade im industriereichen Sachsen die sozialdemokratische Arbeiterbewegung zu einem ernst zu nehmenden politischen Faktor. Seit Mitte der siebziger Jahre gingen Konservative und (National-)Liberale bei Landtags- und Reichstagswahlen in vielen sächsischen Wahlkreisen dazu über, gemeinsame Kandidaten aufzustellen oder zumindest Stichwahlbündnisse zu schließen.

Dieses konservativ-liberale »Kartell« dominierte Ende des 19. Jahrhunderts den sächsischen Landtag. Ein Teil der Unternehmer, die ein Abgeordnetenmandat übernahmen, fand nun seine politische Heimat bei den Konservativen. Als nach dem Ende des Sozialistengesetzes 1890 die Sozialdemokratische Partei einen neuerlichen Aufschwung nahm, setzte 1896 die Landtagsmehrheit die Einführung eines Dreiklassenwahlrechts durch. Damit war der politischen Arbeiterbewegung in der Praxis jegliche Vertretung im Landesparlament verwehrt worden, während es den Konservativen bald gelang, eine absolute Mehrheit der Sitze in der 2. Kammer zu erobern.

Das Übergewicht der Konservativen im sächsischen Landtag hatte aber bald zur Folge, dass sich die Unternehmer in ihren vitalen Interessen geschädigt sahen. Die agrarische und kleingewerbliche Klientel der Konservativen wurde auf Kosten der Industrie steuerlich entlastet. Es fanden sich immer wieder Landtagsmehrheiten für Maßnahmen, nach denen Großunternehmen mit allerlei Beschränkungen und Sonderlasten belegt werden sollten. Diese Vorgänge trugen wesentlich dazu bei, dass die sächsischen Fabrikunternehmer ein halbes Jahrhundert nach dem Ende des Industrievereins einen neuen industriellen Spitzenverband ins Leben riefen. 1902 wurde in Dresden der Verband Sächsischer Industrieller (VSI) gegründet, dessen Führung in der Folgezeit energisch daran ging, die politische Interessenvertretung der sächsischen Industrie zu modernisieren. Treibende Kraft dieser Bestrebungen war niemand anderes als der junge Gustav Stresemann, der bisherige Syndikus des in Dresden residierenden Verbandes Deutscher Schokoladenfabrikanten.

Gustav Stresemann als Syndikus des Verbandes Sächsischer Industrieller

Der erste Schritt zur Verbesserung der parlamentarischen Machtposition der Unternehmer bestand darin, den Einfluss des neuen Verbandes in der sächsischen Nationalliberalen Partei geltend zu machen und die Partei aus dem Bündnis mit den Konservativen herauszuführen. Stresemann und seinen Mitstreitern gelang es zunächst, in der Dresdner Partei die Oberhand zu gewinnen. Schließlich setzten sich auch im Nationalliberalen Landesverein in Leipzig die »jungliberalen« Strömungen durch. Greifbarstes Ergebnis dieses von den Aktivisten des Verbandes Sächsischer Industrieller in die Wege geleiteten politischen Kurswechsels war 1909 die Ablösung des Dreiklassenwahlrechts durch ein Pluralstimmensystem, das den einzelnen Wahlberechtigten nach Maßgabe ihres Alters, ihres Steueraufkommens und ihres Bildungsgrads bis zu drei Zusatzstimmen gewährte. Im neu gewählten Landtag waren zwar insgesamt weniger Industrielle vertreten als bisher – 16 Nationalliberale und zwei Konservative gegenüber 19 Nationalliberalen und zehn Konservativen 1907/09 – und die Sozialdemokraten waren auf fast ein Drittel der Mandate gekommen. Doch als mittlere von drei etwa gleich starken Fraktionen befanden sich die Nationalliberalen in einer strategisch wesentlich günstigeren Position als zuvor, als sie sich einer stabilen konservativen Mehrheit gegenübergesehen hatten.

Die sächsische Industrie und die Wirtschaftspolitik des Reiches

Die nachdrückliche politische Aktivität des neu gegründeten sächsischen Industriellenverbandes in den Jahren nach der Jahrhundertwende hatte nicht zuletzt auch damit zu tun, dass die sächsische Industrie bei der Vertretung ihrer wirtschafts- und handelspolitischen Interessen auf nationaler Ebene ernsthaft Schaden zu erleiden drohte. Das lange Zeit bedingungslose Festhalten der sächsischen Liberalen am »Kartell« mit den Konservativen hatte nämlich massiv negative Folgen für die Präsenz der sächsischen Wirtschaft auf dem Parkett der Reichspolitik. Dort, wo die sächsischen Wähler noch in gleicher und geheimer Wahl abstimmen durften, bei den Wahlen zum Reichstag, präsentierten sie dem konservativ-liberalen Kartell eine nachdrückliche Quittung für dessen rücksichtslos antidemokratische Politik, mit dem Effekt, dass Sachsen seit 1903 im nationalen Parlament von 22 Sozialdemokraten und einem Antisemiten vertreten wurde. Der Verlust jeglicher direkter Repräsentation im wichtigsten parlamentarischen Entscheidungszentrum des Reiches traf die sächsische Industrie zu einem Zeitpunkt, an dem sie sich in heftigem Kampf mit zwei der mächtigsten wirtschaftspolitischen Interessengruppen befand, der hochkartellisierten Schwerindustrie und dem ostelbischen Großgrundbesitz. Das Feld, auf dem dieser Kampf vornehmlich ausgetragen wurde, war die Handels- und Zollpolitik des Deutschen Reiches.[194]

Ende der 1870er-Jahre war das Reich vom Freihandel zu einer forcierten Schutzzollpolitik übergegangen. Die Propagandisten und hauptsächlichen Nutznießer dieser handelspolitischen Kehrtwendung kamen vor allem aus der Großlandwirtschaft, die ihre Marktposition von großen Mengen billigem überseeischem Getreide gefährdet sah, und den Industriebranchen, die sich von überlegener ausländischer Konkurrenz bedrängt fühlten. In Sachsen profitierten vor allem zwei Industriebranchen von der Erhöhung der Einfuhrzölle: die Eisen- und Stahlindustrie sowie die Baumwollspinnerei. Auf der anderen Seite brachte aber die Schutzzollpolitik des Reiches für die sächsische Industrie gravierende Nachteile. So schlugen sich die Zölle auf landwirtschaftliche Produkte auf die Lebensmittelpreise nieder, belasteten damit das Haushaltsbudget der Industriearbeiterfamilien und trieben in der Konsequenz auch die Lohnkosten der Unternehmen in die Höhe. Darüber hinaus verteuerten die hohen Zölle auf wichtige Halbwaren die Produktionskosten der sächsischen Fertigwarenindustrien. Dies galt nicht zuletzt für die beiden bedeutendsten Industriesektoren Sachsens, die Garn verarbeitenden Branchen und den Maschinenbau.

Schließlich erschwerte die Schutzzollpolitik des Deutschen Reiches indirekt auch den Export sächsischer Fertigwaren ins Ausland. Zur gleichen Zeit wie Deutschland waren auch eine ganze Reihe anderer Staaten zum Schutz ihrer eigenen Industrie vor ausländischer Konkurrenz dazu übergegangen, die Einfuhr bestimmter Fertig- und Halbwaren zu erschweren. Dazu gehörten mit Österreich-Ungarn, Russland und den USA wichtige Exportländer für die sächsische Textil- und Maschinenindustrie. Solange nun das Deutsche Reich nicht gewillt war, seine Getreide- und Halbwarenzölle zu reduzieren, bestand wenig Aussicht, dass andere Staaten ihre Zollmauern für Strümpfe oder Maschinen aus Sachsen senkten. Als aber Bismarcks Nachfolger Caprivi in den frühen 1890er-Jahren mit dem Abschluss von Handelsverträgen die strikte Schutzzollpolitik aufzulockern begann, brachen die zuvor eher latent gebliebenen Gegensätze innerhalb der deutsche Industrie und zwischen Industrie und Landwirtschaft offen aus.

Die Vertreter der sächsischen exportorientierten Fertigwarenindustrien profilierten sich schnell als Wortführer der Schutzzollgegner innerhalb des Unternehmerlagers. Der industrielle Spitzenverband der deutschen Industrie, der Centralverband Deutscher Industrieller (CVDI), war 1876 mit ausdrücklicher Zielrichtung auf eine Suspension der Freihandelspolitik gegründet worden. Seitdem hatten die Zollbefürworter aus der Schwer- und Textilindustrie innerhalb des Verbandes die Oberhand behalten. 1895 formierte sich ein konkurrierender Spitzenverband, der Bund der Industriellen (BdI), dessen organisatorisches Rückgrat die sächsische Exportwarenindustrie bildete. Aus der Vereinigung der beiden sächsischen Bezirksgruppen des BdI – Dresden-Bautzen und Leipzig-Zwickau-Chemnitz – ging schließlich 1902 der Verband Sächsischer Industrieller hervor.

Der BdI tat sich allerdings schwer, der etablierten Organisationsmacht des CVDI etwas Gleichwertiges entgegenzusetzen. Der alte Spitzenverband hatte in den 20 Jahren seines Bestehens enge Kontakte zur preußisch-deutschen Ministerialbürokratie geknüpft. Er war in zahlreichen wirtschaftspolitischen Ausschüssen und beratenden Gremien routinemäßig als berufener Sprecher der deutschen Industrie vertreten und hatte ein dichtes Netzwerk von Vertrauensleuten in den liberalen und konservativen Parteien gewoben. Zudem verfügte der CVDI mit seinen zahlreichen großindustriellen Mitgliedsfirmen über wesentlich größere finanzielle Ressourcen als der BdI, der vornehmlich von kleineren und mittleren Firmen getragen wurde. Der Bund der Industriellen und sein bedeutendster Mitgliedsverband, der Verband Sächsischer Industrieller, versuchten diese Defizite durch systematische Öffentlichkeitsarbeit und – wie gesehen – durch die gezielte Infiltration der liberalen Parteien zu kompensieren. Eine grundlegende Abkehr vom Schutzzollsystem konnten die Verbände der verarbeitenden Industrien zwar nicht erzwingen, doch trugen die rührigen Aktivitäten des BdI und des VSI immerhin mit dazu bei, dass das Reich aktiv an einem internationalen Handelsvertragssystem partizipierte, das über Meistbegünstigungsklauseln im Handelsverkehr zwischen einzelnen Staaten zahlreiche Industriezölle absenkte oder ganz aufhob.[195]

Inwieweit die Zollpolitik des Deutschen Reiches seit den späten 1870er-Jahren die sächsischen Exportindustrien tatsächlich schädigte und beeinträchtigte, lässt sich nur schwer im Einzelnen beweisen. Man sollte aber wohl die wirtschaftlichen Auswirkungen der Maßnahmen europäischer und amerikanischer Staaten zur gegenseitigen Ausschließung von den Märkten nicht allzu dramatisch veranschlagen. Erstens waren trotz hoher Prohibitivzölle in bestimmten Exportländern die Grenzen für viele sächsische Industriegüter nicht unüberwindbar. So nahm der deutsche Güterexport nach Russland, dem Land mit den höchsten Zöllen, in den 25 Jahren vor 1914 um 334 Prozent zu. Andere Auslandsmärkte wiederum blieben offen für die sächsische Industrie. Großbritannien hielt etwa bis 1914 am Freihandel fest und erhob keine Zölle.

Zweitens erwiesen sich die sächsischen Fertigwarenindustrien – die textilen Branchen wie der Maschinenbau u. a. m. – auch in diesem Falle in ihren Produktions- und Marketingstrategien als flexibel und anpassungsfähig. Sie wichen auf die Herstellung neuer Produkte aus oder suchten sich andere Absatzmärkte. Drittens gingen vor allem größere Unternehmen dazu über, auf wichtigen Exportmärkten Eingangszölle durch die Verlagerung von Produktionsstätten in diese Länder zu umgehen. Seit den 1880er-Jahren etwa ließen viele südwestsächsische Textilwarenproduzenten die für den Export nach Österreich-Ungarn bestimmten Waren einfach auf der anderen Seite des Erzgebirges fertigen. Auch die grenznahen böhmischen Orte an der Elbe entwickelten sich zu wichtigen Standorten von Zweigwerken sächsischer Unternehmen. Maschinenbaufirmen wie die Hartmann AG und der Transportanlagenhersteller Bleichert & Co. gründeten in den Vorkriegsjahren Fabriken in Russland. Die Leipziger Kammgarnspinnerei Stöhr verschaffte sich mit dem Erwerb eines gleichartigen Unternehmens in New Jersey Zugang zu dem mit hohen Zöllen abgeschirmten US-amerikanischen Markt.[196]

Eng mit der Problematik des Schutzzolls verbunden war für die industriepolitische Ausrichtung des Verbandes Sächsischer Industrieller, des Bundes der Industriellen und einer Reihe stark in Sachsen verankerter Branchenverbände die Frage der Kartelle und Syndikate. Im späten 19. und frühen 20. Jahrhundert hatten sich vor allem in den Grundstoff- und Halbwarenindustrien Formen der zwischenbetrieblichen Kooperation und Marktaufteilung entwickelt, die geeignet waren, die weiterverarbeitenden Industriebranchen empfindlich zu schädigen. So brachte ein Kartell der Zuckerfabrikanten in den Jahren nach 1900 die Schokoladenindustrie gegen sich auf. Die Eisen- und Stahlerzeuger versuchten ebenfalls durch Preisabsprachen, Kontingentierungen und Aufteilung von Märkten die Verkaufspreise für ihre Produkte hoch zu halten. Das ging naturgemäß auf Kosten der größere Mengen von Roheisen und Halbwaren verbrauchenden Industrien vor allem des Maschinenbaus.

Auch einigen Garn produzierenden Branchen wie der Baumwollspinnerei gelang es, Kartellabsprachen zu vereinbaren und auf diese Weise die Materialkosten der Webereien, der Strumpfwirkereien oder der Stickwarenfabriken in die Höhe zu treiben. Gerade für die Eisen- und die Spinnereiindustrie spielten in diesem Zusammenhang die Schutzzölle eine wesentliche Rolle, sicherten sie doch ihre Kartelle durch die weitgehende Ausschaltung der ausländischen Konkurrenten nach außen hin ab. Besonders erboste es dabei die heimischen Abnehmer, wenn es sich ihre Lieferanten erlauben konnten, auf der Grundlage der hoch gehaltenen Inlandspreise Dumping-Offensiven auf umstrittenen ausländischen Märkten zu starten und so unter Umständen ausländische Konkurrenten der deutschen Fertigwarenhersteller mit künstlich verbilligten Rohstoffen zu versorgen.

Die Forderungen der sächsischen Fertigwarenindustrie und ihrer Verbände nach staatlichen Maßnahmen gegen die Bildung von Kartellen blieben letztlich ungehört. Anders als etwa in den USA, wo Kartelle und Trusts um die Jahrhundertwende gesetzlich verboten wurden, blieben in Deutschland Marktabsprachen legal, ja ihre Einhaltung konnte sogar gerichtlich eingefordert werden. Auch in diesem Fall ist es schwierig festzustellen, ob und in welchem Ausmaß die Wettbewerbsfähigkeit der sächsischen Fertigwarenbranchen, die von kartellisierten Lieferanten abhängig waren, litt. Man sollte sich dabei aber vor Augen halten, dass die meisten Kartelle der Zeit vor dem Ersten Weltkrieg recht labile Gebilde darstellten, die im Allgemeinen nur über kurze Zeiträume den getroffenen Preis- und Marktabsprachen faktische Geltung verschaffen konnten.[197]

Sachsens Wirtschaft am Ende des »langen« 19. Jahrhunderts

1914 gehörte das Königreich Sachsen zu den wirtschaftlich fortgeschrittensten Regionen Europas. Dies messen Wirtschaftshistoriker vor allem an der Entwicklung der Beschäftigten in den drei Hauptsektoren der Wirtschaft: Landwirtschaft (primär), Industrie (sekundär), Handel und Dienstleistungen (tertiär). In Sachsen hatte sich der Wandel von der Agrar- zur Industriegesellschaft im 19. Jahrhundert besonders stürmisch und nachdrücklich vollzogen. Die reichsweite Volks- und Gewerbezählung von 1907 wies das Königreich als die am stärksten industrialisierte Region in Deutschland aus. Über 60 Prozent aller Beschäftigten waren in der Industrie, im Bergbau und im Handwerk tätig, ein Wert, der selbst in Berlin und in den preußischen Provinzen Rheinland und Westfalen nicht erreicht wurde. Der Anteil der Erwerbstätigen im tertiären Bereich erreichte in Sachsen rund 27 Prozent, wohingegen in der Landwirtschaft 1907 nur noch etwa 13 Prozent beschäftigt waren.[198]

Trotz ihres stark geschrumpften Beschäftigtenanteils hatte die sächsische Landwirtschaft aber auch in den Jahren vor dem Ersten Weltkrieg ihre volkswirtschaftliche Bedeutung nicht eingebüßt. Gemessen an ihren Ernteerträgen nahm sie trotz bestenfalls mittelmäßiger Böden und klimatischer Bedingungen – auf die bewirtschaftete Fläche berechnet – eine Spitzenstellung im Reich ein. Der Jahresertrag der wichtigsten landwirtschaftlichen Erzeugnisse, Getreide, Kartoffeln, Zuckerrüben, Wiesenheu und Milch, lag 1913 mit ca. 447 Mio. Mark rund fünfmal so hoch wie der Jahresertrag des gesamten sächsischen Kohlen- und Erzbergbaus im Wert von ca. 90 Mio. Mark.[199] Intensive Bewirtschaftung, der verbreitete Einsatz von landwirtschaftlichen Maschinen und eine stark entwickelte Nahrungsmittelindustrie waren wesentliche Faktoren für diese bemerkenswerte Bilanz.

Die sächsische Industriewirtschaft wiederum hatte sich im Laufe des 19. Jahrhunderts in ein breites und vielfältiges Spektrum von Branchen differenziert. Der Geschäftsführer des Verbandes Sächsischer Industrieller konnte stolz darauf verweisen, dass man in Sachsen »mit wenigen Ausnahmen alles herstellt oder herstellen kann, was auf gewerblich-industriellem Gebiet überhaupt erzeugt wird«.[200] Dennoch sind gewisse Schwerpunkte und Verdichtungen im industriellen Branchenprofil der sächsischen Unternehmenslandschaft deutlich auszumachen. Der bedeutendste Wirtschaftszweig war der Textilsektor. Jeder dritte Beschäftigte in der Textilindustrie des Deutschen Reiches war in einem sächsischen Unternehmen tätig. In einzelnen Zweigen, wie der Wirkerei und Stickerei, lag der Anteil Sachsens noch wesentlich höher.

Eng verbunden mit dem Bedarf der Textilindustrie vollzog sich die Herausbildung der zweiten sächsischen Schlüsselindustrie, des Maschinen- und Apparatebaus. Um 1914 hatte sich allerdings diese Branche längst von ihrer ursprünglichen Konzentration auf den Bau von Textilmaschinen gelöst und stellte eine kaum übersehbare Vielfalt von Maschinen, Fahrzeugen, Instrumenten und Apparaten her. Daneben war das Königreich Sachsen ein bevorzugter Standort für die polygrafische Industrie, die Papier- sowie bestimmte Zweige der Nahrungs- und Genussmittelindustrie.

Diese Branchen profitierten in besonderem Maße von der Mittellage Sachsens, seinem dichten Eisenbahnnetz und den weltweiten Handelskontakten.

Insgesamt wurde die sächsische Industrielandschaft von arbeitsintensiven, teilweise hoch spezialisierten Klein- und Mittelbetrieben bestimmt. Diese »mittelständische« Prägung spiegelte sich in einer vergleichsweise dünnen Kapitaldecke wider. So hatten 1909 nur knapp neun Prozent aller deutschen Aktiengesellschaften ihren Sitz in Sachsen und gar nur 5,4 Prozent aller Gesellschaften mit beschränkter Haftung (GmbH), obwohl sich hier mehr als 13 Prozent aller deutschen Betriebe befanden. Die durchschnittliche Kapitalausstattung der sächsischen AG lag in den wichtigsten Branchen lediglich zwischen 50 bis 83 Prozent des Reichsdurchschnitts. Günstiger sah es allerdings bei neu gegründeten Aktiengesellschaften und GmbHs aus.[201]

Der geringeren Kapitalausstattung der sächsischen Wirtschaft entsprach die Struktur des Bankwesens. Lediglich die Allgemeine Deutsche Credit-Anstalt in Leipzig verfügte über das Potential für größere Kredite. Die Dresdner Bank, die sich eher als Handelsbank verstand und ihren Sitz ja bereits nach Berlin verlegt hatte, verfügte dennoch von allen vier Berliner Großbanken über die stärkste Position in Sachsen. Eine Sonderstellung nahmen noch immer die Sparkassen als Banken der »kleinen Leute« ein. Zwei Drittel aller Sachsen besaßen ein Sparbuch. Das war eine weit über dem Reichsdurchschnitt liegende Quote.

Die konjunkturelle Entwicklung der sächsischen Industrie hing maßgeblich von der Warenausfuhr ab. Die engsten Exportverbindungen bestanden am Vorabend des Ersten Weltkrieges zu Großbritannien und Österreich-Ungarn. Wichtige Abnehmerländer sächsischer Industrieprodukte waren zudem die USA und Russland. Doch behinderten seit dem späten 19. Jahrhundert hohe Zollschranken den Zugang sächsischer Fertigwaren zu den nordamerikanischen und russischen Märkten oft erheblich.

Überproportional entwickelt war das Handels- und Verkehrsgewerbe. Sachsen verfügte über eine außerordentliche und weit über dem Reichsdurchschnitt liegende Handelsdichte. Konsumvereine und Warenhäuser machten dem Kleinhandel zunehmend Konkurrenz. Die Handelsdichte kann man als einen Indikator dafür ansehen, dass der Übergang zur Industriegesellschaft im Wesentlichen abgeschlossen war und in Ansätzen schon ein Wandel zur Dienstleistungsgesellschaft eingesetzt hatte.

Maifeier bei Koschwitz. Foto um 1890. Stadtmuseum Dresden

Ungetrübt war das Bild ungebremster wirtschaftlicher Prosperität dennoch nicht. Sachsen war um die Wende zum 20. Jahrhundert zu einer »alten« Industrieregion geworden. Ähnlich wie in England, dem Pionierland der industriellen Revolution, konnte sich die Beharrungskraft der in den frühen Phasen der Industrialisierung entstandenen Strukturen als Hemmnis für die Modernisierung der Wirtschaft erweisen. Die klassische frühindustrielle Schlüsselbranche, die Textilindustrie, prägte das Profil der sächsischen Wirtschaft am Vorabend des Ersten Weltkrieges immer noch in starkem Maße. Zwar boomten einige wichtige Zweige der sächsischen Textilindustrie, wie die Strumpfwirkerei und die Spitzenherstellung, noch bis in die Vorkriegsjahre. Doch insgesamt hatte der Textilsektor seine frühere Wachstumsdynamik weitgehend eingebüßt. Die nach wie vor weite Verbreitung des Kleinbetriebes und des Heimgewerbes drohte sich mittelfristig zu einem ernsthaften Strukturproblem auszuwachsen.

Zwar hatten sich auf der anderen Seite Unternehmen der »neuen« Industrien – chemische Industrie, Elektroindustrie und Feinmechanik/Optik – zahlreich in Sachsen angesiedelt. Doch sie fielen vor 1914 quantitativ noch nicht sonderlich ins Gewicht. Für das Entstehen einer Großchemie wie an Rhein und Main und später im mitteldeutschen Raum gab es in Sachsen keine ausreichenden Standortvoraussetzungen. Hier dominierten mittelständische Unternehmen der Spezial- und Haushaltschemie und der Pharmazie. Als ein gravierendes Problem für die künftige Wirtschaftsentwicklung Sachsens sollte sich das weitgehende Fehlen von Großbetrieben und Großbanken erweisen. Im Vergleich zu anderen Regionen wies die sächsische Industrie einen deutlich geringeren Konzentrationsgrad auf. Sachsens kleine und mittlere Unternehmen liefen vermehrt Gefahr, von größeren Konkurrenten vom Markt verdrängt oder »geschluckt« zu werden.

Die sächsische Industrie sah sich um die Jahrhundertwende auch auf dem immer wichtiger werdenden Feld der staatlichen Wirtschaftspolitik von den mächtigen groß- und schwerindustriellen Konzernen an die Seite gedrängt. Sie drohte in den politischen Machtzentren des Reiches, dort wo die handels- und verkehrspolitischen Weichen gestellt und wo Subventionen und Staatsaufträge vergeben wurden, ins Hintertreffen zu geraten.

Infolge der Industrialisierung erlebte Sachsen eine kontinuierliche Verstädterung. Spitzenwerte mit mehr als 80 Prozent Stadtbevölkerung erreichte die Kreishauptmannschaft Chemnitz. Die an Schlesien angrenzende Kreishauptmannschaft Bautzen wies demgegenüber mit einer Verstädterungsquote von 55 Prozent noch immer starke ländliche Prägungen auf. Dennoch konnten die alten feudalen Herrschaftseliten auch noch nach der Jahrhundertwende dominierenden Einfluss auf den Gang der sächsischen Landespolitik nehmen. Erst in den Jahren vor dem Ersten Weltkrieg gelang es den industriellen Unternehmern, die konservativ-agrarische Vorherrschaft wenigstens im Landesparlament ernsthaft in Frage zu stellen. Auf der anderen Seite präsentierte sich die sächsische Arbeiterschaft homogener und besser organisiert als im übrigen Kaiserreich. In der zeitgenössischen Redewendung vom »roten Königreich« spiegelten sich vor allem die bemerkenswerten sozialdemokratischen Erfolge bei Reichstagswahlen wider. In Sachsen selbst hielten diskriminierende Wahlrechte und die Repressionen des monarchischen Obrigkeitsstaates die organisierte Arbeiterschaft vor 1914 im Land wie in den Kommunen von jeglicher direkter politischer Macht und Verantwortung fern.

Am Vorabend des Weltkrieges war Sachsen ein vergleichsweise wohlhabendes Land. Das Pro-Kopf-Einkommen lag um 17 Prozent über dem Reichsdurchschnitt. Die Steuerstatistik spiegelt die Wohlstandsentwicklung ebenfalls eindrucksvoll wider. Der Anteil der sächsischen Haushalte, die über mehr als 1100 Mark jährlich verfügten, stieg von knapp 56 Prozent 1904 auf fast 76 Prozent 1913. Wichtige Indikatoren für Modernität und Wohlstand waren u. a. das rasche Wachstum der Spareinlagen, der über dem Reichsdurchschnitt liegende Fleischkonsum und das dichteste Krankenversicherungsnetz aller deutschen Bundesstaaten.[202]

TEIL II
DIE WIRTSCHAFTSGESCHICHTE SACHSENS SEIT 1914

Rainer Karlsch

SACHSENS WIRTSCHAFT IM ERSTEN WELTKRIEG

Umstellung auf die Kriegswirtschaft

Die zunehmenden außenpolitischen Spannungen zwischen den beiden großen europäischen Machtblöcken – auf der einen Seite die Mittelmächte Deutschland und Österreich-Ungarn, auf der anderen die Entente mit Frankreich, England und Russland – wurden auch in Sachsen wahrgenommen. Als dann am 29. Juni 1914 der österreichische Thronfolger Franz Ferdinand und seine Frau in Sarajewo ermordet wurden, war der Anlass zum Kriegsausbruch gegeben. Österreich-Ungarn erklärte mit deutscher Rückendeckung Serbien den Krieg und die feindlichen Bündnissysteme setzten sich verhängnisvoll in Gang.

Dem heutigen Betrachter geradezu unbegreiflich ist die von weiten Teilen der Bevölkerung getragene Kriegsbegeisterung, die Anfang August 1914 nahezu alle europäischen Nationen erfasste. Filme und Fotos aus jenen Tagen zeigen stolze Soldaten und jubelnde Massen. Auch in Sachsen dominierte eine »hurrapatriotische« Stimmung. Die Gegensätze der Klassengesellschaft schienen plötzlich nebensächlich geworden zu sein. Selbst die Sozialdemokratie und die Gewerkschaften schwenkten auf den Kurs des »Burgfriedens« ein. Man rechnete mit einem schnellen Ende der Kämpfe.

Doch schon nach wenigen Wochen sollte sich zeigen, dass keine der Kriegsparteien auf den neuartigen Massen- und Wirtschaftskrieg ausreichend vorbereitet war. Das deutsche Kaiserreich hatte keine nennenswerten Vorkehrungen für einen über einen längeren Zeitraum andauernden Krieg getroffen. Die für diesen Fall vorgesehenen gesetzgeberischen Maßnahmen standen, wie Walther Rathenau, Direktor der AEG anmerkte, »etwa auf der Stufe friderizianischer Wirtschaft«.[1]

Der »Kriegsstoß«, d. h. die Umstellung auf die Kriegswirtschaft und die Blockade der Eisenbahnstrecken durch Truppentransporte, führte wie in der gesamten deutschen Wirtschaft so auch in Sachsen zu einer Entlassungswelle. Ende August 1914 wurden bereits mehr als 143000 Arbeitslose registriert.[2] Vor dem Krieg hatte noch nahezu Vollbeschäftigung geherrscht.

Die Umstellung der Wirtschaft auf den Krieg dauerte bis Ende 1914. Arbeitslose gab es danach nicht mehr, im Gegenteil: Jetzt machte sich ein zunehmender Arbeitskräftemangel bemerkbar, da die Rüstungsindustrie ihre Produktion permanent ausweitete.

Hauptprobleme einer jeden Kriegswirtschaft sind die Bereitstellung der für die Produktion von Kriegsmaterial notwendigen Rohstoffe, die Gewährleistung einer ausreichenden Versorgung der Streitkräfte und der Bevölkerung mit Lebensmitteln, die Sicherung des Arbeitskräftebedarfs für die Wirtschaft und die Aufbringung der nötigen Mittel für die Rüstungsproduktion. All diese Bereiche wurden sukzessive einer unterschiedlich stark ausgeprägten staatlichen Regulierung unterworfen. So galten mit Kriegsbeginn auch für Sachsen die Vorschriften des preußischen Belagerungszustandes. Die vollziehende Gewalt ging an Militärbefehlshaber über. Dieses waren General von Schweinitz in Leipzig und General von Broizems in Dresden. Ins Wirtschaftsgeschehen griffen sie nur insoweit ein, wie ihnen das von Berlin aus auferlegt wurde.

Noch im Laufe des August 1914 wurde offenbar, dass die Militärs den Munitionsbedarf gewaltig unterschätzt hatten. Die im Mobilmachungsplan vorgesehene Produktion von 600 Tonnen Sprengstoff und 475 Tonnen Pulver lag weit unter dem tatsächlichen Bedarf.[3] Es drohte eine Munitionskrise. Infolge der englischen Seeblockade kam kein Salpeter mehr aus Chile nach Deutschland. Ohne Salpetersäure konnten aber weder Sprengstoffe noch Pulver produziert werden. Hinzu kam, dass Salpeter auch die Grundlage der Versorgung der Landwirtschaft mit Stickstoffdüngern bildete. In dieser dramatischen Situation versprach der Vorstand des Chemiekonzerns BASF dem Kriegsministerium, bis zum Frühjahr 1915 ein großtechnisches Verfahren zur Salpetergewinnung aus Ammoniak zu entwickeln. Bereits im Februar 1915 lief die »Kunstsalpeterproduktion« im BASF-Werk in Oppau an. Das Salpeterproblem war gelöst, die Munitionsproduktion konnte ausgebaut und der Krieg fortgesetzt werden.

Der preußische Kriegsminister von Falkenhayn beauftragte Rathenau am 13. August 1914 mit der Bildung der Kriegsrohstoffabteilung (KRA) beim Kriegsministerium. Die Befugnisse dieser Abteilung erstreckten sich nach der Zustimmung der Bundesstaaten auf ganz Deutschland. In der KRA gaben Vertreter der Ruhrindustrie und der Berliner Industrie den Ton an. Sächsische Industrielle waren nicht vertreten.

Hauptaufgabe der KRA war die Bewirtschaftung kriegswichtiger Rohstoffe. Diese wurden gegen Bezahlung beschlagnahmt und der Kriegsindustrie zur Ver-

Dresden, Pirnaischer Platz, 1914. Soldaten ziehen in den Krieg.

fügung gestellt. Allein konnte die KRA diese Aufgabe jedoch unmöglich bewältigen. Daher wurden zahlreiche so genannte Kriegsgesellschaften gegründet. Dies waren privatwirtschaftliche Organisationen unter staatlicher Aufsicht. Mit ihrer Bildung waren ziemlich unterschiedliche Intentionen verbunden. Während die meisten Industriellen die Kriegsgesellschaften nur als ein notwendiges Übel betrachteten, sahen ihre Schöpfer, Walther Rathenau und Wichard von Moellendorf, leitender Angestellter der Metallabteilung der AEG, darin mögliche Keimzellen einer neuen Wirtschaftsordnung. Rathenau sprach später sogar von einem Schritt zum »Staatssozialismus«.[4] Historiker charakterisierten sie hingegen rückschauend als »organisierten Kapitalismus«.[5]

Als erste Kriegsgesellschaft wurde am 2. September 1914 die Kriegsmetall AG gegründet. Gegen Ende des Krieges gab es dann kaum noch einen Rohstoff, der nicht der Erfassung durch Kriegsgesellschaften unterlag. Die Rohstoffversorgung sollte außerdem durch Requisitionen in den besetzten Gebieten und die »Metallmobilmachung« – freiwillige Abgaben der Bevölkerung und von Institutionen – verbessert werden. So fielen u. a. zahlreiche Kirchenglocken der »Metallmobilmachung« zum Opfer. Die Rohstoffbewirtschaftung wurde von einer Regulierung der Preise begleitet. Ziel war die Unterbindung von Spekulationen.

In Dresden wurde eine Kriegsrohstoffstelle beim Generalkommando XII eingerichtet. Das Personal bestand überwiegend aus kaufmännischen und technischen Angestellten. Geleitet wurde die Stelle vom Hauptmann der Landwehr Klötzer. Neben Betriebsrevisionen war die Dresdner Kriegsrohstoffstelle auch für die Überwachung und Einschränkung der Bautätigkeit, die Unterstützung kriegswichtiger Betriebe bei der Materialbeschaffung und die Mitwirkung bei der Vergabe von Heeresaufträgen verantwortlich. Ihre Spielräume waren jedoch begrenzt, da alle maßgeblichen Richtlinien zur Erfassung und Verteilung von Rohstoffen vom Kriegsministerium in Berlin kamen.

Im September 1915 ordnete der preußische Generalstab eine stärkere Überwachung der Landesgrenzen an. Daraufhin wurde auch die Grenze zwischen Sachsen und Österreich-Ungarn unter schärfere Kontrolle genommen. Proteste gegen diese Maßnahme regten sich umgehend in den betroffenen Grenzgebieten, der Sächsischen Schweiz und im Landkreis Zittau. Die Sperre beeinträchtige den Warenverkehr zwischen zahlreichen böhmischen und sächsischen Orten. Nachhaltig scheinen die Auswirkungen der

»Grenzsperre« auf den kleinen Grenzverkehr jedoch nicht gewirkt zu haben.

Anfang 1915 kam es mit der Brotgetreideordnung zur ersten staatlichen Rationierungsmaßnahme. Die Unterversorgung mit Düngemitteln und Kraftfutter sowie insbesondere der Mangel an Arbeitskräften erschwerten die Produktionsbedingungen der sächsischen Landwirtschaft und minderten ihre Produktivität.[6] Aber erst mit der Gründung des Kriegsernährungsamtes in Berlin im Mai 1916 erfolgte eine Systematisierung der staatlichen Lebensmittelbewirtschaftung. Die wesentlichsten Elemente der Regulierung bestanden in der Reglementierung der Ein- und Ausfuhren, der Rationierung von Lebensmitteln und in einer staatlichen Höchstpreispolitik.

Analog zum Kriegsernährungsamt wurde in Sachsen ein Landeslebensmittelamt gegründet. Das neue Amt unterhielt Preisprüfungsstellen, eine Stelle zur Bekämpfung des Wuchers und zahlreiche Abteilungen für die Bewirtschaftung einzelner Waren. Als Geschäftsstellen des Amtes fungierten Einkaufsgesellschaften für West- und Ostsachsen. Ihre Aufgabe bestand im Bezug von Lebensmitteln, Futter und sonstigen Waren des täglichen Bedarfs und deren Vertrieb an die Bevölkerung. Um Engpässe zu kompensieren wurden alle möglichen Surrogate bzw. Ersatzlebensmittel entwickelt, beispielsweise Brot aus Kartoffelmehl und Gerstenschrot.

Trotz eines großen Apparates blieb die wenig effektive Rationierung von immer knapper werdenden Lebensmitteln der neuralgische Punkt an der »Heimatfront«. Je länger der Krieg dauerte, desto härter bekam die Bevölkerung die Folgen der englischen Seeblockade zu spüren. In nachgerade traumatischer Erinnerung blieb in Sachsen wie im gesamten Kaiserreich der so genannte Kohlrübenwinter von 1916/17. Die Kalorienversorgung hatte inzwischen ein solch niedriges Niveau erreicht, dass Mangelerscheinungen zunahmen. Die allgemeine Unterernährung führte zu Krankheiten und beeinträchtigte die Produktivität in den Fabriken.

Neben der Versorgung mit Lebensmitteln stellten die Kohlenlieferungen den größten Engpass für Wirtschaft und Bevölkerung dar. Die sächsische Braunkohlenförderung ging zwischen 1913 und 1916 um ca. 23 Prozent zurück, die Importe entwickelten sich ebenfalls rückläufig. Der Mangel an Heiz- und Brennstoffen nahm ab Herbst 1916 kritische Ausmaße an und wurde neben der Lebensmittelknappheit zum wichtigsten Faktor sozialer Proteste. Die Versorgung

Geschützbohren in der Sächsischen Maschinenfabrik vorm. Richard Hartmann AG, Chemnitz, 1917

der Kriegsindustrie und der Bevölkerung konnte schließlich nur noch auf Kosten der übrigen Industrie und des Kleingewerbes gesichert werden. Die Behörden reagierten mit einer Vielzahl von Bewirtschaftungsrichtlinien, der Einschränkung des öffentlichen Lebens, so wurden u. a. Tanzveranstaltungen verboten und Betriebsstilllegungen bzw. -zusammenlegungen angeordnet. Kriegsmüdigkeit war nun allenthalben zu spüren.

Auch die Begeisterung für die staatlichen Kriegsanleihen hatte sich inzwischen abgekühlt. Insgesamt wurden neun Kriegsanleihen aufgelegt, die knapp zwei Drittel der Kriegskosten deckten. Gezeichnet wurden Kriegsanleihen von allen Schichten des Volkes, insbesondere aber von den Begüterten. Hatten die ersten Kriegsanleihen noch Überschüsse erbracht, d. h. es kam mehr Geld in die Staatskasse als Schatzanweisungen ausgegeben wurden, so kehrte sich das Bild seit dem Herbst 1916 um. Im Vergleich etwa zu Großbritannien sehr spät und zaghaft beschlossene Steuererhöhungen vermochten an der wachsenden Staatsverschuldung kaum etwas zu ändern. Letztlich wusste sich der Staat nicht anders zu helfen als durch die Ausgabe von Schatzwechseln, die von der Reichsbank gegen Banknoten rediskontiert wurden. Durch diese Praktiken des »Gelddruckens« verfünffachte sich bis Kriegsende das Geldvolumen und die Reichsschuld wuchs auf über 150 Mrd. Mark an.

Zum offenen Ausbruch einer Inflation konnte es während des Krieges dank des Systems der Höchstpreise nicht kommen. Die Inflation wurde gewissermaßen aufgestaut, in der Hoffnung auf einen siegreichen Ausgang des Krieges. Die sich trotz aller Verbote entwickelnden Schwarzmärkte ließen jene Verbraucher, die sich keinen Illusionen hingaben, freilich erahnen, welches Ausmaß die verdeckte Inflation bereits angenommen hatte.

Granatendreherei in der Sächsischen Maschinenfabrik Chemnitz, Erster Weltkrieg

»Hindenburgprogramm« und Hilfsdienstgesetz

Mitte 1916 schien ein Wendepunkt des Krieges erreicht. An der Westfront spitzte sich die militärische Lage zu, im Innern gab es zunehmende soziale Spannungen und die Rüstungsproduktion wuchs nicht im notwendigen Maße. Der Verein Deutscher Eisenhüttenleute ergriff daraufhin am 23. August 1916 mit einer Denkschrift an das Militär die Initiative. Diese Denkschrift wurde zum Ausgangspunkt für das »Hindenburgprogramm«, benannt nach dem neuen Chef der III. Obersten Heeresleitung, Generalfeldmarschall Paul von Hindenburg. Das Programm zielte auf eine Verdoppelung der monatlichen Pulverproduktion und Verdoppelung bzw. Verdreifachung der Produktion von Waffen aller Art bis zum Mai 1917. Eine entscheidende Voraussetzung dafür war die Steigerung der Förderung von Eisenerzen und Kohle. Gustav Stresemann schrieb dazu: »... ganz Deutschland (müsse) eine einzige Munitionsfabrik werden.«[7]

Als wichtigster Hebel zur Erfüllung des »Hindenburgprogramms« wurde die Lenkung von Arbeitskräften angesehen. Die neue Oberste Heeresleitung forderte, die Anzahl der in der Kriegsindustrie Beschäftigten mit allen Mitteln zu erhöhen. Die Militärs und einige einflussreiche Industrielle plädierten für einen vollständigen Arbeitszwang, konnten sich mit dieser Forderung aber nicht durchsetzen. Die Reallöhne waren zwar seit Kriegsbeginn gesunken, in den Zivilindustrien weitaus stärker als in den Kriegsindustrien, aber der inzwischen in der gesamten Wirtschaft spürbare Arbeitskräftemangel gab den Gewerkschaften ein Druckmittel in die Hand.

Am 2. Dezember 1916 verabschiedete der Reichstag das Gesetz über den »vaterländischen Hilfsdienst«. Nunmehr konnten alle männlichen Deutschen zwischen 17 und 60 Jahren zum Dienst in kriegswichtigen Betrieben herangezogen werden. Eine freie Wahl des Arbeitsplatzes war faktisch nicht mehr möglich. Mit der Durchführung des Hilfsdienstgesetzes wurde eine neue Zentralbehörde, das am 1. November 1916 gebildete Kriegsamt, beauftragt. Das Kriegsamt fungierte fortan als die kriegswirtschaftliche Zentrale des Kaiserreichs und konnte weitreichend in den Produktionsprozess von Unternehmen eingreifen.

Bei allen stellvertretenden Generalkommandos, so auch in Leipzig und Dresden, wurden Kriegsamtsstellen gebildet. Zu ihren wichtigsten Aktivitäten gehörten Betriebsschließungen und -zusammenschlüsse. Diese waren notwendig, um Transporte und Kohlen einzusparen und Arbeitskräfte für die Rüstungsindustrie freizusetzen. Die Zentren der Munitionsproduktion lagen fernab der Hauptstandorte der Eisen- und Kohleindustrie. Die Steigerung der Waffen- und Munitionsproduktion führte zu Transportengpässen. Das Militär hatte bei der Planung des Hindenburgprogramms schlechterdings nicht analysiert, welche Voraussetzungen für die erstrebte Verdoppelung der Rüstungsproduktion vorhanden waren. Im Januar und Februar 1917 mussten wöchentliche Transportsperren angeordnet werden, um die Stauungen auf den Bahnhöfen zu beheben. Ein mit außerordentlichen Vollmachten ausgestatteter Kohlenkommissar sollte Abhilfe schaffen, was jedoch nur bedingt gelang.

Am stärksten von Betriebsstilllegungen betroffen war in Sachsen die Textilindustrie. Bei der Dresdner Kriegsamtsstelle wurde ein »Hauptausschuss für Stilllegungen und Zusammenlegungen« eingerichtet. Dem Ausschuss gehörten Vertreter der Unternehmerverbände an. Ihre Aufgabe bestand darin, Vorschläge für die Kriegsamtsstelle zu erarbeiten. Diese war daran nicht gebunden, leitete die Vorschläge aber zumeist ohne größere Änderungen an das sächsische bzw. preußische Kriegsministerium weiter. Von Stilllegungen betroffen waren vor allem Kleinbetriebe. Sie erhielten hohe Kompensationen, sofern sie der Schließung ihrer Fabriken für die Dauer des Krieges zustimmten.

Zu den Gewinnern des Konzentrationsprozesses in der Textilindustrie gehörten die größten Unternehmen der Branche wie die Leipziger Kammgarnspinnerei Stöhr & Co. AG und die Crimmitschauer Tuchfabrik Pfau. Ihnen gelang es, große Heeresaufträge zu erhalten. Den Crimmitschauer Fabrikanten kam zugute, dass mit Emil Oscar Zöffel einer der ihren im Vorstand des Kriegsgarn- und Kriegstuchverbandes saß.[8]

Auf dem Arbeitsmarkt gab es inzwischen einen Dauerkonflikt zwischen den Bedürfnissen des Heeresersatzes und der Kriegswirtschaft. Bis zum Frühjahr 1918 stieg die Zahl der nicht zur Truppe einberufenen Wehrpflichtigen in Sachsen auf fast 250 000 an.[9] Auf der anderen Seite konnten die sächsischen Divisionen in Flandern nicht einmal mehr ihre Verluste ausgleichen.

Die Entscheidung darüber, wer ins Feld einzurücken hatte oder im Betrieb bleiben sollte, fällten die Ersatzbehörden und Ersatzkommissionen, an deren Spitze der Amtshauptmann und der Landwehrbezirkskommandeur standen.

Die grundlegende Methode zur Regulierung des Arbeitsmarktes in Sachsen wurde von der Industrieabteilung der sächsischen Feldzeugmeisterei entwickelt. Sie setzte Belegschaftsprüfungen an die Stelle von Einzelfallprüfungen. Der Verband der Sächsischen Industriellen (VSI) lobte das industriefreundliche Verfahren und kooperierte mit der Industrieabteilung und der Kriegsamtsstelle in Dresden. Im Frühjahr 1918 standen fast 2600 Firmen mit etwa 250 000 Mitarbeitern unter der ständigen Kontrolle der Kriegsamtsstelle Dresden. Mit ihrer genaueren Kenntnis der sächsischen Wirtschaft war die Industrieabteilung besser in der Lage, die Arbeitsverhältnisse der Rüstungsfabriken zu beurteilen als die Berliner Zentralstellen. Sie nutzte dies für eine an den Bedürfnissen Sachsens orientierte Arbeitsmarktpolitik.

Schon vor dem Krieg bestanden in vielen sächsischen Betrieben Arbeiterausschüsse. Das Hilfsdienstgesetz machte daraus eine Pflicht für alle Unternehmen mit mehr als 50 Beschäftigten und erweiterte die Kompetenzen der Ausschüsse. Das eigentlich Neue waren die Schlichtungsausschüsse, die zwischen den Interessen der Arbeitgeber und Arbeitnehmer vermitteln sollten. Die Aufwertung der Arbeitnehmerinteressen begann in Sachsen bereits ein Jahr vor dem Hilfsdienstgesetz. Unternehmerverbände und Gewerkschaften einigten sich im Januar 1916 auf die Einrichtung eines paritätisch besetzten Schiedshofes in Dresden. Häufigster Streitpunkt war die Vergabe so genannter Abkehrscheine. Diese erlaubten einem Arbeiter den Arbeitsplatzwechsel.

Von den Regelungen des Hilfsdienstgesetzes waren Frauen nicht betroffen. Die Kriegsamtsstellen in Dresden und Leipzig bemühten sich daher um die Gewinnung weiblicher Arbeitskräfte auf freiwilliger Basis. Dazu richteten die Kriegsamtsstellen eigene

Frauenreferate ein. In Dresden wurde das Referat von Frau Bock von Wülfingen und in Leipzig von Frau Dr. Else Beil geleitet. Den Kriegsamtsstellen gelang es, Frauen aus den Friedensindustrien in die Rüstungsindustrie umzulenken. Das eigentliche Ziel, bisher nicht berufstätige Frauen von einer Tätigkeit in der Wirtschaft zu überzeugen, wurde jedoch nicht im erhofften Maße erreicht. Auch beim Versuch, Frauen für die Arbeit auf dem Land zu gewinnen, blieb man in Ostsachsen erfolglos, wohingegen in Westsachsen innerhalb weniger Wochen mehr als 10 000 Freiwilligenmeldungen für die landwirtschaftliche Arbeitshilfe in Ostpreußen eingingen. Überwiegend handelte es sich um Textilarbeiterinnen aus stillgelegten Betrieben.

Die sozialen Belastungen durch die Kriegswirtschaft versuchten die Frauenreferentinnen in Zusammenarbeit mit Frauenvereinen zu lindern. So entstanden in zahlreichen Industriestädten Mütterberatungsstellen, Kindergärten, Horte und Tagesheime. Die Kosten für die neuen Einrichtungen wurden in der Kreishauptmannschaft Dresden aus den Zuschüssen der von Wilhelm II. gestifteten »Kaiserspende« bestritten, in Westsachsen hingegen aus Spenden von Industriellen.

Aufruf des Kriegsministeriums an die Studentinnen zum Einsatz in der Kriegswirtschaft

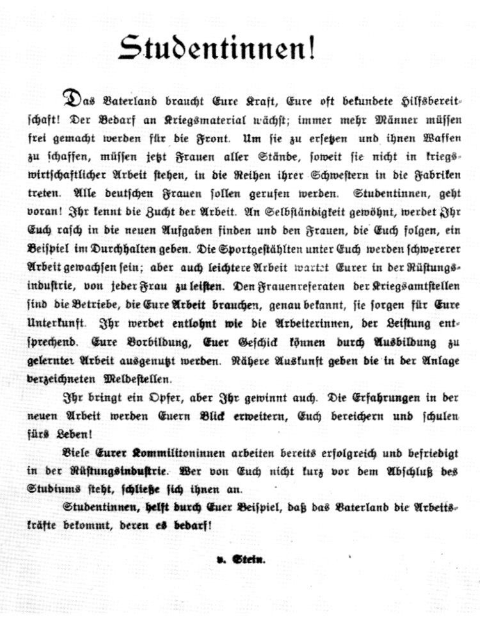

Studentinnen!

Das Vaterland braucht Eure Kraft, Eure oft bekundete Hilfsbereitschaft! Der Bedarf an Kriegsmaterial wächst; immer mehr Männer müssen frei gemacht werden für die Front. Um sie zu ersetzen und ihnen Waffen zu schaffen, müssen jetzt Frauen aller Stände, soweit sie nicht in kriegswirtschaftlicher Arbeit stehen, in die Reihen ihrer Schwestern in die Fabriken treten. Alle deutschen Frauen sollen gerufen werden. Studentinnen, geht voran! Ihr kennt die Zucht der Arbeit. An Selbständigkeit gewöhnt, werdet Ihr Euch rasch in die neuen Aufgaben finden und den Frauen, die Euch folgen, ein Beispiel im Durchhalten geben. Die Sportgestählten unter Euch werden schwererer Arbeit gewachsen sein; aber auch leichtere Arbeit wartet Eurer in der Rüstungsindustrie, von jeder Frau zu leisten. Den Frauenreferaten der Kriegsamtstellen sind die Betriebe, die Eure Arbeit brauchen, genau bekannt, sie sorgen für Eure Unterkunft. Ihr werdet entlohnt wie die Arbeiterinnen, der Leistung entsprechend. Eure Vorbildung, Euer Geschick können durch Ausbildung zu gelernter Arbeit ausgenutzt werden. Nähere Auskunft geben die in der Anlage verzeichneten Meldestellen.

Ihr bringt ein Opfer, aber Ihr gewinnt auch. Die Erfahrungen in der neuen Arbeit werden Euern Blick erweitern, Euch bereichern und schulen fürs Leben!

Viele Eurer Kommilitoninnen arbeiten bereits erfolgreich und befriedigt in der Rüstungsindustrie. Wer von Euch nicht kurz vor dem Abschluß des Studiums steht, schließe sich ihnen an.

Studentinnen, helft durch Euer Beispiel, daß das Vaterland die Arbeitskräfte bekommt, deren es bedarf!

v. Stein.

Insgesamt erfüllte das Hilfsdienstgesetz nicht die Erwartungen und verfehlte sein Hauptziel, den Soldaten- und Arbeitermangel zu beheben, in Sachsen ebenso wie im ganzen Reich.[10] Das Gesetz wirkte seinen Intentionen eher entgegen und beschleunigte den Arbeitsplatzwechsel, da Arbeiter unter Berufung auf das Gesetz einen »Abkehrschein« erhalten konnten, sobald für sie eine »angemessene Verbesserung« ihrer Löhne und Arbeitsbedingungen in Aussicht stand. Die Zahl der zurückgestellten kriegsverwendungsfähigen Arbeiter stieg nach dem Erlass des Gesetzes an. Einzig die nur mittelbar mit dem neuen Gesetz im Kontext stehende Mobilisierung weiblicher Arbeitskräfte gelang etwas besser, ohne dass damit ein allgemeiner Produktions- und Leistungsrückgang verhindert werden konnte.

Das »Hindenburgprogramm« führte 1917 nur zu einer kurzzeitigen Produktionsbelebung in der Grundstoffindustrie (Kohle, Eisenerz, Stahl, Kupfererz), die in Sachsen ohnehin unterrepräsentiert war.[11] Im Folgejahr stagnierten die Arbeitsleistungen oder gingen zurück. Trotz äußerster Anspannung war die deutsche Rüstungsindustrie nicht in der Lage, das Übergewicht der Entente bei Waffen und Munition zu brechen.

Labiler »Burgfrieden«

In den ersten zwei Kriegsjahren wurde die Stimmung im Land von den Behörden als stabil eingeschätzt.[12] Noch funktionierte die Politik des »Burgfriedens«, demgemäß im Interesse des militärischen Sieges alle politischen Differenzen zwischen Parteien, Verbänden und Gewerkschaften zurückstehen sollten. Das begann sich mit der Verschlechterung der Lebensmittelversorgung bei gleichzeitig steigenden Preisen und der Kohlenverknappung zu ändern. Ende 1915 kam es zu ersten größeren Protesten und Plünderungen von Lebensmittelgeschäften in Chemnitz, Leipzig und Dresden. Vor dem Rathaus in Chemnitz versammelten sich hunderte Frauen und forderten den Oberbürgermeister auf, sich bei der Landesregierung für die Rücknahme von Preiserhöhungen bei Milch und Butter einzusetzen. Nur mühsam gelang es Polizei und Feuerwehr die Ordnung wiederherzustellen. Die Chemnitzer Lebensmittelunruhen markierten einen Wendepunkt. Von der anfänglichen Kriegsbegeisterung war nichts mehr zu spüren. Teile der Arbeiterschaft radikalisierten sich und im März 1916 spaltete sich der radikalere Flügel der SPD ab und gründete die Unabhängige Sozialdemokratische Partei (USPD).

Abteufturm des Heinrich-Schachtes Lugau im Erzgebirge, 1928. Dort wurde seit 1837 Steinkohle gefördert.

In den folgenden Monaten kam es immer wieder zu Protesten vor Lebensmittelgeschäften, Plünderungen von Kohlenlagern und kleineren Aufständen in Industriebetrieben. Noch gelang es der Regierung durch Brotzulagen und Lohnerhöhungen sowie die Einrichtung von Volksküchen die Lage zu stabilisieren. Unter dem Eindruck der russischen Februarrevolution und des Hungerwinters brach im April 1917 in Leipzig ein vom Deutschen Metallarbeiterverband und der USPD geführter Massenstreik von rund 30 000 Arbeitern aus. Anlass dafür war die geplante Kürzung der Brotrationen in den Munitionsbetrieben. Der soziale Protest bekam eine politische Stoßrichtung durch die Parole »Brot, Frieden, Freiheit«. Die Militärbehörden und der Bezirksverband der Metallindustriellen sahen sich zum Einlenken gezwungen und kamen den ökonomischen Forderungen der Streikenden teilweise entgegen. Die Kürzung der Brotrationen wurde zurückgenommen, Löhne erhöht und Arbeitszeiten verkürzt.

Im Jahr 1918 kam es zu zahlreichen überwiegend sozial motivierten Arbeitsniederlegungen.

Die härtesten Konflikte gab es im Steinkohlenbergbau. Um ihren aus der zunehmenden Geldentwertung begründeten Lohnforderungen mehr Nachdruck zu verleihen, legten 3400 Bergleute des Lugau-Oelsnitzer Reviers Ende Juni 1918 die Arbeit nieder. Das Kriegsamt lenkte ein und versprach Lohnerhöhungen. Als die Bergleute des Zwickauer Reviers den ausgehandelten Kompromiss ablehnten, rückte Anfang September 1918 Militär in die Zwickauer Gruben ein. Der Streik brach daraufhin zusammen. Eine große Zahl von Bergleuten aus dem Zwickauer Revier wanderte ins Ruhrgebiet ab, weil dort höhere Löhne gezahlt wurden.

Hatte die Arbeiterschaft Vorteile von der Kriegswirtschaft? Wenn überhaupt, so trifft dies wohl nur auf die Arbeiter in den Kriegsindustrien zu. Sie erzielten die höchsten Lohnsteigerungen und bekamen den größten Anteil an Schwer- und Schwerstarbeiterzulagen. Dem stand eine Reallohnverringerung bei den meisten anderen Arbeitern gegenüber. Die größten Reallohneinbußen verzeichneten jedoch die Angestellten und Beamten. Daher näherte sich der Lebensstandard des Mittelstandes dem der Arbeiterschaft an.

Strukturelle Folgen der Kriegswirtschaft

Nur relativ geringfügig wurden die agrarischen Strukturen von der Kriegswirtschaft beeinflusst. Die Zahl der landwirtschaftlichen Betriebe blieb nahezu konstant. Dafür gab es einen entscheidenden Grund: die Mehrarbeit von Frauen und Töchtern. Hinzu kam der Umstand, dass Konzentrationsprozesse schon vor 1913 stattgefunden hatten, deshalb kam die sächsische Landwirtschaft etwas besser über den Krieg, als dies in anderen Ländern der Fall war. Bereits vor dem Krieg war die Landwirtschaft in Sachsen stärker mechanisiert als im übrigen Deutschland und dementsprechend vergleichsweise produktiv.[13]

Anbaufläche und Produktivität sanken dennoch zwischen 1914 und 1918 beträchtlich. Während die Getreideernten in Sachsen besser ausfielen als im Reichsdurchschnitt, lagen sie bei Kartoffeln merklich darunter.

Im Kohlenbergbau konnten die Beschäftigtenzahlen nach Rückgängen in den Jahren 1915/16 im letzten Kriegsjahr noch über das Vorkriegsniveau hinaus ausgeweitet werden. Dies war auf die Einführung des Hilfsdienstgesetztes im Dezember 1916 zurückzuführen. Die zum Steinkohlenbergbau dienstverpflichteten Arbeiter waren nicht für ihre neue Tätigkeit qualifiziert und schlecht ernährt. Infolgedessen sanken die Arbeitsleistungen pro Kopf – die 1916 ihren höchsten Stand erreichten – in den letzten beiden Kriegsjahren stark ab. Sie lagen 1918 noch bei rund 83 Prozent des Vorkriegsstandes. Etwas besser entwickelte sich der Braun-

Teerverarbeitungswerk Rositz

kohlenbergbau. Insgesamt reichte jedoch die Förderung der sächsischen Kohleindustrie nicht aus, um den Bedarf der Wirtschaft zu decken. Das Königreich blieb in hohem Maße auf Kohlenlieferungen aus dem Ruhrgebiet und Schlesien angewiesen.

Ein gravierender Engpass in der deutschen Kriegswirtschaft war die Mineralölversorgung.[14] Größere einheimische Vorkommen gab es nicht und der Rohölbezug aus Rumänien war starken Schwankungen unterworfen. Daher entschloss sich die Deutsche Erdöl AG (DEA) im großen Stil in die Mineralölgewinnung aus Braunkohle einzusteigen. Das sollte langfristige Folgen für Nordwestsachsen haben. Bereits seit dem Ende des 19. Jahrhunderts wurde schwefelhaltige Braunkohle in Sachsen, Thüringen und der Provinz Sachsen zu Braunkohlenteer verarbeitet. Aus diesem Rohprodukt wurden mittels aufwändiger Verfahren Heizgas, Paraffin, Schmieröle, Heizöle und Dieselkraftstoff gewonnen. Die DEA beteiligte sich 1916/17 im Auftrag des Reichsmarineamtes an der Rositzer Braunkohlenwerke AG und der benachbarten Bergbaugewerkschaft Regis. Das Unternehmen ließ in Rositz eine große Teerverarbeitungsraffinerie und in Ramsdorf eine Montanwachsanlage bauen. Die von der DEA produzierten Heizöle und Kraftstoffe wurden vornehmlich an die Marine geliefert und sicherten die Einsatzfähigkeit der U-Bootflotte. Umweltbelastungen nahm man in Kauf. Das Pleißewasser wurde mit Phenolen, Öl- und Teerrückständen verunreinigt.[15] Die DEA wurde zum Vorreiter für einen zeitweiligen deutschen Sonderweg in der Mineralölwirtschaft. Dieser bestand in einer engen Verzahnung von chemischer Industrie und Mineralölwirtschaft und einer zunehmenden Nutzung einheimischer Kohle anstelle von Erdöl für die Gewinnung von Mineralölprodukten.

Auf längere Sicht mindestens ebenso nachhaltige Veränderungen vollzogen sich in der Energiewirtschaft. Vor 1914 war die Elektrizitätsversorgung in Sachsen stark zersplittert. Die Hauptnachteile dabei bestanden in Überkapazitäten, unterschiedlichen technischen Parametern und unübersichtlichen Tarifen. Da die Entwicklung der Technik die Energieübertragung auf immer größere Entfernungen ermöglichte, konnte der in Großkraftwerken erzeugte Strom über immer weitere Gebiete verteilt werden. Teile der sächsischen Wirtschaft und der Kommunen befürchteten daher eine Monopolisierung der Stromversorgung in Sachsen durch die beiden großen Berliner Elektroenergiekonzerne AEG und Siemens.[16] Die stromproduzierenden Gemeinden schlossen sich deshalb 1911 im »Verband der in Gemeindebesitz befindlichen Elektrizitätswerke Sachsens« (Elektroverband) zusammen.

An der Versorgung mit elektrischer Energie waren beteiligt: Gemeindewerke mit 54 Prozent, private Überlandzentralen mit 21 Prozent, acht Gemeindeverbände mit 9,5 Prozent, gemischtwirtschaftliche Unternehmen mit 5,7 Prozent sowie private Ortskraftwerke mit ca. 1 Prozent. Mehr als zwei Drittel des gesamten sächsischen Stromverbrauchs entfielen in dieser Zeit allein auf die Städte Dresden, Leipzig, Chemnitz, Plauen, Reichenbach und Zittau.

Der nicht zuletzt durch die Kriegswirtschaft rasch wachsende Energiebedarf begünstigte 1915/16 die Planungen des Elektroverbandes und unabhängiger Wissenschaftler, zahlreiche kleine Ortskraftwerke durch zwei Großkraftwerke im Osten und Westen des Landes zu ersetzen. Die Kraftwerke sollten in unmittelbarer Nähe der Braunkohlenvorkommen gebaut werden und mittels eines Hochspannungsnetzes von 100 Kilovolt billige Elektroenergie bereitstellen. Der Kapitalbedarf für das Projekt wurde auf ca. 60 Mio. Mark geschätzt. Die sächsische Regierung stand dem Projekt positiv gegenüber und machte unter dem Eindruck zunehmender Staatseingriffe in das Wirtschaftsleben geltend, dass letztlich nur die öffentliche Hand in der Lage wäre, dem ganzen Land billigen Strom zur Verfügung zu stellen.

Der Aufbau eines staatlichen Energiekonzerns schien aus mehrerlei Gründen attraktiv zu sein: die Zusammenfassung aller Versorgungsgebiete im Sinne einer gleichmäßigen Stromversorgung war am ehesten dem Staat möglich, das Land Sachsen verfügte über eigene Braunkohlenfelder, mit staatlich festgesetzten Strompreisen konnte Industriepolitik betrieben werden und schließlich sollte auch die zu erwartende Elektrifizierung der Eisenbahn gesteuert werden.

Ein erster Schritt auf dem Weg zur Verstaatlichung des Energiesektors war der im Frühjahr 1916 erfolgte Erwerb des erst 1912 gebauten Kraftwerkes Hirschfelde von der Elektrizitätsliefergesellschaft (ELG) Berlin für 15 Mio. Mark. Den weiteren Ausbau der staatlichen Elektrizitätsversorgung übernahm ab 1917 die »Königliche Direktion der Staatlichen Elektrizitätswerke« mit Sitz in Dresden. Das Unternehmen unterstand dem Finanzministerium. Flankiert wurde diese Gründung durch eine Veränderung des Bergbaugesetzes im Oktober 1916. Demgemäß ging das Recht, neue Kohlenvorkommen in Sachsen zu erschließen und abzubauen, ausschließlich auf den Staat über. Außerdem erwarb der Staat Kohlengruben in der Nähe des Kraftwerkes Hirschfelde.

Das staatliche Eingreifen in den Energiesektor war eine Form gezielter Strukturpolitik, vergleichbar mit der Förderung des Ausbaus des Eisenbahnnetzes im 19. Jahrhundert. Die Konkurrenzfähigkeit für die sächsische Wirtschaft sollte insgesamt verbessert und durch die Tarifgestaltung ein Fördereffekt für strukturschwache Regionen erreicht werden. Sachsen nahm damit auf dem Gebiet der Energiepolitik eine Vorreiterrolle im Reich ein. Kein anderer deutscher Staat hatte sich bis dahin derart umfassende energiepolitische Ziele gestellt. Die Elektroenergie wurde nachgerade mit positiven Zukunftsvisionen überfrachtet und das sowohl von Sozialdemokraten als auch von Konservativen.

Zu den Branchen mit dem stärksten Wachstum während des Krieges gehörten die Stahlwerke und Gießereien sowie die Papierindustrie. Die Spezialstahlwerke und Gießereien in Riesa, Gröditz, Freital, Leipzig und Chemnitz waren, kaum verwunderlich, Nutznießer der Rüstungsproduktion und weiteten ihre Kapazitäten beträchtlich aus. Nach dem Krieg sollte ihnen zugute kommen, dass sie von den Siegermächten nicht in die Kategorie der reinen Rüstungsbetriebe eingestuft und deshalb auch keinen Beschränkungen unterworfen wurden.

Überraschend erscheint das starke Wachstum der Papier- und Druckindustrie in Sachsen. Zeitgenossen führten das auch auf die Flut von schriftlichen Erlassen der Kriegswirtschaftsbehörden zurück. Ob dieses tatsächlich der wichtigste Grund für die Umsatzsteigerungen der Branche war, sei dahingestellt. Jedenfalls wuchs die Zahl der Beschäftigten in der sächsischen Papierindustrie bis 1918 deutlich an. Gegenüber den anderen deutschen Ländern konnte Sachsen seine Stellung als bedeutendster Standort des Papiergewerbes weiter ausbauen. Erzeugte Sachsen vor 1913 knapp ein Drittel der deutschen Papierproduktion, so näherte man sich Anfang der zwanziger Jahre der 50-Prozent-Marke.[17]

Die Entwicklung in der verarbeitenden Industrie hing maßgeblich davon ab, ob ein Unternehmen überwiegend, teilweise oder gar nicht mit Rüstungsaufträgen befasst war. Als grobes Raster kann, trotz mancher methodischer Schwächen, die Einteilung in »Kriegsindustrien«, »gemischte Industrien« und »Friedensindustrien« herangezogen werden.

Zu den Kriegsindustrien sind das Hüttenwesen, die Metallverarbeitung, der Maschinenbau und die chemische Industrie zu rechnen. Zu den gemischten Industrien gehörten Textil-, Bekleidungs-, Leder- und Gummi-, Nahrungs- und Genussmittelbetriebe. Alle anderen Branchen blieben nahezu ausschließlich mit ziviler Produktion befasst.

Entwicklung der Betriebszahl und der Beschäftigten in den »Kriegsindustrien«, den »gemischten Industrien« und den »Friedensindustrien« 1913–1918[18]

Jahr	*1913*	*1918*	*Differenz 1913/1918*
Kriegsindustrien			
Betriebe	5 561	5 075	– 15 %
Arbeiter	229 901	291 142	+ 31 %
Gemischte Industrien			
Betriebe	20 322	12 425	– 39 %
Arbeiter	384 626	201 790	– 48 %
Friedensindustrien			
Betriebe	9 189	6 306	– 31 %
Arbeiter	208 305	142 265	– 32 %
Industrie insgesamt			
Fabriken	35 166	23 859	– 32 %
Arbeiter	824 161	635 716	– 23 %

Im Verlauf des Krieges musste demnach fast jede dritte sächsische Fabrik schließen. Am stärksten davon betroffen waren, kaum verwunderlich, die »gemischten Industrien« und die »Friedensindustrien«. Fast drei Viertel aller Textilbetriebe stellten, zumindest für die Dauer des Krieges, ihre Produktion ein. Hauptursache dafür war der Mangel an Rohstoffen. Hinzu kam, dass Teile der Branche vor dem Krieg Luxusprodukte für Auslandsmärkte produziert hatten. Demgegenüber verzeichneten die »Kriegsindustrien« ab 1916 einen deutlichen Beschäftigtenzuwachs, wobei die chemische Industrie fast mit einer Verdoppelung ihrer Mitarbeiterzahl an der Spitze stand.

Ausgesprochene Rüstungsproduzenten gab es vor 1914 in Sachsen nicht. Dies änderte sich während des Krieges. Wichtigster Standort der Rüstungsindustrie wurde Leipzig. Hier ragte die Hugo Schneider AG (HASAG) heraus. Das überwiegend mit der Herstellung von Lampen und Scheinwerfern befasste Unternehmen wurde durch seine (Messingproduktion) für die Munitionsproduktion der Rüstungswirtschaft in-

Granatendreherei im Ersten Weltkrieg, 1915

teressant. Die HASAG erhielt bereits im September 1914 größere Heeresaufträge und stellte ihre Produktion vollständig auf die Massenfertigung von Infanteriemunition um. Zwischen 1914 und 1918 konnte die HASAG ihre Umsätze mehr als verdoppeln und die Gewinne in etwa verdreifachen.[19]

Zu Beginn des Krieges stand das Flugwesen noch ganz am Anfang seiner technischen Entwicklung. Trotzdem kam es sehr bald zur Massenproduktion von Flugzeugen und zur Konstruktion immer besserer Modelle. Bereits 1915 begannen die Deutschen Flugzeugwerke in Leipzig mit dem Bau von Großflugzeugen.[20] Insgesamt fertigten die 1911 gegründete Deutsche Flugzeugwerke GmbH und die Automobil und Aviatik AG in Leipzig bis Kriegsende rund 4500 Flugzeuge aller Art.

Der Fahrzeugbau steckte noch in den Anfängen. Es bleibt fraglich, ob die Branche von der Heeresnachfrage profitierte. Auf den Automobilbau trifft dies nicht zu. Insgesamt blieb die Automobilproduktion in den Zwickauer Horch-Werken und Audi-Werken und bei den Wanderer-Werken in Chemnitz in absoluten Zahlen weit hinter dem zurück, was ohne den Krieg hätte erreicht werden können.

Anders sah es beim Bau von Nutzfahrzeugen aus. Die Vogtländische Maschinenfabrik (VOMAG) in Plauen fertigte seit 1915 Lastkraftwagen. Daran beteiligt waren die Karosseriebaufirma Gustav Hornig in Meerane und die Waggonfabrik Schumann in Werdau.[21] Zu den Pionieren des LKW-Baus gehörte Gustav Schürmann. Der gebürtige Westfale war 1903 nach Eisenach gekommen und hatte sich im dortigen Fahrzeugwerk als Konstrukteur verdingt. Ab 1908 arbeitete er als Chefkonstrukteur bei den Leipziger Polyphon-Werken. Noch vor dem Krieg begann er mit der Konstruktion von Lastkraftwagen. Während des Krieges wurde dann die Kraftwagenabteilung aus den Polyphon-Werken herausgelöst und firmierte als Dux-Automobilwerke. Schürmann wirkte nunmehr in diesem Werk als Vorstand und Chefkonstrukteur. Er erwarb sich in der Folgezeit bleibende Verdienste bei der Konstruktion von Nutzfahrzeugen.

Verglichen mit anderen Regionen fällt auf, dass der Rückgang der Beschäftigten in Industrie und Gewerbe während des Krieges in Sachsen mit 23 Prozent am stärksten ausfiel. Preußen konnte hingegen den Beschäftigtenstand der Vorkriegszeit fast halten und in Bayern und Württemberg ging die Zahl der Arbeitskräfte nur um jeweils 11 Prozent zurück.

Vertreter der sächsischen Industrie machten dafür eine Bevorzugung von preußischen Unternehmen bei der Zuteilung von Rohstoffen und Rüstungsaufträgen verantwortlich. Dies traf im Einzelfall zu, eine systematische Benachteiligung Sachsens durch die zentralen Behörden in Berlin ist jedoch nicht zu belegen. Unzutreffend ist auch die Behauptung, die sächsische Textilindustrie hätte anteilig mehr Betriebe schließen müssen als die Textilindustrie in anderen Regionen. In Preußen, Bayern und Württemberg lag die Zahl der stillgelegten Textilbetriebe anteilig teilweise noch höher als in Sachsen. Zu beachten ist außerdem, dass viele Unternehmer der Textilbranche ihre Betriebe nicht auf Dauer schließen mussten und Betriebszusammenlegungen oder Stilllegungen in Erwartung hoher Entschädigungszahlungen zustimmten. Sachsen machte diesbezüglich keine Ausnahme. Mit den Entwicklungen in der Textilindustrie können die Probleme der sächsischen Industrie während des Krieges demnach nicht hinreichend erklärt werden.

Ein neues strukturelles Problem verbarg sich hinter der Entwicklung der »Kriegsindustrien«. Verglichen mit anderen Regionen fiel nämlich der Zuwachs der Beschäftigten in den »Kriegsindustrien« in Sachsen deutlich geringer aus. (Preußen 52 Prozent, Bayern 49 Prozent, Württemberg 40 Prozent, Sachsen 27 Prozent). Anders als in Württemberg, aber auch im agrarisch geprägten Bayern, konnte der Maschinenbau in Sachsen den Absturz der Textilindustrien nicht kompensieren. Während es dort einige große Maschinenbauunternehmen gab, die frühzeitig auf den Heeresbedarf setzten, zögerte man in Sachsen. Die Ursachen dafür sind umstritten. Genannt werden der höhere Automatisierungsgrad des sächsischen Maschinenbaus, der zu einer geringeren Nachfrage nach Arbeitern führte, der Facharbeitermangel, die Passivität der sächsischen Regierung und die Probleme bei der Ersetzung von männlichen durch weibliche Arbeitskräfte.

Dennoch gab es eine Reihe von Maschinenbaubetrieben, die nahezu ausschließlich für den Heeresbedarf arbeiteten. Dies betraf u. a. die Chemnitzer Maschinenfabriken »Germania«, Kappel, Haubold, Krautheim und Schubert & Salzer.[22] Sie klagten zunehmend über den Mangel an Facharbeitern, die nicht gleichwertig ersetzt werden konnten. Dies führte, trotz eines erhöhten Einsatzes von Frauen und auch von Kriegsgefangenen, zu einem allgemeinen Produktivitätsrückgang im Maschinenbau.

Neben den Veränderungen im Branchengefüge machten sich auch Wandlungen in der regionalen Struktur der sächsischen Wirtschaft bemerkbar. Der Wirtschaftsraum um Dresden gewann Beschäftige hinzu, während die Kreishauptmannschaft Zwickau we-

Wanderer-Werke, neues Hauptgebäude 1917, entworfen von Zapp & Basarke

gen der besonders starken Präsenz der Textilindustrie die größten Verluste an Arbeitern aufwies.[23]

Der Krieg führte zu einem gewissen Konzentrationseffekt in der sächsischen Industrie. Während 1914 je Fabrik im Durchschnitt 22,9 Arbeiter gezählt wurden, waren es 1918 26,2.

Das Handwerk vermochte sich in den ersten Kriegsjahren gut zu behaupten. Als nach dem Erlass des Hilfsdienstprogramms der Abzug von Arbeitskräften drohte, reagierte das Handwerk mit einer zunehmenden Koordinierung seiner Aktivitäten. Das Genossenschaftswesen erlebte 1917/18 einen Aufschwung. Die Zahl der Mitglieder verdreifachte sich bis 1918 und der Reingewinn stieg auf das Vierfache. Den größten Bedeutungszuwachs erfuhren Rohstoff-, Absatz- und Produktivgenossenschaften, die Angebot und Nachfrage ihrer Mitglieder gegenüber den Beschaffungsstellen bündelten. Auf diesem Weg erhielt ein Teil der Kleinbetriebe überhaupt erst einen Zugriff auf zwangsbewirtschaftete Güter.

Das Bank- und Kreditwesen kam gut über den Krieg. Selbst die stark auf den Außenhandel ausgerichtete Dresdner Bank konnte bis 1916 den Rückgang ihrer Auslandsgeschäfte kompensieren. Die Sparkassen festigten ihre Positionen während des Krieges, was sich im Wachsen der Einlagen widerspiegelte. Noch dynamischer entwickelten sich die gewerblichen Kreditgenossenschaften.

Verhinderten die Eigenheiten der sächsischen Industriestruktur eine intensivere Einbindung in die Kriegswirtschaft? Dem war so, wenn man an die Schwäche in der Rohstoff- und Produktionsgüterindustrie, die Dominanz der Textil- und Leichtindustrie und die hohe Exportquote denkt. Die Abschnürung von den traditionellen Handelspartnern bereitete der sächsischen Wirtschaft erhebliche Probleme. Hinzu kam noch ein weiterer, wenig beachteter Umstand: Die Umstellung der Industrie auf den Kriegsbedarf gelang in Sachsen schlechter als in Süddeutschland und Preußen. Vom Maschinenbau gingen nur vergleichsweise geringe

Impulse aus. Facharbeiter wanderten aus dieser Branche in andere Regionen ab. Den sächsischen Behörden mangelte es an Initiative, um diesem Trend entgegenzuwirken.

Dennoch profitierten zahlreiche Unternehmen von der Rüstungsproduktion. Je mehr die Bevölkerung unter der Kriegswirtschaft zu leiden hatte, desto größer war die Wut auf die »Kriegsgewinnler«. Für die etablierten AGs lässt sich konstatieren, dass sie mehrheitlich von der Kriegswirtschaft profitierten. Ein Indiz dafür ist die Zahl der Dividende ausschüttenden AG. Diese wuchs von 369 im Jahr 1914 auf 449 im Jahr 1918. Freilich ist damit noch nichts darüber ausgesagt, welche Branchen und welche einzelnen Unternehmen am meisten Nutzen aus der Rüstungskonjunktur zogen. So eindrucksvoll sich die Gewinnsteigerungen mancher Unternehmen auch ausnahmen, sie waren selbst für Maschinenbauunternehmen nicht die Regel. Zu bedenken ist auch, dass eine Reihe von Branchen durch den Krieg von ihren Rohstoffen abgeschnitten wurden und ihre Tochtergesellschaften im Ausland verloren.[24]

Alles in allem waren die Kriegserfahrungen für die sächsische Gesellschaft und Wirtschaft ernüchternd. Sachsen, 1914 ein Land mit rund 5 Mio. Einwohnern, hatte etwa 750 000 Mann in den Krieg geschickt, von denen 210 000 fielen und 19 000 vermisst blieben. Der Krieg verursachte durch den Kriegstod junger Männer, Geburtenrückgang und Geburtenausfall eine Verschiebung in der Alterszusammensetzung der Bevölkerung: Der Anteil alter Menschen nahm deutlich zu.[25] Diese demografischen Kriegsfolgen gab es in allen deutschen Regionen. Im Falle Sachsens muss darüber hinaus von einer demografischen Trendwende gesprochen werden. Das Land verlor nach dem Ersten Weltkrieg seine Sonderstellung als Region mit dem schnellsten Bevölkerungswachstum im Reich. Die Zahl der kinderreichen Familien nahm deutlich ab. Vor dem Krieg zählte mindestens noch jede fünfte Familie in Sachsen sechs oder mehr Kinder. Ende der zwanziger Jahre war dies nur noch in jeder fünfzehnten Familie der Fall. Außerdem kam es erstmals wieder zu einer nennenswerten Ab- und Auswanderung. Die signifikanten Veränderungen führten zu besorgten Kommentaren seitens der Politik. Man befürchtete eine schleichende »Vergreisung«. Zu einer aktiven Bevölkerungspolitik, im Sinne von geburtenfördernden Maßnahmen, entschloss man sich aber nicht.

Die Strukturveränderungen durch die Kriegskonjunktur wurden nach 1918 wieder weitgehend revidiert. So sanken die Beschäftigtenzahlen in der chemischen Industrie (Sprengstoffe) und in der metallverarbeitenden Industrie (Munitionsproduktion) zeitweilig wieder unter den Stand von 1913. Der Maschinenbau wuchs langsamer als in anderen Regionen.

Die Entwicklungen während des Krieges zeigten, dass die sächsische Wirtschaft einen Teil ihrer zuvor oft gezeigten Anpassungsfähigkeit verloren hatte.

INFLATIONSJAHRE 1919 BIS 1923

Übergang zur Friedenswirtschaft

Nach der Meuterei in der deutschen Hochseeflotte am 3. November und der Bildung erster Arbeiter- und Soldatenräte in Norddeutschland kam es auch in Sachsen zur Revolution. Am 8. November besetzten Demonstranten das Kriegsministerium und weitere wichtige öffentliche Gebäude in Dresden. Tags darauf verließ der sächsische König die Landeshauptstadt und dankte ab. Das monarchische Zeitalter war zu Ende. Die sächsischen Militärbefehlshaber übergaben die vollziehende Gewalt ohne Gegenwehr an Arbeiter- und Soldatenräte. Innerhalb weniger Tage wurden in allen Städten Sachsens spontan solche Räte gebildet. Am 10. November verkündete der »Vereinigte revolutionäre Arbeiter- und Soldatenrat« in Dresden die Republik und fünf Tage später wurde eine neue provisorische Regierung gebildet. Sie bestand aus Vertretern der Mehrheitssozialdemokratischen Partei Deutschlands (MSPD) und ihrer linken Abspaltung der Unabhängigen Sozialdemokratischen Partei (USPD). Die radikale Linke lehnte eine Mitarbeit ab. Die Regierungserklärung vom 18. November enthielt die Sicherstellung der demokratischen Errungenschaften, die Erhaltung des sächsischen Staates und die wirtschaftliche Umgestaltung, aber keine generellen Enteignungen.[26] Sachsen stand an der Schwelle zu einem bürgerlich-parlamentarischen Staatswesen.

Am 2. Februar 1919 fanden Landtagswahlen statt, die von den Sozialdemokraten gewonnen wurden. Sachsen erhielt eine neue Verfassung und wurde Freistaat. Es folgte eine Zeit stürmischer politischer Auseinandersetzungen und wirtschaftlicher Unsicherheiten. Ende Februar 1919 kam es in Sachsen, Thüringen und der Provinz Sachsen zu einem Generalstreik. Derart unter Druck gesetzt versprach die Reichsregierung, die Betriebsräte in der Verfassung zu verankern. Außerdem wurde die Sozialisierung von Schlüsselindustrien, vornehmlich des Bergbaus und der Energiewirtschaft, angekündigt. Reichswirtschaftsminister Rudolf Wissell (SPD) beschwor die Vertreter der Bundesstaaten, den Sozialisierungsgesetzen ohne große Diskussion zuzustimmen. Nach einem Bericht des Vertreters der sächsischen Gesandtschaft in Berlin führte Wissell aus: »Das Volk verlange in stürmischster Weise nach neuen Wirtschaftsformen. Diesem Verlangen müsse in irgendeiner Weise Rechnung getragen werden. Es hieße die Augen vor den Tatsachen verschließen, wenn man glaube, dass die Bewegung in das alte Bett des früheren Wirtschaftslebens wieder auslaufen werde.«[27] Noch im Frühjahr 1919 wurde die Sozialisierung der Kohlen- und Kaliwirtschaft gegen angemessene Entschädigung beschlossen. Zu einer Umsetzung der Gesetzesvorlagen kam es jedoch nicht. Anders verhielt es sich mit dem Betriebsrätegesetz, das 1920 in Kraft trat und die Mitbestimmungsrechte der Arbeitnehmer festlegte. Die Unternehmer akzeptierten die Gewerkschaften als Tarifpartner. Der achtstündige Arbeitstag wurde als Normalarbeitstag vereinbart und eine Erwerbslosenfürsorge eingeführt. Dafür verzichteten die Gewerkschaften auf ihre Forderung nach politischer Mitbestimmung im neuen Staat.

Viele sächsische Industrielle sahen das Erstarken der Gewerkschaften mit Sorge. Sie befürchteten eine Fortsetzung des »Kriegssozialismus«, d. h. weitere massive Staatseingriffe ins Wirtschaftsleben. Sie waren außerdem der Meinung, dass die Bildung von Betriebsräten in kleineren Unternehmen eher störend sei. Hinzu kam der Umstand, dass Sachsen innerhalb kurzer Zeit seine Position als »Billiglohnland« verloren hatte, eine Entwicklung, die bereits vor dem Krieg eingesetzt hatte und durch die Revolution beschleunigt wurde. All das erklärt bis zu einem gewissen Grade, warum der VSI ein distanziertes Verhältnis zu den Instanzen der Republik pflegte und marktradikale Positionen vertrat.

Am 19. April 1919 wurde Kriegsminister Neuring von Kriegsinvaliden, die wegen ihrer geringen Unterstützung in Rage geraten waren, aus seinen Amtsräumen gezerrt und ermordet. Die Landesregierung verhängte daraufhin den Belagerungszustand. Mitte Mai 1919 besetzten Freikorpssoldaten Leipzig. Mit dieser Militäraktion wurde die letzte Hochburg der Rätebewegung in Deutschland beseitigt.[28] Das »Chemnitzer Blutbad« vom August 1919 machte den reaktionären Charakter der Armee deutlich. Reichswehrtruppen hatten eine Straßenschlacht mit friedlichen Demonstranten provoziert. Es gab 50 Tote und 80 Verletzte. Ohne Frage war es Aufgabe der Landesregierung, das parlamentarische System durchzusetzen. Ob die von der sächsischen Regierung praktizierte Politik der harten Hand die richtige Strategie war, scheint zumindest fragwürdig.

Neben der höchst angespannten politischen Lage musste die Landesregierung schwierige wirtschaftliche und soziale Aufgaben bewältigen. Als vordringliche Probleme wurden die Demobilisierung der Armee und die Wiedereingliederung der Soldaten in den Arbeitsprozess angesehen. Die Handels- und Industrieverbände hatten wiederholt ein Ende der Zwangsbewirtschaftung nach Kriegsende gefordert. Das »Martyrium der Übergangswirtschaft« sollte »auf das unbedingt Notwendige beschränkt bleiben.«[29]

Mit der Organisation der Übergangswirtschaft war das Reichswirtschaftsamt befasst, später in Reichswirtschaftsministerium umbenannt. Daneben existierten die während des Krieges gebildeten Lenkungsinstanzen, wie die Kriegsamtsstellen in Dresden und Leipzig, noch eine Zeit lang weiter. Auch die Kriegsgesellschaften arbeiteten noch, ihre Auflösung zog sich bis Ende 1921 hin. Die kriegswirtschaftlichen Verordnungen, Höchstpreiserlasse usw. wurden nicht ad hoc aufgehoben, sondern schrittweise außer Kraft gesetzt. Der langsame Abbau der Bewirtschaftung war zum einen der Angst vor einer erneuten Massenarbeitslosigkeit geschuldet und hing zum anderen mit den noch offenen Fragen der Gestaltung der künftigen Wirtschaftsordnung zusammen.

Die sächsische Regierung zeigte sich im sozialpolitischen Bereich sehr aktiv. Sie bemühte sich um eine Erhöhung der Erwerbslosenfürsorge, die Umschulung von Arbeitslosen, die Schaffung neuer Arbeitsplätze in Notstandsgebieten und die Bekämpfung von Überstunden, um die Arbeit gerechter zu verteilen. Diese arbeitsmarktpolitischen Interventionen wurden von den sächsischen Industriellen kritisiert, die eine schleichende Sozialisierung fürchteten. Davon waren die sozialdemokratischen Reformen jedoch weit entfernt. Sie waren linksdemokratisch, zielten aber nicht auf die Etablierung eines Rätesystems nach dem Vorbild der russischen Revolution.

Beisetzung der Opfer des »Chemnitzer Blutbades« am 8. August 1919

Ein Teil der erwerbstätigen Frauen wurde auf dem Verordnungswege wieder aus dem Berufsleben verdrängt. Eisenbahn- und Postverwaltungen vergaben umfangreiche Aufträge, um die Wirtschaftstätigkeit zu beleben. Dennoch gingen Produktion und Handel 1919 in nahezu allen Branchen weiter zurück. Dies hing nicht zuletzt mit der Aufrechterhaltung der alliierten Blockade bis zur Unterzeichnung des Friedensvertrages von Versailles am 28. Juni 1919 zusammen.[30] Infolge des Friedensvertrages verlor Deutschland ein Siebtel seines Gebiets und ein Zehntel seiner Bevölkerung. Wirtschaftlich besonders nachteilig schlug zu Buche, dass das Reich ein Drittel seiner Kohlen- und drei Viertel seiner Erzvorkommen einbüßte. Die Empörung über das »Diktat« der Sieger war einhellig und sollte sich letztlich verhängnisvoll auf die weitere politische Entwicklung auswirken.

Das Deutsche Reich musste seine Hochseeflotte, 5000 Lokomotiven, 150 000 Eisenbahnwaggons und 5000 Lastwagen sowie etwa 54 Mio. Tonnen Kohle abtreten. Hinzukommen sollten Barzahlungen in Devisen in ungeklärter Höhe. Um diese überhaupt erwirtschaften zu können, hätten die anderen Länder ihre hohen Zollschranken herabsetzen müssen. An einer zu starken deutschen Exportkonkurrenz hatten die Siegermächte jedoch wenig Interesse. In dieser Lage blieb der Reichsregierung kaum etwas anderes übrig, als ausländische Währung gegen frisch gedruckte Reichsbanknoten am Devisenmarkt anzukaufen, was zum Kursverfall der deutschen Währung beitrug, den Exporteuren aber die Chance bot, den Valutavorteil zum Eindringen in ausländische Märkte zu nutzen.

Zu den Restriktionen des Versailler Vertrages gehörten auch die Schleifung von Rüstungsbetrieben, die Begrenzung der deutschen Armee auf 100 000 Mann ohne Flugzeuge und Panzer, die Beschlagnahme deutschen Auslandseigentums und die Offenlegung von Patenten. Diese Beschränkungen trafen hauptsächlich die Schwerindustrie an Rhein und Ruhr, wohingegen die sächsische Industrie unter direkten Abrüstungsmaßnahmen kaum zu leiden hatte. Empfindlich trafen Sachsen jedoch die Grenzziehungen des Versailler Vertrages. Sachsen befand sich nunmehr in einer Randlage. Insbesondere die Exporte in die Nachfolgestaaten von Österreich-Ungarn und nach Russland gingen zurück. Allein dort hatte beispielsweise die Chemnitzer Maschinenfabrik Haubold vor dem Krieg rund 30 Prozent ihrer Umsätze erzielt.[31] Ähnliche Zahlen ließen sich für eine Vielzahl sächsischer Unternehmen beibringen. Die Mehrzahl der Gruben in Oberschlesien, aus denen die sächsische Industrie bisher einen Teil ihrer Steinkohle bezogen hatte, wurde polnisch. Die Geschäfte liefen mit einer gewissen Verzögerung schließlich weiter. Allerdings verteuerte sich die Kohleversorgung. Die wohl nachhaltigsten Konsequenzen für die sächsische Wirtschaft hatte die Gründung der ersten tschechoslowakischen Republik. Vor dem Krieg hatte Sachsen jährlich mehr als 3 Mio. Tonnen Braunkohle aus Böhmen bezogen. Nach 1918 gingen die Kohlenbezüge aus Böhmen stark zurück.[32] Das Bemühen des jungen Nationalstaates um eine eigenständige Wirtschaftspolitik verschärfte die Konkurrenzsituation zwischen Sachsen und Böhmen, zumal sich die industriellen Strukturen beiderseits des Erzgebirges in vielerlei Hinsicht ähnelten. Dieser Aspekt der sächsisch-böhmischen Geschichte ist bisher nicht hinreichend quantitativ untersucht worden, was generalisierende Aussagen erschwert. Soviel jedoch lässt sich sagen: Beide Wirtschaftsregionen hatten Probleme mit ihren »alten« Industrien. Allerdings besaß die böhmische einen wichtigen Kostenvorteil, sie konnte wegen der niedrigeren Löhne billiger produzieren. Vor allem die Textil-, Spielwaren-, Kunstblumen- und Holzindustrie in Sachsen bekamen ihre Konkurrenz zu spüren. Daher forderten sächsische Unternehmer neue Zölle, insbesondere für Textilien. Sie konnten sich bei der Reichsregierung jedoch nicht durchsetzen.

Insgesamt bleibt festzuhalten: Sachsens Wirtschaft bewältigte trotzdem den Übergang zur Friedensproduktion erstaunlich rasch und ohne größere Verwerfungen. Die eigentlichen Herausforderungen bestanden in den nun deutlich spürbar werdenden strukturellen Problemen einer »altindustriellen« Region ohne Großunternehmen. Verschärft wurden diese Problemlagen noch durch die neuen geopolitischen Gegebenheiten und ihre Rückwirkungen auf die sächsische Exportindustrie.

Kunstblumenherstellung in Neustadt, Blick in den Arbeitssaal, 1938

Finanz- und Steuerfragen

Wirtschaft und Verbraucher plagte unterdessen eine allgemeine Teuerung. Inflationäre Prozesse waren schon seit Kriegsausbruch im Gange, da die Regierung die wachsenden Kriegsausgaben durch Anleihen und Steuererhöhungen nicht mehr decken konnte und die Notenpresse bemühte. Die Reichsschuld war von rund 5 Mrd. Reichsmark im Jahr 1913 auf ca. 153 Mrd. Reichsmark im Jahr 1919 gestiegen![33] Mit dem Waffenstillstand nahm der Finanzbedarf des Reiches, der Länder und der Kommunen nicht ab. Zwar sanken die Kosten für das Militär, aber nun kamen eine Reihe neuer Ausgabeposten hinzu: Reparationsleistungen, Zinsdienste für die Kriegsanleihen, Entschädigungen für Industrieunternehmen, die Vermögenswerte in den abgetretenen Gebieten verloren hatten, Teuerungszulagen, Kriegsopferversorgung, Familienunterstützungen und anderes mehr. Das Haushaltsdefizit wurde schließlich nur noch durch die Notenpresse gedeckt.

In solchen Zeiten kam den Banken, die das Privileg zur Ausgabe von Banknoten besaßen, eine besondere Bedeutung zu. Neben der Reichsbank waren dies mehrere Landesbanken. Im Freistaat Sachsen besaß die Sächsische Bank in Dresden das Recht zur Notenausgabe. Sie verfügte über beachtliche Goldbestände, die zur Notendeckung vorgeschrieben waren. Allerdings handelte es sich bei dieser kapitalschwachen Bank nicht um eine Staatsbank, obwohl nicht wenige sächsische Unternehmer gern ihre Umwandlung in eine solche gesehen hätten. Ihre Eigner versuchten die Inflation durch den Verkauf eines Teils ihrer Goldbestände zu überstehen und waren sogar geneigt, das Notenprivileg aufzugeben und die Bank zu liquidieren. Die sächsische Staatsregierung verhinderte jedoch diesen Schritt dank ihrer Vertreter im Aufsichtsrat.

Obwohl das Notenausgaberecht zwischen 1920 und 1923 mehrfach erhöht wurde, nahm die Bedeutung der Sächsischen Bank als Notenbank ab, was im Übrigen auch für die Landesbanken von Bayern, Baden und Württemberg galt. Im Vergleich zur Notenemission der Reichsbank lag das Volumen der Emissionen der Sächsischen Bank ungefähr bei 1 bis 2 Prozent. Die Reichsbank diktierte das Tempo und den Umfang der Notenausgabe. Sie trieb die Inflation voran. Hinzu kam später noch die Notgeldemission der Kommunen.

Staatsbankähnliche Funktionen hatte vor 1919 bereits die Lotteriedarlehenskasse Leipzig wahrgenommen. Diese Bank verwaltete u. a. die Gelder aus der Sächsischen Landeslotterie und überschüssige Gelder aus der Landeshauptkasse. Im Oktober 1919 wurde die Lotteriedarlehenskasse gegen alle Proteste der Handelskammern und der Privatbanken in die Sächsische Staatsbank umgewandelt.[34] Leiter der Sächsischen Staatsbank, die ihren Hauptsitz 1920 nach Dresden verlegte, wurde der bisherige Direktor des Chemnitzer Bankvereins Carl Degenhardt. Die Staatsbank unterstand dem sächsischen Finanzministerium. Ihre Hauptaufgabe bestand in der Beschaffung von Anleihen und Krediten für staatliche und kommunale Zwecke. Außerdem sollte sie mittelständische Unternehmen mit Krediten versorgen, die von den Großbanken allgemein weniger beachtet wurden.

Gegenüber Teilen der Industrie, die Nutznießer der Politik der Reichsbank waren (»Mark gleich Mark«) und sich in den Inflationsjahren entschulden konnten, gingen die Banken und Sparkassen insgesamt geschwächt aus der Inflation hervor. Der größte Teil ihrer Einlagen wurde entwertet. Betrug die Höhe der Einlagen aller deutschen Banken 1913 rund 33,6 Mrd. Reichsmark, so waren es 1924 nur noch 9,8 Mrd. Reichsmark. Noch dramatischer waren im gleichen Zeitraum die Einlagen bei den Sparkassen entwertet worden. Sie gingen von 9,8 Mrd. Reichsmark auf 0,6 Mrd. Reichsmark zurück.[35] Gesamtzahlen für die in Sachsen tätigen Banken liegen nicht vor, sie dürften sich aber in ähnlichen Relationen bewegt haben.

Auf mittlere Sicht zogen die Großbanken dennoch auch Nutzen aus der Inflation, da zahlreiche kleinere Konkurrenten vom Markt verschwanden. So verloren mehrere wichtige sächsische Regionalbanken ihre Eigenständigkeit. Die zweitgrößte sächsische Aktienbank, der Chemnitzer Bankverein mit 43 Filialen, wurde 1922 ebenso komplett von der Berliner Commerz- und Privatbank übernommen wie zuvor bereits die Löbauer Bank AG mit 15 Filialen und die Vogtländische Credit-Anstalt mit 17 Filialen.[36]

Leidlich intakt ging auch die größte sächsische Aktienbank, die »Allgemeine Deutsche Credit-Anstalt« Leipzig (ADCA) aus der Inflation hervor. Sie übernahm in den zwanziger Jahren eine Reihe kleinerer Banken in Thüringen, Preußen und Anhalt. In Reaktion auf die Inflation änderte zudem eine größere Zahl von Kreditgenossenschaften ihre Gesellschaftsform in die einer AG. Weiterhin kam es zur Gründung zahlreicher Spezialbanken, die sich nur auf einen ganz bestimmten Wirtschaftszweig oder einzelne Berufsgruppen spezialisierten.

Für die Länderhaushalte weitreichende Weichenstellungen erfolgten 1919/20 im Zuge einer großen Steuerreform, die nach Reichsfinanzminister Matthias Erzberger (Zentrum) benannt wurde. Die besitzenden

Schichten sollten weit mehr als zuvor für die Finanzierung der Staatsausgaben aufkommen. Im Dezember 1919 folgte eine einmalige, auf mehrere Jahre verteilte Vermögensabgabe von bis zu 65 Prozent – das so genannte Reichsnotopfer. Außerdem wurden die Einkommenssteuersätze und die Erbschaftssteuer drastisch erhöht. Die parlamentarische Rechte lief gegen Erzbergers Steuerreform Sturm und sah darin den Versuch einer kalten Enteignung der besitzenden Schichten. Doch die Reform brachte auch für Arbeiter und Angestellte neue Belastungen, vor allem durch die Einführung der Lohnsteuer und die Anpassung der indirekten Steuern.

Der tatkräftige Versuch, das Steueraufkommen zu erhöhen und einen sozialen Ausgleich herbeizuführen, scheiterte letztlich an der Geldentwertung. Da die Steuerschulden in nominaler statt in Goldmark zu entrichten waren, profitierten Unternehmer von der Inflation. Die Steuerschuldner wälzten höhere Ausgaben auf die Preise ab und trieben damit die Inflation voran. Da sie ihre Steuern nicht sofort entrichten mussten, konnten sie die Steuerschulden später mit entwertetem Geld begleichen.

Was von der Steuerreform blieb, war die Vereinheitlichung des Steuerwesens und der Übergang der Gesetzgebung für direkte Steuern auf das Reich. Die Einzelstaaten hatten ihre Vormachtstellung im Bereich der öffentlichen Finanzen schon vor dem Krieg teilweise eingebüßt. Erzberger brachte diesen Prozess zum Abschluss und sicherte mit seiner Steuerreform dem Reich die ausschließliche Finanzhoheit. Dem dienten die Schaffung einer reichseinheitlichen Steuerverwaltung, die »Verreichlichung« des Eisenbahnwesens und eine Reihe von Steuergesetzen.

Das Deutsche Reich wandelte sich damit hinsichtlich seiner Finanzverfassung von einem Bundesstaat de facto in einen Zentralstaat. Die Länder wurden jetzt zu »Kostgängern des Reiches« und waren auf Überweisungen aus dem Aufkommen an Reichssteuern angewiesen, da ihre eigenen Einnahmen für die Erfüllung ihrer Aufgaben bei weitem nicht mehr ausreichten. Dramatische Konsequenzen hatte die Steuerreform auch für die Gemeinden, deren Verschuldung in den zwanziger Jahren anstieg.

Sachsen mit einer inzwischen deutlich über dem Reichsdurchschnitt liegenden Arbeitslosigkeit verlangte von der Reichsregierung die volle Übernahme der Kosten für die Arbeitslosenunterstützung oder zumindest eine Entlastung der überproportional betroffenen Länder. Unterstützt wurde der sächsische Vorschlag von Hamburg. Die Hansestadt litt ebenfalls unter hohen Arbeitslosenzahlen. Der Reichsfinanzminister und die meisten anderen Staaten lehnten den sächsischen Vorstoß ab. Erst Ende 1921 kam es zu einem Kompromiss, der Sachsen geringfügige Erleichterungen bescherte.[37]

Es bleibt zu konstatieren: Die Steuerreform Erzbergers schränkte den wirtschafts- und sozialpolitischen Handlungsspielraum der sächsischen Landesregierung stark ein. Die Pro-Kopf-Verschuldung wuchs nach der Steuerreform in Sachsen schneller als in allen anderen deutschen Ländern. Bis 1930 sollte es dem Freistaat nicht mehr gelingen, einen ausgeglichenen Haushalt zu verabschieden.

»Gespaltene Konjunktur« 1920 bis 1922

Während die meisten europäischen Länder in den ersten Jahren nach dem Krieg unter Wachstumsschwäche und hoher Arbeitslosigkeit litten, hob sich die Wirtschaftsentwicklung des Deutschen Reiches davon ab. Statt einer Nachkriegsrezession kam es 1920 bis 1922 zu einer Inflationskonjunktur. Industriellen und Kaufleuten nützten die steigenden Preise der Gegenwart, da sich im Vergleich mit den Herstellungskosten der Vergangenheit beträchtliche Gewinne ergaben. Zum größten Teil handelte es sich jedoch um Scheingewinne, da die Buchgewinne auf dem Prinzip Mark gleich Mark beruhten. Kurzzeitig regten die Scheingewinne die Investitionsbereitschaft an. Sie führten außerdem zu einer Flucht in die Sachwerte. An den Devisenbörsen fiel der Kurs der Mark zum Dollar immer weiter. Der Verfall des Außenwertes der Mark übertraf dabei den Anstieg der Inlandspreise. Der niedrige Außenwert der Mark wurde von den deutschen Exporteuren begrüßt, da er ihre Auslandsgeschäfte stimulierte.

Die Inflation beeinflusste nicht allein das Preisniveau, sondern wirkte auch, da die Preise eine unterschiedliche Flexibilität besaßen, auf die Preisstruktur. Vertraglich langfristig festgelegte Einkommen wie Pensionen, Mieten und Versicherungen stagnierten, während die Löhne bei starken Gewerkschaften schneller an die Preisentwicklung angepasst werden konnten. Geldvermögensbesitzer wurden massiv geschädigt und die Eigentümer von Sachvermögen begünstigt. Schuldner gewannen auf Kosten der Gläubiger und der größte Kreditnehmer, das Reich, konnte zumindest die inländischen Kriegsschulden bequem abtragen.[38]

Auch ein Teil der sächsischen Exportindustrien fasste wieder Tritt. Viele Unternehmen der Maschinenbauindustrie konnten die rasch wachsende Nachfrage

Posamentierer bei der Arbeit am Posamentierstuhl, Erzgebirge, um 1930

kaum bewältigen und erweiterten ihre Kapazitäten.[39] Allerdings mussten sie zum Teil erst wieder den technologischen Anschluss an die international führenden Hersteller finden.[40]

Ungünstiger stellten sich die Marktchancen für die Produkte der sächsischen Haus-, Spielwaren- und Luxusindustrie dar. Diese Zweige konnten sich nicht im erhofften Maße von den Kriegs- und Nachkriegsfolgen erholen. Die gespaltene Konjunktur – auf der einen Seite der Maschinen- und Fahrzeugbau, die Papierindustrie und ein Teil der Textilbranche, die rasch wieder Tritt fassten, auf der anderen Seite die stagnierende Heim- und Luxuswarenindustrie – führte dazu, dass in einigen Unternehmen Überstunden anfielen und in anderen hingegen nur verkürzt oder gar nicht gearbeitet werden konnte. Von nun an gehörte Sachsen neben Berlin und Hamburg zu den Zentren mit dauerhaft überdurchschnittlich hoher Arbeitslosigkeit.

Besonders kritisch war die Lage im Vogtland. Nicht zufällig erlangte der Anarchist Max Hoelz dort eine gewisse Popularität. Von ärmeren Bevölkerungsschichten wurde er als »Roter Robin Hood« verehrt.[41] Hoelz gründete im Februar 1919 die KPD-Ortsgruppe Falkenstein und wurde Vorsitzender des Arbeitslosenrates. Mit Gewalt ließ er Lebensmittel und Brennmaterial umverteilen, der Bürgermeister und weitere Stadträte wurden von seinen Anhängern festgenommen. Mehrmals musste die Reichswehr nach Falkenstein einrücken und Aufstände niederschlagen.

Die Hyperinflation und ihre sozialen Folgen

Nach der Ermordung von Außenminister Rathenau, der sich anschließenden Reparationskrise und der Finanzierung des so genannten Ruhrkampfes mündete die galoppierende Inflation 1922/23 in eine Hyperinflation. Die Preis-Lohn-Spirale drehte sich immer schneller und die Geldentwertung erreichte nie zuvor gekannte Ausmaße. Reichsbanknoten wurden immer weniger als Zahlungsmittel akzeptiert. Unternehmer und Verbraucher begannen zum Tauschhandel zurückzukehren. In ihrer Not übersandte die von SPD und USPD geführte und von der KPD tolerierte sächsische Landesregierung Ende März 1922 eine Denkschrift »über die zunehmende Teuerung« nach Berlin.[42] Darin wurde als wesentlichster Grund der Notsituation die Profitsucht von Unternehmern und Händlern genannt.

Um dem entgegenzuwirken sollte das Reich die Exportgewinne stärker besteuern und Kontrollausschüsse zur Preisüberwachung bilden. Für eine Reihe von Gütern forderte man die Wiedereinführung der Bewirtschaftung. Die Denkschrift stellte eine Kampfansage gegen Landwirte und Händler dar.

Im März 1923 wurde in Sachsen eine Koalitionsregierung von SPD und KPD unter der Führung des linken Sozialdemokraten Erich Zeigner gebildet.[43] Gegen die Regierungspolitik lief der VSI Sturm. Die wahren Gründe für die Hyperinflation seien nicht in der Preistreiberei einzelner Unternehmer zu suchen, sondern in den allgemeinen wirtschaftlichen Bedingungen. Ein halbes Jahr lang versuchte die Linksregierung den großen wirtschaftlichen und sozialen Problemen mit Kontrollausschüssen gegen Preistreiberei in allen Städten mit mehr als 10 000 Einwohnern, Erwerbsausschüssen gegen Arbeitslosigkeit und mit Ausschüssen zur Erfassung von Getreidevorräten bei den Bauern zu begegnen. Außerdem wurde ein Amnestiegesetz für Notdelikte erlassen.

Im Frühsommer kam es in Dresden und Leipzig zu Hungerunruhen und Plünderungen von Lebensmittelgeschäften. Die sächsische Regierung machte dafür die Finanzpolitik des Reiches verantwortlich und lehnte es grundsätzlich ab, gegen die Demonstranten Schusswaffen einzusetzen.

In der Zeit der Hyperinflation 1923 stieg die Arbeitslosigkeit in Sachsen weit über den Reichsdurchschnitt.

Zahl der Empfänger von Arbeitslosenunterstützung pro Tausend Einwohner im Jahr 1923 je Quartal[44]

Land	*Januar*	*April*	*Juli*	*Oktober*
Preußen	2.7	9.2	6.6	24.1
Bayern	2.1	5.9	3.9	17.6
Sachsen	8.4	20.5	11.8	61.0
Württemberg	0.7	2.9	1.9	8.0
Baden	1.0	4.4	5.3	9.2
Thüringen	4.0	10.5	7.4	42.6
Hessen	0.7	2.0	7.7	37.4
Hamburg	11.0	23.5	15.3	64.8
Bremen	8.0	21.1	11.8	31.3
Reichsdurchschnitt	3.1	9.5	6.6	27.0

Die Unruhen erfassten nun auch traditionell besser gestellte Branchen. So lag im Bergbau das Lohnniveau deutlich über dem Durchschnitt der Industrie. Doch was hatten die Bergleute davon, angesichts von Preisen, die noch schneller stiegen als die Löhne? In den Steinkohlezechen des Oelsnitzer Reviers radikalisierten sich die Belegschaften. Ausgehend von den Bergleuten und Bauarbeitern griffen Protest- und Streikwellen schließlich auf ganz Sachsen über. In zahlreichen Orten und Betrieben wurden »proletarische Hundertschaften« als Selbstschutzorganisationen gegen rechtsradikale Organisationen, die vornehmlich im Nachbarland Bayern erstarkt waren, gebildet. Die »proletarischen Hundertschaften« dienten auch zur Durchsetzung wirtschaftlicher Interessen.

Am 16. August 1923 zogen rund 500 Arbeiter der Hutschenreuter Porzellan-Fabrik Radeberg in umliegende Dörfer und nahmen dort Händlern und Bauern Lebensmittel weg.[45] Die Stadträte von Radeberg wurden aufgefordert, diese Aktionen nachträglich zu legalisieren. In Regionen mit besonders hoher Arbeitslosigkeit – im Vogtland und im Erzgebirge – kam es zu Übergriffen auf Unternehmer. In Penig, Annaberg, Aue und anderen Orten wurden Betriebsdirektoren von Demonstranten gezwungen, Schilder zu tragen, mit Sprüchen »Ich bin ein Menschenschinder« oder »Ich bin ein Lump«. Anschließend wurde der Betreffende auf einem zentralen Platz zur Schau gestellt und dem Gespött der Menge preisgegeben. Solche mittelalterlich anmutenden Rituale stellten die radikalste Form des sozialen Protests und des Lohnkampfes dar.

Arbeitgeber und Kleinhändler fühlten sich zunehmend bedroht und von der Landesregierung im Stich gelassen. In scharfer Form klagte der VSI die Landesregierung an: Sachsen drohe ein rechtloser Staat zu werden und befände sich auf dem Weg zu einem »Sowjet-Sachsen«. Den letzten Ausweg sah der VSI in der Reichsexekution, d. h. im Einmarsch der Reichswehr. Bei den Wortführern der sächsischen Industriellen hatte die sozialdemokratisch geführte Landesregierung jeden Kredit verloren. Sie wollten einen Machtwechsel. Ein Teil der sächsischen Unternehmer setzte frühzeitig auf die Nationalsozialisten als neuen Macht- und Ordnungsfaktor. Industrielle aus dem Vogtland machten aus ihrer Sympathie für die NSDAP keinen Hehl. Die Erfahrungen vieler sächsischer Industrieller, die sich in den frühen zwanziger Jahren einer radikalisierten Arbeiterschaft und einer Linksregierung gegenübersahen, machten diese anfällig für totalitäre Lösungen. Hinzu kam die so bisher nicht gekannte Krisenanfälligkeit von Teilen der sächsischen

Das Ende der Inflationszeit. Inzwischen wertloses Inflationsgeld wird eingestampft.

Industrie. Es waren nicht zuletzt die Inflationsjahre, die antirepublikanische Stimmungen in der Industrie verstärkten.

Entwicklung der Lebensmittelpreise von August bis Oktober 1923 in Reichsmark[46]

Datum	*Milch (Liter)*	*Butter (Pfund)*	*Quark (Pfund)*
26.08.1923	79 000	432 000	13 800
30.09.1923	3 800 000	19 800 000	5 830 000
18.10.1923	115 000 000	572 500 000	157 800 000

Arbeiter und Angestellte trugen ihre Löhne und Gehälter in Wäschekörben nach Hause und waren plötzlich alle »Millionäre«. Doch was waren ihre Einnahmen noch wert, wenn ein Liter Milch bereits 115 Mio. Reichsmark und ein Pfund Butter 572,5 Mio. Reichsmark kosteten? Die wirtschaftlichen und politischen Ereignisse kulminierten im Oktober 1923. In diesem Monat erreichte die Geldentwertung ihren Höhepunkt.

Ein auch nur halbwegs geordnetes Wirtschaftsleben war nicht mehr möglich. Firmenpleiten häuften sich und die Zahl der Arbeitslosen und Kurzarbeiter erreichte mit 112 000 bzw. 350 000 neue Höchststände. Elf Tage nachdem Zeigner am 10. Oktober 1923 sein Kabinett umgebildet und zwei führende Kommunisten zum Finanzminister bzw. Leiter der Staatskanzlei ernannt hatte, marschierte die Reichswehr in die größten Städte Sachsens ein. Die »proletarischen Hundertschaften« wurden aufgelöst. In Freiberg kam es am 27. Oktober zu einem Blutbad, als die Soldaten auf Demonstranten schossen. Es gab 23 Tote und 31 Verletzte unter der Zivilbevölkerung.[47] Am 29. Oktober setzte die Reichsregierung den Reichstagsabgeordneten Karl Rudolf Heinze (DVP) als Reichskommissar für Sachsen ein. Zwei Tage später wurde unter Artur Fellisch (SPD) eine Übergangsregierung gebildet, die bis Januar 1924 im Amt blieb.

Die sozialen Folgen der Inflation werden von der Forschung bis heute kontrovers diskutiert, zumal es an zuverlässigen Indikatoren mangelt.[48] Wie aussagefähig sind beispielsweise Lohnstatistiken bei einer täglichen, ja stündlichen Geldentwertung? Soviel lässt sich jedoch sagen: Die Inflation brachte viele Verlierer und nur wenige Gewinner hervor. Kleinunternehmer, Rentner, kleine Landwirte und schließlich die Arbeiter gehörten zu den Verlierern, auch die meisten Angestellten und Beamten, denn ihre Gehälter blieben noch hinter der allgemeinen Lohnentwicklung zurück. Besonders benachteiligt fühlten sich die sächsischen Landbeamten, da sie in ungünstige Ortsklassen eingruppiert waren, das Preisniveau auf dem Lande bzw. in den Kleinstädten aber nicht unbedingt unter dem der Großstädte lag. Öffentliche Unternehmen führten Preisklauseln ein und erhöhten in immer kürzeren Abständen ihre Tarife. Ab 1923 wurden die Rechnungen für Strom, Gas und Wasser wöchentlich abkassiert.[49] Die Inflation führte nicht zu einer Anhäufung großer Geldvermögen, sondern zu einer Ausweitung des Produktionsapparates, durch die »Flucht in die Sachwerte«.

RELATIVE STABILISIERUNG 1924 BIS 1929

Stabilisierung der wirtschaftlichen Entwicklung

Die Währungsstabilisierung begann im Oktober 1923 mit der Gründung der Rentenbank, die mit der Ausgabe der Rentenmark beauftragt war. Am 15. November 1923 wurde dann der Kurs der Rentenmark psychologisch geschickt auf 4,20 Reichsmark je Dollar festgesetzt, was der Vorkriegsparität entsprach. Die Inflationsmark wurde im Kurs von 1 Billion zu eins in Rentenmark umgetauscht. Die neue Währung beruhte nicht mehr auf einer Golddeckung, sondern sie wurde durch landwirtschaftlichen Besitz und industrielles Vermögen (fiktiv) gedeckt. Gleichzeitig wurde die Notenausgabe der Reichsregierung strikt begrenzt. Das »Wunder der Rentenmark« gelang und mit der Annahme des Dawes-Planes zur Neuregelung der Reparationen im Herbst 1924 war die Basis für die Währungsstabilisierung geschaffen. In der folgenden kurzen Zeit relativer Stabilität (1924–1929) konsolidierte sich auch die sächsische Wirtschaft. Der Krieg hatte Sachsen vom wissenschaftlich-technischen Fortschritt des Auslandes, vor allem in den USA, abgeschnitten. Es bestand ein großer Bedarf an neuen technischen und betriebswirtschaftlichen Erkenntnissen und es kam zu Neuinvestitionen in den Produktionsapparat.

Die »goldenen Zwanziger« gehören zu den widersprüchlichsten Perioden in der sächsischen Wirtschaftsgeschichte. In dieser Zeit gab es vor allem im Maschinen – und Fahrzeugbau, in der polygraphischen Industrie und in der Feinmechanik/Optik technische Innovationen. Das Bauwesen erlebte für kurze Zeit einen Boom wie in den Gründerjahren. Es entstanden moderne Kohlekraftwerke, Energieverbundsysteme, Talsperren und Brücken. Zu den herausragenden Firmengründungen zählten Zeiss-Ikon und die Aktiengesellschaft Sächsische Werke (ASW). Die Leipziger Messe erlangte Weltgeltung. Keine andere Messe er-

Firmenpräsentation zur Leipziger Messe, 1924

reichte vergleichbar hohe Einkäufer- und Ausstellerzahlen. Von der Stabilisierung der politischen und wirtschaftlichen Verhältnisse profitierten auch die Belegschaften. Die Reallöhne stiegen deutlich an und viele Unternehmen gaben mehr Geld für betriebliche Sozialpolitik aus.

Auf der anderen Seite spitzten sich die strukturellen Probleme in der sächsischen Wirtschaft zu. Gemessen an den Beschäftigten und am Umsatz war die Textilindustrie nach wie vor der wichtigste Sektor. Trotz nicht unbeträchtlicher Investitionen stagnierte die Produktivität in dieser Branche und technische Neuerungen blieben aus. Selbst in den kurzen Phasen der Hochkonjunktur gab es jetzt in Sachsen ausgesprochene Notstandsgebiete mit hoher Arbeitslosigkeit. Es waren die Zentren der Heim- und Spielwarenindustrie.

Die Konjunkturempfindlichkeit der sächsischen Wirtschaft nahm eher zu als ab. Zeitgenossen prägten dafür das Bild von Sachsen als dem »Wetterwinkel der Konjunktur«. In der Tat hatte die sächsische Wirtschaft auf die kurzen Zwischenkrisen von 1921 und 1925/26 besonders empfindlich reagiert. Der sächsischen Industrie fehlten die »Leuchttürme«. In der Liste der größten 100 deutschen Aktiengesellschaften war kein sächsisches Unternehmen vertreten.[50] Dies kann als Ausdruck der vorherrschenden mittelständischen Prägung und der Kapitalschwäche der sächsischen Wirtschaft gedeutet werden.

Konsolidierung des Bankensektors auf unsicherer Basis

Von den Folgen der Inflation erholten sich die Großbanken vor allem durch die faktische Umstellung des deutschen Kreditsystems auf Auslandskredite. In Sachsen verfügte die Allgemeine Deutsche Credit Anstalt (ADCA) Leipzig – seit 1901 eng mit der Discontogesellschaft verbunden – im Jahr 1928 mit 55 Zweigstellen über das dichteste Filialnetz, gefolgt von der Commerz- und Privatbank mit 41 und der Dresdner Bank mit 13.[51] Von allen sächsischen Banken blieb die ADCA mit einem Kapital von 40 Mio. Reichsmark und fast 3000 Beschäftigten im Jahr 1927 die bedeutendste. Sie wurde in der zeitgenössischen Literatur als »Provinzgroßbank« bezeichnet. Dies war durchaus zutreffend, wie ein Vergleich mit dem Gesellschaftskapital anderer sächsischer Banken zeigt. Die nächstfolgende Leipziger Immobiliengesellschaft und Bank für Grundbesitz verfügte 1928 über ein Aktienkapital in Höhe von 5,5 Mio. Reichsmark, das Bankhaus Gebr. Arnhold in Dresden lag ebenfalls über 5 Mio. Reichsmark und das in Leipzig ansässige Bankhaus Kroch jr. KGaA lag bei 4 Mio. Reichsmark. Weitere 42 sächsische Depositenaktienbanken verfügten zu dieser Zeit lediglich über ein Aktienkapital von weniger als jeweils 1 Mio. Reichsmark. Die ADCA konnte in den zwanziger Jahren ihre Position im sächsisch-mitteldeutschen Wirtschaftgebiet behaupten, wenngleich es den Berliner Großbanken gelang, die meisten industriellen Großbetriebe an sich zu binden.

Auch die Commerz- und Privatbank, hervorgegangen 1920 aus der Fusion von Commerz- und Disconto-Bank mit der Mitteldeutschen Privatbank Magdeburg, setzte in Sachsen auf einen forcierten Ausbau ihres Filialnetzes. Selbst in sächsischen Kleinstädten errichtete sie, entgegen den Gepflogenheiten der anderen Berliner Großbanken, Filialen. Die Regionalbanken, ADCA und Gebr. Arnold, sowie die Sächsische Staatsbank waren 1928 zusammen in 184 sächsischen Aktiengesellschaften vertreten und stellten 81 Aufsichtsratsvorsitzende. Formal gesehen verfügten sie damit über einen etwas größeren Einfluss auf die sächsische Wirtschaft als die Großbanken, die in 51 Fällen den Aufsichtsratsvorsitzenden stellten und in 174 Aufsichtsratsmandate wahrnahmen.

Personelle Vertretung der wichtigsten Banken in sächsischen Aktiengesellschaften[52]

Bank	*Vorsitz in Aufsichtsräten*	*Mitglieder in Aufsichtsräten*
ADCA	53	114
Commerz- und Privatbank	21	38
Gebr. Arnold	20	19
Dresdner Bank	19	59
Sächsische Staatsbank	5	38
Deutsche Bank	8	38
Discontogesellschaft	2	14
Danat Bank	1	25

Die Zahl der Aufsichtsratsmandate allein sagt freilich noch nichts über den Umfang des jeweiligen finanziellen Engagements aus. Einzeluntersuchungen zeigen, dass die Großbanken in der Regel die Hauptkreditgeber der größten sächsischen Unternehmen waren. Beispielhaft sei auf die Kreditierung der Leipziger Kammgarn-

20 Deutsche Bücherei in Leipzig, Architekt Oskar Pusch, erbaut 1914 – 1916

21 Sachsengeld, Meissener Keramik, entworfen von Paul Börner, 1920

22 Eisenhammer in Dlözschen, Aquarell von Gustav Alfred Müller, 1926. Staatliche Kunstsammlungen Dresden, Kupferstich-Kabinett

23 Audi Front, 1927. Automobilmuseum Zwickau

24 Gießereiarbeiter bei Meier & Weichelt, den Leipziger Eisen- und Stahlwerken (LES) und im Kombinat GISAG

25 Revolverdrehmaschine, Werkzeugmaschinenfabrik vorm. W. von Pittler AG, Wahren-Leipzig, 1921
26 Einständer-Dampfhammer, Sächsische Maschinenfabrik, vorm. Richard Hartmann AG, 1923

27 Möbelstoff- und Mokettfabrik Cammann & Co., Chemnitz, 1926

28 Sparkasse Görlitz, Projektierung Heinrich Küsler, 1913

Beispiel für unternehmerisches Sozialengagement: Georg-Arnhold-Bad Dresden, 1926 eingeweiht

spinnerei Stöhr & Co. AG verwiesen. Das Unternehmen beschäftigte 1927 mehr als 2200 Arbeiter und besaß Tochtergesellschaften im In- und Ausland. Der Deutschen Bank gelang es, die ADCA Bank, bis dahin wichtigster Kreditgeber für die sächsische Textilindustrie, aus dem Kreditgeschäft mit Stöhr & Co. auszuschalten.

Selbst ADCA sowie Commerz- und Privatbank kamen bei den größten Geschäften nur in wenigen Fällen zum Zuge. Diese beiden Banken konkurrierten daher hauptsächlich um die mittelständische Kundschaft. Die ADCA Bank pflegte zu rund 650 sächsischen und mitteldeutschen Aktiengesellschaften geschäftliche Verbindungen und es gelang ihr dabei, eine dominierende Position als Kreditgeber für die Textilindustrie, die Metallwarenherstellung, das Brauereiwesen und die Papierherstellung aufzubauen, mithin in jenen Zweigen, in denen Klein- und Mittelbetriebe dominierten. An deren Finanzierung hatten die Großbanken nur ein mäßiges Interesse. Den Durchschnittskredit der ADCA bezifferte ihr Vorstandsvorsitzender 1932 mit rund 11 400 Reichsmark. Im Vergleich dazu lagen die von den Berliner Großbanken ausgereichten Kredite im Durchschnitt zwei- bis dreimal so hoch.[53]

Die Sparkassen passten sich den neuen wirtschaftlichen Gegebenheiten gut an und konnten mit ihrem weit verzweigten Filialnetz ihre Sonderstellung als »Bank der kleinen Leute« behaupten und ausbauen. Von 1925 bis Mitte 1927 erhöhte sich das Einlegerguthaben bei den insgesamt 346 Filialen der Sparkassen von 72 Mio. auf rund 264 Mio. Reichsmark. Fast die Hälfte des Vermögens der Sparkassen entfiel auf wertbeständige Hypotheken, gut 20 Prozent auf wertbeständige Inhaberpapiere, 14 Prozent auf Termingelder bei Banken und Girozentralen, 9 Prozent auf Darlehen und knapp 8 Prozent auf Kassenbestände.[54] Die Sparkassen setzten damit ihre solide Geschäftspolitik fort. Sie profitierten vom zunehmenden bargeldlosen Zahlungsverkehr und konnten in Geschäftsbereiche vorstoßen, die früher nur den Privatbanken vorbehalten waren. Die Sparkassen entwickelten sich in den zwanziger Jahren zu Universalbanken. Dieser Trend wurde durch ihre steuerliche Begünstigung gefördert.

Stadtsparkasse Chemnitz, Architekt Fred Otto, erbaut 1930

Innovationen und neue Industrien

Ende des 19. Jahrhunderts hatte ein neuer weltwirtschaftlicher Wachstumszyklus begonnen. Die technologische Grundlage dafür bildeten die Elektrotechnik, die Chemieindustrie und der Schwermaschinenbau. Im industriellen Bereich entstanden die ersten Großkonzerne moderner Prägung und die Technologie der Massenproduktion begann sich durchzusetzen. Mit ihr nahm die Konzentration von Maschinen und Menschen, Energie und Material weiter zu.

Im Gegensatz zu den vorangegangenen »langen Wellen der Konjunktur«, die vom Aufschwung der Textilindustrie und des Eisenbahnwesens geprägt worden waren, verfügte Sachsen nicht über optimale Bedingungen für die Entwicklung der neuen Wachstumsbranchen. Die chemische Industrie hatte sich vornehmlich an Rhein und Main sowie in Berlin und der preußischen Provinz Sachsen niedergelassen. Sachsen hingegen bot keine besonders günstigen Voraussetzungen für die Ansiedlung der Großchemie, die bevorzugt an Flüssen, in unmittelbarer Nähe von Kohle- und Kalivorkommen sowie auf großen freien Flächen erfolgte. Entscheidend waren außerdem die Kapitalstärke der Gründer und ihre Einbindung in wissenschaftliche Netzwerke.

Ausreichende Voraussetzungen für die Großchemie gab es unter diesen Prämissen von vornherein nur im Leipziger Raum. Im übrigen Sachsen dominierte eine breit gefächerte Haushalts- und Textilchemie sowie pharmazeutische Industrie, wobei es sich überwiegend um Familienunternehmen handelte. Von ihnen wurden Mitte der zwanziger Jahre rund 6 000 Menschen beschäftigt.[55] Zum Vergleich: Allein bei den BASF-Werken Ludwigshafen und Oppau arbeiteten in dieser Zeit rund dreimal so viele Menschen und beim ebenfalls zur BASF gehörenden Leuna-Werk bei Merseburg knapp doppelt so viele in Chemieproduktion wie in ganz Sachsen.

Typisch für die chemische Industrie in Sachsen waren Hersteller wie die H. Th. Böhme AG Chemnitz, zu deren Hauptprodukten Textilhilfsmittel und Waschmittel gehörten. Seit 1924 arbeitete Dr. Heinrich Bertsch bei dieser Firma. Er befasste sich mit der Sulfonierung von Ölen und anderen Fettrohstoffen. Seine Forschungen führten 1928 zur Entwicklung der Grundsubstanzen für Waschmittel. Vier Jahre später konnte die Chemnitzer Firma unter dem Markennamen FEWA – »**F**ür **E**ure **W**äsche **a**usgezeichnet« – das erste vollsynthetische Waschmittel der Welt auf den Markt bringen. Bertsch blieb dem Unternehmen bis Kriegsende treu. Nach 1945 wurde er Leiter der volkseigenen Chemieindustrie in Sachsen und arbeitete später als Leiter der Hauptverwaltung Chemie in der Staatlichen Plankommission. Seit 1954 leitete er bei der Deutschen Akademie der Wissenschaften in Berlin das Institut für organische Chemie. Erfolgreich entwickelten sich auch die Firma von Karl August Lingner, die das Mundwasser »Odol« produzierte, die Waldheimer Parfümeriefabrik, bekannt geworden durch die Hautcreme »Florena«, und die pharmazeutischen Firmen Gehe & Co. AG Dresden sowie die Chemische Fabrik von Heyden AG Dresden.

In Wechselwirkung mit der chemischen Industrie war mit der Kunststoffverarbeitung noch vor der Jahrhundertwende ein neuer Industriezweig entstanden. Die Deutsche Celluloidfabrik AG in Eilenburg gehörte zu den ersten Fabrikationsstätten von Kunststoffen. Jahrzehntelang war Celluloid der einzige synthetische Werkstoff und wurde u. a. für die Fertigung von Kämmen, Bürstengriffen, Seifenschalen, aber auch für Musikinstrumente eingesetzt. Einen Wachstumsschub erhielt das Werk mit dem Siegeszug des Kinos. Celluloid war der Grundstoff für die Rohfilmherstellung bei der Agfa Filmfabrik in Wolfen. Zwischen den Werken in Eilenburg und Wolfen entwickelte sich eine intensive Zusammenarbeit. Im Gegensatz zur kapitalstarken Agfa verlor das Eilenburger Werk in der Inflationszeit seine Selbständigkeit und fusionierte mit der Köln-Rottweil AG. Seit 1926 gehörte das Eilenburger Werk zum größten deutschen Chemiekonzern, der IG Farbenindustrie AG. Weitere wichtige Kunststoffverarbeiter gab es in Chemnitz, Coswig und Gölzau.

Eine von mittelständischen Firmen geprägte Entwicklung war auch in der Elektroindustrie zu konstatieren. Der Siegeszug des elektrischen Lichts und des Elektromotors war in seiner Bedeutung der Erfindung und dem Einsatz von Dampfmaschinen mindestens ebenbürtig. Die bisherigen Leuchtstoffe, vor allem Petroleum, wurden durch das elektrische Licht mehr und mehr verdrängt und Dampf- und Muskelkraft durch den Einsatz von mobilen Elektromotoren abgelöst. Auch in Sachsen mit seinem großen Reservoir an gut qualifizierten Ingenieuren und Arbeitern gab es bald zahlreiche Neuansiedlungen bzw. Firmenerweiterungen im Bereich der Elektrotechnik. Allerdings bildeten sich die Zentren dieser neuen Industrie nicht in Sachsen heraus.[56] Dies hing mit den Biografien der Unternehmensgründer dieser Branche, Werner von Siemens und Emil Rathenau, ebenso zusammen wie mit dem hohen Kapitalbedarf der von vornherein stark verwissenschaftlichten Produktion.

Siemens und AEG sorgten dafür, dass sich Berlin zum Zentrum der elektrotechnischen Industrie in Deutschland entwickelte.[57] Bereits 1920 zählte allein die AEG mehr als 63 000 Mitarbeiter. Das waren doppelt so viele wie im gleichen Zeitraum in der gesamten Elektroindustrie Sachsens tätig waren.

Die Gründe dafür, warum Sachsen trotz an sich guter Voraussetzung kein Zentrum der Elektroindustrie wurde, sind bisher nicht hinreichend untersucht, so dass an dieser Stelle nur auf die überragende Stellung von Siemens und AEG im deutschen Wirtschaftsleben verwiesen werden kann. Deren Vorstände trafen die wichtigsten Standortentscheidungen in der jungen Wachstumsindustrie. Einmal in Berlin etabliert, steuerten Siemens und AEG mit Hilfe technischer Büros auch in Sachsen die Elektrifizierung in der gesamten Fläche des Landes. In etwa zeitgleich wurde neben dem Energienetz ein Nachrichtennetz (Telegrafie, Telefon) aufgebaut.

Hier ist der Weg der sächsischen Elektroindustrie weiter zu verfolgen. In Sachsen konnten sich mit der in Niedersedlitz und der Elektrizitätswerke AG von Herrmann Pöse in Chemnitz zwei große Anbieter behaupten. Das Sachsenwerk war mit 5000 Beschäftigten in den zwanziger Jahren das größte Unternehmen in der elektrotechnischen Industrie Sachsens. Die Sachsenwerk Licht- und Kraft AG spezialisierte sich auf die Herstellung von Elektromaschinen im mittleren und großen Leistungsbereich. Herausragend waren die Leistungen des Unternehmens auf dem Gebiet der Hydrogeneratoren. Diese wurden für Wasserkraftwerke in ganz Deutschland, darunter auch für das Pumpspeicherwerk Niederwartha bei Dresden (1929) gefertigt. Etwa Mitte der zwanziger Jahre begann eine zunehmende Diversifizierung. Das Werk stellte nun auch Transformatoren, Schalter, Staubsauger, Rundfunkempfänger und Kühlschrankmotoren her. Im Jahr 1931 übernahm die AEG die Aktienmehrheit der Sachsenwerk Licht- und Kraft-AG, während sich Siemens die mittelständischen Pöge-Werke in Chemnitz einverleibte.

Einen geradezu legendären Ruf erwarb sich das Sachsenwerk beim Bau von Straßenbahnmotoren. Alfred Bockemühl von der Städtischen Straßenbahn in Dresden entwickelte zusammen mit Ingenieuren des Sachsenwerkes Straßenbahnmotoren für den »Hechtwagen« – so genannt wegen ihrer spitzen Form mit den abgeschrägten Stirnseiten. Wagen dieses Typs waren von 1932 bis 1972 im Einsatz und konnten Spitzengeschwindigkeiten bis zu 60 Kilometer pro Stunde erreichen.[58]

Zum Spezialanbieter von Transformatoren und Hochspannungseinrichtungen entwickelte sich die 1904 von Franz Joseph Koch und Karl August Sterzel in Dresden gegründete Koch & Sterzel AG. Ausschlaggebend für ihre Firmengründung war die Nähe zur Technischen Hochschule, an der Franz Joseph Koch seit 1913 eine Professur innehatte. Um 1920 beschäftigte die Koch & Sterzel AG rund 1000 Mitarbeiter.[59] Das auf Hochspannungs- und Röntgentechnik spezialisierte Unternehmen baute 1923 für die TH Dresden die erste 1 MV Wechselspannungsprüfanlage der Welt.

Ende des 19. Jahrhunderts hatte sich Dresden zum wichtigsten europäischen Produktionsstandort der Kamera- und Fotoindustrie entwickelt.[60] Zu den innovativsten Herstellern gehörten die Kamerafabriken von Heinrich Ernemann, das vom Holländer Johann Steenbergen 1912 gegründete Ihagee Kamerawerk sowie mehrere, unter Federführung des Zeiss-Konzerns zur »Internationalen Camerafabriken-Aktiengesellschaft (ICA)« zusammengeschlossene Werke. Auch Charles A. Noble aus Detroit zog es nach Dresden. Gefördert wurde die neue Branche durch die Gründung eines Instituts für wissenschaftliche Photographie an der TH Dresden (1908) und die Deutsche Photohändler-Schule (1919).

Im Jahr 1920 ging die Ernemann-Werke AG eine Interessengemeinschaft mit der Friedrich Krupp AG ein. Die daraus entstandene Krupp-Ernemann Kinoapparate GmbH beschäftige sich mit der Herstellung und dem Verkauf von Filmprojektoren. Eine der bedeutendsten Leistungen des Werkes war 1924 die Fertigung der Kamera »Ermanox« mit dem seinerzeit lichtstärksten serienmäßig gefertigten Objektiv der Welt, dem Ernostar. Diese Kamera ermöglichte den Fotografen das Arbeiten unter zuvor technisch nicht zu

Triebwagen »Großer Hecht« der Dresdner Straßenbahn, 1930

Die Kleinformat-Kamera »Ernostar« der Firma Ernemann Kamerabau AG Dresden (1920) begründete den Weltruf der Dresdener Kameraindustrie.

bewältigenden Bedingungen, z. B. bei Nacht oder während der Theateraufführungen.

Im Herbst 1925 schlossen sich vier führende deutsche Kamerahersteller, nämlich die ICA AG Dresden, Contessa-Nettel AG Stuttgart, C. P. Goerz AG Berlin und Zeiss-Ikon AG Dresden zusammen, um gemeinsam gegen die Ernemann-Werke anzutreten. Trotzdem wurde immer wieder versucht, auch Ernemann in die Interessengemeinschaft einzubeziehen. Ein Jahr später war es soweit: Im Mai 1926 unterschrieb auch Ernemann den Fusionsvertrag zur Gründung der Zeiss-Ikon AG. Wiederum war die Geschäftsleitung von Carl Zeiss die treibende Kraft bei dieser Fusion.

Mehr als die Hälfte der Aktien der Zeiss-Ikon AG wurden vom Zeiss-Konzern gehalten. Damit war auch klar, dass die Betriebsentwicklung der Dresdner Kameraindustrie nunmehr vom Zeiss-Werk gesteuert wurde. Ein Abgrenzungsvertrag regelte, welche Arbeitsgebiete künftig nur noch von der Muttergesellschaft und welche von der Tochtergesellschaft wahrzunehmen waren. Im Gründungsjahr zählte die Zeiss-Ikon AG etwa 4200 Beschäftigte. Die Produktionspalette des Konzerns war vielfältig und umfasste alle wichtigen Segmente auf dem Foto- und Kinosektor. Im Jahr 1932 gelang der Zeiss-Ikon AG die Markteinführung der weltweit ersten Schmalfilmkamera unter dem Markennamen »Contax«.

Zu einem weiteren Vorreiter des technischen Fortschritts in Sachsen entwickelte sich der Büromaschinensektor. Um 1900 hatte die Schreibmaschinenproduktion begonnen. Eine Pionierrolle spielte dabei das Dresdner Nähmaschinenunternehmen Seidel & Naumann. Die Firma fertigte als erster deutscher Hersteller Schreibmaschinen nach amerikanischem Vorbild. Auch die Wanderer-Werke AG in Schönau bei Chemnitz nahm die Produktion von Schreibmaschinen auf, um die winterliche Flaute beim Fahrradabsatz besser überbrücken zu können. Ein großer Wurf gelang dem Unternehmen mit der Entwicklung der Continental Schreibmaschine.[61] Wanderer gehörte zu den wenigen sächsischen Maschinenbauunternehmen, denen es schon vor dem Ersten Weltkrieg gelungen war, eine diversifizierte Produktpalette aufzubauen. Das Unternehmen produzierte Fahrräder, Fräsmaschinen, Motorräder, Automobile und Büromaschinen, wobei sich der Büromaschinensektor mit einem Anteil von konstant über 50 Prozent des Gesamtumsatzes, zur wichtigsten Sparte entwickeln sollte.[62] Wanderer zeichnete sich weniger durch Innovationen aus als durch die Fähigkeit, rasch den neuesten technologischen Trends zu folgen. Dies verlieh dem Unternehmen eine bemerkenswerte Stabilität.

Moderne Ideen für die Massenproduktion von Büromaschinen brachte der Hamburger Konstrukteur John E. Greve nach Sachsen. Er hatte mehrere Jahre in den USA gearbeitet und dort Einblicke in die bereits hoch entwickelte Massenproduktion von Addier- und Buchungsmaschinen erhalten. Greve wurde Chefkonstrukteur bei den Wanderer-Werken. Seine Ideen für den Bau von Addiermaschinen wurden jedoch nur zögerlich umgesetzt. Verbittert verließ er 1919 die Wanderer-Werke und begann in Chemnitz mit dem

»Das kleine Wunder«: DKW-Fahrrad mit Hilfsmotor, 1921/22

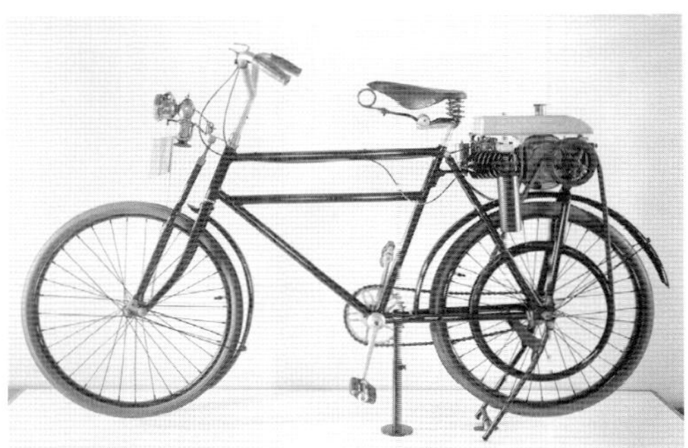

Addiermaschine »Astra B«, 1926

Schnellzuglokomotive »Sachsenstolz« der Baureihe BR 19, 1918

Aufbau einer eigenen Firma unter dem Namen »Astra«. Die bei Astra gefertigten druckenden Addiermaschinen mit Einfachtastatur waren aus technischer Sicht revolutionär und begründeten den Erfolg der Firma.

Wanderer gelang es, mit neuen Continental-Buchungsmaschinen und verbesserten Schreibmaschinen Ende der zwanziger Jahre wieder Anschluss an die Konkurrenz aus den USA und im eigenen Land zu finden. Technologische Neuerungen, vor allem in der Werkzeugmacherei, begünstigten die Massenfertigung der wichtigsten Teile für die Büromaschinen. Kombinierte Automaten ermöglichten die Zusammenlegung einzelner Operationen, für die man früher jeweils eine Maschine benötigte. Schließlich optimierte man auch die Montageprozesse.

Zahlreiche andere Unternehmen des Maschinenbaus konnten in den zwanziger Jahren ihre einstigen Spitzenstellungen zurückerobern. So gelang der Maschinenfabrik Richard Hartmann AG mit dem Bau der 100-Tonnen-Lokomotiven der Reihe XX HV eine technische Meisterleistung. Sie wurden – entsprechend ihrer Konstruktion – im Schnellzugdienst auf der Strecke Leipzig-Reichenbach-Hof eingesetzt. Später erfolgte der Einsatz dieser »Sachsenstolz« genannten Lokomotiven auch auf den Flachlandstrecken zwischen Dresden, Berlin und Leipzig.

Einen Aufschwung erlebte schließlich auch die Möbelindustrie. Verwiesen sei nur auf die Deutschen Werkstätten Hellerau, die als erste in Deutschland zur industriellen Möbelfertigung übergingen.

Zu den Wirtschaftszweigen, die eine Wiederbelebung erfuhren, ist auch der Tourismus zu rechnen. Das Erzgebirge verfügte über ein engmaschiges Netz von Verkehrsverbindungen, Gasthäusern, Pensionen und Herbergen. Der Tourismus verteilte sich auf den Heilstättenverkehr – einen Boom verzeichneten die Radiumbäder in Bad Brambach und Oberschlema sowie die Kurbäder Bad Elster und Bad Schandau –, den Wander- und Ausflugs- sowie den Sportverkehr. Insgesamt stiegen Ende der zwanziger Jahre mehr als 41 000 Kurgäste in den wichtigsten sächsischen Bädern ab.[63] Am schnellsten entfaltete sich der Sportverkehr, insbesondere das Bergsteigen und Wandern in der Sächsischen Schweiz und der Wintersport.

Zum strukturellen Wandel und zur Modernisierung in der Zwischenkriegszeit bleibt an dieser Stelle festzuhalten: Die »neuen« Industrien waren durchgängig in Sachsen präsent. In der chemischen Industrie, Feinmechanik/Optik, elektrotechnischen Industrie und vom Büromaschinenbau wurden Konsumgüter von herausragender Qualität gefertigt und weltweit verkauft. Allerdings blieben die »neuen« Industrien in Sachsen, von wenigen Ausnahmen abgesehen, mittelständisch geprägt. Alle »neuen« Industrien zusammengerechnet beschäftigten in den zwanziger Jahren deutlich weniger Mitarbeiter als die Textilindustrie. Der Strukturwandel fand demnach mehr in der Breite als in der Tiefe statt.

Rationalisierung, Kartelle und Fusionen

Der konjunkturelle Aufschwung ab 1924 wurde überhaupt erst durch massive Kapitalimporte, vornehmlich aus den USA und Großbritannien, möglich. Die amerikanischen Banken bevorzugten bei der Kreditgewährung deutsche Unternehmen, die mit wissenschaftlicher Betriebsführung vertraut waren, weil diese die künftige Ertragskraft des Schuldners erhöhte.

Neben den privaten Investitionen zogen auch die kommunalen und staatlichen Investitionen stark an. Nach Jahren der Stagnation im Bauwesen waren es jetzt öffentlich geförderte Bauvorhaben und die staatliche Unterstützung von gemeinnützigen Wohnungsgesellschaften, die zu einem Bauboom führten. Außer Schulen und Krankenhäusern wurden in einem erstaunlichen Umfang Schwimmbäder, Spielplätze und Bibliotheken errichtet. Die Kommunalpolitiker sahen sich nach den chaotischen Jahren der Stabilisierung der gesellschaftlichen Ordnung verpflichtet und nahmen eine Reihe sehr ehrgeiziger und zugleich kostspieliger Bauprojekte in Angriff. Der Bausektor wuchs in Sachsen zwischen 1925 und 1929 deutlich stärker als im Reichsdurchschnitt, was mit zur Anspannung der öffentlichen Finanzen beitrug.

Ein weiteres Charakteristikum dieser Zeit war der Versuch zahlreicher Unternehmen, ihre Produktionsabläufe neu zu gestalten. Von zeitgenössischen Beobachtern wurde dies unter dem Schlagwort »Rationalisierung« subsumiert. Über deren Vor- und Nachteile wurde heftig gestritten. Gewerkschaften und Arbeitnehmer waren über das verschärfte Arbeitstempo ebenso beunruhigt wie über die Aktivitäten des Reichsausschusses für Arbeitszeitermittlung (REFA). Sie befürchteten durch die Verwissenschaftlichung der Arbeitsnormung und die Ausweitung des Akkordsystems eine Steigerung der Arbeitsintensität. Der Mensch als Sklave der Maschine wurde zum Allgemeinplatz in der zeitgenössischen Literatur und Kunst.

Auch von sächsischen Unternehmern wurden neue betriebswirtschaftliche Methoden, von F.W. Taylor in den USA bereits vor dem Ersten Weltkrieg verkündet, übernommen. Dafür lassen sich vor allem im sächsischen Maschinenbau, aber auch in anderen Branchen zahlreiche Beispiele finden. Die Standardisierung von Produkten wurde fortgesetzt, die Arbeitsnormung wissenschaftlich fundiert, Ermüdungsstudien durchgeführt und anderes mehr. In Chemnitz angesiedelte Maschinenbaubetriebe wie die Wanderer-Werke, Schubert & Salzer Maschinenfabrik AG und die Astra-Werke nahmen große Erweiterungsbauten vor und modernisierten ihr Produktionsprofil. Die Stadt entwickelte sich zusammen mit Zwickau und Zschopau zum Zentrum des Fahrzeugbaus in Sachsen, wobei vor allem die Motorradindustrie eine überragende Bedeutung erlangte.

ASTRA-Werke AG, Architekt Willy Schönfeld, erbaut um 1928

Maschinenfabrik Schubert & Salzer AG, Chemnitz, Schmiede mit Fahrstuhl und Uhrturm, Architekt Erich Basarke, erbaut 1927

Dennoch wäre es verfehlt, von einer »Rationalisierungswelle« zu sprechen, die die gesamte sächsische Wirtschaft erfasste. Der kurzlebige Aufschwung trug nur wenig zur Auflockerung der überkommenen Strukturen bei. Nicht in die neuen Industrien wurde bevorzugt investiert, sondern die wichtigsten Kreditempfänger waren die wenig innovationsfreudige Nahrungsmittel- und die Textilindustrie. Regionalbanken wie die ADCA konzentrierten sich in ihrer Kreditpolitik auf die älteren Branchen. Der britische Historiker Harold James sieht daher in der »Rationalisierung« kaum mehr als ein modisches Schlagwort zur Beschreibung von Fehlinvestitionen.[64] Dies bleibt weiter empirisch zu überprüfen.

Betrachten wir die wichtigsten Branchen der sächsischen Wirtschaft: Nach wie vor war mindestens jeder dritte Industriebeschäftigte in Sachsen in der Textil- und Bekleidungsindustrie tätig. Die Branche hatte sich weiter differenziert. Einigen wenigen Produzenten wie der Kammgarnspinnerei Stöhr & Co. AG in Leipzig gelang der Aufstieg zum Großunternehmen. Dies geschah auf dem Wege der Konzentration. Stöhr baute seine Stellung in der sächsischen Textilindustrie durch Unternehmenszukäufe systematisch aus und erwarb Beteiligungen an Textilwerken in Elberfeld, Wüstegiersdorf (Schlesien) sowie in Ungarn und Böhmen.[65] Die Produktionstechniken und -abläufe blieben weitgehend unverändert. Ein Enquete-Ausschuss der Reichsregierung konstatierte 1930, dass es in vielen Zweigen der Textilindustrie kaum Produktivitätsfortschritte im Vergleich zur Vorkriegszeit gab. Als Erklärung für das Ausbleiben des technischen Wandels wurde angeführt, dass wegen der ständigen Schwankungen der Mode, ein Übergang zur Massen- bzw. Fließfertigung wenig sinnvoll sei.

Im sächsischen Automobilbau dominierte die Einzel- und Kleinserienfertigung. Technologisch profitieren konnten die Zwickauer Horch-Werke von einem Anfang der zwanziger Jahre geschlossenen Lizenzabkommen mit den Berliner Argus-Werken, einem bedeutenden Hersteller von Flugmotoren. Infolge des Versailler Vertrages war das Argus-Werk gezwungen, sich um neue Geschäftsfelder zu bemühen, und brachte seine Erfahrungen beim Motorenbau in die Kooperation mit den Horch-Werken ein.[66] Die Entwicklung neuer Fahrgestelle für Horch war Aufgabe von Paul Daimler, dem ältesten Sohn von Gottlieb Daimler. Er arbeitete für das Konstruktionsbüro der Firma Argus in Berlin. Auch Paul Daimler sah im Auto ein Luxusgut, das solide und massiv gebaut werden sollte.

Bereits 1923 ging man bei Horch von dem bis dahin üblichen Werkstattprinzip zur Reihenfertigung über und ab 1926 begann die Fließfertigung. Pro Tag konnten nunmehr acht statt wie bisher vier Autos gefertigt werden. Von einer Massenfabrikation nach amerikanischer Art (Fordsystem) war man demnach noch weit entfernt. Mit ca. 1700 Beschäftigten im Jahr 1925 war das Horch-Werk ein modern eingerichteter Großbetrieb. Gefertigt wurden allerdings nur Kleinserien, jeweils nur wenige hundert Autos der verschiedensten Typen, meist Autos der Spitzenklasse mit entsprechend hohem Preis. In diesem Marktsegment war Horch die Nummer Eins in Deutschland, noch vor Daimler.

Größere Produktivitätsfortschritte erzielte der sächsische Braunkohlenbergbau durch die Einführung leistungsstarker Großraumbagger und Förderbrücken. Problematisch gestaltete sich hingegen die Lage des sächsischen Steinkohlenbergbaus. Die Förderung stagnierte und die Steinkohlenproduzenten gerieten unter zunehmenden Konkurrenzdruck durch die Braunkohle. Vertreter von SPD, Staats- und Wirtschaftspartei schlugen im Parlament eine Fusion der westsächsischen Steinkohlengruben vor, konnten sich damit aber nicht durchsetzen. Die »schwarze« Fraktion, d. h. die »Steinkohlenfraktion«, die in Abgeordneten von DVP und DNVP ihre wichtigsten Sprecher hatte, wusste dies zu verhindern.

Symptomatisch für die wirtschaftlichen Problemlagen in den zwanziger Jahren war die Bildung von Kartellen. In ihnen schlossen sich in der Regel mehrere Firmen einer Branche auf der Grundlage geheimer Absprachen zusammen und einigten sich über Preise, Produktionshöhen und Marktanteile. Der Wettbewerb wurde zugunsten einer De-facto-Bestandsgarantie für die am Kartell beteiligten Firmen eingeschränkt. Dies geschah bevorzugt in Branchen mit Überkapazitäten und stagnierenden Technologien, vor allem in der Schwerindustrie. Kartelle waren zumeist recht fragile Gebilde, oft gab es Außenseiter, die ihnen nicht beitraten, oder Firmen, die das jeweilige Kartell wieder verließen, weil sie sich größere Vorteile auf dem Markt erhofften.

Die Quellenlage zu den Aktivitäten von Kartellen in Sachsen ist spärlich, da sich die Firmen bemühten, darüber möglichst wenig an die Öffentlichkeit dringen zu lassen. Exemplarisch sei auf eine Kartellabsprache auf dem Gebiet des Transportanlagenbaus vom Herbst 1925 verwiesen. Die führenden deutschen Transportanlagenbauer, die Leipziger Unternehmen Adolf Bleichert & Co. und Allgemeine Transportanlagen Ge-

Dresden war ein Zentrum der Zigarettenidustrie im Deutschen Reich. Zigarettenmaschine, 1938

sellschaft mbH (ATG) kamen überein, Produktionssortimente, Quoten und Preise abzustimmen.[67] Dem auf zehn Jahre befristeten Abkommen schlossen sich weitere Firmen, darunter die Kölner J. Pohlig AG, deren Aktien sich mehrheitlich im Besitz von Bleichert befanden, an. »Das Abkommen zwischen Bleichert und der ATG«, so stellte ein Vertreter der Deutschen Bank fest, »räumt die bisher bestandene erbarmungslose und beide Teile schwer schädigende Konkurrenz mit einem Schlage aus dem Wege. Die bisherigen Schleudereien, welche beide Teile zwangen, mit den Preisen immer weiter herunterzugehen, wodurch die erhofften Verdienste in ein Nichts zerrannen, haben dadurch ihr Ende gefunden.«[68] Die Konkurrenz zwischen den Herstellern wurde damit zum Nachteil ihrer Kunden eingeschränkt, aber nicht völlig aufgehoben. Das Kartell dämpfte und modifizierte die Formen des Wettbewerbs, schaltete ihn aber nicht völlig aus. Insbesondere die Quoten wurden im Kartell der Transportanlagenbauer immer wieder zur Diskussion gestellt. Selbst ein ausgefeiltes Sanktionssystem konnte die Erosion des Kartells der Transportanlagenbauer letztlich nicht verhindern.

Ein weiteres Beispiel dafür, wie weit die Kartellierung vorankam, bietet die Zigarettenindustrie.[69] Die inzwischen mechanisierten Produktionskapazitäten der Branche überschritten die Zigarettennachfrage um ein Mehrfaches. Dies brachte selbst die großen Dresdner Zigarettenhersteller, Jasmatzi und Yenidze, in Schwierigkeiten. Deshalb gingen beide Unternehmen 1925 mit der Reemtsma AG aus Hamburg eine Interessengemeinschaft ein, um Preise, Gewinne und Produktionskapazitäten zu regulieren. Mehr als zwei Drittel der kleineren Dresdner Zigarettenhersteller waren bis 1933 dem Konkurrenzdruck des Kartells nicht gewachsen und mussten aufgeben. Der Reemtsma-Konzern beherrschte in der Folgezeit den deutschen Zigarettenmarkt. Dresden blieb mit einem Anteil von mehr als 30 Prozent des deutschen Zigarettenaufkommens ein Zentrum der Zigarettenherstellung.

Neben der Kartellbildung war in der Zwischenkriegszeit eine Verstärkung des Prozesses der horizontalen Unternehmenskonzentrationen zu beobachten. Diese sollten neben den bereits erwähnten Zusammenschlüssen in der elektrotechnischen und feinmechanischen Industrie vor allem für die sächsischen Stahlproduzenten und Waggonbauer weitreichende Konsequenzen nach sich ziehen.

Mehrere große Maschinenbaubetriebe in Sachsen, der preußischen Provinz Sachsen und in Thüringen hatten um die Jahrhundertwende damit begonnen, sich auf die Fertigung von Waggons und Reisewagen zu spezialisieren. Da ein Teil des Waggonparks der Reichsbahn als Reparationslieferungen abgegeben werden musste und zahlreiche Städte ihren Personennahverkehr erweiterten, gab es für den Waggonbau auch in den zwanziger Jahren eine günstige Marktlage. Die Fertigung war material- und damit auch kostenintensiv, was Fusionsprozesse beschleunigte. Zentren des Waggonbaus in Sachsen waren die Waggon- und Maschinenfabrik AG vorm. Busch in Bautzen, die Waggon- und Maschinenbau AG Görlitz und die Sächsische Waggonfabrik Werdau AG in Werdau. Nachdem das Bautzener Unternehmen 1917 den Zwickauer Fahrzeugbetrieb vorm. Schumann AG erworben hatte, kam es 1921 zur Verschmelzung mit der Waggonfabrik AG Weimar. Die sächsischen Hersteller hatten sich technisch gut entwickelt, waren aber durch die Inflationsjahre finanziell angeschlagen und damit Übernahmekandidaten für größere Firmen. Sie wurden alle 1928 von der Linke-Hoffmann AG Breslau übernommen. Dieses traditionsreiche Maschinenbauunternehmen hatte bereits mehrere Waggonbauunternehmen im Rheinland, aber auch Kohlengruben und Stahlwerke in

Schlesien aufgekauft. Der Konzern firmierte nunmehr unter Linke-Hoffmann-Busch AG. Der Übernahme der sächsischen Waggonbaubetriebe folgte eine Stilllegung überschüssiger Kapazitäten, darunter auch der Zwickauer Fahrzeugfabrik vorm. Schumann AG.[70]

Ebenfalls in den Inflationsjahren hatte die Linke-Hoffmann-Werke AG mit der Lauchhammer AG fusioniert und gründete später, am 26. November 1926, gemeinsam mit der Vereinigte Stahlwerke AG die Mitteldeutsche Stahlwerke AG.[71] Die Majorität der Aktien wurde von der Vereinigte Stahlwerke AG gehalten. Zur Mitteldeutsche Stahlwerke AG gehörten das Blechwalzwerk in Brandenburg, die Stahl- und Walzwerke in Riesa und Gröditz, das Eisenwerk Lauchhammer, die Eisengießerei Burghammer, der Stahlbau Berlin-Wittenau sowie der Bergwerksbesitz der Lauchhammergruppe. Außerdem hielt der neue Konzern noch verschiedene schwerindustrielle Beteiligungen. Ende 1928 zählte der Konzern rund 11 100 Mitarbeiter, darunter 4281 in Riesa.

Aufsichtsratsvorsitzender der Mitteldeutsche Stahlwerke AG wurde Friedrich Flick, der in der deutschen Wirtschaft und Politik noch eine ganz besondere Rolle spielen sollte. Sein Aufstieg zu einem der bedeutendsten deutschen Unternehmer hatte während des Ersten Weltkrieges bei der Charlottenhütte in Niederschelden (Siegerland) begonnen. Flick führte den Betrieb zu großen wirtschaftlichen Erfolgen und wurde schließlich 1917 sein Generaldirektor. Der Versuch, sich einen Stand im Ruhrgebiet zu verschaffen, scheiterte zunächst an den dortigen Industriemagnaten. Über geschickte Betriebsaufkäufe in Oberschlesien und Mitteldeutschland konnte er schließlich doch die wichtigen Kohleressourcen für sich sichern und wurde um 1930 der bedeutendste deutsche Schwerindustrielle.

Die Eingliederung der sächsischen Eisen- und Stahlindustrie in den Flick-Konzern war ein strategischer Schachzug. Die sächsischen Werke waren im Unterschied zu den Zentren der Branche in Rheinland-Westfalen und in Oberschlesien nicht durch den Versailler Vertrag beeinträchtigt worden und hatten ihre Kapazitäten modernisiert und erweitert. Die erhöhte Produktion von modernem Siemens-Martin-Stahl im Stahl- und Walzwerk Riesa führte dazu, dass die sächsische Industrie ihren Gesamtanteil an der deutschen Rohstahlproduktion nach 1923 immer über 3 Prozent halten konnte. Die Mitteldeutsche Stahlwerke AG mit den Werken in Riesa, Gröditz und Freital entwickelte sich zum Zentrum des Flick-Konzerns. Das fand 1931 seinen Ausdruck in der Verlegung der Direktion der Mittelstahlwerke AG von Berlin nach Riesa.

Die hier knapp vorgestellten Fusionsgeschichten aus der Stahlindustrie und dem Waggonbau verdeutlichen, dass es in Sachsen nicht an hervorragenden Unternehmern, Ingenieuren, Technikern und Arbeitern fehlte. Ihre Fachkenntnisse wurden geschätzt und begründeten den Ruf Sachsens als hochwertigen Produktionsstandort. Woran es der Region allerdings mangelte, das waren Unternehmer und Bankiers von nationaler Bedeutung. Über die Zukunft des Waggonbaus in Sachsen wurde nicht in Dresden, sondern in Breslau entschieden, und in der Stahlindustrie hatte Flick das Sagen.

Jüdische Unternehmen in der Textilindustrie, im Handel und im Bankwesen

Der Anteil jüdischer Unternehmer an der wirtschaftlichen Entwicklung Sachsens ist noch immer ein Forschungsdesiderat, was verallgemeinernde Wertungen erschwert. Die Zahl der Juden in Sachsen erreichte mit etwas mehr als 23 000 im Jahr 1925 ihren Höchststand. Dies waren weniger als 0,5 Prozent der Gesamtbevölkerung.[72] Mehr als die Hälfte aller Juden waren in Handel und Verkehr tätig, was mit der relativ späten Judenemanzipation in Sachsen zusammenhing. Besonders groß war das Engagement jüdischer Kaufleute und Unternehmer seit der Mitte des 19. Jahrhunderts in Leipzig und Chemnitz.[73] Sie waren vor allem in der Textilbranche, im Handel und Bankwesen tätig. In der Wirkerei und Strickerei befand sich in den zwanziger Jahren ungefähr jedes dritte Unternehmen in Chemnitz in jüdischem Besitz. Firmen wie die Strumpffabrik Siegfried Peretz AG, die Handschuhfabriken der Gebrüder Becker und die Sigmund Goeritz AG, die Möbelstoffweberei der Gebrüder Goertz und die Teppichfabrik Bach & Ladewig AG hatten sich dank der Qualität ihrer Waren einen weit über die Region Chemnitz hinausreichenden Ruf erworben. Bei den genannten Firmen handelte es sich überwiegend um mittelgroße Familienbetriebe mit einigen dutzend bis zu mehreren hundert Beschäftigten und Heimarbeitern.

Zu einem der bedeutendsten Unternehmen in Sachsen entwickelten sich die Trikotagenfabriken und Spinnereien Marschel Frank Sachs AG. Das Unternehmen war 1921 aus dem Zusammenschluss dreier Firmen – der Trikotagenfabrik August Marschel & Co., der Firma Felix Frank und der Firma von Erich Sachs – entstanden. Die neu gegründete AG verfügte über zwölf Tochtergesellschaften in Chemnitz, im

Erzgebirge und in anderen Orten Deutschlands und zählte insgesamt 5000 Beschäftigte. Produziert wurden hauptsächlich Trikotagen.

Von den rund 400 Leipziger Pelzhandlungen war ungefähr die Hälfte in jüdischer Hand. Überproportionale Anteile jüdischer Unternehmen gab es auch in der Posamentenfabrikation in Annaberg und der Zigarettenherstellung in Dresden. Eine Vielzahl von Kauf- und Warenhäusern waren von jüdischen Kaufleuten gegründet worden. Als umsatzstärkstes Kaufhausunternehmen in Sachsen hatte sich die Warenhausstelle der Gebr. Ury und der Gebr. Schocken etabliert.[74] Zu ihren Geschäftsgrundsätzen gehörten reichhaltige Sortimente auf großer Verkaufsfläche, die permanente Einführung neuer Artikel, weitgehende Kulanz gegenüber den Kunden, unbeschränkte Umtauschmöglichkeiten, feste Preise und Rabattsysteme. Hinzu kam ein vergleichsweise großer Werbeaufwand. Der Einzelhandel war über diese neue kapitalstarke und innovative Konkurrenz, die zumeist preiswerter anbieten konnte, alles andere als begeistert.

In den zwanziger Jahren setzten Schocken und Ury ihren Expansionskurs nunmehr verstärkt auch außerhalb Sachsens durch die Gründung von Filialen in Regensburg, Cottbus, Nürnberg, Stuttgart, Augsburg, Waldenburg und Pforzheim fort. Die größte neue Filiale des Schocken-Konzerns, der von 1925 bis 1929 Umsatzsteigerungen von jährlich 12 bis 18 Prozent erzielt hatte, wurde im Mai 1930 in Chemnitz eingeweiht.[75]

Kaufhaus Schocken in Chemnitz, Architekt Erich Mendelsohn, erbaut 1930

Fellverladen auf dem Brühl in Leipzig, dem Zentrum des Rauchwarenhandels in Sachsen

In Sachsen aktiv wurden auch Niederlassungen von Handelshäusern, die in anderen Städten unter gleichem Namen bestanden. Dies betraf zum Beispiel die Filialen der Warenhausketten Hermann & Carl Tietz. Der Kölner Warenhauskonzern galt als größtes Unternehmen seiner Art in Deutschland. Im Jahr 1913 hatte Tietz in Chemnitz ein hochmodernes viergeschossiges Warenhaus eröffnet. In den zwanziger Jahren stieg die Beschäftigtenzahl des Tietz in Chemnitz auf mehr als 1000.

Zu den bekanntesten Adressen in Chemnitz gehörten das Spezialgeschäft für Damenkonfektion der Gebr. Wertheimer und das Modehaus Königsfeld & Co. In Leipzig siedelten sich u. a. das Herrenkonfektionsgeschäft von Bamberger & Hertz, das Textilhaus Samuel Hodes und die Kaufhäuser der Brüder Held und von M. Joske & Co. an. Vielfalt und Weltläufigkeit zeichneten diese Unternehmen aus.

Mit einem Eigenkapital von mehr als 5 Mio. Reichsmark und einer Bilanzsumme von über 50 Mio. Reichsmark gehörte das Bankhaus Arnhold in Dresden in den späten zwanziger Jahren zu den fünf größten Privatbanken in Deutschland.[76] Das Bankhaus verzeichnete 147 Unternehmensbeteiligungen und seine Inhaber nahmen insgesamt 85 Aufsichtsratmandate wahr. Ihre angesehene Stellung als Schlüsselfiguren im personellen Netzwerk der Bank- und Industrieverflechtungen, das über Sachsen hinausreichte, hatte die Familie Arnhold im 19. Jahrhundert durch eine ökonomisch geschickt kalkulierte Heiratspolitik begründet. Der Aufstieg zu einer der führenden Privatbanken Deutschlands beruhte neben der strategischen Familienpolitik vor allem auf den Erfolgen im Industriefinanzierungs- und Beteiligungsgeschäft. Dies begann mit der Finanzierung zahlreicher Unternehmen der Brauindustrie, darunter solch namhafte Marken wie die Feldschlösschen AG in Dresden, die Radeberger-Export-Brauerei AG, die Kulmbacher Rizzibräu AG und die Wiener Brauerei Brunn. Die wachsende Bedeutung des Bankplatzes Berlin veranlasste die Gebr. Arnhold ihre dortige Filiale auszubauen. Seit 1921 firmierte man schließlich als »Gebr. Arnhold, Dresden-Berlin« und baute enge Beziehungen zum Bankhaus S. Bleichröder auf.

Altmarkt 13 in Dresden, Comptoir des Bankhauses George Meusel & Co., im Nebenhaus das des Bankhauses Bondi & Maron

Eine Stärke des Bankhauses Arnhold bestand in der genauen Kenntnis kommunaler Interessen. So beteiligte es sich an zahlreichen Konsortien zur Unterbringung öffentlicher Anleihen, u. a. für die Städte Dresden, Leipzig und Görlitz. In allen drei Fällen beteiligten die Brüder Max und Georg Arnhold die familiär mit ihnen verbundenen Banken Bayer & Heinze, Bondi & Maron, S. Mattersdorf und Philip Elimeyer an den Emissionen der kommunalen Effekte. Trotz einer im Vergleich zu den Universalbanken schwächeren Kapitalbasis konnte sich das Bankhaus Gebr. Arnhold gut behaupten, da es sich dank eines ausgedehnten geschäftlich-privaten Kontakt- und Informationsfeldes verstärkt auf Beratungs- und Vermittlungsfunktionen konzentrierte. Eigenen Angaben zufolge war es in der Verwaltung von 144 Firmen vertreten.[77] Schwerpunkte bildeten dabei die keramische Industrie und die Brauerei-Industrie, wobei der eigentliche Wirkungskreis der Bank außerhalb Sachsens lag. Die Besetzung von Nischenpositionen erwies sich für das Dresdner Bankhaus bis 1933 als Erfolgsstrategie.

Die öffentliche Hand als Unternehmer

Im Unterschied zur Tätigkeit des Reiches bei der gewerblichen Erzeugung von Gütern, die erst im Zuge des Ersten Weltkrieges vornehmlich in der Stickstoffproduktion, Aluminiumerzeugung, in der Energiewirtschaft und der Waffenproduktion einen großen Umfang annahm, hatten Staatsbetriebe in einzelnen Bundesstaaten teilweise eine lange Tradition. Nach dem Krieg erhielten die Tendenzen zum Engagement des Reiches und der Einzelstaaten weiteren Auftrieb, vornehmlich in den Grundstoffindustrien und der Elektrizitätswirtschaft. Der technische Fortschritt und eine rationelle Energieerzeugung erforderten eine Vereinheitlichung der Standards, der Spannungen und Netze, die von privaten Unternehmen nach Ansicht damals einflussreicher Politiker und Beamter nicht oder nur unzureichend geleistet werden konnten. Nachdem in Sachsen bereits 1917 die Direktion der Staatlichen Elektrizitätswerke gegründet worden war, wurde 1920 der Bau eines zweiten Kraftwerkes in Hirschfelde erforderlich. Es sollte später an Leistungsfähigkeit vom neuen Großkraftwerk Böhlen noch weit übertroffen werden.[78] Der Aufschluss eines großen Braunkohlentagebaus bei Böhlen begann im April 1921. Dies war die Geburtsstunde des Industriestandortes Böhlen.

Im November 1923 reorganisierte der sächsische Staat seine Industriebeteiligungen und fasste nach dem Vorbild der Preußischen Bergwerks- und Hütten AG Berlin (Preussag) alle staatlichen Braunkohle-, Steinkohle- und Elektrizitätsunternehmen sowie sonstigen Beteiligungen an nichtstaatlichen Kohlewerken in der Aktiengesellschaft Sächsische Werke (ASW) zusammen. Die von der SPD initiierte und dem Wirtschaftsministerium unterstellte »Landesstelle für Gemeinwirtschaft« hatte dafür die gesetzlichen Voraussetzungen geschaffen. Die ASW errichtete in der Folgezeit weitere Elektrizitätswerke, baute bzw. pachtete Wasserkraftwerke im Erzgebirge und schuf ein Hochspannungsverbundnetz quer durch ganz Sachsen, das mit den im Reichsbesitz befindlichen Hochspannungsleitungen verbunden wurde. 1925 wurde mehr als die Hälfte der sächsischen Elektrizitätsversorgung von ASW gewährleistet. Die Elektrizitätswerke der Gemeinden wurden an das staatliche Netz angeschlossen, bezogen ihren Strom von den Großkraftwerken und erzeugten elektrische Energie nur noch bei Spitzenbedarf selber. Als neue Aufgaben für die ASW kam die Gasversorgung hinzu. Im Jahr 1927 beschäftigte die ASW 1182 Angestellte und 4109 Arbeiter.[79]

Die Finanzierung des Ausbaus der ASW erfolgte auf dem Anleiheweg. Das staatliche Unternehmen nahm u. a. zwei große amerikanische Kapitalanleihen von 15 und 18 Mio. Dollar auf. Die Kosten für den Ausbau des Konzerns wuchsen immer weiter an und beliefen sich allein zwischen 1924 und 1927 auf 176 Mio. Reichsmark. Der weitere Ausbau sollte mindestens noch einmal so teuer werden. Im Landtag und in der Presse wurde heftig darüber gestritten, ob sich der sächsische Staat mit dem Ausbau der ASW nicht übernehme. Angriffe gegen den Staatskonzern (»Überorganisation«, »Verschachtelung«, »Rentabilitätsfalle«) gehörten zu fast jeder wirtschaftspolitischen Debatte. So gab es Stimmen, die sich gegen eine weitere Zentralisation im Elektrizitätswesen aussprachen und für eine gemischte Struktur plädierten. Demgemäß sollten die Großkraftwerke nur die Grundlast sichern und die Spitzenlast durch örtliche Kraftwerke aufgefangen werden.

In Frage gestellt wurde auch die betriebliche Sozialpolitik der ASW. Dies geschah umso heftiger, je mehr die sächsische Industrie insgesamt die Vorteile eines Niedriglohnlandes verlor. Das Unternehmen zahlte vergleichsweise hohe Löhne und verfügte über ein beispielhaftes Sozialsystem. Dazu gehörten u. a. Werksküchen, Betriebswohnungen, Erholungsheime, ein Wohlfahrtsfonds und eine Werkssparkasse. Arbeitskräfte wurden gezielt in ländlichen Gebieten angeworben. Attraktive Löhne und Sozialleistungen sorgten für die Herausbildung einer Stammbelegschaft und enge Betriebsbindungen.[80] Ein solches Modell der betrieblichen Sozialpolitik war in der chemischen Großindustrie seit dem Ende des 19. Jahrhunderts nichts Ungewöhnliches, verwiesen sei nur auf die Werke der Farbenindustrie und der Elektroindustrie, vornehmlich Siemens und AEG. In Sachsen hatte es jedoch bis dahin keine vergleichbar großen Werke der chemischen bzw. elektrotechnischen Industrie gegeben. Insofern kam der ASW eine Vorreiterrolle bei der Umsetzung einer neuen betrieblichen Sozialpolitik zu.

Anlass zu Bedenken gaben die mangelnde Wirtschaftlichkeit des Unternehmens, die Tarifpolitik und die Umweltbelastungen. War die zentralisierte Stromversorgung angesichts immenser Anlagekosten und Kosten für die Stromübertragung tatsächlich so wirtschaftlich wie angenommen? Solange sich das staatliche Unternehmen noch in der Aufbauphase befand und das Großkraftwerk Böhlen seine volle Leistung noch nicht erreicht hatte, war an einen rentablen Betrieb nicht zu denken. Dies sollte sich erst in den dreißiger Jahren ändern. Aus volkswirtschaftlicher Sicht schien der Ausbau der ASW dennoch gerechtfertigt zu sein. Das moderne und weitgehend vereinheitlichte Energiesystem kam der Wirtschaft zugute. Großabnehmer konnten Elektroenergie fast zum Selbstkostenpreis beziehen. Ein Vergleich mit den Tarifen anderer großer Elektrizitätsunternehmen zeigte allerdings, dass diese teilweise günstigere Tarife für Privatkunden und Kleinunternehmer anboten.

Mit der Ausdehnung der Tagebauflächen geriet der Braunkohlebergbau der ASW immer stärker in Konflikt mit den Interessen von Kommunen und Landwirten. Zu einer Protestwelle kam es, als auch unter der Harth, einem großen Wald- und Erholungsgebiet vor den Toren Leipzigs, Braunkohle abgebaut werden sollte. Gegen das Vorhaben opponierte insbesondere der Leipziger Bürgerbund, der große Protestkundgebungen organisierte. Im Protest vereint waren auch Abgeordnete von Parteien, die ansonsten nichts verband. Vor allem DNVP und KPD machten, wenn auch vergeblich, gegen die Ausweitung des Braunkohlebergbaus Front. Folgenlos waren die Proteste dennoch nicht. Sie führten dazu, dass sich das Land Sachsen verpflichtete, die durch den Bergbau verloren gehenden Flächen durch Ankauf und Aufforstung entsprechend großer Flächen zu kompensieren. Der Mitte der zwanziger Jahre in bisher nicht gekannter Intensität geführte Streit um industriepolitische Interessen contra Umwelt- und Naturschutz sollte ein Dauerthema in Nordwestsachsen bleiben.

Neben der Aktiengesellschaft Sächsische Werke und der Sächsischen Staatsbank – sie kreditierte die Staatsbetriebe und vornehmlich kleinere und mittlere Betriebe und schaltete sich auch rege in das Geschäft mit den Auslandsanleihen ein – besaß der Freistaat ein Hüttenwerk bei Freiberg, Kalkwerke, ein Fernheizwerk, Steinbrüche und Sandgruben, die Meissener Porzellan-Manufaktur und verschiedene Verkehrsbetriebe. So war der Staat an der »Kraftverkehr Freistaat Sachsen« AG mit 54 Prozent beteiligt. Außerdem verfügten auch viele Städte und Gemeinden in der Energieversorgung, im Verkehrswesen, im Handel und im Banksektor über Eigenbetriebe. Der kommunale Wirtschaftssektor, der seine Aktivitäten in den zwanziger Jahren stark ausweitete, bot seine Leistungen zu stabilen Preisen und Tarifen an.

Eine Bewertung der Staatstätigkeit in der sächsischen Wirtschaft ist schwierig, da sie nur für den kurzen Zeitraum der relativen Stabilisierung von 1924 bis 1929 unter mehr oder weniger intakten Rahmenbedingungen erfolgte. Die erhofften strukturpolitischen Ziele wurden nur teilweise erreicht. Positiv wirkte die Vereinheitlichung der Energieversorgungsnetze. Die sächsische Industrie konnte von der ASW billigen Strom beziehen, was aber auch private Großanbieter hätten leisten können.

Die Leipziger Messe und die Jahresschauen »Deutscher Arbeit«

Während sich der Freistaat und die Kommunen mit ihren Eigenbetrieben massiv in der Versorgungswirtschaft engagierten, war bei der traditionsreichen Leipziger Messe ein gegenläufiger Prozess auszumachen. Im Jahr 1915 hatten in mehreren europäischen Ländern Industrie- und Handelsmessen eröffnet, die nun versuchten, Leipzig den Rang als führende europäische Messestadt abzulaufen. Dort reagierte man auf die neuen Herausforderungen mit der Gründung des Vereins »Zentralstelle für Interessenten der Leipziger Mustermessen«. Dessen Vorsitz übernahm der bekannte oberfränkische Porzellanfabrikant Philipp Rosenthal. Sein Wirken sollte sich als ein Glücksfall für die Messe und die Stadt Leipzig erweisen. Zu Recht wurde er als der »zweite Gründer der Leipziger Messe« bezeichnet.[81]

Rosenthal brachte große unternehmerische Erfahrungen und seine exklusiven Beziehungen – er war Vorstandsmitglied des Zentralverbandes deutscher Industrieller und Vorsitzender des Verbandes keramischer Gewerke – in die Organisation der Zentralstelle ein. Auch die anderen Vorstandsmitglieder der Zentralstelle übten in großen Branchenverbänden wichtige Funktionen aus. Zusammen mit der Stadt Leipzig und der Leipziger Handelskammer gründete die Zentralstelle 1916 den Verein »Messamt für die Mustermessen in Leipzig«.[82]

Vertreter der Stadt und der Handelskammer standen der Zentralstelle nicht gerade wohlwollend gegenüber. Sie fürchteten an Einfluss zu verlieren und wollten die Messe in ihrer traditionellen Form unter Leitung des Mess-Ausschusses der Handelskammer bewahren. Leipzigs Oberbürgermeister Rudolf Dittrich erkannte jedoch letztendlich den überlegenen Ansatz Rosenthals an. Die Stadt gab die Initiative in Sachen Messe an die Zentralstelle und damit an die großen Branchenverbände ab. Mit der Gründung des Messamtes wurde die Messe aus der obrigkeitlichen Verwaltung herausgelöst und zu einer Angelegenheit der gesamten deutschen Wirtschaft.

Als Direktor des Messamtes wurde der Syndikus beim Zentralverband Deutscher Industrieller Dr. Raimund Köhler angestellt. Das Ziel des Messamtes steckte Köhler wie folgt ab: »Aufgabe des Messamtes wird es sein, die Mustermessen weiterzuentwickeln und auszugestalten, ihr neue Industriezweige anzugliedern, ihr immer mehr Einkäufer aus dem Inland und Ausland zuzuführen, dann wird sich die Zahl der Aussteller von selbst vergrößern.«[83] Dieses Programm wurde in der Folgezeit zielstrebig umgesetzt. Es wurde zum Ausgangspunkt für den atemberaubenden Aufschwung der Leipziger Messe.

Seit der Jahrhundertwende war man zur Organisation von Mustermessen übergegangen. Dies bedeutete, dass die Aussteller nicht mehr ihre gesamte Handelsware nach Leipzig bringen mussten, sondern im Frühjahr und Herbst Warenmuster präsentieren konnten. Diese neuen Messen fanden unter einem Logo statt, das erstmals für die Herbstmesse 1917 durch den Leipziger Grafiker Erich Gruner entworfen wurde. Es zeigt zwei übereinander gestellte »M«, die den Begriff »Mustermesse« symbolisieren.

Marktplätze oder Höfe reichten für die Mustermessen nicht mehr aus. Daher wurden ab 1901 Messehäuser und -paläste gebaut. Allein zwischen 1919 und 1923 wurden 50 neue Messehäuser eingeweiht. Die vergrößerten Raumkapazitäten ermöglichten die Organisation zahlreicher neuer Fachmessen (Papiermesse, Sportartikelmesse, Kartonagenmesse, Nahrungs- und Genussmittelmesse, Schuh- und Lederwarenmesse usw.). Auch die innerstädtischen Messehäuser vermochten das Platzproblem nicht wirklich zu lösen. Die Zahl der Aussteller von Maschinen, Werkzeugen und technischen Gütern war stetig angestiegen. Daher wurde 1920 ein 225000 Quadratmeter großes Gelände unweit des Völkerschlachtdenkmals gekauft und als zentraler Standort für die technischen Messen hergerichtet. Bis 1928 wurden 17 Hallen mit 130 000 Quadratmetern Ausstellungsfläche gebaut. Das Leipziger Messamt eröffnete in zahlreichen Großstädten der Welt Geschäftsstellen. Mehr als 180 Vertretungen arbeiteten ehrenamtlich in 90 Ländern und weckten in Geschäftskreisen Interesse für die Leipziger Messe.

Mit dem Bau des Leipziger Hauptbahnhofes wurde 1915 die Verkehrsanbindung Leipzigs an die zentralen europäischen Eisenbahnlinien entscheidend verbessert. Zu Messezeiten war der Leipziger Bahnhof die größte Verkehrsdrehscheibe Europas. Einen weiteren verkehrstechnischen Fortschritt brachte die Eröffnung des Flughafens Leipzig-Mockau. Zu erwähnen ist auch die 1923 erfolgte Indienstnahme eines großen und modernen Fernsprechamtes.

Werkzeugmaschinenhalle zur Leipziger Frühjahrsmesse, Mitte der 1930er-Jahre

Das Logo für die »Mustermesse«, von Erich Gruner zur Herbstmesse 1917 entworfen, um 1970

Hauptbahnhof in Leipzig zur Frühjahrsmesse, vor 1933

Die Aktivitäten der Mitarbeiter von Rosenthal, der Ausbau der Infrastruktur und der konjunkturelle Aufschwung trugen Mitte der zwanziger Jahre entscheidend dazu bei, dass sich die Leipziger Messe von einer vormals städtischen zu einer nationalen Angelegenheit entwickelte. Rund ein Sechstel der gesamten deutschen Warenproduktion wurde nunmehr über die Leipziger Messe abgesetzt. Sie erlangte Weltgeltung und die Stadt erlebte ihre »goldenen Zwanziger«. So kamen 1928 1273 Aussteller aus 24 Ländern und ca. 56 000 Fachbesucher aus der ganzen Welt nach Leipzig. Keine andere Messe der Welt erreichte damals eine auch nur annährend vergleichbare Resonanz. Voller Respekt sprach der Bürgermeister von Lyon (Frankreich) Edouard Herriot von Leipzig als der »Mutter aller Messen«.[84] Zu Messezeiten waren die Hotels, Cafés und Restaurants überfüllt, es gab einen unglaublichen Trubel auf den Straßen und in den Messehäusern. Die Innenstadt war von Werbeplakaten übersät. Neben den Fachausstellungen zog ein äußerst vielfältiges kulturelles Leben das Publikum an.

Mit den Messen in Leipzig konnte und wollte die sächsische Landeshauptstadt nicht konkurrieren. Die Dresdner konzentrierten sich auf die Ausrichtung der Jahresschauen »Deutscher Arbeit«, die von 1922 bis 1929 mit jeweils wechselnden Themenschwerpunkten abgehalten wurden. Der sächsische Ministerpräsident Buck lobte bei der Eröffnungsfeier am 1. Juni 1922 den Gewerbefleiß seiner Landsleute und bezeichnete die Ausstellung als eine »gewaltige Sinfonie der Arbeit«. Die Themen der Jahresschauen waren auf die Stärken der sächsischen Wirtschaft zugeschnitten. Es ging u. a. um die Glas- und Porzellanherstellung, die Spielzeugindustrie, die Textilindustrie und die Papierindustrie. Herausgestellt wurde die Rückkehr zu einfacheren Formen der Volkskunst, wie sie vor allem im Erzgebirge verwurzelt waren. Besondere Anerkennung in den Medien fanden die Exponate der Spielwarenfachschulen in Seiffen und Grünhainichen. Freilich stieß die in den Ausstellungen deutlich sichtbare Frontstellung gegen die industrielle Massenproduktion nicht auf ungeteilte Zustimmung. So kritisierte der Deutsche Werkbund die Rückbesinnung auf die Volkskunst als eine »Reaktion zeitmüder Menschen«.

Am stärksten von allen Jahresschauen war die Textilausstellung von 1924 auf Sachsen zugeschnitten.

Sächsische Firmen präsentierten eine Vielzahl hochwertiger Erzeugnisse, darunter die berühmten Plauener Spitzen, vogtländische Weißstickereien, erzgebirgische Posamenten und Chemnitzer Strümpfe, Handschuhe und Trikotagen. Allerdings konnte auch diese Ausstellung nicht darüber hinwegtäuschen, dass die internationalen Modetrends nicht in Deutschland, sondern überwiegend in Frankreich und Großbritannien kreiert wurden.

Zu den Glanzstücken der späteren Ausstellungen gehörten Meissener Porzellan, Spielzeug aus dem Erzgebirge, vogtländische Musikinstrumente, Dresdner Fotoapparate, Süßwaren und stilvolle Autos. Im Vergleich zu den Industrie- und Gewerbeausstellungen von vor 1914 gab es eine weitgehende Kontinuität in den regionalen Bezügen. Zwischen 1922 und 1929 nahmen rund 5000 Aussteller und geschätzte 15 Millionen Besucher an den Jahresschauen teil.[85]

DIE SÄCHSISCHE WIRTSCHAFT IN DER WELTWIRTSCHAFTSKRISE

Die große Krise

Der Krise der Weltwirtschaft ging eine Krise der agrarischen Erzeugung voraus. Bereits 1927 war es zu schweren Verwerfungen auf den internationalen Agrarmärkten gekommen, die auch massiv auf Sachsen einwirkten und zu Einkommensverlusten führten. Obwohl die Erträge der sächsischen Landwirtschaft nach 1918 wieder stiegen, blieb die Lage vieler Bauernwirtschaften angespannt, da ein Preisverfall für Agrarprodukte eingesetzt hatte. Dem Preisdruck versuchten die Landwirte durch höhere Produktivität entgegenzuwirken und nahmen weitere Kredite auf. Dies führte zu einer Überschuldung vieler kleiner Bauernhöfe. Allein zwischen 1926 und 1931 wuchs die durchschnittliche Verschuldung pro Agrarbetrieb in Sachsen fast auf das Doppelte.

Das Wort von der »chronischen Agrarkrise« machte die Runde, wobei sich die Kommentatoren dabei vorrangig auf Ostpreußen und Norddeutschland bezogen. Dass es auch den sächsischen Landwirten alles andere als gut ging, zeigten mehrere große Protestveranstaltungen. So demonstrierten im März 1926 2000 aufgebrachte Bauern in Rochlitz gegen zu hohe steuerliche Belastungen. Die Bauernproteste nahmen 1928 an Intensität und Schärfe zu. In Meißen, Stollberg, Zwickau, Döbeln, Pirna und Zittau kam es 1928 zu großen Kundgebungen und in Freiberg besetzten aufgebrachte Bauern das Finanzamt.[86] Der Sächsische Landbund rief nach Schutzzöllen und forderte zum Steuerstreik auf. In einem Schreiben an Ministerpräsident Heldt (Alte Sozialdemokratische Partei) vom 20. Januar 1928 drohte der Sächsische Landbund unverblümt mit radikalen Aktionen.

Erste Anzeichen für einen generellen Konjunkturumschwung in der deutschen Industrie gab es 1928. Die Lagerhaltung nahm zu und die Investitionen gingen zurück. Im Folgejahr stagnierte die gewerbliche Gütererzeugung, wobei die Verbrauchsgüterproduktion unter das Vorjahresniveau fiel. Doch noch vermochte es der Export, die nachlassende Binnennachfrage auszugleichen. Am 25. Oktober 1929 kam es zu einem überraschenden Sturz der Aktienkurse an der New Yorker Börse. Hauptursache war eine lang anhaltende Überspekulation. Kleinaktionäre und Investmentfonds hatten im Vertrauen auf einen anhaltenden Boom immer mehr Geld in industriellen Unternehmungen angelegt. Nun aber wurde offenbar, dass das Güterangebot weit größer war als die Nachfrage. Um liquide zu bleiben, begannen die amerikanischen Banken das Geld zurückzufordern, das sie in Europa, und dort vor allem in Deutschland, angelegt hatten.

Der »schwarze Freitag« markierte den Beginn der großen Weltwirtschaftskrise (1929–1933). Nie zuvor in der Geschichte der Weltwirtschaft hatte es eine ähnlich tief greifende Krise gegeben. Zeitweilig schien das Weltwirtschaftssystem völlig zusammenzubrechen. Der internationale Kapitalstrom trocknete zwischen 1929 und 1933 nahezu aus. Zum ersten und bis heute auch einzigen Mal in seiner Geschichte gefährdeten die konjunkturellen Schwankungen des Kapitalismus das System von Grund auf. Bis heute diskutieren Ökonomen und Historiker, warum diese Krise eine derart verheerende Wirkung entfalten konnte und welches die

Hauptfaktoren für die Tiefe und Länge der Krise waren.[87] Eine entscheidende Rolle spielte die Entwicklung in den USA. Die größte Volkswirtschaft der Welt stellte über ein Drittel der globalen Industrieproduktion her. Die USA waren in den zwanziger Jahren die größte Export- und zweitgrößte Importnation der Welt. Hinzu kam die Stellung der USA als größter Gläubiger der Welt. Zwischen 1929 und 1932 fielen die amerikanischen Importe und Exporte um jeweils 70 Prozent.[88] Die größte Volkswirtschaft der Welt schien autark zu werden – mit unvorhersehbaren Auswirkungen auf den Welthandel.

Doch nicht nur die USA koppelten sich vom Welthandel ab, sondern auch alle anderen Industrienationen begannen Handelsbarrieren zu errichten, um ihre nationalen Wirtschaften und Währungen zu schützen. Damit demontierten sie das weltweite System des multilateralen Handels immer mehr. Die Weltwirtschaftskrise zerstörte den wirtschaftlichen Liberalismus für die Dauer eines halben Jahrhunderts.

In Deutschland wurden die Wirkungen der Weltwirtschaftskrise durch die Notwendigkeit der Reparationszahlungen und Abzüge ausländischen Kapitals noch verstärkt. Nahezu die Hälfte des weltweiten Kapitalexports entfiel 1928 auf Deutschland. Die extreme Verschuldung machte die deutsche Wirtschaft äußerst verwundbar, was sich nach 1929 zeigen sollte. Typisch für den Krisenverlauf in Deutschland war das besonders starke Einbrechen der Produktion der Eisen- und Stahlindustrie, des Maschinenbaus, des Kraftfahrzeugbaus und der Bauwirtschaft. In diesen Branchen ging die Erzeugung zwischen 1928 und 1932 um 60 bis 74 Prozent zurück.[89] Demgegenüber sank die Produktion bei Konsumgütern wie Textilien und Schuhen im gleichen Zeitraum nur um 15 bzw. 20 Prozent. Trotzdem gehörten die Konsumgüterindustrien und damit die Hauptbereiche der sächsischen Wirtschaft zu den großen Verlierern der Krise, da sich ihre Preise weitaus dramatischer rückläufig entwickelten als die Produktion. Der Konzentrationsgrad in den Grundstoffindustrien war wesentlich höher als in der Konsumgüterindustrie. Mit Preis- und Marktabsprachen im Rahmen von Kartellen versuchten vor allem die Kohle-, Eisen- und Stahlindustriellen der Krise entgegenzuwirken.

Wer nicht zu den besitzenden Schichten gehörte, erlebte die Krise hauptsächlich in Form einer in Ausmaß und Dauer bislang unvorstellbaren Arbeitslosigkeit. Die Arbeitslosenzahlen im Reich schnellten nach oben, von 1,35 Mio. im Jahresdurchschnitt 1928 auf 6,13 im Februar 1932.[90] Ein Massenelend war die Folge, das nunmehr nicht allein proletarische Schichten betraf, sondern auch breite Teile des Mittelstandes. Das Bild, das jene Jahre prägte, waren stillstehende Maschinen, Suppenküchen und Demonstrationen.

Besonderheiten des Krisenverlaufs in Sachsen

Bis zum Ersten Weltkrieg war die sächsische Wirtschaft weniger krisenanfällig als die Wirtschaft anderer deutscher Regionen.[91] Das änderte sich in den zwanziger Jahren. Erstmals zeigte sich während der Inflationszeit und der kurzen, aber durchaus heftigen Zwischenkrise von 1925/26 ein neues Phänomen: Die Arbeitslosenzahlen in Sachsen stiegen weit über den Reichsdurchschnitt. Selbst auf dem Höhepunkt der konjunkturellen Entwicklung im Sommer 1927 gab es im oberen Erzgebirge und im Vogtland ausgesprochene Notstandsgebiete. Das dort ansässige Heimgewerbe mit seiner breit gefächerten Produktionspalette steckte schon seit Jahren in einer strukturellen Krise. Symptomatisch dafür war die Lage der Spitzen- und Klöppelindustrie. Nach einem wahren Siegeslauf auf dem Weltmarkt von 1880 bis 1913 waren diese Industrien in eine Dauerkrise geraten. Wiederholt wurden im Landtag in Dresden heftige Debatten über die Notlage der Heimindustrie geführt.[92] SPD und KPD-Abgeordnete forderten Hilfsprogramme, konnten sich damit aber nicht durchsetzen.

Die eigentliche Krise stand der sächsischen Industrie indessen noch bevor. Sie begann 1929 und dauerte bis 1936. Im Januar 1932, auf dem Höhepunkt der Krise, schrieb ein Analyst der Leipziger Allgemeinen Deutschen Credit-Anstalt: »Vor ungefähr hundert Jahren (1830) wurde Sachsen von einer Wirtschaftskrise heimgesucht, von der man behauptete, dass sie in solcher Härte nicht wieder aufgetreten sei, doch gegenüber der heutigen Not mag die vor hundert Jahren verblassen, wenn sie auch manche gemeinsame Züge mit ihr aufweist.«[93] Dies war keine übertriebene Schilderung. Einige Industriebranchen schienen kurz vor ihrem völligen Zusammenbruch zu stehen. So ging die Produktion des Waggonbaus zwischen 1928 und 1931 um rund 80 Prozent zurück, der Export von Textilmaschinen kam fast zum Erliegen und die Kapazitäten der Bauwirtschaft waren bestenfalls noch zu einem Drittel ausgelastet. Analog zur sinkenden Gütererzeugung ging das Transportaufkommen um mehr als 40 Prozent zurück und auch die Post verzeichnete drastische Einbußen.

Die Weltwirtschaftskrise traf die sächsische Industrie härter und länger als die meisten anderen deutschen Industrieregionen. Im Vergleich zur Vorkriegszeit offenbarte die sächsische Wirtschaft eine gesteigerte Anfälligkeit für Konjunkturschwankungen. Ein Ausdruck dessen war die rasch wachsende Zahl von Firmenpleiten. Gegenüber 1927 verdoppelte sich bis 1930 die Zahl der Konkurse und Vergleiche. Vorwiegend waren es Unternehmen der Textilindustrie und des Handels, die vom Markt verschwanden. Der Höchststand der Pleiten wurde schließlich 1931 mit 1536 Konkursen, 978 mangels Masse abgelehnten Konkursen und 801 Vergleichen erreicht.[94]

Die Pleitewelle zog eine Massenarbeitslosigkeit nach sich. Seit Mitte 1929 lag die prozentuale Zahl der Arbeitslosen in Sachsen wieder deutlich über dem Reichsdurchschnitt. Auf 1000 Einwohner kamen 1930 im Deutschen Reich 50 gemeldete Arbeitslose, in Sachsen hingegen bereits 81.[95] Im Jahr 1928 wurden in Sachsen knapp 89000 Arbeitslose registriert, ihre Zahl stieg 1930 auf 369000 und erreichte schließlich 1932 mit knapp 703000 den Höhepunkt.[96]

Besonders groß war die Arbeitslosigkeit in den sächsischen Großstädten. Chemnitz und Plauen verzeichneten jeweils 129 gemeldete Arbeitslose je 1000 Einwohner im Jahr 1930, Leipzig 110 und Dresden 108. Nur in Breslau lag in dieser Zeit die durchschnittliche Arbeitslosenzahl mit 130 je 1000 Einwohner noch höher. Im darauf folgenden Jahr erreichte die Wirtschaftsentwicklung im Deutschen Reich ihren Tiefpunkt. Chemnitz stand nunmehr mit 159 Arbeitslosen je 1000 Einwohner an der Spitze der Städte mit der höchsten Arbeitslosigkeit, gefolgt von Plauen, Lübeck, Breslau und Solingen. Ab Mitte 1931 lag die Arbeitslosenquote in Sachsen höher als in allen anderen Industrieregionen des Reiches. Das blieb so bis 1936.

Welche Gründe gab es dafür, dass die Weltwirtschaftskrise die sächsische Wirtschaft so nachhaltig und lange traf? Dieses Problem wurde ausgiebig in der zeitgenössischen Presse erörtert. Als Hauptursache wurde die Struktur der sächsischen Wirtschaft genannt. Die hohe Industriequote hatte in Sachsen zu einem besonders hohen Anteil von Arbeitern und Heimarbeiterinnen an den Gesamtbeschäftigten geführt.

Heimarbeiterinnen in Raschau, Kreis Schwarzenberg, beim Häkeln von Mützen, um 1930

Überdurchschnittliche Anteile an den Beschäftigen in ausgewählten Branchen wiesen in Sachsen die Textilindustrie mit 32 Prozent aller im Reich beschäftigten Textilarbeiter, die Musikinstrumente- und Spielwarenindustrie (23 Prozent), die Papierindustrie (21 Prozent), die Druckereiindustrie (13 Prozent) und der Maschinen-, Apparate- und Fahrzeugbau (12 Prozent) auf.[97] In keiner anderen deutschen Region war der Anteil der Verbrauchsgüterindustrien an der Gesamtindustrie so hoch wie in Sachsen. Rund zwei Drittel der industriellen Erwerbstätigen waren in den Verbrauchsgüterindustrien tätig.[98]

Mit dem Wachsen des Weltmarktes und des Welthandels waren bis 1913 auch die sächsischen Exportindustrien gewachsen. Die Exportquote der gesamten sächsischen Industrie wurde für 1927 auf etwa 26 bis 27 Prozent geschätzt.[99] Einzelne Zweige wie die Kamera-, Musikinstrumente- sowie Spitzen- und Stickereiindustrie arbeiteten ganz überwiegend für den Export. Umsatzmäßig am stärksten ins Gewicht fielen die Exporte der Textilindustrie, des Maschinenbaus und der Papierindustrie.

Mit Beginn der großen Krise in den USA brach der sächsische Überseeexport ein. Zwar steht keine Gesamtaufstellung zur Verfügung, doch vermitteln verschiedene Erfassungen von Industrie- und Handelskammern ein aussagekräftiges Bild. So analysierte die IHK Zittau die sächsische Ausfuhr von Textilwaren und Textilmaschinen nach den USA. Von 1929 bis zum ersten Halbjahr 1932 ging die Ausfuhr von sächsischen Textilwaren nach den USA um 56 Prozent und die von Textilmaschinen gar um 83 Prozent zurück.[100]

In Sachsen gab es nur sehr wenige Großunternehmen bzw. Mischkonzerne mit breitem Produktionsprofil, wie es bei den Wanderer-Werken der Fall war. Im Gegensatz dazu hingen die meisten anderen Chemnitzer Maschinenbaubetriebe vom Absatz weniger Hauptprodukte ab. Geriet dieser ins Stocken, so zog dies über kurz oder lang eine Existenzgefährdung nach sich.

Neben externen Krisenursachen gab es auch hausgemachte Probleme. Stärker als alle anderen Branchen war in Sachsen seit Mitte der zwanziger Jahre das Baugewerbe gewachsen. Noch bis 1930 herrschte auf dem Bau eine in starkem Maße auf kommunalen Aufträgen beruhende Sonderkonjunktur. Gegenüber 1925 war die Zahl der Beschäftigten in der Baubranche um mehr als 70 Prozent gewachsen. Umso tiefer war der Absturz in der Krise.

Entwicklung der Arbeiterzahl in Industrie, Handwerk und Baugewerbe (1925 = 100)[101]

Jahr	*Industrie und Handwerk*	*Baugewerbe*
1925	100	100
1926	83	104
1927	97	164
1928	102	170
1929	92	150
1930	78	95

In keiner anderen Branche der sächsischen Wirtschaft gab es vergleichbare extreme Zu- und Abnahmen der Beschäftigung wie im Baugewerbe. Im Krisenjahr 1930 ging der Beschäftigtenstand noch unter das Niveau von 1925 zurück.

Während sich der Wohnungsbau vor dem Ersten Weltkrieg antizyklisch entwickelte hatte, kehrte sich diese Entwicklung jetzt um. In Umsetzung des Deflationskurses der staatlichen Wirtschaftspolitik stoppten das Land und die Kommunen einen Großteil ihrer Bauaufträge. Infolgedessen brach der Wohnungsbau zusammen. Noch 1928 hatte auf dem Bau nahezu Vollbeschäftigung geherrscht, Mitte 1932 hingegen suchten mehr als 50 000 Baufacharbeiter und rund 110 000 Bauhilfsarbeiter Arbeit.

Die Krise erfasste alle Branchen der sächsischen Industrie. Um ihre besonders nachhaltigen Wirkungen zu verstehen, muss auch die ungünstige Entwicklung der Transport- und Arbeitskosten in Betracht gezogen werden. Die durchschnittlichen Frachtbelastungen lagen für die sächsische Wirtschaft zwischen 1913 und 1930 höher als für andere Industrieregionen. Das hing vor allem mit dem hohen Grad der Exportorientierung der sächsischen Wirtschaft und den Einfuhren von Rohbaumwolle, Steinkohlen und Walzwerkserzeugnissen zusammen.

Vor dem Ersten Weltkrieg konnte dieser Wettbewerbsnachteil durch andere Kostenelemente, hauptsächlich die niedrigen Löhne, mehr als kompensiert werden. In den zwanziger Jahren stiegen die Durchschnittslöhne in der sächsischen Industrie aber stärker als im übrigen Reichsgebiet. Infolgedessen verlor Sachsen den Rang eines Billiglohngebietes. Noch 1913 lag der Stundenverdienst eines Arbeiters in Sachsen am unteren Ende der Skala. Knapp zwei Jahrzehnte später hatte sich das Bild gewandelt. Der

Krausswerke in Schwarzenberg im Erzgebirge, 1929. Im Jahre 1902 erfand der Unternehmer Karl Louis Krauss die erste Ganzmetallwaschmaschine. Sein Sohn Friedrich Emil Krauss führte die Krausswerke an die Spitze der Waschgeräteproduzenten in Deutschland.

einstige Lohnvorsprung der sächsischen Industrie war verloren gegangen. 1922 waren bereits zehnmal mehr Beschäftige in den Geltungsbereich von Tarifverträgen einbezogen als 1913. Dieser für die Belegschaften positive Trend verschärfte ab 1929 die wirtschaftlichen Probleme der sächsischen Industrie, war jedoch nicht deren Hauptursache. In der Krise sackte dann das sächsische Lohnniveau wieder unter den Reichsdurchschnitt ab.

Durchschnittslöhne und -gehälter je Vollarbeiter in Sachsen in v. H. des Reichsdurchschnitts[102]

Jahr	*Index für Sachsen (Reich = 100)*
1913	91
1925	100
1927	103
1929	98
1931	94

Krisenverschärfend wirkte die Schwäche der sächsischen Kreditwirtschaft, die sich von den Folgen der Inflation noch nicht wieder erholt hatte. Gerade mittlere und kleinere Bankhäuser hatten einen Teil ihrer Kapitalkraft eingebüßt und zögerten daher mit Kreditausreichungen an mittelständische Unternehmer. Bei den in Sachsen agierenden Großbanken war eine Zentralisierung von Kreditmitteln zu beobachten. Sie banden ihre Kreditvergabe stärker an eine dingliche Sicherung in Gestalt von Grundstücken und großen Warenvorräten. Die Kreditmöglichkeiten des Mittelstandes wurden dadurch begrenzt. Negativ auf die Industrie zurück wirkte auch die Schwächung des Großhandels.

Die besondere Schwere der Krise in Sachsen beruhte auf äußeren und inneren Faktoren. Die traditionell hohe Exportabhängigkeit verwandelte sich während der Weltwirtschaftskrise von einem konjunkturstabilisierenden zu einem krisenverschärfenden Faktor. Diversifizierte Mischkonzerne gab es in Sachsen kaum. Hinzu kamen die Verteuerung von Produktionsfaktoren, besonders der Löhne und Transportkosten, und die Schwäche der Kreditwirtschaft.

Reaktionen auf die große Krise

Die sächsische Regierung versuchte Ende 1929 mit Notstandsprogrammen im Wohnungsbau sowie im Straßen- und Wegebau der hohen Arbeitslosigkeit entgegenzuwirken. Vor allem die SPD, unterstützt vom Allgemeinen Deutschen Gewerkschaftsbund (ADGB), setzte auf Arbeitsbeschaffungsprogramme und brachte entsprechende Vorschläge am 14. Oktober 1929 im Landtag ein. Einen Monat später verabschiedete dieser Programme für den Bau von 30 000 Wohnungen, Flussregulierungen an Neiße, Chemnitz, Pleiße, Mulde und Spree, Meliorationsvorhaben bei Großenhain sowie Bäder-, Klinik- und Brückenbauten.[103] Die bereitgestellten Fördermittel reichten jedoch nicht aus, um den Rückgang der Baukonjunktur aufzuhalten. Zudem zeichnete sich in der Wirtschaftspolitik des Reiches ein Kurs der Ausgabenbegrenzung ab, was nicht ohne Folgen für Sachsen bleiben sollte.

Am 31. März 1930 nahm in Berlin das Minderheitskabinett Brüning die Regierungsgeschäfte auf. An häufiges Wählen und Regierungswechsel hatte man sich in der Weimarer Republik längst gewöhnt. Die neue Regierung unter Reichskanzler Brüning war jedoch ein Kabinett neuen Typs. Der Reichskanzler griff – mit Billigung des Reichspräsidenten – auf die Notstandsbefugnisse nach Artikel 48 der Reichsverfassung zurück. Die Reichsregierung verfolgte einen strikt deflationistischen Kurs. Vornehmlich die Angst vor einer neuerlichen Inflation machte eine starke Ausweitung der Geldmenge und größere Budgetdefizite unmöglich. Noch herrschte die Meinung vor, die beste Methode der Krisenüberwindung bestünde darin, die Wirtschaft sich selbst zu überlassen. Man orientierte sich an der Theorie der Absatzwege (Tausch von Produkten gegen Produkte vermittelt über das Geld als Zahlungsmittel), demzufolge bei einem freien Wettbewerb zwar zeitweilige Störungen möglich seien, aber keine allgemeine Wirtschaftskrise. Die wirtschaftspolitischen Maßnahmen des »Hungerkanzlers« Brüning, vor allem die Einführung neuer Steuern sowie die Herabsetzung von Löhnen und Gehältern und drastische Kürzungen der staatlichen Investitionen, wirkten krisenverschärfend.

Sperrmauer der Saidenbachtalsperre bei Lengefeld-Rauenstein

Gleiches muss auch von der Politik der sächsischen Regierung unter Ministerpräsident Walter Schieck (DVP) gesagt werden. Sein »unpolitisches Beamtenkabinett« entwickelte kaum eigene Ideen zur Krisenbekämpfung, sondern folgte dem Berliner Kurs. Im Gleichklang mit der Reichsregierung betrieb auch Sachsen eine deflationistische Politik. Die Ausgaben für den öffentlichen Dienst wurden reduziert und staatliche Aufträge, vor allem im Bauwesen, weiter zurückgefahren. Mit der Verordnung vom 22. August 1931 zur Stilllegung aller bezuschussten Wohnungsbauten wurde der staatlich subventionierte Wohnungsbau in Sachsen, das betraf ca. 7000 Bauprojekte, fast vollständig eingestellt.

Da das Reich die Steuerüberweisungen an die Länder mehrfach kürzte, sahen der sächsische Finanzminister und die Gemeinden keinen anderen Ausweg, als neue Verbrauchssteuern auf Fleisch und Getränke einzuführen.[104] Diese Steuererhöhungen trafen vor allem das Gaststätten- und Hotelgewerbe. Doch auch diese Maßnahmen konnten nicht verhindern, dass die Pro-Kopf-Verschuldung Sachsens im Sommer 1931 höher lag als in allen anderen deutschen Ländern. Als die Reichsregierung im Juni 1931 eine Krisensteuer (eine Art Einkommenssteuer) einführte, wurden die Länder und Gemeinden nicht an deren Aufkommen beteiligt, wie es eigentlich im Finanzausgleich vorgesehen war. Im Handwerk führte der Preisdruck zu Überstunden sowie Schwarzarbeit.

Die Konzeptions- und Hilflosigkeit der Landesregierung angesichts der Wucht der Krise führte dazu, dass der Verband der Sächsischen Industriellen (VSI) einen starken Einfluss auf die wirtschaftspolitischen Debatten gewann. Eine Mehrheit der sächsischen Industriellen stand der Weimarer Republik skeptisch bis ablehnend gegenüber. Sie fühlten sich ökonomisch extrem verwundbar, von der Landesregierung im Stich gelassen, was vor allem die Unruhen im Vogtland und dem Erzgebirge 1923 gezeigt hatten, und abgeschnitten von den politischen Machzentren in der Reichshauptstadt. Die Republik wurde bestenfalls als unfähig und schwach eingeschätzt und im schlechtesten Fall als Vorstufe für einen bolschewistischen Umsturz angesehen. Die Linksregierung in Sachsen wurde vom VSI erbittert bekämpft. Ursache der Radikalität des VSI war die besonders kritische wirtschaftliche Lage vieler seiner Mitglieder. Diese schien den Spielraum für Sozialpolitik in Sachsen noch stärker einzuschränken, als es im Reich ohnehin der Fall war. Im wachsenden Verlangen, dem Sozialstaat ein Ende zu bereiten, waren die sächsischen Unternehmer und die Ruhr-Industriellen einig.

Ende 1928 bekam der VSI, die mit mehr als 4000 Mitgliedern wichtigste sächsische Unternehmerorganisation, mit Wilhelm Wittke einen Vorsitzenden, der sich als einer der schärfsten Kritiker des Weimarer Sozialstaates profilierte.[105] Vor dem Ersten Weltkrieg hatte der aus Saarlouis stammende Wittke im Sachsenwerk als Buchhalter gearbeitet. Er stieg 1920 zum stellvertretenden Direktor auf und wurde 1928 ordentliches Vorstandsmitglied. Noch schneller verlief seine Karriere als Verbandsfunktionär. Ab 1924 leitete er den sozialpolitischen Ausschuss des VSI. Wittke forderte u. a. eine bessere Berücksichtigung Sachsens bei der Vergabe von Aufträgen durch Reichsbahn und Reichspost, günstigere Frachttarife, mehr Reichskredite für die sächsische Industrie, eine Kürzung der Steuerabführungen an das Reich und eine Abkehr vom staatlichen Schlichtungswesen.

Bevorzugte Zielscheibe der Kritik des VSI waren die Reichsregierung und wichtige Reichsorgane. Die sächsische Industrie besaß in den Berliner Institutionen nur geringen Einfluss. So war Sachsen etwa im Verwaltungsrat der Deutschen Reichsbahn nicht vertreten und stellte auch nur 2 Prozent der Mitglieder im vorläufigen Reichswirtschaftsrat.[106] Im sächsischen Landtag sprach man daher von einer »schwerindustriellen Nebenregierung« in Berlin und meinte damit den starken Einfluss der Ruhrindustrie in Verbänden und Ministerien.

Am 23. Januar 1931 hatte der VSI zu einer Notkundgebung »Sachsen braucht Arbeit« im kaufmännischen Vereinshaus in Chemnitz aufgerufen. In Anwesenheit des Reichskanzlers Brüning wiederholte Wittke auf dieser bis dahin größten Veranstaltung eines Unternehmerverbandes in Deutschland seine Forderungen. Er fand damit ein landesweites Echo. Der sächsische Ministerpräsident Walter Schieck (DVP) stimmte Wittke in den entscheidenden Punkten zu. Reichskanzler Brüning unterstützte zwar die Forderung des VSI nach Senkung der Selbstkosten und damit auch Senkung der Löhne, konnte der sächsischen Wirtschaft ansonsten aber keine Erleichterungen versprechen. Am 6. März 1931 empfing Reichskanzler Brüning eine Delegation sächsischer Politiker und Unternehmer. Konkrete Hilfen vermochte Brüning angesichts der dramatischen Wirtschaftslage nicht zuzusichern. Stattdessen entsandte er im Juni 1931 seinen Staatssekretär Dr. Trendelenburg zu einer Besuchsreise nach Sachsen. Obwohl Brüning mit einem weiteren Sozialabbau den Unternehmerverbänden entgegenkam und auch mehr Reichsaufträge an Sachsen gingen, verschärfte der VSI seine Kritik an der Reichsregierung. Wittke folgte der

Stimmung unter den VSI-Mitgliedern und verlangte im Juni 1931 in einem öffentlich verbreiteten Telegramm von der Reichsregierung die sofortige Einstellung der Reparationszahlungen. Mit dieser Forderung überholte der VSI den Reichsverband der Deutschen Industrie von rechts und stellte sich offen gegen das Kabinett Brüning. Der VSI unterstützte auf dem Höhepunkt der Weltwirtschaftskrise immer offener einen Systemwechsel.«[107]

Der Staat als Krisenmanager

Im Juli 1931 erfolgte der Zusammenbruch des labilen deutschen Kreditsystems.[108] Ausländische Anleger, vor allem aus den USA und Großbritannien, hatten mit Beginn der Krise im Jahr 1929 massiv Kapital aus Deutschland abgezogen. Diskonterhöhungen der Reichsbank vermochten diesen Trend nicht zu stoppen, ja sie vergrößerten noch die Panik. Der Kapitalabzug traf das durch die Folgen des Weltkrieges und der Inflation ohnehin geschwächte deutsche Kreditwesen besonders hart. Hinzu kam eine massive Entwertung des Wertpapierbesitzes und des Beteiligungsbestandes.

Die Berliner Großbanken hatten sich in den zwanziger Jahren zunehmend auf die Kreditierung großer Firmen verlegt – bei sinkender Eigenkapitaldecke. Als dann der Nordwolle-Konzern unmittelbar vor dem Konkurs stand, gerieten die Hauptgläubiger, die Darmstädter und Nationalbank (Danat-Bank) sowie die Dresdner Bank, mit in den Strudel. Zusätzlich verschärft wurde die Situation durch die Nachricht vom Zusammenbruch der Österreichischen Credit-Anstalt am 11. Mai 1931. Die Danat-Bank musste am 13. Juli 1931 ihren Zahlungsverkehr einstellen und die ebenfalls zahlungsunfähige Dresdner Bank konnte nur dank des Eingreifens der Reichsregierung gerettet werden. Das Kapital der Dresdner Bank wurde um 300 Mio. Reichsmark aufgestockt und das Reich übernahm 90 Prozent der Aktien. De facto wurde damit die zweitgrößte Bank im Reich verstaatlicht und erst nach 1933 wieder schrittweise privatisiert. Auch die Commerzbank wäre ohne einen Eingriff des Reiches Bankrott gegangen. Lediglich der Deutschen Bank gelang die Sanierung weitgehend aus eigener Kraft, doch auch sie kam nicht ohne öffentliche Mittel aus. Das berühmteste deutsche Bankhaus des ausgehenden 19. Jahrhunderts S. Bleichröder überstand die Krise nicht und sah sich veranlasst, eine Interessengemeinschaft mit der Berlin-Dresdner Privatbank Gebr. Arnhold einzugehen.[109]

Das massive staatliche Eingreifen in den Bankensektor war ein Novum. Die Reorganisation des Bankwesens bildete dabei nur eine Seite der staatlichen Eingriffe. Hinzu kamen die am 15. Juli 1931 wieder eingeführte Devisenzwangswirtschaft und im September die Bestellung eines Reichskommissars für das Bankgewerbe, der befugt war, die allgemeine Bankenpolitik vom Standpunkt der deutschen Gesamtwirtschaft aus zu beeinflussen.

Die Bankenkrise erschütterte auch die sächsischen Regionalbanken. Bereits 1929/30 hatten in Sachsen 14 kleinere Privatbanken, darunter die Vogtländische Kreditbank AG Plauen, das Bankhaus Horst Fritsche Dresden, die Ostsächsische Gewerbebank GmbH Pirna und das Bankhaus G. E. Heydemann in Bautzen, Konkurs anmelden müssen.[110] Letztgenannte Bank gehörte zu den ältesten sächsischen Banken überhaupt.

Zum gefährlichsten Krisenfall für das Kreditsystem in Sachsen sollte sich jedoch die angeschlagene Allgemeine Deutsche Credit-Anstalt (ADCA) entwickeln. Dabei hatte diese sächsische Provinzialbank ihre Geschäftsrückgänge mittels Risikoverteilung zunächst noch auffangen können. Ihr und auch den kleineren Privatbanken kam zugute, dass sie im Vergleich zu den Großbanken über einen größeren Anteil an längerfristigen Krediten verfügten und der Anteil an Kundschaftskrediten am Fremdkapital geringer war. Im Strudel des Zusammenbruchs der Danat-Bank drohte nun aber auch die ADCA unterzugehen, zumal diese größte deutsche Provinzialbank von der Pleite eines Großkunden, des Nordwolle-Konzerns, schwer betroffen war. Bei der ADCA und im Dresdner Finanzministerium befürchtete man einen Run auf die Bank. Finanzminister Hedrich rechnete im Falle eines Zusammenbruchs der ADCA mit unabsehbaren Konsequenzen für die sächsische Wirtschaft.

Noch am Tag des Ausbruchs der Bankenkrise erörterten Vertreter des sächsischen Finanzministeriums, der Sächsischen Staatsbank und der ADCA verschiedene Rettungspläne.

Während im Falle der Großbanken das Reich direkt Aktienanteile übernahm, bevorzugte man in Sachsen ein weniger direktes Vorgehen, um die ADCA zu retten. Deren unmittelbar bevorstehende Zahlungsunfähigkeit sollte nicht durch einen direkten Staatseingriff offen gelegt werden. Stattdessen wurde eine Zusammenlegung von ADCA – mit 2600 Mitarbeitern und einem Nominalkapital von 40 Mio. Reichsmark – und der Sächsischen Staatsbank – mit 540 Mitarbeitern und einem Nominalkapital von 10 Mio. Reichsmark – beschlossen. Die wesentlich kleinere Sächsische

Staatsbank, und damit letztendlich der sächsische Steuerzahler, sollte nach der Fusion die Kreditrisiken der ADCA übernehmen. Zu diesem Zweck musste das sächsische Bankgesetz mittels einer Notverordnung geändert werden.

Manche Unternehmer hofften darauf, dass dies ein Schritt zu einer »sächsischen Lösung«, nämlich der Bildung einer Großbank mit Hauptsitz in Sachsen sein könnte. Sie setzten darauf, das Reichsfinanzministerium für eine Zusammenlegung von ADCA, Sächsischer Staatsbank mit Teilen der Dresdner Bank sowie der in Abwicklung befindlichen Danat-Bank gewinnen zu können. Das Reich hätte sich in diesem Fall als zeitweiliger Eigner der angeschlagenen Berliner Banken an der Bildung einer Großbank in Sachsen mit Wirkungsfeld im gesamten sächsisch-mitteldeutschen Wirtschaftsraum beteiligen sollen.

Nach der Wiederaufnahme des Bankverkehrs am 5. August 1931 hielten die Einlageverluste bei der ADCA weiter an. Der hoch verschuldete sächsische Staat war zu weiteren Rettungsmaßnahmen nicht mehr fähig und musste beim Reichsfinanzministerium vorstellig werden. Die Reichsbank lehnte kategorisch die Unterstützung für eine vergrößerte Sächsische Staatsbank ab. Da halfen auch die Klagen des VSI im März 1932 wenig: »Der Großbetrieb fühlt sich sicher nur unter seinesgleichen, Großbank neigt zur Großindustrie, und beide leben voneinander und sterben aneinander.«[111] Unterdessen wurde in separaten Verhandlungen zwischen ADCA und dem Reichsfinanzministerium unter Umgehung der Sächsischen Staatsbank eine Reichshilfe allein für die ADCA vereinbart.

Am 20. April 1932 beschloss der Bankenausschuss des Reichstages ein Bankensanierungsprogramm. Allein wären die Großbanken nicht fähig gewesen, die Verluste zu tragen, die sich 1931 auf mehr als 683 Mio. Reichsmark beliefen. Im Rahmen der Bankensanierung fiel die Darmstädter und Nationalbank an die Deutsche Bank und Discontogesellschaft. Das Reich übernahm die Mehrheit der Aktien der Dresdner Bank und der Commerz- und Privatbank und eine Minderheitenbeteiligung an der Deutschen Bank. Die Bilanzsummen der genannten Banken wurden neu bestimmt.

In den Sanierungsplan einbezogen wurde auch die ADCA, deren Verluste der Bankenausschuss auf etwas mehr als 53 Mio. Reichsmark bezifferte. Ende April 1932 wurden in einem Vertrag zwischen dem Reich, dem Freistaat Sachsen und der ADCA umfangreiche Maßnahmen zur Sanierung der Regionalbank festgelegt. Das Nominalkapital der ADCA wurde reduziert und das Reich übernahm 70 Prozent der Anteile. Indem die ADCA in das Projekt der Sanierung der Großbanken durch das Reich einbezogen wurde, gab es auf lange Sicht keine Chance mehr für die Bildung einer sächsischen oder mitteldeutschen Großbank.

Die Bankenkrise markierte einen scharfen Einschnitt: Nach den Jahren der Stabilisierung gerieten die Aktienbanken in eine neue Phase der Defensive und der Unterordnung unter die Staatsmacht, die in wechselnden Formen in den folgenden Jahren anhielt. Die Sanierung des Bankwesens in Sachsen sollte sich dabei als eine besonders langwierige Aufgabe erweisen.

Mit einiger Berechtigung kann die Schwäche der ADCA als ein Spiegelbild der generellen Probleme der sächsischen Wirtschaft in den dreißiger Jahren angesehen werden.

Auch in der Industrie betätigte sich der sächsische Staat als Sanierer. Die von der Regierung Brüning verfolgte Politik hatte zur Folge, dass das Eigentum der öffentlichen Hand in der Wirtschaft bedeutend ausgeweitet wurde.[112] Diese generell für das Reich zutreffende Tendenz war in den Ländern unterschiedlich stark ausgeprägt. In Sachsen waren es – anders als in Preußen, wo sich Staatseingriffe vornehmlich auf die Stahl- und Kohlenindustrie konzentrierten – die jungen Industrien, die durch staatliche Eingriffe stabilisiert wurden. Zwei Fälle ragten dabei heraus: die Gründung des sächsischen Autoblocks und die Sanierung der Aktiengesellschaft Sächsische Werke (ASW).

Ende des 19. Jahrhunderts war das deutsche Kaiserreich ein Pionierland des Automobilbaus gewesen. Anders als in den USA blieb eine Massenmotorisierung aus. Die wirtschaftlichen und verkehrspolitischen Verhältnisse in Deutschland standen dem entgegen.[113] Das Auto blieb ein Luxusgut und damit nur einer kleinen Käuferschicht vorbehalten. Automobile wurden in Einzelfertigung oder bestenfalls in Kleinserie hergestellt. Eine der amerikanischen Autoindustrie vergleichbare Fließbandfertigung gab es nicht. Die deutschen Automobilhersteller mit ihren kostspieligen Typenprogrammen wurden besonders hart von der Weltwirtschaftskrise getroffen. Der Absatz ging um mehr als zwei Drittel zurück. Die Hersteller reagierten mit Preisnachlässen und vermochten es dennoch nicht, die Existenzkrise abzuwenden.

Die Initiative zur Rettung der sächsischen Automobilhersteller – Zschopauer Motorenwerke J. S. Rasmussen AG (Muttergesellschaft des DKW-Konzerns), Audi-Automobilwerke AG, Zwickau, Hochwerke AG, Zwickau und die Automobilabteilung der Wanderer-Werke AG, Schönau – ging von der Sächsischen Staatsbank aus. Diese sollte sich eigentlich als landeseigenes

Frontgetriebener DKW-F 1, 1931

Kreditinstitut um die Mittelstandsförderung kümmern. Mit ihrem massiven Engagement bei DKW war sie seit Mitte der zwanziger Jahre über dieses Ziel hinausgeschossen. Freilich schien sich die Finanzierung von DWK zu lohnen, war doch der Konzern zum führenden deutschen Motorradhersteller aufgestiegen und stand im Begriff, mit einem preisgünstigen Kleinwagen, dem DKW-Front, nunmehr auch ins Autogeschäft einzusteigen.

Am Beginn ihres Zusammengehens mit DKW konnten die Bankenvertreter nicht vorhersehen, dass alsbald mehrere Zulieferbetriebe von DKW in eine Krise geraten würden. DKW übernahm die bankrotten Zulieferer. Die Sächsische Staatsbank musste mehrfach kurzfristige Kredite zuschießen.[114] Eine Pleite von DKW hätte sich rasch auch zum Desaster für die Bank entwickeln können. Die Banker befürchteten einen Dominoeffekt. Rasmussen hatte Anfang 1928 auch den angeschlagenen Hersteller von Luxusautos, das Audi-Werk in Zwickau, mit Staatsbank-Krediten aufgekauft. Da sich das notleidende Audi-Werk nicht wieder abstoßen ließ, wollte man den Facharbeiterstamm von Audi nutzen. Mit der Entwicklung eines Kleinwagens mit Zweizylinder-Zweitaktmotor und Frontantrieb, des bereits erwähnten DKW-Front, gelang ein Durchbruch zu einem marktfähigen Modell. Eigene Modelle baute man ab 1931 bei Audi nicht mehr, sondern konzentrierte sich ganz auf den Bau des neuen Kleinwagens. Die Finanzkrise bei DKW konnte damit nicht abgewendet werden.

Auch das benachbarte Horch-Werk litt unter der Absatzkrise bei Luxusfahrzeugen und stand kurz vor dem Konkurs. Horch schrieb tiefrote Zahlen. Die Verluste addierten sich fast auf 10 Mio. Reichsmark und Hoffnungen auf eine Fusion mit Daimler-Benz hatten sich zerschlagen. Das Ende des Horch-Werkes schien nur noch eine Frage von Wochen zu sein.

Besser sah es bei der Wanderer-Werke AG, Schönau, aus, da dieses Werk wegen seiner prosperierenden Werkzeugmaschinen- und Büromaschinensparte nicht existentiell gefährdet schien. Den Motorradbau hatte Wanderer freilich schon 1929 einstellen müssen. Die Automobilproduktion blieb stark defizitär.

Aus betriebswirtschaftlicher Sicht war der sächsische Automobilbau massiv in seinem Bestand bedroht. Ohne staatliche Eingriffe hätten die Hersteller die Krise wohl kaum überstanden. Ein Sanierungskonzept für die sächsische Automobilindustrie wurde vom Vertrauensfachmann der sächsischen Staatsbank im DKW-Vorstand, Dr. Richard Bruhn, ausgearbeitet. Er

DKW-Motorrad, 1927/28

schlug die Bildung eines »sächsischen Autoblocks« unter Beteiligung mehrerer Großbanken vor.[115] Diese waren nicht gerade angetan von der Idee einer Fortsetzung ihres Engagements in der Automobilindustrie, willigten dann aber doch in den Bruhn-Plan ein. Die Berliner Privat- und Commerzbank AG, die Leipziger ADCA und die Dresdner Bank konnten als Hauptaktionäre der Wanderer-Werke für ein Sanierungskonsortium gewonnen werden. Ausschlaggebend war letztlich die Zusicherung von Landesbürgschaften für die Sanierungskredite. Der Landtag stimmte im Februar 1932 einer Regierungsvorlage für eine Staatsbürgschaft in Höhe von 6 Mio. Reichsmark zu, gegen die Stimmen der KPD und bei Enthaltung der NSDAP. Entscheidend dürfte für die Mehrheit der Abgeordneten die Sorge um den Erhalt von Arbeitsplätzen gewesen sein.

Sachsen ging demnach nicht unbeträchtliche Risiken ein, um die Automobilindustrie zu erhalten. Es ist allerdings fraglich, ob die Landesregierung und die betroffenen Banken und Unternehmen auch diesen Weg gewählt hätten, wenn es zuvor nicht die Eingriffe der Reichsregierung in das Kreditwesen gegeben hätte.

Im Juni 1932 nahmen die Zschopauer Motorenwerke als nunmehrige Auto Union AG, Chemnitz – mit Rückwirkung zum 1. November 1931 – die Horch- und Audiwerke auf. Zugekauft wurde außerdem die Automobilabteilung der Wanderer-Werke. Das neue Unternehmen befand sich zu mehr als 90 Prozent in Besitz des Freistaates Sachsen.[116] Dementsprechend sicherten sich Vertreter des Freistaates bzw. der Staatsbank durchgängig die Schlüsselposition des Aufsichtsratsvorsitzenden. Die Auto Union war eine »Notgeburt« auf dem Höhepunkt der Weltwirtschaftskrise. Im Gründungsjahr wurden gerade einmal 6600 Fahrzeuge verkauft und es mussten auch gleich wieder Verluste geschrieben werden. Dennoch erwies sich die Bildung der Auto Union als ein kluger Schritt staatlicher Industriepolitik. Dank der gut qualifizierten Belegschaften und des umfassenden Typenprogramms war der neue Konzern lebensfähig und begann ab 1933 zunehmend von der Wiederbelebung der Konjunktur zu profitieren. Sachsen blieb damit ein moderner Industriezweig erhalten. Darüber hinaus war es nicht nur für die Beschäftigten in den Stammwerken der Auto Union eine positive Entscheidung, sondern auch für die zahlreichen sächsischen Zulieferer aus 45 verschiedenen Orten. Später war eine Tendenz auszumachen, die Zulieferungen auf wenige große Firmen zu konzentrieren. Unvermindert hoch blieb die Verflechtung mit außersächsischen Zulieferern, vornehmlich beim Bezug von Walz-, Press- und Gussstahlmaterialien.[117]

Für den DKW-Gründer Rasmussen war kein Platz mehr im neuen Unternehmen. Er hatte auf die Rückübernahme seines sanierten Unternehmens gehofft und geriet permanent mit seinen Vorstandskollegen aneinander. Seiner fristlosen Entlassung im Dezember 1934 folgten noch mehrjährige juristische Auseinandersetzungen, an deren Ende 1938 ein von Hitler persönlich angeordneter Vergleich und eine horrende Abfindung für Rasmussen standen.

Für die Großbanken galt die These, dass sie in der Tat zu groß waren, als dass der Staat ihrem Untergang hätte tatenlos zusehen können (»Too big to fall«). Sie wurden daher mit einem außerordentlich teuren Kraftakt saniert. Auf regionaler Ebene folgten die Einzelstaaten diesem Handlungsmuster. Große Unternehmen wie die ADCA bzw. eine gesamte Branche wie die Autoindustrie wurden aus Mitteln des sächsischen Staates saniert, um größere Schäden für die Wirtschaft des gesamten Landes abzuwenden. Kleineren notleidenden Unternehmen fehlte dafür die Lobby.

Die Folgen der Krise für einzelne Branchen

Infolge der Krise gerieten auch zahlreiche große sächsische Traditionsunternehmen in existentielle Not. So sah sich das Dresdner Bankhaus Gebr. Arnhold AG gezwungen, seine Mehrheitsbeteilung an der Sachsenwerk AG Niedersedlitz an die Berliner AEG zu verkaufen. Die AEG konnte dadurch das größte sächsische Elektrounternehmen übernehmen und versuchte zunächst einmal mit der Schließung von Zweigwerken und einem weiteren Personalabbau das Sachsenwerk zu sanieren. Die Sächsischen Gussstahlwerke AG in Freital und Döhlen verloren ebenfalls ihre Eigenständigkeit und wurden von der Vereinigte Stahlwerke AG aufgekauft. Ähnlich erging es dem Transportanlagenbauer Adolf Bleichert & Co. AG Leipzig. Nachdem alle Rettungsversuche im Rahmen des Mutterkonzerns, der Felten & Guilleaume Carlswerke AG, gescheitert waren, musste die Leipziger Firma im

Gussstahlwerke Döhlen im Plauenschen Grund, 1928. Als Folge der Weltwirtschaftskrise wurde das Werk im Herbst 1930 stillgelegt.

Braunkohlentagebau Altenburg, um 1930

Frühjahr 1932 Konkurs anmelden. Um den Erwerb der Firmenreste bemühten sich die Friedrich Flick AG, ATG und Felten & Guilleaume. Letztgenannte Firma erhielt von den Gläubigern den Zuschlag, woraufhin im Juni 1932 die Bleichert Transportanlagen GmbH mit knapp 200 Beschäftigten gegründet werden konnte.

Insgesamt entsteht der Eindruck, dass die große Krise zu einem Bedeutungsverlust der wenigen Großfirmen beitrug, die ihren Stammsitz in Sachsen hatten. Sie verschwanden nicht aus dem deutschen Wirtschaftsleben, verloren aber ihre Eigenständigkeit. Dies betraf u. a., wie geschildert, Unternehmen der Eisen- und Stahlindustrie, der Elektroindustrie und des Maschinenbaus. Für die sächsischen Arbeitnehmer war wichtig, dass diese Werke und damit viele tausende Arbeitsplätze überhaupt erhalten blieben. Die Verlagerung von unternehmerischen Entscheidungskompetenzen weg von Sachsen sollte sich auf längere Sicht jedoch als problematisch für die Region erweisen.

Die weltbekannte Hartmannsche Maschinenfabrik AG ging 1930 in Konkurs. Von dieser Pleite waren ca. 10 000 Beschäftigte betroffen, die ihre Arbeit verloren. Aus der Konkursmasse konnte lediglich der modernste Zweig der Hartmannschen Fabrik gerettet werden: der Spinnereimaschinenbau. Unter dem neuen Namen Sächsische Textilmaschinenfabrik (vormals Hartmann) setzten 430 Beschäftigte im Juli 1930 die Produktion fort.

In existentielle Schwierigkeiten war auch die Meissener Porzellan-Manufaktur geraten.[118] Generaldirektor Max A. Pfeiffer steuerte dem Bankrott mit leidenschaftlichen Appellen entgegen und betonte immer wieder die immense kulturelle Bedeutung des Meissener Porzellans. Die Manufaktur habe, so Pfeiffer, »den Namen Sachsens unendlich viel weiter um die Erde getragen als alle Machtwirkung des Staates jemals reichen konnte und gereicht hat.«[119] Seine Appelle blieben nicht wirkungslos. Die staatlichen Zuschüsse für die Porzellan-Manufaktur blieben erhalten und halfen dem Unternehmen über seine bis dahin schwerste Krise hinweg.

Von 1925 bis 1933 ging die Zahl der Betriebe in Sachsen um ein Drittel und die Beschäftigtenzahl um 40 Prozent zurück.

Anzahl der Betriebe in ausgewählten Branchen 1933 und 1936 (1925 = 100)[120]

	1933	*1936*
Bergbau	41	62
Eisen- und Metallgewinnung	65	143
Maschinen-, Apparate- und Fahrzeugbau	97	62
Elektrotechnik, Feinmechanik/Optik	105	37
Chemische Industrie	76	40
Textilindustrie	48	7
Papier- und Druckindustrie	82	36
Holzgewerbe	87	33
Musik- und Spielwarenindustrie	76	8
Nahrungs- und Genussmittelindustrie	94	63
Bekleidungsgewerbe	85	8
Bau- und Baunebengewerbe	117	38
Alle Gewerbegruppen insgesamt	77	31

Bergleute der Zinngrube »Vereinigt Feld« bei Altenberg, um 1930

Anzahl der Beschäftigten in ausgewählten Branchen 1933 und 1936 (1925 = 100)

	1933	*1936*
Bergbau	66	78
Eisen- und Metallgewinnung	43	116
Maschinen-, Apparate- und Fahrzeugbau	42	72
Elektrotechnik, Feinmechanik/Optik	60	87
Chemische Industrie	82	91
Textilindustrie	65	64
Papier- und Druckindustrie	65	67
Holzgewerbe	14	50
Musik- und Spielwarenindustrie	23	25
Nahrungs- und Genussmittelindustrie	93	60
Bekleidungsgewerbe	67	39
Bau- und Baunebengewerbe	59	77
Alle Gewerbegruppen insgesamt	60	78

Die sächsische Textilindustrie litt unter dem Zusammenbruch des Welthandels. Verglichen mit 1913 gingen ihre Ausfuhren auf ein Fünftel zurück. Da sich auch die Absatzmöglichkeiten im Inland verringert hatten, lag ein großer Teil der Produktionskapazitäten der Textilindustrie brach. Firmenpleiten waren die Folge. Im negativen Sinne ragten die Vorgänge um die Meißener Jutespinnerei AG und der Zusammenbruch der Textilwerke Wagner und Moras AG Zittau heraus.[121] Auch die Spinnfaser AG in Elsterberg musste 1929 Konkurs anmelden.[122] Das Werk wurde daraufhin von der Vereinigten Glanzstoff AG, neben der IG Farben der größte deutsche Hersteller von Kunstfasern, übernommen. Im Dezember 1933 konnte in Elsterberg die Produktion wieder aufgenommen werden. Selbst als besonders anpassungsfähig geltende Firmen wie die Vomag in Plauen überstanden die Krise nicht.

Die Schrumpfungs- und Konzentrationsprozesse in der Textilindustrie und im Bekleidungsgewerbe setzen sich in den dreißiger Jahren fort. Daneben zählten die Musik- und Spielwarenindustrie sowie das Holzgewerbe zu den größten Krisenverlierern. Am schnellsten aus der Krise heraus sollte die Eisen- und Metallgewinnung finden, was vor allem auf die Aktivitäten des Flick-Konzerns im Zuge der 1933/34 beginnenden Aufrüstung zurückzuführen war.

Die »Russenaufträge«

Ein stabilisierendes Element für einige Betriebe des sächsischen Maschinenbaus waren die so genannten Russenaufträge. Der Handel Deutschlands mit der Sowjetunion hatte sich auf Grundlage des Rapallo-Vertrages in der zweiten Hälfte der zwanziger Jahre recht gut entwickelt. Im Frühjahr 1926 wurde der Sowjetunion ein Kredit in Höhe von 300 Mio. Reichsmark gewährt, der maßgeblich zur Belebung des deutsch-sowjetischen Handels beitrug.[123] Die Sowjetunion schickte sich in dieser Zeit an, ein großes Industrialisierungsprogramm zu beginnen und hatte einen dementsprechend großen Bedarf an Investitionsgütern, vor allem Werkzeugmaschinen.

Maschinenfabrik Pfauter, Architekt Erich Basarke, erbaut um 1928

320 PS Dampfmaschine, hergestellt von der Sächsischen Maschinenfabrik vorm. Richard Hartmann Chemnitz, 1927

Der Export in die Sowjetunion wurde vom Reichsverband der Deutschen Industrie und den Großbanken mit Hilfe der Industriefinanzierungs-Aktiengesellschaft Ost und des »Russland-Ausschusses der deutschen Wirtschaft« gefördert. Den genannten Gesellschaften gehörte auch der Inhaber der Chemnitzer Werkzeugmaschinenfabrik I. E. Reinecker AG, einer der größten und bestausgestattetsten deutschen Werkzeugmaschinenfabriken mit ca. 3000 Beschäftigten, Dr. Johannes Reinecker, an.

Die IHK Chemnitz unterstützte die Arbeit des Russland-Ausschusses und beförderte die Interessen der Chemnitzer Maschinenbaubetriebe am Exportgeschäft mit der Sowjetunion.

Seit 1926 gehörten Chemnitzer Unternehmen, wie die I. E. Reinecker AG, Hermann und die Alfred Escher AG (später Deutsche Nileswerke), die Wanderer-Werke AG, die Alexander Biernatzki GmbH, Hermann Pfauter, die Maschinenfabrik Chemnitz und die Werkzeugmaschinenfabrik Union (»Wetzel-Union«), zu den wichtigsten Exporteuren von Werkzeugmaschinen in die Sowjetunion. Im Jahr 1931, auf dem Höhepunkt der Krise, wurden vom Deutschen Reich Waren im Wert von 920 Mio. Reichsmark in die Sowjetunion geliefert. Die sächsische Industrie war daran mit Aufträgen im Wert von 125 Mio. Reichsmark beteiligt. Einzelne Chemnitzer Werke verdankten in dieser Zeit ihr wirtschaftliches Überleben den Russenaufträgen. So entfielen bei der I. E. Reinecker AG 1931/32 76 Prozent des Umsatzes allein auf den Export in die Sowjetunion. Das Unternehmen besaß damit eine Sonderstellung im deutsch-sowjetischen Handel und stand an der Spitze aller sächsischen Auftragnehmer.

Die Hausbank der I. E. Reinecker AG sah die starke Abhängigkeit von einem großen Abnehmer kritisch und handhabte die Kreditanträge der Firma zögerlich. Eine Alternative zu diesen Aufträgen gab es jedoch nicht, da, wie Reinecker der Dresdner Bank mitteilte, das Inlandsgeschäft »so gut wie vollständig tot« sei und auch das Auslandsgeschäft kaum noch laufe.[124]

Neben der I. E. Reinecker AG erhielten auch die Wanderer-Werke, die Biernatzki GmbH und die Zwickauer Maschinenfabrik Millionenaufträge aus der Sowjetunion. Für die Werkzeugmaschinensparte von Wanderer war die Sowjetunion der wichtigste Exportmarkt. In den Jahren 1931/32 setzte das Unternehmen jeweils mehr als 80 Prozent seiner gesamten Fräsmaschinenproduktion dorthin ab.[125] Die Maschinenexporte in die Sowjetunion waren politisch nicht unumstritten. Es gab Stimmen, die davor warnten, dass man damit auch den Aufbau der sowjetischen Rüstungsindustrie begünstigen würde. Solche Argumente wurden von den Chemnitzer Unternehmern mit Verweisen auf den riesigen sowjetischen Markt und die Langfristigkeit der Absatzchancen gekontert.

Die Strukturprobleme innerhalb der deutschen Wirtschaft wiesen keinen ausgeprägt regionalen Charakter auf. Die älteren Ruhrmetropolen wie Essen, Bochum und Dortmund waren nicht ausschließlich von Kohle und Stahl abhängig, sondern verfügten auch über hoch entwickelte Konsumgüterindustrien. Die Zentren des Schiffbaus Hamburg, Bremen und Kiel waren gleichzeitig auch Standorte verarbeitender Industrien und Handelszentren. Es gab in Deutschland kaum Städte, anders als in Großbritannien, die nur von einer einzigen Industrie lebten.

Die Städte mit einseitiger Branchenstruktur traf es am härtesten. Dies waren in Sachsen Chemnitz mit seiner dominanten Maschinenbauindustrie und Plauen als die Stadt des Textilgewerbes. Es folgten die Handelsstadt Lübeck, das von Kohle und Stahl geprägte Breslau und die Klingenstadt Solingen. Da jedoch auch Dresden und Leipzig im Hinblick auf die Arbeitslosenzahlen kaum besser dastanden als die genannten Städte, muss doch von einer besonderen Schärfe der Krise in Sachsen gesprochen werden. Die Ursachen dafür wurden bereits benannt: die besondere Exportabhängigkeit der sächsischen Wirtschaft, die Dominanz der Konsumgüterindustrie, das Fehlen von Konzernen, die Randlage Sachsens und die relative Einflusslosigkeit bei den Reichsbehörden. Dass der Abbau der Arbeitslosigkeit in Sachsen langsamer vorankam als im übrigen Reichsgebiet, hing nach 1933 auch mit den wirtschafts- und regionalpolitischen Schwerpunktsetzungen des neuen Regimes zusammen.

DIE VERZÖGERTE RÜSTUNGSKONJUNKTUR

Verhalf die Wirtschaft Hitler und Mutschmann zur Macht?

In ihrem 25-Punkte-Programm vom 25. Februar 1920 hatte die NSDAP allen alles versprochen. Zu ihren vieldeutigen wirtschaftspolitischen Forderungen gehörten u. a. ein rücksichtsloser Kampf gegen Wucherer und Schieber, der großzügige Ausbau der Altersversorgung, die Schaffung eines gesunden Mittelstandes, die restlose Einziehung von Kriegsgewinnen, die »Brechung der Zinsknechtschaft«, eine Gewinnbeteiligung an Großbetrieben und anderes mehr. Auf dem Papier demonstrierte die NSDAP ihren Antikapitalismus, indem sie »Gemeinnutz geht vor Eigennutz« als sittliches Prinzip formulierte und die Verstaatlichung der Trusts, Kommunalisierung der Warenhäuser und eine Bodenreform als wirtschaftspolitische Ziele verkündete. Das Programm wandte sich gleichermaßen an die Arbeiterschaft, kleine Gewerbetreibende, Händler sowie Bauern. Großunternehmer wurden durch die Unterscheidung zwischen »raffendem« und »schaffendem« Kapital beschwichtigt. Als »raffendes Kapital« galt das »jüdische« Handels- und Finanzkapital, als »schaffendes Kapital« wurde das »arische« Industriekapital ausgegeben.

In der NSDAP gab es starke pseudosozialistische und berufsständische Strömungen. Ihre Kapitalismuskritik fand ihren allgemeinen Ausdruck in der Formel »Gemeinnutz geht vor Eigennutz«. Sie lehnten das marktwirtschaftliche Konkurrenzprinzip nicht ab, wollten aber zu einer korporatistischen Wirtschaftsordnung übergehen. Im Mai 1932 hatte Gregor Strasser, der »zweite Mann der NSDAP« im Reichstag, ein »wirtschaftliches Sofortprogramm der NSDAP«

Gauparteitag der NSDAP auf dem Augustusplatz in Leipzig, 1933

vorgestellt. Es war das erste sachlich fundierte Papier einer Partei zur Bekämpfung der Arbeitslosigkeit durch Arbeitsbeschaffungsmaßnahmen. Außerdem enthielt Strassers Rede antikapitalistische Floskeln. Hitler dachte jedoch nicht daran, dieses Programm umzusetzen und begann stattdessen, um die Unterstützung einflussreicher Unternehmer und Bankiers zu werben. Dies hat nach 1945 zu heftigen Diskussionen um die Frage geführt, wer Hitler zur Macht verhalf. Zündstoff bot die These, Unternehmer einiger Branchen (Stahl, Eisen, Chemie) hätten eine ausgeprägte Vorliebe für die NSDAP gehabt. Ein zentraler Punkt war dabei die Frage nach der finanziellen Unterstützung der NSDAP durch die Wirtschaft. Inzwischen hat die Forschung belegt, dass vor 1933 nur eine Minderheit der deutschen Industriellen und Banker die NSDAP direkt unterstützten. Dies kann uneingeschränkt auch für die sächsischen Industriellen gesagt werden.

Zu seinem persönlichen Wirtschaftsberater hatte Hitler im Herbst 1931 den Chemieunternehmer Wilhelm Keppler ernannt. Dieser gehörte seit 1927 der NSDAP an und bildete im Frühjahr 1932 einen Beraterkreis aus einem Dutzend Unternehmern. Zu den bekanntesten Mitgliedern des »Keppler-Kreises« gehörten die Schwerindustriellen Fritz Thyssen und Emil Kirdorf, der zurückgetretene Reichsbankpräsident Hjalmar Schacht und der Bankier Kurt von Schröder. Von ihnen ging im November 1932 die Initiative für eine Eingabe an den Reichspräsidenten Hindenburg aus, in der 20 Unternehmer, Gutsbesitzer und Bankiers die Berufung Hitlers zum Reichskanzler forderten.[126] Der Brief war kein Votum der Großindustrie für die NSDAP, signalisierte aber einen Stimmungswechsel in Teilen der Wirtschaft.

Sächsische Unternehmer waren im »Keppler-Kreis« nicht vertreten und haben auch die Novemberpetition nicht mit unterzeichnet. Sie setzten bis zum Januar 1933 hauptsächlich auf DVP und DNVP. Ihr Hauptziel hatte zunächst einmal in der Brechung der linken Mehrheit im sächsischen Landtag und später, d. h. nach dem Regierungswechsel 1928, in der Bewahrung der bürgerlichen Parlamentsmehrheit bestanden. Der Verband der Sächsischen Industriellen (VSI) trat bei Landtagswahlen für bürgerliche Einheitslisten ein und unterstützte bei Landtags- und Reichstagswahlen eine Vielzahl von Parteien finanziell. Das aufkeimende Interesse des VSI an der NSDAP erhielt einen Dämpfer, als diese Partei im Sommer 1930 eine Regierungskrise in Sachsen mit verursachte.

Auf eine breite Anhängerschaft unter Großunternehmern konnte sich die NSDAP in Sachsen nicht stützen. Nur wenige traten frühzeitig dieser Partei bei. Bekanntester Fall war der Plauener Seidenfabrikant Martin Mutschmann. Er kam über den Deutschvölkischen Schutz- und Trutzbund 1922 zur NSDAP und verfügte über alle Voraussetzungen eines erfolgreichen NSDAP-Führers.[127] Er war machthungrig, unterhielt gute Beziehungen zu Unternehmerkreisen, war Hitler völlig ergeben und hasste Juden. Seine Karriere in der Partei verdankte er vor allem seinen großzügigen finanziellen Spenden, die er jedoch 1930 nach der Pleite seiner Firma einstellen musste. Mutschmann kann als typisches Beispiel eines Bürgerlichen gelten, der durch die Kriegsniederlage und den vermeintlichen Sieg der Arbeiterbewegung dazu gebracht wurde, sich an die nationalsozialistische Weltanschauung zu klammern. Er sah in Marxisten und Juden die Schuldigen an der Niederlage Deutschlands und den fortgesetzten wirtschaftlichen Problemen. Seine untersetzte Gestalt, sein mitunter jähzorniges Auftreten sowie seine sächsische Mundart gaben für Spötteleien und Karikaturen Anlass, gegen die er sich vehement wehrte. Mutschmann saß seit September 1930 für die NSDAP im Reichstag und war dort Mitglied des handelspolitischen Ausschusses. Neben Mutschmann war 1932/33 auch der Plauener Fabrikant Herbert Ender als sächsischer NSDAP-Vertreter in den Reichstag gelangt.

Gauleiter Mutschmann mit sächsischen Industriellen, 1934

Wie es sich mit der Unterstützung der NSDAP in Kreisen des industriellen Mittelstandes und Handels verhielt, bleibt weiter zu untersuchen. Fest steht, kaum ein Faktor hatte für die Hinwendung eines wachsenden Teiles der sächsischen Gesellschaft zur NSDAP größeren Einfluss als die Weltwirtschaftskrise. Die NSDAP zog den größten politischen Nutzen daraus. Seit 1930 wuchs die nationalsozialistische Bewegung in Sachsen sprunghaft an und erzielte Wahlergebnisse, die über dem Reichsdurchschnitt der NSDAP lagen. Die NSDAP stieg in kürzester Zeit zur populärsten Partei auf und wurde von Arbeitern, Bauern, Bürgerlichen und Adligen unterstützt.

»Gleichschaltung« des Freistaates und »Neuordnung« der Wirtschaft

Das Ende der parlamentarischen Demokratie wurde im Freistaat Sachsen – wie in den anderen deutschen Ländern – am 30. Januar 1933 mit der Vereidigung Hitlers als Reichskanzler an der Spitze einer Koalitionsregierung eingeleitet. Für den 5. März wurden Neuwahlen ausgeschrieben. Zuvor kam es am 27. Februar zum Reichstagsbrand. Die NSDAP versuchte den Brand den Kommunisten anzulasten und nutzte diesen Vorwand, um in der Verfassung verbürgte Grundrechte aufzuheben. Dies geschah auf der Grundlage der eiligst erlassenen »Verordnung zum Schutz von Volk und Staat« und der »Verordnung gegen Verrat am deutschen Volk und hochverräterische Umtriebe«. Eine Partei nach der anderen wurde durch Gesetz, Polizeigewalt und Terror aus dem öffentlichen Leben eliminiert. Liberale und bürgerliche Parteien lösten sich selber auf.

Die sächsische Regierung wurde auf der Grundlage der »Verordnung zum Schutz von Volk und Staat« entlassen.[128] An die Stelle von Ministerpräsident Walter Schieck trat am 10. März 1933 SA-Obergruppenführer Manfred von Killinger. Er stand in harter Konkurrenz zum Gauleiter der NSDAP Martin Mutschmann, der am 5. Mai zum Reichsstatthalter in Sachsen ernannt worden war. Mutschmann setzte sich im Machtkampf durch und bildete am 6. Mai eine neue

Festrede von Otto Sack zur Jubiläumsfeier, 1933

Regierung. Als Wirtschaftsminister berief er seinen engen Vertrauten Georg Lenk. Der Plauener Spitzen- und Wäschefabrikant galt als Sprecher der von der Krise besonders schwer betroffenen erzgebirgischen Textilindustrie. Im Vergleich zu anderen Vertretern der Wirtschaft in einflussreichen Positionen auf Reichsebene war Lenk ein Leichtgewicht. Später, am 30. Januar 1935, übernahm Mutschmann neben seinem Amt als Reichsstatthalter auch das des Ministerpräsidenten. Mutschmanns Regierung blieb bis April 1945 im Amt.

Anfang Mai 1933 wurden die Gewerkschaften aufgelöst. An ihre Stelle trat als obligatorische Organisation die Deutsche Arbeitsfront (DAF). Die DAF entwickelte mit der Zeit ein gewisses Eigengewicht. Sie setzte sich für die Verbesserung der Arbeits- und Wohnverhältnisse ein und sorgte durch ihre Unterorganisation »Kraft durch Freude« (KdF) für preiswerte Erholungsmöglichkeiten für Arbeiter. Auf der anderen Seite wurden die persönlichen Freiheiten eingeschränkt. Ein Wechsel des Arbeitsplatzes war nur noch mit Zustimmung möglich und 1938/39 wurde ein umfassendes System von Arbeitsdienstverpflichtungen eingeführt.

Ende Mai 1933 beschloss der zugunsten der NSDAP geschrumpfte sächsische Landtag – die Abgeordneten der KPD und SPD waren verhaftet worden – das Ermächtigungsgesetz für den Freistaat Sachsen. Im Oktober folgte unmittelbar nach der Auflösung des Reichstages auch die Auflösung des sächsischen Landtages. Der föderale Staatsaufbau wurde beseitigt. Dieser Prozess fand am 30. Januar 1934 mit dem »Gesetz über den Neuaufbau des Reiches« seinen Abschluss. Die Länder blieben zwar bestehen, wurden als Träger staatlicher Hoheit aber aufgehoben. Die Landesbehörden wurden damit de facto zu Reichsbehörden und die Landesregierung wurde in Gauregierung umbenannt. Die NSDAP erhöhte ihren Einfluss auf alle Bereiche des öffentlichen Lebens durch eine gezielte Personalpolitik. Der mit der »Verreichlichung« verbundene Bedeutungsverlust der Länder hatte auch erhebliche Konsequenzen für die Wirtschaftsentwicklung.

Die von einem großen Teil der Anhängerschaft der NSDAP erwartete »zweite Revolution« samt Enteignung von Großbanken, Aktionären usw. fand 1933/34 und auch später nicht statt. Vielmehr brauchte das Regime dringend die Unterstützung der Wirtschaft. Nach anfänglichen Irritationen merkten die führenden Repräsentanten der deutschen Wirtschaft rasch, dass Hitler keine radikale Änderung des Wirtschafts- und Gesellschaftssystems beabsichtigte.

Unmittelbar nach dem 30. Januar vermied der VSI noch ein klares Bekenntnis zur neuen Regierung. Das änderte sich nach den Reichstagswahlen im März 1933. Nunmehr erklärte der VSI eine starke und nationale Regierung als erste Voraussetzung für eine Gesundung der Wirtschaft. Die Verfolgung politischer Gegner durch das neue Regime nahm man billigend in Kauf. Im Mai begann die personelle Gleichschaltung des Verbandes. Der Vorsitzende des VSI, Wilhelm Wittke, versuchte dennoch gewisse Elemente ökonomischer Liberalität zu bewahren. Damit war es nach seiner Verhaftung im Februar 1934 vorbei. Ihm wurden finanzielle Unregelmäßigkeiten beim Verkauf des Sachsenwerkes an die AEG 1929/30 vorgeworfen. Nach fünfmonatiger Untersuchungshaft kam er ohne Anklageerhebung frei.

Wittke war kein Widerständler, wie es überhaupt unter den sächsischen Industriellen zwar bisweilen Ressentiments, aber praktisch keinen Widerstand gegen das neue Regime gab. Er verließ Sachsen in Richtung Saarland und konnte seine Karriere in hohen Positionen der Kriegswirtschaft fortsetzen. Der VSI verfiel nach dem Abgang seines langjährigen Vorsitzenden in Lethargie.

Die »Gleichschaltung der Verbände« hatte zuerst im Agrarbereich eingesetzt. An die Stelle der alten landwirtschaftlichen Interessenverbände trat der »Reichsnährstand«. Von den Landwirten über die Nahrungsmittelindustrie bis hin zum Händler wurden alle Mitglieder des »Reichsnährstandes« in Verbänden zusammengeschlossen. Hauptmotiv dafür war die Marktregulierung. Der Agrarsektor sollte stabilisiert und die Lebensmittelimporte reduziert werden.

Etwas langsamer als im Agrarbereich vollzog sich die zentralstaatliche Zwangsorganisation der gewerblichen Wirtschaft. Diese begann mit dem am 27. Februar 1934 erlassenen »Gesetz zur Vorbereitung des organischen Aufbaus der deutschen Wirtschaft«. Anfangs noch diskutierte berufsständische Organisationsmodelle, für die es unter den kleineren und mittleren sächsischen Unternehmern zahlreiche Anhänger gab, verschwanden. Das Gesetz gab dem Reichswirtschaftsministerium die unbeschränkte Befugnis, Wirtschaftsverbände zu errichten, aufzulösen oder zu vereinigen, ihre Satzungen zu ändern und zu ergänzen und die Verbandsführer zu bestimmen. Die Wirtschaft wurde in 13 industrielle Hauptgruppen mit zahlreichen Fach- und Fachuntergruppen gegliedert. In dieser fachlich-vertikalen Struktur fehlten die regionalen Vertretungen, d. h. die vormals einflussreichen regionalen Unternehmerverbände erlitten einen Bedeutungsverlust.

Schrittweise wurde ein umfassender Mechanismus zur zentralen Wirtschaftslenkung aufgebaut. Im Kern ging es dabei um die Kontrolle des Verbrauchs, der Investitionen und die Steuerung des Arbeitsmarktes. Darauf zielte das Gesetz zur Errichtung von Zwangskartellen vom 15. Juli 1933, das dem Reichswirtschaftsminister weitreichende Vollmachten zubilligte.

Die fachliche Durchgliederung der Wirtschaftsverbände erfolgte in einer Zeit, in der auch die außenwirtschaftlichen Beziehungen umfassend reguliert wurden. Dies geschah mit dem so genannten Neuen Plan, der von Reichsbankpräsident Hjalmar Schacht initiiert worden war. Der »Neue Plan« zielte auf eine Importkontrolle mittels Devisenbewirtschaftung und die Förderung des Exports. Bei einer Reihe rüstungswichtiger Rohstoffe, insbesondere Eisen, Mangan, Kupfer, Blei, Nickel, Wolfram, Zinn, Kautschuk, Bauxit und Rohöl, lag die Importabhängigkeit außerordentlich hoch. Die Verbrauchslenkung geschah mittels Lohnkontrollen und durch eine hohe Besteuerung. Die Bewirtschaftung von Rohstoffen erfolgte über Devisenkontrollen für die Ein- und Ausfuhr und im Inland mittels Kartellvereinbarungen. Um möglicht viel Kapital in die Rüstungs- und Autarkieprojekte zu lenken, wurden weitreichende Investitionskontrollen eingeführt. Erweiterungen von Unternehmen waren an strenge Auflagen gebunden. Die Dividendenausschüttung beschränkte man auf 6 Prozent, was die Unternehmen zwang, ihre Gewinne zu investieren.

Besondere Hoffnungen hatten viele Kleinhändler mit dem Machtantritt der NSDAP verbunden. Inhaltlich unterschieden sich die Mittelstandsforderungen der NSDAP kaum von dem, was die Führer des Landbundes und der Organisationen der gewerblichen Mittelschichten propagierten. Der Unterschied bestand lediglich im Grad der Radikalität. Dadurch vermochte sich die NSDAP von den etablierten Parteien und Organisationen abzugrenzen und sich den Anstrich einer neuen und starken Kraft zu geben. Sie gründete eigene Mittelstandsorganisationen wie die »Kampfgemeinschaft gegen Warenhaus und Konsumvereine« und den »Kampfbund für den gewerblichen Mittelstand« und begann die bestehenden berufsständischen Organisationen zu unterwandern. In der NSDAP in Sachsen war ein hoher Anteil kleiner und mittlerer Angestellter, Handwerker und Händler präsent.

Im Jahr 1933 gab es in Sachsen 108 Warenhäuser mit insgesamt 13 500 Beschäftigten, das waren etwas mehr als 7 Prozent aller im Einzelhandel Tätigen.[129] Die Konsumgenossenschaften zählten 3500 und die

Konsumzentrale in Leipzig-Plagwitz, erbaut 1929 bis 1932

Einheitspreisgeschäfte knapp 1400 Angestellte, zusammen weniger als 3 Prozent der im Einzelhandel Tätigen. Dennoch sahen viele Einzelhändler in den Warenhäusern, Einheitspreisgeschäften und Konsumgenossenschaften eine existentielle Bedrohung. Die antisemitische Propaganda der NSDAP mit dem Topos vom »raffenden« jüdischen Handelskapital wurde von ihnen aufgenommen. In den ersten Monaten nach dem Machtantritt der NSDAP kam es zu Boykottaktionen und Übergriffen gegen jüdische Warenhäuser. Die sächsische Regierung tolerierte solche Aktionen, ja sie gab sogar eine Verlautbarung heraus, gemäß der es Staatsbediensteten zur Pflicht gemacht werden sollte, nur beim mittelständischen Einzelhandel zu kaufen. Solch ein Eingriff in das Wirtschaftsleben ging jedoch dem Reichswirtschaftsministerium zu weit. Die Verlautbarung musste zurückgezogen werden. Untersagt wurden auch Einzelaktionen gegen Konsumvereine. Sachsen war eine Hochburg der Konsumgenossenschaften im Reich. So sollen 1932 fast 40 Prozent der Bevölkerung in Konsumvereinen organisiert gewesen sein. Erst nachdem sich die Diktatur stabilisiert hatte, schritt man mit dem »Gesetz über die Verbrauchergenossenschaften« vom 21. Mai 1935 zur Zurückdrängung der Konsumgenossenschaften. Bis 1937 wurden elf »lebensunfähige« sächsische Konsumvereine aufgelöst. Infolgedessen ging die Zahl der genossenschaftlichen Verkaufsstellen um etwa 40 Prozent zurück.

Arbeitsbeschaffung

Wirklich neue wirtschaftspolitische Ideen hatte die NSDAP nicht zu bieten. Sie setzte auf die Fortsetzung der bereits unter den Regierungen von Papen und von Schleicher 1932 begonnenen Arbeitsbeschaffungsprogramme und Steuererleichterungen. So lag ein »Sofortprogramm« der Schleicher-Regierung, das öffentliche Ausgaben in Höhe von 500 Mio. Reichsmark vorsah, Ende Januar 1933 verabschiedet vor. Es wurde auf dem Wege staatlicher Kreditschöpfung (Steuergutscheine, Arbeitsbeschaffungswechsel) finanziert. Das »Sofortprogramm« und die neuen finanztechnischen Mittel zur Kreditschöpfung wurden von der Regierung Hitler übernommen, Letztere auch schon im Hinblick auf die Finanzierung der Aufrüstung. Hinzu kamen im Sommer und Herbst 1933 weitere Arbeitsbeschaffungsprogramme, benannt nach Fritz Reinhardt, dem Staatssekretär im Finanzministerium. Die »Reinhardt-Programme« konzentrierten sich vor allem auf die Landwirtschaft und Landeskultur (Melioration, Hochwasserschutz, Flurbereinigung), auf den Siedlungsbau und die Verkehrsinfrastruktur. Aus propagandistischen Gründen wurde dabei der Reichsautobahnbau in den Mittelpunkt gestellt, obwohl die Arbeitsmarkteffekte dieses Projektes viel geringer waren als in der Landwirtschaft. Die Arbeitsbeschaffungsprogramme, für die innerhalb von nur zwei Jahren alles in allem mehr als 5 Mrd. Reichsmark ausgegeben wurden, waren alles andere als effizient. Außerdem wurden der privaten Wirtschaft Beihilfen gewährt und für bestimmte Arten von Investitionen Steuererleichterungen gewährt. Die private Nachfrage nach Autos hoffte man durch die Abschaffung der Kfz-Steuer anzukurbeln. Die Anstellung von weiblichen Arbeitskräften in Haushalten wurde steuerlich begünstigt.

In Sachsen liefen die Arbeitsbeschaffungsprogramme schwerfällig an. Am »Sofortprogramm« war es mit 34 Mio. Reichsmark und am ersten »Reinhardt-Programm« mit 47 Mio. Reichsmark beteiligt.[130] Gemessen am Gesamtvolumen beider Programme in Höhe von 500 Mio. Reichsmark bzw. 1 Mrd. Reichsmark waren dies lediglich Anteile von 7 bzw. knapp 5

Bau der Autobahnbrücke bei Weißensand, Kreis Reichenbach, 1938

Prozent. Aus den Mitteln des »Reinhardt-Programms« wurden 22,7 Mio. Reichsmark für Instandsetzung an öffentlichen Gebäuden, 10,3 Mio. Reichsmark für Versorgungsbetriebe, 10,6 Mio. Reichsmark für die Flussregulierung und 3,6 Mio. Reichsmark für Tiefbauarbeiten eingesetzt. Nach dem zögerlichen Beginn erhöhte sich der Anteil Sachsens an den Arbeitsbeschaffungsmaßnahmen im Reich von Jahr zu Jahr und stieg bis auf 17,7 Prozent im September 1937 an. Dieser Anstieg erklärte sich aus der ungünstigeren konjunkturellen Entwicklung und noch immer vergleichsweise hohen Arbeitslosigkeit.

An der Spitze der öffentlichen Arbeitsbeschaffungsmaßnahmen in Sachsen standen Projekte der Wasserwirtschaft. Es folgten das Wohnungs- und Siedlungswesen, Arbeiten bei der Aktiengesellschaft Sächsische Werke, der Straßenbau sowie die Staatliche Hochbauverwaltung. Außerdem wurden im zunehmenden Umfang Arbeitskräfte nach auswärts, zumeist nach Mitteldeutschland, vermittelt, allein 1936 waren es 26500. Die größten Abwanderungsverluste verzeichneten dabei das Baugewerbe und die Metallindustrie.

Die langsam wieder anziehende Konjunktur, die Notstandsarbeiten und die Abwanderung waren die entscheidenden Faktoren dafür, dass die Arbeitslosenzahlen von 143300 im Januar 1933 auf 47300 im Januar 1937 zurückgingen. Problematisch war die Lage noch immer in den Grenzlandkreisen und den Großstädten. Nach wie vor sehr schlecht ausgelastet waren die Leinenweberei, die Kunstblumenindustrie, die Musikinstrumente- und Schuhindustrie. Wenn auch später als in den meisten anderen Regionen, so hatte sich in Sachsen um 1936 die wirtschaftliche Situation stabilisiert.

Die Anfänge der Aufrüstung

Zur Verbesserung der Wirtschaftslage trug auch die beginnende Aufrüstung, die anfangs noch verdeckt erfolgte, bei. Arbeitsbeschaffungsmaßnahmen und Aufrüstung gingen mehr oder weniger nahtlos ineinander über. Am stärksten profitierten davon Regionen mit einem hohen Anteil an schwerindustriellen Unternehmen. Sachsen gehörte nicht dazu und galt außerdem wegen seiner Grenzlage zur Tschechoslowakischen Republik als potentiell gefährdet.

In begrenztem Maße konnte die Textilindustrie an der beginnenden Aufrüstung partizipieren. So entfielen im ersten Halbjahr 1935 von ca. 18 Mio. Reichsmark Reichsaufträgen für Sachsen mit mehr als 11 Mio. Reichsmark fast zwei Drittel auf die Textilindustrie.[131] Für deren allgemeinen Aufschwung reichte das Volumen der Heeresaufträge jedoch bei weitem nicht aus.

Dennoch gab es auch in Sachsen Rüstungsunternehmen der »ersten Stunde«. Dazu gehörten die Hugo Schneider AG, der Flick-Konzern, das Erla-Werk in Leipzig und die Mitteldeutschen Motorenwerke (MMW) Taucha. Unter den Unternehmen der Waffen- und Munitionsherstellung ragte die Hugo Schneider AG (HASAG) heraus.

Bereits während des Ersten Weltkrieges hatte sich die HASAG auf die Massenfertigung von Infanteriemunition spezialisiert, musste dieses einträgliche Geschäft nach 1918 aber aufgeben und zum alten Produktionssortiment – Petroleumlampen, Niedervoltlampen, Isolierflaschen usw. – zurückkehren. Hauptaktionäre bei der HASAG waren die Dresdner Bank und die ADCA, die zusammen mehr als 90 Prozent des Gesellschaftskapitals hielten. Unmittelbar nach Hitlers Machtantritt entschloss sich die Geschäftsführung des Unternehmens, wieder auf die Herstellung von Munition und Granaten zu setzen. Diese Entscheidung hing mit den Erfahrungen des Ersten Weltkrieges ebenso zusammen wie mit der unbefriedigenden Ertragslage in den zwanziger Jahren und der personellen Zusammensetzung der Geschäftsführung. Die Generaldirektion um Direktor Paul Budin setzte sich aus NSDAP- und SS-Mitgliedern zusammen und pflegte beste Verbindungen zu NSDAP-Gauleiter Mutschmann. Der Stammsitz der HASAG in Leipzig wurde für die Rüstungsfertigung aus- und umgebaut. Weitere Produktionsstätten des Unternehmens befanden sich hauptsächlich in Mitteldeutschland. Im Jahr 1932 zählte das Unternehmen 1100 Beschäftigte, am Vorabend des Krieges schon rund 20 000.[132]

Flughafengebäude Schkeuditz bei Leipzig, Teilansicht der Eingangsseite, 1936/37

Das dreimotorige Verkehrsflugzeug Ju-52 bei der Landung auf dem Flugplatz Dresden-Klotzsche, 1935

Bereits 1932 hatten sich mehrere deutsche Flugzeugbauer um den Ausbau ihrer Kapazitäten bemüht, da sie auf Aufträge der in Konsolidierung befindlichen Deutschen Luft-Hansa (DLH) hofften. In dieses Geschäftsfeld drängten Unternehmen der Eisen- und Stahlindustrie und des Maschinenbaus. Im April 1933 schickte Flick den Aufsichtsratsvorsitzenden seiner Mitteldeutschen Stahlwerke, Heinrich Koppenberg, zu einer Besprechung ins Reichsluftfahrtministerium.[133] Das Ministerium stellte eine Verdreifachung der Flugzeugaufträge in Aussicht. Im Dezember 1933 war der Ausbau der Luftwaffe beschlossene Sache. Der Flick-Konzern war mit dabei und brachte die Allgemeine Transportanlagen Gesellschaft mbH (ATG) in Leipzig ins Spiel.

Die ATG kehrte damit zu ihren Ursprüngen zurück, freilich unter dem Zwang besonderer Umstände. Flick hatte die Maschinenbauabteilung der Mitteldeutschen Stahlwerke Riesa zur ATG verlegt. In Leipzig entstand damit eine große, nicht ausgelastete Maschinenbaukapazität. Flick kam jetzt zugute, dass die ATG noch immer Anlagen der Deutschen Flugzeugwerke nutzte, die in älteren Planungen des Heereswaffenamtes als Mobilmachungskapazität auftauchten. Der Direktor des Riesaer Werks, Heinrich Koppenberg, wurde ausersehen, beim HWA die Wiederbelebung des »komfortablen Flugzeugwerks«, von dem in Wirklichkeit kaum mehr existierte als ein paar alte Fotografien, in die Wege zu leiten.[134] Die etablierten Flugzeugbauer ließen sich jedoch nicht für eine Kooperation mit der ATG erwärmen. Heinkel äußerte Bedenken gegen den Standort Leipzig, »eingekeilt zwischen Polen und der Tschechei«, und auch Dornier sagte ab. ATG konzentrierte sich daher zunächst auf den Lizenzbau von Junkers-Flugzeugen. Die Kooperation mit Junkers verschaffte dem Unternehmen einen enormen Auftrieb. Später wurden dann auch andere Typen von ATG nachgebaut.

Ende 1933 gelang es Flick, Reichswehrminister Blomberg davon zu überzeugen, dass sich die Werke der Mittelstahlgruppe in einem militärisch nicht gefährdeten Gebiet befanden und daher bevorzugt für Rüstungsaufträge herangezogen werden könnten.[135] In einer Denkschrift brachte Flick die Bedeutung der Standorte seines Konzerns für eine »Fabrikation für Sonderzwecke« zum Ausdruck. Der erste Großauftrag des Heerwaffenamtes über Stahlgussbomben, Geschosse für Feldhaubitzen und Granaten lag der Mittelstahlgruppe im März 1934 vor.

Ab 1934 wurde das Gröditzer Werk erweitert und modernisiert. Neu gebaut wurden ein Stahlwerk, eine Schmiede und ein Presswerk, erweitert wurden die

Kleinflugzeug DKW Erla ME 5a unter der G-38 der Lufthansa, um 1933

Gießereien und mechanischen Werkstätten. Die Erzeugung von Elektrostahl konnte durch diese Investitionen von ca. 7500 Tonnen 1929/30 auf mehr als 26500 Tonnen 1940/41 gesteigert werden.[136] Der größte Teil der Investitionen entfiel auf den Bau von Produktionsstätten für die Geschoss- und Geschützproduktion. Das Gröditzer Werk entwickelte sich damit noch vor 1939 zum wichtigsten Rüstungswerk des Flick-Konzerns. Während das Stahlwerk Riesa keine bzw. nur sehr wenig Heeresaufträge erhielt und auch das Werk in Lauchhammer nur einen kleinen Teil seines Umsatzes durch Heereslieferungen erzielte, produzierte Gröditz seit 1934 nahezu vollständig für den Heeresbedarf. Die Gesamtproduktion des Werkes stieg von knapp 11000 Tonnen 1934 auf fast 47000 Tonnen 1938. Hauptprodukte waren Geschosse und Geschützrohre. Die Zahl der Beschäftigten stieg im genannten Zeitraum von 1800 auf über 5600. Von 1929 bis zum deutschen Überfall auf Polen 1939 verbuchten Flicks Mitteldeutsche Stahlwerke die größte Wachstumsrate aller deutschen Montageunternehmen.

So wie die Stahlindustrie stieg auch die Autoindustrie frühzeitig in die Luftrüstung ein. DKW hatte 1932 die Eisengießerei Nestler & Breitfeld im erzgebirgischen Erla erworben, um dort billige Sportflugzeuge der Marke »Erla« zu bauen. Der Traum vom »Volksflugzeug« für weniger als 4000 Reichsmark scheiterte jedoch kläglich. Das sächsische Finanzministerium lehnte die Finanzierung der sich in Gründung befindlichen Firma Sächsische Flugzeugwerke GmbH ab und regte 1934 die Neuorganisation des Flugzeugbaus in Leipzig unter dem Namen Erla-Maschinenwerk an. Die Sächsische Staatsbank übernahm eine Minderheitenbeteiligung am Erla-Werk.

Im grenznahen Erla, so hatte das Reichsluftfahrtministerium eindeutig signalisiert, wäre die Firma nicht in die Rüstungsprogramme einbezogen worden. Von vornherein sollte dieses Unternehmen nur die Flugzeugtypen anderer Hersteller nachbauen. 1936 wurde die Produktion eigener Leichtflugzeuge schließlich ganz eingestellt und stattdessen Modelle von Junkers, Arado, Messerschmitt und Focke-Wulf gebaut.[137] Das Erla-Werk entwickelte sich zum größten Flugzeugproduzenten im Leipziger Raum.[138] Bis 1939 entstanden drei Hauptwerke in Leipzig.

Zur Luftrüstung gehörte ebenfalls der Aufbau der Mitteldeutschen Motorenwerke (MMW) Taucha. Die Initiative dazu ging von der Auto Union aus. Deren Konkurrenten Daimler-Benz und BMW waren bereits in der Flugmotorensparte tätig. Auto Union zog nach und gründete Mitte 1935 gemeinsam mit der sächsischen Staatsbank die MMW. Als Mitgesellschafter kam wenig später noch das Reich hinzu. Das Reichsluftfahrtministerium (RLM) finanzierte die Investitionen. Die Bauausführung lag bei der Auto Union.

Die Vorbereitungen für die neue Produktion begannen im Horch-Werk Zwickau. Getrennt von den übrigen Geschäftsbereichen des Konzerns wurden dort in der »Abteilung C« die organisatorischen und technischen Voraussetzungen für die Flugmotorenproduktion geschaffen. In der Zwischenzeit wurde eine neue Fertigungsstätte in der nahe Leipzig gelegenen Kleinstadt Taucha gebaut. Ausschlaggebend für die Ortswahl waren strategische Gründe. Mit dem neuen Werk kamen einige tausend Arbeitskräfte, die Wohnraum benötigten. Das RLM förderte den Wohnungsbau durch Darlehen, die an gemeinnützige Bauträger ausgereicht wurden. Anders als in den Leipziger Stadtteilen Plagwitz und Lindenau, trennte man Arbeits- und Wohnstätten. In Taucha wurden ausschließlich Geschosswohnungen – überwiegend kleiner als 50 Quadratmeter – für die Beschäftigten von MMW und der Erla-Werke errichtet. Die von der MMW-Direktion favorisierte Idee von »Arbeiterheimstätten mit Gartenland, Gemeinschaftshaus und Geschäftslokalen«[139] musste nach Kriegsbeginn drastisch eingeschränkt werden. Das Wohnungsproblem blieb für einen Teil der Beschäftigten ungelöst.

Der Einstieg in das Luftfahrtgeschäft brachte Auto Union in eine weitgehende Abhängigkeit vom RLM, das Auftraggeber und Kunde zugleich war. Das RLM nahm von Anfang an Einfluss auf alle betrieblichen Belange der MMW: Produktion, Arbeitskräfteentwicklung bis hin zu einzelnen Personalentscheidungen. Die Mitteldeutschen Motorenwerke Taucha entwickelten sich neben dem Junkers-Stammwerk in Dessau zum wichtigsten Produzenten von Junkers-Motoren.

Mit MMW, Erla-Werke, ATG und den in Leipzig expandierenden Filialen von Junkers sind lediglich die größten Werke der Luftrüstung in Sachsen genannt. Hinzu kam ein kaum überschaubares Netz an Zulieferern. Der Ausbau des Leipziger Raums zu einem Zentrum der Luftrüstung geschah rasant und wurde vorrangig vom Planungsamt des RLM gesteuert. Dies geschah mit ausdrücklicher Zustimmung der sächsischen Behörden und des Leipziger Oberbürgermeisters Carl Goerdeler. Angesichts der im Vergleich zum Reichsdurchschnitt besonders hohen Arbeitslosigkeit schien die Luftrüstung kurzfristig eine einmalige Chance für einen Aufschwung der Leipziger Region zu bieten. Eine vergleichbare Entwicklung der Flugzeugindustrie in einer deutschen Großstadt ist nur aus Bremen bekannt. Für die Leipziger Region sprachen die dort vorhandene leistungsstarke Metallindustrie und ihr Facharbeiterpotential, die zentrale Lage und die günstigen Verkehrsanbindungen.

Ab 1936 zeichnete sich eine zunehmende Differenzierung innerhalb der sächsischen Wirtschaft ab. Die traditionellen Standorte des Maschinenbaus, insbesondere im Leipziger Raum, profitierten mit am stärksten vom Rüstungsboom. So erhöhte sich der Anteil der Metall verarbeitenden Industrie in Leipzig so stark, dass diese Branche bis 1939 die polygrafische Industrie von der Spitze der Beschäftigtenstatistik verdrängen konnte.[140]

In Teilbereichen der Rüstungswirtschaft gewannen sächsische Unternehmer an Einfluss. Zu nennen ist vor allem der Leipziger Unternehmer Otto Sack. Er hatte mit seinen Landmaschinen international für Furore gesorgt. Sack wurde Leiter der Wirtschaftsgruppe Maschinenbau und 1934 Führer der Bezirksgruppe Sachsen der Reichsgruppe der Industrie. Als erster sächsischer Unternehmer wurde er zum Wehrwirtschaftsführer ernannt. Diese wurden ab 1935 durch das Wehrwirtschafts- und Rüstungsamt im OKW berufen. Absicht war es, sie an die Wehrmacht zu binden und ihnen einen quasi-militärischen Status zu geben. Nach 1938 erfolgte die Ernennung durch das Reichswirtschaftsministerium. Zu den einflussreichsten Wehrwirtschaftsführern in Sachsen gehörten ferner der Generaldirektor der Hugo Schneider AG Paul Budin, der Generaldirektor der Köllmann-Werke AG Gustav Köllmann, der Direktor der Pittler-Werke Wilhelm Fese und der Direktor der Auto Union William Bruhn.

Wiederbelebung des Exportgeschäfts

Die Hauptgründe dafür, warum die sächsische Wirtschaft länger brauchte, um aus der Krise zu kommen, sind bereits benannt worden: die starke Abhängigkeit vom Export und die Probleme der Kreditbeschaffung. Insofern verfolgten die sächsischen Unternehmer die unübersichtlichen wirtschaftspolitischen Debatten in den ersten Monaten der Regierung Hitler mit einer gewissen Nervosität. Jede Außenhandelspolitik, die eine Isolierung Deutschlands vom Welthandel befürchten lassen konnte, musste zwangsläufig ihren Interessen zuwiderlaufen. Stimmen aus der NSDAP, die eine Autarkie favorisierten, vernahm man mit Sorge.

Nach einigen Wirrnissen zeichnete sich mit der Politik des »Neuen Plans« ab, dass das Regime nicht daran dachte, sich vom Welthandel abzunabeln. Im Gegenteil: Exporte wurden gefördert, um die nötigen Devisen für den Einkauf strategischer Rohstoffe zu erhalten. Die zunehmende Orientierung des NS-Außenhandels an den Bedürfnissen der Aufrüstung mündete allerdings in ein kompliziertes System der Ex- und Importreglementierungen.

Nach wie vor prägend war die starke Exportorientierung der sächsischen Industrie, auf die wertmäßig 1935 rund ein Viertel der gesamten deutschen Ausfuhr entfiel.[141] Da sich die Märkte für sächsische Erzeugnisse im Ausland jedoch nur langsam erholten, konnten die traditionellen Exportindustrien nicht im

Continental-Buchungsmaschine 700, 1934 – 1941 der Wanderer-Werke AG Schönau-Chemnitz

erhofften Maße wachsen. Bei einer ganzen Reihe von typisch sächsischen Exportgütern (Büromaschinen, Textilien, Spielzeug, Motorräder) war auf den Weltmärkten seit 1929/30 ein Preisverfall eingetreten.

Ohne die staatliche Subventionierung hätten die Exporteure hohe Verluste geschrieben. Günstiger sah es bei Werkzeugmaschinen aus. Ihr Export wäre auch ohne Subventionierung profitabel gewesen. Das NS-Regime war vorrangig an der Produktion strategischer Güter interessiert. Dazu gehörten Werkzeugmaschinen, aber nicht Büromaschinen. Dennoch behielten etwa die Wanderer-Werke ihr bewährtes Produktionsprofil bei, obwohl die Umsatzrentabilität bei Werkzeugmaschinen höher lag als bei Büromaschinen. Die Gründe für die gebremste Beteiligung am Rüstungsaufschwung waren vielschichtig und können hier nur angedeutet werden. Zum einen wurden ab Mitte der dreißiger Jahre Facharbeiter knapp und die Wanderer-Werke stießen in der Sparte Werkzeugmaschinen an ihre Kapazitätsgrenzen. Zum anderen wollte die Unternehmensleitung auf dem zukunftsträchtigen Büromaschinensektor präsent bleiben.[142] Gegenüber dem Reichswirtschaftsministerium und dem Rohstoffbeauftragten Hitlers, Wilhelm Keppler, verkaufte die Unternehmensleitung ihre unvermindert großen Aktivitäten im Büromaschinensektor als »Erfüllung einer nationalen Pflicht« und Kampf gegen eine angebliche »Überfremdung« der Branche durch amerikanische Firmen.

Wanderer war ein herausragendes Beispiel für das konsequente Festhalten an einer langfristigen und mit den Interessen des Regimes nicht deckungsgleichen Unternehmensstrategie. Ob dieser Fall verallgemeinert werden kann, müssen künftige Untersuchungen zeigen.

Motorrad DKW 500 in der Ausstellung »Sachsen am Werk«, Dresden, 1938

Für den sächsischen Maschinenbau allgemein scheint zuzutreffen, dass die Branche an ihre Weltmarkterfolge anknüpfen wollte und im Rüstungsgeschäft eher ein vorübergehendes Phänomen sah. Trotz vielfältiger Handelshemmnisse und hochbürokratischer Ex- und Importreglementierungen war von einer »Exportmüdigkeit« wenig zu spüren. Im Gegenteil, die Branche behielt ihre ausgeprägte Exportorientierung bei.

Gleiches kann auch vom sächsischen Fahrzeugbau gesagt werden. Der Zusammenschluss der wichtigsten sächsischen Fahrzeugproduzenten zur Auto Union AG Chemnitz erwies sich als eine erfolgreiche Strategie staatlicher und privatwirtschaftlicher Krisenbewältigung. Das Unternehmen bestritt 1936 bereits knapp 30 Prozent aller deutschen Automobilexporte und 40 Prozent der Motorradausfuhren.[143] Hinter Opel positionierte sich Auto Union damit als zweitgrößter deutscher Exporteur von Automobilen.

Dem Unternehmen kam zugute, dass die Automobilindustrie von der nationalsozialistischen Führung als ein Aktivposten des Außenhandels gesehen und entsprechend gefördert wurde. In den zwanziger Jahren galt die deutsche Autoindustrie international nur im kleinen Segment der Luxuswagen als konkurrenzfähig. Entsprechend gering waren die Exporterlöse. Mitte der dreißiger Jahre rückten die deutschen Autohersteller hinter den USA auf Platz zwei bei den Autoexporten vor – eine ganz erstaunliche Entwicklung, an der die Auto Union AG einen nicht unerheblichen Anteil hatte. Dabei lag das Exportgeschäft des Unternehmens 1932 infolge der Krise noch danieder. Lediglich knapp 7 Prozent des Umsatzes bei Automobilen und 10 Prozent des Umsatzes bei Motorrädern wurden durch Exporte realisiert. Bis 1934 sanken die Exportquoten noch weiter. Trotzdem tat der Vorstand des Unternehmens gut daran, das Exportgeschäft zu halten.

Ausschlaggebend dafür war weniger die staatliche Exportförderung als vielmehr die langfristig angelegte Weltmarktstrategie der Auto Union. Ein Rückzug vom Weltmarkt kam für den Vorstand des Unternehmens nicht in Frage. Diese Beharrlichkeit sollte sich ab Mitte 1935 auszahlen, als mit der Neuregelung des Zusatzausfuhrverfahrens (ZAV) das System der Exportanreize verbessert wurde. Unternehmensinteressen, staatliche Wirtschaftspolitik und Weltmarktdynamik wirkten in eine Richtung. Fortan lagen die Exportzuwächse der Auto Union, absolut wie prozentual, über den Steigerungsraten ihres Inlandsabsatzes. Der Exportschlager der Auto Union schlechthin war der preisgünstige DKW-Front-Kleinwagen.

Das Auslandsgeschäft war für Auto Union auch deshalb unentbehrlich, weil Rohstoffzuteilungen und Sonderprämien an das Exportvolumen gekoppelt wurden. Allerdings begann sich Ende 1936 abzuzeichnen, dass eine Produktionsausweitung bald nicht mehr von den Absatzmöglichkeiten im In- und Ausland abhängen würde, sondern von der Rohstoffverfügbarkeit.

Wesentlich komplizierter ist es, die Entwicklung der Textilindustrie im Hinblick auf ihre Exporte einzuschätzen. Es gab Zweige der Textilindustrie, die sich als Devisenbringer empfahlen und die staatliche Exportförderung nutzten, wie die Spitzen- und Stickereiindustrie. Ihre Exporte, vornehmlich nach Großbritannien, Skandinavien und Südosteuropa, wuchsen bis 1939 kontinuierlich.[144] Andere Bereiche der Textilbranche litten hingegen unter der neuen Politik. Die Devisenzwangswirtschaft schränkte die Möglichkeiten für den Bezug von Wolle und Baumwolle zunehmend ein. Insgesamt gesehen gehörte die Textilindustrie zu den größten Verlierern der NS-Wirtschaftspolitik.

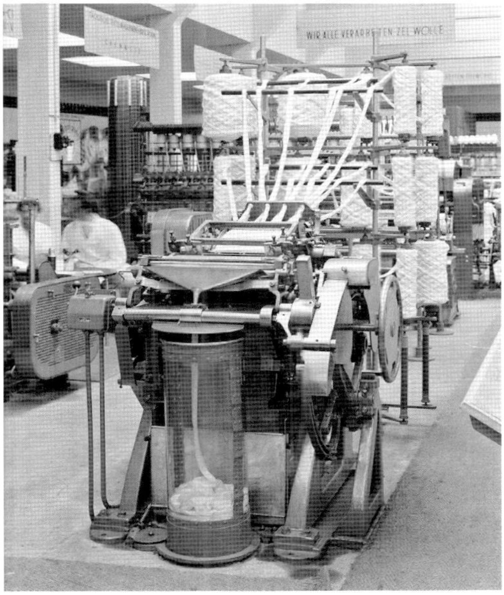

Streckmaschine, dahinter Spinnmaschine zur Verarbeitung von Zellwolle in der Ausstellung »Sachsen am Werk«, Dresden, 1938

Autarkieinvestitionen

Zwei grundsätzliche Probleme standen im Vordergrund der Wirtschaftspolitik des Reiches – die Rohstoffversorgung und die Finanzierung der Aufrüstung. Das Rohstoffproblem sollte durch steigende Importe, eine höhere Eigenproduktion und die Entwicklung von Substituten gelöst werden. Eine strikte Trennung von Vertretern einer »Exportkonzeption« – die mit höheren Exporten höhere Importe strategischer Rohstoffe finanzieren wollten – und einer »Autarkiekonzeption« ist schwer möglich. Die Übergänge waren fließend. Zu den wichtigsten Autarkieprojekten gehörten der Ausbau einheimischer Eisenerzförderung, die Herstellung von synthetischen Treibstoffen und Kautschuk sowie die Textilfaserproduktion (Zellwolle).

Für diese Projekte gab es in Sachsen bis auf die Textilfaserproduktion keine Lobby, da sich die Standorte dieser Industrie ganz überwiegend in anderen Regionen befanden.

Der Ersatz von Textilrohstoffen durch einheimische Kunstfasern wurde seit 1933 ganz besonders gefördert. Immerhin beanspruchten diese Importe knapp ein Fünftel aller Devisen. Auf den Rohstoffimport allein berechnet betrug ihr Anteil 1933 bis 1935 sogar fast die Hälfte des gesamten Devisenbedarfs für Auslandsrohstoffe.[145] Aus diesem Grund wurden die Einfuhren der Textilindustrie mit der »Faserverordnung« vom Juli 1934 begrenzt und die Arbeitszeiten in der Textilindustrie allgemein auf 36 Wochenstunden gesenkt. Sogar die Wiederinbetriebnahme stillgelegter Maschinen war verboten. In der Folgezeit wurde der Verbrauch noch weiter reguliert. An die Stelle von Importrohstoffen traten einheimische Rohstoffe, vor allem Flachs und Hanf. Ihre Erzeugung stieg sprunghaft an.

Versuche mit einheimischen Kunstfasern hatte der Leipziger Stöhr-Konzern bereits vor 1933 unternommen. Daran konnte das Unternehmen unter den veränderten wirtschaftspolitischen Rahmenbedingungen anknüpfen. Im Juni 1934 wurde die »Gesellschaft der Verarbeiter von Wolle mit Kunstspinnfasern« (Wokafa) in Berlin gegründet. Die Leipziger Kammgarnspinnerei Stöhr & Co. AG gehörte zu ihren aktivsten Mitgliedern.[146]

Der entscheidende Einschnitt erfolgte 1935 auf Initiative des »Büros Keppler«. Verantwortlich dafür war Hans Kehrl, ein Textilindustrieller aus Cottbus und zugleich Präsident der dortigen IHK. Vom sächsischen Wirtschaftsministerium wurde die Idee zum Ausbau der einheimischen Kunstfaserindustrie unterstützt.

Kehrl gründete mit Kapitalbeteiligungen der Textilindustrie und Krediten des Reiches fünf neue Werke in Thüringen, Schlesien, Süddeutschland, im Rheinland und in Sachsen. Den neuen Werken gelang es, bis

Maschinensaal der Vogtländischen Spitzenfabrik W. Surmann, vor 1945

1938 ca. 20 Prozent der verarbeiteten Textilrohstoffe mit Zellwolle (Stapelfaser) und Kunstseide abzudecken. Infolge dieser Autarkieinvestitionen konnte die Textilindustrie 1937 den Produktionshöchststand von 1928 überschreiten und wieder zur vollen Arbeitszeit zurückkehren

Im Juni 1935 wurde die Sächsische Spinnfaser AG in Chemnitz gegründet.[147] Diese Firma übernahm eine bereits vor dem Ersten Weltkrieg stillgelegte Fabrikanlage in Plauen. Ab 1937 begann die Großproduktion von Zellwolle in Plauen. Das Werk firmierte nunmehr unter dem Namen Sächsische Zellwolle AG. Auch das Spinnstoffwerk Glauchau produzierte vornehmlich Zellwolle. Die gesamte Zellwollindustrie wurde ab Dezember 1935 in einem Kartell zusammengeschlossen.

Ähnliches war bereits ein Jahr zuvor auch in der Braunkohleindustrie geschehen. Am 21. September 1934 hatte Finanzminister Hjalmar Schacht die Vorstands- und Aufsichtsratsvorsitzenden der größten deutschen Braunkohlenproduzenten zu einer Sitzung nach Berlin eingeladen. Er eröffnete den überraschten Managern, dass sie sich am Aufbau einer Gesellschaft beteiligen müssen, die jährlich 400 000 bis 500 000 Tonnen synthetisches Benzin aus Braunkohle herstellen sollte. Den dafür nötigen Kapitalbedarf setzte er mit 250 Mio. bis 300 Mio. Reichsmark an. Alle Braunkohlenproduzenten, die über 100 000 Tonnen Kohle pro Jahr förderten, sollten sich zu gleichen Teilen an dem Projekt beteiligen. Als Gegenleistung bot Schacht die Abnahme des Hydrierbenzins zu kostendeckenden Preisen an.

Die Industrievertreter lehnten eine freiwillige Mitarbeit ab. Daraufhin erließ Schacht am 28. September 1934 die »Verordnung über die Errichtung von Pflichtgemeinschaften in der Braunkohlenwirtschaft«.[148] Zehn Unternehmen wurden zur »Pflichtgemeinschaft der Braunkohlenindustrie« zusammengeschlossen, darunter auch die Aktiengesellschaft Sächsische Werke (ASW). Von dieser Pflichtgemeinschaft wurde dann am 26. Oktober 1934 die Braunkohle-Benzin AG (Brabag) gegründet.[149]

Unmittelbar nach der Gründung der Brabag begann der Bau von zwei neuen Hydrierwerken bei Böhlen und Magdeburg. Ihre Jahreskapazitäten sollten jeweils 150 000 Tonnen betragen. Die Kosten für den Bau der ersten beiden Werke wurden ursprünglich mit jeweils 42 Mio. Reichsmark veranschlagt.[150] Das Werk bei Magdeburg sollte als Kopie des Böhlener Werkes gebaut werden.

Die Böhlener Hydrieranlage wurde für die Verarbeitung von Braunkohlenschwelteer zu Benzin konzipiert. Den Schwelteer lieferte ASW. Dafür wurden 24 Schwelöfen gebaut. Eine besondere verfahrenstechnische Leistung bestand in der Kopplung der Stoff- und Energieströme zwischen Kraftwerk, Brikettfabrik und Schwelerei.[151] Parallel zum Bau der Schwelerei errichtete die Brabag innerhalb von nur neun Monaten das Hydrierwerk. Anfang 1936 verließ der erste Kesselwagen mit Böhlener Hydrierbenzin das neue Werk – eine ganz erstaunliche Leistung des Chemieanlagenbaus. In der Folgezeit wurden die Kapazitäten des Braunkohlenwerks und des Benzinwerks noch mehrfach erweitert und auch noch eine große Anlage zur Stadtgaserzeugung gebaut. Pro Jahr konnten in Böhlen schließlich 240 000 Tonnen Benzin produziert werden.

Die Rohstoffknappheit zwang auch zur Wiederaufnahme des unrentablen Erzbergbaus. Ab 1933 wurde der Bergbau auf Zinn, Wolfram, Nickel, Wismut, Blei, Silber und Uranerz in kleinem Maßstab in den Revieren von Altenberg, Ehrenfriedersdorf, Johanngeorgenstadt, Schneeberg, Zinnwald und Halsbrücke wieder aufgenommen.[152] Im Jahr 1937 waren dann bereits wieder 15 Erzgruben in Betrieb. Etwas mehr als 1000 Bergleute förderten pro Jahr knapp 59 000 Tonnen Nichteisenerze.

Weiter forciert werden sollte der Erzbergbau ab Ende 1937 mit der Zusammenfassung von sechs in Landeseigentum befindlichen Gruben zur Sachsenerz Bergwerksgesellschaft GmbH.[153] Bei diesen Gruben handelte es sich anfangs um so genannte Untersuchungsbetriebe, d. h. die Abbauwürdigkeit ihrer Vorräte wurde noch geprüft. Gewinnungsbetriebe gab es in Johanngeorgenstadt, Altenberg, Schneeberg, Zinnwald und Halsbrücke. Dort wurden zum Teil bereits stillgelegte Minen wieder angefahren und Investitionen in Aufbereitungsanlagen getätigt.

Die Wiederaufnahme des Erzbergbaus, der Ausbau von ASW und der Neubau eines Hydrierwerkes in Böhlen sowie die Gründung der Sächsischen Zellwolle AG waren ausschließlich dem Verfügbarkeitsdenken des NS-Regimes geschuldet. So beeindruckend die technischen Leistungen im Bergbau, der Mineralölindustrie und in geringerem Maße in der Textilindustrie auch waren, keines dieser Projekte wäre unter den Bedingungen offener Märkte realisiert worden.

Stickereiwerke AG Plauen, Zäckelei und Ausrüsterei, 1937

Braunkohletagebau bei Borna, um 1930. Während die sächsische Steinkohleförderung stagnierte, wuchs die Bedeutung der Braunkohle.

Das Scheitern des Regionalbanken- und Sparkassenkonzepts

Die Bankenkrise von 1931 hatte allen Fachleuten die Unzulänglichkeit der staatlichen Bankenaufsicht vor Augen geführt. Im Frühjahr 1933 ging Schacht mit der Vorbereitung einer Enquete zur Reform des Bankwesens gegenüber den großunternehmerfeindlichen Reformforderungen des linken Flügels der NSDAP in die Offensive.[154] Sein Ziel war es, allen Plänen für eine Verstaatlichung des Bankwesens eine Absage zu erteilen.

Zu Konflikten kam es mit den Vertretern des Sparkassen- und Giroverbandes, die mit Rückendeckung der NSDAP ihre Positionen gegenüber den privaten Banken verbessern wollten. Ständisch orientierte Gemeinden bevorzugten zunehmend die Sparkassen. Das Reichswirtschaftsministerium griff schließlich in den eskalierenden Streit zwischen Banken und Sparkassen ein und erklärte die einseitige Orientierung zugunsten eines mittelständischen Bankwesens für nicht hinnehmbar.

Während der Banken-Enquete im September 1933 prallten die unterschiedlichen Richtungen scharf aufeinander. Finanzminister Schacht hielt ein Plädoyer für die private Kreditwirtschaft, seine Konkurrenten, darunter der mittelständische Privatbankier Kurt von Schröder (NSDAP), forderten hingegen eine Zerschlagung der Dresdner Bank und der Commerzbank und eine Stärkung der Regionalbanken. Auch in Sachsen hatte das Regionalbankenkonzept einflussreiche Anhänger, an der Spitze Gauleiter Mutschmann. Auf seine Seite schlug sich der Präsident des sächsischen Sparkassen- und Giroverbandes. Er forderte die Lenkung der Geschäfte der Großbanken durch die öffentliche Hand.

Letztlich wurden die Regionalbankenpläne jedoch abgelehnt. Das Kreditwesen wurde nach den privatwirtschaftlichen Plänen Schachts konsolidiert. Dies hatte auch weitreichende Konsequenzen für die Sanierung der ADCA. Die Bank war ohne weitere Staatsgarantien zum Konkurs verurteilt. Im Gegensatz zu den bayerischen Regionalbanken verfügte die ADCA nicht über eine gesunde Risikomischung und hatte zu sehr auf Großkunden gesetzt. Das Reichswirtschaftsministerium hielt einen zusätzlichen Sanierungsbeitrag Sachsens nicht für durchsetzbar. Stattdessen sollte der Freistaat zu ordnungspolitischen Konzessionen verpflichtet werden. Dies schloss die Forderung ein, durch Verminderung des Filialnetzes der Sächsischen Staatsbank und die Aufhebung ihrer Steuerprivilegien die Marktchancen für die ADCA zu verbessern.

Symptomatisch für das gespannte Verhältnis des sächsischen Gauleiters, Reichsstatthalters und ab 1934 Ministerpräsidenten Martin Mutschmann zu den Reichsbehörden und insbesondere zu Schacht war der Fall des sächsischen Staatsbankpräsidenten Carl Degenhardt.[155] Mutschmann ließ ihn und weitere elf Direktoren der Staatsbank im Mai 1934 in Schutzhaft nehmen. Als Vorwand dafür dienten Denunziationen über eine angebliche Vergeudung von Staatsgeldern durch »verantwortungslose Kreditvergabe«.

Die Reichsbank wandte sich gegen Mutschmann und verlangte sofortige Aufklärung. Doch erst als sich Degenhardt bereit erklärte von allen Ämtern zurückzutreten, wurde er aus der Haft entlassen.

Schacht setzte seinen Standpunkt durch, demzufolge eine Reichsgarantie in Höhe von 17,5 Mio. Reichsmark für die ADCA als einmalige Hilfsaktion anzusehen sei. Sachsen sollte sich ebenfalls an der Sanierung mit einer Landesbürgschaft beteiligen, was aber zunächst vom sächsischen Ministerpräsidenten abgelehnt wurde. Man einigte sich schließlich auf eine Landesbeteiligung in Höhe von 4 Mio. Reichsmark. Möglicherweise kam dieser Kompromiss nur zustande, weil Mutschmann noch immer die Idee einer rein sächsischen Lösung verfolgte. Neuen Zündstoff erhielt die Auseinandersetzung durch eine Novelle zum Privatbanknotengesetz Ende 1933, mit der das Notenausgabeprivileg zum 31. Dezember 1935 für die Ländernotenbanken aufgekündigt wurde. Gleichzeitig erhielten die ehemaligen Notenbanken die Erlaubnis, sich in private Kreditbanken umzuwandeln. Damit sollte der regionale Bankensektor gestärkt und die Kreditierung des Mittelstandes erleichtert werden.

Der für die Bankenaufsicht zuständige Reichskommissar und das Reichswirtschaftsministerium plädierten für eine umfassende Reorganisation des Bank- und Kreditwesens in Sachsen. Demgemäß sollten die Sächsische Bank, die Sächsische Staatsbank und die immer noch ertragsschwache ADCA fusionieren. Doch wie schon 1931/32 so scheiterten auch 1935/36 die Pläne zur Bildung einer Regionalbank. Nunmehr stellte sich Mutschmann quer. Die sächsische Landesregierung setzte eine Fusion der Sächsischen Bank und der Sächsischen Staatsbank durch. Der neue Bankkonzern trat in Konkurrenz zur ADCA.

Mitte der dreißiger Jahre waren Strukturverschiebungen in der Kreditwirtschaft zugunsten der Sparkassen zu beobachten. Sie verzeichneten einen beträchtlichen Einlagenzufluss. Sparkassen und Versicherungen fungierten in der Folgezeit als wichtigste Kapital-Sammelstelle des Reiches. Sie hielten rund drei Viertel aller Reichs- und Staatsanleihen. Zu einem großen Teil wurde demnach die Aufrüstung mit dem Geld der »kleinen Leute« finanziert.

Die Reprivatisierung der Großbanken erfolgte 1936/37. Erheblich langsamer vollzog sich die Reprivatisierung der ADCA. Ihre Ertragskraft war noch nicht wieder hergestellt, so dass die Bank 1936 als einziges größeres regionales Kreditinstitut keine Dividende zahlen konnte, ein Ausdruck für die noch immer anhaltende krisenhafte Lage der sächsischen Wirtschaft.

Die »Arisierung«

Am Vorabend der nationalsozialistischen »Machtergreifung« hatten jüdische Großunternehmer infolge der wirtschaftlichen Depression und biografischer Umbrüche gegenüber den zwanziger Jahren bereits einen gewissen Bedeutungsverlust erfahren. Unmittelbar nach Hitlers Machtübernahme begann die »Arisierung« der deutschen Wirtschaft. Unter diesem aus dem Umfeld des völkischen Antisemitismus entstammenden Begriff wurde die weitgehende bis vollständige Verdrängung der Juden aus dem Wirtschaftsleben verstanden.[156]

Dies geschah auch in Sachsen in mehreren Phasen. Die »Arisierung« verlief als ein kontinuierlicher Prozess, der mit einem radikalen Auftakt im Frühjahr 1933 begann, dann bis 1937 mehr schleichende Formen annahm und 1938 schließlich in eine vollständige Verdrängung der Juden aus dem Wirtschaftsleben mündete. Mit dem Gesetz zur »Wiederherstellung des Berufsbeamtentums« vom 7. April 1933 wurden Beamte »nichtarischer Abstammung« in den Ruhestand versetzt. In den öffentlichen Unternehmen setzte daraufhin die NSDAP personelle Veränderungen in den Leitungsgremien durch. Anders als bei Unternehmen der öffentlichen Hand, die unter den Geltungsbereich des Arierparagraphen fielen, blieb eine gesetzliche Regelung über die Beschäftigung von Juden in der Privatwirtschaft noch bis 1938 aus.

Auf Veranlassung von Gauleiter Mutschmann eröffnete die Staatsanwaltschaft Dresden 1935 ein Wirtschaftsstrafverfahren gegen die jüdischen Inhaber des Bankhauses Arnhold.[157] Der Prozess endete ein Jahr später mit einem Freispruch. Die Arnholds fürchteten jedoch weitere Repressionen. Sie verkauften deshalb ihr Stammhaus einschließlich aller Beteiligungen an die Dresdner Bank. Diese wickelte den Kauf formal korrekt ab. In der mehrmonatigen Phase der Abwicklung nutzte dann allerdings die Dresdner Bank die Zwangslage der Arnholds aus, um den Kaufpreis noch zu drücken. Nach diesem Schema verfuhr sie auch bei anderen »Arisierungen«. Von allen Großbanken verhielt sich die am stärksten nationalsozialistisch geprägte Dresdner Bank bei den »Arisierungen« am aggressivsten. Die Deutsche Bank und die Commerzbank waren hingegen mehr auf ihr Ansehen im Ausland bedacht und verhielten sich entsprechend zurückhaltender.

Ähnlich wie gegenüber dem Bankhaus Gebr. Arnhold verfuhr Mutschmann auch gegenüber dem Dresdner Bankhaus Bondi & Maron. Er stiftete ein Ermittlungsverfahren wegen Devisenschmuggel gegen

Das beflaggte Gebäude der ADCA am Dresdner Altmarkt, 1934

Rudolf Maron an. Die Staatsanwaltschaft ließ daraufhin die Firma durchsuchen und nahm Maron in »Schutzhaft«. Nach seiner Freilassung emigrierte Rudolf Maron im Dezember 1936 in die USA und übertrug sein Vermögen seinem Dresdner Anwalt Wilhelm Külz. Maron verlor den größten Teil seines Unternehmensvermögens, das von der Staatsanwaltschaft wegen angeblicher Devisenvergehen gepfändet wurde.

Neben der Dresdner Bank war auch die ADCA im »Arisierungsgeschäft« besonders aktiv, um ihre seit der Bankenkrise angeschlagene Position zu verbessern. Sie übernahm 1936 das Magdeburger Bankhaus F. A. Neubauer, 1937 das Bankhaus George Meyer in Leipzig und 1938 die Bankhäuser Bruno Tribbensse in Olbernhau sowie S. Matersdorff in Dresden.

Anfang 1938 veranlasste das Reichswirtschaftsministerium eine Erfassung aller »jüdischen Gewerbebetriebe«. Ziel war ihre endgültige »Arisierung«. Juristisch sanktioniert wurde dies mit der Dritten Verordnung zum Reichsbürgergesetz am 14. Juni 1938. Als »jüdisch« eingestuft wurden nunmehr alle Firmen und Aktiengesellschaften, wenn mindestens ein Inhaber oder persönlich haftender Gesellschafter »Jude« im Sinne des Reichsbürgergesetzes war oder im Falle der AG der Geschäftsführung bzw. dem Aufsichtsrat angehörte. Sofern nicht bereits geschehen, mussten die noch amtierenden jüdischen Vorstands- und Aufsichtsratsmitglieder zurücktreten.

Die Industrie- und Handelskammern hatten alle noch nicht »arisierten« jüdischen Industrie- und Gewerbebetriebe ihrer Bezirke zu erfassen und den Kreishauptmannschaften mitzuteilen. Auf Grundlage dieser Daten wurden all diese Unternehmen bis zum Herbst 1939 verkauft bzw. liquidiert.[158] Am 4. November 1939 konnte daraufhin der Hauptgeschäftsführer der Chemnitzer IHK der Schriftleitung der sächsischen Wirtschaft in Dresden mitteilen, dass mit Ausnahme von zwei Firmen, »die Entjudung der Wirtschaft im Bezirk der Industrie- und Handelskammer Chemnitz« als durchgeführt angesehen werden könne.[159]

Bei den Erwerbern jüdischen Eigentums gab es sowohl skrupellose Profiteure, die die Zwangslage von jüdischen Unternehmern ausnutzten, um die Kaufpreise weiter zu drücken, als auch Unternehmer, die die Eigentumsübertragung formal korrekt abwickelten. Eine Minderheit verständnisvoller Geschäftleute versuchte den jüdischen Geschäftsleuten zu helfen.

Tochtergesellschaften von ausländischen Unternehmen in Sachsen verhielten sich gegenüber ihren jüdischen Mitarbeitern kaum anders als einheimische Firmen. Sie entließen jüdische Vorstands- und Aufsichtsratsmitglieder und scheuten auch nicht davor zurück, sich am Erwerb »jüdischer« Unternehmen zu beteiligen.

Die Arisierung war nicht allein das Ergebnis einer antijüdischen Politik, sondern sie vollzog sich in einem von zunehmender Intoleranz und Gleichgültigkeit geprägten gesellschaftspolitischen Klima. Sie markierte einen der größten Besitzwechsel in der neueren deutschen Wirtschaftsgeschichte, an der die deutsche Gesellschaft in vielfältiger Weise beteiligt war. Die zunehmend schärferen antisemitischen Töne aus Deutschland, die Rassengesetze und Übergriffe auf deutsche Juden blieben nicht ohne Auswirkungen auf die Auslandsgeschäfte sächsischer Firmen. In ihren Auslandsvertretungen waren bis dahin viele Juden mit hervorragenden Fachkenntnissen tätig gewesen. Ihre rigorose Ausschaltung führte zum Platzen zahlreicher Geschäfte.

Fortbestehende strukturelle Probleme

Vom beginnenden Konjunkturaufschwung und der neuen Wirtschaftspolitik der NSDAP – die sich freilich bei genauerer Betrachtung eher als eine Fortsetzung bereits zuvor begonnener Programme, allerdings in größerer Dimension, darstellte und ansonsten alles andere als konsistent war – wollte auch Sachsen profitieren. Bei der sich abzeichnenden Stärkung der Reichsbehörden gegenüber den Ländern waren die Voraussetzungen dafür jedoch nicht besonders günstig. In den Berliner Behörden verfügte die sächsische Wirtschaft, im Gegensatz zur Ruhrindustrie, nur über bescheidenen Einfluss. Wohl auch aus diesem Grund strich der sächsische Wirtschaftsminister Georg Lenk wiederholt die problematische »Grenzlage« Sachsens heraus. Er fürchtete eine Benachteiligung bei der Vergabe von Rüstungsaufträgen und eine anhaltende Abwanderung von Facharbeitern. Dieser Trend könne dazu führen, »dass an der Grenze eine politisch unzuverlässige Bevölkerung verbleibt, die nicht mehr die Willensstärke besitzt, einen wirksamen Schutzwall gegen Tschechen, Bolschewisten und Emigranten zu bilden.«[160] Bis zur Annexion des Sudetengebietes im Herbst 1938 waren ähnliche Klagen, mehr oder weniger stark politisch unterlegt, aus der sächsischen Industrie immer wieder zu hören.

In der Tat hatte der Grenzlandstatus, der für das gesamte südsächsische Territorium mit bis zu 30 Kilometern Abstand zur tschechoslowakischen Grenze galt, nachteilige Wirkungen. In diesen Regionen gab es Restriktionen für wehrwirtschaftlich relevante Investitionen und für die Vergabe von öffentlichen Aufträgen.[161] In den Planungsstäben des Militärs sprach man seit den zwanziger Jahren vom »Innerdeutschland-Paradigma«.[162] Demnach galt ungefähr die Hälfte Sachsens als militärisch gefährdetes Gebiet, eingekeilt zwischen Polen und der Tschechoslowakischen Republik.

Im Zeichen zunehmender deutsch-tschechischer Spannungen wurden 1938 auch die Töne der sächsischen Wirtschaftskammer gegenüber dem Nachbarland schriller. Die tschechische Konkurrenz in der Handschuh- und Kunstblumenindustrie empfand man als zunehmend störend. Nach der Besetzung des Sudetengebietes und später der Annexion der restlichen Tschechoslowakei beteiligten sich wie selbstverständlich auch sächsische Firmen an der »Arisierung« tschechischer Unternehmen.

Zu den spektakulärsten Fällen gehörten die Übernahme des Julius-und-Ignaz-Petschek-Braunkohlenkonzerns durch Flick und die Beteiligung der Chemischen Fabrik von Heyden AG, Radeberg, an der Übernahme des Chemieunternehmens Aussiger Verein. Die Basis des Petschek-Konzerns stellten die nordböhmischen Braunkohlenfelder in der Region um Brüx dar. Während der Inflationszeit hatten die Petschek-Brüder ihren Besitz in Mitteldeutschland und Sachsen erweitert und die Mehrheiten an den Bergbaugesellschaften um Meuselwitz, Rositz und Borna erworben. Mit dem Erwerb der Anhaltischen Kohlenwerke AG 1932 befand sich schließlich mehr als die Hälfte der Braunkohlenförderung Mitteldeutschlands im Besitz der Familie Petschek. Auch im Niederlausitzer Revier wurde die Petschek-Gruppe zur beherrschenden Kraft. 1939 wurde die Familie Petschek enteignet und das Firmeneigentum von der Anhaltischen Kohlenwerke AG, die nun der Flick-Gruppe gehörte, übernommen.

Freilich war vor 1939 nicht in erster Linie die »Grenzlage« Sachsens für die zögerliche Einbeziehung in die Aufrüstung verantwortlich. Rüstungs- und Autarkieinvestitionen wurden zuerst einmal dort getätigt, wo es dafür die traditionell günstigsten Voraussetzungen gab. Erst ab Mitte der dreißiger Jahre kam es aufgrund militärstrategischer Erwägungen zu einer verstärkten Konzentration von Rüstungsinvestitionen im Raum Braunschweig-Salzgitter-Wolfsburg-Magdeburg-Dessau-Halle/S.

Zwischen 1925 und 1936 ging die Zahl der Betriebe in Sachsen um fast 160 000, d. h. mehr als zwei Drittel, zurück. Selbst wenn man dabei berücksichtigt, dass es sich nicht in jedem Fall um Stilllegungen handelte, sondern auch zahlreiche Fusionen darunter waren, ändert dies nur wenig am Bild einer schwer krisengeschüttelten Region. Überdurchschnittlich verloren die Textilindustrie, das Bekleidungsgewerbe und die Musik- und Spielwarenindustrie. In diesen bedeutenden Branchen der sächsischen Wirtschaft verschwanden innerhalb eines Jahrzehnts mehr als 90 Prozent aller Betriebe.

Drastische Rückgänge verzeichneten außerdem das Holzgewerbe, die Papier- und Druckindustrie, das Bau- und Baunebengewerbe und die Elektrotechnik, Feinmechanik/Optik. Es gab mit der Eisen- und Metallgewinnung überhaupt nur eine Branche, die ein Betriebswachstum verzeichnete, was vornehmlich auf die Expansion des Flick-Konzerns zurückzuführen sein dürfte.

Die Zahl der Beschäftigten sank um rund 356 000. Der Schrumpfungsprozess vollzog sich ganz überwiegend in Klein- und Mittelbetrieben. Absolut die meisten Beschäftigten verloren die Textilindustrie (– 152 666), das Bekleidungsgewerbe (– 93 758), das Holzgewerbe (– 44 881) und die Hersteller von Eisen-, Stahl- und Metallwaren (– 37 558). Gemessen am relativen Beschäftigtenrückgang war die Musik- und Spielwarenindustrie der größte Verlierer, gefolgt vom Bekleidungsgewerbe und vom Holzgewerbe.

Betrachten wir die Entwicklung der sächsischen Wirtschaftsstruktur zwischen 1925 und 1936 genauer, um herauszufinden, warum die Region sich langsamer von der Krise erholte als andere Gebiete.

Anzahl der Beschäftigten in ausgewählten Branchen 1925 und 1936 (1925 = 100)[163]

	1925	*1936*	*1925 = 100*
Bergbau, Salinen, Torfgräberei	33 418	25 980	78
Eisen- und Metallgewinnung	25 251	29 318	116
Herstellung von Eisen-, Stahl- und Metallwaren	102 089	64 531	63
Maschinen-, Apparate- und Fahrzeugbau	178 458	127 989	72
Elektrotechnik, Feinmechanik/Optik	47 457	41 411	87
Chemische Industrie	23 611	21 501	91
Textilindustrie	424 133	271 467	64
Papier- und Druckindustrie	113 297	76 314	67
Holzgewerbe	89 524	44 643	50
Musik- und Spielwarenindustrie	32 392	9421	29
Nahrungs- und Genussmittelindustrie	132 556	79 630	60
Bekleidungsgewerbe	154 377	60 619	39
Bau- und Baunebengewerbe	136 067	104 185	77
Alle Gewerbegruppen insgesamt	1 589 531	1 234 780	78

Dieser Schrumpfungsprozess in den altindustriellen Branchen wäre weniger dramatisch gewesen, wenn ihm Wachstumsprozesse in anderen Branchen gegenübergestanden hätten. Genau dies war aber bis 1936 nicht in ausreichendem Maße der Fall. Nur die in

Das Ernemann-Werk in Dresden, später VEB Pentacon, erbaut 1923/24 von R. Högg und R. Müller

Sachsen nicht besonders starke Eisen- und Metallgewinnung verzeichnete einen Beschäftigtenzuwachs. Leidlich erholt von der Krise hatten sich auch die chemische Industrie, die Elektrotechnik, Feinmechanik/Optik und das Baugewerbe. Ein durchgängiger Aufrüstungseffekt war noch nicht zu verzeichnen. Von einer gezielten Strukturpolitik konnte auch weiterhin keine Rede sein.

Im »Ranking« der wichtigsten Branchen hatte sich in den dreißiger Jahren nur wenig verändert. Gemessen an den Beschäftigtenzahlen stand die Textilindustrie nach wie vor an der Spitze. Auf dem zweiten Platz folgte der Maschinen-, Apparate- und Fahrzeugbau und Platz drei nahm das Bau- und Baunebengewerbe ein. Der Anteil der Textilindustrie an den Industriebeschäftigten war zwischen 1925 und 1936 von 26,7 Prozent auf 22,3 Prozent deutlich gesunken. Überraschenderweise verzeichnete in dieser Zeit auch der Maschinen-, Apparate- und Fahrzeugbau einen, wenn auch nur leichten Rückgang an den Gesamtbeschäftigten von 11,2 Prozent auf 10,4 Prozent. Ähnliches trifft auf das Bau- und Baunebengewerbe zu. Ein Effekt aus dem Übergang zur Diktatur und der beginnenden Aufrüstung ist demnach zumindest in Hinblick auf die Beschäftigtenentwicklung bis 1936 für diese Branchen nicht zu konstatieren.

Relative Anteile hinzugewinnen konnten die Elektrotechnik, die feinmechanische und optische Industrie (3,36 Prozent 1936 zu 2,99 Prozent 1925), die Eisen- und Metallgewinnung (2,37 Prozent zu 1,58 Prozent) und die chemische Industrie. Wichtige Unternehmen dieser Branchen, wie die Werke des Flick-Konzerns, Zeiss-Ikon in Dresden, das Sachsenwerk in Radebeul, aber auch mittelständische Unternehmen, arbeiteten bereits in zunehmendem Umfang für das Militär oder wurden wie ASW Böhlen in Autarkieprojekte einbezogen. Zwar gab es auch zahlreiche Unternehmen aus dem Maschinen-, Apparate- und Fahrzeugbau, die einen Teil ihrer Kapazitäten bereits mit Heeresaufträgen auslasten konnten, den eigentlichen Rüstungsboom sollte diese Branche jedoch erst nach Kriegsbeginn erleben.

Am Vorabend des Krieges hatte sich die wirtschaftliche Situation in Sachsen stabilisiert. Dies galt auch für solche Subregionen Sachsens, die nicht im selben Ausmaß von der Aufrüstung profitieren konnten wie vor allem der Großraum Leipzig. So waren im IHK-Bezirk Chemnitz die Kapazitäten des Maschinenbaus und der Metallindustrie voll ausgelastet. Auch in der Textilindustrie hatte sich die Lage entspannt, wenngleich hier noch Kapazitäten brachlagen, vornehmlich aus Mangel an Arbeitskräften und Rohstoffen.

ZWEITER WELTKRIEG

Umstellung auf den Krieg

Als Hitler am 1. September 1939 mit dem Überfall auf Polen den Zweiten Weltkrieg entfesselte, war die deutsche Wirtschaft besser auf den Krieg vorbereitet als im August 1914. Mit dem 1936 begonnenen Vierjahresplan war die Rüstung forciert, die Abhängigkeit von Importen reduziert und eine schlagkräftige Militärmaschine aufgebaut worden. Dennoch wäre es verfehlt, ein Bild von einer durchgängig militarisierten Wirtschaft zu zeichnen. Der zivile Verbrauch war nach wie vor hoch und blieb es auch in den ersten Kriegsjahren. Strategisch wichtige Rohstoffe wie Eisenerz, Bauxit, Kupfer usw. mussten überwiegend importiert werden. Günstiger sah es im Agrarbereich aus. So genügte die heimische Erzeugung bei Getreide, Kartoffeln, Fleisch, Zucker und Milch. Ein ernstes Problem stellte aber die »Fettlücke« dar. Das NS-Regime setzte darauf, trotz des Krieges den Lebensstandard der Bevölkerung nicht wesentlich einzuschränken.

Nach den überraschend schnellen Siegen in West- und Südosteuropa und auch noch nach den ersten Monaten des Angriffs auf die Sowjetunion rechneten Teile der sächsischen Industrie mit einem baldigen Ende der Kämpfe. Sie zögerten daher, ihre Produktionsprofile zu sehr auf Rüstungsgüter umzustellen. Für mehrere sächsische Werkzeugmaschinenbauer kann gesagt werden, dass sie die Rüstungskonjunktur zunächst nur als ein temporäres Phänomen einschätzten und daher keinen Anlass sahen, ihre Produktionsprozesse umzustellen. Sie hielten an universell und flexibel einsetzbaren Modellen fest, obwohl eher die Herstellung hochautomatisierter Einzweck-Maschinen im Sinne der Aufrüstung gewesen wäre. Die

Werkzeugmaschinenhersteller wollten sich jedoch ihre Flexibilität für die Zeit nach dem Rüstungsboom bewahren.

Die Zahl der Beschäftigten ging bei Kriegsbeginn durch die Einberufungen zur Wehrmacht um ca. 10 Prozent zurück. Die bereits angespannte Arbeitskräftesituation, insbesondere der Mangel an Facharbeitern, wurde dadurch verschärft. Anders als zu Beginn des Ersten Weltkrieges existierte inzwischen aber ein eingespielter Verwaltungsapparat für die Lenkung von Arbeitskräften. Es gab zudem weniger Umstellungsprobleme auf die Rüstungsproduktion, die ja schon seit Mitte der dreißiger Jahre systematisch ausgeweitet worden war.

Die Freizügigkeit der Arbeitsplatzwahl war bereits im Februar 1939 durch die Dienstpflichtverordnung eingeschränkt worden. Das Lohn- und Gehaltssystem wurde erst einmal eingefroren. Allerdings wurden noch Ende 1939 die meisten Bestimmungen zur Verschlechterung der Arbeitsbedingungen wieder aufgehoben oder abgeschwächt und auch der achtstündige Arbeitstag wurde wieder gesetzlich fixiert. Angehörige von Einberufenen erhielten großzügig bemessene Ausgleichszahlungen. Erhöht wurde auch eine Reihe weiterer Sozialausgaben wie Kranken-, Schwangeren- und Wöchnerinnenhilfe. Die Verpflichtung zur Meldung beim Arbeitsamt für Frauen wurde aufgehoben, deren Männer bei der Wehrmacht waren. All dies trug dazu bei, dass die Zahl der berufstätigen Frauen zurückging. Eine Arbeitsaufnahme zu den in den meisten Branchen niedrigeren Frauenlöhnen lohnte nicht mehr.

Die Entwicklung auf dem sächsischen Arbeitsmarkt wich in der ersten Phase des Krieges in einem Punkt von den meisten anderen Regionen ab. Die sächsische Industrie verzeichnete erstmals wieder seit einigen Jahren einen Zuwachs an männlichen Arbeitskräften, trotz der Einberufungen zur Wehrmacht. Ausschlaggebend dafür war der Zuzug von auswärtigen Arbeitern und der Einsatz von »Fremdarbeitern«. In der Bilanz nahm die Beschäftigtenzahl dennoch etwas ab, da noch mehr weibliche Arbeitskräfte aus dem Erwerbsleben ausschieden, als männliche Arbeitskräfte hinzukamen. Dieses Phänomen erklärt sich aus der Struktur der sächsischen Industrie mit ihrem hohen Anteil an Verbrauchsgüterindustrien, die eingeschränkt wurde und der rückwärtsgewandten NS-Familienpolitik, die zu einer Herausdrängung von Frauen aus dem Erwerbsleben führte.

Das NS-Regime begegnete dem Arbeitskräftemangel durch die Anwerbung ausländischer Vertragsarbeiter und den Einsatz von Kriegsgefangenen. Die Arbeitsbedingungen der ausländischen Arbeiter waren in der Regel schlechter als die der deutschen. Gemäß der Rassenideologie wurde ein System von Besser- bzw. Schlechterstellungen entwickelt. Zur Diskriminierung hinzu kam der Terror.

Eine Schlüsselposition in der Kriegswirtschaft nahmen die Gauleiter ein. Ihre Handlungsspielräume waren unmittelbar nach Ausbruch des Krieges durch ihre Ernennung zu Reichsverteidigungskommissaren erweitert worden. In enger Abstimmung mit den Wehrkreisbefehlshabern sollte der Reichsverteidigungskommissar, in Sachsen war dies Gauleiter Mutschmann, eine einheitliche Leitung aller zivilen Verwaltungszweige gewährleisten. Mutschmann nutzte in der Folgezeit seine erweiterten Machtbefugnisse. Davon zeugen u. a. zahlreiche Auseinandersetzungen mit dem Reichsministerium für Bewaffnung und Munition, bei denen es zumeist um die Verfügungsgewalt über knappe Ressourcen oder Entscheidungskompetenzen ging. Mutschmann gab dabei vor, die Interessen der mittelständischen sächsischen Produzenten schützen zu wollen. Diesem Ziel sollte auch die Bildung einer Sächsischen Industrie AG dienen. Das Projekt kam jedoch über das Diskussionsstadium nicht hinaus.

Die Einbindung der sächsischen Industrie in die Kriegswirtschaft vollzog sich relativ gleichmäßig. Am 1. Januar 1940 produzierten mindestens 146 zumeist größere Unternehmen direkt für die Kriegswirtschaft.[164] An der Spitze stand Leipzig mit 32 Unternehmen, gefolgt von Chemnitz und Dresden mit jeweils 20. Die übrigen 74 verteilten sich über ganz Sachsen.

Von einer generellen Umstellung der Wirtschaft auf Rüstungsgüter kann angesichts dieser Zahlen bis Ende 1941 nicht gesprochen werden. Dies wird auch deutlich, wenn man die Entwicklung der Exportumsätze des sächsischen Maschinenbaus betrachtet. Der Export von Werkzeugmaschinen und Textilmaschinen ging zwischen 1938 und 1942 nur leicht zurück und der Export von Büromaschinen wurde sogar noch ausgeweitet.

Exportumsätze des sächsischen Maschinenbaus 1938 bis 1942 (in Mio. RM)[165]

Exportgut	*1938*	*1941*
Werkzeugmaschinen	37,0	27,0
Textilmaschinen	48,7	32,3
Büromaschinen	10,2	14,8

Auch die Autoindustrie setzte ihre Exportgeschäfte fort, wobei allerdings die Umsätze gegenüber der Vorkriegszeit kontinuierlich zurückgingen. Nach dem kriegsbedingten Zusammenbruch des Überseegeschäfts konzentrierte sich die Auto Union auf Spanien und den Balkanraum.

Gleiches kann von der feinmechanisch-optischen Industrie gesagt werden. Bereits 1936 war durch die Entwicklung einer einäugigen Kleinbild-Spiegelreflex-Kamera des Ihagee Kamerawerkes Steenbergen & Co. eine neue Ära im internationalen Kleinbildkamerabau eingeleitet worden. Die 1923 mit der Leica begonnene Entwicklung dieses Kameratyps fand durch die Einführung des Spiegelreflexsystems eine sinnvolle Ergänzung.[166] Ein halbes Jahrhundert lang sollte Dresden die Stadt des Spiegelreflex-Kamerabaus bleiben. Die »Kine Exakta« war auf dem Weg, sich zu einem Welterfolg zu entwickeln. Noch 1939 zogen die Kamera-Werkstätten Charles A. Noble in Dresden-Niedersedlitz mit einer verbesserten Kleinbild-Spiegelreflex-Kamera nach. Dadurch geriet der Branchenprimus, die Zeiss-Ikon AG, in Zugzwang. Die Entwicklungsarbeiten für den Bau der »Spiegel-Contax« wurden verstärkt, konnten aber nach Kriegsbeginn nicht mehr zum Abschluss gebracht werden. Bis 1941 wurden Spiegelreflex-Kameras von Ihagee und Noble in wachsenden Stückzahlen gebaut und exportiert, dann wurden die Produktionssortimente immer mehr am Rüstungsbedarf orientiert und kaum noch Kameras für den Zivilbedarf hergestellt.

Für die Textilindustrie liegen keine Exportzahlen vor, doch kann angenommen werden, dass auch diese Branche soweit wie möglich an ihrer Exportorientierung festhielt. Anders als zu Beginn des Ersten Weltkrieges befand sich das Deutsche Reich 1939 nicht sofort mit allen Nachbarländern im Kriegszustand. Ein weiterer Unterschied lag in den seit Jahren ausgebauten Regulierungssystemen für den Außenhandel. Hinzu kam noch die Ausweitung des Handels mit südosteuropäischen Ländern. Die Aufrechterhaltung des Exportgeschäfts lag im Interesse der Reichsbehörden, da Devisen für den Import strategischer Rohstoffe erwirtschaftet werden mussten, und war mit den Interessen der sächsischen Exporteure kompatibel.

Der »totale Krieg«

Auf die Niederlage vor Moskau im Dezember 1941 und den Kriegseintritt der USA reagierte das NS-Regime mit einer umfassenden Reorganisation der Kriegswirtschaft. Innerhalb von knapp drei Jahren konnte die Rüstungsproduktion fast verdreifacht werden. Der höchste Produktionsausstoß wurde, trotz zunehmender alliierter Luftangriffe, im dritten Quartal 1944 erreicht.

Das »Produktionswunder« in der zweiten Kriegshälfte hat Wirtschaftshistorikern Stoff für viele Debatten geboten. Gefragt wurde dabei nach den Ursachen für diese Entwicklung. Sind sie in der Neuorganisation der Kriegswirtschaft ab 1942 zu suchen oder in bereits zuvor durchgeführten Rationalisierungsmaßnahmen? Die Flexibilisierung der Produktionsweise und der Arbeitspolitik in den dreißiger und vierziger Jahren beruhte auf der systematischen Weiterentwicklung der Ansätze aus den zwanziger Jahren. Während die Rationalisierung bis 1929 nur relativ kleine Bereiche der deutschen Industrie erfasste und in der Weltwirtschaftskrise nahezu zum Stillstand kam, wurde sie danach forciert wieder aufgenommen. Ein durchgängiges Programm des Regimes zur Rationalisierung gab es indessen nicht.

Die Firma Koch & Sterzel in Dresden war auf die Herstellung von Röntgengeräten spezialisiert und baute während des Krieges u. a. Zielgeräte, 1936

Die Steigerung der Rüstungsproduktion war weniger auf eine allgemeine Erhöhung der Industrieproduktion zurückzuführen als auf Veränderungen in der Produktionsstruktur und die Umlenkung von Arbeitskräften in die Rüstungsbetriebe. Im Dienstleistungssektor und im Handwerk wurden Arbeitskräfte freigesetzt und in Industrie, Landwirtschaft und Verkehrswesen gelenkt. Innerhalb der Industrie mussten die Verbrauchsgüterindustrien Arbeitskräfte abgeben, wohingegen die Rüstungsproduzenten ihre Beschäftigtenzahlen immer weiter erhöhten.

Der Rüstungsboom konzentrierte sich vor allem auf die Flugzeugindustrie, die Munitionsherstellung, die Fahrzeugindustrie, die feinmechanisch-optische Industrie und die Kohlechemie. Zum größten Rüstungszentrum in Sachsen entwickelte sich der Großraum Leipzig. So weitete die HASAG – inzwischen zum größten sächsischen Unternehmen, gemessen an der Zahl der Beschäftigten und am Umsatz, aufgestiegen – die Munitions- und Waffenproduktion gewaltig aus.[167] Neben dem Hauptwerk in Leipzig-Schönefeld besaß das Unternehmen Zweigwerke in Altenburg, Colditz, Köpenick, Flößberg, Herzberg, Meuselwitz, Schlieben und Taucha, die alle in das Munitionsprogramm des OKW einbezogen wurden. Nach der Besetzung Polens betrieb die HASAG zudem in Kamienna Gora ein Zweigwerk, in dem mehr als 3000 jüdische Zwangsarbeiter tätig waren.

Die HASAG produzierte nicht nur Munition aller Art, sondern forschte auch an der Entwicklung neuer Flug- und Panzerabwehrgranaten sowie Brandgeschossen. Am bekanntesten wurde die Panzerfaust. Die HASAG hatte sich innerhalb kurzer Zeit von einer unbedeutenden Lampenfabrik zu einem der wichtigsten Munitionshersteller des Dritten Reiches entwickelt. Den Preis für diese vollständige Verkopplung der Firmeninteressen mit denen des Regimes zahlte das Unternehmen nach der bedingungslosen Kapitulation. Es wurde komplett zerschlagen.

Neben der HASAG Leipzig gehörten die sächsischen Werke des Flick-Konzerns, die Mitteldeutsche Stahlwerke AG mit Werken in Riesa, Gröditz und Lauchhammer, die Gussstahlwerke Döhlen, die Waggon- und Maschinenfabrik Bautzen und ATG Leipzig zu den kriegswirtschaftlich wichtigsten Unternehmen. Allerdings kam es bei der Stahlgruppe des Flick-Konzerns nicht zu einer durchgängigen Modernisierung. Das Riesaer Stahl- und Walzwerk wurde seit den zwanziger Jahren »auf Verschleiß« gefahren und das Werk in Lauchhammer nur teilweise modernisiert. Technische Weiterentwicklungen gab es an diesen Standorten nicht und die Produktion stagnierte. Anders verhielt es sich in Gröditz. Das dortige Werk wurde zu einer hochmodernen Rüstungsschmiede ausgebaut.

Anlagevermögen der Lauchhammer-Gruppe des Flick-Konzerns (in Mio. Reichsmark)[168]

Jahr	*Riesa*	*Lauchhammer*	*Gröditz*
1926	17,5	12,5	4,1
1944	5,5	10,2	16,6

Ähnlich lagen die Verhältnisse in der Flugzeugindustrie. Deren Produktion wuchs bis Herbst 1944. Im Oktober 1938 hatte ATG die Serienproduktion des Schnellbombers Ju 88 aufgenommen. Zu diesem Zeitpunkt waren bei der ATG bereits mehr als 6300 Arbeiter tätig. Bis Ende 1944 wuchs die Belegschaft auf ca. 9500 in acht Werken des Unternehmens im Großraum Leipzig. Hinzu kamen Zulieferungen von anderen Unternehmen. Die Mitteldeutschen Motorenwerke Taucha weiteten ihre Produktion ebenfalls stark aus. Die Zahl der Beschäftigten stieg bis 1943 auf mehr als 9300.[169] Zum Komplex der Luftrüstung gehörte auch das Leichtmetallwerk Rackwitz. Dieses Tochterunternehmen der I G Bitterfeld hatte sich seit Mitte der dreißiger Jahre stürmisch entwickelt. Das Werk lieferte seine Aluminiumbleche an zahlreiche große Firmen der Flugzeugindustrie.

Neben den großen Zulieferbetrieben gab es hunderte kleinerer Unternehmen, die in die Flugzeugproduktion eingebunden wurden. Dies waren etwa Hersteller von Tachometern und elektrischen Messinstrumenten. Besonders hervorzuheben sind Gießereiunternehmen wie Meier & Weichelt Leipzig oder die Max Jahn Stahl- und Eisengießerei GmbH Leipzig.

Zeitgleich führte der »totale Krieg« zu einem wachsenden Druck auf die sächsischen Konsumgüterproduzenten. Sie mussten sich um Heeresaufträge bemühen, ihre Produktion zumindest teilweise umstellen oder ganz stilllegen, da sie nicht mehr ausreichend über Arbeitskräfte und Rohstoffe verfügten. Ähnlich dem Vorgehen im Ersten Weltkrieg setzte nun auch das von Albert Speer geleitete Ministerium für Bewaffnung und Munition einen »Generalbeauftragten für Betriebsumsetzungen« ein. Er hatte u. a. die Aufgabe, Betriebe der Konsumgüterindustrien stillzulegen, um Arbeitskräfte für die Rüstungsindustrie zu gewinnen.

Die immer massiver werdenden Eingriffe des Speer-Ministeriums in die Wirtschaftsstrukturen führten bei den betroffenen Unternehmen zu Widerspruch. Sie fanden Unterstützung bei den örtlichen Instanzen der NSDAP, die einen Ansehens- und Autoritätsverlust befürchteten. Gauleiter Mutschmann nahm diese Stimmungen auf und versuchte den Maßnahmen des Speer-Ministeriums entgegenzuwirken. Gleichwohl kam es allein bis zum 30. Juni 1944 zu mindestens 290 Total- bzw. Teilstilllegungen, in deren Zuge rund 19400 Arbeitskräfte aus der Konsumgüter- in die Kriegsproduktion versetzt wurden.

Die Bewirtschaftungs- und Materialkontingentierung setzte dem unternehmerischen Handeln Grenzen. Unternehmen mit einem hohen Rüstungsanteil kam das Kontingentierungssystem zugute, andere hingegen mussten ihre Produktion einschränken. Zu den Verlierern der Kontingentierung gehörte auch die Bleichert Transportanlagen GmbH in Leipzig.

Verschärfend hinzu kamen bei Bleichert der Mangel an Facharbeitern und Bombenschäden. Infolgedessen ging bei der Leipziger Firma die Produktion seit 1942 zurück.[170]

Inwieweit der Rüstungsboom zu einer Modernisierung des Produktionsapparates führte, ist eine noch immer schwer zu beantwortende Frage. In Teilbereichen der Rüstungsendfertigung, vor allem der Flugzeugindustrie und auch der Zulieferindustrie, gab es eine Tendenz zu großen Serien. Standardisierung der Waffen und Vereinfachung der Produktionsprozesse gingen jedoch nicht soweit wie in den USA, Großbritannien und der Sowjetunion. Man setzte auf »Qualität statt Quantität«. Daher blieb auch bei den sächsischen Herstellern eine zu große Typenvielfalt erhalten. Der qualitative Vorsprung bei einer Reihe von Waffensystemen vermochte allerdings die quantitative Überlegenheit der alliierten Rüstungsproduktion nicht zu kompensieren.

Zukunftsträchtige Techniken und Technologien wurden erkannt. Es fehlten in den Kriegsjahren jedoch die Voraussetzungen, um diese intensiv weiterzuverfolgen. Ein Bespiel dafür war die Lochkartentechnologie, für die sich die Wanderer-Werke seit den zwanziger Jahren interessierten. Die Lochkartenmaschinen waren die elektro-mechanischen Vorläufer des Computers. Weltmarktführer auf diesem Gebiet war das US-amerikanische Unternehmen IBM. In Deutschland war IBM mit einer Tochtergesellschaft, der Deutschen

Kraftwerk Berzdorf, Kr. Görlitz, Turbinenhalle im Bau, 1944

Hollerith Maschinen GmbH (Dehomag), präsent. Gegen diese mächtige Konkurrenz wollte der Vorstandsvorsitzende der Wanderer-Werke, Hermann Klee, antreten.[171] Er fand dafür Unterstützung beim OKH. Das Militär war daran interessiert, die Lochkartentechnologie für allgemein statistische Zwecke einzusetzen und wollte dabei nicht ausschließlich von einer in amerikanischem Besitz befindlichen Firma abhängig sein. Allerdings waren die IBM-Patente sehr gut geschützt und die Eigenentwicklung bei Wanderer kam nicht im erhofften Maße voran. Die Chemnitzer Entwicklungskapazitäten reichten nicht aus, um rasch ein funktionsfähiges Lochkartensystem einführen zu können. Eine Chance, die IBM-Patente zu umgehen, eröffnete sich nach der Besetzung Frankreichs. Die Compagnie des Machines Bull in Paris, der größte internationale Konkurrent von IBM, verfügte über ein eigenes Lochkartensystem. Die von den Wanderer-Werken angestrebte Kooperation mit der französischen Firma gestaltete sich jedoch kompliziert. Wanderer erhielt schließlich Einblick in die Entwicklungsergebnisse bei Bull und musste dafür eine »Sondergebühr« zahlen. Außerdem versuchte Wanderer 1942/43 eine Nutzung der IBM-Patente zu erzwingen. Jedoch erst im August 1944 einigten sich Wanderer und Dehomag, dass das Chemnitzer Unternehmen eine begrenzte Zahl von Bull-Maschinen nach Deutschland einführen könne. Nur wenige Tage später wurde Paris befreit und der Vertrag war obsolet.

Zwangsarbeiter in der Rüstungsproduktion, 1944

Zwangsarbeit

Nach Beginn des Krieges gegen die Sowjetunion spitzten sich die Arbeitskräfteprobleme in der deutschen Rüstungsindustrie zu. Im Zuge des »Göring-Programms« vom 21. Juni 1941 wurde der verstärkte Einsatz von Kriegsgefangenen und Fremdarbeitern in der deutschen Industrie, vor allem im Kohlenbergbau, vorbereitet. Eine neue Dimension erreichte das Zwangsarbeiterprogramm im Frühjahr 1942 nach der Berufung des Thüringer Gauleiters Fritz Sauckel zum »Generalbevollmächtigten für Arbeit«.

Man ist geneigt, die Beschäftigung von Zwangsarbeitern als groß angelegte Ausbeutung billiger Arbeitskräfte anzusehen, die von den Firmen selbst initiiert wurde. In der Tat lagen vor allem bei der Beschäftigung von »Ostarbeitern« die Lohnkosten weit unter dem Durchschnitt. Allerdings mussten die Unternehmen für ihren Einsatz zusätzliche Aufwendungen tätigen.[172] Zudem konnten die oft schlecht ernährten, gering qualifizierten und verständlicherweise kaum motivierten Zwangsarbeiter nicht die gleiche Arbeitsleistung erreichen wie die deutschen Arbeiter. Aus Sicht der meisten sächsischen Unternehmen war die Beschäftigung von Zwangsarbeitern eher eine Notlösung, denn ein profitables Geschäft. Dies mindert nicht die Mitverantwortung der Unternehmen für die oft unmenschliche Behandlung von Zwangsarbeitern, Kriegsgefangenen und KZ-Häftlingen.

Im Frühjahr 1944 waren in der sächsischen Industrie mehr als 142 000 Zwangsarbeiter, überwiegend aus der Sowjetunion und Polen kommend, und fast 46 000 Kriegsgefangene tätig. Das entsprach einem Anteil von knapp 20 Prozent an den Gesamtbeschäftigtenzahlen.[173] Sachsen unterschied sich damit nicht vom übrigen Reichsgebiet. Zwangsarbeiter wurden in allen Wirtschaftsbereichen eingesetzt, so dass es kaum eine größere oder mittlere Firma in Sachsen gab, in der keine Zwangsarbeiter oder Kriegsgefangenen beschäftigt waren. Mit Abstand an der Spitze beim Zwangsarbeitereinsatz stand in Sachsen der Kernbereich der Rüstungsproduktion: der Maschinen-, Stahl- und Fahrzeugbau. Überproportional viele Zwangsarbeiter, Kriegsgefangene und KZ-Häftlinge waren außerdem

Bau des Panzermotors HL 230 Maybach in der Auto Union, Wanderer-Werke, Siegmar-Schönau, 1944/45

in der Eisen- und Stahlindustrie, im Bergbau und in der Gießereiindustrie eingesetzt.

Zeugnisse von Zivilcourage in der Wirtschaft existieren nicht viele. Unter den Bedingungen der NS-Diktatur war es lebensgefährlich, seine Ansichten und politischen Überzeugungen offen zu äußern oder gar schriftlich darzulegen. Dennoch gab es auch in Unternehmerkreisen Kritiker und Gegner des Regimes. Einer von ihnen war Walter Cramer, Vorstandsmitglied der Kammgarnspinnerei Stöhr & Co. Er erklärte bei der Ankunft von »Ostarbeitern« gegenüber der Belegschaft des Werkes: »Ich bitte, nie zu vergessen, dass diese Menschen nicht freiwillig zu uns gekommen sind, sondern z. T. auf eine für uns unverständliche Weise dazu gezwungen worden sind. Ich wünsche, dass sie als Menschen eingeschätzt und anständig behandelt werden, und bitte, dies den Meistern usw. weiterzugeben. Ich bin mit dieser Art, Arbeitskräfte nach Deutschland zu bringen, ganz und gar nicht einverstanden und bin überzeugt, dass sich dies alles einmal sehr rächen wird.«[174]

Walter Cramer beließ es nicht bei diesen Worten, sondern half jüdischen Mitarbeitern und sorgte soweit überhaupt möglich für erträgliche Arbeitsbedingungen der Zwangsarbeiter bei Stöhr & Co. Schließlich fand Cramer auch den Weg zum aktiven Widerstand. Er wurde der engste politische Freund des ehemaligen Leipziger Oberbürgermeisters Carl Goerdeler, eines der führenden Köpfe des bürgerlichen Widerstandes gegen Hitler. Beide waren in die Attentatspläne gegen Hitler eingeweiht, wurden unmittelbar nach dem 20. Juli 1944 verhaftet und später hingerichtet.

Während eine Minderheit von Unternehmern passiven oder wie im Fall Cramers auch aktiven Widerstand leistete, blieb die Mehrheit dem NS-Regime verbunden. Negativ ragten die HASAG Leipzig, die Stahl- und Walzwerke des Flick-Konzerns und die Flugzeugindustrie heraus. Besonders groß war der Anteil von Zwangsarbeitern und sowjetischen Kriegsgefangenen in den Werken des Flick-Konzerns. Sie stellten 1943/44 mehr als 50 Prozent der Belegschaft. Ab Herbst 1944 kamen dann auch noch KZ-Häftlinge hinzu. Noch in den letzten Kriegstagen wurden 186 sowjetische Kriegsgefangene im Stahl- und Walzwerk Gröditz erschossen.

Industrieverlagerungen und Luftkrieg

In den ersten Kriegsjahren galt Sachsen als »luftsicher«, d. h. nur schwer von alliierten Bombern zu erreichen. Aus diesem Grund wurde es wie auch Thüringen zu einer bevorzugten Region für die Verlagerungen von Rüstungsproduktion, aber auch Aufnahmegebiet für ausgebombte Familien, vornehmlich aus den Großstädten des Ruhrgebietes und aus Berlin. Bereits im Sommer 1942 kamen die ersten Ausgebombten. Im folgenden Jahr wurde Sachsen zum »Aufnahmegau« für Luftkriegsflüchtlinge«, vornehmlich aus dem Raum Köln-Aachen. Bis Oktober 1943 hatten hier rund 64 000 Menschen aus diesen Gebieten Unterkunft gefunden.[175]

Die Verlagerung von Rüstungsbetrieben aus anderen Regionen nach Sachsen setzte Mitte 1943 ein. Viele kleine und mittlere sächsische Unternehmen hatten kaum eine andere Chance, als durch branchenfremde Produktion ihren Betrieb aufrechtzuerhalten. Bereits stillgelegte Fabriken der Textilindustrie besaßen ausreichende Produktionsflächen für verlagerte Rüstungsunternehmen. Sie waren andererseits zu klein, um den alliierten Bombern Ziele zu bieten. Insbesondere die Flugzeugindustrie, die Feinmechanik/Optik und die Elektroindustrie in Sachsen gewannen durch Verlagerungen aus Berlin und dem Ruhrgebiet Produktionskapazitäten hinzu. Doch als wirklichen Zugewinn für Sachsen kann man die Verlagerungen nicht ansehen. Es waren Notmaßnahmen, die nach Kriegsende wieder rückgängig gemacht werden sollten.

Die an ihren Berliner Produktionsstandorten vom Bombenkrieg betroffenen Großunternehmen Siemens, AEG und Telefunken dezentralisierten ihre Produktion und verlegten einen Teil davon nach Sachsen. Die Verlagerungen nahmen schließlich einen derart großen Umfang an, dass die Gauleitung der NSDAP und die Gauwirtschaftskammer die Interessen der einheimischen Wirtschaft, insbesondere der Textilindustrie, gefährdet sahen. Sie sperrten sich gegen weitere Verlagerungen und eine Überforderung der Region.[176] Diese Proteste waren im Einzelfall erfolgreich, vermochten aber an dem Verlagerungstrend noch bis in die letzten Kriegstage kaum etwas zu ändern.

Als erste sächsische Großstadt erlebte Leipzig am 4. Dezember 1943 einen Großangriff alliierter Bomberverbände. Ungefähr 2000 Menschen fielen dem Angriff zum Opfer und rund ein Zehntel der Leipziger Wohnungen wurde völlig zerstört. Die Schäden konzentrierten sich auf die Wohn- und Geschäftsviertel des Stadtzentrums, die am Stadtrand angesiedelte Rüstungsindustrie wurde hingegen kaum getroffen.

Mittels des »moral bombing« hofften die Alliierten der deutschen Bevölkerung die Aussichtslosigkeit des weiteren Kampfes drastisch vor Augen zu führen und das NS-Regime zu destabilisieren. Die größten Befürworter der Strategie des Flächenbombardements waren Premierminister Winston Churchill und Luftmarschall Arthur Harris. Doch ihre Kalkulation ging nicht auf. Es kam zu keinen Massenprotesten der leidgeprüften Bevölkerung gegen das Regime.

Ein letzter großer und dieses Mal direkt gegen die Produktionsstätten der Erla-Werke in Leipzig gerichteter Luftangriff fand am 20. Juli 1944 statt. Die Angriffe schädigten vor allem die Werkhallen und die umliegenden Wohnquartiere. Ihr Hauptziel, die Ausschaltung der deutschen Flugzeugproduktion, erreichten die Alliierten nicht.

Den zunehmenden alliierten Luftangriffen versuchte sich die Industrie durch die weitere Dezentralisierung ihrer Fertigung und durch Untertageverlagerungen zu entziehen. So waren von den 24 Fertigungsstätten der Erla-Werke, in denen 1944 mehr als 25 000 Arbeiter tätig waren, darunter ca. 16 000 Zwangsarbeiter, Kriegsgefangene und KZ-Häftlinge, nur vier direkt in Leipzig ansässig. Die Vorfertigung befand sich im Werk I in Leipzig, der Vorrichtungs- und Werkzeugbau in Groitzsch, der Teilebau war auf Firmen in Naunhof und Groitzsch aufgeschlüsselt und im Werk V in Leipzig fand die Teilmontage statt. Tragflächen wurden in Mülsen St. Micheln und im Werk III in Leipzig-Abtnaundorf gefertigt. Mechanische Werkstätten gab es in Naunhof und Pergau. Der Rumpfbau wurde in Flöha sowie im Werk I in Leipzig durchgeführt. Leitwerke fertigte man in Johanngeorgenstadt. Die Vormontage fand in Plauen und Greiz statt. Die Endfertigung war in Naunhof und die Endmontage im Werk II in Leipzig-Mockau sowie in Klotzsche, Oschatz und Pretzsch angesiedelt. Die Dezentralisierung stellte hohe logistische Ansprüche, erwies sich aber bis Ende 1944 als relativ wirksamer Schutz vor Bombenangriffen.

Die Erla-Flugzeugwerke erreichten 1944 mit knapp 4300 Jagdmaschinen ihren größten Produktionsausstoß. Allein auf dieses Werk entfielen 1944 mehr als 11 Prozent der gesamten deutschen Produktion von Kampfflugzeugen. Vom meistgebauten deutschen Jäger, der Me 109, wurde zwischen 1939 und 1945 jede dritte Maschine von den Erla-Werken produziert.[177]

Als der einzige wirklich erfolgreiche Einsatz der strategischen Luftstreitkräfte der Alliierten sollte sich

Das zerstörte Dresden

die »Öl-Offensive«, d. h. die systematische Bombardierung der deutschen Hydrierwerke und Raffinerien erweisen. Die Offensive begann am 12. Mai 1944 mit Angriffen von 935 Bombern gegen die Hydrierwerke Leuna, Böhlen, Zeitz, Lützkendorf und Brüx.[178] Damit wurde der Lebensnerv der deutschen Kriegswirtschaft getroffen. Allein das Werk in Böhlen wurde zwischen Mai 1944 und 21. März 1945 dreizehnmal angegriffen. Die Schäden führten zu einem dramatischen Rückgang der Treibstoffproduktion, insbesondere der Flugbenzinerzeugung.

Im Januar 1945 rückten Dresden, Chemnitz, Leipzig und Plauen als noch weitgehend unzerstörte Großstädte gleich hinter den Hydrierwerken und der Reichshauptstadt Berlin in den Ziellisten der Alliierten weit nach vorn. Besonders verheerend wirkte sich der britisch-amerikanische Angriff auf Dresden in der Nacht vom 13. zum 14. Februar 1945 aus. Die Stadt war dem Angriff praktisch schutzlos ausgeliefert. Der Feuersturm zerstörte fast ein Drittel aller Wohngebäude. Unterschiedlichen Schätzungen zufolge starben in dieser Schreckensnacht etwa 35 000 Menschen.

Am 5. März 1945 erfolgte ein weiterer vernichtender britisch-amerikanischer Doppelschlag gegen das Industrie- und Verkehrszentrum Chemnitz. Nahezu die gesamte Innenstadt wurde zerstört. Mehr als 3700 Chemnitzer kamen bei diesem Angriff um. Als letzte sächsische Großstadt wurde Plauen am 10. April 1945 von alliierten Bombern weitgehend zerstört.

In den ersten Tagen nach den verheerenden Luftangriffen herrschten in den sächsischen Großstädten Chaos und Verzweiflung. Die Versorgung mit Gas, Wasser und Strom war zusammengebrochen, ebenso die Verteilung von Lebensmitteln. Es kam zu Ausbrüchen aus zerbombten Gefängnissen und zu Plünderungen. Täglich trafen Flüchtlingstrecks aus dem Osten ein. Die Strukturen des NS-Staates begannen sich aufzulösen.

Strukturverschiebungen

Die sächsische Industrie hat in der Kriegswirtschaft eine größere Rolle gespielt als ihre stark von der Konsumgüterindustrie geprägte Industriestruktur vermuten ließ. Das wird ansatzweise deutlich, wenn man die Verschiebungen in den Beschäftigtenstrukturen analysiert.

29 Trümmerfrauen. Gemälde von Josef Hegenbarth, um 1949. Staatliche Kunstsammlungen Dresden, Kupferstich-Kabinett

30 Brücke der Einheit vor der Vollendung. Gemälde von Hermann Kohlmann, 1946. Stadtmuseum Dresden

31 Jahrhundertschritt. Bronzeplastik von Wolfgang Mattheuer, 1984. Galerie Schwind, Frankfurt a. M.

32 Baumwollringspinnmaschine, VEB Spinnereimaschinenbau Karl-Marx-Stadt, 1965

33 Trabant 601. Automobilmuseum Zwickau

34 VW-Werk Mosel bei Zwickau
35 Sparkasse Geithain

36 Neue Messe Leipzig, Glashalle

37 Gläserne VW-Manufaktur, Dresden

Anzahl der Beschäftigten in ausgewählten Branchen der Industrie (ohne Bauwesen und Baunebengewerbe) 1936 und 1944 (1936 = 100)[179]

	1936	März 1944	+/–	1936 = 100
Textilindustrie	271 467	183 957	– 87 510	68
Maschinen-, Apparate- und Fahrzeugbau	127 989	285 672	+157 683	233
Bekleidungsgewerbe	60 619	35 943	– 24 676	58
Elektrotechnik, Feinmechanik/Optik	41 411	70 634	+ 29 223	171
Eisen- und Metallgewinnung	29 318	40 644	+ 11 326	139
Bergbau	25 980	34 468	+ 8488	133
Chemische Industrie	21 501	35 946	+ 14 445	167

Die Beschäftigtenzahlen von 1944 sind wegen unterschiedlicher Erfassungskriterien nicht vollständig mit den Zahlen von 1936 vergleichbar. Daher beschränken wir uns an dieser Stelle auf einige der wichtigsten Trends.

Wie schon im Ersten Weltkrieg, so gehörten auch im Zweiten Weltkrieg die Textilindustrie und das Bekleidungsgewerbe zu den Branchen, deren Produktion am stärksten eingeschränkt wurde, was sich in einem entsprechend drastischen Rückgang der Beschäftigtenzahlen widerspiegelte. Beide Branchen zusammengerechnet verloren zwischen 1936 und 1944 mehr als 112 000 Beschäftigte. Dem stand ein rasantes Wachstum in den »Kriegsindustrien« – Maschinen-, Apparate- und Fahrzeugbau, Elektrotechnik, Feinmechanik/Optik, Chemische Industrie, Eisen- und Metallgewinnung – gegenüber. Allein der Maschinen-, Apparate- und Fahrzeugbau gewann über 157 000 Beschäftigte hinzu. Auch Elektrotechnik und Feinmechanik/Optik konnten ihre Beschäftigtenzahl fast verdoppeln.

Diese Zahlen belegen, dass die sächsische Industrie weitaus intensiver in die Rüstungs- und Kriegswirtschaft eingebunden wurde, als dies während des Ersten Weltkrieges der Fall gewesen war. Das Statistische Reichsamt erfasste in der Reichsbetriebskartei alle 1943 als wehrwirtschaftlich wichtig eingestuften Betriebe. Für Sachsen waren es 602 Unternehmen, wobei unter Einbeziehung von Zulieferern und Zwischenlieferanten noch eine wesentlich höhere Zahl anzunehmen ist.[180] Mehr als 140 sächsische Unternehmen, vornehmlich aus den Regionen um Leipzig und Dresden, waren in der Luftrüstung tätig. So wurden u. a. zahlreiche Dresdner Betriebe aus der Nahrungs- und Genussmittelindustrie umgestellt und in die Luftrüstung einbezogen. Wichtige Zulieferungen für die Luftrüstung kamen von der feinmechanisch/optischen Industrie in Dresden und Glashütte. Auch die Möbelindustrie erhielt Aufträge von der Luftwaffe. Ähnlich verhielt es sich im Leipziger, Chemnitzer und Zwickauer Raum. Auch dort wurde ein Großteil der Konsumgüterunternehmen auf die Produktion von Rüstungsgütern umgestellt.

Sachsen wurde zwar nicht zu einem »zweiten Rüstungszentrum«, wie verschiedentlich zu lesen ist, verzeichnete aber ab 1937 einen rüstungsbedingten Investitions- und Modernisierungsschub. Folgende Branchen und Regionen ragten dabei heraus: die Flugzeug- und Munitionsindustrie im Leipziger Raum, der Chemnitzer und Zwickauer Fahrzeugbau, der Maschinenbau in Leipzig, Chemnitz, Plauen und Bautzen, die feinmechanisch-optischen und elektrotechnischen Industrien in Dresden, die Kohlechemie im Leipziger Südraum (Böhlen, Espenhain, Regis), die Stahl- und Walzwerke in Gröditz und Riesa, die Gießereien in Leipzig und die Synthesefaserindustrie in Pirna und Glauchau.

Als reines Produkt der NS-Zeit muss der Ausbau der Flugzeugindustrie um Leipzig und Dresden angesehen werden. Die entscheidende Weichenstellung für den Aufschwung der sächsischen Fahrzeugindustrie erfolgte 1931 durch die Gründung der Auto Union. Exportorientierung und Rüstungsboom führten dann in den dreißiger und vierziger Jahren zu einer Stärkung der Position des sächsischen Fahrzeugbaus.

Die Verschiebung der Industriestruktur weg von der traditionellen Konsumgüterindustrie führte zu Konzentrationsprozessen, wie es sie nie zuvor in der sächsischen Wirtschaftsgeschichte gegeben hatte. Noch in den zwanziger Jahren hatte es in Sachsen nur wenige Großbetriebe mit mehr als 1000 Beschäftigten gegeben. Anfang 1939 wurden hingegen bereits 127 Betriebe mit mehr als 1000 Beschäftigten gezählt.[181] An der Spitze der Statistik der Großbetriebe stand der Maschinen-, Stahl- und Fahrzeugbau mit 42 Betrieben, in denen zusammen mehr als 98 000 Beschäftigte arbeiteten. Es folgten die Textilindustrie mit 30, die Elektroindustrie mit elf, der Bergbau mit sieben und die Stahlindustrie mit drei Großbetrieben. Mit dem

Entstehen bzw. dem Ausbau von Großbetrieben veränderte sich das soziale Milieu erheblich. In den auf Rüstungsproduktion ausgerichteten Großbetrieben, vor allem in den in kurzer Zeit auf der »grünen Wiese« gebauten Werken, wuchsen die Belegschaften rasch, ohne dass betriebliche Sozialstrukturen in gleichem Maße geschaffen wurden. Dies führte zu sozialen Spannungen zwischen der Stammbelegschaft und den neu hinzugekommenen Arbeitern, insbesondere bei der Konkurrenz um den knappen Wohnraum. Solche Schlagworte wie »Volksgemeinschaft« und »Gefolgschaft« und auch das Agieren der DAF vermochten eine Tendenz zur Entsolidarisierung in den Belegschaften nicht länger zu überdecken. Es gab keine unabhängigen Gewerkschaften mehr und keine Tarifautonomie.

Das Aushandeln von Löhnen und Sozialleistungen hing nunmehr stark von den jeweiligen Gegebenheiten im Betrieb, dem Stellenwert des Unternehmens in der Rüstungswirtschaft und dem individuellen Durchsetzungsvermögen ab. Vor allem die Werksleitungen der neuen Rüstungsbetriebe versuchten durch Lohnerhöhungen und soziale Vergünstigungen Fachkräfte zu halten bzw. neue zu gewinnen.

KRIEGSFOLGEN UND WIEDERAUFBAU 1945 BIS 1949

Kriegsende in Sachsen

Das sächsische Territorium wurde erst in den letzten Kriegswochen zum Schauplatz militärischer Operationen. Von Westen rückten amerikanische Verbände ab Anfang April 1945 nach Mitteldeutschland und Sachsen vor. Dadurch kamen große Teile der – gemäß den Vereinbarungen zwischen den USA, Großbritannien und der Sowjetunion – künftig der sowjetischen Besatzungszone zugeschlagenen Gebiete zunächst unter die Kontrolle amerikanischer bzw. britischer Truppen. Am 19. April erreichten die Amerikaner Leipzig. Die Kämpfe endeten jedoch erst am 7./8. Mai 1945 mit der Besetzung der Landeshauptstadt Dresden durch sowjetische Truppen.

Die Zeit der amerikanischen Besetzung von Teilen Sachsens dauerte nur knapp 100 Tage. Anfang Juli 1945 zogen sich die Amerikaner hinter die vereinbarten Linien zurück. Für die meisten Menschen kam der Besatzungswechsel überraschend. Die Vorstände großer Unternehmen wie Siemens oder Zeiss-Ikon hatten zeitiger von den Absprachen der Siegermächte erfahren und teilweise noch vor Kriegsende mit Verlagerungen und dem Abzug von Fachkräften nach Westen begonnen. Außerdem fand ein zwangsweiser Transfer von Fachleuten, vornehmlich aus der Rüstungsforschung, wertvollen Rohstoffen, Patenten und Firmenunterlagen statt. Dafür sorgten amerikanische Spezialeinheiten.[182] Spektakulär war u. a. die Zwangsevakuierung von Professoren der Leipziger Universität.[183] Bis heute ist strittig, wie hoch die dadurch entstandenen Verluste zu veranschlagen sind.[184]

Der alliierte Bombenkrieg und auch die Erdkämpfe hatten vor allem die Wohngebiete und Fabrikbauten getroffen. Rund ein Viertel des Wohnungsbestandes wurde beschädigt. Die größten Schäden erlitten in Dresden und Chemnitz ansässige Firmen. Von 14700 sächsischen Betrieben meldeten 9500 Kriegsschäden in unterschiedlichstem Ausmaß.[185] Am stärksten betroffen waren die Druck- und die Treibstoffindustrie. Der Werkzeugmaschinenbau verlor rund 13 Prozent seiner Kapazitäten, der Textilmaschinenbau knapp 8 Prozent. In anderen Branchen waren kaum größere Kriegsverluste eingetreten.[186] Insgesamt dürften in Sachsen keinesfalls mehr als 15 Prozent der industriellen Kapazitäten, gemessen am Stand von 1944, durch Kriegszerstörungen verloren gegangen sein.[187] Dem äußeren Anschein zum Trotz hatte die sächsische Industrie demnach den Krieg mit erstaunlich großen Produktionskapazitäten überstanden. Ein Grund dafür war ihre dezentrale Struktur.

Bei Kriegsende zählte Sachsen ca. 5,5 Mio. Einwohner und war damit die mit Abstand am dichtesten besiedelte Region der Sowjetischen Besatzungszone (SBZ).[188] Dem Gebietszuwachs stand Ende 1945 im Vergleich zur Vorkriegszeit eine Abnahme der Wohnbevölkerung um 223000, rund 8,8 Prozent von der Gesamtbevölkerung, gegenüber. Die kriegsbedingten Bevölkerungsverluste wurden bis Ende 1946 durch den Zuzug von mehr als 680000 Flüchtlingen und

Umsiedler am Leipziger Bahnhof, 1946

Vertriebenen kompensiert, so dass Sachsen insgesamt noch einen Bevölkerungsgewinn verzeichnete.

Während also die Bevölkerungszahlen für Sachsen – im Gegensatz zu den anderen Ländern der SBZ – nur eine geringe Veränderung widerspiegeln, waren die sozial-strukturellen Umschichtungen ähnlich tief greifend wie dort. Bereits vor Kriegsbeginn wies die sächsische Bevölkerung einen deutlich über dem Reichsdurchschnitt liegenden Überalterungsgrad sowie einen überdurchschnittlichen Frauenüberschuss auf. Dies trug mit zu einem höheren Grad der weiblichen Erwerbstätigkeit bei als in den meisten anderen Ländern des Reiches, eine Entwicklung, die sich nach dem Krieg fortsetzte. Ende 1951 verzeichnete Sachsen den mit Abstand höchsten relativen Anteil von Frauen an den Gesamtbeschäftigten in ganz Deutschland.

Die sächsische Wirtschaftsstruktur mit ihrem stark von der Leichtindustrie – Textil, Bekleidung, Lebensmittel, Spielwaren – geprägten Profil begünstigte diesen Trend, wobei das traditionelle Lohngefälle zuungunsten der weiblichen Beschäftigten erhalten blieb.[189] Besonders hohe Anteile an der Industrieproduktion der späteren SBZ, gemessen am Stand von 1939, wiesen folgende Branchen auf: Textilindustrie, Papiererzeugung und Druckindustrie, Fahrzeugbau und Maschinenbau.

Prozentualer Anteil der sächsischen und schlesischen Industriebetriebe mit mehr als zehn Beschäftigten in ausgewählten Branchen an der Gesamtzahl der Betriebe in der späteren SBZ, Stand 1939[190]

Branche	*Sachsen/Schlesien*
Textilindustrie	75,9 %
Papierindustrie	69,8 %
Bekleidungsgewerbe	65,5 %
Druckgewerbe	51,8 %
Eisen-, Stahl- und Metallwaren	49,4 %
Chemische Industrie	48,9 %
Elektrotechnik	46,0 %
Maschinen-, Stahl- und Fahrzeugbau	43,3 %
Holzgewerbe	42,8 %
Bau- und Baunebengewerbe	32,8 %

Angesichts dieser Industrieverteilung kam der sächsischen Industrie in der »Rumpfwirtschaft« der SBZ eine Schlüsselrolle zu.

Besatzungssystem und Landesverwaltung

Einen Monat nach Kriegsende wurde die Sowjetische Militäradministration in Deutschland (SMAD) mit Sitz in Berlin gegründet. Ihr unterstellt waren fünf Landes- bzw. Provinzialverwaltungen, darunter die Sowjetische Militäradministration in Sachsen (SMAS). Zum Befehlsbereich der SMAS gehörte das Territorium des früheren Freistaates Sachsen zuzüglich der westlich der Neiße gelegenen Teile der preußischen Provinz Schlesien.

In der überkommenen Territorialstruktur bestand Sachsen aus 30 Landkreisen und 23 kreisfreien Städten. Infolge der Eingliederung ehemals schlesischer Gebiete und kleinerer Abrundungen vergrößerte sich die Fläche des Landes von zuvor knapp 15 000 auf annähernd 17 000 Quadratkilometer, d. h. um rund 13 Prozent. Im Osten bzw. Nordosten kamen mit Hoyerswerda, Weißwasser und Görlitz drei Landkreise sowie der Stadtkreis Görlitz hinzu. Die industriellen Strukturen dieser Landkreise waren von der Leichtindustrie, insbesondere mittleren und kleinen Textilfirmen, der Glasindustrie und dem Waggonbau in Niesky und Görlitz sowie dem Braunkohlenbergbau geprägt.

Am 18. Juli 1945 nahm eine von der Besatzungsmacht eingesetzte Landesverwaltung (LVS) unter Leitung des Dresdner Sozialdemokraten Dr. Rudolf Friedrichs ihre Tätigkeit auf. Friedrichs vertraute in seiner Regierungserklärung auf die Traditionen des »fleißigen Sachsenlandes« und setzte auf eine Zusammenarbeit mit den wieder gegründeten Gewerkschaften. Der Nationalsozialismus sollte ausgerottet werden. Zugleich sprach er sich für die Förderung des freien Unternehmertums aus. Friedrichs sollte jedoch ein Mann des Übergangs bleiben. Sein an demokratischen Traditionen orientierter Politikstil missfiel seinen kommunistischen Amtskollegen zunehmend. Innenminister Kurt Fischer setzte ihn unter Druck und unter bis heute nicht geklärten Ursachen schied Friedrichs im Juni 1947 aus dem Leben.[191]

Zu den ersten Aufgaben der LVS gehörte eine wirtschaftliche Bestandsaufnahme. Diese wurde von der Wirtschaftskammer Sachsens ausgearbeitet.[192] Ihr Bericht zeigte die Grundprobleme: In den Städten und auf dem Lande herrschte bittere Not. Lebensmittel und Medikamente waren knapp. Flüchtlingsströme durchzogen das Land. Das Verkehrswesen war gelähmt durch die Zerstörung von rund 300 Brücken, den Mangel an Kohle und Treibstoffen. Die Industrie litt unter den Kriegsverlusten, dem Zusammenbruch der Lieferbeziehungen und sowjetischen Demontagen.

In den ersten Nachkriegsjahren wurden alle für die Wirtschaftsentwicklung Sachsens wichtigen Fragen von der Besatzungsmacht entschieden. Ungefähr 2500 bis 3000 Besatzungsoffiziere steuerten die sächsische Wirtschaft.[193] Die Besatzungsmacht kontrollierte die Rohstoffbewirtschaftung, die Verteilung der Produktion und stellte die Wirtschaftspläne auf. Neben der SMAS – und teilweise auch gegen sie – agierten noch verschiedene Sonderorganisationen der Besatzungsmacht, wie das vorrangig mit den Demontagen beauftrage Sonderkomitee und die Verwaltung für sowjetisches Vermögen in Deutschland. Die LVS und auch die für die gesamte SBZ zuständige Deutsche Zentralverwaltung für Industrie (DZVI) besaßen demgegenüber nur einen geringen Spielraum. Die LVS war praktisch ein »Exekutivorgan« der SMAS.

Bodenreform und beginnende Verstaatlichungen in der Industrie

Die Umgestaltung der Besitzverhältnisse in der Wirtschaft gehörte zu den erklärten Zielen der KPD-Führung. In ihrem programmatischen Aufruf vom 11. Juni 1945 war davon jedoch nicht viel zu lesen. Aus taktischen Gründen, vor allem im Hinblick auf die in zentralen Punkten noch offen erscheinende sowjetische Deutschlandpolitik, befürwortete man die private Unternehmerinitiative. Gefordert wurden eine Bodenreform und die Enteignung von »Nazi- und Kriegsverbrechern«. Vom Aufbau einer Planwirtschaft war noch keine Rede.

Nicht nur die Kommunisten befürworteten in der Nachkriegszeit staatliche Eingriffe und gemeinwirtschaftliche Konzepte. Die SPD forderte in ihrem Gründungsaufruf Sozialismus in Wirtschaft und Gesellschaft. Die Liberal Demokratische Partei (LDP, später LDPD) wollte solche Konzepte nur in der Übergangsphase zur Friedenswirtschaft akzeptieren. Wie die Christlich Demokratische Union (CDU) sprach sie sich gegen eine übermäßige Konzentration der Wirtschaft aus und plädierte für eine freie Marktwirtschaft. Die CDU favorisierte das Konzept eines »christlichen Sozialismus« mit Gemeineigentum an Schlüsselbetrieben und Mitbestimmung der Beschäftigten bei der Unternehmensleitung.

Bevor über die künftigen Gesellschaftsstrukturen intensiver diskutiert werden konnte, ergriffen die Besatzungsmacht und die KPD die Initiative für eine Bodenreform. Die Vorgaben dafür kamen aus dem Moskauer Außenministerium. Oberstes Ziel war die

Bodenreform. Einzug von Rockauer Bürgern in das Rittergut Helfenbeg, 1945

Zerschlagung des Großgrundbesitzes, den man als eine der wichtigsten Stützen der alten Ordnung ansah. Unter den Alliierten bestand im Grundsatz, nicht jedoch im Detail, durchaus Konsens über die Beseitigung der Großgrundherrschaft in Deutschland. So wurde noch im April 1947 auf der Außenministerkonferenz der Siegermächte eine Bodenreform gefordert.[194] Während man sich jedoch in den westlichen Besatzungszonen auf eine freiwillige Landabgabe mit Ausgleichszahlungen beschränkte, fanden in der SBZ pauschale und entschädigungslose Enteignungen statt.

Die kritisierten »junkerlichen und feudal-gutsherrlichen Wirtschaften« gab es hauptsächlich in Mecklenburg, Brandenburg und in der Provinz Sachsen (dem späteren Sachsen-Anhalt). In Sachsen umfassten die fraglichen Großgüter nur knapp ein Drittel der landwirtschaftlichen Nutzfläche und waren noch dazu im Vergleich zu anderen Reichsgebieten relativ klein. Es handelte sich um 747 Betriebe mit knapp 135 000 Hektar. Zunächst beschloss das sächsische Landespräsidium eine Enteignung gegen Entschädigung, beugte sich dann jedoch dem Druck der KPD und verabschiedete am 10. September eine Bodenreformverordnung, eine Woche nach dem Bodenreformbeschluss der Provinz Sachsen. Warnungen vor übereilten Schritten, wie sie der Agrarwissenschaftler Constantin von Dietze ausgesprochen hatte, verhallten ungehört.[195] Die Bodenreform wurde überstürzt begonnen. Die mit ihrer Umsetzung beauftragten Kommissionen auf Kreis- und Gemeindeebene gingen rigoros vor, ohne an rechtsstaatliche Prinzipien gebunden zu sein. Der gesamte Grundbesitz über 100 Hektar wurde entschädigungslos enteignet und in einen staatlichen Bodenfonds eingebracht. Enteignet wurden außerdem »Nazi- und Kriegsverbrecher«, unabhängig von der Größe ihres Besitzes.

Aus dem staatlichen Bodenfonds erhielten Landlose, Flüchtlingsfamilien und Kleineigentümer Parzellen bis maximal 5 Hektar Größe. Aufgeteilt wurde auch das landwirtschaftliche Inventar der Großgrundbesitzer. Widerständische Besitzer oder Pächter von enteigneten Betrieben wurden aus ihren Landkreisen ausgewiesen und in extremen Fällen auf die Insel Rügen verbannt.

Insgesamt wurden in Sachsen bis Mitte 1946 fast 1800 Wirtschaften mit einer Grundfläche von insgesamt rund 315 000 Hektar enteignet. Dies entsprach etwa 22 Prozent der landwirtschaftlichen Nutzfläche.[196]

Daraus entstanden 80756 Neusiedler- und Kleinbauernparzellen; 254 Betriebe kamen in Staatsbesitz und 140 in städtischen Besitz. Die kompromisslos durchgesetzte Bodenreform bildete eine integrale Komponente der Herrschaftslegitimation der KPD bzw. später der SED und eine wichtige Grundlage ihres Selbstverständnisses. Sie unterhöhlte andererseits den »antifaschistischen« Grundkonsens, belastete nachhaltig die Zusammenarbeit der Parteien und wurde zu einem Konfliktfeld in der Ost-West-Konfrontation.

Die meisten Neubauernstellen litten unter ihrer ungenügenden Ausstattung. Drei Viertel von ihnen arbeiteten ohne Pferde, lediglich jede vierte besaß einen Pflug.[197] Diese »Kümmerexistenzen« verschärften die strukturellen Probleme. Die sächsische Landwirtschaft behielt auch nach der Bodenreform ihre traditionelle Struktur bei: Sie blieb klein- bis mittelbäuerlich, hatte allerdings einen Teil ihrer produktivsten Wirtschaften eingebüßt. Die Umwälzung der Besitzverhältnisse hatte Ernteausfälle und Produktivitätsverluste zur Folge. Erst Mitte der fünfziger Jahre konnten die Vorkriegserträge wieder erreicht werden. Das sächsische Beispiel zeigte drastisch, dass die Bodenreform in der SBZ in erster Linie eine politische Zielsetzung verfolgte.

Gleiches kann auch von der Veränderung der Besitzstände in der Industrie gesagt werden. Dabei spielte Fritz Selbmann eine herausragende Rolle.[198] Der gelernte Bergmann gehörte seit 1922 der KPD an und war von 1930 bis 1932 Mitglied des preußischen Landtages und 1932/33 Abgeordneter des Deutschen Reichstages gewesen. Im April 1933 von den Nationalsozialisten verhaftet, musste er fünf Jahre in Einzelhaft verbringen und durchlitt danach die Konzentrationslager Sachsenhausen, Flossenbürg und Dachau. Selbmanns Tätigkeit an der Spitze der Landesverwaltung für Wirtschaft und Arbeit war Ausgangspunkt für seine Laufbahn als einer der bedeutendsten Wirtschaftsfunktionäre der SBZ/DDR. Durchsetzungsfähig und willensstark gehörte er zu den »Gründungsvätern« des DDR-Wirtschaftssystems. Eine besondere Qualifikation für sein neues Amt besaß Selbmann nicht, er war als Führungsnatur aber dennoch keine Fehlbesetzung.

Der taktischen Linie der Exil-Führung der KPD folgte auch Selbmann und propagierte die These von der »antifaschistisch-demokratischen Umwälzung«.[199] Von einer Übertragung des sowjetischen Systems war zunächst einmal keine Rede. Dennoch hatte Selbmann, wie die KPD-Führung generell, ziemlich klare Vorstellungen vom anzustrebenden Ziel. Die Wirtschaft sollte möglichst weitgehend verstaatlicht werden. Einen Ausgangspunkt dafür bot der Umgang mit rund 3000 »herrenlosen Betrieben«, deren Besitzer entweder geflohen oder von den Besatzungsbehörden verhaftet worden waren. Diese Betriebe wurden der Kontrolle der LVS bzw. dem eigens dafür gebildeten »Amt für Betriebsneuordnung« unterworfen. Außerdem wollte die LVS sämtliche Kohlen- und Erzbergwerke verstaatlichen, was jedoch am Einspruch der SMAS scheiterte. Daraufhin preschte Selbmann in einer Präsidialsitzung der LVS am 29. Oktober 1945 vor und führte einen Beschluss herbei, wonach »alle im Bundesland Sachsen befindlichen Vermögenswerte des auf der Kriegsverbrecherliste stehenden Kriegswirtschaftsführers Flick zu enteignen« waren.[200] Dies betraf u. a. die Mitteldeutschen Stahlwerke GmbH Riesa, die Gußstahlwerke Döbeln AG und die Waggon- und Maschinenfabrik Busch in Bautzen. Flick war in der Tat durch seine Unterstützung für die NSDAP und den Einsatz von KZ-Häftlingen diskreditiert. Bei der Zerschlagung seines Konzerns handelte es sich mithin um einen symbolträchtigen Schritt, der bis zu einem gewissen Grade im Einklang mit der Behandlung von belasteten Spitzenvertretern der Wirtschaft auch in den Westzonen stand. Verwiesen sei hier nur auf die Dekartellierungspolitik der amerikanischen Besatzungsbehörden und das Kontrollratsgesetz Nr. 9 zur Beschlagnahmung des Eigentums der IG Farbenindustrie AG. Allerdings reichten die Sozialisierungspläne der LVS weit darüber hinaus. Die Flick-Enteignung sollte den Auftakt zur Liquidierung aller Konzerne und Unternehmerverbände bilden.

Weitere bereits geplante Enteignungen ließen die SMAD aktiv werden. Ende Oktober 1945 erließ die Besatzungsmacht die Sequesterbefehle Nr. 124 und 126. Diese betrafen praktisch alle Großbetriebe und NS-Aktivisten in der SBZ. Allein in Sachsen wurden über 4 700 Betriebe beschlagnahmt und bis zur endgültigen Klärung der Eigentumsrechte den Landesverwaltungen unterstellt. Sequesterkommissionen überprüften die Betriebe und stuften sie in zwei Listen ein: Liste A umfasste die zur Enteignung vorgesehenen Unternehmen, während Liste B die Betriebe enthielt, die an ihre Eigentümer zurückgegeben werden sollten. In den Betrieben kam es zu teilweise heftig geführten Auseinandersetzungen um die Rückgabe bzw. Verstaatlichung. Zuletzt enthielten die A-Listen 1883 und die B-Listen 2200 Unternehmen. Darüber hinaus wurden 635 Betriebe auf einer C-Liste erfasst. Über diese Liste entschied ausschließlich die Besatzungsmacht.

Bei der von der KPD unter Schirmherrschaft der SMAD angestrebten »Neuordnung der Wirtschaft«

Werbung für den Volksentscheid über die Enteignung von Nazi- und Kriegsverbrechern auf der Marienbrücke in Dresden, 1946

sollte Sachsen eine Vorreiterrolle zukommen.[201] Es waren vor allem zwei Ziele, um die das wirtschaftspolitische Denken der KPD-Funktionäre kreiste: die Enteignung der Großindustrie und eine staatliche Wirtschaftsplanung. Das Vorbild dafür bildete die Sowjetunion, wobei die konkreten Kenntnisse der Akteure vom sowjetischen Wirtschaftssystem äußerst begrenzt waren. Sie sahen in der Wirtschaftsplanung nachgerade ein Allheilmittel zur ökonomischen Problembewältigung.

Die Legitimation der geplanten Enteignungen erfolgte am 30. Juni 1946 per Volksentscheid.[202] Die Idee dazu war in Anknüpfung an den Volksentscheid zur »Fürstenenteignung« im Jahr 1926 Anfang 1946 vom ZK der KPD entwickelt worden. Da genaue Definitionen zur Festlegung des Kreises der Betroffenen fehlten, kam es zu Konflikten zwischen der im April aus der Fusion von KPD und SPD hervorgegangenen SED und den Vorsitzenden der sächsischen CDU, Hugo Hickmann, und der LDP, Hermann Kastner. Sie lehnten den Volksentscheid nicht ab, plädierten aber für mehr Rechtssicherheit und beklagten, dass auch politisch unbescholtene Unternehmer auf die Enteignungsliste gesetzt wurden.

Für die Enteignung von »Nazi- und Kriegsverbrechern« votierten 77,6 Prozent aller Stimmberechtigten.[203] Direkt Betroffene waren von der Stimmabgabe ausgeschlossen. Die Besatzungsmacht betrachtete den Volksentscheid in erster Linie als Stimmungstest. Die Enteignung von »Schlüsselindustrien« galt schon Monate vor dem Referendum als beschlossene Sache und wurde mit den Befehlen Nr. 97 vom 29. März sowie 154/181 vom 21. Mai 1946 juristisch sanktioniert.[204] Mit Gerechtigkeit im Sinne der Feststellung individueller Schuld hatte der Volksentscheid nichts zu tun. Per Kollektivschuldthese wurden vor allem größere Unternehmen für die Unterstützung des NS-Regimes verantwortlich gemacht.

Die Auseinandersetzungen um das Schicksal sequestrierter Betriebe waren mit dem Volksentscheid nicht beendet. Die Verwaltungen trieben die Enteignungen selbst noch nach dem offiziellen Abschluss des Sequesterverfahrens im Frühjahr 1948 voran, was zu wiederholten Auseinandersetzungen zwischen SED und CDU sowie LDPD im sächsischen Landtag führte. Zu verweisen ist auch auf die Verhaftungs- und Internierungspolitik der Besatzungsmacht, meist wurde das Eigentum der betreffenden Personen beschlagnahmt. Im Unterschied zur postulierten »Unantastbarkeit des Volkseigentums« gab es für die Privatunternehmen keine Bestandsgarantie. Vielmehr wurde ein umfangreiches rechtliches Instrumentarium zur Weiterführung von Enteignungen geschaffen. So wurden am 5. Mai 1948 der »Ausschuss zum Schutz des Volkseigentums« gebildet und am 23. September 1948 eine neue Wirtschaftsstrafverordnung erlassen.[205] Die Praxis, weit gefasste gesellschaftspolitische Ziele hinter dem Vorwurf krimineller Wirtschaftssabotage zu verstecken, wurde Anfang der fünfziger Jahre noch forciert.

In der Wirtschaftspraxis reduzierte sich die Planung auf den Versuch, mit administrativ völlig unzureichenden Mitteln betriebliche Kapazitäten zu erfassen und die vorhandenen Rohstoffe und Hilfsmaterialien zu kontingentieren. Die Rohstoff- und Materialbilanzierung funktionierte daher mehr schlecht als recht. Das Planungssystem wies von Anfang an schwerwiegende Mängel auf, die vornehmlich auf Informationsdefiziten beruhten. Ein Ausweg aus der doppelten Misere – fortgesetzten, desorganisierend wirkenden Eingriffen der Besatzungsmacht in die Wirtschaft sowie Separierungstendenzen auf Länderebene – wurde von der SED im Aufbau einer gesamtzonalen Wirtschaftslenkung gesehen. Selbmann befürwortete eine möglichst umfassende Wirtschaftsplanung. Er übersandte ein Memorandum zu Fragen der Wirtschaftsplanung an Georgij Malenkov, einen der Stellvertreter Stalins, nach Moskau. Es zielte auf eine Minderung der Reparationslasten und die Übertragung von Kompetenzen auf deutsche Instanzen.[206] Offensichtliche Mängel im Planungsprozess wurden von Selbmann nicht geleugnet, sondern auf die isolierte Planung der einzelnen Wirtschaftsbereiche, den Bürokratismus und Mangel an Fachkräften zurückgeführt.

Außerdem wurden die Defekte des Planungssystems mit dem Wirken von »Saboteuren« erklärt. Das Präsidium der LVS beschloss daher Ende 1946, dass die »Sabotage des wirtschaftlichen Aufbaus« mit dem Tode bestraft werden kann. Die Planung selbst wurde immer mehr zur Geheimsache. Im Wirtschaftsministerium wurde eigens für die Planungsunterlagen eine »verbotene Zone« angelegt.[207]

Abtransport von Demontagegütern, 1946

Demontagen und Reparationslieferungen

Die beginnende Transformation der Wirtschaftsverfassung vollzog sich vor dem Hintergrund einer von der Besatzungsmacht 1945/46 zunächst rigoros durchgeführten Politik der »industriellen Abrüstung«. Deren Ziel war die Schwächung des ehemaligen Kriegsgegners, die Zerstörung seines rüstungswirtschaftlichen Potenzials und der Transfer von Gütern und Know-how aller Art zugunsten des Wiederaufbaus in der UdSSR.

Die Demontagen erreichten bereits im Sommer 1945 und dann nochmals im April 1946 ihre Höhepunkte.[208] Wegen des rigorosen Vorgehens der Demontagebeauftragten besaß eine Strategie des Hinauszögerns oder gar der Verweigerung kaum Erfolgsaussichten. Die Direktionen und Betriebsräte etwa von Audi, Horch und Wanderer riefen zur Besonnenheit auf. So erklärte der Betriebsratsvorsitzende des Wanderer-Werkes nach Bekanntgabe des Demontagebefehls am 9. Juli 1945: »Eine schwere Entscheidung, die wir als Männer tragen müssen und tragen werden. Wir werden als Wanderer traditionell genau so ordentlich eine Fabrik demontieren und einpacken, wie wir das immer bei unseren Lieferungen gewohnt waren und wie es unser guter Ruf in der UdSSR, den wir durch die etwa 1000 dort arbeitenden Wanderer-Maschinen haben, voraussetzt.«[209]

Zu einem spektakulären Protest kam es im Januar 1947 in Freital.[210] Das Werk Freitaler Stahlindustrie war bereits einmal demontiert worden. Nun sollten 1947 auch noch die mechanischen Werkstätten abgebaut werden. Betriebsleiter Johannes Vogler verfasste folgendes Flugblatt: »Arbeiter schützt Eure Betriebe gegen Saboteure am Volksvermögen! Wir protestieren gegen derartige Willkür und nehmen an keiner Demontage teil.«[211]

Voglers Biografie ist typisch für ungezählte andere »aus der Not geborener Unternehmer«, die nicht am Nachkriegschaos verzweifelten, sondern mit einem unbändigen Willen an den Wiederaufbau gingen. Im September 1945 wurde Vogler, der das Vertrauen der Belegschaft genoss und nicht der NSDAP angehört hatte, von der SMAS zum Betriebsleiter bestellt. Mit Improvisationstalent begann er den ehemaligen Rüstungsbetrieb auf Friedensproduktion umzustellen: Waggonreparaturen statt Granaten. So blieben ca. 250 Arbeitsplätze erhalten. Als dieses Wiederaufbauwerk gleich zweimal durch Demontagen bedroht wurde, gab er nicht auf, sondern fing jedes Mal wieder von vorne an. Auch als das nunmehr in Mechanische Werkstätten Freital-J. Vogler umbenannte Werk im September 1948 in Landeseigentum überführt wurde, blieb Vogler als Werkleiter tätig.

Im Oktober 1948 zog die SMAS eine Bilanz der Demontagen: »In jedem Industriezweig wurden die bedeutendsten Betriebe mit der modernsten Technologie demontiert. Kleinere Betriebe unterlagen in der Regel nicht der Demontage ...«[212] Insgesamt wurden in Sachsen rund 1000 Betriebe abgebaut.[213] Zum Vergleich: Die drei Westzonen zusammengerechnet verloren 669 Werke durch die alliierten Demontagen. Nahezu komplett abgebaut wurden in Sachsen die Flugzeugindustrie und der Fahrzeugbau. Diese Branchen erlitten wertmäßig die größten Verluste. Für den Wiederaufbau außerordentlich nachteilig war die Demontage der Stahl- und Walzwerke in Riesa, Gröditz und Döhlen. Gravierend waren auch die außerordentlich hohen Verluste im Werkzeugmaschinenbau und in der Elektroindustrie.

Demontageverluste ausgewählter sächsischer Industriezweige[214]

	Produktionsvolumen vor der Demontage (in Mio. RM)	*davon demontiert: (in Mio. RM)*	*in Prozent*
Kugellagerproduktion	81,0	79,8	98,4%
Schreibmaschinen	79,4	72,9	91,8%
Motorradproduktion	60,2	55,0	91,3%
Textilmaschinenbau	109,9	95,4	86,8%
Kraftfahrzeugbau	277,1	203,3	73,4%
Polygraphische Maschinen	22,6	5,1	22,6%

Nach Berechnungen des Statistischen Landesamtes war ungefähr jeder fünfte Beschäftigte von den Demontagen betroffen. Sie wanderten zumindest vorübergehend in weniger stark beeinträchtigte Branchen ab, begannen den Wiederaufbau mit veralteten Maschinen oder wurden arbeitslos. Infolge der Demontagen kam es zu einem Ansteigen der Handarbeit und damit sinkender Produktivität. Die Demontagen beschränkten sich nicht nur auf die Rüstungs- und Großindustrie, sondern trafen auch hunderte klein- und mittelständische Unternehmen aus dem Konsumgüterbereich wie Säge- und Glaswerke, Textilbetriebe und Papierhersteller.

Hartnäckig hielt sich das Gerücht, die meisten demontierten Anlagen seien nie an ihren Bestimmungsorten angekommen, sondern rosteten auf Abstellgleisen oder unter Schneewehen vor sich hin und hätten demnach dem Wiederaufbau in der Sowjetunion nur wenig genutzt. Zweifellos gab es zahlreiche solche Fälle. Dennoch erreichte die große Mehrzahl der demontierten Anlagen ihre Bestimmungsorte.

Die Ausrüstungen des Zwickauer Phänomen-Werkes kamen zur ZIS Automobilfabrik Moskau, die von DWK Zschopau zur Moskauer Motorradfabrik, die von Wanderer Chemnitz nach Kiew, die von Framo in Hainichen nach Minsk, die von Horch in Zwickau zur Automobilfabrik Gorki, die von Audi Zwickau zur Moskauer Kleinwagenfabrik und von Vomag Plauen zu den Automobilfabriken nach Jaroslawl, Minsk und Nowosibirsk.[215] Welch außerordentlichen Umfang dieser Maschinentransfer erreichte, lässt sich daran ermessen, dass 1948 deutlich mehr als die Hälfte aller Ausrüstungen des sowjetischen Automobilbauministeriums aus »Sonderlieferungen« stammte.

Während die sowjetische Industrie nur in wenigen Fällen deutsche Autokonstruktionen übernahm, beruhten praktisch alle in den Nachkriegsjahren gebauten sowjetischen Motorräder auf deutschen Konstruktionen. So entwickelten Ingenieure aus Chemnitz ein komplettes Projekt für den Aufbau der Kiewer Motorradfabrik, in der dann das Motorrad Wanderer unter dem Namen »Kievljanin« hergestellt wurde. Zum meistkopierten Modell in den fünfziger Jahren – nicht nur in der Sowjetunion, sondern weltweit – wurde das DKW Motorrad RT–125, das den Namen M–1A Moskva erhielt.

Auf längere Sicht schwerwiegender als in der Industrie wirkten die Demontagen im Transportwesen. Im Bereich der Reichsbahndirektion (RBD) Dresden, neben der RBD Cottbus für die sächsischen Eisenbahnstrecken verantwortlich, wurden bis 1948 mehr als 1000 Kilometer Gleise der Hauptstrecken abgebaut. Das entsprach einer Reduzierung der Hauptgleise um rund 30 Prozent.[216] Demontiert wurde überwiegend das »zweite Gleis«, d. h. die meisten Strecken konnten nunmehr nur noch eingleisig betrieben werden. Den Zeitgenossen galt der Abbau des »zweiten Gleises« als Charakteristikum für eine auf die Schwächung des ehemaligen Kriegsgegners ausgerichtete Politik. Trotz dieser Verluste gehörte das sächsische Eisenbahnnetz noch immer zu den dichtesten in Europa. Allerdings sank die Durchlassfähigkeit der Strecken erheblich und der Kapitalstock der Bahn bedurfte dringend einer Modernisierung.

Nachhaltig negativ wirkten die Verluste an rollendem Material. Ein Jahr nach Kriegsende standen der RBD Dresden nur noch zwei Drittel ihres Lokomotivbestandes von 1944, kaum noch Elektrolokomotiven und bestenfalls noch ein Drittel der Güterwaggons und Personenwagen zur Verfügung. Der Verlust an Transportkapazitäten bei der Deutschen Reichsbahn sollte sich nach dem Wiedererreichen des Vorkriegsniveaus in der Güterproduktion als eines der größten Hemmnisse für die Wirtschaftsentwicklung erweisen. Deshalb bemühte sich die Deutsche Reichsbahn 1951/52 um den Rückkauf von 40 000 Güterwagen und von Lokomotiven aus der Sowjetunion. Damit konnte der Güterverkehr vor dem sicheren Kollaps bewahrt werden.

Als Gegenleistung für die Lokomotiven und Materialien der elektrischen Zugförderung verpflichtete sich die DDR zur Lieferung von 355 neuen Personenwagen. Für Sachsen waren diese Abkommen insofern wichtig, weil dadurch die Waggonbaubetriebe in Bautzen und Niesky langfristig auf die vorrangige Belieferung des sowjetischen Marktes festgelegt wurden.

Wie schwerwiegend die Kriegsfolgen und die wirtschaftspolitischen Schwerpunksetzungen zugunsten ausgewählter Industriebranchen den Gütertransport, aber auch den Personenverkehr beeinträchtigten, belegt die Entwicklung der Betriebsleistungen der Reichsbahn. Erst 1966 konnten sie, bei noch immer geringeren Kapazitäten, das Niveau von 1939 wieder erreichen. Die Demontagen nahmen schließlich ein solches Ausmaß an, dass amerikanische Volkswirte Mitte 1946 für den Fall der Wiederherstellung der deutschen Wirtschaftseinheit mit erheblichen Belastungen durch die geschwächte Wirtschaft des Ostens rechneten.[217] Auch die SMAD sah inzwischen mit Sorge auf die Folgen der Demontagepolitik. Konstantin I. Koval, der Leiter der Wirtschaftsabteilung der SMAD, fürchtete das Entstehen eines »ökonomischen Vakuums« in der SBZ. Die SMAD drängte auf einen Politikwechsel. Dieser wurde bis Mitte 1946 vollzogen. Die Demontagen wurden zugunsten von Entnahmen aus der laufenden Produktion eingeschränkt. Wichtigstes Element der neuen sowjetischen Reparationspolitik war ab Juni 1946 die Bildung von Sowjetischen Aktiengesellschaften (SAG).[218] Zu den größten SAG-Betrieben in Sachsen gehörten das Brikettkombinat Espenhain, das Benzinwerk Böhlen, das Sachsenwerk Niedersedlitz, das Bleichert-Werk Leipzig, die Schumann & Co. AG Leipzig, Unruh & Liebig Leipzig, die Penig Maschinenwerke Leipzig und das Stahlwerk Krautheim in Chemnitz. Der Zeitwert aller sächsischen SAG-Betriebe wurde insgesamt auf mindestens 340 Mio. Reichsmark geschätzt. Bereits Anfang 1947 erhielt Sachsen 23 Unternehmen zurück, wofür ein Rückkaufpreis von 11,3 Mio. Reichsmark gezahlt werden musste.

Die betriebliche Mitbestimmung wurde in den SAG-Betrieben noch frühzeitiger als in den landeseigenen Betrieben eingeschränkt. Andererseits war der personelle Bruch in den SAG-Betrieben weniger ausgeprägt als in den landeseigenen Betrieben. Fachkompetenz erschien den sowjetischen Direktoren wichtiger als politische Belastungen. Formaljuristisch galten die SAG als Aktiengesellschaften nach deutschem Recht. Da sie der UdSSR gehörten – geleitet wurden sie von der Hauptverwaltung für das Sowjetische Vermögen in Deutschland in Berlin – waren sie nicht publizitätspflichtig und mussten auch nur einen Bruchteil der üblichen Steuern entrichten. Im Bewirtschaftungssystem nahmen die SAG-Betriebe eine Sonderstellung ein. Sie wurden besser mit Rohstoffen versorgt, erhielten mehr Arbeitskräfte zugewiesen und konnten höhere Löhne zahlen. Ein Teil der SAG-Produktion wurde aus dem Landeshaushalt subventioniert. Pachten und Gewinne mussten hingegen an die sowjetischen Eigner abgeführt werden.[219]

Im Jahr 1948 entfielen auf den SAG-Sektor knapp 15 Prozent aller in Sachsen hergestellten Waren. In anderen Ländern der SBZ und in Ost-Berlin lag der SAG-Anteil deutlich höher, teilweise über 50 Prozent. Die SAG-Produkte wurden großenteils als Reparationsleistungen in die Sowjetunion geliefert, in der SBZ verkauft oder zu einem geringeren Teil auch exportiert. Die Bildung der SAG hatte ambivalente Wirkungen. Wäre dieser Umschwung in der sowjetischen Reparationspolitik nicht erfolgt, hätte dies für die Wirtschaft in der gesamten SBZ noch verhängnisvollere Wirkungen gehabt. Die Belassung der ebenfalls zur Totaldemontage vorgesehenen Betriebe sicherte Arbeitsplätze und schuf die Voraussetzungen für eine Reparationskonjunktur. Andererseits schränkten die sowjetischen Unternehmensübernahmen den sächsischen Export und die Versorgung der Bevölkerung ein. Besonders negativ wirkte dies in den Bereichen Lebensmittel, Bekleidung und Leder. Nicht zuletzt beschleunigten die SAG-Betriebe die Umstellung von Produktionsprofilen auf die Bedürfnisse des sowjetischen Marktes und schufen damit langfristig wirkende Abhängigkeiten. Das zeigte sich u. a. bei der Bleichert Transportanlagen GmbH Leipzig, seit Sommer 1946 zur SAG Transmasch gehörend.[220] Die Beschäftigtenzahl bei Bleichert wuchs zwischen 1946 und 1953 von

Universalfräsmaschine, 1945 demontiert und bis 1999 in Moskau in Betrieb

ca. 1500 auf mehr als 6500. Das Produktionsprogramm des Werkes wurde mehr und mehr in Richtung der Fertigung von schweren und schwersten Transportanlagen verschoben und damit gezielt auf den sowjetischen Bedarf ausgerichtet. Diese Ausrichtung behielt Bleichert, wie die meisten anderen SAG-Betriebe auch, in den folgenden Jahren bei.

Die offiziell abgerechnete Reparationsproduktion beanspruchte 1946 knapp ein Drittel der sächsischen Industrieproduktion und ging in den Folgejahren zurück.[221] In unterschiedlicher Intensität waren nahezu alle Industriezweige an der Reparationsproduktion beteiligt. Es dominierten die Textil- und Bekleidungsindustrie und der Maschinen- und Fahrzeugbau. Auch Branchen wie die Holz-, die Lebensmittel- und die Druckindustrie spielten eine große Rolle bei der Reparationsproduktion.

Unterschiedlichen Angaben zufolge produzierte Sachsen allein bis Ende 1948 Reparationsgüter im Wert von 1,3 bis 1,4 Mrd. Reichsmark, nach Preisen von 1944.[222] Von 1949 bis 1953 kamen dann nochmals Güter im Wert von rund 1 Mrd. Reichsmark hinzu.[223] Nicht erfasst wurden dabei Waren und Dienstleistungen für die Gruppe der Sowjetischen Besatzungstruppen (GSOW), die zu den Besatzungskosten zu rechnen sind, illegale Beschlagnahmungen sowie Aufkäufe durch zahlreiche sowjetische Handelsgesellschaften. Bis heute werden die Folgen der sowjetischen Reparationspolitik kontrovers diskutiert. So ist von einem »Rückfall der sächsischen Industrie in die Bedeutungslosigkeit«[224] oder gar von einem Rückschritt bis auf »die Stufe eines Agrarlandes« die Rede.[225] Solche überspitzten Bewertungen sind zwar verständlich, treffen jedoch nicht zu. Trotz der Demontagen in mehr als 1 000 Unternehmen und des Verlustes von rund einem Drittel des industriellen Anlagevermögens blieb Sachsen ein Industrieland. Gemessen an den Beschäftigtenanteilen blieb Sachsen das Land mit dem zweithöchsten relativen Industriebesatz in Deutschland. Der relative Anteil der Erwerbspersonen lag 1946 mit 49,1 v. H. erheblich über dem gesamtdeutschen Durchschnitt von 45,0 v. H. und wurde nur noch von Berlin (50,4 v. H.) übertroffen.[226]

Zu bedenken ist auch, dass Sachsen nach 1945 weniger Flüchtlinge aufnahm als andere Länder, was sich volkswirtschaftlich gesehen positiv auf die Kapitalintensität auswirkte. Die Kriegsfolgen führten zu einem nochmaligen Hervortreten der industriellen

Strukturen aus der Vorkriegszeit. Rüstungswirtschaftlich bedingte Überkapazitäten im Flugzeug- und Werkzeugmaschinenbau wurden abgebaut. Die Betriebsgrößenstrukturen verschoben sich, wenn auch nur für kurze Zeit, in Richtung mittlerer und kleinerer Betriebe.

Eine temporäre Strukturverschiebung fand im primären Sektor statt. Trotz des Rückgangs der Erwerbspersonen im Jahr 1946 gegenüber 1939 um ca. 280 000 (– 16 v. H.) verzeichnete die Land- und Forstwirtschaft einen absoluten Zuwachs von 128 000 Beschäftigten. Der Agrarsektor gewann damit eine Bedeutung, wie er ihn letztmals um die Jahrhundertwende besessen hatte. Mitte der fünfziger Jahre bestanden zwischen den drei großen Sektoren der sächsischen Wirtschaft – Landwirtschaft und Bergbau (primär), Industrie (sekundär) und Dienstleistung (tertiär) – nahezu die gleichen Proportionen wie 1939.

Entwicklung der Beschäftigtenanteile in der sächsischen Wirtschaft 1939 – 1964[227]

Sektoren	*1939*	*1946*	*1950*	*1955*	*1964*
Primärer Sektor	11,4	16,7	13,9	10,5	10,0
Sekundärer Sektor	57,7	53,4	57,7	56,7	55,2
Tertiärer Sektor	31,9	30,9	28,4	32,8	34,8

Die Kriegsfolgen haben demnach den vor 1939 einsetzenden Strukturwandel, wenn auch nicht völlig revidiert, so doch für ungefähr zwei Jahrzehnte gebremst.

Fremdkörper Uranbergbau: »Ein Staat im Staate« entsteht

In der Industriegeschichte Sachsens gab es in den ersten Nachkriegsjahren einen unvergleichlichen Strukturbruch – den boomartigen Auf- und Ausbau des Uranbergbaus. Kaum eine andere europäische Region erlebte zwischen 1946 und 1950 einen derart rasanten Aufstieg eines Wirtschaftszweiges.[228] Verursacht wurde diese Entwicklung durch die sowjetische »Uranlücke« bei der Realisierung ihres Atombombenprogramms. Während die Sowjetunion mit der CSR am 23. November 1945 einen Geheimvertrag über die Ausbeutung der böhmischen Uranvorkommen schloss, begann der Aufbau der Uranindustrie im sächsischen Erzgebirge ohne juristische Grundlagen. Eine sowjetische Kommission steckte auf einer Landkarte ihr Interessengebiet, das »Mittelfeld«, ab. Dies umfasste 13 Stadt- bzw. Landkreise. Anfang 1947 wurden die Bergbaueinrichtungen eingezäunt. Die Bewachung übernahmen Spezialeinheiten des sowjetischen Innenministeriums (MWD). Später wurden die rigiden Sicherheitsbestimmungen auf die Gruben und andere Betriebsstätten reduziert. Die strenge Abschottung des Unternehmens nach außen führte schrittweise zur Herausbildung eines weitgehend autarken Gebildes. Die »Uranprovinz« besaß exterritorialen Charakter und erhielt nach Gründung der DDR eigene Verwaltungsstrukturen.

Der Uranerzbergbau wurde von sowjetischen Pioniereinheiten unter der Feldpostnummer 27 304 – nach dem Kommandeur zunächst auch »Malcev-Wirtschaft« genannt – begonnen. Im Mai 1947 beschloss der Ministerrat der UdSSR die Gründung einer Staatlichen Aktiengesellschaft der Buntmetallindustrie mit dem Namen »Wismut«. Die offizielle Gründung einer Zweigniederlassung dieser Gesellschaft als Sowjetische Aktiengesellschaft (SAG) »Wismut« mit Sitz in Aue wurde am 4. Juni 1947 bekannt gegeben. Unmittelbar zuvor wurden die Betriebe der Sachsenerz-Bergwerks-AG sowie die Bergverwaltungen Johanngeorgenstadt, Schneeberg, Oberschlema, Annaberg, Lauter und Marienberg in Landeseigentum und wenige Tage später auf Grundlage des Befehls Nr. 128 der SMAD vom 26. Mai und des Befehls Nr. 131 der SMAS vom 30. Mai 1947 in sowjetisches Eigentum überführt.[229]

Für den schnellstmöglichen Ausbau des Uranbergbaus war der Besatzungsmacht praktisch jedes Mittel recht: Hunderttausende Arbeiter zogen unter Zwang und freiwillig in die Bergbaukreise, Betriebe wurden enteignet, Dörfer und Städte zerstört, Schächte ohne ausreichende geologische und bergmännische Vorbereitungen geteuft und die Landschaft deformiert. Die Rechte der Belegschaft wurden in noch stärkerem Maße beschnitten, als dies in anderen Betrieben der SBZ der Fall war. So verhinderte die sowjetische Direktion die Etablierung von Betriebsräten, führte ein scharfes Leistungslohnsystem sowie die Sieben-Tage-Arbeitswoche ein, begann mit der Politisierung von Alltagskriminalität und setzte ein spezielles Polizei- und Justizwesen für den Uranbergbau durch.

Primitive Arbeits- und Lebensbedingungen, hohe Unfallzahlen und das Fehlen von Schutzmaßnahmen gegen die radioaktive Belastung waren charakteristisch für die Anfangsjahre des Uranbergbaus. Hunderte Bergleute verunglückten tödlich. Nachweislich er-

Wismutgelände bei Frohnau

krankten mehr als 14 000 Bergleute, hauptsächlich Arbeiter der ersten Wismut-Generation, an Silikose und ca. 7000 an Lungenkrebs, wobei die Dunkelziffer noch höher liegen dürfte.[230] Alles wurde dem Zeit- und Erfolgsdruck untergeordnet. Der boomartige Aufbau der Uranindustrie führte zu besonderen sozialen Spannungen, die nach mehrfachem Drängen des Freien Deutschen Gewerkschaftsbundes (FDGB) zu einer Vorsprache von Ministerpräsident Grotewohl beim Direktor der Wismut AG, Generalmajor Malcev, im Mai 1947 Anlass gaben. Im Ergebnis sicherte die Wismut-Direktion Verbesserungen für die Bergarbeiter zu.

Die Gewinnung von Arbeitskräften für den Uranbergbau erfolgte bis 1949 vornehmlich über Zwangsmechanismen. Die Grundlage dafür bildete der Befehl Nr. 3 des Alliierten Kontrollrats vom 17. Januar 1946. Dieser ermächtigte die Ämter für Sozialfürsorge bzw. die Arbeitsämter, Personen für die Dauer von sechs Monaten bis zu zwei Jahren einen Arbeitsplatz zuzuweisen.

Tausende Zwangsvermittelte flüchteten in die Westzonen. Die Ursachen für die hohe Fluktuation waren vor allem in den schweren Arbeitsbedingungen zu suchen. Hinzu kam, dass die sozialen Umstände, insbesondere die Wohnverhältnisse, in den Bergbaukreisen zunehmend schlechter wurden. Die Wohnraumknappheit war so groß, dass die Bergarbeiter in Baracken oder in Schulen und Fabrikgebäuden untergebracht wurden. Zur befürchteten Ausprägung eines Gulag-Systems kam es bei der Wismut AG jedoch nicht. Die örtlichen Gegebenheiten – dicht besiedelte Gebiete in einem geteilten Land – standen dem entgegen. Die wirtschaftlichen Effekte des Zwangssystems, beruhend auf massenhafter unfreier Arbeit, erschöpften sich rasch und gefährdeten die hoch gesteckten Förderziele. Die geringe Mechanisierung der bergbaulichen Tätigkeiten, ihre oft mangelhafte Vorbereitung, bergmännisches Unvermögen der sowjetischen Leitung und die hohe Fluktuation unter der Belegschaft waren die wichtigsten Gründe für die bis 1948 deutlich hinter den Erwartungen zurückbleibenden Resultate. Insofern war es zwingend erforderlich, die Anreize für eine Tätigkeit im Uranbergbau auszubauen und zu einer flexibleren Betriebspolitik mit umfangreichen Weiterbildungsangeboten und Aufstiegschancen überzugehen.

Mindestens zwei Drittel aller Beschäftigen im Uranerzbergbau kamen aus Sachsen. Hinter diesen Zahlen verbirgt sich eine in den Nachkriegsjahren einmalige Binnenmigration. Von Herbst 1946 bis Ende März 1951 vermittelten die Arbeitsämter allein über 216 000 Arbeitskräfte zur Wismut AG.[231]

In dem Maße, wie die Nachfrage nach Arbeit bei der Wismut AG über deren Angebot hinauswuchs, begann die Direktion das Arbeitsregime zu straffen und zu einer strengeren Personalauswahl überzugehen. Einerseits sollten leistungsfähige und qualifizierte Arbeitnehmer mit attraktiven Verdienstchancen und Vergünstigungen, aber auch rüden, rechtswidrigen Entmündigungspraktiken zur Verlängerung ihrer Kontrakte bewogen werden, andererseits wurden zunehmend mehr leistungsschwächere Kumpel schon bei geringfügigen Verstößen oder im Krankheitsfall entlassen. Anfang der fünfziger Jahre erreichte die Beschäftigtenzahl bei der Wismut AG ihren höchsten Stand. So waren im Sommer 1950 über 200 000 Arbeitskräfte im Uranerzbergbau beschäftigt.

Firmenabwanderungen

Während der Uranbergbau boomte und schließlich zunehmend mehr Menschen aus der gesamten SBZ anzog, wurde dem Mittelstand das Wirtschaften erschwert. Eine anhaltende Firmenabwanderung war die Folge, die in ihrer negativen Wirkung kaum zu überschätzen ist.[232] Die Verlegung von Firmensitzen ist an sich kein ungewöhnlicher Vorgang, sofern dies nicht in kurzer Zeit und massenhaft geschieht. Sachsen hatte – wie geschildert – schon einmal in den frühen dreißiger Jahren, zum Teil erhebliche Wanderungsverluste hinnehmen müssen. Damals waren vor allem Facharbeiter auf der Suche nach Arbeit in andere Regionen gegangen. Was nach dem Zweiten Weltkrieg geschah, war jedoch beispiellos. Nie zuvor in der deutschen Industriegeschichte gab es innerhalb weniger Jahre einen so massiven Technologietransfer. Die häufigste Form war die Sitzverlegung von Sachsen nach Westdeutschland. Nicht selten kam es auch zu Firmenneugründungen im Westen durch ehemalige Mitarbeiter oder zur Umwandlung von einstigen Tochtergesellschaften bzw. Niederlassungen in selbstständige Unternehmen. Schließlich wurden auch nur einzelne Geschäftsbereiche aus dem Stammbetrieb herausgelöst und in Zusammenarbeit mit einem westdeutschen Hersteller wieder aufgebaut.

Eine erste Verlagerungswelle fand zwischen Februar und Juli 1945 in unmittelbarer Reaktion auf den sowjetischen Vormarsch statt. Die zweite Welle in etwa bis zur Gründung der DDR war dann eine Folge der Systemtransformation. In dieser Zeit erfolgten die meisten Verlagerungen. Auch von 1949 bis zum Mauerbau im August 1961 setzten sich die Abwanderungen fort. Ihr Ausmaß lässt sich nicht mehr genau rekonstruieren. In der bundesdeutschen Statistik wurden Betriebe, die ihren Sitz aus der SBZ/DDR in die Bundesrepublik verlegt hatten, als »Zugewandertenbetriebe« erfasst. Demgemäß gab es im September 1953 3436 dieser Betriebe mit rund 190 000 Beschäftigten.[233] Die amtliche Statistik erfasste jedoch nur einen Bruchteil der Fälle. Plausible Schätzungen gehen davon aus, dass zwischen 1945 und 1953 bis zu 20 000 sächsische Unternehmen, das waren mehr als 10 Prozent des Gesamtbestandes, in den Westen abwanderten, darunter sehr viele klangvolle Namen aus dem Fahrzeugbau und der Metallverarbeitung. So verlegte die Auto Union (Chemnitz/Zwickau) den Firmensitz nach Ingolstadt und Wanderer (Chemnitz) fing in München neu an. Der Zahnfräsmaschinenhersteller Pfauter (Chemnitz) gründete sein Unternehmen in Ludwigsburg neu.

Den größten Anteil an den Firmenverlagerungen hatte die Leicht- und Konsumgüterindustrie. Tausende Traditionsfirmen mit klangvollen Markennamen verließen Sachsen. Die Herstellerfirma des Mundwassers »Odol« Lingner & Fischer (Dresden) ging nach Bühl und die Chlorodont-Forschung nach Düsseldorf. Ebenfalls nach Düsseldorf zog es die Firma »Teekanne« aus Radebeul, die 1929 den Aufgussbeutel auf den Markt gebracht hatte. Der bekannte Hersteller von Haarkosmetik Wella (Rothenkirchen) begann in Darmstadt neu.

Vielfach kam es zur parallelen Nutzung weltbekannter Firmen- bzw. Markennamen, d. h. unter dem gleichen Namen firmierte nunmehr je ein Unternehmen in der SBZ bzw. in den Westzonen. Besonders ausgeprägt war dies in der Verlagsbranche. Um sich auch weiterhin mit großen Namen schmücken zu können, wurden u. a. das Bibliographische Institut, Brockhaus, Reclam, Thieme und Insel nach der Flucht ihrer Besitzer in Leipzig unter staatlicher Treuhandschaft weiter betrieben.[234]

Die Aufzählung abgewanderter Firmen ließe sich noch lange fortsetzen. Mit ihnen gingen – als das wertvollste Kapital – die Menschen: Ingenieure, Facharbeiter, Kaufleute. Dieser Verlust lässt sich nicht einmal annähernd ermessen. Auf lange Sicht betrachtet schadete die Firmenabwanderung der sächsischen Wirtschaft mehr als die Kapitalvernichtung durch

Krieg und Demontagen. In besonders starkem Maße profitierten Nordrhein-Westfalen, Bayern, Hessen und Baden-Württemberg davon.[235] Das westdeutsche Wirtschaftswunder beruhte zu einem Teil auch auf den Leistungen der zugewanderten Firmen aus Sachsen und anderen ostdeutschen Regionen.

Die Kaloriengesellschaft

Der Krieg hatte in ganz Europa zu einer dramatischen Verschlechterung der Ernährungslage sowie des Konsums überhaupt geführt. Hunger und Unterernährung prägten den Alltag, am schlimmsten in den Großstädten. Praktisch alle lebensnotwenigen Güter wie Nahrung, Kleidung, Heizmaterialen usw. waren der Bewirtschaftung unterworfen. Das während des Krieges geltende Rationierungssystem blieb in der SBZ bis Ende Oktober 1945. Danach führte die Besatzungsmacht ein stark differenziertes System ein. Es wurden Unterscheidungen nach dem Wohnort und nach sechs Berufsgruppen vorgenommen.

Das für jeden Verbraucher wichtigste Dokument war die Lebensmittelkarte. Jede Person erhielt eine solche Karte, auf die Marken gedruckt waren, die dazu berechtigten, ein bestimmtes Quantum bewirtschafteter Waren beim Einzelhändler zu beziehen. Eine Lebensmittelkarte bekam nur, wer polizeilich gemeldet war oder eine Arbeitsbescheinigung vorweisen konnte.

Die Zuteilungshierarchie fand ihre Ergänzung in der gezielten Zuwendung von Lebensmittelpaketen an Funktionsträger. Am stärksten benachteiligt wurden durch dieses System die Frauen. Arbeitsmarktpolitisch zielten die gestaffelten Zuteilungen auf eine Lenkung von Arbeitskräften in die Schwerpunktbranchen wie den Uranerzbergbau. Sie blieben jedoch weitgehend wirkungslos solange die Lebensmittelversorgung nicht funktionierte und der Schwarze Markt große Warenströme absorbierte. Auf dem Schwarzen Markt wurde entweder Ware gegen Ware getauscht oder aber zu immensen Preisen in Reichsmark bezahlt. Schätzungen zufolge betrugen die Schwarzmarktpreise für Konsumgüter 1946/47 etwa das Zehnfache der Vorkriegspreise und Lebensmittel waren sogar sechszehnmal so teuer.[236] Ein Zentrum des Schwarzmarktes war Leipzig. Der dortige Schwarzmarktumsatz wurde auf 120 Mio. Reichsmark pro Jahr beziffert.

Schwarzer Markt in Leipzig, 1948

Mit drakonischen Strafen gegen Schieber und Schwarzhändler versuchten die Behörden diese Märkte einzudämmen. Die SED verlangte im Sächsischen Landtag die Einführung der Todesstrafe für »Saboteure der Versorgung«. Gegen die Stimmen von CDU und LPD wurde schließlich im Frühjahr 1947 ein entsprechendes Gesetz im dritten Anlauf verabschiedet.

Kommunale und betriebliche Initiativen erschlossen zusätzlich Versorgungsquellen. In den Großstädten wurde Gemüse in städtischer Regie angebaut. Die Stadt Leipzig unterhielt sogar eine eigene Schweinezucht. Die »Volkssolidarität gegen Wintersnot« kümmerte sich vor allem um Kinder und alte Menschen und unterhielt Gemeinschaftsküchen. In den Betrieben waren es die Betriebsausschüsse und Betriebsräte, die sich um zusätzliche Nahrungsmittel für die Belegschaften sorgten. Sie förderten dafür Kompensationsgeschäfte, d. h. die Betriebe tauschten Industriewaren gegen Nahrungsmittel. Beispielsweise stellte die Firma Rudolph Sack einfache landwirtschaftliche Kleingeräte her.

Im Vergleich zu den anderen Besatzungszonen und Regionen war die Versorgungslage in Sachsen noch relativ gut. Lediglich in der amerikanischen Besatzungszone mit ihrem stark agrarisch geprägten Ländern Bayern und Württemberg-Baden, lag der Kaloriensatz etwas höher. Trotzdem wurde auch in Sachsen gehungert. Von einer ausreichenden Versorgung konnte man bei durchschnittlich rund 1100 Kalorien pro Kopf und Tag wahrlich nicht sprechen. Dieser Wert lag lediglich bei der Hälfte des normalen menschlichen Tagesbedarfs. Besonders schlecht war es um die Versorgung mit Eiweiß aus Milch- und Fleischprodukten bestellt. Hilfe kam durch Lebensmittellieferungen aus der amerikanischen Zone. Selbst die schwer kriegsgeschädigte Sowjetunion schickte Getreide und Fleisch nach Sachsen.[237] Ab 1948 verbesserte sich die Lebensmittelversorgung allmählich.

Den entscheidenden Einschnitt beim Konsum im weitesten Sinne bildeten die separaten Währungsreformen in den Westzonen und der SBZ im Sommer 1948. Danach fiel Sachsen deutlich hinter den Versorgungsgrad mit Lebensmitteln und Konsumgütern der Westzonen zurück. Fleisch und Fette mussten weiterhin rationiert werden. Die schlechte Ernährungslage wirkte sich zwangsläufig auf die Arbeitsleistung der Beschäftigten aus. Tausende versuchten ihre kargen Rationen durch Hamsterfahrten, vornehmlich in die amerikanische Zone, aufzubessern.

Neben der Nahrungsmittelknappheit stellte der Mangel an Kleidung und Schuhwerk einen weiteren Engpass dar, der noch durch die Reparationsentnahmen verschärft wurde. Eine Vielzahl von Arbeitsplätzen, vor allem im Bergbau und im Baugewerbe, konnte schlichtweg aus Mangel an Schuhen nicht besetzt werden. Das dritte große Versorgungsproblem war der Mangel an Wohnraum. Besonders stark war die Bausubstanz in Dresden, Chemnitz, Leipzig, Plauen, Bautzen und Zwickau zerstört bzw. beschädigt worden. In jeder zweiten Wohnung mussten zwei Familien zusammenleben. Tausende Ausgebombte und Flüchtlinge lebten in Notunterkünften. Der Wohnungsneubau kam in den ersten Nachkriegsjahren kaum voran.

Befehl 234 und die Aktivistenbewegung

Ende März 1947 wurden Vertreter der Landesregierung und der Gewerkschaften zum Chef der SMAS, Generalmajor Dubrowski, bestellt. Er kritisierte das »ungeheure Nachlassen der Arbeitsdisziplin« vor allem in der landeseigenen Industrie.[238] Die SMAS verlangte u. a. die Rückkehr zum Akkordsystem und eine verstärkte Anwendung von Leistungslöhnen. Nach Kriegsende waren in vielen Betrieben in der ganzen SBZ auf Betreiben der Betriebsräte die Arbeitsnormen herabgesetzt oder ganz abgeschafft worden.

Der Leistungsrückgang der Belegschaften, die Brennstoffkrise, fortgesetzte Demontagen und ein harter Winter hatten die Produktion im ersten Quartal 1947 fast um 50 Prozent zurückgehen lassen. Mehr als ein Drittel der Chemnitzer Textilproduktion verschwand auf dem Schwarzen Markt.[239]

Mit dem Befehl Nr. 234 vom 9. Oktober 1947 ordnete die SMAD an, die Verbesserung der Versorgung der Belegschaften strikter an Leistungszuwächse zu koppeln. Dies sollte der Steigerung der Produktivität dienen, die 1947 einen Tiefstand erreicht hatte. Rückschauend wurde der Befehl Nr. 234 zum »Aufbauplan« verklärt und in seinen unmittelbaren Wirkungen überschätzt.[240] Von einer durchgreifenden Aufbruchstimmung in der sächsischen Wirtschaft war nach dem Befehlserlass wenig zu spüren. Allmählich festigte sich jedoch die Arbeitsdisziplin, u. a. ging die Zahl der »Arbeitsbummelanten« deutlich zurück und die Leistungsanreize begannen zu wirken.

Ebenfalls auf Produktivitätszuwächse gerichtet war die auf öffentliche Wirkung ausgelegte so genannte Aktivistenbewegung. Sie lief nur zögernd an – zuerst im Uranerzbergbau bei der Wismut AG –, erreichte aber im Herbst 1948 mit der Leistung eines Bergmannes aus dem Zwickauer Revier zonenweite Bedeutung.

Der Bergmann Adolf Hennecke, Initiator der Aktivistenbewegung, 1948

Am 13. Oktober 1948, ein Jahr nach dem Erlass des Befehls Nr. 234, fuhr der Bergmann Adolf Hennecke eine sorgfältig vorbereitete Hochleistungsschicht. Er erfüllte die Arbeitsnorm mit 387 Prozent. Die Reaktionen seiner Kollegen schilderte Hennecke so: »Ich wußte, worauf ich mich eingelassen hatte ... Sicher würde der oder jener kommen und sagen: Mensch Adolf, war das nötig? Und als ich dann ausfuhr, war alles ganz anders. Ich existierte mit einemmal nicht mehr. Meine Kumpel sahen mich nicht. Ich war für sie Luft ... Es kamen anonyme Briefe, mit Morddrohungen.«[241]

Die SED-Parteiführung stützte Hennecke und förderte die Aktivistenbewegung durch materielle und ideelle Anreize. Hennecke fand Nachahmer. Der Durchbruch gelang freilich erst, nachdem die Betriebsräte ihren Widerstand gegen die differenzierenden neuen Lohnformen aufgaben und sich außerdem die Ernährungssituation verbesserte.

Währungsreform und Blockadekrise

Nach Kriegsende war die deutsche Währung zerrüttet. Infolge der Kriegsfinanzierung von 1939 bis 1945 war die Geldmenge auf das Siebenfache aufgebläht worden. Dem stand ein drastisch gesunkenes Sozialprodukt gegenüber.[242] Ohne die Beibehaltung des Preis- und Lohnstopps aus der Kriegszeit wäre sofort eine Inflation ausgebrochen. Aus diesem Grund hatte die SMAD im Juli 1945 die Schließung aller Banken, die Sperrung der Konten und die Einstellung des Wertpapierhandels befohlen. Die geschlossenen Banken mussten alle Barbestände an die Reichsbankstellen, die später von der sächsischen Landesbank übernommen wurden, abgeben.[243] Die Notwendigkeit dieses Schrittes ergab sich auch aus der Beschlagnahmung der Geldbestände der Reichsbank durch die Rote Armee und der Ausgabe von Besatzungsgeld. Dies blähte den Bargeldumlauf in allen vier Besatzungszonen noch weiter auf.

Die Besatzungsmacht sicherte sich ihre monetären Ansprüche durch die Gründung der Garantie- und Kreditbank AG am 27. Mai 1945.[244] Diese Bank, de facto eine Filiale der Staatsbank der UdSSR auf deutschem Boden, arbeitete mit beschlagnahmten Bankenvermögen und deutschen Steuergeldern. Ihre hohen Einlagen ermöglichten der Besatzungsmacht einen Zugriff auf Teile des Volksvermögens der SBZ. Filialen der Bank wurden u. a. in Dresden, Leipzig und Chemnitz gegründet. Sämtliche Finanzoperationen in der SBZ, die die Besatzungstätigkeit betrafen, liefen über die Garantie- und Kreditbank AG.

Landesbankpräsident Carl Degenhardt bemühte sich in der Folgezeit um eine Wiederzulassung der nicht zu den Berliner Großbanken gehörenden mittelständischen Kreditinstitute. Unterstützung fand er bei Finanzminister Gerhard Rohner (CDU), beim Leipziger Oberbürgermeister und den Industrie- und Handelskammern. Sie alle wussten, dass die Schließung der Banken auch mittelständische Firmen und Handwerksbetriebe in ihrer Existenz bedrohte.

Die Besatzungsbehörden verfolgten in dieser Frage keine klare Linie. Während sie in Chemnitz die Wiedereröffnung einiger Banken gestatteten, lehnten sie dies in Leipzig zunächst ab. Von der LVS erhielten die Banken keine Unterstützung. Dennoch vermochte es das Bankhaus Meyer & Co. in Leipzig, allen Widerständen zum Trotz, bei der SMAD eine Wiederaufnahme seiner Geschäftstätigkeit zum 1. September 1946 zu erreichen. Der Neubeginn war sehr schwierig, da staatseigene Industrieunternehmen keine Konten bei Privatbanken führen durften.

Der Geldüberhang und die De-facto-Geldentwertung belebten den Schwarzen Markt und den Kompensationshandel. Angebot und Nachfrage regelten die Schwarzmarktpreise, die weit über den kontrollierten

Bankhaus Meyer & Co. in Leipzig

Preisen lagen. Das Papiergeld büßte seine Funktion als Tauschmittel zunehmend ein und wurde von Naturalwährungen – vor allem Zigaretten – verdrängt. Um diese Zustände zu beenden und die Währung zu stabilisieren, gingen Finanzexperten davon aus, dass die Reichsmark 10:1 abgewertet werden müsse. Allerdings konnten sich die Siegermächte nicht auf ein gemeinsames Vorgehen einigen. Beide Seiten bereiteten sich daher separat auf eine Währungsreform vor. Als die Westalliierten am 17. Juni für den 20. Juni 1948 eine Währungsreform in ihren Besatzungszonen ankündigten, verbot die SMAD die Zirkulation des neuen Westgeldes in der SBZ und war gezwungen, nun ihrerseits schnellstens eine Reform durchzuführen. Widrigenfalls wären massenhaft wertlose Reichsmarkbestände aus dem Westen in die SBZ gelangt.

Die Währungsreform in der SBZ begann am 24. Juni 1948.[245] Jeder Einwohner konnte 70 »Kupon-Mark« im Verhältnis 1:1 gegen die alte Reichsmark umtauschen. Alles weitere Bargeld sollte auf Konten eingezahlt und im Verhältnis von 10:1 umgestellt werden. Preise, Löhne, Gehälter, Steuern usw. wurden im Verhältnis 1:1 umgestellt. Aus technischen Gründen war die neue Ostmark nicht rechtzeitig gedruckt worden. Daher wurden zunächst einmal die alten Reichsbanknoten, dies betraf eine Gesamtgeldmenge von mehr als 4,1 Mrd. Mark in sieben Wertstufen, mit Spezialkupons überklebt. Bereits seit dem März 1948 lagen die Spezialkupons in Leipziger Druckereien bereit.[246] Als es soweit war und die Spezialkupons auf die Reichsbanknoten geklebt werden mussten, fielen sie oft ab. Man hatte nur minderwertigen Leim zur Verfügung. Im Volksmund wurde die neue Währung deshalb geringschätzig als »Tapetenmark« tituliert. Bis Ende Juli wurde dann die Kupon-Mark gegen die Deutsche Mark der Deutschen Notenbank ausgewechselt.

Im Gegensatz zur Währungsreform in den Westzonen gelang in der SBZ weder die Bargeldumstellung noch die Umwertung der Einlagen mit der nötigen Konsequenz. Anstatt der avisierten Quote von 10:1 wurde nur ein Umwertungsverhältnis von 7,5:1 erreicht. Das bedeutete, es blieb wesentlich mehr Geld im Umlauf, als eigentlich geplant. Schuld daran waren politisch motivierte Sonderregelungen für die Besatzungsmacht, staatliche Betriebe und Parteien. Diese durften ihre Konten entgegen den allgemeinen Bestimmungen 1:1 umstellen. Pro Kopf war die Geldmenge in der SBZ nach den Währungsreformen etwa doppelt so groß wie in den Westzonen. Das war der Beginn eines Ungleichgewichts zwischen der »harten« D-Mark, mit der alle Waren frei gekauft werden konnten und die frei konvertierbar war, und der »weichen« Ost-Mark, die eine reine Binnenwährung blieb. Seit dieser Zeit existierte in der SBZ/DDR neben der Ost-Mark die D-Mark, zunächst als illegale, später mehr oder weniger legalisierte Zweitwährung. Die westdeutsche Währungsreform war nicht nur erfolgreicher, sie hatte auch einen gänzlich anderen Charakter, weil mit ihrer Einführung zugleich auch eine weitgehende Aufhebung von Preisregulierung und Bewirtschaftung einherging.

Im August 1948 wurde in Sachsen eine Landesbank gegründet. Juristisch vollendet wurde der Umbau des Bankensystems durch das Gesetz über die sächsischen Banken und Sparkassen vom 30. Januar 1949. Mit einer Ausnahme wurden alle privaten Kreditinstitute zugunsten der Landesbank und der unter

Aufsicht des Finanzministeriums neu errichteten Sparkassen enteignet.

Auf die getrennten Währungsreformen erfolgten die sowjetische Blockade Westberlins und westliche Gegenmaßnahmen über die Marshallplanbehörde, die nicht nur Entwicklungsbehörde, sondern auch ein Instrument für die amerikanische Embargopolitik gegenüber dem Ostblock war.[247] Infolge der politischen Krisen brach der Interzonenhandel Mitte 1948 nahezu zusammen. Für die sächsische Wirtschaft hatte der Ausbruch des Kalten Krieges dramatische Konsequenzen. Um diese zu ermessen, ist ein Rückblick auf die Vorkriegszeit aufschlussreich. In den Jahren 1935 bzw. 1937 kamen mehr als 40 Prozent der gesamten sächsischen Einfuhren aus Westdeutschland und mehr als 15 Prozent aus dem Ausland. Ein ähnliches Bild boten die sächsischen Ausfuhren, die zu mehr als 30 Prozent nach Westdeutschland und annähernd 20 Prozent ins Ausland gingen. Der Rest entfiel jeweils auf das Gebiet der späteren SBZ. Vor dem Krieg gingen fast 40 Prozent der Maschinenbauproduktion und mehr als 25 Prozent der Wirk- und Strickwarenproduktion in den Export.[248] In diesen und anderen Branchen lag die sächsische Exportquote deutlich über dem Reichsdurchschnitt.

Exportquoten der sächsischen Industrie im Vergleich zum Reichsdurchschnitt, Stand 1939[249]

	Industriegruppe	*Exportquote: Sachsen*	*Deutsches Reich insgesamt*
1.	Textilindustrie	21 %	16 %
	Wirk- und Strickerei	28 %	18 %
2.	Maschinenbau	39 %	26 %
	Textilmaschinenbau	78 %	56 %
	Werkzeugmaschinenbau	30 %	33 %
	Papierverarbeitungsmaschinen	12 %	6 %
3.	Pelzveredelung	26 %	23 %

Ähnliches trifft auf die Importabhängigkeit der sächsischen Wirtschaft, insbesondere bei Wolle und Baumwolle, Eisen- und Halbfabrikaten, Steinkohle und Steinkohlenkoks sowie Holz, zu.

Unter den Nachkriegsbedingungen drohten den besonders exportabhängigen Industrien drastische Rückschläge. Selbst der Warenaustausch mit dem angrenzenden Thüringen und Sachsen-Anhalt funktionierte nach 1945 nur unter großen Schwierigkeiten. Mehrfach kam es zu gegenseitigen Lieferblockaden, Zeitgenossen sprachen gar von einem »Wirtschaftskrieg« zwischen Sachsen und Thüringen. Weitaus gravierender als dieser kurzzeitig nochmals aufflackernde Länderpartikularismus wirkte die Gegenblockade. Im zweiten Halbjahr 1948 gingen die Im- und Exporte von und nach Westdeutschland drastisch zurück. Besonders schwerwiegend waren die Lieferausfälle bei Steinkohle, Holz und Textilrohstoffen.

Trotzdem verzeichnete der sächsischen Außenhandel insgesamt 1948 im Vergleich zu 1947 nahezu eine Verdoppelung. Dies ist umso bemerkenswerter, da die sächsische Wirtschaft durch die Gegenblockade von ihren einstmals wichtigsten Märkten in Westdeutschland ausgesperrt wurde.

Die mit den separaten Währungsreformen und der Gegenblockade Mitte 1948 de facto vollzogene wirtschaftliche Teilung Deutschlands beschnitt die mittelfristigen Wachstumspotentiale für die sächsische Wirtschaft nachhaltiger als alle anderen Faktoren. Man kann nur erahnen, welche Chancen Sachsens Industrie unter anderen politischen Verhältnissen gehabt hätte. So verstärkte sich zwangsläufig auch im Exportbereich der Trend zu einer primär auf Ostdeutschland und Osteuropa ausgerichteten Wirtschaft. Dieser Prozess ging auch mit einer Umprofilierung der Warenstruktur des Exports einher. Für die traditionellen Exportgüter aus dem Maschinenbau, der Elektrotechnik und der Konsumgüterbranche gab es in Osteuropa nur eine vergleichsweise geringe Nachfrage. Statdessen mussten mehr Investitionsgüter exportiert werden. Ähnliche Umstellungsprobleme hatte ab 1948 auch die tschechoslowakische Wirtschaft zu bewältigen. In beiden Fällen führte dies zu einem kontinuierlichen Verlust an Kreativität und Innovationskraft.

Wiederaufbauwunder auf unsicherer Basis

Der Übergang zur Friedensproduktion gelang der sächsischen Wirtschaft allerdings in erstaunlich kurzer Zeit. In einigen Branchen konnte bereits Mitte 1946 das Vorkriegsniveau erreicht werden.

Insgesamt lag die sächsische Wirtschaftsleistung 1946 bei 79 Prozent der Vorkriegszeit (1936). Im Vergleich dazu erreichten die anderen Länder der SBZ nur zwischen 44 und 55 Prozent, die amerikanische Zone

Abstich im Stahlwerk Döhlen, 1950

Werkseingang des Stahl- und Walzwerkes Riesa, 1949

41 Prozent, die britische 34 Prozent und die französische Zone 36 Prozent.[250] Auch im europäischen Vergleich konnte sich diese Entwicklung sehen lassen.

Wie erklärt sich dieses »Wiederaufbauwunder« allen geschilderten Schwierigkeiten zum Trotz? Die sächsische Wirtschaft konnte an die Strukturen aus der Vorkriegszeit und damit an ihre traditionellen Stärken vornehmlich in der Konsumgüterproduktion und im Maschinenbau anknüpfen. Vorräte waren noch vorhanden. Eine wichtige Rolle spielte auch das Drängen der Besatzungsmacht auf ein schnelles Anlaufen der Produktion mit dem Ziel baldiger Reparationsentnahmen. Insofern kann für einige Branchen von einer Reparationskonjunktur gesprochen werden.

Die Landesregierung förderte die Branchen, die von der SMAS mit besonders hohen Reparationsleistungen beauftragt waren. Dies betraf anfangs vor allem die Textilindustrie, später stand der Uranbergbau der Wismut AG in der Prioritätenskala der Besatzungsmacht an erster Stelle. Einen dritten Schwerpunkt stellte die Kohlenindustrie dar. Von herausragender Bedeutung für den Belebungsprozess der gesamten Wirtschaft war die Steinkohlenförderung im Zwickauer Revier und die Braunkohlenförderung im Raum Leipzig und Senftenberg. Infolge der Zonenteilung und dem damit verbundenen Wegfall von Steinkohlenlieferungen aus dem Ruhrgebiet wurde die Braunkohle zum mit Abstand wichtigsten Energieträger.

Einen ersten Rückschlag erlitt der Aufschwung im Frühjahr 1947. Ein extrem harter Winter hatte in vielen Ländern Europas zum Absacken der Produktion geführt. In Sachsen kamen noch die inzwischen deutlich spürbaren Folgen der Demontagen hinzu. Dennoch lag die sächsische Industrieproduktion auch 1947 noch immer über dem Niveau der anderen Länder der SBZ und der Westzonen.

Ende 1947/Anfang 1948 wurde das Produktionsniveau der Vorkriegszeit bereits wieder überschritten.[251] Zu einer Prosperitätskonstellation, wie sie sich in etwa zur gleichen Zeit in der Bi-Zone – die amerikanische und die britische Zone hatten sich zu einem vereinigten Wirtschaftsgebiet zusammengeschlossen – abzeichnete, kam es in Sachsen trotz erstaunlicher Wiederaufbauerfolge dennoch nicht. Dazu hätte es der Wiedereingliederung der sächsischen Wirtschaft in die europäische Arbeitsteilung und den Weltmarkt bedurft.

Im Februar 1948 wurden der im Juni 1947 gegründeten Deutschen Wirtschaftskommission (DWK) von der SMAD weitgehende Befugnisse zugesprochen. Die Länder verloren damit de facto ihre Bedeutung. Nach der Verabschiedung des Zweijahrplans (1949 bis 1950) im Herbst 1948 war endgültig klar, dass die wichtigsten wirtschaftspolitischen Weichenstellungen fortan in Berlin erfolgen würden.

Die politischen und wirtschaftlichen Weichenstellungen vom Sommer 1948 – getrennte Währungsreformen in Ost und West, Ablehnung des Marschallplans für den Ostblock durch die Sowjetunion, Blockade und Gegenblockade, Bedeutungsverlust der Länder in der SBZ – schlugen sich in einem nachlassenden Wiederaufbautempo und schlimmer noch in einer zwar nicht kompletten, aber doch gravierenden Abtrennung der sächsischen Wirtschaft von den westeuropäischen Märkten nieder. Seit dieser Zeit zeichnete sich eine Schere in der Wirtschaftsentwicklung zwischen Ost- und Westdeutschland ab. Sachsens Industrie wäre in besonderem Maße prädestiniert gewesen, am europäischen Wiederaufbau und dem aufgestauten Konsumhunger zu partizipieren, doch nunmehr waren die Weichen in eine andere Richtung gestellt.

Als neue Schwerpunkte der sächsischen Industriepolitik kristallisierten sich mit Beginn des Zweijahrplans der Wiederaufbau der Stahlwerke in Riesa und Gröditz sowie die Rekonstruktion ausgewählter Werke des Schwermaschinen- und Fahrzeugbaus heraus. Verwiesen werden soll auch auf die Bemühungen der Landesregierung zur Profilierung der Landmaschinenproduktion.[252]

ZWISCHEN REKONSTRUKTION UND REFORMEN 1950 BIS 1970

Planwirtschaft nach sowjetischem Muster

Die Erwartungen, die in das neue Wirtschaftsmodell gesetzt wurden, waren überaus optimistisch. Bereits 1948 hatte Sachsens Wirtschaftsminister Selbmann formuliert: »Plan (ist), wo die Produktion von oben bis unten, von vorn bis hinten durch Pläne geregelt wird, wo jeder Wirtschaftsvorgang, Rohstoffbeschaffung, Transport, Verarbeitung im Betrieb, Absatzregelung durch Pläne vorher bestimmt wird.«[253] Solcherart »Totalplanung« realisieren zu wollen war aufgrund der Komplexität einer Volkswirtschaft und der zwangsläufig dabei an der Spitze auftretenden Informationsprobleme illusionär.

Der Pferdefuß der »Totalplanung« zeigte sich nicht zuletzt bei der Preisbildung. Die bestehenden Preise beruhten auf den Stopppreisen von 1944, zum Teil ergänzt durch Zuschläge. Die staatlich festgesetzten Preise spiegelten nicht ausreichend den tatsächlichen Aufwand für die Herstellung eines Produkts wider und ignorierten Angebot und Nachfrage. Die realen Kosten hatten wenig mit den Planpreisen zu tun. Bei manchen Erzeugnissen waren die Verkaufspreise niedriger als die Kosten für die Ausgangsmaterialien. Ob Betriebe gut oder schlecht wirtschafteten, ließ sich so kaum ermitteln. Bei Verlusten half der Staat mit Subventionen, denn Pleiten sollte es in der Planwirtschaft nicht geben. Der Chef der Staatlichen Plankommission (SPK), Heinrich Rau, resümierte zur Preispolitik Anfang der fünfziger Jahre erstaunlich offen: »Soviel Dummheit in der Preispolitik gibt es wahrscheinlich nur bei uns!«[254] Obwohl die Preise teilweise ihre Lenkungsfunktion eingebüßt hatten, gingen die Wirtschaftspolitiker der SED davon aus, mit Hilfe der Strukturpolitik, d. h. der Konzentration von Investitionen und Arbeitskräften auf »Schwerpunktzweige«, über ein entscheidendes, den Marktmechanismen überlegenes Lenkungsinstrument zu verfügen. Makroökonomische Entscheidungen konnten aber letztlich nur politisch definiert werden. Die staatlichen Betriebe mussten ihre Gewinne fast vollständig und ihre Abschreibungen zur Hälfte an den Staatshaushalt abführen. Die SPK entschied dann darüber, welche Branchen wieviel Mittel für die Erhaltung und Erneuerung ihres Produktionsapparates erhielten. Dieser Umverteilungsmechanismus, der trotz einiger Modifikationen bis zum Ende der

DDR bestehen blieb, bot den Betrieben keine ausreichenden Anreize für die Steigerung ihrer Produktivität und die Einführung neuer Produkte.

Aus dem »genetischen Code« (Janos Kornai) der Planwirtschaft resultierte schon bald eine Reihe typischer Erscheinungen: auf der einen Seite ein chronischer Mangel an allen möglichen Erzeugnissen, die in den Plänen vergessen oder bei denen die Nachfrage falsch eingeschätzt wurden; auf der anderen Seite große »Überplanbestände«, da die Betriebe Materialien und Arbeitskräfte horteten und zum Teil Erzeugnisse herstellten, für die es keinen Bedarf gab. Die Leistung der Betriebe wurde an der Kennziffer »Bruttoproduktion« gemessen, in die man alle Kosten und Vorleistungen einrechnete. Das führte zur Ressourcenverschwendung, da eine möglichst material- und kostenintensive Produktion die Bruttoproduktion erhöhte. Kurzum, die Planungspraxis hatte wenig mit dem Ideal von einer störungsfreien Wirtschaft zu tun. Trotzdem wurde das Planungssystem immer weiter ausgedehnt und erfasste schließlich nahezu alle Bereiche des Wirtschaftslebens.

Immanenter Bestandteil der Planwirtschaft war die Errichtung des staatlichen Außenhandelsmonopols. Nur der Staat durfte Außenhandelsgeschäfte durchführen. Für Ex- und Importe waren staatliche Außenhandelsbetriebe zuständig. Außerdem wurden die Preise im Inland von denen im Ausland getrennt. Die Mark der DDR war eine reine Binnenwährung und konnte nicht gegen westliche Währung eingetauscht werden. Das staatliche Außenhandelsmonopol bedeutete in der Endkonsequenz, die Betriebe dem internationalen Wettbewerb zu entziehen. Dieser Eingriff war noch wesentlich tief greifender als die Außenhandelsregulierung in den dreißiger Jahren. Für die sächsische Industrie stellte die Errichtung des staatlichen Außenhandelsmonopols einen bis dahin beispiellosen Bruch mit ihren Exporttraditionen dar, was sich auf längere Sicht als fatal erweisen sollte. Ohne direkte Bindungen an die Weltmärkte waren die Produktionsbetriebe nicht mehr flexibel genug gegenüber Kundenwünschen und hatten auch keine ausreichenden Anreize, sich veränderten Marktbedingungen anzupassen.

Die ersten Fünfjahrpläne

Mit dem ersten Fünfjahrplan (1951–1955) wurde die bereits Ende der vierziger Jahre sichtbar gewordene industriepolitische Strategie fortgeschrieben: Die Grundstoffindustrien und der Schwermaschinenbau sollten ausgebaut und die ostdeutsche Industriestruktur soweit komplettiert werden, dass sie auch ohne größere Lieferungen aus dem anderen Teil Deutschlands existieren konnte. Außerdem musste der Außenhandel den Bedürfnissen des 1949 gegründeten Rates für Gegenseitige Wirtschaftshilfe (RGW) angepasst werden.

Der Chef der SPK umriss dies wie folgt: »Die DDR war bisher vorwiegend ein Land der Leichtindustrie, nach Durchführung des Fünfjahrplans wird ihr Gesicht durch die Schwerindustrie bestimmt.«[255]

Die neuen schwerindustriellen Großbetriebe (Eisenhüttenkombinat Ost, Niederschachtofenwerk Calbe) wurden außerhalb Sachsens gebaut. Bei den Investitionen für den Ausbau der Stahlindustrie entfielen auf Sachsen (Riesa, Döhlen) lediglich 24 Prozent, bei den Eisenerzgruben (Freiberg) immerhin 37 Prozent.[256] Von 24 Schwerpunktbetrieben des Maschinenbaus waren nur sechs (Großdrehmaschinenbau Chemnitz, Fräsmaschinenbau Chemnitz, Zahnschneidemaschinenfabrik Modul Chemnitz, Förderanlagenbau Leipzig, Görlitzer Maschinenbau- und Eisengießerei und TRO Dresden) in Sachsen angesiedelt.

In der Liste der Schwerpunktbetriebe des ersten Fünfjahrplanes des Landes Sachsen finden sich überwiegend Werke der Stahlindustrie, des Energiewesens und des Bergbaus, aber keine Betriebe der Leicht- und Konsumgüterindustrie.[257] Schon 1948 waren vier stillgelegte Bergbaubetriebe wieder eröffnet worden: die Gruben in Freiberg und Halsbrücke, das Zinnbergwerk Altenberg und das Kupferbergwerk Sadisdorf.

Zu den bevorzugten Investitionsobjekten gehörte auch die Chemiefaserindustrie. Gefördert wurde der Ausbau der Werke in Plauen, Glauchau und Pirna. Auf sie entfielen über 20 Prozent der Gesamtinvestitionen der Branche.[258] Dies reichte aus, um auf Basis traditioneller Verarbeitungstechnologien die alte Leistungsfähigkeit wieder zu erreichen. Eine grundlegende Modernisierung erfolgte nicht.

Auch die Schwerpunkte des zweiten Fünfjahrplans (1956–1960), mit dem Ausbau des Braunkohlenkombinates »Schwarze Pumpe«, dem Bau der Kraftwerke Lübbenau und Vetschau, des Erdölverarbeitungswerkes Schwedt, des Chemiefaserwerkes Guben, des Halbleiterwerks Frankfurt/Oder und des Rostocker Hafens an der Spitze, befanden sich außerhalb Sachsens. Ein struktureller Wandel in der Industriestruktur Sachsens konnte demnach von den Schwerpunktsetzungen der ersten Fünfjahrpläne gar nicht ausgehen. Die nachhaltigsten Verschiebungen vollzogen sich in den Produktionssortimenten, die auf die Bedürfnisse

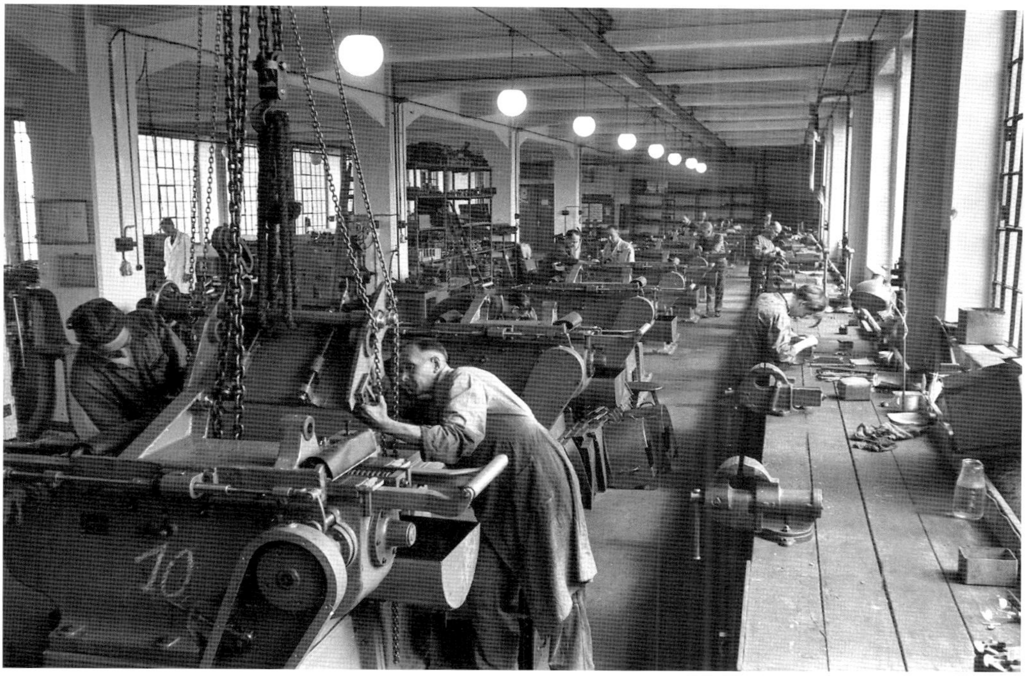

Montagehalle einer Maschinenfabrik, um 1950

des osteuropäischen Marktes ausgerichtet wurden. Die SPK verfolgte in der Regionalplanung das Ziel, das industrielle Süd-Nord-Gefälle zu mindern. Da Sachsen den höchsten Industriebesatz aufwies, war die Region kein bevorzugtes Gebiet für Neuansiedlungen großer Werke auf der »grünen Wiese«. Die sächsische Industrie knüpfte daher an die tradierten Strukturen an, sieht man einmal von der allerdings sehr gewichtigen Ausnahme des Uranbergbaus ab.

Im Frühjahr/Sommer 1952 kam es zu schwerwiegenden Entscheidungen, die die politische und wirtschaftliche Entwicklung der nächsten Jahrzehnte prägen sollten. Im April 1952 beschloss die SED-Führung die Zergliederung der Länder in 14 Bezirke. Bereits zwei Jahre zuvor war der Einfluss der Landtage, die das Recht besaßen, der Volkskammer Gesetzesvorlagen zu unterbreiten, weitgehend begrenzt worden.[259] Am 23. Juli 1952 wurde Sachsen durch das Gesetz über die »Verwaltungsreform und die Auflösung der Länder der DDR« in die Bezirke Dresden, Leipzig und Chemnitz (Karl-Marx-Stadt 1953 bis 1990) geteilt und damit faktisch aufgelöst. Die Struktur der Bezirke war mit dem Ziel ausgearbeitet worden, eine engmaschigere politisch-staatliche Struktur zu bilden, die von der Zentrale aus leichter zu steuern war. Dabei geschahen Grenzbereinigungen, bei denen einzelne Städte und Gemeinden von den Nachbarkreisen eingegliedert oder an diese angeschlossen wurden, wodurch sich die Bezirksgrenzen gegenüber den ehemaligen Landesgrenzen verschoben. Ein kleiner Teil der Oberlausitz wurde dem Bezirk Cottbus zugeschlagen. Das kulturelle, sozusagen »sächsische Selbstverständnis« konnte per Gesetz aber nicht beseitigt werden.

Von einer sächsischen Wirtschaftsgeschichte kann aber für die Jahre 1952 bis 1990 nur noch bedingt gesprochen werden. Die DDR war ein Zentralstaat, der regionale Identitäten zwar nicht auszulöschen vermochte, aber die wirtschaftlichen Gestaltungsspielräume der Regionen noch weiter reduzierte, als dies bereits in den zwanziger und dreißiger Jahren der Fall gewesen war.

Zeitgleich zur Auflösung der Länder wurde auf der 2. SED-Parteikonferenz im Juli 1952 der »beschleunigte Aufbau des Sozialismus« als wichtigste Aufgabe verkündet. Die Bauern wurden aufgerufen, sich freiwillig zu Genossenschaften zusammenzuschließen.

Ein Lanz-Buldog Traktor vor der Maschinen-Ausleih-Station (MAS) in Großenhain, 1949

Mit der Schaffung einer großräumigen Agrarstruktur hoffte die SED-Führung, die Agrarproduktion rasch steigern zu können. Obwohl die Genossenschaftsidee in Sachsen über eine lange Tradition verfügte, stieß der administrative Druck, mit dem die Bildung von Landwirtschaftlichen Produktionsgenossenschaften (LPG) beschleunigt werden sollte, viele Bauern ab. Wo es dennoch zu Zusammenschlüssen kam, handelte es sich nicht selten um eine »Allianz der Erfolglosen«, d. h. der schwächsten Höfe, darunter viele Neubauernwirtschaften. Nicht wenige Bauern gaben ihre Wirtschaften deshalb auf und flohen in den Westen. Ähnlich wie in der Landwirtschaft verschärfte der Staat 1952/53 auch den Druck auf private Gewerbe- und Dienstleistungsbetriebe, vornehmlich über das Steuerrecht.

»Staat im Staate«: Die SDAG Wismut

Die Volkserhebung vom Juni 1953 – das verdient besonders hervorgehoben zu werden – war der alles entscheidende Auslöser für eine beträchtliche wirtschaftliche Entlastung der DDR. Vor allem für den Bezirk Chemnitz mit der Wismut AG, aber auch für andere sächsische Wirtschaftszweige hatte dies positive Konsequenzen. Im August 1953 verzichtete die Sowjetunion auf noch offene Reparationsforderungen in Höhe von ca. 3 Mrd. Dollar zu Vorkriegspreisen.[260] An den Reparationsverzicht gekoppelt war die Rückgabe der letzten noch in der Hand sowjetischer Aktiengesellschaften (SAG) befindlichen Großbetriebe. Außerdem wurden die Besatzungskosten von knapp 2 Mrd. Mark auf 1,6 Mrd. Mark gesenkt.

Ein Unternehmen wurde in der sowjetischen Erklärung vom August 1953 über den Reparationsverzicht allerdings nicht erwähnt: die Wismut AG. Dieses größte sowjetische Auslandsunternehmen hatte Anfang der fünfziger Jahre den Höhepunkt seiner Expansion, gemessen an der Zahl der Beschäftigten, erreicht. Allein bis Ende 1953 lieferte die Wismut AG ca. 60 Prozent des gesamten von der sowjetischen Atomindustrie verarbeiteten Urans.

Eine Überführung in deutsches Eigentum stand angesichts des strategischen Wertes der Uranressourcen des Erzgebirges für die Sowjetunion nicht zur Diskussion. Stattdessen trat ab Januar 1954 die Sowjetisch-Deutsche Aktiengesellschaft (SDAG) Wismut an die Stelle der alten AG.[261] Ein bereits im August 1953 geschlossener Vertrag definierte den rechtlichen Rahmen für die Tätigkeit der SDAG Wismut. Für die DDR brachte die Gründung dieser gemischten Gesellschaft eine Kostenentlastung in Höhe von mehreren hundert Millionen Mark jährlich, da sich die Sowjetunion nunmehr an den Produktionskosten des Uranerzbergbaus beteiligte. Trotzdem blieb die SDAG Wismut bis zu ihrem Ende 1991 ein Zuschussunternehmen, dem mindestens 20 Mrd. Mark an direkten und indirekten Subventionen aus dem Staatshaushalt der DDR und eine unbekannte Summe aus der Sowjetunion zuflossen. Für die SED-Führung stellte der Uranbergbau einen zusätzlichen Verteidigungsbeitrag dar.[262]

Hielten sich Einstellungen und Entlassungen Anfang der fünfziger Jahre etwa die Waage, so setzte im Zuge der Schließung unrentabler Schächte ein rapider Abbau der Belegschaftszahlen ein. Allein von 1954 bis 1960 ging die Beschäftigtenzahl von ca. 117 000 auf 51 500 zurück. Damit blieb die SDAG Wismut aber noch immer das mit Abstand größte Kombinat in Sachsen, dessen Sonderstellung gar nicht genug hervorgehoben werden kann. Sie verfügte über weitgehend autarke Produktions- und Leitungsstrukturen: ein »Staat im Staate«.

Die »wilden Jahre« waren Mitte der fünfziger Jahre vorbei, und dies in mehrfacher Hinsicht: Aus einer bunt zusammengesetzten und zunächst zwangsverpflichteten Belegschaft hatte sich eine gut bezahlte und motivierte Stammbelegschaft herauskristallisiert. Die Zeit des bloßen Raubbaus näherte sich ihrem Ende, die Arbeitsvorgänge waren nunmehr weitgehend mechanisiert, es wurde nass gebohrt und die Schächte wurden ausreichend bewettert, was die Gefahren der radioaktiven Kontamination nicht gänzlich beseitigte, aber deutlich einschränkte. Nach dem Übergang zu einem planmäßig betriebenen Abbau und der Konzentration auf wenige große Objekte – Niederschlema in Sachsen sowie Ronneburg und Zobes in Thüringen – wurde die Kontamination in der Fläche deutlich reduziert, nun aber lokal konzentriert. Als im April 1961 der Damm eines Absetzbeckens bei Crossen brach, traten 700 000 Kubikmeter radioaktiv belasteten Schlamms aus und flossen teilweise in die Zwickauer Mulde. Ein interner »Umweltbericht« der SDAG Wismut informierte über die Folgen dieser Umweltkatastrophe.[263] Die Direktion begnügte sich mit den allernotwendigsten Sicherheitsmaßnahmen. Bis zur Auflösung der SDAG stand die Produktion im Mittelpunkt, ökologische Gefahren wurden heruntergespielt.

Wismutgelände mit Umzäunung und Postenturm, um 1952

Betriebe mit staatlicher Beteiligung

Die frühen fünfziger Jahre waren durch einen starken administrativen Druck auf die noch in privater Hand befindlichen Industrie- und Handwerksbetriebe gekennzeichnet. Illustriert sei dies anhand des Schicksals von 87 damals in Sachsen noch existierenden Aktiengesellschaften (AG), zumeist Familienunternehmen.[264] Sie galten der SED-Führung als schwer kontrollierbar. Daher sollte diese Rechtsform ganz verschwinden. Dementsprechend wurden die AG restriktiven Steuergesetzen unterworfen. Eine Aufnahme von Krediten zur freien Verfügung war nicht mehr möglich. Versuche, die Steuerlast durch Bilanzverschleierungen, Falschbewertungen usw. zu umgehen, wurden von den Finanzbehörden streng geahndet. Im Ergebnis gaben bis 1954 alle sächsischen AG ihre Geschäfte auf, wanderten in die Bundesrepublik ab oder gingen in andere Rechtsformen über. So verlegte die Otto Stumpf AG Leipzig 1951 ihren Sitz nach Nürnberg und die Chemische Fabrik Helfenberg AG ging 1953 ins Rheinland. In Sachsen blieben u. a. die Firmen David Richter AG und das Pharmazieunternehmen Heine & Co. AG Leipzig. Sie wurden in Kommanditgesellschaften (KG) umgewandelt.

Noch verschärft wurde der Druck auf die Privatindustrie durch die Verwaltungsreform vom Juli 1952. Die Privatbetriebe wurden den örtlichen Räten unterstellt und bis dahin noch bestehende Freiräume eingeengt. Nach dem Volksaufstand vom Juni 1953 lockerte die SED-Führung ihren Griff auf die Privatindustrie. Das Vertragssystem und die Bestimmungen zur Kreditvergabe wurden neu geregelt und die wenige Monate zuvor aufgelösten Industrie- und Handelskammern wieder eingerichtet. Sachsens Unternehmer und Handwerksmeister schöpften wieder etwas Hoffnung. Sie verfügten vor allem in der Textilindustrie, der Schuhindustrie, der Rauchwarenindustrie und der Spielzeugindustrie, aber auch in der technologisch anspruchsvollen Kameraindustrie, Spezialbereichen des Maschinenbaus, der Elektrotechnik und im Gießereiwesen über starke Positionen.

Bereits in der ersten Hälfte der fünfziger Jahre hatte der Staat einzelne Privatbetriebe aus volkswirtschaftlichen Gründen kreditiert. Insgesamt jedoch litt die Privatindustrie unter Kapitalmangel. Im Januar 1956 beschloss der Ministerrat, Privatbetriebe nicht mehr zu kreditieren, sondern ihnen eine staatliche Beteiligung anzubieten. Möglicherweise kamen Denkanstöße dazu aus der Volksrepublik China, wo man den

Mähdrescher vom Typ »Patriot« auf den Feldern der LPG in Jahna, 1959

Weg der staatlichen Beteiligung seit Sommer 1955 verfolgte.[265] Mehr als eine Übergangslösung sollte die staatliche Beteiligung aber nicht darstellen. Die als Gesellschafter fungierenden Staatsbetriebe hatten die Aufgabe, die von ihnen »betreuten« Privatbetriebe in eine zunehmende Abhängigkeit zu manövrieren. In der Regel erhielten die Betriebe, die eine staatliche Beteiligung aufnahmen, die Rechtsform einer Kommanditgesellschaft. Das Zusammenwirken mit den Staatsbetrieben brachte der Privatindustrie einige unbestreitbare Vorteile. Neben der längerfristigen Existenzsicherung durch Aufträge der VEB und den nunmehr verbesserten Möglichkeiten zur Modernisierung des Kapitalstocks erhielten sie auch Zugang zu den Sozialeinrichtungen der VEB. Ihre Beschäftigten konnten in die Tarifregelungen der volkseigenen Wirtschaft einbezogen werden, was die Fluktuation bremste.

Während die SED in Industrie und Handel privater Unternehmerinitiative noch Spielräume bot, zielte sie in der Landwirtschaft nach kurzem Innehalten wieder auf die Großflächenwirtschaft. Den Anteil der LPG an der landwirtschaftlichen Nutzfläche wuchs vor allem durch die von ihren Besitzern aufgegebenen Höfe. Im Ergebnis der dann bis Ende 1960 weitgehend abgeschlossenen Kollektivierung verschwanden die traditionellen kleinen und mittleren Bauernwirtschaften fast vollständig. Die SED verfolgte das Ziel, in der Landwirtschaft zu »industriemäßigen Produktionsmethoden« zu gelangen. Es entstanden auf Tierhaltung und Pflanzenproduktion spezialisierte Betriebe und neue Berufsbilder. Für einzelne Erzeugnisse wurden Kooperationsverbände gebildet. Diese Großbetriebe wirtschafteten mit der Zeit zunehmend erfolgreicher, verursachten allerdings erhebliche ökologische Probleme. Die für Sachsen bis dahin untypische Großflächenbewirtschaftung sollte sich, trotz ihrer problematischen Entstehungsgeschichte, als lebensfähiges Modell erweisen und blieb nach 1990 unter veränderten Rechtsverhältnissen im Kern erhalten.

»Akkumulationsquelle« Textilindustrie

Die industriepolitische Schwerpunktsetzung zugunsten der Schwerindustrie führte dazu, dass sich die Textil- und Bekleidungsindustrie nach zeitgenössischen Bekundungen zu »einem der hauptsächlichsten Akkumulationsträger«[266] der DDR-Wirtschaft entwickelte und hohe Nettobeiträge »für die Finanzierung gesamtgesellschaftlicher Aufgaben« erwirtschaftete. Gemessen am volkswirtschaftlichen Nettoproduktionsanteil der Textilindustrie in Höhe von rund 12 Prozent (1952) war ihr Investitionsanteil mit nur 3 Prozent im Rahmen des ersten Fünfjahrplans (1951–1955) weit unterproportional bemessen.[267] In der nach wie vor stark durch manuelle Arbeitsgänge geprägten Bekleidungsindustrie verzeichnete Sachsen in den späten fünfziger Jahren eine höhere Produktivität als dies in der Bundesrepublik der Fall war. Die Textilindustrie insgesamt mit ihrem veralteten Produktionsapparat war jedoch schon deutlich hinter das westdeutsche Produktivitätsniveau zurückgefallen. Die Signale des Außenhandels ließen nichts an Deutlichkeit zu wünschen übrig. Ende der fünfziger Jahre hatten große Teile der sächsischen Textilindustrie ihre Konkurrenzfähigkeit in Bezug auf das Sortiment und die Materialzusammensetzung verloren. Das Durchschnittsalter der Technik lag 1956 bei ca. 33 Jahren.

Während 1956 von der Textilindustrie im Weltdurchschnitt rund 80 Prozent Naturfasern verarbeitet wurden, waren es in Sachsen knapp 44 Prozent. Die DDR konnte sich nur in begrenztem Maße die Einfuhr von Wolle und Baumwolle leisten und setzte daher, so wie das auch schon unter anderen Rahmenbedingungen in den dreißiger Jahren geschehen war, auf den Ausbau der ohnehin schon großen Zellwollekapazitäten.

Aufbäumen von Ketten in der Zittauer Kunstseiden- und Baumwollweberei, 1953

An diesen Problemen änderte sich bis Mitte der sechziger Jahre wenig. Die Textilbetriebe erhielten zu wenige Investitionen, mussten verschlissene Anlagen immer wieder reparieren, konnten Umweltstandards nicht einhalten und litten unter der Abwanderung von Arbeitskräften.

Bis 1965 blieb die Textilindustrie »Akkumulationsquelle«. Dies führte zu einer fortgesetzten Überalterung ihres Produktionsapparates und einer hohen Verschleißquote. Die mangelnde Modernisierung der Textilbetriebe lässt sich am Beispiel der VVB Volltuch Crimmitschau illustrieren. Hier wurde mit veralteten Maschinen, darunter völlig verschlissene Dampfmaschinen, gearbeitet. Für die Reinigung der Abwässer aus der Textilfertigung fehlte das Geld. Schlechte Arbeitsbedingungen und niedrige Löhne führten zu einer starken Fluktuation und Überalterung der Belegschaft.

Trotz all dieser hier nur angedeuteten Probleme war die Textilindustrie in der ersten Hälfte der fünfziger Jahre in der Lage, zweistellige Zuwachsraten zu erreichen. Im Bezirk Karl-Marx-Stadt blieben Textil- und Bekleidungsindustrie die größten Arbeitgeber.

Industriestruktur des Bezirkes Karl-Marx-Stadt Mitte 1958[268]

Zweige	*Beschäftigte*	*Betriebe*	*Bruttoproduktionsanteil*
Textilindustrie	186 000	1 449	35 %
Maschinenbau	58 700	244	10 %
Bekleidungsindustrie	39 000	491	7 %
Fahrzeugbau	38 400	84	10 %
Holzverarbeitung	30 500	582	4 %
Metallwarenindustrie	17 400	178	3 %
Nahrungs- und Genussmittel	14 500	253	7 %

Im Gegensatz zum begrenzten Investitionsvolumen für die Produktion erfuhr die Textilforschung eine bemerkenswerte Förderung. So wurden mehrere Zentrallabors und Entwicklungsstellen eingerichtet. Zu einem Schwerpunkt der Textilforschung entwickelte sich Chemnitz.[269] Die neuen synthetischen Textilfasern, wie z. B. Wolcrylon, wurden von den Verbrauchern allerdings recht skeptisch betrachtet und wie vormals die Zellwolle als »Ersatzstoff« abgelehnt.[270]

Mechanischer Wirkstuhl der Firma Hermann Dittrich in Limbach-Oberfrohna, 1960

Die Qualitätsprobleme der Textilerzeugnisse drohten auch den Export zu beeinträchtigen. Dabei hatte sich die Exportquote der Textilindustrie aus Sicht der Planer und der Betriebe durchaus erfreulich entwickelt. Zwischen 1955 und 1960 konnte die Textilindustrie ihren Anteil am Gesamtexport der Industrie der DDR von 5,1 Prozent auf 10,8 Prozent mehr als verdoppeln. Die Produkte der Spitzen- und Gardinenindustrie des Vogtlandes, der Trikotagenindustrie aus Limbach-Oberfrohna sowie der sächsischen Teppich- und Hausschuhindustrie waren auf den internationalen Märkten wieder gefragt. Allerdings konnten sich die sächsischen Textilbetriebe zu dieser Zeit auf den westeuropäischen Märkten nur noch durch niedrige Preise behaupten.

Dabei verfügte der sächsische Textilmaschinenbau noch immer über ein hohes technisches Niveau und ausgezeichnete Ingenieure und Techniker. Dieses

Die ersten Malimo-Maschinen wurden 1960 in der Baumwollweberei Hohenstein-Ernstthal erprobt.

Potential wurde allerdings nicht optimal genutzt. Bekanntester Fall war das Malimo-Verfahren, eine der ganz wenigen Welterfindungen, die aus der DDR kamen. Zwischen 1946 und 1949 hatte Heinrich Mauersberger aus Crimmitschau in seiner Garage ein neues Nähwirkverfahren, später bekannt unter dem Namen »Malimo«, entwickelt. Das Wort ist eine Abkürzung aus seinem Namen, seinem Wohnort Limbach-Oberfrohna und Molton, dem mit dem Verfahren hergestellten Stoff. Mauersberger meldete sein Verfahren am 3. Februar 1949 zum Patent an. Doch stieß er im Chemnitzer Forschungsinstitut für Textiltechnologie über Jahre auf Ablehnung.[271] Erst 1957 wurden die ersten Malimo-Maschinen gebaut, ohne dass sich dafür Käufer im Inland fanden. Die für Innovationen typischen Anfangsprobleme, in diesem Fall der höhere Verbrauch von Textilrohstoffen, konnte Mauersberger bis Ende der fünfziger Jahre überwinden. Dennoch hielten seine Widersacher den Vorwurf des zu hohen Materialverbrauchs aufrecht und erwirkten sogar ein Publikationsverbot für ihn.[272] Hinter solchen Verhaltensweisen stand der Versuch, an den herkömmlichen Verfahren festzuhalten.

Aus eigener Kraft hätte Mauersberger diese Blockaden kaum überwinden können. Zugute kam ihm, dass seine Erfindung 1959 in den USA patentiert wurde und dass sich die amerikanische Firma Crompton & Knowles für das Malimo-Verfahren interessierte. Sie erwarb schließlich 1962 eine Lizenz. Das war die erste Lizenz, die von der DDR an eine amerikanische Firma verkauft wurde. Ulbricht persönlich setzte sich daraufhin für die neue Technologie ein und auch die SPK konnte nun nicht länger zögern.

Bei der Malimo-Technik handelte es sich um einen vergleichsweise überschaubaren Innovationsprozess, der von einem großen Einzelhersteller bewältigt werden konnte. Insofern war diese Verfahrens- und Produktinnovation für die wirtschaftlichen Verhältnisse der DDR geradezu maßgeschneidert. Malimo etablierte das Nähwirken neben dem Weben und Wirken als dritte grundlegende Technologie und revolutionierte die Textilindustrie in der DDR. Malimo-Erzeugnisse wurden in großen Mengen hergestellt und fanden sich in fast allen Privathaushalten. Typische Produkte waren Handtücher und Gardinen. Malimo-Maschinen wurden in zahlreiche Länder exportiert. Heinrich Mauersberger erhielt 1954 in der DDR für seine Erfindung den Nationalpreis III. Klasse für Wissenschaft und Technik und 1964 den Orden »Banner der Arbeit«. In Limbach-Oberfrohna ist er seit 1963 Ehrenbürger der Stadt und eine Straße ist nach ihm benannt.

Sachsenring Zwickau

Vom sächsischen Fahrzeugbau war nach den Demontagen nicht mehr viel übrig geblieben.

Das Audi-Werk in Zwickau hatte Ende 1949 zwar schon fast wieder seine alte Belegschaftsstärke erreicht, verfügte aber nur noch über 40 Prozent der Kapazitäten von 1944. Der Produktionsausstoß lag gerade einmal bei 10 Prozent des einstigen Höchststandes.[273] Ganz ähnlich waren die Verhältnisse bei Horch und bei der Motorradproduktion in Zschopau.

Die Reste des Fahrzeugbaus wurden Mitte 1948 in der Industrieverwaltung Fahrzeugbau (IFA) zusammengefasst. Die VVB IFA bestand aus ca. 50 Betrieben, die sich zu einem Drittel um Chemnitz gruppierten. Dazu gehörten auch Fertigungsstätten des Fahrrad- und Anhängerbaus sowie zahlreiche Zulieferer.

Leiter der Hauptverwaltung Fahrzeug-Lokomotiv- und Waggonbau wurde ab 1950 der Zwickauer Kurt Lang.[274] Er hatte in den zwanziger Jahren bei Horch Motorenschlosser gelernt und war dann in einem

Der IFA F 9, eines der ersten Modelle der Horch-Werke Zwickau, 1955

Blechverarbeitungsunternehmen als Werksmeister tätig gewesen. Nach dem Krieg wurde er zum Treuhänder mehrerer Betriebe bestellt. Den Schwerpunkt bildete anfangs die Serienfertigung von Landmaschinen und Lastkraftwagen. Horch nahm die Produktion des Ackerschleppers »Pionier« auf und im Barkas-Werk Hainichen sowie dem VEB Robur Werke Zittau begann man mit der LKW-Produktion. Die Audi-Werkleitung erwirkte schließlich auch eine Produktionsgenehmigung für PKW.

Im ersten Fünfjahrplan (1951–1955) wurden für die sächsische Fahrzeugindustrie ehrgeizige Wachstumsziele angesetzt und deutlich über dem Durchschnitt der Industrie liegende Investitionen getätigt.[275]

In der Verteilung der Investitionen spiegelt sich das Hauptproblem für die sächsische Fahrzeugindustrie wider: das Fehlen einer leistungsfähigen Zulieferindustrie. Deren Standorte befanden sich überwiegend im Westen. Die Bemühungen, die Beziehungen zu den einstigen Zulieferern zu reaktivieren, schlugen zumeist fehl. So blieb den Zwickauern nichts anderes übrig als die Eigenentwicklung des Zubehörs, darunter Einspritzpumpen, Lenkgetriebe und Kugellager.

Größtes Problem für die Wiederaufnahme der PKW-Produktion war der Mangel an Stahlblechen. In der DDR wurde davon nicht ausreichend produziert. Ein Import aus dem Westen war infolge der Embargobestimmungen nicht möglich. Daher konnten vom ersten Nachkriegsmodell der Horch-Werke, dem F 9, keine größeren Stückzahlen gefertigt werden.

Aus dieser Engpasssituation heraus entstand die Idee, neue Wege im Karosseriebau zu gehen. Kurt Lang rief im Frühjahr 1951 eine kleine Gruppe von Technikern zusammen und stellte ihnen die Aufgabe, einen Kunststoff zu entwickeln, der sich anstelle von Tiefziehblech im Karosseriebau verwenden ließ. Zwar waren auch schon zuvor im Automobilbau Kunststoffe verwendet worden, aber nicht als Karosserie. Die damals bekannten Kunststoffe waren gegenüber den fahrdynamischen Beanspruchungen zu wenig elastisch.

Die Zwickauer Ingenieure griffen eine Idee aus der Elektroindustrie auf und entwickelten eine Karosserie aus Duroplast, einem Kunststoff aus Phenolharz und Baumwolle. Freilich hatte eine solche Lösung nicht nur Befürworter. Die meisten Mitglieder des wissenschaftlichen Beirats der VVB IFA waren skeptisch gegenüber einer Ablösung der Blechkarossen durch Duroplast. Nun half nur noch eine riskante »Schwarzentwicklung«, wie sich ein Beteiligter erinnerte: »Am Tag der Vorstellung beim Generaldirektor Kurt Lang brach es dann über uns beide [Werkleiter Uhlmann und Lang – R. K.] herein. Wer gab die Genehmigung, wer gab das Geld? Bestrafen wollte man uns für Verschleuderung von Volkseigentum. Gehaltskürzung war

Trabant Prototyp, VEB Sachsenring Automobilwerke Zwickau, 1954

das Mindeste, was uns erwartete. Wir gaben aber nicht so schnell auf und kämpften um den P 70. Schließlich blieben wir Sieger. Das Projekt wurde offiziell ...«[276]

Der P 70 wurde erstmals 1955 auf der Frühjahrsmesse in Leipzig vorgestellt und erregte Aufsehen. Er war zwar nicht gerade ein Inbegriff von Eleganz, bewährte sich aber durch seine unkomplizierte Bauweise, und er war das erste deutsche Auto mit serienmäßiger Kunststoffkarosserie.

Im anderen Zwickauer Autowerk wurde 1953 eine automatisierte Fertigungsreihe zur Bearbeitung von Zylinderköpfen in Betrieb genommen.[277] Neben Horch führte auch das Motorradwerk Zschopau automatisierte Maschinenfließreihen ein. Beide sächsische Werke waren damit anderen Werken in der DDR deutlich voraus. Die Neuinvestitionen und Verbesserungen im Fertigungsregime, verbunden mit dem Improvisationstalent der Belegschaft, stellten die wichtigsten Voraussetzungen dafür dar, dass in der zweiten Hälfte der fünfziger Jahre eine eigene neue Fahrzeuggeneration hergestellt werden konnte.

Am 1. Mai 1958 wurden die Werke Horch und Audi zum VEB Sachsenring Automobilwerke Zwickau zusammengeschlossen. Das Zentrum des Automobilbaus in der DDR verlagerte sich damit vom thüringischen Eisenach nach Sachsen. In die Fertigung bezog man auch das Barkas-Werk in Chemnitz mit ein. Der LKW-Bau wurde von Zwickau nach Werdau verlagert. Einige Monate später begann die Serienproduktion des »Trabant«. Der Name war eine bewusste Bezugnahme auf den Start des ersten künstlichen Erdtrabanten, des »Sputnik«. Er sollte sich zum populärsten Kleinwagen im gesamten Ostblock entwickeln. Zwischen 1957 und 1991 wurden insgesamt mehr als 3 Mio. Stück der Trabant-Baureihen gefertigt.

Im Gegensatz zur Autoindustrie vermochte es der sächsische Motorradbau nochmals, die internationale Entwicklung mitzubestimmen. Ab 1950 begann in Zschopau die Serienproduktion der noch vor dem Krieg entwickelten RT 125. Dieses zuverlässige und wartungsarme Motorrad war begehrt und gehörte zu den am meisten kopierten Motorrädern in der Welt. Es wurde u. a. in den USA, England, der Sowjetunion und Japan nachgebaut.[278]

In Zschopau wurden bis 1962 mehr als 310 000 RT 125 gefertigt. Davon gingen ca. 64 000 Maschinen in den Export. Hauptabnehmer waren Frankreich, Belgien, Finnland, Dänemark und der Iran.[279]

Ab 1956 kam mit der ES 250 erstmals eine Neukonstruktion auf den Markt, die Maßstäbe setzte. Das Know-how dieser Maschine wurde von der japanischen Firma Suzuki mit Hilfe des Rennfahrers und Technikers Ernst Degner – er flüchtete 1961 aus der DDR – aufgegriffen und verbessert.

Die sächsische Motorradindustrie behauptete sich bis in die siebziger Jahre gut auf den internationalen Märkten. Mindestens jedes zweite in Zschopau produzierte Motorrad wurde exportiert. Das eigentliche Problem waren nicht die ingenieurtechnischen Leistungen, sondern die zu geringen Stückzahlen und der zu langsame Ausbau der Kapazitäten. Nachdem die Entwicklungsvorsprünge aus der Vorkriegszeit aufgebraucht waren und andere Hersteller nachgezogen hatten, konnte Zschopau mit den Marktführern nicht mehr mithalten.

Der kurze Traum vom Flugzeugbau in Dresden

Besondere Hoffnungen verband man in Sachsen mit der Wiederaufnahme des Flugzeugbaus. Erste Überlegungen dazu datieren aus dem Jahr 1952. Die Motive waren zunächst ausschließlich militärischer Natur. Nachdem mit dem Einverständnis der Sowjetunion mit dem Aufbau der Kasernierten Volkspolizei (KVP), der Keimzelle für die spätere Nationale Volksarmee (NVA), begonnen worden war, entwickelte das Büro für Wirtschaftsfragen, Vorläufer des Ministeriums für Nationale Verteidigung, Pläne für den Aufbau einer Jagdflugzeug- und Bomberproduktion. Von diesen Überlegungen mussten sich die Planer unter dem Eindruck der Junikrise 1953 jedoch verabschieden. Stattdessen favorisierte man nunmehr die Idee, Zivilflugzeuge nach sowjetischen Lizenzen zu bauen und außerdem eigene Modelle zu entwickeln. Eine wichtige Rolle für diese Planungen spielte die Rückkehr von rund 200 Flugzeugingenieuren und Technikern aus der Sowjetunion.[280] Sie waren im Zuge der »intellektuellen Reparationen« 1945/46 für eine Arbeit in der Sowjetunion verpflichtet worden. Mit der Gruppe von Chefkonstrukteur Brunolf Baade kamen Ende 1953 auch deren noch in der Sowjetunion konzipierte Entwürfe für ein Passagierflugzeug des Typs »152« in die DDR. Die Maschine war eine Variante des von Junkers-Konstrukteuren in der Sowjetunion entwickelten Mittelstreckenbombers »150«. Mit anderen Worten: Beim ersten Verkehrsflugzeug der DDR handelte es sich um ein »Abfallprodukt« aus der militärischen Forschung. Wirtschaftlich wurde das Projekt mit guten Exportchancen, vor allem in die Sowjetunion und nach China, gerechtfertigt. Die politischen Motive hob Ulbricht 1956 hervor, als er davon sprach, dass der Aufbau einer eigenen Luftfahrtindustrie erforderlich sei, um die Stellung der DDR als »moderner Staat« zu unterstreichen.

Wie schon in den dreißiger Jahren, so spielten auch in den fünfziger Jahren militärstrategische Überlegungen bei der Standortwahl eine wichtige Rolle. Entsprechend hieß es in einem Grundsatzbeschluss: »Bei der Standortwahl wurde davon ausgegangen, dass für den Aufbau des Industriezweiges aus sicherheitspolitischen und fertigungsorganisatorischen Gründen der Raum Karl-Marx-Stadt, Dresden, Leipzig der geeignetste ist.«[281]

Neues Zentrum der Luftfahrtindustrie wurde ab Mai 1955 aber nicht etwa Leipzig, sondern Dresden. Dem VEB Flugzeugwerke Dresden-Klotzsche wurde der Zellenbau übertragen und für die Triebwerksentwicklung wurde auf dem Sonnenstein bei Pirna ein Werk eingerichtet. Der VEB Industriewerke Karl-Marx-Stadt übernahm die Fertigung von Hydraulikbaugruppen und Bordgeräten und der VEB Maschinen- und Apparatebau Schkeuditz die Fertigung von Leitwerken, Bodengeräten und der Innenausstattung.

Für den Aufbau der Luftfahrtindustrie wurden zwischen 1955 und 1960 ca. 1,6 Mrd. Mark bereitgestellt. Damit war der Flugzeugbau das teuerste Innovationsprojekt der DDR in den späten fünfziger Jahren. In nur zwei Jahren wurde eine komplette Flugzeugindustrie mit ca. 25 000 Beschäftigten aufgebaut.[282] Die technologischen Herausforderungen waren immens. Nur wenige Nationen stellten sich in den fünfziger Jahren den Herausforderungen des zivilen Düsenflugzeugbaus und nahmen den Flugbetrieb mit Düsenmaschinen auf: Großbritannien (1952), die Sowjetunion (1956), die USA (1958) und Frankreich (1959). Die DDR wollte mit diesen Ländern mithalten.

Zunächst einmal galt es den Entwicklungsvorsprung der anderen beim Triebwerksbau aufzuholen. Den Ingenieuren in Pirna gelang es, bis 1961 das Strahltriebwerk »Pirna 014« zur Serienreife zu bringen. Bereits am 16. April startete die erste in Dresden in Lizenz gebaute IL-14. Von diesem Typ wurden bis 1960 insgesamt 80 Maschinen gefertigt.

Das erste deutsche Strahlverkehrsflugzeug, die »152«, startete am 4. Dezember 1958. Auf dem Reißbrett war bereits der Nachfolgetyp, die auch international konkurrenzfähige »153 A«, in Arbeit. Als technisches Kardinalproblem erwiesen sich die Rückgriffe auf das Konzept des Bombers »150« und das Fehlen bzw. die späte Inbetriebnahme von Testanlagen. Bei ihrem zweiten Probeflug am 4. März 1959 stürzte die »152« ab. Dieser Unfall stand am Anfang vom Ende der Flugzeugproduktion in Dresden.

Die eigentlichen Gründe für den Abbruch der Entwicklung bestanden jedoch in radikal verschlechterten Absatzchancen und zu hohen Kosten. Während Ingenieure wie auch regionale Entscheidungsträger das Projekt weiterhin euphorisch vorantrieben, gab es in der SPK zunehmend Bedenken. Dem Chef der Staatlichen Plankommission, Bruno Leuschner, war das Projekt zu teuer und er fürchtete eine Vernachlässigung anderer Branchen.

Die Entscheidung für die Einstellung des Flugzeugbaus kam für die Beteiligten unerwartet, aber sie war nicht unbegründet. Hauptmotiv war die fast schlagartige Veränderung der Absatzsituation. Die Sowjetunion begann 1959 ihren Flugzeugbau umzustellen und mehr Zivilflugzeuge ins Programm zu nehmen. Ohne den sowjetischen Markt war das ostdeutsche Projekt zum Scheitern verurteilt. Hinzu kamen technische Probleme bei der Entwicklung der 152. Sie war den neuesten sowjetischen Modellen in entscheidenden Parametern unterlegen.

Im Februar 1961 fasste das Politbüro der SED nach Abstimmung mit der Sowjetunion den Beschluss, die Flugzeugproduktion ersatzlos einzustellen. Das Dresdener Flugzeugwerk wurde zum Reparaturwerk für Militärmaschinen umprofiliert.

Aufbau und Abbruch der Flugzeugproduktion in Dresden offenbarten die zwei Gesichter der DDR. Getragen von einer Technikeuphorie und dem Wissen um die großen industriellen Traditionen scheute man den Vergleich mit den führenden Herstellern in der Welt selbst in ausgesprochenen Hochtechnologiebereichen nicht. Angesichts der begrenzten Ressourcen eines kleinen Landes verdienen die ingenieurtechnischen Leistungen alle Anerkennung. Auf der anderen Seite hatte sich die 1960/61 von einer politischen und wirtschaftlichen Krise geschüttelte DDR mit dem Projekt Düsenflugzeugbau schlichtweg übernommen.

Zurück auf dem Weltmarkt: Kameras aus Sachsen

In der Zeit des Koreakrieges (1950–1953) wurde der Interzonenhandel zum Spielball der Politik. Strategisch wichtige Güter sollten nicht in den Ostblock geliefert werden. Ein Stahlembargo und zahlreiche Warenzeichenprozesse trafen die Wirtschaft der DDR empfindlich. Von Letzteren waren Betriebe in Sachsen in besonderem Maße betroffen. Im Zuge der Teilung von Unternehmen existierten in beiden deutschen Staaten Unternehmen, die ein und denselben Markennamen verwendeten. Es kam zu einer ganzen Reihe von Warenzeichenprozessen. Bekanntes Beispiel aus Sachsen war Zeiss-Ikon.

Spiegelreflexkamera Pentacon FB, 1961

Nach dem Krieg war die Zeiss-Ikon AG vollständig von Carl Zeiss in Jena gelöst worden. Seit April 1948 firmierte das inzwischen verstaatlichte Dresdner Werk unter »Mechanik Zeiss-Ikon VEB Dresden«. Nahezu zeitgleich begann die alte Leitung in einem kleinen Zweigwerk in Stuttgart mit dem Neuaufbau des Unternehmens unter dem Namen »Zeiss-Ikon Stuttgart«. Damit war das Unternehmen, wie andere große Konzerne auch, in ein west- und ein ostdeutsches Nachfolgeunternehmen geteilt. Der Dresdner Betrieb meldete vorsorglich 1952 das neue Warenzeichen »Pentacon« an, behielt aber den Namen »Zeiss-Ikon«. Die Gegensätze zwischen Dresden und Stuttgart verschärften sich und es kam bis 1958 zu einer Flut von kostenaufwändigen Warenzeichenprozessen. Schließlich musste sich der Dresdner Betrieb in VEB Kinowerke Dresden umbenennen.[283] Der neue Name wurde dem veränderten Produktionsprofil des Betriebes absolut gerecht, denn die Herstellung von Kinogeräten umfasste inzwischen den größten Anteil an der Gesamtproduktion.

Trotz denkbar schlechter Startbedingungen vermochten es die sächsischen Produzenten nochmals für ca. zwei Jahrzehnte an die Erfolge der Vorkriegszeit anzuknüpfen. Vor allem auf dem Gebiet der Spiegelreflexkameras, deren Siegeszug in den späten dreißiger Jahren begonnen hatte, konnten sie ihre Spitzenposition wiederherstellen. Ab 1949 wurden die Serienproduktionen neuer Kleinbild-Spiegelreflexkameras aufgenommen. Internationale Maßstäbe setzten die mit neuen technischen Raffinessen ausgestatteten »Contax S« von Zeiss-Ikon, die »Praktica« der Mechanik Kamera Werkstätten und die »Exakta Varex« der Ihagee Kamerawerk AG. Die damaligen Weltneuheiten wurden vielfach nachgeahmt. Spiegelreflexkameras gehörten schon bald zum Sortiment der Konkurrenz.

Ende der fünfziger Jahre fand ein staatlich verordneter Konzentrationsprozess statt. Die Kinowerke Dresden (etwa 2400 Beschäftigte), das Altissa-Kamera-Werk Dresden (etwa 300 Beschäftigte), die Kamera-Werke Niedersedlitz (etwa 1300 Beschäftigte), die Aspekta Dresden (etwa 290 Beschäftigte) und die Welta-Kamera Werke Freital (etwa 600 Beschäftigte) wurden zum VEB Kamera- und Kinowerke Dresden zusammengeschlossen.

An den Standorten des neuen Großbetriebes gab es erhebliche Unterschiede im Produktionsniveau und ablehnende Haltungen zur Fusion. All dies erinnerte an die Probleme, die bereits 1909 bei der Gründung der ICA AG aufgetreten waren. Wiederum mussten die Produktion rationalisiert, Fertigungsstätten zusammengelegt bzw. geschlossen und Hierarchien verändert werden. 1961 wurde mit Bernhard Koppatsch ein Fachmann mit volkswirtschaftlicher Ausbildung berufen, der den Großbetrieb fast zwei Jahrzehnte leiten sollte. Neben dem VEB Kamera- und Kinowerke Dresden gab es noch eine Reihe mittelständischer Kamerahersteller in Dresden, wobei das Ihagee Kamerawerk i. V. mit etwa 850 Beschäftigten noch herausragte. Mit der Umbenennung des VEB Kamera- und Kinowerke 1964 in VEB Pentacon Dresden und der späteren Angliederung des Feinoptischen Werkes Görlitz fand der Rekonstruktions- und Konzentrationsprozess in dieser Branche seinen Abschluss. »Pentacon« bildete nunmehr auch das neue Warenzeichen. Das Dresdner Kombinat verfügte über ein breites Produktionsprogramm und war in den sechziger Jahren der größte europäische Hersteller von Kleinbild-Spiegelreflexkameras. Weltweit wurden zwischen 1936 und 1990 mehr als 100 Mio. einäugige Spiegelreflexkameras hergestellt, etwa 10 Mio. davon in Dresden. Neben den Kameras verkauften sich auch die Kino-Theatermaschinen »Pyrcon UP 700« sehr gut.

Produktion Dresdner Kleinbild-Spiegelreflexkameras[284]

Jahr	*Stückzahl*
1936	5 600
1939	19 430
1948	32 565
1955	151 265
1965	173 200
1975	335 011
1985	432 032

Obwohl Pentacon seine Produktion von Kleinbild-Spiegelreflexkameras noch bis 1985 fortlaufend steigern konnte, ging die Technologieführerschaft im Kamerabau schon in den sechziger Jahren an japanische und amerikanische Hersteller verloren. Mit deren Innovationspotential und Kapitalkraft konnte Pentacon nicht mithalten. Die Fertigungstiefe bei Pentacon lag bei 90 Prozent, d. h. von den rund 800 Teilen einer Kamera wurden 720 Artikel in eigenen Betriebsstätten hergestellt. International führende Hersteller hatten hingegen längst die Einzelteilproduktion in Billiglohnländer ausgelagert und stellten nur noch 10 Prozent der Artikel für eine Kamera selbst her.

Während noch 1960 nahezu jede zweite auf dem westeuropäischen Markt verkaufte Spiegelreflexkamera aus Dresden kam, war es 1975 nur noch jede achte. Infolgedessen sanken im Westeuropa-Geschäft die Erlöse.

Funktionswandel der Leipziger Messe

Seit den fünfziger Jahren hatte sich die Leipziger Messe mit einem rasch wachsenden Konkurrenten auseinanderzusetzen – der Industriemesse in Hannover. Wenn Leipzig dennoch seine Bedeutung beibehalten konnte, dann lag dies vor allem an der neuen Funktion der Messe als wichtiger Ost-West-Handelstreffpunkt.[285] Von der SED-Führung wurde die Leipziger Messe gefördert. Man schätzte ihre Schaufensterfunktion außerordentlich und wollte die DDR als modernen Staat mit leistungsfähiger Wirtschaft präsentieren.

Die Besucherzahlen wuchsen kontinuierlich von 172 400 im Jahr 1946 auf ca. 450 000 in den fünfziger Jahren und ereichten mit 629 200 im Frühjahr 1961 einen Höhepunkt. Nach dem Bau der Mauer im August 1961 gingen die Besucherzahlen kurzzeitig zurück. Ein neuer Besucherrekord wurde 1965 mit 735 200 Gästen erreicht. In der Folgezeit pegelten sich die Besucherzahlen um 600 000 ein. Ungefähr 90 Prozent aller Besucher waren DDR-Bürger. Der Anteil von Besuchern aus westlichen Ländern lag zwischen 7 und 8 Prozent, wobei die meisten aus der Bundesrepublik kamen. Das Wachstum der Messe spiegelte sich auch in der genutzten Ausstellungsfläche wider. Die Messe begann 1946 mit 24 000 Quadratmetern Ausstellungsfläche. In den sechziger Jahren wurden bereits 300 000 Quadratmeter Ausstellungsfläche genutzt. Ungefähr 70 Prozent davon wurden von DDR-Betrieben belegt. Die Zahl der Aussteller pendelte in den fünfziger und sechziger Jahren zwischen 9000 bis über 10 000.

Die Leipziger Messe bot halbjährlich die Möglichkeit, das technische Niveau von Erzeugnissen aus Ost und West zu vergleichen.[286] Das war wichtig für die Beurteilung der eigenen Leistungsfähigkeit und die Konzipierung von Strategien für das Aufholen von Rückständen. Die SPK entwickelte Ende der fünfziger Jahre die Idee, das technische Niveau der DDR-Erzeugnisse mit denen der besten Hersteller aus der westlichen Welt zu vergleichen. Es wurden Studiengruppen gebildet, die Dokumentationen über das »Weltniveau« auf ausgewählten Gebieten erarbeiteten. Auf der Leipziger Frühjahrsmesse 1959 waren damit nicht weniger als 1800 ostdeutsche Ingenieure und Techniker befasst. Bei den Vergleichen schnitten der sächsische Maschinenbau und die Feinmechanik/Optik gut ab. Sie waren international konkurrenzfähig. Wesentlich schlechter sah es auf dem Gebiet der Elektrotechnik/Elektronik aus. Vor allem bei der Fertigung von Halbleitern sowie der Steuerungs- und Regeltechnik lagen die DDR-Hersteller weit zurück.

In den Folgejahren sollte sich jedoch mehr und mehr zeigen, dass viele westliche Firmen sich scheuten, ihre neuesten Produkte in Leipzig auszustellen. Für sie hatte die Leipziger Messe mehr kommerzielle und weniger technische Funktionen. Technische Vergleiche mit den neuesten westlichen Erzeugnissen waren so kaum noch möglich. Auch Hersteller aus den Ostblockstaaten hielten sich mit der Präsentation ihrer fortgeschrittensten Maschinen zurück. Als Gradmesser für den technischen Fortschritt konnte die Leipziger Messe daher nur noch bedingt dienen. Was blieb, das war ihre zentrale Funktion im West-Ost-Geschäft.

Leipziger Frühjahrsmesse, Grimmaische Straße, 1952

Ein neues ökonomisches System?

In den Jahren 1960/61 geriet die DDR erneut in eine schwere Krise. Wiederum gab es dafür ein Bündel von Ursachen. Nachdem das Vorkriegsniveau der Produktion in der Industrie bereits 1953 wieder erreicht wurde, erhoffte die Bevölkerung ein höheres Konsumniveau, aber erst 1958 konnte die Rationierung von Lebensmitteln aufgehoben werden. Der Konsum war in der DDR weiter als die Wirtschaftsleistung hinter dem westdeutschen Niveau zurückgeblieben, was die Verteilungsprioritäten in der DDR verdeutlichte. Eine anhaltende Abwanderung gen Westen war die Folge.

Ende der fünfziger Jahre sah die SED Chancen für einen Aufholprozess. Dies hing mit einer überschätzten Wirtschaftskrise im Westen ebenso zusammen wie mit erheblichen Hilfen aus der Sowjetunion. Die SED-Führung verkündete Mitte 1958 die »ökonomische Hauptaufgabe«. Bis Ende des Jahres 1961 sollte die DDR das westdeutsche Verbrauchsniveau von 1956/57 erreichen und überholen. Nach gutem Start mit zweistelligen Wachstumsraten geriet der Siebenjahrplan (1959–1965) jedoch schon 1960 aus den Fugen. Die Effektivität der Investitionen sank drastisch. Hinzu kamen Probleme durch die Kampagne zur vollen Kollektivierung der Landwirtschaft. Tausende Bauern entzogen sich dem LPG-Eintritt durch Flucht in den Westen. Nicht einmal jede fünfte LPG kam ohne staatliche Zuschüsse aus. Die Konsequenzen der Kollektivierung wurden 1961 offenbar. Die Hektarerträge gingen zurück und das Aufkommen an Fleisch, Milch und Eiern sank ebenfalls. Mittels Kundenlisten musste de facto wieder rationiert werden.

Weiter beeinträchtigt wurde die Wirtschaftsleistung durch außenwirtschaftliche Probleme. Die DDR erhielt längst nicht die Rohstoffmengen von der Sowjetunion, die sie für ihre ehrgeizigen Wachstumsziele eigentlich benötigt hätte. Außerdem trafen

HO-Lebensmittelladen in Rosswein, Kreis Döbeln, 1957

zugesicherte Walzstahllieferungen aus der Bundesrepublik wegen fehlender Gegenlieferungen aus der DDR nicht ein. Im Frühjahr musste sich die SED-Führung von der »ökonomischen Hauptaufgabe« verabschieden. Die Flüchtlingszahlen stiegen wieder an. Ökonomisch war die Krise nicht zu bewältigen. Ulbricht drängte daher im August 1961 die Parteichefs der Sowjetunion und der anderen Ostblockländer seinem Plan zuzustimmen, die Westflucht gewaltsam zu stoppen und eine Mauer zu errichten. Mit dem Mauerbau am 13. August erlebte die DDR ihren »heimlichen Gründungstag«. Der Bau der Mauer, die Verlegung von Eisenbahnstrecken und Infrastrukturleitungen und die Politik der »Störfreimachung«, d. h. die weitere Ablösung von Importen aus dem Westen, belasteten die DDR bis 1963 noch zusätzlich. Danach glaubte man das Schlimmste überstanden zu haben. Es begann eine Phase der Wirtschaftsreformen, die bis 1971 dauern sollte. Ulbricht stellte sich an die Spitze der Reformer, die versuchten, marktwirtschaftliche Mechanismen zu simulieren, ohne jedoch die Grundlagen einer Marktwirtschaft einzuführen. Die Alleinherrschaft der SED wurde nicht in Frage gestellt und auch nicht die Dominanz des staatlichen Eigentums. Die Verteilung der volkswirtschaftlichen Ressourcen blieb nach wie vor Sache der Zentrale.

Die Reform – zunächst als »Neues Ökonomisches System der Planung und Leitung der Volkswirtschaft« (NÖS) bezeichnet – war auf die Modernisierung der Wirtschaft gerichtet.[287] Die Planung blieb das Hauptinstrument der wirtschaftlichen Lenkung. Sie sollte nun aber durch ein »System ökonomischer Hebel« (Preise, Prämien, Zinsen, Kredite usw.) ergänzt werden. Wichtigste Kennziffer wurde der Gewinn. Die Wirtschaftsreform brachte einige Fortschritte im Hinblick auf eine bessere Ressourcennutzung, die Professionalisierung des Führungspersonals und die Durchsetzung indirekter Lenkungsmethoden. Allerdings fehlten für Struktur- und Verteilungsentscheidungen nach wie vor adäquate wirtschaftliche Kriterien. Die Innovationsanreize blieben schwach. Diese Probleme zogen Ende der sechziger Jahre zunehmende Eingriffe »von oben« und unrealistische Wachstumsannahmen nach sich. Das Ende der Reform glich einem schleichenden Prozess. Auf allen Ebenen der Wirtschaftshierarchie herrschte Reformmüdigkeit. Letztendlich waren die Reformer an der Unvollkommenheit ihres Ansatzes gescheitert.[288] Mit dem Machtwechsel von Ulbricht zu Honecker verschwanden ab 1971 die großen Perspektiven. Die neue Linie war strukturkonservativ, versprach aber eine rasche Erhöhung des Lebensstandards und erreichte damit anfangs eine gewisse Popularität.

Technologischer Fortschritt in Maschinenbau und Elektronik

Anfang der fünfziger Jahre stand der sächsische Werkzeugmaschinenbau vor großen Herausforderungen: Die Kriegs- und Demontageverluste mussten ausgeglichen, der Anschluss an die internationalen technologischen Trends wiederhergestellt und das Produktionsprofil dem Bedarf der RGW-Länder angepasst werden. Letzteres bedeutete, die Kapazitäten für den Bau von schweren Werkzeugmaschinen zu erweitern. Ihr Anteil an der Gesamtproduktion der Branche stieg bis 1955 auf über 25 Prozent.[289] Im Jahr 1953 wurde erstmals die Hälfte der Werkzeugmaschinenproduktion in den RGW-Ländern abgesetzt.

In etwa ab Mitte der fünfziger Jahre zeichnete sich mit dem Einsatz von numerischen Steuerungen eine technologische Revolution im Werkzeugmaschinenbau ab. Bis dahin war die Führung im Bearbeitungsprozess dem hoch qualifizierten Facharbeiter überlassen gewesen, der die am Werkstück zu absolvierenden Arbeitsgänge nach der Zeichnung an der Maschine voreinstellte, auslöste und kontrollierte. Für die Einzel- und Kleinserienfertigung war dieses Verfahren wirtschaftlich optimal. Die Großserienfertigung stellte neue Anforderungen. Ziel war es, die für die Bearbeitung eines Werkstücks notwendigen Steueranweisungen so zu speichern, dass eine beliebige Wiederholbarkeit möglich wurde. Das vereinfachte die Umrüstung und verringerte die Kosten.[290] Experimentiert wurde mit Lochkarten, Relais und Drehwählern. Diese Steuerelemente gestatteten die numerische Formulierung technologischer Befehle. Damit stand der Werkzeugmaschinenbau vor einem Produktivitätssprung, gekennzeichnet durch den Übergang von konventionellen zu numerischen Steuerungen. Es entstanden neue Berufsrichtungen: Programmierer und Maschinenbediener.

Mit der Entwicklung der neuen Steuerungen befassten sich die Konstruktionsbüros in den einzelnen Betrieben. Zu einer Bündelung von Forschungskapazitäten kam es 1956 mit der Gründung des Instituts für Werkzeugmaschinen (IfW) in Chemnitz. Die überwiegend jungen Ingenieure des neuen Instituts, mit Armin Rußig an der Spitze, verschrieben sich von Anfang an der NC-Technik (Numerical Control), obwohl die Wirtschaft der DDR noch nicht nach Werkzeugmaschinen mit numerischer Steuerung verlangte und sich auch im RGW das Interesse in Grenzen hielt.[291] Die Chemnitzer Ingenieure orientierten sich an Berichten über die Entwicklung der NC-Technik in den USA und erhielten auch Anstöße von Prof. Baade, dem Chef der DDR-Flugzeugindustrie.

Maschinensystem Prisma 2, vollautomatisches Bearbeitungszentrum

Beim IfW entstanden die ersten Labormuster analoger Bahnsteuerungen, aus denen schließlich die numerische Steuerung »Paramat« hervorging. Lizenzen im Ausland konnten die Chemnitzer angesichts des Devisenmangels nicht erwerben, sondern mussten sich auf die Fortschritte der Halbleiterindustrie der DDR stützen, was ihre Arbeiten verzögerte. Es blieb nur der Weg des zeitaufwändigen Nachentwickelns. Trotz des frühen Vorliegens eines Funktionsmusters 1959 dauerte es daher noch fünf Jahre, bis auf der Leipziger Frühjahrsmesse erstmals drei vom VEB Großdrehmaschinenbau »8. Mai« und VEB »Fritz-Heckert-Werk« Karl-Marx-Stadt gebaute numerisch gesteuerte Werkzeugmaschinen vorgestellt werden konnten.

Nach diesem Durchbruch sollte möglichst schnell die Serienfertigung im Rahmen eines Numerik-Schwerpunktprogramms aufgenommen werden. Als Serienbauer der numerischen Steuerungen wurde vom Ministerrat der DDR der VEB Starkstromanlagenbau Karl-Marx-Stadt festgelegt und ab 1969 der VEB Numerik in Karl-Marx-Stadt neu gebaut. Womit die Planer nicht rechneten – die vom VEB Numerik gefertigten NC-Steuerungen fanden in der DDR nur schleppenden Absatz. Vielen Anwendern erschienen die Kosten für die Umrüstung und Umschulung auf die neue Technologie zu hoch, zudem litten die neuen Steuerungen an Kinderkrankheiten, d. h. sie waren störanfällig. Die Situation entspannte sich Anfang der siebziger Jahre. Nunmehr standen größere Speicherschaltkreise sowie 8- und 16-Bit Mikroprozessoren zur Verfügung.

Mit den Maschinensystemen Prisma 2 und Rota FZ-200 wurden flexible Fertigungssysteme mit einem international anerkannt hohen Leistungsvermögen entwickelt. Gegenüber vergleichbaren Herstellern aus der Bundesrepublik standen die sächsischen Produzenten von NC-Werkzeugmaschinen zumindest nicht zurück. Seit Ende der sechziger Jahre konnten sie ihre Exporte nach Westeuropa deutlich steigern.

Auch auf dem Gebiet der Elektronik hatten Wissenschaftler und Ingenieure aus Sachsen früh die Zeichen der Zeit erkannt. So begann die Entwicklung elektronischer Datenverarbeitungsanlagen bereits 1950 in Dresden. Nikolaus Joachim Lehmann von der TH Dresden baute in Zusammenarbeit mit dem Funkwerk Dresden in den Jahren 1950 bis 1956 einen Digital-Rechner. Lehmann, der während des Krieges Mathematik und Physik an der TH Dresden studiert und 1948 promoviert hatte, sollte zu einem der bedeutendsten Informatiker der DDR und Wegbereiter des modernen Personalcomputers aufsteigen. Er unterhielt enge be-

Erster elektronischer Rechenautomat der DDR D-1, 1956

rufliche und private Kontakte zum deutschen Computerpionier Conrad Zuse. 1953 bekam Lehmann eine Professur für angewandte Mathematik. Zwischen 1956 und 1968 war er Direktor des Instituts für Maschinelle Rechentechnik in Dresden. Die von ihm entwickelte Anlage »D-1« bildete den Ausgangspunkt für eine ganze Reihe qualitativ hochwertiger Rechner. Die Nachfolgemodelle von »D-1« waren mit Transistoren ausgestattet. Das größte Problem für Lehmann und seine Mitarbeiter war der Bezug von Bauelementen, die man entweder einführen oder aber im Inland herstellen musste.

Aus diesem Grund ging man beim VEB Carl-Zeiss Jena von vornherein den Weg, Rechenautomaten nur mit in der DDR erhältlichen Bauelementen zu entwickeln. Der Jenenser Ziffernrechenautomat »ZRA 1« war so zwar nicht exportfähig, bot aber einen Ausgangspunkt für den Aufbau einer eigenen Computerindustrie.[292] Diese Entwicklung sollte 1959 am Zentralinstitut für Automatisierung (ZIA) in Jena beginnen, wurde aber bereits Anfang 1961 mit der Auflösung des Instituts abgebrochen.

Neben personellen Querelen bildete die Einstellung des Flugzeugbaus in Dresden den eigentlichen Hintergrund für die Verlegung der Computerentwicklung von Jena nach Dresden. Die SPK musste rasch eine Perspektive für die hochqualifizierten, aber nunmehr verständlicherweise demotivierten ehemaligen Flugzeugbauer schaffen, zumal die Abwanderung gen Westen zunahm. Daher wurde in Dresden 1961 ein neues ZIA gegründet. Nach Überwindung der Umstellungsschwierigkeiten begann hier ab 1964 in Dresden die Entwicklung von elektronischen Datenverarbeitungsanlagen (EDVA). Als Zwischenschritt wurde die Lochkartentechnologie vervollkommnet.

Lehmann hatte unterdessen den Transistorrechner D 4a in der Größe eines Fernsehgerätes entwickelt. Das war der erste DDR-Rechner, der auf einen Arbeitstisch passte. Das Gerät wurde weiter miniaturisiert und als Tischrechner »Cellatron« in fast 3000 Exemplaren gefertigt.[293]

Das 1964 von der Regierung verabschiedete Datenverarbeitungsprogramm war nicht unumstritten. Kritiker befürchteten, dass es mit der Elektronik so ausgehen könnte wie mit dem Flugzeugbau. Zunächst wurde eine VVB Datenverarbeitungs- und Büromaschinenbau gebildet, aus der 1969 die Kombinate Robotron Dresden und Zentronik Karl-Marx-Stadt hervorgingen. Der erste Computer, entwickelt in Karl-Marx-Stadt, erhielt den Namen »Robotron 300« und wurde erstmals 1966 der Öffentlichkeit vorgestellt. Das zuverlässige System wurde bis 1972 in 325 Exemplaren gefertigt. Ab 1969 sollte im RGW die Computertechnik gemeinsam entwickelt werden. Ein Produkt dieser Kooperation war der ESER I.

Trotz einiger Erfolge zeigten sich Ende der sechziger Jahre die Grenzen einer Entwicklung, da der Zugang zu neuen internationalen Technologien fehlte. Der mehrjährige Rückstand der DDR bei der Transistorherstellung wirkte sich zwangsläufig negativ auf den gesamten Bereich der Elektronik aus. Zwar war die westdeutsche Computerindustrie in dieser Zeit keineswegs innovativer als die sächsische, doch besaß sie die Chance der Lizenznahme in den USA bzw. konnte fehlende Bauelemente auf dem Weltmarkt erwerben. Dagegen erschwerte das westliche Technologieembargo die Beschaffung der erforderlichen Ausrüstungen und der Software für die DDR, der nichts weiter übrig blieb, als den Weg der Eigenentwicklung zu gehen.

ZUNEHMENDE SUBSTANZVERLUSTE

»Einheit von Wirtschafts- und Sozialpolitik«

Ulbrichts Technologieoffensive endete 1970/71 in einer Wirtschafts- und Versorgungskrise. Da man in Moskau der Experimente überdrüssig war, unterstützte die konservative sowjetische Führung den Machtwechsel von Ulbricht zu Honecker. Der neue Generalsekretär der SED setzte in der Wirtschaft wieder stärker auf zentralistische Strukturen. Zum eigentlichen Markenzeichen der neuen Politik wurden ab 1971 ausgedehnte Konsum- und Sozialprogramme. Die so genannte Politik der »Hauptaufgabe« war nur durch eine rasch steigende Auslandsverschuldung der DDR und eine engere Anbindung an westliche Märkte zu finanzieren. Die SED-Führung hoffte, dass sich die verbesserten Sozialleistungen und Technologieimporte positiv auf die Entwicklung der Arbeitsproduktivität auswirken würden.

Alles in allem war die neue Wirtschaftspolitik pragmatischer als Ulbrichts »außerplanmäßige Wunder«, aber eben auch strukturkonservativ. Innovationen wurden nur noch als abgeleitete Ziele betrachtet. Warnende Stimmen, dass die neue Sozialpolitik und die steigende Auslandsverschuldung die Möglichkeiten der DDR überschreiten würden, blieben ungehört.

Inhalt und Standards der sozialpolitischen Maßnahmen orientierten sich an den Maßstäben der Zwischenkriegszeit, in der die meisten Mitglieder der SED-Führung sozialisiert worden waren. Obwohl die Politik der »Hauptaufgabe« von der DDR-Bevölkerung zunächst durchaus positiv aufgenommen wurde, blieb doch für die meisten der in der Bundesrepublik erreichte Lebensstandard der entscheidende Maßstab.

Zu den ersten Maßnahmen der neuen Wirtschaftspolitik gehörten auch Regelungen, die auf die Beschneidung der Einkommen von Privatunternehmern und Gesellschaftern von Betrieben mit staatlicher Beteiligung zielten. Im Sommer 1971 ging die SED-Führung daran, nun auch noch die Reste der Privatindustrie zu verstaatlichen. Begründet wurde dies mit »Störungen der Volkswirtschaftspläne«, die von der Privatindustrie verursacht worden seien, und dem Argument, viele Kleinunternehmer, hätten sich »zu Millionären gemausert«.[294]

Willfährig unterstützt wurde die SED bei ihren Verstaatlichungsplänen, wie auch schon bei der Gründung von Betrieben mit staatlicher Beteiligung, von der CDU- und LDPD-Führung. Man wählte mehrere Komplementäre aus, die bereit waren, ihre Anteile an den Staat zu verkaufen. Dies betraf u. a. die Plauener Baumwollspinnerei, die Sächsische Glasfaserfabrik Sebnitz und die Oskar Hein KG Dresden.[295] Bis Ende 1972 wurden in der gesamten DDR ca. 11 000 Industrie- und Handwerksbetriebe verstaatlicht. Der Kaufpreis entsprach einer geringen Entschädigung. Damit verschwanden nun auch in der DDR, wie bereits wesentlich früher in den anderen Ostblockländern, die letzten Reste privaten Eigentums im Produktionsbereich.

Die mittelfristigen Folgen der Verstaatlichung hatte die SED-Führung nicht recht bedacht. Viele Privatfirmen hatten Konsum- und Exportgüter gefertigt, die nunmehr sehr zum Ärgernis der Kunden vom Markt verschwanden. Dies war umso bitterer, als dass sich gerade in dieser Zeit in Sachsen eine Rückbesinnung auf regionale Konsumtrends abzeichnete. Die Konsumenten verlangten nach regionalen Qualitätsprodukten wie Plauener Spitze oder erzgebirgischem Holzspielzeug und Spezialitäten aus der sächsischen Gastronomie. Der gestiegenen Inlandsnachfrage standen jedoch die staatlichen Exportauflagen für die Produzenten der begehrten Waren gegenüber. Meissener Porzellan und echte Plauener Spitze blieben größtenteils dem Export vorbehalten sowie einer kleinen Schicht der einheimischen Elite.

Die durchgängige Kombinatsbildung und ihre Folgen

Der durch die Rüstungswirtschaft Ende der dreißiger Jahre massiv verstärkte Trend zur Konzentration der Produktion und zur Bildung von Großbetrieben war nach dem Krieg durch Demontagen und Konzernenteignungen revidiert worden. Im Jahr 1948 gab es in Sachsen nur noch 61 Betriebe mit mehr als 1 000 Beschäftigten. Lediglich zwei davon, ein Steinkohlen- und ein Braunkohlenwerk, zählten mehr als 5 000 Beschäftigte.[296] In den folgenden Jahren war die staatliche Wirtschaftspolitik auf die Schaffung und Förderung großer Wirtschaftseinheiten fixiert. Diese Politik führte zu einem Konzentrationsprozess, wie es ihn in der sächsischen Wirtschaftsgeschichte bisher nicht gegeben hatte. Die Zahl der Betriebe mit mehr als 1 000 Beschäftigten wuchs bis 1956 auf 258 an, nahezu eine Verdoppelung gegenüber 1939. Diese Entwicklung war weniger ein Resultat betriebswirtschaftlich notwendiger Konzentrationsprozesse als das Ergebnis politischer Entscheidungen.

Während in den sechziger Jahren das Tempo der Zentralisierung eher stagnierte, zog es in den siebziger Jahren wieder an. Eine letzte große Konzentrationswelle begann 1979/80. Die »durchgängige Kombinatsbildung« wurde vom Wirtschaftssekretär des ZK der SED Günther Mittag mit Nachdruck betrieben.[297] Damit vermochte er die Macht des lokalen Parteiapparates und der Industrieministerien zu begrenzen und den Generaldirektoren der Kombinate Handlungsspielräume zu verschaffen.[298] Schwerpunkte der Kombinatsbildung stellten jetzt die Leicht- und Lebensmittelindustrie dar. Mit den Großbetrieben anderer Branchen waren die neu gebildeten Kombinate kaum zu vergleichen. Wirtschaftswissenschaftler und Historiker sind sich weitgehend einig, dass diese Reform keinesfalls dazu angetan war, die Flexibilität der Wirtschaft zu verbessern.

Verwiesen sei auf die Textilindustrie, deren Konzentrationsprozess stellte sich als ein fortlaufender Prozess dar, der in den siebziger und insbesondere den achtziger Jahren zu deutlich anderen Entwicklungen führte, als dies in der Bundesrepublik der Fall war.

Der Konzentrationsprozess in der Textilindustrie der DDR und der Bundesrepublik 1955 bis 1985[299]

Jahr		*Betriebe*	*Beschäftigte*	*je Betrieb*
1960	DDR	1906	340 800	179
	BRD	4383	619 500	141
1970	DDR	1369	248 700	182
	BRD	3615	501 500	139
1980	DDR	322	228 600	689
	BRD	2248	303 900	135
1987	DDR	168	217 500	1295
	BRD	1662	222 400	134

Die Tabelle spiegelt den permanenten Konzentrationsprozess in der Textilindustrie der DDR wider, der nach der vollständigen Kombinatsbildung in den achtziger Jahren mit einer durchschnittlichen Beschäftigtenzahl von mehr als 1 200 je Textilbetrieb kulminierte. Die erhofften wirtschaftlichen Effekte traten nicht ein. Stattdessen ergaben sich für die Kombinate neue Probleme: Kleine Serien konnten kaum noch hergestellt werden, einzelne Hersteller nahmen eine Monopolstellung ein, die Reaktionsfähigkeit gegenüber den Kundenwünschen nahm ab, Hortungstendenzen nahmen zu und Engpässe auf dem Inlandsmarkt mussten durch Importe ausgeglichen werden.[300]

Kombinate in der sächsischen Textilindustrie[301]

Kombinat	*Gründungsdatum*	*Beschäftigte*	*Anzahl der Betriebe*
Baumwolle Karl-Marx-Stadt	01.01.1980	70 000	25
Trikotagen Karl-Marx-Stadt	01.01.1979	58 000	158
Wolle und Seide Karl-Marx-Stadt	Nach 1975	42 000	22
Deko Plauen	01.01.1979	40 000	76
Oberbekleidung Lößnitz	01.01.1980	18 000	61
Strumpfkombinat Esda, Thalheim	01.01.1970	17 000	12
Technische Textilien Karl-Marx-Stadt	01.01.1979	28 000	27

Während in der Bundesrepublik Anfang der siebziger Jahre ein dramatischer Schrumpfungsprozess in der Textilbranche einsetzte, der gemessen am Stand von 1960 zur Schließung bzw. Verlagerung von zwei Dritteln ihrer Kapazitäten führte, vollzog sich der strukturelle Wandel in der sächsischen Textilindustrie deutlich langsamer. Im Westen verfolgte man seit den sechziger Jahren eine Strategie der selektiven Schrumpfung und Verlagerung der einfachsten Produktionsprozesse in Schwellenländer (»Textilpipeline«). Zugleich wurden Veredelungskapazitäten ausgebaut. Eine vergleichbare Strategie war den sächsischen Betrieben nicht möglich. Dem stand das Bedürfnis nach weiter steigenden Textilexporten entgegen, um damit einerseits die wachsenden Rohstoffimporte aus der Sowjetunion zu finanzieren und andererseits Devisen zu erwirtschaften. Diese Art von Strukturpolitik wurde von den Zahlungsbilanzproblemen der DDR diktiert.

In anderen Branchen traten ähnliche Probleme auf. Die Verantwortung wurde in diesem System immer weiter nach oben verlagert, mit dem Resultat, dass Verantwortung und Kompetenz immer weiter auseinander fielen. Die Kombinatsbildung lief oftmals auch historisch gewachsenen Strukturen zuwider. So kam es im Sommer 1984 zu der Entscheidung, das Kombinat Pentacon mitsamt seinen Werken in Dresden, Görlitz und Freital dem Zeiss-Kombinat zuzuschlagen. In Dresden war man darüber empört. Bereits zum dritten Mal nach 1909 und 1926 sollte die Dresdner Kameraproduktion von Jena aus gesteuert werden.

Zurück zur Kohle

Der Steinkohlenbergbau in Westsachsen war schon seit langem unrentabel und sollte bis Anfang der siebziger Jahre auslaufen. Die Grubenleistung im Zwickauer Revier lag pro Mann und Schicht aufgrund der komplizierten geologischen Verhältnisse nur bei einem Viertel bzw. Drittel der internationalen Werte. Das machte die Zwickauer Kohle doppelt so teuer wie Importe. Die Schließung des Steinkohlenbergbaus wurde gut vorbereitet und kann als Beispiel für die geglückte Abwicklung einer altindustriellen Branche unter Vermeidung sozialer Härten gelten. An die Stelle der einheimischen Steinkohle traten Kokskohle aus Polen und sowjetisches Erdöl. Ungefähr 16 000 Bergleute wurden umgeschult und kamen überwiegend in den neuen Industrien des Bezirks Karl-Marx-Stadt zum Einsatz.[302]

Auch die chemische Industrie der DDR schien sich seit der Verabschiedung von zwei Chemieprogrammen (1958 und 1964) auf dem richtigen Weg zu befinden. Ihre Rohstoffgrundlage wurde schrittweise von Kohle auf sowjetisches Erdöl umgestellt. Die aufwändige und umweltbelastende Kohlechemie sollte stillgelegt werden. Im Böhlener Werk, das inzwischen zum Kombinat Schwedt gehörte, konnte die fast 40 Jahre alte Teerverarbeitungsanlage außer Betrieb genommen werden. Die chemische Industrie zählte zu den Schwerpunktzweigen. In Böhlen wurde eine Großanlage für die Herstellung von Ethylen, einem wichtigen Grundprodukt der Petrochemie, gebaut und ging Mitte 1975 in Betrieb. In Kooperation mit tschechoslowakischen und anderen ostdeutschen Betrieben entstand ein modernes Olefinverbundsystem samt grenzüberschreitender Pipelines. Damit wurde eine Grundlage für die schnelle Ausweitung der Kunststoffproduktion geschaffen. Das Böhlener Werk erreichte schließlich Anfang der achtziger Jahre das größte Produktionsvolumen seiner Geschichte.[303]

Der völlige Ausstieg aus der veralteten Kohlechemie gelang jedoch nicht. Im Gegenteil, sie erlebte ab 1980 eine Renaissance. Die Folgen dieser Rückkehr zur Braunkohle sollten sich als wirtschaftlich und ökologisch verheerend erweisen. Begonnen hatte diese Entwicklung bereits Mitte der siebziger Jahre. Dabei schien die erste Erdölkrise 1973/74, in deren Folge die Rohölpreise nach oben schnellten, der DDR-Wirtschaft wenig anhaben zu können. Der Preisbildungsmechanismus im RGW basierte nämlich auf den Durchschnittswerten der jeweils vorangegangenen fünf Jahre. Damit sollten die negativen Wirkungen starker Preisschwankungen auf dem Weltmarkt abgefedert werden. Bis Anfang der achtziger Jahre lag der Importpreis für Erdöl, den die DDR der Sowjetunion zu zahlen hatte, deutlich unter dem Weltmarktpreis. Damit ergab sich für die DDR die Chance, in wachsendem Umfang Mineralölerzeugnisse in den Westen zu exportieren.

Die Sowjetunion stand freilich zu Beginn der achtziger Jahre vor dem Ruin. Hohe Rüstungslasten und steigende Kosten für den Erhalt ihres Imperiums hatten die Wirtschaft des Landes unterminiert. Angesichts der trostlosen eigenen Lage und wohl auch aus Verärgerung über die Exportgeschäfte der DDR mit sowjetischem Öl, kündigte die Sowjetunion 1981 die Reduzierung ihrer Öllieferungen in die DDR von 19 Mio. auf 17 Mio. Tonnen pro Jahr an. Erich Honecker beschwerte sich über diesen Schritt bei Leonid Breschnew und mahnte, »damit werden die Grundpfeiler der Existenz der DDR untergraben.«[304] Einen nochmaligen Ausweg aus der bedrohlichen Lage eröffneten zwei Milliardenkredite der Bundesrepublik, die 1983/84 von Franz Joseph Strauss (CSU) eingefädelt wurden, und eine Exportoffensive. Zum wichtigsten Exportgut der DDR in den Westen avancierten Mineralölprodukte. Darauf entfiel in der ersten Hälfte der achtziger Jahre fast ein Drittel der Deviseneinnahmen im Export. Dieser außerordentliche Kraftakt war mit dramatischen Einschränkungen für die Binnenwirtschaft verbunden. Pro Jahr wurden 6 Mio. Tonnen Erdölprodukte dem Inlandsmarkt entzogen.[305]

Der Logik des Wirtschaftssystems entsprechend, das die Verfügbarkeit über die Wirtschaftlichkeit stellte, wurde 1981 ein Programm zur Einsparung von Heizöl und Benzin begonnen. Von 1980 bis 1989 wurde der Heizölverbrauch in der DDR von rund 7 Mio. Tonnen auf 1,2 Mio. Tonnen gesenkt! Der drastische Rückgang des Inlandsverbrauchs sollte auf drei Wegen kompensiert werden: eine partielle Senkung des Energieverbrauchs, den erhöhten Einsatz von einheimischem Erdgas und eine Erhöhung des Braunkohleneinsatzes.[306]

Ölfeuerungen mussten auf Kohle umgestellt werden. Selbst mit Holzvergasern betriebene Lastkraftwagen kamen zum Einsatz. Das »Programm zur Heizölablösung« brachte der DDR pro Jahr zusätzliche Einnahmen in Höhe von 1 bis 1,5 Mrd. DM.[307] Die Exporteinnahmen wurden jedoch zu teuer erkauft, was sich auch an der Entwicklung in Böhlen zeigen sollte.

Förderanlage im Braunkohlentagebau

Dort wurde die Erdölverarbeitung von rund 3 Mio. auf ca. 1,7 Mio. Tonnen reduziert. Nirgends sonst in der Welt dürfte es in dieser Zeit Chemiewerke gegeben haben, die eine solche Entwicklung zurück zu Technologien aus dem frühen 20. Jahrhundert einschlugen.

Die von der Politik erzwungene Rückkehr zur Kohle ohne ausreichende Berücksichtigung der Kosten offenbarte das Fehlen von Selbstheilungskräften in der Planwirtschaft. Mit der verhängnisvollen Entscheidung zum Ausbau der Kohlechemie wurde der Prozess der wirtschaftlichen Selbstzerstörung der DDR beschleunigt. Aus der Option für das Erdöl der Ulbricht-Ära wurde in der Honecker-Zeit ein »Zurück zur Kohle«. Die Braunkohlenförderung der DDR überschritt erstmals die 300-Mio.-Tonnen-Grenze pro Jahr. Diese Entwicklung endete in einem energiepolitischen und ökologischen Fiasko.

Rüstungsindustrie

Von der Öffentlichkeit kaum bemerkt, entwickelte sich die Rüstungsindustrie in den siebziger und achtziger Jahren zu einem wichtigen Wirtschaftsfaktor in Sachsen. Dabei handelte es sich nicht um die Herstellung von schweren Rüstungsgütern wie Panzern, Kanonen, Flugzeugen usw., sondern hauptsächlich um die Fertigung von Infanteriewaffen und -munition und die Wartung sowie Instandsetzung von Militärtechnik. Zu den Betrieben mit überwiegender Rüstungsproduktion gehörten seit den fünfziger Jahren die Flugzeugwerft Dresden, das Motorenwerk Wurzen, der Geräte- und Werkzeugbau Wiesa und die Mechanische Werkstätten Königswartha.[308]

Während in anderen Ostblockländern die militärische Produktion zumeist getrennt von der zivilen Produktion betrieben wurde, war ein großer Teil der »speziellen Produktion« in der DDR in die Strukturen der Industrieministerien bzw. Kombinate eingeordnet worden. Im Zuge der Kombinatsbildung wurde 1970 auch die Rüstungsproduktion neu strukturiert. Die Mechanischen Werkstätten Königswartha, das Spreewerk Lübben, der Geräte- und Werkzeugbau Wiesa, das Konstruktionsbüro für Anlagen Berlin und das Chemiewerk Kapen wurden zum Gerätebaukombinat Königswartha fusioniert. Ein zweites reines Rüstungskombinat entstand 1971 durch den Zusammenschluss der Flugzeugwerft Dresden, des Instandsetzungswerkes Ludwigsfelde, des Instandsetzungswerkes Pinnow sowie der Lehrgeräte- und Reparaturwerke Mittenwalde zum Kombinat Spezialtechnik Dresden. Im Jahr 1979 wurden die Munitionsbetriebe sowie der Geräte- und Werkzeugbau Wiesa aus dem Gerätekombinat Köngiswartha dem Kombinat Spezialtechnik Dresden zugeschlagen, das damit wichtigster Hersteller von Rüstungsgütern in der DDR wurde. An seiner Spitze stand ein Generalmajor der NVA.

Anteil der Rüstungsproduktion am Erzeugnisumfang ausgewählter Kombinate 1988[309]

Kombinat	*Anteil in %*
Spezialtechnik Dresden	98,0
Gerätebaukombinat Königswartha	95,0
Kombinat Technische Textilien Chemnitz	12,7
TAKRAF Leipzig	8,7
Robotron Dresden	8,0

In den siebziger Jahren wurden in stärkerem Maße Betriebe der Elektrotechnik/Elektronik und der Feinmechanik/Optik in die Fertigung von Rüstungsgütern einbezogen, wobei sie vornehmlich als Zulieferer für die sowjetische Rüstungsindustrie Bedeutung erlangten. Zu den wichtigsten Kombinaten mit anteiliger Rüstungsproduktion gehörten neben dem Kombinat Carl Zeiss Jena, das eine Sonderrolle spielte, auch das Kombinat Robotron Dresden und der VEB Meßelektronik Pockau. Die einzelnen Rüstungsbetriebe stellten in den Kombinaten oft nur »Rüstungsinseln« dar, die relativ schwach mit der anderen Produktion der jeweiligen VVB verknüpft waren. Charakteristisch für die Rüstungsbetriebe waren eine außerordentlich große vertikale Gliederung und Fertigungstiefe und ein überdimensionierter Verwaltungsapparat.

Die Flugzeugwerft Dresden zählte gut 2 300 Mitarbeiter und war mit der Reparatur und Wartung von Militärmaschinen befasst. Die Mechanische Werkstätten Königswartha, das Motorenwerk Wurzen und der Geräte- und Werkzeugbau Wiesa beschäftigten in den siebziger und achtziger Jahren jeweils zwischen 1 000 und 1 400 Arbeitskräften und waren auf die Herstellung von Handfeuerwaffen und Munition spezialisiert.

Gesamtzahlen über die Rüstungsexporte der DDR liegen für die Jahre ab 1974 vor. Demnach wurden über den Ingenieur-Technischen Außenhandel im Jahr 1974 umgerechnet 105 Mio. Mark erlöst. Im Jahr 1980 waren es bereits über 500 Mio. und 1987 schließlich 1575 Mio. Mark.[310] Darüber hinaus hat auch die zum Bereich Kommerzielle Koordinierung gehörende Firma IMES Rüstungsexporte abgewickelt. Die sächsischen Standorte waren daran maßgeblich beteiligt.

»Sieg oder Niederlage«: Der Aufbau der Mikroelektronik

Ab Mitte der siebziger Jahre begann das unzureichende technische Niveau der elektronischen Steuerungselemente die Exporterlöse des Maschinenbaus zu schmälern. Der Rückstand bei analogen Schaltkreisen wurde auf vier bis acht Jahre, bei Mikroprozessoren auf sechs bis sieben Jahre und bei einigen Spezialausrüstungen sogar auf bis zu neun Jahre eingeschätzt. Dem sollte nunmehr entgegengewirkt werden. Auf dem »Mikroelektronikplenum« des ZK der SED im Juni 1977 wurden dafür die Weichen gestellt. Die Mikroelektronik rückte ins Zentrum der Industriepolitik. Dabei ging es nicht um eine Autarkiekonzeption, sondern um den Versuch, Anschluss an die internationale Entwicklung zu gewinnen. Es zeigte sich jedoch rasch, dass ein legaler Technologieimport an den Embargobestimmungen scheitern würde. Auch eine Kooperation im RGW bot keinen Ausweg, da der militärisch-industrielle Komplex der Sowjetunion die Kooperation auf dem Gebiet der Mikroelektronik verweigerte. So blieb der DDR gar kein anderer Ausweg, als das zu tun, was kein westeuropäischer Konzern oder Staat auf sich nahm: die Entwicklung einer eigenen Mikroelektronikindustrie unter Verzicht auf Lizenznahmen.

Bis dahin war die Computertechnik vor allem am Standort Dresden entwickelt worden. Von den Dresdner Produktionsstätten wurden die ersten 8-bit-Mikroprozessoren (U808D) hergestellt und ab 1978 in Serie produziert. Es handelte sich um eine Nachentwicklung des von der amerikanischen Firma Intel bereits 1972 auf den Mark gebrachten Chips 8080.

Trotz des in Dresden vorhandenen Potentials sollten neue Chipfabriken nicht dort, sondern in Erfurt gebaut werden. Warum die Standortentscheidung zugunsten von Erfurt getroffen wurde, ist umstritten. Jedenfalls wurde dort 1982 mit dem Bau des größten Investitionsobjektes der DDR-Mikroelektronik begonnen. Das Kombinat Mikroelektronik Erfurt umfasste auf dem Höhepunkt seiner Entwicklung 19 Betriebe mit ca. 51 000 Beschäftigten. Dennoch ging die Führung in der Mikroelektronik an das Kombinat Carl Zeiss Jena über. Unter beträchtlichem Aufwand gelang es den Jenensern bis September 1988 das Labormuster eines 1-Megabit-Chips zu entwickeln.

Auch das Kombinat Robotron Dresden wuchs in den achtziger Jahren rasch. Robotron verfügte über 18 Betriebe mit ca. 65 000 Beschäftigten. Die drei Kombinate der Mikroelektronik – Robotron Dresden, Carl Zeiss Jena, Mikroelektronik Erfurt – gehörten damit, gemessen an der Beschäftigtenzahl, zu den fünf größten Kombinaten der DDR. Dies unterstreicht, mit welch großem Aufwand die neue Industrie aus dem Boden gestampft wurde.[311] Unterschiedlichen Schätzungen zufolge wurden für das Mikroelektronikprogramm zwischen 1981 bis 1988 ca. 20 Mrd. Mark ausgegeben. Dies entsprach in etwa den Investitionen für alle Branchen der Leichtindustrie zusammengenommen. Die Entwicklung in der DDR-Mikroelektronik beruhte in hohem Maße auf einem illegalen Technologietransfer, organisiert vom MfS und dem Bereich Kommerzielle Koordinierung.[312] Erst der Import hunderter Rechner mit 16 bzw. 32-bit-Technologie ermöglichte die Einführung der CAD/CAM-Technik und schuf die Grundlagen für die Computerentwicklung beim Kombinat Robotron. So erfolgreich die Industriespionage auch war, ohne die ein 1-Megabit-Chip in der DDR nicht hätte hergestellt werden können, so verdeutlichte sie zugleich die Abhängigkeit vom Technologietransfer aus dem Westen. Spionage konnte zwar die negativen Folgen des Embargos lindern, aber keine dem konventionellen Technologietransfer gleichwertigen Bedingungen schaffen.

Mit dem Aufbau der Mikroelektronik hatte sich die DDR schlichtweg übernommen. Diese Aufgabe war für das kleine Land zu groß. Warum wurde dieser Weg trotzdem beschritten? Gab es nicht genug warnende Stimmen, die eine Überforderung der Volkswirtschaft vorhersagten? Günther Mittag hatte den Aufbau der Mikroelektronik zur Existenzfrage für die DDR-Wirtschaft erklärt. Seine Argumentation beruhte auf einem wahren Sachverhalt. Seit den achtziger Jahren litt der einst so erfolgreiche Werkzeugmaschinenbau der DDR auf dem Weltmarkt unter einem dramatischen Rückgang seiner Erlöse.

Bei der Entwicklung der Computerindustrie, die von Anfang an internationalen Charakter trug, scheiterte die DDR letztlich an der Globalisierung. Solche Technologien können nicht im Alleingang von einem Land entwickelt werden. Keine Volkswirtschaft der Welt, mit Ausnahme der USA, konnte die Ressourcen für die Entwicklung einer eigenständigen und wettbewerbsfähigen Mikroelektronik aufbringen. Mit einer national ausgerichteten Industriepolitik konnte die DDR in einer zunehmend international organisierten Weltwirtschaft nicht bestehen. Die Produktionszahlen waren viel zu klein, um eine Wirtschaftlichkeit zu erreichen. Die Marktzutrittsschranke steigender Kosten war für Robotron und die anderen Mikroelektronikkombinate nicht zu überspringen. Daher betrug der Preis einer CAD/CAM-Station »Made in GDR« etwa das Zehnfache des international üblichen Preises.

Allein auf die Wirtschaft der DDR bezogen waren die Fortschritte bei der Anwendung der Mikroelektronik jedoch enorm. Dies zeigte sich bei der Einführung von CNC-Steuerungen im Kombinat »Fritz Heckert« Karl-Marx-Stadt ebenso wie bei der Steigerung des Anteils von elektronischen Schreibmaschinen an der Gesamtproduktion von Schreibmaschinen.

Bei Schreibmaschinen der unteren Preisklasse und billigen Druckern konnte Robotron auf dem westdeutschen Markt noch Ende der achtziger Jahre mit einem Umsatz von 40 Mio. DM einen Anteil von ca. 30 Prozent erringen. Die Grenzen wurden jedoch dort deutlich, wo die einfache Fertigung endete. Bis zum Ende

Zu den Exportschlagern der DDR-Industrie gehörte die elektronische Typenradschreibmaschine »Erika« S 300, 1988

der DDR konnte der Rückstand in der Elektronikindustrie, der zwischen vier bis 13 Jahren betrug, nicht verringert werden. Für eine Wirtschaft, die seit den achtziger Jahren nahezu die Hälfte ihrer Exporte auf westlichen Märkten absetzte, hatte das fatale Konsequenzen.

Mit der Bildung transnationaler Produktionsstrukturen war die Entwicklung einer Branche nicht mehr zwangsläufig vom übrigen Niveau einer Volkswirtschaft abhängig. Nur deshalb gelang einigen Unternehmen trotz fehlender einheimischer Voraussetzungen der Durchbruch zur Weltspitze. Während Siemens oder Samsung längst keine nationale Produktfertigung mehr betrieben, traf dies auf Robotron sehr wohl zu.[313] Die DDR geriet bei ihrem Versuch, mit den westlichen Ländern und ihrem zunehmend global organisierten Konzernen aus ihren nationalen Grenzen heraus zu konkurrieren, ins Hintertreffen. Es war ihr unmöglich, die gesamte Breite der Weltproduktion innerhalb der eigenen Grenzen zu erzeugen.

Mikroprozessoren für den Maschinenbau

Bewegten sich die Ausfuhren von Werkzeugmaschinen der DDR 1972 noch auf dem Niveau von Frankreich und Italien, so überschritt man das Exportvolumen dieser beiden Länder und auch das von Großbritannien 1977 und nahm hinter der Bundesrepublik, den USA, der Sowjetunion und Japan den 5. Platz als Werkzeugmaschinenexporteur ein. Das durchschnittliche Wachstum der Werkzeugmaschinenproduktion lag von 1960 bis 1980 in der DDR höher als in der Welt. Die sechziger und siebziger Jahre waren für den sächsischen Werkzeugmaschinenbau »goldene Jahre«. Die unter dem Warenzeichen »WMW« hergestellten Maschinen gingen zu über 70 Prozent in den Export. Die Nachfrage war so groß, dass der Inlandsbedarf aus eigenem Aufkommen nicht befriedigt werden konnte. Bis 1989 wurden von DDR-Betrieben rund 12 000 NC-Werkzeugmaschinen hergestellt, davon mehr als 3000 in Karl-Marx-Stadt.

Die Hersteller aus Karl-Marx-Stadt, Leipzig, Meuselwitz und Werdau genossen international hohes Ansehen und verfügten innerhalb der DDR-Wirtschaft als wichtige Exporteure über eine Sonderstellung.

Faktoren, die die Entwicklung des Werkzeugmaschinenbaus in der DDR stark beeinflussten, waren die Spezialisierungsabkommen im RGW. Traditionelle Erzeugnisse wie Karusseldrehmaschinen, Sägemaschinen oder Teilgebiete des Fahrzeugbaus wurden in andere RGW-Länder verlagert. In der Folge musste die DDR diese Erzeugnisse importieren. Auf der anderen Seite waren die Großaufträge aus den anderen RGW-Ländern, vor allem der Sowjetunion, für den DDR-Werkzeugmaschinenbau vorteilhaft, da sie die Fertigung in größeren Serien ermöglichten.

In seiner Stellung als Exportbranche bedroht wurde der sächsische Werkzeugmaschinenbau Ende der siebziger Jahre durch den Trend, von NC- zu CNC-Steuerungen (Computerized Numerical Control) überzugehen. Bei der NC-Steuerung erfolgte die Anpassung an unterschiedliche Maschinen und Bearbeitungsanforderungen noch über die Hardware. Die neuen CNC-Steuerungen konnten demgegenüber durch den Austausch der Steuerungssoftware konfiguriert werden. Anders als im Fall der NC-Steuerungen nahm der Markt die CNC-Steuerungen rasch auf. Die durch die neuen Steuerungen ausgelöste technische Umwälzung zog eine Neuverteilung der Chancen auf dem Weltmarkt nach sich.[314]

Ende 1979 wurden die ersten CNC-Steuerungen von VEB Numerik Karl-Marx-Stadt an den VEB Wema Plauen übergeben. Die angestrebte Serienproduktion von CNC-Steuerungen gelang jedoch in den achtziger Jahren weder im erhofften Umfang, noch in der für den Weltmarkt erforderlichen Qualität. Beim VEB Numerik musste man stets darauf warten, bis im Dresdner Institut für Mikroelektronik die nächste Generation Prozessoren entwickelt war. Aus den Chefetagen der Planungsbehörden häufte sich die Kritik am Mikroelektronikprogramm, »dass vorrangig auf die Belange der Rechentechnik und viel zu wenig auf die dringend benötigte Steuerungstechnik für den Maschinenbau ausgerichtet war«.[315]

Auf nationaler Ebene war der Konflikt, sich zwischen einer vorrangigen Entwicklung des Maschinenbaus oder der Mikroelektronik entscheiden zu müssen, nicht lösbar. Ohne konkurrenzfähige CNC-Steuerungen drohte dem Maschinenbau unweigerlich der Absturz. Beide Aufgaben zugleich zu lösen, d. h. Maschinenbau und Chipindustrie zu fördern, dafür reichten weder die materiellen noch die personellen Ressourcen. Im Endeffekt konnte auf beiden Gebieten der Rückstand nicht mehr aufgeholt werden. Der Umfang der Produktion von CNC-Steuerungen bei Numerik Karl-Marx-Stadt erreichte Ende der achtziger Jahre lediglich knapp 11 Prozent des westdeutschen Niveaus. Noch eindeutiger fällt das Ergebnis aus, wenn finanzielle Resultate des DDR-Werkzeugmaschinenexports analysiert werden. Werkzeugmaschinen ohne moderne Mikroprozessoren waren kaum noch verkäuflich. Da die eigene Chipindustrie nicht in der Lage war, die erforderlichen Prozessoren zu liefern, mussten in mehr als 80 Prozent aller Werkzeugmaschinen westliche Steuerungen eingebaut werden. Der Verlust an Devisen, der durch den Zukauf der Steuerungen eintrat, belief sich auf 30 bis 40 Prozent des Gesamterlöses je Werkzeugmaschine. Die Mittel, die in die Entwicklung moderner Steuerungen gesteckt wurden, waren aus der Sicht der Devisenbilanz verloren.

Zu den Branchen, die mit am längsten den Anschluss an die internationale Entwicklung halten konnten, gehörte der Büro- und Druckmaschinenbau.[316] Die 17 ostdeutschen Druckmaschinenhersteller waren bis auf einen alle in Sachsen ansässig. Sie wurden in den fünfziger und sechziger Jahren sukzessive in VVB bzw. Kombinaten zusammengefasst und spezialisierten sich frühzeitig auf bestimmte Produktgruppen. In den siebziger Jahren gab es noch drei große Hersteller: Der VEB Druckmaschinenwerke Leipzig fertigte Rollenoffsetmaschinen, der VEB Plamag Plauen stellte Zeitungsoffset-Rotationsmaschinen und Tiefdruckrollenmaschinen her und der VEB Planeta Radebeul produzierte ausschließlich Bogenoffsetmaschinen. Hinzu kamen noch ein Buchbindermaschinenwerk und ein Papierverarbeitungsmaschinenwerk in Bautzen. Diese fünf Betriebe

Bogenoffsetmaschine »Variant«, VEB Planeta Radebeul, 1989

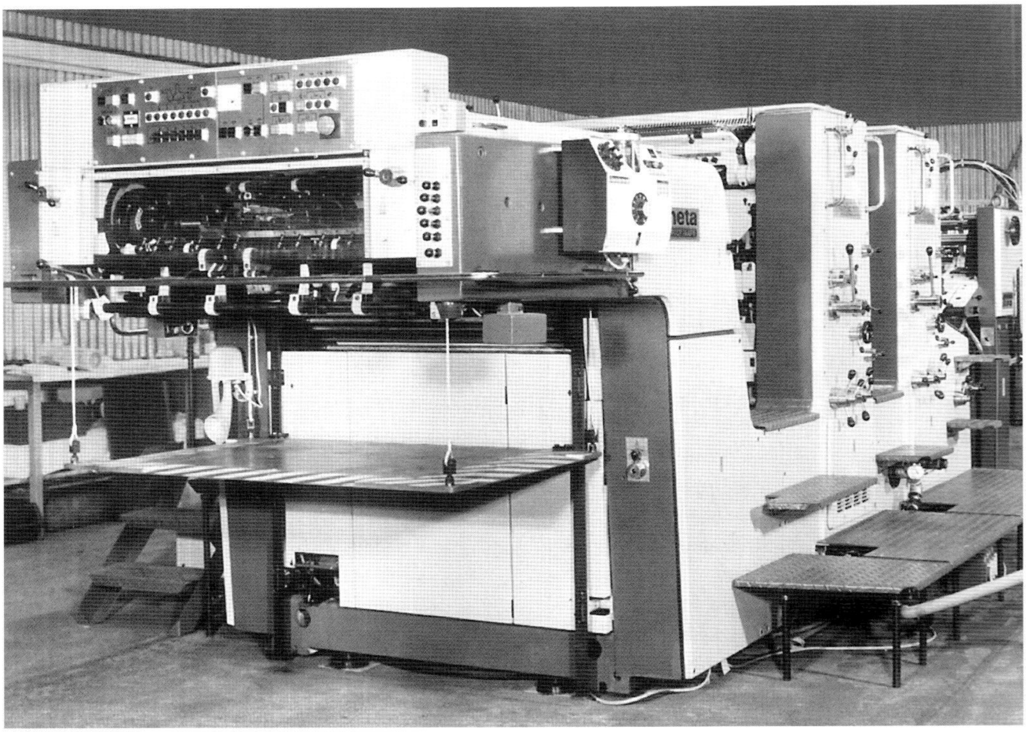

zuzüglich mehrerer Zweigwerke wurden im Kombinat Polygraph Leipzig zusammengeschlossen. Es hatte in den siebziger Jahren etwa 15 000 Beschäftigte.

Die hohe technische Qualität der Druckmaschinen fand Ausdruck in einem ausgeprägten Selbstbewusstsein der sächsischen Hersteller. Sie genossen aufgrund ihrer starken Position auf den internationalen Märkten eine gewisse Sonderstellung im Wirtschaftssystem der DDR. Grundlage für ihre Erfolge waren intensiv ausgebaute Netzwerke. Dazu gehörte u. a. der Aufbau eines leistungsfähigen Forschungsnetzwerkes mit engen Verbindungen zu den Universitäten und Technischen Hochschulen in Chemnitz, Leipzig und Dresden sowie einer sehr guten Kooperation zwischen Herstellern und dem Außenhandelsbetrieb.

So konnte Planeta Radebeul bei der wichtigsten Innovation im Druckmaschinenbereich, der Offsetdrucktechnik, gut mithalten. Diese Technik war bereits Anfang des 20. Jahrhunderts erfunden worden. Hochburg des Rollenoffsetdrucks war vor dem Zweiten Weltkrieg die Vogtländische Maschinenfabrik in Plauen (Plamag). Planeta konnte daran anschließen und verkaufte in den sechziger/siebziger Jahren mehr als die Hälfte seiner Produkte auf westlichen Märkten. Exportschlager war die Bogenoffsetdruckmaschine »Variant«. Mit einer »Nischenstrategie« war das Druckmaschinenwerk Leipzig erfolgreich. Der Betrieb vertrieb Rollenoffsetmaschinen für den Schön- und Widerdruck, die von den westdeutschen Konkurrenten nicht hergestellt wurden. Mit dem Modell »Zirkon 66« erzielten die Leipziger dabei ihre größten Umsätze.

Ab Mitte der siebziger Jahre geriet der sächsische Druckmaschinenbau in einen technologischen Rückstand. Entscheidend dafür waren die Inputs für den Druckmaschinenbau, wie zum Beispiel Druckfarben, Gummitücher und elektronische Steuerungselemente. Das niedrige technische Niveau der Elektronik und Mikroelektronik in der DDR beeinträchtigte zunehmend die Qualität der Druckmaschinen. Der Import von mikroelektronischen Produkten war nicht im ausreichenden Maße möglich. Dem standen westliche Embargobestimmungen und die Importablösepolitik der DDR entgegen. Unter diesen Bedingungen war es den sächsischen Herstellern praktisch unmöglich, in der bisherigen Breite Anschluss an die internationale Branchenentwicklung zu halten. Am ehesten gelang dies noch dem VEB Planeta, der in den achtziger Jahren sogar einen westdeutschen Zulieferer für mikroelektronische Steuerungen besaß.

Eine weitere Ursache für das technische Zurückfallen der sächsischen Hersteller war das vergleichsweise geringe Anspruchsniveau der Nachfrager aus den RGW-Staaten. Die sächsischen Hersteller waren die mit Abstand wichtigsten Produzenten von Druckmaschinen im RGW-Bereich und nahmen de facto eine Monopolstellung ein. Auf den »bequemen Märkten« im Osten wurden an das technische Niveau der Druckmaschinen keine hohen Ansprüche gestellt. Von dort gab es also kaum einen Innovationsdruck. Schließlich ist auch auf die nicht ausreichenden Serviceleistungen zu verweisen. Die restriktiven Reisebestimmungen der DDR erschwerten ein schnelles Reagieren der Hersteller auf Kundenwünsche.

Gebremste Fahrt: das Autoprogramm

Ein Schlüsseljahr für den Fahrzeugbau war das Jahr 1961. Mit dem Erwerb der Lizenz zum Bau des Wankel-Motors wollten die Planer eine ganze Viertakt-Generation überspringen.[317] Ab 1962 wurde dieser Motor bei Sachsenring getestet. Nachdem IFA von NSU die Lizenzrechte für den Kreiskolbenmotor gekauft hatte, produzierte man den Motor KKM 51/KKM 52 – einen kleineren für den Trabant, einen größeren für den Wartburg.

Gleichzeitig lief in Zwickau die Entwicklung eines neuen Kleinwagens mit Duroplastkarosserie. Die Entwickler bauten mit dem Trabant 603 einen Wagen mit kantigen Linien und Schrägheck. Er sah den späteren Prototypen des VW »Golf« nicht unähnlich. In den Zwickauer Prototypen wurden insgesamt neun verschiedene Motoren getestet: neben dem favorisierten Wankel-Motor auch ein Wartburg-Motor und verschiedene Viertakter. Die Fertigstellung des Projekts war für 1967 anvisiert. Im Jahr 1966 stoppte jedoch das Politbüro die Entwicklung. Ein Jahr später scheiterte auch das Wankel-Projekt, diesmal allerdings nicht an politischen, sondern an technischen Hürden. Von diesen Rückschlägen konnte sich der sächsische Automobilbau bis zum Ende der DDR nicht mehr erholen. Er blieb auf dem technischen Niveau der späten fünfziger Jahre stehen.

Ende 1977 vereinbarten der DDR-Außenhandel und der Volkswagen-Konzern in Wolfsburg den Verkauf von 10 000 VW-Golf an die DDR für 90 Mio. DM. Die DDR bezahlte die Autolieferung vor allem mit Werkzeugmaschinen für das Pressenwerk in Wolfsburg. Für VW war das Geschäftsvolumen eher unbedeutend, aber es ging um einen generellen Einstieg ins Osteuropageschäft.

Im Juni 1983 beschloss das Politbüro der SED, dass die Autoproduktion kurzfristig erhöht werden müsse. In Zwickau sollte die Fertigung auf 175 000 Autos pro Jahr steigen. Die Kapazitätsgrenzen lagen aber bei ca. 120 000 Autos pro Jahr. Nur der Neubau einer Blechpresserei an einem anderen Standort hätte Abhilfe schaffen können. Dafür fehlte das Geld. Dennoch konnte im alten Zwickauer Werk durch die Einführung des Dreischichtsystems in der Endmontage und verschiedene Verbesserungen in den Produktionsabläufen der Jahresausstoß auf über 145 000 Fahrzeuge gesteigert werden.[318] Zugute kam dem Werk auch, das Ende der siebziger Jahre in Mosel ein neues Gelenkwellenwerk gebaut worden war. Dort entstand ab Mitte der achtziger Jahre noch eine Endmontage für 50 000 Trabants. Der erste in Mosel gefertigte Trabant lief im März 1990 vom Band.

Mitte der achtziger Jahre kam ein großes Geschäft zwischen VW und dem DDR-Außenhandel zustande. Es ging um den Verkauf einer Fertigungsanlage für Viertaktmotoren. Die Kapazität der Anlage umfasste 430 000 Otto- und Dieselmotoren pro Jahr. Der Preis einschließlich Lizenzgebühren betrug 345 Mio. DM. Die DDR sollte den Kaufpreis in der Weise aufbringen, dass VW jedes Jahr 100 000 Motoren als Rücklauf erhielt.[319]

Neben dem Anlagenkauf waren bei den Autobauern in der DDR umfangreiche Investitionen zu tätigen. Diese liefen allerdings immer mehr aus dem Ruder. Lag die erste Schätzung 1984 noch bei 3,7 Mrd. DDR-Mark plus 0,6 Mrd. Valutamark, so belief sich der tatsächliche Investitionsaufwand schließlich fast auf das Doppelte, nämlich 7,2 Mrd. DDR-Mark plus 1,5 Mrd. Valutamark. Insgesamt waren an dem Projekt zehn Industrieministerien, 44 Kombinate und 180 Betriebe beteiligt. Sie stellten 650 Teile bzw. Baugruppen für den Motor her. Zu den wichtigsten Betrieben gehörten das Motorenwerk Karl-Marx-Stadt, das Kombinat Gisag Leipzig und das VEB Automobilwerk Eisenach. Starken Auftrieb bekam auch der Bau der neuen Endmontage und Lackiererei in Mosel.

Am 31. August 1988 wurde die Motorenproduktionsanlage in Chemnitz durch VW-Vorstandschef Dr. Carl Hahn an das IFA Kombinat übergeben. Das Projekt brachte die Automobilindustrie der DDR ein großes Stück nach vorn. Der viele Jahre zählende technische Rückstand in der Motorenfertigung konnte damit aufgeholt werden. Für eine Anpassung des gesamten Fahrzeugs an internationale Standards reichte die Kraft jedoch nicht mehr.

In den achtziger Jahren wurde die Motorisierung in der DDR zum Desaster. Es gab einen riesigen Nachfrageüberhang, was die Preise für Gebrauchtwagen in astronomische Höhen trieb. Die Lieferzeiten für Neuwagen betrugen zehn Jahre und mehr. Die mittlere Lebensdauer von Autos in der DDR lag zwischen 28 und 30 Jahren. Im Vergleich dazu erreichte sie in der Bundesrepublik nur zwölf Jahre. Eine Modernisierung des Produktionsapparates erfolgte nur noch punktuell. Der Verschleißgrad der Anlagen für die Trabantfertigung stieg von 40 Prozent 1970 auf fast 50 Prozent 1989. Beispielsweise lag das Durchschnittsalter der Duroplastpressen bei 25 Jahren. Für solche Anlagen gab es gar keine Hersteller mehr. Neben den materiellen Engpässen traten zunehmend auch personelle Probleme auf. Es fehlte an Arbeitskräften für einfache Tätigkeiten. Wie auch in einigen anderen Branchen, vornehmlich der Textilindustrie, kamen seit Anfang der achtziger Jahre ausländische Vertragsarbeiter zum Einsatz. Beim VEB Sachsenring arbeiteten beispielsweise knapp 1000 Vietnamesen.

Finale Krise

Die Versorgung und stabile Preise für Waren des Grundbedarfs, so unsinnig diese ökonomisch auch waren, blieben neuralgische Punkte der Herrschaftssicherung. Honecker ließ sich von der Prämisse leiten, dass die Verbraucherpreise stabil bleiben müssten, denn wenn es zu Preiserhöhungen komme, könne »gleich das Politbüro zurücktreten und die Regierung auch«.[320]

Im ersten Jahrzehnt der Honecker Ära (1971 bis 1980) waren 210,5 Mrd. Mark Sozialprodukt mehr verbraucht worden, als durch die eigene Wirtschaft produziert wurde. Honeckers Sozialpolitik überforderte also von Anfang an die Wirtschaftskraft der DDR. Die Wirtschafts- und Sozialpolitik der siebziger/achtziger Jahre führte zu einer rasch steigenden Auslandsverschuldung. Anfang der siebziger Jahre betrug die Verschuldung lediglich 2 Mrd. Valutamark und erreichte mit mehr als 25 Mrd. Valutamark 1982 ihren Höhepunkt. Das paradoxe an der Situation war, dass sich die DDR zu dieser Zeit außenpolitisch im Zenit ihres Ansehens befand.[321] Wie weit sie bereits ihre wirtschaftliche Substanz verzehrt hatte, sollte sich im vollen Ausmaß erst 1989/90 zeigen.

Die Bemühungen zum Abbau der Auslandsverschuldung diktierten mehr und mehr das ökonomische Handeln. Exportiert wurde alles, was rasch

Devisen brachte: Fleisch, Kunstschätze, Waffen, selbst alte Pflasterstraßen riss man ab, um sie gegen harte Währung zu verkaufen. In den letzten zehn Jahren der DDR übertraf das produzierte Nationaleinkommen das verbrauchte um 88,1 Mrd. Mark. Dieser Kraftakt brachte der DDR eine Atempause, führte aber nicht zu einer grundlegenden Wende in der Schuldenlage.

Seit Anfang der achtziger Jahre hatten sich die Nettoinvestitionen im produzierenden Bereich rückläufig entwickelt, die Bruttowertschöpfung und die Produktivität sanken.[322] Die Förderung weniger Schwerpunktzweige brachte nicht die erhofften Effekte für die Exportwirtschaft. Den Preis für diese Politik zahlten die Nichtschwerpunktzweige und die Verbraucher: In der Bauwirtschaft, im Verkehrswesen und im Post- und Fernmeldewesen lag die Verschleißquote über 50 Prozent. Fast die Hälfte des Autobahnnetzes wies erhebliche Schäden auf, die »Langsamfahrstrecken« der Bahn waren nicht mehr zu zählen und das Fernmeldenetz spottete jeder Beschreibung.

Nicht alles in den Industriebetrieben war »Schrott«, sondern es gab, wie gezeigt, einige Bereiche, die durchaus modern ausgestattet waren. Diese Inseln des Fortschritts waren jedoch von einer wachsenden Zahl komplett heruntergewirtschafteter Betriebe umgeben. Im Jahr 1989 galt ungefähr die Hälfte aller Industrieanlagen als verschlissen.[323]

Bankrott war die DDR trotzdem noch nicht. Ihre Zahlungsbilanz wies 1989 ein Defizit von knapp 20 Mrd. Valutamark auf. Um die Schulden zu bedienen und gleichzeitig den Lebensstandard halten zu können, hätte es jedoch einer leistungsfähigeren Wirtschaft bedurft. Der von Ökonomen wiederholt vorgeschlagene Weg des Abbaus von Subventionen und der Erhöhung von Konsumgüterpreisen, Mieten usw. hätte zu einer deutlichen Absenkung des Lebensstandards geführt. Gemäß diesen Überlegungen war die Zahlungsfähigkeit der DDR nur durch eine 25- bis 30-prozentige Reduzierung des Konsums der Bevölkerung zu sichern. Die SED-Führung war dazu nicht willens. Ihre Unfähigkeit, den wachsenden Konsumansprüchen der Bevölkerung zu genügen, war einer der wesentlichen Gründe für die friedliche Revolution im Herbst 1989.

Struktureller Wandel

Betrachten wir abschließend den strukturellen Wandel in der sächsischen Industrie während der DDR-Zeit. Während dieser vier Jahrzehnte fanden erhebliche strukturelle Verschiebungen statt.

Anteil der Industriebereiche an den Industriebeschäftigten in den drei Südbezirken 1955–1989[324]

Industriebereich	1955 Beschäftigte/%	1975 Beschäftigte/%	1989 Beschäftigte/%
Grundstoffindustrie	203 125 / 17,4	205 341 / 17,4	214 887 / 18,6
Investitionsgüter	386 079 / 33,0	516 025 / 43,7	530 357 / 45,9
Verbrauchsgüter	520 429 / 44,5	397 003 / 33,5	345 713 / 29,9
Lebensmittel	60 149 / 5,1	64 006 / 5,4	65 159 / 5,6

Vor dem Zweiten Weltkrieg war Sachsen die Region in Deutschland mit dem höchsten Anteil an der Konsumgüterindustrie. Dieser Industriebereich verlor nach 1945 an Bedeutung. So sank der Beschäftigtenanteil der Verbrauchsgüterindustrien an den Industriebeschäftigten insgesamt von über 50 Prozent vor 1939 auf weniger als 30 Prozent 1989. Entscheidend für diesen Rückgang war die Schrumpfung der Textilindustrie, ein Prozess der sich in allen europäischen Regionen mit starker Textilindustrie vollzog. Die sächsische Textilindustrie büßte zwischen 1955 und 1989 rund 187 000 Beschäftigte ein, blieb aber noch immer die zweitgrößte Branche in Sachsen. In anderen altindustriellen Regionen Europas vollzog sich der Abschied vom einstigen Leitsektor der Industrialisierung schneller, wobei die Unterschiede im Tempo des Wandels erst in den siebziger und achtziger Jahren deutlich zu Tage traten.

Die sächsische Textilindustrie konnte nur aufgrund der vom Wirtschaftssystem der DDR geschaffenen Sonderbedingungen – geschützter Binnenmarkt, Massenwarenexporte in den Ostblock, Exporte zu Dumpingpreisen in den Westen – in Dimensionen bestehen, wie es sie ansonsten in Europa kaum noch gab.

Neben der Textilindustrie schrumpften auch noch andere Branchen der Konsumgüterindustrie. Dramatisch war dabei weniger der Beschäftigtenrückgang als der Verlust ihrer Konkurrenzfähigkeit. Dies betraf von der Kosmetik über die Kameras bis zu den Schreibmaschinen nahezu alle Produkte, die einstmals den Ruf der sächsischen Industrie mit geprägt hatten. Verantwortlich für diesen Niedergang waren die Industriepolitik der SED mit ihrer einseitigen Förderung von »Schwerpunktzweigen« und die 1972 abgeschlossene

Flexibles Maschinensystem FMS 630, VE Werkzeugmaschinenkombinat »Fritz Heckert«, 1989

Verstaatlichung mittlerer und kleinerer Industrie- und Handwerksbetriebe.

Die Grundstoffindustrie blieb in ihren Beschäftigtenanteilen nahezu konstant. Hinter den Zahlen verbergen sich jedoch erhebliche Umschichtungen innerhalb der Grundstoffindustrie. Mit dem Uranbergbau entstand ein Wirtschaftszweig, der wie kein anderer im ersten Nachkriegsjahrzehnt expandierte und das sowjetische Industrialisierungsmodell verkörperte. Er wirkte im sächsischen Wirtschaftsgefüge wie ein Fremdkörper, band immense menschliche und materielle Ressourcen und vernutzte schonungslos alte Kulturlandschaften. Dem Aufstieg des Uranbergbaus stand das Auslaufen des westsächsischen Steinkohlenbergbaus gegenüber. In den achtziger Jahren verzeichnete der Braunkohlenbergbau in der Region um Leipzig einen nochmaligen Zuwachs, der einem negativen Strukturwandel – zurück zur Kohlechemie – geschuldet war.

Die größten Beschäftigtenzuwächse verzeichneten Maschinen- und Fahrzeugbau sowie Elektrotechnik und Elektronik. Zwischen 1955 und 1989 gewannen der Maschinen- und Fahrzeugbau knapp 88 000 Beschäftigte, die Elektrotechnik/Elektronik und der Gerätebau mehr als 56 000 Beschäftigte und die Leichtindustrie ca. 12 000 Beschäftigte hinzu. Die erheblichen Umschichtungen in der sächsischen Industriestruktur erfolgten kaum durch den Neubau von Werken, dies blieb vor allem den nördlichen und mittleren Regionen in der DDR vorbehalten, als vielmehr durch eine Entlastung der Ballungskerne infolge der Verlagerung von Industrien in die Randzonen der Ballungsgebiete.

Diese Zahlen sollten aber nicht darüber hinwegtäuschen, dass der einst sehr leistungsfähige sächsische Fahrzeugbau sich von den Nachkriegsfolgen und falschen wirtschaftspolitischen Weichenstellungen in der DDR-Zeit nicht mehr erholen konnte. Damit büßte die sächsische Industrie eine ihrer Säulen ein. Günstiger entwickelte sich noch bis Ende der siebziger Jahre der Maschinenbau. Erst die Revolution in der Mikroelektronik führte zu qualitativen Rückständen.

Nach dem Maschinen- und Fahrzeugbau war die Elektrotechnik/Elektronik die zweitgrößte Wachstumsbranche. Ihre Entwicklung unterschied sich stark von der Vorkriegszeit, in der die Elektrotechnik in Sachsen kaum präsent gewesen war. Der Aufbau der Mikroelektronik in Dresden erwies sich als wohl größter industriepolitischer Fehlschlag der DDR-Zeit. Dennoch bot das Potential gut ausgebildeter Fachkräfte in der Elektrotechnik/Elektronik Ansatzpunkte für Neuansiedlungen nach 1990.

VON DER PLAN- ZUR MARKTWIRTSCHAFT

Die Wende

Im Sommer 1989 erschütterte die massenhafte Flucht von DDR-Bürgern über Ungarn in den Westen und ab Herbst eine rasch anwachsende Welle friedlicher Proteste die SED-Herrschaft. Leipzig wurde zum Zentrum der friedlichen Revolution. Die Opposition ergriff nicht die Macht, sondern zwang die Mächtigen, gewaltlos die Grundlagen ihrer Herrschaft in kürzester Zeit zu beseitigen. Ein beispielloser Vorgang in der deutschen Geschichte. Am 9. November 1989 wurde schließlich eher zufällig die Mauer geöffnet.[325] Nur drei Tage zuvor waren erstmals die alten Farben Sachsens auf einer Montagsdemonstration in Dresden aufgetaucht.[326] Nach dem Sturz von Erich Honecker und dem Rücktritt von Egon Krenz übernahm Hans Modrow (PDS) im November 1989 für die Zeit bis zu den ersten freien Wahlen zur Volkskammer die Regierungsgeschäfte. Sein Regierungskonzept vom 1. Februar 1990 sah einen schrittweisen Übergang von der Kommandowirtschaft zur Marktwirtschaft vor. Zu einer »inneren« Lösung der Wirtschaftsprobleme war aber die Mehrzahl der DDR-Bürger nicht mehr bereit.

Als das Projekt einer Währungsunion im Februar 1990 zum ersten Mal von der Bundesregierung diskutiert wurde, stand die Überlegung im Vordergrund, den Weg zur politischen Einheit auch wirtschaftlich unwiderruflich zu machen. Die nach den Volkskammerwahlen im März 1990 gebildete Regierung de Maizière (CDU) schloss sich der von der Bunderregierung angebotenen Lösungsvariante an, die in den Staatsvertrag über die Währungs-, Wirtschafts- und Sozialunion vom 21. Juni 1990 mündete. Mit dessen Inkrafttreten am 1. Juli 1990 erlosch die Souveränität der DDR auf wirtschaftlichem und sozialem Gebiet. Die damit de facto hergestellte wirtschaftliche Einheit leitete einen unumkehrbaren Prozess ein, der am 3. Oktober 1990 zur politischen Einheit führte.

Nunmehr konnte auch die Idee der Neugründung der Länder umgesetzt werden. Am 22. Juli 1990 verabschiedete die Volkskammer das »Verfassungsgesetz zur Bildung von Ländern in der DDR«. Am 3. Oktober 1990, dem Tag des Beitritts der DDR zum Geltungsbereich des Grundgesetzes, wurde der Freistaat Sachsen wieder ins Leben gerufen. Mit den Landtagswahlen vom 14. Oktober 1990 erfolgte die demokratische Legitimierung der neuen Struktur. Die seit dieser Wahl über eine absolute Mehrheit verfügende CDU stellte mit Kurt Biedenkopf den ersten Ministerpräsidenten.

Noch komplizierter als die Neugestaltung des politischen Systems war die Transformation der Wirtschaft. Die Schlussbilanz der DDR-Wirtschaft kam einer Bankrotterklärung nahe.[327] Das Bruttoinlandsprodukt pro Einwohner und die Produktivität hatte 1989 unterschiedlichen Schätzungen zufolge nur etwa ein Drittel des westdeutschen Niveaus betragen. Die Produkte der ostdeutschen Industrie waren überwiegend veraltet. Die Betriebe verfügten, bedingt durch die Gewinnabführung an den Staatshaushalt, kaum über Eigenkapital. Große Teile des Kapitalstocks der Industrie und die Infrastruktur waren stark verschlissen. Verheerend fiel die Umweltbilanz aus. Die Region um Leipzig war vom Braunkohlenabbau und der Kohlechemie gezeichnet, die Lausitz hatte ebenfalls mit den Folgen der Braunkohlenförderung und -verstromung zu kämpfen und die Abfälle aus der Zellwolleproduktion verunreinigten die Flüsse. Besonders schwerwiegend waren die vom Uranbergbau der SDAG Wismut hinterlassenen Altlasten im Erzgebirge und bei Gittersee nahe Dresden. Die Beseitigung der Umweltbelastungen, soviel stand rasch fest, würde viele Milliarden DM kosten. Zu den ersten Maßnahmen der neuen Regierung gehörten die Stilllegung der perspektivlosen Kohlechemie, die Einstellung der Zellwolleproduktion und die Reduzierung der Braunkohlenförderung. Diese unvermeidlichen Schritte geschahen in Sachsen sehr schnell.

Währungsunion und Transformationskrise

Auf den Übergang zur Marktwirtschaft war die Wirtschaft Sachsens denkbar schlecht vorbereitet. Vor den negativen Folgen der Einführung der DM in Form einer »Schocktheraphie« hatten Wirtschaftswissenschaftler gewarnt. Ihre Prognosen wurden von der Realität noch übertroffen: Nach der Währungsunion am 1. Juli 1990 brachen in Sachsen, wie in allen ostdeutschen Bundesländern, Produktion und Beschäftigung in einem Umfang ein, der in der jüngeren Wirtschaftsgeschichte ohne Beispiel ist. Mit drastischen Worten kommentierte die Presse im In- und Ausland dieses Desaster. Ein Kommentator von »The Guardian« verglich die Folgen der DM-Einführung mit einer »ökonomischen Atombombe«.[328] Norman van Scherpenberg, Generalbevollmächtigter der Treuhandanstalt, kommentierte dies so: »Die Währungsunion war eine Frage Ökonomie kontra Politik. Sie ist von der Macht entschieden worden, nicht von der Sache. In der Nacht zum 1. Juli 1990 ist der gesamte Kapitalstock der DDR total vernichtet worden. Durch die 300-prozentige Aufwertung wurde die Industrie ihrer Liquidität beraubt. Wenn ich heute in Niedersachsen den Reallohn verdreifache, kriegen sie die Aktien von VW an der Börse geschenkt. Genau dies ist die Situation im Osten.«[329]

Das Vermögen aller Werke musste neu bilanziert werden. Diesem Zweck diente die DM-Eröffnungsbilanz. Wie stark die Substanz der Werke aufgezehrt worden war, verdeutlichte auch die Bilanz des Böhlener Chemiewerkes. Alle Sachanlagen wurden auf ein Zehntel ihres Buchwertes abgewertet.[330]

Bereits einige Monate zuvor hatte – auf Vorschlag von Vertretern der Bürgerbewegung – die Treuhandanstalt (THA) in Berlin ihre Tätigkeit aufgenommen.[331] Während sie zunächst nur Klein- und Mittelbetriebe reprivatisieren sollte, setzte sich unter der Regierung de Maizière mit dem Konzept eines »ad hoc«-Übergangs zur Marktwirtschaft die klarste Alternative zur bisherigen Wirtschaftsweise durch. Dazu gehörten die Entflechtung und anschließende komplette Privatisierung der Kombinate bzw. ihrer einzelnen Betriebe.

Im Frühsommer 1990 lagen der THA erste Selbsteinschätzungen hinsichtlich der Wettbewerbsfähigkeit der ostdeutschen Industrie vor. Demnach hielten sich 40 Prozent der Betriebe für wettbewerbsfähig und 30 Prozent für »sanierungswürdig«. Die restlichen 30 Prozent galten als akut gefährdet.[332] Die Schätzungen mussten nur ein Jahr später korrigiert werden. Nunmehr galten in Sachsen nur noch etwa 10 Prozent des vorhandenen Sachvermögens der sächsischen Wirtschaft als konkurrenzfähig.[333] In den anderen ostdeutschen Regionen sah es nicht besser aus. Von der Schwäche der ostdeutschen Wirtschaft, die innerhalb weniger Monate einen großen Teil ihrer Inlands- und Auslandsmärkte verlor, profitierten in dieser Phase der Wiedervereinigung vor allem westdeutsche Konsumgüterhersteller. Für sie kam der wirtschaftliche Niedergang im Osten einem Konjunkturprogramm gleich.

In unglaublich kurzer Zeit verschwanden nahezu alle Großunternehmen aus dem sächsischen Wirt-

Sprengung des Schornsteins am 30. Mai 1990

schaftsleben. Der Anteil der Industriebeschäftigten ging von 1,12 Mio. 1989 auf rund 215 000 im Jahr 2000 zurück, d. h. vier von fünf Arbeitsplätzen in der Industrie gingen verloren. Betroffen davon waren alle Branchen: So gingen bis Ende 1994 im Maschinenbau 84 Prozent und in der Elektrotechnik 83 Prozent aller Arbeitsplätze verloren. Den größten Einbruch erlebte die überalterte Textil- und Bekleidungsindustrie, die innerhalb kürzester Zeit mehr als 92 Prozent ihrer Arbeitsplätze einbüßte. Nahezu zwei Jahrhunderte hatte die Textilindustrie einen überragenden Stellenwert in der sächsischen Industriestruktur besessen. Vom einstmaligen Führungssektor der Industrialisierung blieb kaum etwas übrig. Sachsen, der ehedem am stärksten gewerblich-industriell geprägte Teil Deutschlands, rutschte hinsichtlich der Industriebeschäftigten auf etwas mehr als die Hälfte des bundesdeutschen Durchschnitts ab. Der Industriebesatz ist heute in etwa dem von Schleswig-Holstein vergleichbar.[334]

Trotz des rasch fortschreitenden Abbaus von Industriearbeitsplätzen, wurde in den Medien noch eine Zeitlang die Erinnerung an das westdeutsche Wirtschaftswunder beschworen. Eine solche Entwicklung erhoffte man nach Abschluss der Phase der »schöpfe-

… und Abrissarbeiten auf dem Gelände des ehemaligen VEB Gießerei Rudolf Harlaß, Chemnitz 1994

rischen Zerstörung« nun auch für den Osten. Es war viel vom »Aufsprengen der Produktivitätsfesseln« und den »Selbstheilungskräften des Marktes« die Rede. Nur, die Bedingungen unterschieden sich grundlegend von denen nach dem Ende des Zweiten Weltkrieges. Die westdeutsche Wirtschaft konnte damals den Wiederaufbau mit einem noch erstaunlich intakten Kapitalstock beginnen und vom weltweiten Nachfragestau nach Kriegsende profitieren. Ihre Kapazitäten wurden für den europäischen Wiederaufbau gebraucht. Wichtige Bereiche des Binnenmarktes blieben zudem geschützt. Die sächsische Wirtschaft war bei Einführung der DM hingegen nicht wettbewerbsfähig. Ihre Produktionskapazitäten galten als überzählig. Erschwerend hinzu kamen das Auftreten zahlreicher neuer Konkurrenten auf den Weltmärkten und die hohe Mobilität des Kapitals. Die Globalisierung begann die Probleme bei der Transformation von der Plan- zur Marktwirtschaft zu überlagern. All dies führte dazu, dass die Produktionsleistung der sächsischen Industrie von etwa 95 Mrd. DM 1989 auf nur noch knapp 29 Mrd. DM 1991 fiel, sie ging also innerhalb von nur zwei Jahren um mehr als zwei Drittel zurück.[335]

Anders als nach dem Zweiten Weltkrieg gelang es auch nicht, in wenigen Jahren das Vorkriegs- bzw. Vorwendeniveau zu erreichen. 1997 bewegte sich die Produktionsleistung der sächsischen Industrie bei rund 45 Mrd. DM. Das entsprach noch nicht einmal der Hälfte des Niveaus von 1989.[336] Sachsens Anteil an der ostdeutschen Industrieproduktion einschließlich Berlins sank von mehr als 28 Prozent (1989) auf ungefähr 23 Prozent (2000).

Allmählich machte sich in der Öffentlichkeit Ernüchterung über die wirtschaftliche Situation breit. Die Treuhandanstalt wirkte in dieser Situation als Puffer.[337] Nicht die Bundesregierung stand im Zentrum der mit wachsender Verbitterung vorgetragenen Kritik der Belegschaften, sondern die »größte Staatsholding der Welt«. An ihrem Auftrag hielt die Anstalt fest: »schnelle Privatisierung – entschlossene Sanierung – behutsamste Stilllegung«. Strukturpolitik sollte die THA nicht betreiben. Priorität hatte die schnelle Privatisierung. Im Durchschnitt tätigte die THA täglich mindestens zehn Verkäufe. Der Verkauf um jeden Preis führte zum Verramschen eines Teils des Treuhandvermögens. Dem fielen auch sanierungsfähige Betriebe zum Opfer.

Die Bewertung der Tätigkeit der THA schwankt bis heute extrem. Sie besaß wie keine andere Institution des Bundes eine weitgehend autonome Stellung. Für großen Zündstoff sollte später ihre Haftungsbefreiung für Verträge sorgen, die bis zum 30. Juli 1991 geschlossen wurden. Solch ein Generalpardon hatte es in der deutschen Wirtschaftsgeschichte noch nicht gegeben.

Der massenhaft drohende Zusammenbruch von Industriebetrieben zwang die THA 1992 zu einer Kurskorrektur. Die THA beteiligte sich nunmehr an der Sanierung ausgewählter Unternehmen. Sachsen begann das »Atlas«-Projekt zum Erhalt »industrieller Kerne«.

Während es Ende der achtziger Jahre in Sachsen dutzende Betriebe mit mehr als 5000 Beschäftigten gab, wobei die Kombinate Robotron Dresden mit bis zu 70 000, die Kombinate Baumwolle und Trikotagen in Karl-Marx-Stadt mit jeweils mehr als 50 000 und die SDAG Wismut mit ca. 45 000 Beschäftigten herausragten, gibt es seit Mitte der neunziger Jahre nur noch zwei Großunternehmen mit mehr als 5000 Beschäftigten in Sachsen. Das Verschwinden der Großbetriebe war keine zwangsläufige Folge der maroden DDR-Wirtschaft. Im Nachbarland, der Tschechischen Republik, war es um die Leistungskraft der Großbetriebe am Ende des Staatssozialismus nicht besser bestellt. Trotzdem gibt es dort heute elf Großbetriebe mit mehr als 5000 Beschäftigten. In der Transformationsphase haben die Tschechen kleinere Betriebe rasch und unkompliziert verkauft, wohingegen sich der Staat aus den strategisch wichtigen Unternehmen nur Stück für Stück zurückzog. Mit dieser Strategie ist die Tschechische Republik bisher gut gefahren.

Neben dem Einbruch der Industrieproduktion, steigenden Arbeitslosenzahlen und dem Verschwinden der Großindustrie stellte die demografische Sonderentwicklung ein weiteres Charakteristikum der Transformationskrise dar. Bis zum Ersten Weltkrieg wies Sachsen über dem Reichsdurchschnitt liegende Geburtenraten auf und profitierte von der Zuwanderung von Fachkräften. Danach gab es wenig Unterschiede zur allgemeinen demografischen Entwicklung in Deutschland. Nach dem Zweiten Weltkrieg erreichte Sachsen aufgrund von fast einer Mio. Flüchtlingen und Vertriebenen, die zumindest zeitweilig in Sachsen ansässig wurden, den quantitativen Höhepunkt seiner Bevölkerungsentwicklung. Später stagnierten die Einwohnerzahlen und gingen seit den siebziger Jahren langsam, aber kontinuierlich zurück. Ursachen dafür waren die Abwanderung in die Bundesrepublik, die niedrigen Geburtenraten und die Bevorzugung neuer Standorte innerhalb der DDR.

Im letzten Jahr der DDR hatten die drei Südbezirke eine Bevölkerung von 4,9 Millionen. Bei der Gründung des Freistaates im Oktober 1990 zählte Sachsen noch 4,76 Mio. Einwohner. Seitdem haben sich Bevölkerungszahl und Einwohnerdichte weiter rückläufig entwickelt. 2004 belief sich die Gesamteinwohnerzahl auf weniger als 4,3 Mio., das ist gegenüber 1989 ein Rückgang um mehr als 10 Prozent. Zu zwei Dritteln war dieser Bevölkerungsverlust auf die Abwanderung in andere Bundesländer zurückzuführen. Der Rest ist der vergleichsweise niedrigen Geburtenrate geschuldet. Dabei gab es erhebliche regionale Differenzierungen. Während Bewohner des südwestlichen Sachsens nach Bayern pendelten und ihren Wohnsitz eher beibehalten konnten, war die Abwanderung für Arbeitsuchende aus Ost- und Mittelsachsen kaum zu vermeiden.

In Dresden und Leipzig fiel der Rückgang der Einwohnerzahlen mit 2 bis 3 Prozent moderat aus. Allerdings bleiben dabei zahlreiche Eingemeindungen seit 1990 unberücksichtigt, die etwa Leipzig einen Zuwachs von knapp 62 000 Einwohnern bescherten. Drastische Rückgänge der Einwohnerzahlen verzeichneten Zwickau mit rund 13 Prozent und Chemnitz mit mehr als 15 Prozent. Das Durchschnittsalter der Sachsen erhöhte sich im gleichen Zeitraum um 4,7 Jahre, so dass der Freistaat heute die älteste Bevölkerung Deutschlands hat.

Mittlerweile herrschen nur noch in den Regionen mit den größten wirtschaftlichen Problemen Abwanderungstendenzen vor. Infolge der Überalterung und der niedrigen Geburtenrate wird allerdings die Einwohnerzahl Sachsen in den nächsten Jahren noch weiter sinken.

Rekonstruktions- und Aufbauphase 1993 bis 1997

Der »Aufbau Ost« wurde als »Nachbau West« konzipiert. Auf diesem Weg gelangen die Transformation von der Plan- zur Marktwirtschaft und die Erneuerung der Infrastruktur sowie die Modernisierung des produzierenden Gewerbes in kurzer Zeit. Von 1992 bis 1996 wuchs die sächsische Wirtschaft, allerdings von einem sehr niedrigen Ausgangsniveau, rasch. Danach kam es bis zum Jahr 2000 zu einer deutlichen Verlangsamung des Wachstums. Hauptursachen dafür waren die allgemeinen wirtschaftlichen Probleme der Bundesrepublik und das Auslaufen der ostdeutschen Sonderkonjunktur, vor allem im Bausektor. Seit dem Jahr 2001 hat die Wirtschaftsentwicklung in Sachsen wieder eine etwas über dem Durchschnitt der Bundesrepublik liegende Dynamik gewonnen.

Entwicklung des sächsischen Bruttoinlandsprodukts in Mrd. Euro von 1991 bis 2004 (Preise von 1995)[338]

Jahr	BIP	Veränderungen gegenüber dem Vorjahr
1991	46,5	–
1992	50,7	9,0
1993	56,6	11,7
1994	63,4	12,1
1995	67,0	5,7
1996	69,0	3,0
1997	68,7	–0,5
1998	71,0	1,2
1999	72,7	2,6
2000	72,8	0,1
2001	74,0	1,7
2002	76,3	3,0
2003	78,0	2,2
2004	79,8	2,4

Die Zielstellungen des »Aufbaus Ost« wurden nur teilweise realisiert. Der Verlust von nahezu vier Fünfteln aller Arbeitsplätze in der Industrie konnte auch durch erfolgreiche Neuansiedlungen nicht kompensiert werden. Daher bleibt Sachsen, wie alle anderen ostdeutschen Bundesländer auch, noch auf lange Sicht auf Hilfen aus dem Bundeshaushalt und dem Länderfinanzausgleich angewiesen. Ökonomen sprechen von einer »Transferökonomie«, der es an der nötigen Leistungskraft fehle, um für einen sich selbst tragenden Aufschwung zu sorgen. Mehr als die Hälfte aller Ausgaben des Landeshaushaltes könne nur dank der Finanztransfers gedeckt werden.[339]

Dem Niedergang der einstigen Kombinatsbetriebe stand anfangs der Boom der Bauwirtschaft gegenüber. Dank umfangreicher Förderprogramme kam es bis Mitte der neunziger Jahre zu einem Bauboom. Das Baugewerbe erzielte jährlich zweistellige Zuwachsraten. Zu tun gab es genug. Der Verfall der Bausubstanz in den Städten konnte gestoppt werden und sie erwachten zu neuem Leben. Schillerndstes Beispiel waren die Immobiliengeschäfte des Bauunternehmers Jürgen Schneider, dessen Firmen in der Leipziger Innenstadt einige der repräsentativsten Gebäude renovierten. Schneiders Pleite war spektakulär, doch der Schaden war geringer als anfangs befürchtet. Die Banken führten fast alle Schneider-Vorhaben zu Ende.

Der Bauboom konnte allerdings nicht darüber hinwegtäuschen, dass sich das verarbeitende Gewerbe noch nicht von der Transformationskrise erholt hatte. Während in Leipzig die Innenstadt und der Hauptbahnhof in neuem Glanz erstrahlten, ging die Zahl der Industriearbeiter von rund 100 000 im Jahr 1989 auf weniger als 10 000 im Jahr 1995 zurück.

Von den Schrumpfungsprozessen war nicht zuletzt der Maschinenbau in der Messestadt und mehr noch in Chemnitz betroffen. Für den Werkzeugmaschinenbau stellten das Wegbrechen der osteuropäischen Märkte und zu schnelle Privatisierungen die existenzbedrohende Probleme dar. Bis 1990 hatte die Sowjetunion Werkzeugmaschinen aus der DDR in großen Stückzahlen gekauft. Damit war es nach der Währungsunion vorbei. Hinzu kamen hausgemachte Fehler. So hatte die THA Teilbereiche des Außenhandelsunternehmens WMW an einen branchenfremden Investor verkauft und damit den Marktzugang der sächsischen Hersteller in Westeuropa erschwert.

Eine entscheidende Aufgabe bestand in der Umstellung des gesamten Systems der Kostenrechnung und der Kalkulationen. Dabei zeigte sich rasch, dass die Kosten der meisten Prozessstufen zu hoch waren. Nicht unternehmensrelevante Funktionen wurden ausgegliedert bzw. abgebaut. Im Durchschnitt wurden die Belegschaften der ehemaligen Werkzeugmaschinenbaukombinate um 80 bis 90 Prozent reduziert.[340]

Die erste überstürzte Privatisierungsphase verlief wenig erfolgreich. Die Käufer, zumeist Unternehmen aus den alten Bundesländern, hatten oft selbst erhebliche Existenzsorgen und waren teilweise mehr an einer Marktbereinigung, denn am Ausbau von Kapazitäten interessiert. In dieser Zeit war unklar, ob es über kurz oder lang überhaupt noch einen leistungsfähigen Werkzeugmaschinenbau in Sachsen geben würde. Mit wenigen Ausnahmen gingen fast alle sächsischen Werkzeugmaschinenbauer bis Mitte der neunziger Jahre mindestens einmal in Konkurs. U. a. scheiterte die Privatisierung der Heckert GmbH durch die Traub GmbH. Nach vier Jahren musste das Unternehmen trotz erheblicher staatlicher Fördergelder Konkurs anmelden. Erst mit dem Verkauf an die Schweizer Starrag GmbH wendete sich das Blatt.

Innenhof von Löhrs Carré mit der Hauptstelle der Stadt- und Kreissparkasse Leipzig, Landesbank Sachsen. Architekt: Wörle-Siebig, Planungsgesellschaft mbH, München

Bahnhofspromenaden im Leipziger Hauptbahnhof

Ähnliche Erfahrungen machten die Union-Betriebe und Modul in Chemnitz, die Werkzeugmaschinenfabriken in Auerbach und Plauen, Mikromat in Dresden und die Drehmaschinenfabrik in Leipzig. Ausnahmen stellten die Niles-Simmons Industrieanlagen GmbH Chemnitz und Rawema dar, denen der Übergang in die Marktwirtschaft besser gelang.

Mitte der neunziger Jahre stabilisierte sich die Lage des sächsischen Werkzeugmaschinenbaus. Eine radikale Kostensenkung, geringere Personalkosten im Vergleich zu den westdeutschen Herstellern und Produktinnovationen führten zur Wiederherstellung der Wettbewerbsfähigkeit. Sehr positiv begann die Konzentration der Werkzeugmaschinenbauer im Raum Chemnitz, die Forschungsleistungen des Fraunhofer-Instituts für Werkzeugmaschinen und Umformtechnik in Chemnitz und die Entwicklung von Netzwerken zu wirken. Durch ihr Zusammenwirken konnten die sächsischen Unternehmen zunehmend technologische Komplettlösungen anbieten.

Von Vorteil für den Transformationsprozess war in Sachsen, dass durch die absolute Mehrheit der CDU bis 2004 eine nicht durch Koalitionszwänge geprägte, konsistente Wirtschaftspolitik betrieben werden konnte. Deutlichsten Ausdruck fand dies in einer soliden Finanzpolitik. Im Unterschied zu den anderen ostdeutschen Bundesländern betrieb der sächsische Finanzminister und heutige Ministerpräsident Georg Milbradt in den neunziger Jahren eine Haushaltspolitik des knappen Geldes. So schreckte man in Dresden auch nicht davor zurück, unpopuläre Maßnahmen zu treffen und die Personalkosten im öffentlichen Dienst zu reduzieren.

Inzwischen steht Sachsen im bundesweiten Vergleich exzellent dar, nur Bayern weist eine niedrigere Pro-Kopf-Verschuldung aus. Pro Einwohner hatte

Sachsen 2005 4079 Euro Schulden. Zum Vergleich: Nordrhein-Westfalen lag bei 7620, Brandenburg bei 7263 und Berlin gar bei 16919 Euro Pro-Kopf-Verschuldung.[341]

Die Politik des Sparens beginnt sich jetzt für Sachsen auszuzahlen. Weil weniger Schulden gemacht wurden, müssen weniger Zinsen gezahlt werden und es bleibt mehr Geld für Investitionen. Der Freistaat weist inzwischen eine der höchsten Investitionsquoten aller deutschen Länder auf und hebt sich damit positiv von der Entwicklung in den übrigen ostdeutschen Bundesländern ab. Das reale Wachstum liegt in Sachsen inzwischen höher als die jährliche Neuverschuldung.

Landwirtschaft im Umbruch

Auch in der Landwirtschaft vollzogen sich in den neunziger Jahren erhebliche und oftmals hart umstrittene Umstrukturierungsprozesse. Die Zahl der in der Landwirtschaft Tätigen ging von knapp 200 000 im Jahr 1989 auf rund 79 000 1991 zurück und stabilisierte sich bis zum Jahr 2004 bei etwa 47 000.[342] In nur einer Dekade nahm mithin die Zahl der Beschäftigten um mehr als drei Viertel ab.

Die Mehrzahl der Landwirtschaftlichen Produktionsgenossenschaften (LPG) wurde bis 1992 in Agrargenossenschaften umgewandelt. Daneben kam es zur Wiedereinrichtung von privaten Bauernschaften und landwirtschaftlichen GmbH, so dass die sächsische Landwirtschaft wieder eine Mischstruktur aufweist.[343] Im Jahr 2003 gab es in Sachsen 8132 landwirtschaftliche Betriebe. Mehr als vier Fünftel von ihnen bewirtschafteten Flächen unter 100 Hektar. Den zahlreichen kleinen und mittleren Bauernwirtschaften stehen rund 300 Agrargesellschaften gegenüber, die über etwa 17 Prozent der gesamten landwirtschaftlich genutzten Fläche (LF) verfügen. Die – im Vergleich zum übrigen Bundesgebiet, gemessen an ihrem Anteil an der LF – starken Agrargenossenschaften sind eine Besonderheit des Einigungsprozesses. Sie nutzen inzwischen die Vorteile, die ihnen eine spezialisierte Bewirtschaftung großer Flächen bietet.

In der DDR-Zeit hatte auch die sächsische Landwirtschaft einen Beitrag zu einem möglichst hohen Selbstversorgungsgrad zu leisten. Daher wurden nahezu alle verfügbaren landwirtschaftlichen Flächen unabhängig von Bodenqualität und Lage intensiv bewirtschaftet, zum Teil mit langfristig nachteiligen Folgen für die Umwelt. Nunmehr galten andere Prämissen. Die sächsische Landwirtschaft musste in den stark regulierten und subventionierten Agrarmarkt der Europäischen Union (EU) eingepasst werden, der von tendenzieller Überproduktion und einem hohen Konkurrenzdruck geprägt ist. Zunächst einmal bedeutete dies, einen Teil der landwirtschaftlich genutzten Flächen aus der Bewirtschaftung zu nehmen. Infolgedessen ging die LF zwischen 1989 und 2004 um etwa 15 Prozent zurück.

Stark rückläufig entwickelte sich der Anbau von Obst und Gemüse. Im Jahr 1989 wurden noch mehr als 303 000 Tonnen Gemüse geerntet.[344] Der Tiefpunkt wurde mit weniger als 18 000 Tonnen Gemüse im Jahr 1994 erreicht. Der größte Teil des heute in Sachsen verbrauchten Obst und Gemüses wird inzwischen importiert. Auch aus der Kartoffelproduktion und dem Anbau von Futtergetreide hat sich ein Teil der sächsischen Landwirte zurückgezogen. So sanken die Anbauflächen für Kartoffeln von 54 200 Hektar 1990 auf nur noch 8100 Hektar im Jahr 2004. Ähnlich rapide ging die Anbaufläche von Feldfutterpflanzen zurück. Diese Einschränkungen der Anbauflächen waren den wachsenden Importen sowie bei Ackerfutter dem Rückgang der Tierbestände geschuldet.

Die sächsischen Bauern und Agrargenossenschaften konzentrieren sich zunehmend auf den Anbau von Getreide, Ölfrüchten und nachwachsenden Rohstoffen. Auch der ökologische Landbau findet inzwischen Verbreitung. Im Jahr 2003 waren es bereits 233 Betriebe mit knapp 33 000 Hektar Nutzfläche, die den EU-Richtlinien für ökologische Landwirtschaft entsprachen.

Die Abkehr von der Prämisse einer hohen Selbstversorgung, der Einsatz modernster Agrartechnik und strenges betriebswirtschaftliches Kalkül ermöglichten es den sächsischen Landwirten, ihre Produktivität und die Ernteerträge je Hektar erheblich zu verbessern. So wurden die Hektarerträge zwischen 1990 und 2004 bei Getreide um 27 Prozent, bei Ölfrüchten um 67 Prozent, Kartoffeln um 79 Prozent und Zuckerrüben um 53 Prozent gesteigert.

Die Viehwirtschaft hat an Bedeutung eingebüßt. Gegenüber 1989 ging der Viehbestand von 1,11 Mio. Tiere auf rund 500 000 im Jahr 2004 zurück. Allerdings ist dabei zu beachten, dass die Milchproduktion je Kuh stark zugenommen hat. Alles in allem sind der sächsischen Landwirtschaft der Übergang in die Marktwirtschaft und die Anpassung an die EU-Richtlinien gut gelungen. Die Agrarwirtschaft in Sachsen verfügt inzwischen über wettbewerbsfähige Strukturen sowie spezialisierte und produktive Unternehmen. Ihre künftige Entwicklung wird nicht zuletzt von der weiteren Ausgestaltung des EU-Agrarmarktes abhängen.

Clusterbildung in der Automobilindustrie und der Elektronik

Ende 1989 gründeten die VW AG und das IFA Kombinat die IFA-VW GmbH in Wolfsburg.

In dieser Zeit ging man noch von einem längeren Nebeneinander zweier deutscher Staaten aus. Daher stand die Bildung von Joint Ventures hoch im Kurs. Man vereinbarte ab Mai 1990, in den Sachsenring-Fertigungsstätten die Produktion von VW-Polo und ab 1991 des Golf II aufzunehmen. Nachdem sich im Frühjahr 1990 der Weg zur deutschen Einheit abzeichnete, waren die Joint-Venture-Modelle obsolet. Im Dezember 1990 wurde die VW Sachsen GmbH als hundertprozentige VW-Tochter gegründet. Diese Firma plante und realisierte von nun an den gesamten Aufbau des Werkes in Mosel. Ab Juli 1992 wurde hier nur noch der Golf III produziert. Zur selben Zeit stellte VW die Fertigungsorganisation um und schuf rund um Mosel ein breites Netzwerk an Zulieferern.

Im Jahr 1988 zählte der VEB Sachsenring Zwickau ca. 11 200 Mitarbeiter. Davon waren allein 1470 in der Bauabteilung und 1080 im Werkzeug- und Maschinenbau tätig. Der Kernbereich des Automobilbaus verfügte über 8865 Mitarbeiter.[345] In der Fahrzeugfertigung der VW Sachsen GmbH in Mosel und in der Motorenproduktion in Chemnitz waren im Jahr 2004 rund 7100 Beschäftigte tätig.[346] Es gab also nur einen vergleichsweise geringen Beschäftigtenrückgang im Kernbereich des Automobilbaus, bei einer inzwischen um ein Mehr-

VW Motorenwerk Chemnitz, 1992

faches höheren Produktivität. Von 1990 bis 2005 hat VW in der Zwickauer Region mehr als 2,5 Mio. Autos verschiedener Baureihen hergestellt. Mit einem Umsatz von mehr als 3,5 Mrd. Euro war VW Sachsen im Jahr 2005 hinter dem Energieversorger Vattenfall zweitgrößter Konzern in den neuen Bundesländern.[347]

Etwas ganz Besonderes schuf VW mit der »Gläsernen Manufaktur« in Dresden. Mit der Bezeichnung knüpfte der Konzern an alte sächsische Traditionen an. Die »Gläserne Manufaktur« wurde hochmodern und exklusiv ausgestattet und ging Ende 2001 in Betrieb. 800 Mitarbeiter fertigen hier Luxusmodelle.

Dem Engagement von VW in Zwickau, Chemnitz und Dresden folgten nach der Jahrhundertwende der Bau eines neuen Werkes von BMW und eines Werkes von Porsche nahe Leipzig. Das Porsche-Werk nahm Mitte 2003 die Produktion auf und beschäftigt rund 400 Mitarbeiter. BMW entschied sich für den Standort Leipzig vor allem aufgrund der dort vorhandenen qualifizierten und flexiblen Arbeitskräfte, den guten infrastrukturellen Voraussetzungen und staatlichen Investitionszulagen. Für die Neuansiedlung investierte BMW 1,3 Mrd. Euro und schuf mehr als 5500 neue Arbeitsplätze.

In Sachsen haben sich inzwischen nicht nur die Endproduzenten VW, BMW und Porsche angesiedelt, sondern auch zahlreiche Zulieferer. Nach optimistischen Schätzungen sind im Bereich des Automobilbaus heute in Sachsen knapp 450 Betriebe mit bis zu 60 000 Arbeitskräften tätig.[348] Von ca. 45 000 Arbeitsplätzen, die in der sächsischen Automobilzulieferindustrie bestehen, entfallen mehr als 9 000 auf ausländische Unternehmen.

Die Automobilindustrie konnte ihre Jahresumsätze von weniger als 1 Mrd. Euro 1992 auf rund 7,5 Mrd. Euro 2004 steigern. Die Produktivität liegt über dem Branchendurchschnitt in Deutschland.

Anfang des 21. Jahrhunderts begann das »Automobildreieck« Zwickau-Chemnitz-Leipzig mehr und mehr Gestalt anzunehmen. In der Wirtschaftsliteratur wird dafür auch die Netzwerk- und Clustertheorie bemüht. Darunter versteht man relativ kleinräumige Ansiedlungen von Industrien einer Branche bzw. artverwandter Branchen, die eine höhere Produktivität erzeugen als räumlich weiter aufgefächerte Strukturen. Endproduzenten sollten in der Lage sein, die meisten der für sie besonders relevanten Zulieferungen, aber auch wissenschaftlich-technischen Dienstleistungen aus einem begrenzten Umkreis zu erhalten.

Neben dem Automobilbau entwickelte sich die Elektronikindustrie vor allem dank der Ansiedlungen von Siemens, AMD und Motorola in Dresden zu einem zweiten Wachstumskern. Die Wirtschaftspresse prägte dafür sogar den Begriff »Silicon Saxony«, in übertriebener Anspielung auf das kalifornische Silicon Valley. Tatsache ist, dass zum sächsischen Netzwerk in der Elektronik inzwischen 760 Unternehmen mit 22 000 Beschäftigten gehören. Der Freistaat förderte die neuen Industrien ganz gezielt. Ein Großteil der Fördermittel floss in den Raum Dresden. Allein das Siemens-Halbleiterwerk bekam 800 Mio. DM Fördermittel vom Freistaat, darüber hinaus 300 Mio. vom Bund und 450 Mio. von der EU, wodurch 2600 Arbeitsplätze entstanden. Um die Großunternehmen gruppierten sich ungefähr 350 mittelständische Zulieferer. Außerdem siedelten sich in Freiberg Unternehmen zur Herstellung von Siliziumscheiben und von Gallium-Arsenid-Kristallen an. Viele dieser Firmen waren von ehemaligen Mitarbeitern des Kombinates Robotron gegründet worden. Inzwischen ist das regionale Kompetenzzentrum Mikroelektronik in Dresden gut mit anderen Standorten in Südwestsachsen und den Forschungs- und Bildungseinrichtungen vernetzt. Dresden mit dem Ballungsgebiet Oberes Elbtal gilt daher als Subregion mit besonders guten Entwicklungschancen. So kamen Ende der neunziger Jahre rund 4 Prozent der weltweit hergestellten Halbleiterprodukte aus Dresden.[349]

Zwischenbilanz des strukturellen Wandels

Ab 1990 hatte Sachsen in einer extrem kurzen Zeit den größten Strukturbruch seiner bisherigen Wirtschaftsgeschichte zu bewältigen. Zehn Jahre später, an der Schwelle zum 21. Jahrhundert, fielen die Zwischenbilanzen dieses Wandels durchwachsen aus. Während Analysten der Großbanken und Vertreter der Region das Bild einer aufschließenden Industrieregion mit hochmoderner Infrastruktur und Wachstumskernen im Automobilbau (»Autoland Sachsen«), in der Elektronik (»Silicon Saxony«) und im Maschinenbau (»Kompetenzzentrum Maschinenbau Chemnitz«) zeichnen, legen Wirtschaftswissenschaftler und Historiker zum Teil andere Maßstäbe zugrunde und verweisen auf den Verlust von rund 80 Prozent aller Industriearbeitsplätze und auf die seit 1997 spürbar nachlassenden Wachstumsraten. Sachsen, so argumentieren sie, hebe sich in Bezug auf die Industriedichte kaum noch von den anderen ostdeutschen Bundesländern ab und liege diesbezüglich weit hinter dem gesamtdeutschen Durchschnitt. Die Historikerin Katrin

Keller sieht den Freistaat gar auf dem Weg zurück zum Agrarstaat.[350]

Beide Sichtweisen – kommendes »High-tech-Land« oder »Agrarstaat« – sind überspitzt. Historische Langzeitvergleiche, aber auch Vergleiche mit anderen Regionen, gestatten realistischere Bewertungen.

Anteil der Erwerbstätigen im Jahr 2004 nach Wirtschaftsbereichen (in Prozent)[351]

Wirtschaftsbereich	*Anteil an den Erwerbstätigen*
Land- und Forstwirtschaft, Fischerei	2,5
Produzierendes Gewerbe	18,2
Baugewerbe	9,9
Handel, Gastgewerbe, Verkehr	23,9
Kredit- und Versicherungsgewerbe, Dienstleistungen für Unternehmen	15,0
Öffentliche und private Dienstleistungen	30,5

Analysiert man etwa den Anteil der Erwerbstätigen nach Wirtschaftsbereichen, dann wird deutlich, dass es kein Zurück zur agrarisch geprägten Gesellschaft gibt. Im Jahr 2004 waren nur noch 2,5 Prozent aller Erwerbstätigen in der Land- und Forstwirtschaft sowie Fischerei tätig. Der Freistaat Sachsen ist aber auch nicht auf dem Weg, die einstige Bedeutung in der Produktion von Konsum- und Industriegütern wiederzuerlangen. Sachsen als das Land mit dem dichtesten Industriebesatz in Deutschland ist Geschichte. Was an industriellem Wandel in der DDR-Zeit nicht oder zu langsam stattfand, das wurde in der Transformationskrise mehr als nur nachgeholt. Zum Teil fand eine Marktbereinigung zu Lasten der ostdeutschen Industrie statt.

Die zehn umsatzstärksten Unternehmen in Sachsen – darunter vier Versorger, zwei Lebensmittel- und Handelskonzerne, zwei Elektronikunternehmen, ein Medienunternehmen und ein Automobilbauer – erzielten im Geschäftsjahr 2003 einen Umsatz von zusammengerechnet knapp 15,5 Mrd. Euro und beschäftigten zusammen etwas mehr als 26 500 Mitarbeiter. Allein der Münchener Elektrokonzern Siemens war da mit 74 Mrd. Euro Umsatz weltweit um ein Mehrfaches umsatzstärker als die Top-10 aus Sachsen zusammen.

Dennoch bleibt das produzierende Gewerbe in Sachsen ein zentraler Wirtschaftsbereich.

Anzahl der Beschäftigten in ausgewählten Branchen 2005.[352]

	2005
Metallerzeugung und -bearbeitung, Herstellung von Metallerzeugnissen	36 471
Maschinenbau	34 088
Elektrotechnik, Feinmechanik, Optik, Büromaschinen	33 599
Fahrzeugbau	26 926
Ernährungsgewerbe und Tabakverarbeitung	24 439
Textil- und Bekleidungsgewerbe	13 086
Glas-, Keramik, Verarbeitung von Steinen und Erden	11 678
Papier-, Verlags- und Druckgewerbe	12 927
Herstellung von chemischen Erzeugnissen	9452
Herstellung von Gummi- und Kunststoffwaren	9347
Herstellung von Möbeln, Musikinstrumenten, Sportgeräten, Spielwaren	7322
Holzgewerbe	4099
Bergbau, Gewinnung von Steinen und Erden	3511
Verarbeitendes Gewerbe insgesamt	228 825

Mit den Ansiedlungen von VW, BMW und Porsche Anfang der neunziger Jahre und ab 2001 konnte Sachsen an die einstigen Erfolge des Fahrzeugbaus anknüpfen. Die Automobilindustrie im »Automobildreieck« Zwickau-Dresden-Leipzig entwickelte sich zur Führungsbranche des produzierenden Gewerbes. Rund 11 Prozent aller Industriebeschäftigten sind in der Automobilindustrie tätig. Nimmt man die Zulieferer aus der Metall- und Kunststoffverarbeitung noch hinzu, dann hängt heute ungefähr jeder vierte Arbeitsplatz in Sachsen von der Automobilindustrie ab.

Porsche-Werk (oben) und Gesamtanlage des BMW-Werkes aus der Luft (unten)

Wie wichtig die Branche geworden ist, belegt auch die Exportstatistik. Insgesamt realisierte Sachsen im Jahr 2004 Ausfuhren im Wert von etwas mehr als 16,2 Mrd. Euro. Rund vier Fünftel der Exporte entfielen dabei auf Fertigwaren-Enderzeugnisse.

Ausfuhr von Fertigwaren-Enderzeugnissen im Jahr 2004 (in Mio. Euro)[353]

Warengruppe	*Ausfuhr*	*Anteil in Prozent*
Erzeugnisse des Kraftfahrzeugbaus	5755	45
Elektrotechnische Erzeugnisse	2948	23
Erzeugnisse des Maschinenbaus	2131	17
Waren aus Kunststoffen	254	2
Eisen-, Blech- und Metallwaren	283	2
Sonstiges	1457	11
Warengruppe insgesamt	12 846	100

Knapp 45 Prozent der sächsischen Exporte bei Fertigwaren-Enderzeugnissen realisierte die Autoindustrie. Auf dem zweiten Platz im Export folgte mit einem Anteil von knapp 23 Prozent die Elektrotechnik/Elektronik. Diese beiden Branchen stellen demnach gemessen an den Beschäftigtenzahlen, am Umsatz und den Ausfuhren die modernsten und leistungsfähigsten Bereiche des verarbeitenden Gewerbes dar. Gut entwickelt haben sich auch die Papier- und Druckmaschinenindustrie, die Kunststoffverarbeitung, das Verlags- und Druckgewerbe, die Recyclingwirtschaft und das Nahrungsmittelgewerbe. Diese kleinen Branchen verfügen über beachtliche Wachstumspotentiale.

Der Maschinenbau hat sich ebenfalls konsolidiert wie die Beschäftigtenzahlen zeigen. Mit insgesamt 17 Prozent Anteil an den Ausfuhren bei Fertigwaren-Enderzeugnissen liegt der Maschinenbau allerdings noch deutlich unter einstmaligen Werten. Im Jahr 2004 verfügte der Maschinenbau in Sachsen über 34 000 Mitarbeiter und erzielte einen Umsatz von ca. 5,0 Mrd. Euro. Damit nahm Sachsen im Maschinenbau den 7. Platz unter den 16 Bundesländern ein. Zum Vergleich: In Baden-Württemberg lag der Umsatz der Branche im Jahr 2000 mit 42,7 Mrd. Euro um rund das Neunfache und der Beschäftigtenbesatz mit 271 000 ungefähr um das Achtfache höher.[354] Die einstige Spitzenstellung des sächsischen Maschinenbaus ist mithin Geschichte. Dazu waren die Folgen der deutschen Teilung und der Transformation in den neunziger Jahren zu schwerwiegend. Dennoch ist eine leistungsfähige mittelständische Maschinenbauindustrie entstanden, die gut vernetzt ist und wachsende Umsätze im Exportgeschäft realisiert.

Neue Förderschwerpunkte zeichnen sich in der Biotechnologie, den Logistikdienstleistungen und Zulieferungen für die Luft- und Raumfahrt ab. Andere Branchen, an erster Stelle das Textil- und Bekleidungsgewerbe, haben ihre Bedeutung nahezu vollständig eingebüßt. Den in den siebziger Jahren in Westeuropa einsetzenden Strukturwandel – Verlagerung in Schwellenländer (»Textilpipeline«) – konnte die sächsische Textil- und Bekleidungsindustrie nicht im Zeitraffer nachvollziehen. Nach 1990 kam es daher zwangsläufig zu einem Strukturbruch. Ein Land der Textilindustrie ist Sachsen heute nicht mehr. Auch die Herstellung von Musikinstrumenten und Spielwaren sowie der Bergbau spielen heute nur noch eine untergeordnete Rolle. Traditionell in Sachsen unterrepräsentierte Branchen wie die Chemische Industrie verzeichneten keine Zugewinne. Die Wandlung von der Industrie- zur Dienstleistungsgesellschaft, eine Tendenz, deren Anfänge bis zum Beginn des 20. Jahrhunderts zurückreichen, ist inzwischen weit fortgeschritten. Der Anteil des produzierenden Gewerbes ist mit weniger als 18 Prozent so gering wie nie zuvor in der sächsischen Wirtschaftsgeschichte.

ANMERKUNGEN

Teil I
Die Wirtschaftsgeschichte Sachsens von 1800 bis 1914

1 Vgl. Gert Richter: Zum Privilegium exclusivum für Carl Friedrich Bernhard und August von Bugenhagen sowie zur Anlage der Fabrik- und Wohngebäude in Harthau zwischen 1798 und 1807. In: Zur Gründung der ersten Baumwollmaschinenspinnerei in Sachsen, hrsg. von ders. Chemnitz 1999, S. 7–28; Hubert Kiesewetter: Das Bernhardsche Unternehmen und sein Einfluss auf die sächsische Maschinenspinnerei. In: Mitteilungen des Chemnitzer Geschichtsvereins 69, NF 8. 1999, S. 10–13; Wolfhard Weber: Früher Innovationstransfer in der sächsischen Textilindustrie. In: ebenda, S. 56–67; Rolf Kirchner: Entstehung und Entwicklung der Schafwollmaschinenspinnerei in Wolkenburg. In: ebenda, S. 78–83; Günter Welzel: Die Baumwollspinnerei von Wöhler in Chemnitz. In: ebenda, S. 84–88; Rudolf Forberger: Die Industrielle Revolution in Sachsen 1800–1861. Bd. 1/1. Berlin 1982, S. 187–191.

2 Vgl. Hans-Ulrich Wehler: Deutsche Gesellschaftsgeschichte. Bd. 2. München 1987, S. 604–611; David S. Landes: Der entfesselte Prometheus. Technologischer Wandel und industrielle Entwicklung in Westeuropa von 1750 bis zur Gegenwart. Köln 1973, S. 15f.; Hans-Werner Hahn: Die Industrielle Revolution in Deutschland. 2. Aufl. München 2005, S. 1ff.

3 Karl Heinrich Kaufhold: Gewerbelandschaften in der frühen Neuzeit (1650–1800). In: Gewerbe- und Industrielandschaften vom Spätmittelalter bis ins 20. Jahrhundert, hrsg. von Hans Pohl. Stuttgart 1986, S. 124–131; »Proto-industriell« bezeichnet hier und im Folgenden eine überwiegend dezentral organisierte Produktion von Massengütern für überregionale Märkte, ohne dass dabei das Protoindustrialisierungskonzept als Ganzes übernommen würde. (Vgl. Hans Kriedte u. a.: Industrialisierung vor der Industrialisierung. Gewerbliche Warenproduktion auf dem Land in der Formationsperiode der Industrialisierung. Göttingen 1977, S. 202).

4 Vgl. Forberger (wie Anm. 1), S. 59–62; Bergbau im Erzgebirge, hrsg. von Otfried Wagenbreth; Eberhard Wächtler. Leipzig 1990, S. 22ff.; Eberhard Wächtler: Zur Geschichte des sächsischen Bergbaus. In: Der silberne Boden. Kunst und Bergbau in Sachsen, hrsg. von Manfred Bachmann u. a. Stuttgart; Leipzig 1990, S. 28–32; Reiner Groß: Geschichte Sachsens. 2. Aufl. Leipzig 2002, S. 44ff.; Walther Fischer: Aus der Geschichte des sächsischen Berg- und Hüttenwesens. Hamburg 1965, S. 38–41.

5 Vgl. Wächtler (wie Anm. 4), S. 30f.; Forberger (wie Anm. 1), S. 64f.; Manfred Mücke: Das sächsische Bergrecht von seinen Anfängen (Freiberger Bergrecht) bis zum Ende des 19. Jahrhunderts. In: Der silberne Boden (wie Anm. 4), S. 33f.; Reiner Groß: Bergverfassung und Bergverwaltung in Sachsen. In: Der silberne Boden (wie Anm. 4), S. 34ff.; Siegfried Sieber: Geschichte des Blaufarbenwerkes Niederpfannenstiel in Aue im Erzgebirge anlässlich seiner Dreihundertjahrfeier. Schwarzenberg 1935, S. 11, 28f.; Katrin Keller: Landesgeschichte Sachsens. Stuttgart 2002, S. 202–207.

6 Vgl. 200 Jahre Lauchhammer 1725–1925. O. O. [1925], S. 3f., 17–23; Forberger (wie Anm. 1), S. 120, 203.

7 Vgl. Wächtler (wie Anm. 4), S. 31f.; Fischer (wie Anm. 4), S. 47f.; Keller (wie Anm. 5), S. 206f.; Rudolf Forberger: Zur Auseinandersetzung über das Problem des Übergangs von der Manufaktur zur Fabrik. In: Beiträge zur deutschen Wirtschafts- und Sozialgeschichte des 18. und 19. Jahrhunderts. Berlin 1962, S. 184f.; Eberhard Wächtler: Bergbau. Industrielle Revolution und Wasserkraft in Sachsen. In: Industrialisierung. Begriffe und Prozesse, hrsg. von Volker Benad-Wagenhoff. Stuttgart 1994, S. 23–38; Siegfried Sieber: Zur Geschichte des erzgebirgischen Bergbaues. Halle/Saale 1954, S. 65–72.

8 Vgl. Felix Floss: Die geschichtliche Entwicklung des obererzgebirgischen Industriekörpers. Diss. Frankfurt a. M. [1925], S. 39–45, 63ff.; Sieber (wie Anm. 7), S. 20–24, 37–40.

9 Vgl. Floss (wie Anm. 8), S. 28–35, 68–71; Kaufhold (wie Anm. 3), S. 127ff.; Bernd Schöne: Posamentierer – Strumpfwirker – Spitzenklöpplerinnen. Zu Kultur und Lebensweise von Textilproduzenten im Erzgebirge während der Periode des Übergangs vom Feudalismus zum Kapitalismus. In: Volksleben zwischen Zunft und Fabrik, hrsg. von Rudolf Weinhold. Berlin 1982, S. 120–125; Siegfried Sieber: Die Spitzenklöppelei im Erzgebirge. Leipzig 1955, S. 17ff.; Katrin Keller: Der vorzüglichste Nahrungszweig des weiblichen Geschlechts: Spitzenklöppeln im sächsischen Erzgebirge als textiles Exportgewerbe. In: Praxis der Arbeit, hrsg. von Reinhold Reith. Frankfurt a. M.; New York. 1998, S. 187–216.

10 Vgl. Paul Horster: Zur Entwicklung der sächsischen Gewerbeverfassung (1780–1861). Heidelberg 1907, S. 1–8, 15–20.

11 Vgl. Schöne (wie Anm. 9), S. 115ff., 120ff.; Floss (wie Anm. 8), S. 48–53.

12 Vgl. Matthias Hahn: Handwerkliches Unternehmertum und Unternehmerpotential eines entwickelten sächsischen Gewerbezentrums – Das Beispiel der Chemnitzer Zeug- und Leineweberinnung. In: Sachsen 1763–1832. Zwischen Rétablissement und bürgerlichen Reformen, hrsg. von Uwe Schirmer. Beucha. 1996, S. 109–127.

13 Vgl. Schöne (wie Anm. 9), S. 126–130.

14 Vgl. Albin König: Die sächsische Baumwollenindustrie am Ende des vorigen Jahrhunderts und während der Kontinentalsperre. Leipzig 1899, S. 80f., 119–127; Kaufhold (wie Anm. 3), S. 129ff.; Siegfried Rätzer: Die Baumwollwarenmanufaktur im sächsischen Vogtlande von ihren Anfängen bis zum Zusammenbruch des napoleonischen Kontinentalsystems. Diss. Königsberg 1914, S. 23–39.

15 Vgl. Jörg Ludwig: Der Handel Sachsens nach Spanien und Lateinamerika 1760–1830. Leipzig 1994, S. 30f., 42ff., 58–72; Heidrun Homburg: Abraham Dürninger & Co. Management und Unternehmenskultur in der Herrnhuter Brüdergemeine als Faktor in der wirtschaftlichen Entwicklung der Oberlausitz. In: Unternehmen im lokalen und regionalen Raum 1750–2000, hrsg. von Ulrich Heß u. a. Leipzig 2004, S. 274ff.

16 Vgl. König (wie Anm. 14), S. 158–161; Rudolf Forberger: Die Manufaktur in Sachsen. Vom Ende des 16. bis zum Anfang des 19. Jahrhunderts. Berlin 1958, S. 199ff., 291; ders.: Zur Wandlung der gewerblichen Betriebsweise Sachsens in der ersten Hälfte des 19. Jahrhunderts. Der Übergang von der Manufaktur zur Fabrik im Textilgewerbe. In: Probleme der Ökonomie und Politik in den Beziehungen zwischen Ost- und Westeuropa vom 17. Jahrhundert bis zur Gegenwart, hrsg. von Karl Obermann. Berlin 1960, S. 130 f.; Klaus Müller: Allgemeine und Regionale Faktoren der Entwicklung der Produktivkräfte und Produktionsverhältnisse bei der Herausbildung der kapitalistischen Produktionsverhältnisse – (West-) Sachsen am Ende des 18. Jahrhunderts bis zur Gründung des Deutschen Zollvereins. Diss. Freiberg 1986, S. 132–138; Friedrich Georg Wieck: Industrielle Zustände Sachsens. Das Gesammtgebiet des sächsischen Manufaktur- und Fabrikwesens, Handels und Verkehrs. Chemnitz 1840, S. 162 f.; Hahn (wie Anm. 12), S. 122 ff.; allgemein: Kriedte (wie Anm. 3), S. 235 f.; Louis Bein: Die Industrie des sächsischen Vogtlandes. Bd. 2: Die Textilindustrie. Leipzig 1884, S. 94–100.

17 Vgl. Forberger (wie Anm. 16), S. 234 ff.; ders. (wie Anm. 1), S. 78 f.

18 Vgl. Ludwig (wie Anm. 15), S. 14–17, 21–25; Keller (wie Anm. 5), S. 200 f.; Michael North: Von der atlantischen Handelsexpansion bis zu den Agrarreformen (1450–1815). In: Deutsche Wirtschaftsgeschichte. München 2000, hrsg. von ders., S. 152–155; Ernst Kroker: Handelsgeschichte der Stadt Leipzig. Die Entwicklung des Leipziger Handels und der Leipziger Messen von der Gründung der Stadt bis auf die Gegenwart. Leipzig 1925, S. 176 ff., 181; Forberger (wie Anm. 1), S. 83–87.

19 Vgl. Kriedte (wie Anm. 3), S. 40–88; Hubert Kiesewetter: Erklärungshypothesen zur regionalen Industrialisierung in Deutschland im 19. Jahrhundert. In: VSWG 67, 1980, S. 315–319.

20 Vgl. Reiner Groß: Die Bürgerliche Agrarreform in Sachsen in der ersten Hälfte des 19. Jahrhunderts. Weimar 1968, S. 26, 31–35; Friedrich Lütge: Die mitteldeutsche Grundherrschaft. Untersuchungen über die bäuerlichen Verhältnisse (Agrarverfassung) Mitteldeutschlands im 16.–18. Jahrhundert. Jena 1934, S. 66–71, 91–121; Otto Ackermann: Die Entwicklung der Landwirtschaft auf den Vorwerken der Schönburgischen Herrschaften Wechselburg und Penig vom 16. Jahrhundert bis zur Gegenwart. Weida 1911, S. 59–67; Uwe Schirmer: Landwirtschaft und ländliche Gesellschaft in Sachsen zwischen 1720 und 1830 – Bemerkungen zu Verfassung, Wirtschaft und Alltag. In: Sachsen, hrsg. von ders. (wie Anm. 12), S. 131–134.

21 Vgl. Keller (wie Anm. 5), S. 182–185; Lütge (wie Anm. 20), S. 79–85, 196–200; Groß (wie Anm. 20), S. 29 f.

22 Vgl. Karlheinz Blaschke: Bevölkerungsgeschichte von Sachsen bis zur Industriellen Revolution. Weimar 1967, S. 180–189; Wolfram Fischer: »Stadien und Typen« der Industrialisierung in Deutschland. Zum Problem der regionalen Differenzierung. In: Ders.: Wirtschaft und Gesellschaft im Zeitalter der Industrialisierung. Göttingen 1972, S. 466–469; Lütge (wie Anm. 20), S. 36–40, 50 f., 59; Schirmer (wie Anm. 20), S. 140–144; Groß (wie Anm. 20), S. 28–31.

23 Vgl. Blaschke (wie Anm. 22), S. 91, 101, 157, 186 f.; Keller (wie Anm. 5), S. 180 f., 185; Ackermann (wie Anm. 20), S. 57; Ludwig (wie Anm. 15), S. 67 f.; Hartmut Zwahr: Die Doppelabhängigkeit gewerblicher Produzenten in Übergangsformen in die gewerbliche Produktion. Das Beispiel des Westlausitzer Bandweberdorfes Ohorn, 1831. In: ders.: Revolutionen in Sachsen. Weimar u. a. 1996, S. 86–93; ders.: Zum Gestaltwandel von gewerblichen Unternehmern und kapitalabhängigen Produzenten. Entwicklungstypen gewerblicher Warenproduktion in Deutschland. In: Jahrbuch für Geschichte 32, 1985, S. 22–46.

24 Keller (wie Anm. 5), S. 187 f.; Fischer (wie Anm. 22), S. 468; Groß (wie Anm. 20), S. 43 f.; Hubert Kiesewetter: Industrialisierung und Landwirtschaft. Sachsens Stellung im regionalen Industrialisierungsprozess Deutschlands im 19. Jahrhundert. Köln; Wien 1988, S. 302 f.; Daten nach: Zeitschrift des Statistischen Bureaus des Königlich Sächsischen Ministeriums des Innern (ZSBI) 2. 1856, S. 41; Ansicht einiger Hauptzweige der Industrie und des Handels von Sachsen. Leipzig 1811, S. 15 ff.

25 Vgl. allgemein: Kriedte (wie Anm. 3), S. 278 f., 284 ff.; Wehler (wie Anm. 2), S. 596.

26 Vgl. König (wie Anm. 14), S. 96 f.; Forberger (wie Anm. 7), S. 288 ff.; Kaufhold (wie Anm. 3), S. 125 f.; Georg Meerwein: Die Entwicklung der Chemnitzer bzw. sächsischen Baumwollspinnerei von 1789 bis 1879. Berlin 1914, S. 17 ff.: Karin Zachmann: Die sächsische Strumpfwirkerei im Spannungsfeld von Tradition und Anpassung. Eine Falluntersuchung zur Modernisierung vorindustrieller Gewerbelandschaften im 19. Jahrhundert. In: Neues Archiv für sächsische Geschichte 64, 1993, S. 117.

27 Vgl. König (wie Anm. 14), S. 20–23, 118 f.; Müller (wie Anm. 16), S. 132–138; Hans-Jürgen Teuteberg: Das deutsche und britische Wollgewerbe um die Mitte des 19. Jahrhunderts. Ein Beitrag zur quantitativ-komparativen Wirtschaftsgeschichte. In: Vom Kleingewerbe zur Großindustrie, hrsg. von Harald Winkel. Berlin 1975, S. 56–59.

28 Vgl. König (wie Anm. 14), S. 3 f., 11 (Zitat: S. 4); Douglas Farnie: The Era of the Great Inventions in the English Cotton Industry, 1764–1834. In: Mitteilungen des Chemnitzer Geschichtsvereins 69, NF 8, 1999, S. 45–55; Rätzer (wie Anm. 14), S. 63–66; Teuteberg (wie Anm. 27), S. 56 f., 68; Bein (wie Anm. 16), S. 114–118.

29 Vgl. König (wie Anm. 14), S. 10 f. 18 ff.; Gerhard Demmering: Die Glauchau-Meeraner Textil-Industrie. Eine wirtschaftsgeschichtliche Studie unter besonderer Berücksichtigung der Verhältnisse in der Textil-Veredelungsindustrie. Leipzig 1928, S. 58 f.

30 Vgl. Teuteberg (wie Anm. 27), S. 68 f.; Meerwein (wie Anm. 26), S. 20 f.; Richter (wie Anm. 1), S. 7 ff.; Kiesewetter (wie Anm. 1), S. 13 ff.; Weber (wie Anm. 1), S. 59 f.; Kirchner (wie Anm. 1), S. 79 f.; Welzel (wie Anm. 1), S. 84 ff.

31 Vgl. König (wie Anm. 14), S. 246 f.; Meerwein (wie Anm. 26), 22 ff., 30–35; Kroker (wie Anm. 18), S. 212–215; Steffen Sammler: Wirtschaftspolitische Reformbestrebungen in Sachsen im Zeitalter der Kontinentalsperre. In: Wirtschaft und Staat in der Industrialisierung Sachsens 1750–1930, hrsg. von Ulrich Heß u. a. Leipzig 2003, S. 54 ff.; Forberger (wie Anm. 16), S. 288 ff.; Michael Hammer: Der Lengenfelder Industriepionier Gottlob Friedrich Thomas (1755–1835) und die Anfänge der Industrialisierung im Vogtland. In: Heß (wie Anm. 15), S. 73–98; Wilhelm Stieda: Die Kontinentalsperre in Sachsen. Leipzig 1913, S. 124–133.

32 Vgl. Meerwein (wie Anm. 26), S. 24–28, 35f.; Kiesewetter (wie Anm. 24), S. 497; Gérard Gayot: Die Abenteuer des französischen »Ritters« Adrien Louis Cochet in Sachsen. In: Heß (wie Anm. 31), S. 74 ff.

33 Vgl. Meerwein (wie Anm. 26), S. 37–47; Siegfried Siebert: Studien zur Industriegeschichte des Erzgebirges. Köln; Graz 1967, S. 31 f.

34 Vgl. Meerwein (wie Anm. 26), S. 52 f.; Kiesewetter (wie Anm. 24), S. 452.

35 Vgl. Meerwein (wie Anm. 26), S. 54–80; Kiesewetter (wie Anm. 24), S. 452 ff., 483–493.

36 Daten: Ernst Engel: Die Baumwollenspinnerei im Königreich Sachsen seit Anfang dieses Jahrhunderts bis in die neueste Zeit. Dresden 1856, S. 13; vgl. Kiesewetter (wie Anm. 24), S. 458 f.; Wieck (wie Anm. 16), S. 81.

37 Vgl. Friedrich Georg Wieck: Die Manufaktur- und Fabrikindustrie des Königreiches Sachsen. Leipzig 1845, S. 29; ders. (wie Anm. 16), S. 213 f., 220, 230 f.; Bökelmann, Curt: Das Aufkommen der Grossindustrie im sächsichen Wollgewerbe. Heidelberg 1906, S. 68 ff., 78, 87; Horst Blumberg: Die deutsche Textilindustrie in der industriellen Revolution. Berlin 1965, S. 67–70. Ernst Georg Sarfert: Die Werdauer und Crimmitschauer Vigognespinnerei. Diss. Leipzig 1926, S. 30–33.

38 Vgl. Wieck (wie Anm. 16), S. 229 ff.; ders. (wie Anm. 37), S. 33 f.; Bökelmann (wie Anm. 37), S. 74–78; Hans R. Wolf: 100 Jahre Kammgarnspinnerei zu Leipzig als Aktiengesellschaft, 1836–1936. Leipzig 1936, S. 37–48.

39 Vgl. Kiesewetter (wie Anm. 24), S. 472–493; Rudolf Forberger: Sachsen als Pionierland der Industrialisierung in Deutschland im Spiegel der Fachliteratur. In: Jahrbuch für Regionalgeschichte 14. 1987, S. 250 f.; Müller (wie Anm. 16), S. 124–132; Bökelmann (wie Anm. 37), S. 77 f.; Teuteberg (wie Anm. 27), S. 87; Demmering, (wie Anm. 29), S. 71 ff.

40 Vgl. Müller (wie Anm. 16), S. 64–69; vgl. auch: Demmering (wie Anm. 29), S. 79.

41 Vgl. Friedrich Georg Wieck: Sachsen in Bildern. Chemnitz und seine Umgebung 1841/1842. Reprint. Leipzig; Chemnitz 1990, S. 29 f.; Wilhelm Zöllner: Geschichte der Fabrik- und Handelsstadt Chemnitz von der ältesten Zeit bis zur Gegenwart. Chemnitz 1888, S. 470; Wilhelm Vogel: Möbelstoffweberei und Papierfabrik. Chemnitz-Lunzenau (1837–1912). Leipzig 1912, S. 11 f.; Forberger (wie Anm. 1), S. 289 f.; zum Jacquardstuhl: Hartmut Berghoff: Moderne Unternehmensgeschichte. Paderborn u. a. 2004, S. 303 f.

42 Vgl. Zachmann (wie Anm. 26), S. 121 ff.; Schöne (wie Anm. 9), S. 129–132; Wilhelm Oppenheim: Die Einführung und Entwicklung der Wirkwarenindustrie in Sachsen. Diss. Würzburg 1921, S. 52–57; Wieck (wie Anm. 16), S. 83 (Zitat), 316 f.; ders. (wie Anm. 41), S. 33 f.

43 Wieck (wie Anm. 37), S. 43 f.; vgl. ders. (wie Anm. 16), S. 325–331; Müller (wie Anm. 16), S. 76 f.; Schöne (wie Anm. 9), S. 125; Forberger (wie Anm. 1), S. 111–114.

44 Vgl. Schöne (wie Anm. 9), S. 117 ff.; Müller (wie Anm. 16), S. 54–59; Floss (wie Anm. 8), S. 90–94; Rudolf Scheer: Die Entwicklung der Annaberger Posamentenindustrie im 19. Jahrhundert. Diss. Leipzig, Rudolstadt 1909, S. 38; Heinz-Dieter Fleißig: Untersuchungen zur Klassenkonstituierung der Bourgeoisie in der südlichen Oberlausitz zur Zeit der Industriellen Revolution unter besonderer Berücksichtigung der ökonomischen Konstituierung und deren entscheidenden Grundlagen im Textilgewerbe. Diss. Dresden, 1988, S. 51; Michael Spehr: Maschinensturm. Protest und Widerstand gegen technische Neuerungen am Anfang der Industrialisierung. Münster 2000, S. 44; Reinhard Fritzsche: Werdau und seine Industrie. Werdau 1936, S. 76 f.

45 Vgl. Fleißig (wie Anm. 44), S. 28 ff., 47 f., 53; Herbert Schurig: Die Entwicklung der Oberlausitzer Textilindustrie. Radeberg, 1933, S. 86–94; Edmund Gröllich: Die Baumwollweberei der sächsischen Oberlausitz und ihre Entwicklung zum Großbetrieb. Diss. Berlin; Altenburg 1911, S. 14–20; Wieck (wie Anm. 16), S. 235 ff., 243–254.

46 Vgl. Blumberg (wie Anm. 37), S. 30 f., 81–85; Müller (wie Anm. 16), S. 150 f.; Geschichte der Maschinenfabrik Germania vorm. J. S. Schwalbe und Sohn in Chemnitz 1811–1911. Chemnitz 1911, S. 22; Sybille Haubold: Carl Gottlieb und Carl Gottfried Haubold. In: Lebensbilder sächsischer Wirtschaftsführer, hrsg. von Erich Dittrich. Leipzig 1941, S. 146, 170 f.; Landes (wie Anm. 2), S. 144 ff.; Rudolf Boch: Mechanische Baumwollspinnerei – Mythos und Bedeutung einer Innovation im Industrialisierungsprozess. In: Mitteilungen des Chemnitzer Geschichtsvereins 69, NF VIII. 1999, S. 204 f.

47 Vgl. Sybille Haubold: Wilhelm und Louis Schönherr. In: Lebensbilder (wie Anm. 46), S. 305–328; Festschrift 1852–1927. Sächsische Webstuhlfabrik (Louis Schönherr). Chemnitz 1927, S. 7–14; Wieck (wie Anm. 16), S. 29.

48 Vgl. Forberger (wie Anm. 1), S. 120, 200–203, 248 ff.; Hartmut Herbst: Zur Geschichte des sächsischen Maschinenbaus. In: Emanzipation des kontinentalen Maschinenbaus vom britischen Vorbild. Darmstadt 1990, S. 89–111; Kiesewetter (wie Anm. 24), S. 525–528; Daten nach: ebenda. Tab. 48, S. 532; ZSBl 5, 1859, S. 12 ff.

49 Vgl. Wolfgang Uhlmann: Die Konstituierung der Chemnitzer Bourgeoisie während der Zeit der bürgerlichen Umwälzung von 1800 bis 1871. Untersuchungen zu ihrer Struktur. Diss. Dresden 1988, S. 40 ff., S. 54–61; Ernst Barth: Zu Fragen der Herkunft und der Qualifizierung von Maschinenbauunternehmern im Chemnitzer Gebiet in der Zeit der Industriellen Revolution. In: Beiträge zur Heimatgeschichte von Karl-Marx-Stadt 27, 1984, S. 9–16; Richard Dietrich: Die wirtschaftlichen Führungsschichten in Mitteldeutschland von 1850 bis zum Ersten Weltkrieg. In: Führungskräfte der Wirtschaft im neunzehnten Jahrhundert 1790–1914, hrsg. von Herbert Helbig. Limburg/Lahn 1977, S. 109–144; Zur industriellen Produktion und technischen Entwicklung und zum Unternehmertum in Mitteldeutschland, speziell in Sachsen, im Zeitalter der Industrialisierung. In: Jahrbuch für die Geschichte Mittel- und Ostdeutschlands 28, 1979, S. 244–251; Haubold (wie Anm. 46), S. 144–173; Georg Zöllner: Johann von Zimmermann. Der Begründer des deutschen Werkzeugmaschinenbaus. In: Technikgeschichte 29. 1940, S. 64–72; Günter Reiche: Richard Hartmann und seine Lokomotiven. Chemnitz; Berlin 1998, S. 7 ff.; 150 Jahre Werkzeugmaschinenfabrik UNION Chemnitz 1852–2002 – Festschrift. Chemnitz 2002, S. 14.

50 Vgl.: Werkzeugmaschinenbau in Sachsen, hrsg. von Hans J. Naumann; Reimund Neugebauer. Chemnitz 2002, S. 18–25; Zöllner (wie Anm. 49), S. 65 f.; Alfred Schröter; Walter Becker: Die deutsche Maschinenbauindustrie in der industriellen Revolution. Berlin 1962, S. 36 f., 50f., 96–99; Kiesewetter (wie Anm. 24), S. 495–518; Daten nach: ebenda, Tab. 49, S. 535.

51 Vgl. Egon Schumann: Die Herausbildung der Fabriken in Leipzig von 1830–1871. Diss. Leipzig 1971, S. 42–49; Spehr (wie Anm. 44) S. 81 ff.

52 Vgl. 100 Jahre Lehmann-Maschinen 1834–1934. J. M. Lehmann: Dresden–Heidenau–Dresden 1934, S. 8–13; Ulrich Krüger: Dr. phil. Wilhelm Hamm – Maschinenfabrikant, Publizist und Politiker in Leipzig von 1847 bis 1867. In: Heß (wie Anm. 31), S. 302–305; 75 Jahre C. A. Klinger AG, Altstadt-Stolpen i. Sa. Dresden [1929], S. 7–10; Erich Dittrich: Rudolf Sack. In: ders. (wie Anm. 46), S. 272–275.

53 Vgl. Dieter Ziegler: Das Zeitalter der Industrialisierung (1815 bis 1914). In: Deutsche Wirtschaftsgeschichte, hrsg. von Michael North. München 2000, S. 192–281, S. 228ff.; Hans-Ulrich Wehler: Deutsche Gesellschaftsgeschichte. Bd. 3. München 1995, S. 66–81.

54 Vgl. Peter Beyer: Leipzig und die Anfänge des deutschen Eisenbahnbaus. Weimar 1987, S. 58–83; Ludwig (wie Anm. 15), S. 19 f.; Kiesewetter (wie Anm. 24), S. 576–582; Udo Becher: Die Leipzig-Dresdner Eisenbahn-Compagnie, Berlin 1981, S. 25 ff., 89–92, 124–129, 154–162.

55 Vgl. Kiesewetter (wie Anm. 24), S. 572 f., 582–589, 723–728; Beyer (wie Anm. 54), S. 123 f., 136 f., 174 f.; Johann Ferdinand Ulbricht: Geschichte der königlich-sächsischen Staatseisenbahnen. Dresden 1889, S. 8–13.

56 Vgl. Kiesewetter (wie Anm. 24), S. 584–596; Rudolf Boch: Staat und Industrialisierung im Vormärz: Das Königreich Sachsen (mit Vergleichen zu Preußen). In: Figuren und Strukturen. Fs. Hartmut Zwahr, hrsg. von Manfred Hettling u. a. München 2002, S. 362f.; Sieber (wie Anm. 33), S. 9f.; Ulbricht (wie Anm. 55), S. 13ff.

57 Vgl. Kiesewetter (wie Anm. 24), S. 596–600; Rudolf Forberger: Die Industrielle Revolution in Sachsen, Bd. 2/1. Stuttgart 1999, S. 188–191; Becher (wie Anm. 54), S. 100f., 149–153; Ulrich Krüger: Leipzigs Eintritt in das industrielle Europa. In: Heß (wie Anm. 15), S. 134f.

58 Vgl. Volker Nichelmann: Die sächsische Eisen schaffende Industrie; ihre Entwicklung seit 1840. Diss. Leipzig 1946, S. 22–31; Kiesewetter (wie Anm. 24), S. 600; Forberger (wie Anm. 57), S. 293–299; Müller (wie Anm. 16), S. 162; sowie allgemein: Wehler (wie Anm. 2), S. 623f.

59 Vgl. Kiesewetter (wie Anm. 24), S. 545–549; Eckardt; May: Die Entwicklung des Steinkohlenbergbaues im erzgebirgischen Becken. In: 75 Jahre Gemeinschaftsarbeit der sächsischen Steinkohlenbergwerke. Zwickau; [1936], S. 101–105, 112–115.

60 Vgl. Kiesewetter (wie Anm. 24), S. 552–573; ders.: Vom Erz zur Kohle. Zum Wandel sächsischer Wirtschaftslandschaften unter dem Einfluss der Industrialisierung. In: Landesgeschichte als Herausforderung und Programm, hrsg. von Uwe John; Josef Matzerath. Stuttgart 1997, S. 484; Forberger (wie Anm. 57), S. 361–369; Ebenda Bd. 2/1, S. 313–324; Eckardt; May (wie Anm. 59), S. 69–94. Gerhard Röllig: Wirtschaftsgeographie Sachsens. Leipzig 1928, S. 88f.

61 Vgl. Ulrich Wengenroth: Igel und Füchse – Zu neueren Verständigungsproblemen über die Industrielle Revolution. In: Benad-Wagenhoff (wie Anm. 7), S. 10–13; Wehler (wie Anm. 2), S. 600f.; Hahn (wie Anm. 12), S. 53f.

62 Vgl. Forberger (wie Anm. 1), S. 31–37; Kiesewetter (wie Anm. 24), S. 10f., 74; ders.: Staat und regionale Industrialisierung. Württemberg und Sachsen im 19. Jahrhundert. In: Staat, Region und Industrialisierung, hrsg. von Hubert Kiesewetter; Rainer Fremdling. Ostfildern 1985, S. 117.

63 Errechnet nach: Friedhelm Gehrmann: Konkurse im Industrialisierungsprozess Deutschlands 1810–1913. Diss. Münster 1973, S. 89; Sozialgeschichtliches Arbeitsbuch. Bd. 1: Materialien zur Statistik des Deutschen Bundes 1815–1879, hrsg. von Wolfram Fischer u. a., München 1982, S. 179f.

64 Vgl. die Daten der Berufszählung 1846. In: Quellen zur Bevölkerungs-, Sozial- und Wirtschaftsstatistik Deutschlands 1815–1875. Bd. IV: Quellen zur Berufs- und Gewerbestatistik Deutschlands 1816–1875: Mitteldeutsche Staaten, hrsg. von Wolfgang Köllmann. Boppard 1995. Tab. 2b, S. 93–102.

65 175 Jahre Gebrüder Otto, Kratzenfabrik Leisnig. Dresden 1929, S. 18.

66 Vgl. Edmund Gröllich: Die Baumwollweberei der sächsischen Oberlausitz und ihre Entwicklung zum Großbetrieb. Diss. Berlin; Altenburg 1911, S. 96f.

67 Vgl. allgemein: Hans Pohl: Das deutsche Bankwesen (1806 bis 1848). In: Deutsche Bankengeschichte. Bd. 2. Frankfurt a. M. 1982, S. 20ff.; Karl Erich Born: Geld und Banken im 19. und 20. Jahrhundert. Stuttgart 1976, S. 48–54.

68 Vgl. Festschrift Schönherr (wie Anm. 47), S. 8–14. Günther Wetzel: Zur Geschichte des VEB Webstuhlbau Karl-Marx-Stadt von der industriellen Revolution bis zum Jahre 1945. In: Sächsische Heimatblätter 28, 1982, S. 113ff.; Ernst Barth: Aus der Entwicklung eines Schwerpunktbetriebes des deutschen Webstuhlbaues. In: Sächsische Heimatblätter 1971, S. 29f.; Ich stützte mich hier zudem auf meine eigene, noch unveröffentlichte Arbeit »Familienunternehmen und Unternehmerfamilien: Zur Sozial- und Wirtschaftsgeschichte der sächsischen Unternehmer 1850–1940«.

69 Vgl. Kiesewetter (wie Anm. 19), S. 322ff.; Forberger (wie Anm. 1), S. 459ff: Hahn (wie Anm. 12), S. 26f., 71f.; Hans Pohl: Die Phase der Frühindustrialisierung in Sachsen und im Rheinland. In: Landesgeschichte als Herausforderung und Programm, hrsg. von Uwe John; Josef Matzerath. Stuttgart 1997, S. 499–503; allgemein: Wehler (wie Anm. 2), S. 95–100, 637ff.

70 Vgl. Beyer (wie Anm. 54), S. 107–113; Hartmut Zwahr: Zur Klassenkonstituierung der deutschen Bourgeoisie. In: Jahrbuch für Geschichte 18, 1978, S. 72ff.; ders.: Zur Entstehung und Typologie sächsischer Unternehmer in der Zeit des Durchbruchs der Industriewirtschaft. In: Unternehmer in Sachsen, hrsg. von Ulrich Heß; Michael Schäfer. Leipzig 1998, S. 26f.

71 Vgl. Pohl (wie Anm. 67), S. 73f., 92ff.; Kroker (wie Anm. 18), S. 233f.; Heinrich von Poschinger: Die Banken im Deutschen Reiche, Österreich und der Schweiz. Bd. 2: Das Königreich Sachsen. Jena 1877, S. 65–72.

72 Vgl. Fritz Uhlig: Die Chemnitzer Stadtbank 1848–1914. Stuttgart 1916, S. 3–25; Chemnitzer Bankverein 1871–1921. Denkschrift anlässlich des 50jährigen Bestehens der Bank. Chemnitz 1921, S. 8ff., 17; Pohl (wie Anm. 67), S. 94; Boch (wie Anm. 56), S. 368–371; Hubert Kiesewetter Staat und Unternehmen während der Frühindustrialisierung. Das Königreich Sachsen als Paradigma. In: ZUG 29, 1984, S. 11–17; Siegfried Schreiber: Schilderung des sächsischen Lokalbankwesens. Leipzig 1904, S. 16ff.; Born (wie Anm. 57), S. 216–221.

73 Vgl. Boch (wie Anm. 56), S. 368ff.; Festschrift Chemnitzer Bankverein (wie Anm. 72), S. 7ff.; Sachsenbank. Die Sächsische Bank 1865–1940. Dresden 1940, S. 31–35.

74 Vgl. Forberger (wie Anm. 57), S. 428–433; Schröter; Becker (wie Anm. 50), S. 74; Haubold (wie Anm. 46), S. 172.

75 Wieck (wie Anm. 16), S. 391f.

76 Vgl. Forberger (wie Anm. 16), S. 211, 236; Kiesewetter (wie Anm. 24), S. 624f.; Frank B. Tipton jr.: Regional Variations in the Economic Development of Germany During the 19th Century. Middletown 1976, S. 31.

77 Vgl. Meerwein (wie Anm. 26), S. 18–21; König (wie Anm. 14), S. 96f.; Bökelmann (wie Anm. 37), S. 62f.

78 Vgl. Kiesewetter (wie Anm. 72). S. 18f.; ders. (wie Anm. 24), S. 71f.; Boch (wie Anm. 56), S. 390f.; Bökelmann (wie Anm. 37), S. 67; Müller (wie Anm. 16), S. 123f. Bein (wie Anm. 16), S. 185f.

79 Vgl. Kiesewetter (wie Anm. 24), S. 81ff., 655–666, 730–737; ders. (wie Anm. 24), S. 18f., 27f.; Boch (wie Anm. 56), S. 356ff.; Ursula Forberger: Der sächsische Staat und die Fabrik in der Sicht von Rudolf Forberger 1800–1861. In: Heß (wie Anm. 31), S. 65ff.

80 Vgl. Bökelmann (wie Anm. 37), S. 75ff.; Kiesewetter (wie Anm. 24), S. 636–650, S. 666–672.

81 Vgl. Kiesewetter (wie Anm. 24), S. 672–677 Reiner Pommerin: Geschichte der TU Dresden 1828–2003. Köln u. a. 2003, S. 22–29; Stephan Luther: Die Gründung einer Gewerbschule in Chemnitz und ihre Etablierung im technischen Bildungswesen (1836–1877). In: Von der Kgl. Gewerbschule zur Technischen Universität. Chemnitz 2003, S. 15–25; Heinz Stützner: Zur Herausbildung und Entwicklung des technischen Bildungswesens in der Stadt Chemnitz während der Zeit der industriellen Revolution. In: Zur Geschichte der Technischen Hochschule Karl-Marx-Stadt. Karl-Marx-Stadt 1981, S. 10f., 18.

82 Vgl. Ulbricht (wie Anm. 55), S. 11ff.

83 Vgl. Karl Fritz Dölitzsch: Die Entwicklung der sächsischen Patentpraxis in ihrer Beziehung zur Wirtschaft. Diss. Dresden 1930, S. 24–30; 84–88, 127, 144; Hans-Jürgen Creutz: Die Entwicklung des Erfindungsschutzes in Sachsen während der industriellen Revolution. In: Jahrbuch für Wirtschaftsgeschichte

1986, Bd. 3, S. 91–118; Friedrich Naumann: Gewerbeprivilegien und Erfinderschutz im Königreich Sachsen bis zum Jahre 1877. In: Patentschutz und Innovation in Geschichte und Gegenwart, hrsg. von Rudolf Boch. Frankfurt a. M. u. a. 1999, S. 51–70.

84 Vgl. Kiesewetter (wie Anm. 24), S. 52f., 135ff.; Gunda Ulbricht: Finanzgeschichte Sachsens im Übergang zum konstitutionellen Staat (1763–1843). St. Katharinen 2001, S. 78–82.

85 Vgl. Kiesewetter (wie Anm. 24), S. 136f.; Wehler (wie Anm. 2), S. 126f.; Meerwein (wie Anm. 26), S. 43–50; Herbert Poenicke: Sachsens Entwicklung zum Industriestaate (1830–1870). Dresden 1934, S. 10.

86 Vgl. Kiesewetter (wie Anm. 24), S. 54–58; Ludwig (wie Anm. 15), S. 176–198.

87 Vgl. Kiesewetter (wie Anm. 24), S. 60–70; Meerwein (wie Anm. 26), S. 43–50.

88 Vgl. Kiesewetter (wie Anm. 24), S. 140–146; Poenicke (wie Anm. 85), S. 13ff.; Wehler (wie Anm. 2), S. 126–129.

89 Vgl. Kiesewetter (wie Anm. 24), S. 164; Meerwein (wie Anm. 26), S. 51f.; Rudolf Boch: Staat und Wirtschaft im 19. Jahrhundert. München 2004, S. 72; Kroker (wie Anm. 18), S. 225; Poenicke (wie Anm. 85), S. 15; Hubert Kiesewetter: Regionale Industrialisierung in Deutschland zur Zeit der Reichsgründung. Ein vergleichend-quantitativer Versuch. In: VSWG 73, 1986, S. 43f.

90 Vgl. Meerwein (wie Anm. 26), S. 61f.; allgemein: Knut Borchardt: Die Industrielle Revolution in Deutschland. München 1972, S. 51; Richard H. Tilly: Vom Zollverein zum Industriestaat. Die wirtschaftlich-soziale Entwicklung Deutschlands 1834–1914. München 1990, S. 45.

91 Wieck (wie Anm. 16), S. 48; vgl. Tipton (wie Anm. 76), S. 38; Meerwein (wie Anm. 26), S. 62f.; Boch (wie Anm. 56), S. 360f.

92 Vgl. ebenda, S. 15–20, 26f.; Kiesewetter (wie Anm. 24), S. 364.

93 Vgl. Horster (wie Anm. 10), S. 5–10; Müller (wie Anm. 16), S. 43–46; König (wie Anm. 14), S. 119–127; Hahn (wie Anm. 12). S. 118–125; Rudolf Boch: Zunfttradition und frühe Gewerkschaftsbewegung. Ein Beitrag zu einer beginnenden Diskussion mit besonderer Berücksichtigung des Handwerks im Verlagswesen. In: Prekäre Selbständigkeit. Zur Standortbestimmung von Handwerk, Hausindustrie und Kleingewerbe im Industrialisierungsprozess, hrsg. von Ulrich Wengenroth. Stuttgart 1989, S. 52ff., 61f.; Sheilagh C. Ogilvie: Proto-industrialization in Germany. In: European Proto-industrialization, hrsg. von dies.; Markus Cerman. Cambridge 1996, S. 133f.

94 Vgl. Horster (wie Anm. 10), S. 19f.

95 Vgl. Bökelmann (wie Anm. 37), S. 63f.; zu einem ähnlichen Plauener Fall: Tipton (wie Anm. 76), S. 32f.; allgemein: Borchardt (wie Anm. 90), S. 49f.

96 Vgl. zu den genannten Beispielen: Heinz Müller: Geschichte des VEB Stahl- und Walzwerk Riesa 1843 bis 1945. Berlin 1961, S. 17–22; Kurt Ludwig: Von der Maschinenbauwerkstatt zur Maschinenfabrik. Eine Studie zum Problem des Übergangs von der manuellen zur maschinellen Fertigung von Maschinen, dargestellt am Beispiel der Entwicklung der Firma Richard Hartmann in Chemnitz. Diss. Freiberg 1980, S. 30; Arthur Hübscher: Hundertfünfzig Jahre F.A. Brockhaus 1805 bis 1955. Wiesbaden 1955, S. 80; Forberger (wie Anm. 57), S. 343–346; Karl Mende: Über Standortsbedingtheit und Aufbau der Dresdner Großindustrie. Leipzig 1927, S. 81.

97 Wieck (wie Anm. 16), S. 401; vgl. Kiesewetter (wie Anm. 89), S. 84–89, 173–176; ders.: Agrarreform, landwirtschaftliche Produktion und Industrialisierung im Königreich Sachsen, 1832–1861. In: Entwicklungsprobleme einer Region. Das Beispiel Rheinland und Westfalen im 19. Jahrhundert, hrsg. von Fritz Blaich. Berlin 1981, S. 131f.; Uhlmann (wie Anm. 49), S. 64–69; Tipton (wie Anm. 76). S. 35f.; Boch (wie Anm. 56), S. 359f.; Michael Rudloff: Das sächsische Fabrikbürgertum und die Revolution 1848/49. In: Heß (wie Anm. 31), S. 109f.

98 Vgl. Kiesewetter (wie Anm. 24), S. 182–196.

99 Vgl. Guntram Martin: Das sächsische Montanwesen im 19. Jahrhundert. In: Landesgeschichte in Sachsen, hrsg. von Rainer Aurig u. a. Bielefeld 1997, S. 154–157; Eberhard May: Die Entwicklung der sächsischen Bierbrauerei. Diss. Tübingen; Borna; Leipzig 1905, S. 30f.; Holger Starke: Vom Brauerhandwerk zur Brauindustrie. Die Geschichte der Bierbrauerei in Dresden und Sachsen 1800–1914. Köln u. a. 2005, S. 100–108.

100 Vgl. Kiesewetter (wie Anm. 24), S. 260–280, 328f.; Walter Achilles: Deutsche Agrargeschichte im Zeitalter der Reformen und der Industrialisierung. Stuttgart 1993, S. 151ff.

101 Vgl. Groß (wie Anm. 20), S. 104–107, 133, 139–143; Gerhard Schmidt: Die Staatsreform in Sachsen in der ersten Hälfte des 19. Jahrhunderts. Weimar 1966, S.148ff.; Kiesewetter (wie Anm. 24), S. 116–131.

102 Vgl. Achilles (wie Anm. 100), S. 152f.; Schmidt (wie Anm. 101), S. 149f.; Wehler (wie Anm. 2), S. 49.

103 Zahlen nach Kiesewetter (wie Anm. 24), Tab. 15, S. 284; vgl. ders.: Bevölkerung, Erwerbstätige und Landwirtschaft im Königreich Sachsen 1815–1871. In: Region und Industrialisierung. Studien zur Rolle der Region in der Wirtschaftsgeschichte der letzten zwei Jahrhunderte, hrsg. von Sidney Pollard. Göttingen 1980, S. 89–104.

104 Vgl. Kiesewetter (wie Anm. 24), S. 288–293, 305ff.; Keller (wie Anm. 5), S. 300f.; skeptisch gegenüber einer schnellen Durchsetzung des Fruchtwechselsystems im 19. Jahrhundert: Achilles (wie Anm. 100), S. 197ff.

105 Vgl. Zahlen bei Kiesewetter (wie Anm. 24). Tab. 17, S. 287 (Viehbestände), Tab. 20, S. 304 (Fleischverbrauch); ebenda S. 297–304; Keller (wie Anm. 5), S. 301f.

106 Vgl. Kiesewetter (wie Anm. 24), S. 341–352; Keller (wie Anm. 5), S. 302; B.W. Schöne: Die sächsische Landwirtschaft bis zum Jahre 1925; Einrichtungen und Tätigkeit des Landeskulturrates Sachsen. Dresden 1925, S. 74f., 169–173.

107 Vgl. Kiesewetter (wie Anm. 24), Tab. 15, S. 284 (Ernteerträge), Tab. 24, S. 326 (Importe); ebenda S. 316–329; Groß (wie Anm. 20), S. 146–164; Forberger (wie Anm. 57), S. 290ff.

108 Vgl. Christof Dipper: Bauernbefreiung, landwirtschaftliche Entwicklung und Industrialisierung in Deutschland. Die nicht preußischen Staaten. In: Landwirtschaft und industrielle Entwicklung, hrsg. von Toni Pierenkemper. Stuttgart 1989, S. 69, 74f.; Kiesewetter (wie Anm. 97), S. 123f.; ders. (wie Anm. 24), S. 310–313; Karlheinz Blaschke: Industrialisierung und Bevölkerung in Sachsen im Zeitraum von 1830 bis 1890. In: Raumordnung im 19. Jahrhundert. Bd. 1. Hannover 1965, S. 70; Keller (wie Anm. 5), S. 301; ZSBl 1863, S. 23; allgemein: Boch (wie Anm. 89), S. 68ff.; Hahn (wie Anm. 12), S. 65ff.; Wehler (wie Anm. 2), S. 50–53.

109 Vgl. Reiner Groß: Die sächsische Landwirtschaft in der zweiten Hälfte des 19. Jahrhunderts. Tendenzen der kapitalistischen Entwicklung. In: Landesgeschichte in Sachsen. Dresden 1997, S. 163–168; ders.: Probleme der Agrargeschichte des Feudalismus und des Kapitalismus. Teil 16. Rostock 1985, S. 38–43; Erich Benndorf: Weltwirtschaftliche Beziehungen der sächsischen Industrie. In: Probleme der Weltwirtschaft, Bd. 28. Jena 1917, S. 14–26; 50 Jahre sächsische Volkswirtschaft. Berlin 1914, S. 11, 28–32; Kiesewetter (wie Anm. 103), S. 284; Karl von Langsdorff: Die Landwirtschaft im Königreich Sachsen, ihre Entwicklung bis einschließlich 1885 und die Einrichtungen und Wirksamkeit des Landeskulturrates Sachsen bis 1888. Dresden 1889, S. 598–602.

110 Vgl. zu den Konjunkturzyklen: Wehler (wie Anm. 53), S. 92–98, 546–549, 596–604; die Daten nach: Kiesewetter (wie Anm. 24), Tab. 11, S. 248; Statistik des Deutschen Reiches. Bd. 114, S. 3.

111 Vgl. die Daten in: ZSBl 9. 1863, S. 24–31; Meerwein (wie Anm. 26), S. 76–80.

112 Vgl. Meerwein (wie Anm. 26), S. 81–97; Heinrich Gebauer: Die Volkswirtschaft im Königreich Sachsen. Bd. 2. Dresden 1893, S. 504–515.

113 Vgl. Meerwein (wie Anm. 26), S. 99–102; Gebauer (wie Anm. 112), Bd. 2, S. 514–525; Benndorf (wie Anm. 109), S. 106–115; ZSBl 44 1898, S. 134–137, 171.

114 Vgl. ZSBl 9 1863, S. 26f., 32–35.

115 Vgl. Sarfert (wie Anm. 37), S. 9, 24f., 33–37; Blumberg (wie Anm. 37), S. 297f.

116 Vgl. ZSBl 44, 1898, S. 134–137, 171.

117 Vgl. ZSBl 9, 1863, S. 26f., 30f., 37f., 41, 43; Friedrich Naumann: Fürchtegott Moritz Albert Voigt (1829–1895). Zum 100. Todestag des Chemnitzer Erfinders, Unternehmers und Begründers der deutschen Stickmaschinenindustrie. In: Sächsische Heimatblätter 3, 1995, S. 127.

118 Vgl. die Daten in: ZSBl 44, 1898, S. 169–172.

119 Vgl. Gebauer (wie Anm. 112). Bd. 3, S. 26; Hans Barbe: Die Tuchindustrie in der sächsischen Oberlausitz. Diss. Leipzig 1922, S. 52; Andrea Bergler; Patricia Ober: Das Textilunternehmen Pfau in Crimmitschau (1859–1990). Strategien unternehmerischen Handelns im lokalen Raum. In: Heß (wie Anm. 15), S. 144–148.

120 Vgl. ebenda. Bd. 2, S. 554, 562–575; Fritz Micklisch: Die Dresdner Gardinen- und Spitzenmanufaktur AG: Von der Gründung bis zum Ersten Weltkrieg. In: Dresdner Hefte 61, 2000, S. 78–84.

121 Vgl. Zachmann (wie Anm. 26), S. 126ff.; Felix Irmscher: Die Strumpfindustrie in Chemnitz und im Chemnitzer Kreise. Diss. Leipzig 1920, S. 91ff., 124f.; Fritz Bennewitz: Die volkswirtschaftliche Bedeutung der technischen Entwicklung der sächsischen Wirkerei- und Strickerei-Industrie und ihre heutige Lage. Diss. Dresden 1930, S. 22–25.

122 Vgl. Rudolf Illgen: Geschichte und Entwicklung der Stickerei-Industrie des Vogtlandes und der Ostschweiz. Eine vergleichende Darstellung. Annaberg 1913, S. 12, 33ff.; Otto Heinrich Hüttenbach: Die Entwicklung der sächsischen Maschinenstickerei und ihre Produktions- und Absatzverhältnisse vor Ausbruch des Weltkrieges. Borna; Leipzig 1918, S. 9–24; Alfred Gentzsch: Die sächsische Tamburgardinenstickerei. Diss. Leipzig; Altenburg 1910, S. 19–24; Karin Zachmann: Die Kraft traditioneller Strukturen. Sächsische Textilregionen im Industrialisierungsprozess. In: Uwe John; Josef Matzerath (wie Anm. 60), S. 527; Gerd Naumann: Die Plauener Spitzen- und Stickereiindustrie in Vergangenheit und Gegenwart. In: Sächsische Heimatblätter 43, 1997, S. 239ff.

123 Vgl. Gebauer (wie Anm. 112), Bd. 3, S. 364f., 404–410; Scheer (wie Anm. 44), S. 61–65; ZSBl 44, 1898, S. 134f., 160f.

124 Vgl. ZSBl 44, 1898, S. 134f., 160f.; Scheer (wie Anm. 44), S. 104.

125 Vgl. die Angaben in: ZSBl 9, 1863, S. 21ff.; ebenda 44, 1898, S. 106f.

126 Vgl. Wetzel (wie Anm. 68), S. 113f.

127 Vgl. Hans Tischert: Stätten deutscher Arbeit, Bd. 9. Berlin 1935, S. 146–149; 75 Jahre Textilmaschinenbau Schubert & Salzer Maschinenfabrik Aktiengesellschaft Ingolstadt. Das Porträt eines Industriebetriebes. Ingolstadt 1958, S. 23f., 30.

128 Vgl. Staatsarchiv Chemnitz 31004: Maschinenfabrik Kappel; Chemnitz Nr. 160: Manuskript. »Werksgeschichtliche Entwicklung«; Naumann (wie Anm. 117), S. 127f.; Gebauer (wie Anm. 112), Bd. 2, S. 181, 193f.

129 Vgl. Jubiläum der deutschen Nähmaschinenindustrie. 75jähriges Bestehen der Firma Clemens Müller. Dresden, 1855–1930. In: Mitteilungen der IHK Dresden 19, 1930, Heft 10, S. 13; Gebauer (wie Anm. 112), Bd. 2, S. 197–202.

130 Vgl. Gebauer (wie Anm. 112), S. 171–174; Wilhelm Zöllner: Chemnitz am Ende des XIX. Jahrhunderts in Wort und Bild. Reprint Chemnitz 1999, S. 153–156, 158–162; Hans Münch: Julius Eduard Reinecker (1832–1895). Begründer des Präzisionswerkzeug- und Werkzeugsmaschinenbaus in Chemnitz. In: Sächsische Heimatblätter 1995, S. 137–141; 50 Jahre Holzbearbeitungs-Maschinenbau. Festschrift ... Kirchner & Co. AG. Leipzig, Leipzig Sellerhausen 1878–1928. Leipzig 1928, S. 7–11; Hans Häneke: 50 Jahre Austauschbau. Festschrift zum 50jährigen Bestehen der Pittler Werkzeugmaschinenfabrik AG, Leipzig-Wahren. Leipzig 1930, S. 20–29; Erdmann Kircheis: Maschinenfabrik und Eisengießerei, Aue (Erzgebirge), Sachsen, 1861–1911. Leipzig 1911, S. 9f.; Maschinenfabrik Hiltmann & Lorenz Aktiengesellschaft Aue i. Sa. (1879–1929). Berlin 1929, S. 13f.

131 Vgl. Sächsische Maschinenfabrik vorm. Rich. Hartmann Aktiengesellschaft Chemnitz 1837–1912. Leipzig 1912, S. 20ff.; Haubold (wie Anm. 46), S. 177f.; Naumann (wie Anm. 117), S. 131; Ernst Barth: Zur Geschichte der Maschinenfabrik Germania Karl-Marx-Stadt. In: Sächsische Heimatblätter 11, 1965, S. 278.

132 Vgl. Gebauer (wie Anm. 112), Bd. 2, S. 208–213, 219ff.; Gedenkschrift der Maschinenbau-Aktien-Gesellschaft Golzern-Grimma aus Anlass ihres 50jährigen Bestehens (1872–1922). Berlin 1922, S. 3–6; Wilhelm Eule: Hugo Brehmer. Ein Pionier der graphischen Maschinenindustrie. In Deutsches Buchgewerbe 2, S. 94ff.; Ein halbes Jahrhundert deutscher Falzmaschinenbau 1883–1933. Preuße & Co. AG, Leipzig. Leipzig 1933; Gedenkblatt zum 25jährigen Jubiläum am 1. Juli 1926 der Firma Kleim und Ungerer. Leipzig 1926; 30 Jahre Planeta. Erinnerung an das 30jährige Bestehen der Dresden-Leipziger Schnellpressenfabrik Aktiengesellschaft. Coswig (Bezirk Dresden), 1898–1928. O. O. [1928].

133 Vgl. Gebauer (wie Anm. 112), Bd. 2, S. 170, 182f., 253f.

134 Vgl. ebenda, S. 254f., 266ff.; ZSBl 9, 1863 S. 23; ebenda 57, 1911, S. 339f.; Bernhard Westenberger: Die Holzspielwarenindustrie im sächsischen Erzgebirge unter besonderer Berücksichtigung der Hausindustrie. Leipzig 1911, S. 52–63; Gertrud Meyer: Die Spielwarenindustrie im sächsischen Erzgebirge Diss. Leipzig 1911, S. 48f.

135 Vgl. ZSBl 57, 1911, S. 341–344; Gebauer (wie Anm. 112). Bd. 2, S. 329–373; Benndorf (wie Anm. 109), S. 231f. Paul Dähne: 75 Jahre Julius Blüthner, Leipzig, Flügel und Pianinos. Zur Jubelfeier am 7. November 1928. Leipzig 1928, S. 4–14.

136 Vgl. ZSBl 9, 1863, S. 42; Herbert Poenicke: Zwei entscheidende Jahrzehnte sächsischer Wirtschaftsgeschichte 1850–1870). Ein Beitrag zur Entstehung der deutschen Wirtschaftseinheit vor 100 Jahren. In: Hamburger Mittel- und Ostdeutsche Forschungen. Hamburg 1957, S. 200–204; Manfred Schober: Die Sebnitzer Papierfabrik in den Jahren 1820 bis 1860. In: Sächsische Heimatblätter 27, 1981, S. 23–27; Wilhelm Niethammer: Die geschichtliche Entwicklung der Firma Kübler & Niethammer. Kriebstein 1931, S. 5–11; Siebert (wie Anm. 33), S. 12ff.; Forberger (wie Anm. 57), S. 143ff.; Walther Fischer: Die photographische Industrie Sachsens bis 1945. In: Die Mitte 2, 1966, S. 158f.

137 Vgl. Karl Juckenburg: Das Aufkommen der Großindustrie in Leipzig. Leipzig 1913, S. 120–124; Gebauer (wie Anm. 112), Bd. 3, S. 481–492, 574–583.

138 Vgl. ZSBl 3, 1857, S. 53; ebenda 25, 1879, S. 28–31.
139 Vgl. Fritz Löffler: Gottlieb Traugott Bienert. In: Lebensbilder sächsischer Wirtschaftsführer, hrsg. von Erich Dittrich. Leipzig 1941, S. 57–73; Uta Sieberth: Gottlieb Traugott Bienert 21.7.1913 bis 22.10.1894. In: Sächsische Heimatblätter 37, 1991, S. 14–17.
140 Vgl. Kommerzienrat Paul Pfund und sein Werk. Dresden [1930], S. 2–12; Jens Wonneberger: Pfunds Molkerei. Dresdens Gläserne Milchfabrik. Berlin 1999, S. 11, 17, 20, 25–34.
141 Vgl. Denkschrift der Firma Wilhelm Felsche Kakao- und Schokoladenfabrik in Leipzig-Gohlis zur Feier ihres Hundertjährigen Bestehens am 13. August 1921. Leipzig 1921, S. 15; 150 Jahre des Bestehens der Firma Riquet & Co. gegründet am 15. November 1745, Leipzig. Leipzig 1895; 50 Jahre Max Richter, Kaffee-Großrösterei Leipzig. Leipzig [1929], S. 5ff.; Ines Vetter: Zur Geschichte der Mechanisierung – dargestellt am Beispiel der Tabakverarbeitung von den Anfängen bis zum Ende des 1. Weltkrieges. Diss. Dresden 1989, S. 54f., 64, 75.
142 Vgl. May (wie Anm. 99), S. 104, 122ff.; Starke (wie Anm. 99), S. 124f., 190–197, 344–359; ders.: Privatbrauerei und Aktiengesellschaft. Die Herausbildung des industriellen Brauwesens in Dresden im 19. Jahrhundert. In: Heß (wie Anm. 70), S. 46–49.
143 Vgl. Gebauer (wie Anm. 112), Bd. 1, S. 559–564, 569ff.; Eckardt; May (wie Anm. 59), S. 92; Benndorf (wie Anm. 109), S. 38–41; 50 Jahre sächsische Volkswirtschaft, S. 25ff.; Kiesewetter (wie Anm. 24). Tab. 52, S. 557.
144 Vgl. Kiesewetter (wie Anm. 24), S. 427, 435; Müller (wie Anm. 96), S. 15, 58; Geschichte des Eisenwerkes Gröditz, Zweigwerk der Aktiengesellschaft Lauchhammer in Lauchhammer 1779 bis 1915, o. O., o. J.
145 Vgl. Poschinger (wie Anm. 71), S. 96f.; Heinz P. Staake: Sächsischer Maschinenbau und Aktienbörsen 1870–1913. Aachen 2001, S. 54f.; allgemein: Wehler (wie Anm. 2), Bd. 3, S. 81f
146 Vgl. Staake (wie Anm. 145), S. 52ff.
147 Vgl. Zum 50jährigen Bestehen der Firma Gebr. Schüller jetzt: Gebr. Schüller Actiengesellschaft Baumwoll-Spinnereien und Zwirnerei in Venusberg, Gelenau, Weißbach und Griesbach, o. O., o. J.; Staake (wie Anm. 145), S. 58–67; Michael Schäfer: Familienunternehmen und Unternehmerfamilien in Sachsen 1850–1940. In: Unternehmensgeschichte heute: Theorieangebote, Quellen, Forschungstrends, hrsg. von Rudolf Boch u. a. Leipzig 2005, S. 210–215.
148 Vgl. Benndorf (wie Anm. 109), S. 85ff.; Schäfer (wie Anm. 147), S. 212ff.; Die Chronik des Hauses Rud. Sack, Leipzig 1863–1938. Leipzig 1938, S. 42f.; Die Eisen- und Stahlwerke Meier & Weichelt Leipzig-Lindenau 1874–1924. Leipzig 1924, S. 59; Sybille Haubold: Entwicklung und Organisation einer Chemnitzer Maschinenfabrik. Diss. Bonn; Dresden 1939, S. 38f.
149 Vgl. allgemein: Born (wie Anm. 57), S. 120ff., 163.
150 Vgl. Poschinger (wie Anm. 71), S. 108f.; Fritz Haubold: Die sächsischen Kreditbanken in den Jahren 1904–1914. Weida 1916, S. 29–33; Schreiber (wie Anm. 72), S. 16–19.
151 Vgl. Harald Wixforth: Bank für Sachsen oder Bank für das Reich? Zur Geschichte der Dresdner Bank von 1872–1914. In: Sachsen im Kaiserreich, hrsg. von Simone Lässig; Karl Heinrich Pohl. Weimar u. a. 1997, S. 309–342; Arthur Liebmann: Acht Jahrzehnte im Dienste der Wirtschaft. Ein Lebensbild der Allgemeinen Deutschen Credit-Anstalt. Leipzig 1938, S. 101.
152 Vgl. Arthur Schulze: Die Bankenkatastrophen in Sachsen im Jahre 1901. Tübingen 1903, S. 86f., 102ff.; Schreiber (wie Anm. 72), S. 29–33, 42f.; Eberhard Keil: Lehmanns Erben. Eine Industrie-Geschichte aus Hainichen, Böhrigen und Rosswein 1869–1914. Marbach a. N. 2003, S. 106–109, 132–140.
153 Vgl. Schreiber (wie Anm. 72), S. 22f., 50–58; Haubold (wie Anm. 150), S. 29f.
154 Vgl. Schreiber (wie Anm. 72), S. 42ff.; Haubold (wie Anm. 150), S. 29–32, 114f.; Zeitschrift des Sächsischen Statistischen Landesamtes (ZSSL) 76, 1930, S. 87, 92, 95; Andreas Graul: Die Allgemeine Deutsche Credit-Anstalt Leipzig und die Konzentration und Zentralisation des Kapitals im Bankwesen in Sachsen von der Krise 1900/1901 bis zum Ende der relativen Stabilisierung des Kapitalismus. In: Jahrbuch für Wirtschaftsgeschichte 1987/4, S. 75f.
155 Vgl. Felix Braedt: Das Sparkassenwesen im Königreich Sachsen. Tübingen 1912, S. 2–25; Hubert Kiesewetter: Zur Entwicklung sächsischer Sparkassen, zum Sparverhalten und zur Lebenshaltung sächsischer Arbeiter im 19. Jahrhundert 1819–1914. In: Arbeiterexistenz im 19. Jahrhundert, hrsg. von Werner Conze; Ulrich Engelhardt. Stuttgart 1981, S. 446–486; Festschrift zum 100jährigen Bestehen der Städtischen Sparkasse zu Chemnitz. Chemnitz 1939, S. 61–71.
156 Vgl. Kiesewetter (wie Anm. 24), S. 368–373; ders. (wie Anm. 97), S. 131ff.; Klaus Hunger: Die Strumpfindustrie im sächsischen Erzgebirge. Diss. Köln 1924, S. 38; allgemein: Wehler (wie Anm. 2), S. 648; ders. (wie Anm. 53), S. 60–63; Friedrich Lenger: Sozialgeschichte der deutschen Handwerker seit 1800. Frankfurt a. M. 1988, S. 69f.
157 Vgl. Viktor Böhmert: Die Handwerks- und Fabrikverhältnisse der Stadt Rosswein in Sachsen. In: Untersuchungen über die Lage des Handwerks in Deutschland. Bd. 6. Leipzig 1897, S. 484–503, Zitat: S. 498; Kiesewetter (wie Anm. 97), S. 133f.; ders. (wie Anm. 24), S. 368–373; allgemein: Wehler (wie Anm. 2); ders. (wie Anm. 53), S. 61ff., 683; Lenger (wie Anm. 156), S. 95ff., 123–139; Boch (wie Anm. 93), S. 42f.; Richard Vockert: Das Baugewerbe in Leipzig vom 15. Jahrhundert bis zur Gegenwart. Berlin u. a. 1914, S. 54–65.
158 Vgl. Wehler (wie Anm.53), Bd. 3, S. 685f.; Johannes Bode: Die staatliche Gewerbeförderung im Königreich Sachsen. Diss. Erlangen 1914, S. 119–128; Balduin Penndorf: Das Innungswesen im Königreich Sachsen seit Einführung der Gewerbefreiheit. Leipzig 1907, S. XIVf., 45f., 57, 113; Ilse Hanna Doernberg: Das Leipziger Handwerk im 20. Jahrhundert. Leipzig 1931, S. 113ff.
159 Vgl. ZSSL 57, 1911, S. 300f., 326f.; Manfred Schober: Die Sebnitzer Kunstblume. Dresden; Basel 1994.
160 Vgl. Hüttenbach (wie Anm. 122), S. 9f., 23f.; Wilfried Greif: Studien über die Wirkwarenindustrie in Limbach i. Sa. und Umgebung. Karlsruhe 1907, S. 114f.; Bernd Schöne: Kultur und Lebensweise Lausitzer Bandweber (1750–1850). Berlin 1977, S. 39, 60–67; ders. (wie Anm. 9), S. 138f.; Hans-Albrecht Grohmann: Kapital und Lohnarbeit in den Schönburgischen Rezessherrschaften. Zur Konstituierung von Bourgeoisie und Arbeiterklasse in einer deutschen Exportgewerbelandschaft 1830 bis 1882. Diss. Leipzig, 1988, S. 67ff., 81; Zachmann (wie Anm. 122), S. 126ff.
161 Vgl. Blaschke (wie Anm. 22), S. 194f.; ders. (wie Anm. 108), S. 72; Karlheinz Schaller: »Einmal kommt die Zeit« – Geschichte der Chemnitzer Arbeiterschaft vom Ende des 18. Jahrhunderts bis zum Ersten Weltkrieg. Bielefeld 2001, S. 39–44, 48–60, 133, 136; Helmut Bräuer: Gesellenmigration in der industriellen Revolution. Karl-Marx-Stadt 1982, S. 15–30; Tipton (wie Anm. 76), S. 125f.; Rudolf Strauß: Die Lage und die Bewegung der Chemnitzer Arbeiter in der ersten Hälfte des 19. Jahrhunderts. Berlin 1960, S. 59f.; Hartmut Zwahr: Zur Konstituierung des Proletariats als Klasse. Berlin 1978, S. 46–70, 156f.; ders.: Konstitution der Bourgeoisie im Verhältnis zur Arbeiterklasse. Ein deutsch-polnischer Vergleich. In: ders.: Revolutionen in Sachsen. Weimar u. a. 1996, S. 286–289.

162 Vgl. Strauß (wie Anm. 162), S. 140–164, 204–220; ders.: Kurt Finsterbusch: Die Chemnitzer Arbeiterbewegung unter dem Sozialistengesetz. Berlin 1954, S. 12f.; Boch (wie Anm. 93), S. 60f., 67f.; Erich Schaarschmidt: Geschichte der Crimmitschauer Arbeiterbewegung. Dresden 1934, S. 41f., 46–50, 79ff.; Jörg Roesler: Arbeiterschaft und Unternehmer in den Industrieregionen Berlin und Chemnitz im 19. und dem ersten Drittel des 20. Jahrhunderts – ein Vergleich des Verhaltens in Konfliktsituationen. In: Jahrbuch für Wirtschaftsgeschichte 1994/1, S. 161f.; Grohmann (wie Anm. 160), S. 100f., 108; Schaller (wie Anm. 161), S. 76–81, 116–122, 185–189, 212–222, 244–257; Karsten Rudolph: Die sächsische Sozialdemokratie vom Kaiserreich zur Republik. Weimar u. a. 1995, S. 34–46.

163 Vgl. Tipton (wie Anm. 76), S. 126; Oskar von Hase: Die Entwicklung des Buchgewerbes in Leipzig. Leipzig 1887, S. 32f.; Schaller (wie Anm. 161), S. 297–345; Patricia Ober: »Eine Stunde fürs Leben«. Der Streik der Crimmitschauer Textilarbeiter von 1903/04. In: Textilarbeiter um 1900. Arbeit, Alltag, Streik. Chemnitz 2003, S. 33–45; Claudia Hohberg: Der Crimmitschauer Textilarbeiterstreik und die deutschen Arbeitgeberverbände 1903/04. Hintergründe und Besonderheiten einer Klassenauseinandersetzung am Beginn des 20. Jahrhunderts. In: Klassen, Parteien, Gesellschaft. Jena 1987; Rudolph (wie Anm. 162), S. 50f.; Thomas Adam: Soziale Sicherheit vor der Bismarckschen Sozialgesetzgebung in Leipziger und Dresdner Unternehmen. In: Heß (wie Anm. 31), S. 335–354; Thomas Keiderling: Betriebliche Sozialpolitik in Sachsen am Beispiel des Buchgewerbes. In: ebenda, S. 355–368; Michael Rudloff: Unternehmenskultur und Sozialpolitik am Beispiel der Kriebsteiner Papierfabrik Kübler und Niethammer. In: Boch (wie Anm. 147), S. 229–244.

164 Vgl. zusammenfassend: Hahn (wie Anm. 12), S. 39–48.

165 Vgl. Gebauer (wie Anm. 112), Bd. 2, S. 431–435; Juckenburg (wie Anm. 137), S. 60–66; Die Chemnitzer Fettchemie. Von der Seifensiederei und Drogenhandlung zum Chemiebetrieb, hrsg. von Jörg Feldkamp. Chemnitz 1997, S. 19–31; Otto Herbert Bretschneider: Die chemische Industrie im Wirtschaftskreis Leipzig, ihre Entwicklung bis zur Gegenwart und standortmäßige Bedingtheit. Diss. Leipzig 1925.

166 Vgl. Herbert Poenicke: Die chemisch-pharmazeutische Industrie in Sachsen. In: Sächsische Heimat 7/8, 1973, S. 221–225; Heinz Glodschei: Pharmaziegeschichte Dresdens. Dresden 1994, S. 86–118; 50 Jahre Lingner-Werke. Dresden [1938], S. 6–11, 46; Ulf-Norbert Funke: Karl August Lingner. Leben und Werk eines gemeinnützigen Großindustriellen. Dresden 1996, S. 19–28; Statistik des Deutschen Reiches. Bd. 215, S. 231; Keller (wie Anm. 5), S. 230.

167 Vgl. Gebauer (wie Anm. 112), Bd. 2, S. 216ff.; Schulze (wie Anm. 152), S. 7–11, 16ff., 53ff., 64ff.

168 Vgl. Uta Sieberth: Bemerkungen zur Anfangsphase der Elektrifizierung in der sächsischen Industrie. In: NASG 64, 1993, S. 129–140; Festschrift zum 25jährigen Bestehen des Verbandes sächsischer Elektrizitätswerke 1905–1930. Dresden 1930, S. 35–45; Pöge Elektricitäts-Aktiengesellschaft Chemnitz 1874 bis 1924. Berlin [1924], S. 4f., 11f.; Ernst Barth: Entwicklungslinien der deutschen Maschinenbauindustrie von 1870 bis 1914. Berlin 1973, S. 35; 50 Jahre Dr. Th. Horn 1885–1935, Leipzig; Juckenburg (wie Anm. 137), S. 55f.; Eduard Siodlaczek: Die Entwicklung der Leipziger Maschinenindustrie. Diss. Halle. 1930, S. 83f.; Herbert Moser: Die elektrotechnische Industrie Groß-Dresdens. In: Buch der Stadt Dresden. Bd. 3. Dresden 1930, S. 85–92; Arno Pfütze-Grottewitz: Die Entwickelung der Industriebetriebe im Königreich Sachsen. Ein Beitrag zur Konzentrationstheorie. In: Jahrbücher für Nationalökonomie und Statistik. 3. Folge. Bd. 36. 1908, S. 233f.

169 Peter Göllner: Ernemann Cameras. Die Geschichte des Dresdner Photo-Kino-Werks. Hückelhoven 1995, S. 8f., 19f., 35–41, 73; 75 Jahre Photo- und Kinotechnik. Festschrift herausgegeben anlässlich der Feier des 75-jährigen Bestehens der Zeiss-Ikon AG und ihrer Vorgängerfirmen 1862–1937, o. O., o. J., S. 125–129.

170 Vgl. Conrad Matschoss: Vom Werden der Wanderer-Werke. Berlin 1935, S. 6–17, 173; Andreas Künzel: Firmenstrategie Diversifikation als Erfolgsrezept? Wanderer 1895 bis 1914 aus firmeninterner Sicht. In: 120 Jahre Wanderer 1885–2005, hrsg. von Jörg Feldkamp; Achim Dresler. Chemnitz 2005, S. 40–45.

171 Vgl. Zum 25jährigen Bestehen der Schubert & Salzer Maschinenfabrik Aktiengesellschaft Chemnitz in Sachsen. Chemnitz 1908, S. 1f.; 75 Jahre Textilmaschinenbau Schubert & Salzer Maschinenfabrik Aktiengesellschaft Ingolstadt. Das Porträt eines Industriebetriebes. Ingolstadt 1958, S. 23–42; Hauptstaatsarchiv Dresden. 11657: AG vorm. Seidel & Naumann. Dresden, Nr. 95f.; Staake (wie Anm. 145), S. 64ff., 118f.; Thomas Hänseroth: Zur Entwicklung von Technik und Industrie in Sachsen im 19. Jahrhundert. In: Augenblicke zwischen gestern und morgen, hrsg. von Jörg Feldkamp. Chemnitz 2003, S. 48f.; allgemein zu dieser Problematik: Alfred D. Chandler: Scale and Scope: The Dynamics of Industrial Capitalism. Cambridge/Mass.; London 1990, S. 14–17.

172 Vgl. Hans Rüdiger Etzold u. a.: Im Zeichen der Vier Ringe. Bd. 1: 1873–1914. Ingolstadt 1992, S. 133–137; Fünfzig Jahre technisches Schaffen 1888–1938. Phänomen-Werke Gustav Hiller A.-G. Zittau. O. O., [1938], S. 10–14

173 Vgl. Volker Hentschel: Erwerbs- und Einkommensverhältnisse in Sachsen, Baden und Württemberg vor dem Ersten Weltkrieg. In: VSWG 66. 1979, S. 28f., 41f.; ZSSL 77. 1931, S. 1–4; Harald Frank: Regionale Entwicklungsparitäten im deutschen Industrialisierungsprozess 1849–1939. Münster; Hamburg 1994, S. 157, 190; Peter Mertens: Zivil-militärische Zusammenarbeit während des Ersten Weltkrieges. Leipzig 2004, S. 50.

174 Vgl. Hüttenbach (wie Anm. 122), S. 24–27, 171, 186; Erich Glier: Die sächsische Spitzen- und Stickereiindustrie seit 1914. Niedergang und Existenzkampf einer deutschen Mode- und Exportindustrie. Diss. Leipzig; Plauen 1932, S. 76–82; Naumann (wie Anm. 122), S. 204f.; ZSBl 44, 1898, S. 134; Statistik des Deutschen Reiches. Bd. 215, S. 236

175 Vgl. Kroker (wie Anm. 18), S. 243–246, 274–277; Jörg Ludwig: Die Leipziger Messe in den ersten Jahrzehnten des Zollvereins (1834–1860). In: Leipzigs Messen. Bd. 1, hrsg. von Hartmut Zwahr u. a., Köln u. a. 1999, S. 351–366.

176 Vgl. Micklisch (wie Anm. 120), S. 80f.; Chandler (wie Anm. 171), S. 451.

177 Vgl. Benndorf (wie Anm. 109), S. 285–294; Kroker (wie Anm. 18), S. 247–251; Walter Fellmann: Schlaufüchse und Blaufüchse vom Brühl. In: Zwahr (wie Anm. 175), S. 439–447.

178 Vgl. Kroker (wie Anm. 18), S. 251f.; Hase (wie Anm. 163), S. 13–26; Thomas Keiderling: Die Modernisierung des Leipziger Kommissionsbuchhandels von 1830 bis 1880. Berlin 2000.

179 Vgl. allgemein: Hans-Jürgen Teuteberg: Zum Problemfeld Urbanisierung und Ernährung im 19. Jahrhundert. In: ders.: Durchbruch zum modernen Massenkonsum. Lebensmittelmärkte und Lebensmittelqualität im Städtewachstum des Industriezeitalters. Münster 1987, S. 2–6; Ulrich Pfister: Vom Kiepenkerl bis Karstadt. Einzelhandel und Warenkultur im 19. und frühen 20. Jahrhundert. In: VSWG 87. 2000, S. 41–48; für den Leipziger Fall: Susanne Schötz: Handelsfrauen in Leipzig. Zur Geschichte von Arbeit und

Geschlecht in der Neuzeit. Köln u. a. 2004., S. 37; Heidrun Homburg: Werbung – »eine Kunst, die gelernt sein will«. Aufbrüche in eine neue Warenwelt 1750–1850. In: Jahrbuch für Wirtschaftsgeschichte 1997/1, S. 41–49.

180 Vgl. allgemein: Teuteberg (wie Anm. 179), S. 13f.

181 Vgl. Konrad Fuchs: Ein Konzern aus Sachsen. Das Kaufhaus Schocken als Spiegelbild deutscher Wirtschaft und Politik 1901 bis 1953. Stuttgart 1990, S. 21–45; allgemein: Siegfried Gerlach: Das Warenhaus in Deutschland. Seine Entwicklung bis zum Ersten Weltkrieg in historisch-geographischer Sicht. Stuttgart 1988, S. 24f., 40–47; Pfister (wie Anm. 179), S. 48–52.

182 Vgl. Arno Pfütze-Grottewitz: Konsumvereine und Detailhandel im Königreich Sachsen. In: Zeitschrift für die gesamte Staatswissenschaft 1908, S. 346–367; allgemein: Pfister (wie Anm. 179), S.52ff.; Gerlach (wie Anm. 181), S. 48.

183 Vgl. allgemein: Pfister (wie Anm. 179), S. 56–59.

184 Vgl. Ulf-Norbert Funke: Karl August Lingner. Leben und Werk eines gemeinnützigen Großindustriellen. Dresden 1996, S. 20–27; Pfister (wie Anm. 179), S. 59–62; Peter Borscheid: Am Anfang war das Wort. Die Wirtschaftswerbung beginnt mit der Zeitungsannonce. In: Bilderwelt des Alltags. Werbung in der Konsumgesellschaft des 19. und 20. Jahrhunderts. Fs. Hans Jürgen Teuteberg, hrsg. von ders.; Clemens Wischermann. Stuttgart 1995, S. 20–43; Stefan Haas: Die neue Welt der Bilder: Werbung und visuelle Kultur der Moderne. In: ebenda, S. 64–77; Elmar Wadle: Markenschutz für Konsumartikel. Entwicklungsstufen des modernen Markenrechts in Deutschland. In: Europäische Konsumgeschichte. Zur Gesellschafts- und Kulturgeschichte des Konsums (18. bis 20. Jahrhunderts), hrsg. von Hannes Siegrist u. a. Frankfurt a. M.; New York 1997, S. 649–670.

185 Vgl. Blaschke (wie Anm. 22), S. 135–141, 163–167; ders. (wie Anm. 108), S. 76–85.

186 Vgl. Herbert Conert: Die sächsischen Terraingesellschaften und ihr Einfluss auf die Stadterweiterung. Leipzig 1911, S. 54ff.; Gustav Wustmann: Leipzig und die Leipziger Immobiliengesellschaft. Leipzig 1899, S. 88–179; Clemens Zimmermann: Von der Wohnungsfrage zur Wohnungspolitik. Göttingen 1991, S. 215ff.

187 Vgl. Blaschke (wie Anm. 108), S. 84ff.; Michael Schäfer: Bürgertum in der Krise. Göttingen 2003, S. 26f.; Jürgen Reulecke: Geschichte der Urbanisierung in Deutschland. Frankfurt a. M. 1985, Tab. 3, S. 203f.

188 Vgl. Vockert (wie Anm. 157), S. 57ff.; 50 Jahre sächsische Volkswirtschaft, S. 80; Max Adalbert Rusch: Die gemeinnützige Bautätigkeit im Königreich Sachsen. Dresden 1914, S. 41–59, 78, 108; Schäfer (wie Anm. 187), S. 97–103.

189 Vgl. Festschrift zum 25jährigen Bestehen des Verbandes sächsischer Elektrizitätswerke 1905–1930. Dresden 1930, S. 41–45; G. F. Blochmann: Rudolf Sigismund Blochmann, der Begründer der deutschen Gastechnik. Berlin 1939, S. 24–29; Schäfer (wie Anm. 187), S. 92–96; Ulrich Krüger: Leipzigs Stadtwerke. Beucha 1995, S. 7–24; Richard Klinkhardt: Die Wurzener Industrie 1797 bis 2001. Manufakturen, Fabriken, Betriebe. Beucha 2004, S. 246f., 256 bis 259; allgemein: Wolfgang R. Krabbe: Kommunalpolitik und Industrialisierung. Die Entfaltung der städtischen Leistungsverwaltung im 19. und frühen 20. Jahrhundert. Stuttgart 1985, S. 23–76.

190 Vgl. Wolfgang Schröder: Wirtschaftspolitische Aspekte des sächsischen Staatshaushaltes 1870/71–1902/03. Streiflichter zu einem kaum beachteten Quellenbestand. In: Heß (wie Anm. 31), S. 176ff.

191 Vgl. Bode (wie Anm. 158), S. 20–42, 74–93; Pommerin (wie Anm. 81), S. 76ff.; Stephan Luther: Von der Gewerbschule zur Staatlichen Akademie für Technik – Festigung der Stellung zwischen den technischen Mittel- und Hochschulen (1877–1933). In: Von der Kgl. Gewerbschule zur Technischen Universität, S. 49–63; P. Domsch: Die technischen Staatslehranstalten in Chemnitz 1836 bis 1911. Beilage zum Jahresbericht der Technischen Staatslehranstalten in Chemnitz für das Schuljahr 1910/1911. Chemnitz 1911. Stützner (wie Anm. 81), S. 4–42; Boch (wie Anm. 89), S. 67f.

192 Vgl. Franz Miethke: Die organisatorische Zusammenfassung der sächsischen Industrie bis zur Begründung des Verbandes Sächsischer Industrieller. Dresden 1927, S. 40–55; Michael Rudloff: Industrielle Interessenvertretungen und politische Kultur im Königreich Sachsen. In: Politische Kultur in Ostmittel- und Südosteuropa, hrsg. von Werner Bramke. Leipzig 1999, S. 189f.; Wolfgang Schröder: Unternehmer im sächsischen Landesparlament 1866–1909. In: Heß; Schäfer (wie Anm. 70), S. 122f.

193 Vgl. Schröder (wie Anm. 192), S. 123f.

194 Vgl. James Retallack: »What has to be done?« The Red Spectre, Franchise Questions and the Crisis of Conservative Hegemony in Saxony, 1896–1909. In: Central European History 23, 1990, S. 271–312; ders.: Anti-Socialism and Electoral Politics in Regional Perspective: The Kingdom of Saxony. In: Elections Mass Politics and Social Change in Modern Germany, hrsg. von Larry E. Jones. Washington D.C. 1990, S. 49–91; Karl Heinrich Pohl: Politischer Liberalismus und Wirtschaftsbürgertum: Zum Aufschwung der sächsischen Liberalen vor 1914. In: Sachsen im Kaiserreich, hrsg. von ders.; Simone Lässig. Weimar u. a. 1997, S. 101–132; Festschrift zur Feier des 10jährigen Bestehens des Verbandes Sächsischer Industrieller. Dresden 1912, S. 53ff.; Rudloff (wie Anm. 192), S. 190–193.

195 Cornelius Torp: Die Herausforderung der Globalisierung. Wirtschaft und Politik in Deutschland 1860–1914. Göttingen 2005, S. 176–183, 320ff.; Meerwein (wie Anm. 26), S. 99–102; Hans-Peter Ullmann: Der Bund der Industriellen. Göttingen 1976, S. 27–33, 109–163; Festschrift Verband (wie Anm. 194), S. 83f.

196 Vgl. Torp (wie Anm. 195), S. 331f., Siebert (wie Anm. 33), S. 53f.; Irmscher (wie Anm. 121), S. 234; Otto Jäger: Ein kurzes Lebensbild zur dauernden Erinnerung dem geliebten Jubilar Herrn Kommerzienrat Eduard Stöhr: ..., o. O. [1916], S. 12; Wilhelm Koehler: Adolf Bleichert & Co. Rückblick und Umschau aus Anlass des 50jähr gen Bestehens am 1. Juli 1924. München; Gotha 1924, S. 112.

197 Vgl. Helga Nussbaum: Unternehmen gegen Monopole. Berlin 1966, S 54–123, 146; Wehler (wie Anm. 2), Bd. 3, S. 632–637.

198 Vgl. ZSSL 77, 1931, S. 21.

199 Vgl. Schöne (wie Anm. 106), S. 72f.

200 Johannes März 1925, zitiert nach: Claus-Christian Szejnmann: Vom Traum zum Alptraum. Sachsen in der Weimarer Republik. Dresden 2000, S. 26.

201 Daten nach: Mertens (wie Anm. 173), S. 34; ders.: Die Wirtschaft in Sachsen 1914–1918. Probleme einer regionalen Industriewirtschaft im ersten (fast) totalen Krieg. In: NASG 74/75, 2003, S. 283; zusammengestellt nach: Benndorf (wie Anm. 109), S. 81; vgl auch: Werner Bramke: Die Industrieregion Sachsen. Ihre Herausbildung und Entwicklung bis zum Ende des Zweiten Weltkrieges. In: Industrieregionen im Umbruch, hrsg. von Rainer Schulze. Essen 1993, S. 304ff.

202 Vgl. Willy A. Boelcke: Wirtschafts- und Sozialgeschichte Sachsens In: Sachsen. Eine politische Landeskunde, hrsg. von Siegfried Gerlach. Stuttgart 1993, S. 152.

Teil II
Die Wirtschaftsgeschichte Sachsens seit 1914

1 Walther Rathenau: Deutschlands Rohstoffversorgung. Berlin 1917, S. 16.

2 Vgl. Wilhelm F. L. Külz: Die Volkswirtschaft Sachsens im Krieg. In: Sachsen in großer Zeit. Gemeinverständliche sächsische Kriegsgeschichte und vaterländisches Gedenkwerk des Weltkrieges in Wort und Bild. Nach amtlichen Quellen, hrsg. von Johann Edmund Hottenroth. Bd. 3. Leipzig 1923; Peter Mertens: Zivil-militärische Zusammenarbeit während des Ersten Weltkrieges. Die »Nebenregierungen« der Militärbefehlshaber im Königreich Sachsen. Leipzig 2004, S. 282.

3 Vgl. Gottfried Plumpe: Die I.G. Farbenindustrie AG. Berlin 1990, S. 65 ff.

4 Walter Rathenau: Wirtschaft, Staat und Gesellschaft. Berlin 1925, S. 40.

5 Vgl. Gerald D. Feldmann: Armee, Industrie und Arbeiterschaft in Deutschland 1914 bis 1918. Berlin; Bonn 1985.

6 Vgl. Katrin Keller: Landesgeschichte Sachsen. Stuttgart 2002, S. 303.

7 Gustav Stresemann: Industrie und Krieg. In: Veröffentlichungen des Bundes der Industriellen, H. 9a, Berlin 1916, S. 6.

8 Vgl. Andrea Bergler; Patricia Ober: Das Textilunternehmen Pfau in Crimmitschau (1859–1990). Strategien unternehmerischen Handels im lokalen Raum. In: Unternehmen im regionalen und lokalen Raum 1750–2000, hrsg. von Ulrich Heß; Petra Listewnik; Michael Schäfer. Leipzig 2004, S. 156.

9 Vgl. Mertens (wie Anm. 2), S. 466.

10 Vgl. Feldmann (wie Anm. 5), S. 249 ff.

11 Vgl. Walter G. Hoffmann: Das Wachstum der deutschen Wirtschaft seit der Mitte des 19. Jahrhunderts. Berlin; Heidelberg; New York 1965, S. 342 ff.

12 Vgl. Mertens (wie Anm. 2), S. 311 f.

13 Vgl. Mertens (wie Anm. 2), S. 286.

14 Vgl. Rainer Karlsch; Raymond G. Stokes: Faktor Öl. Die Mineralölwirtschaft in Deutschland 1859–1974. München 2003, S. 104 f.

15 Vgl. Kerstin Kretschmer: Braunkohle und Umwelt. Zur Geschichte des nordwestsächsischen Kohlenreviers (1900–1945). Frankfurt a. M. 1998, S. 91 ff.

16 Vgl. Erhard Weber: Der staatseigene Industriekonzern in Sachsen. Leipzig 1928, S. 12 ff.

17 Vgl. Jürgen Blechschmidt; Alf Mathias Strunz: Papierindustrie. In: Wirtschaft, Innovation, Bildung. Beiträge zur Darstellung von 100 Jahren Industrie- und Wirtschaftsentwicklung in Sachsen. Chemnitz 2000, S. 158.

18 Zusammengestellt nach: Peter Mertens. Die Wirtschaft in Sachsen 1914–1918. Probleme einer regionalen Industriewirtschaft im ersten (fast) totalen Krieg. In: Neues Archiv für sächsische Geschichte (NASG) 74/75, 2003, S. 292.

19 Vgl. Klaus Hesse: 1933–1945 Rüstungsindustrie in Leipzig. Teil I. Leipzig 2000, S. 29.

20 Vgl. Holger Lorenz: Flugzeugbau. In: Wirtschaft, Innovation, Bildung (wie Anm. 17), S. 99 f.

21 Vgl. Peter Kirchberg: Automobilbau in Sachsen. In: Wirtschaft, Innovation, Bildung (wie Anm. 17), S. 23 f.

22 Karl-Marx-Stadt. Geschichte der Stadt in Wort und Bild. Berlin 1988, S. 135.

23 Vgl. Mertens (wie Anm. 18), S. 297.

24 Vgl. Michael Schäfer: Bürgertum in der Krise. Städtische Mittelklassen in Edinburgh und Leipzig vor 1890 bis 1930. Göttingen 2003, S. 185.

25 Vgl. Felix Burghardt: Die Entwicklung der sächsischen Bevölkerung in den letzten 100 Jahren. In: Zeitschrift des Sächsischen Statistischen Landesamtes (ZSSL), 77. Jg., 1931, S. 1–69.

26 Vgl. Reiner Groß: Geschichte Sachsens. Leipzig 2001, S. 255 f.

27 Zitiert nach: Dieter Baudis; Helga Nussbaum: Wirtschaft und Staat in Deutschland Ende des 19. Jahrhunderts bis 1918/19. Berlin 1978, S. 361.

28 Vgl. Claus-Christian Szejnmann: Vom Traum zum Alptraum. Sachsen in der Weimarer Republik. Dresden 2000, S. 27 f.

29 Freie Bahn für Handel und Industrie, Forderungen für die Übergangswirtschaft, aufgestellt in der Kundgebung deutscher Handels- und Industrieverbände zu Berlin am 8. Oktober 1917. Berlin 1917, S. 34.

30 Vgl. Heinrich-August Winkler: Weimar 1918–1933. Die Geschichte der ersten deutschen Demokratie. München 1998, S. 95.

31 Vgl. Sybille Haubold: Entwicklung und Organisation einer Chemnitzer Maschinenfabrik. Diss. Bonn 1939, S. 96.

32 Vgl. Birgit Gütersloh: Streiflichter sächsisch-tschechoslowakischer Beziehungen in der Weimarer Republik (1919–1933). In: Sachsen-Böhmen-Schlesien. Forschungsbeiträge zu einer sensiblen Grenzregion, hrsg. von Manfred Jahn. Dresden 1994, S. 32.

33 Grundlegend zur Inflation: Peter-Christian Witt: Große Inflation und sozialer Wandel in Krieg und Inflation. In: Industrielles System und politische Entwicklung in der Weimarer Republik, hrsg. von Hans Mommsen u. a. Düsseldorf 1974; Carl-Ludwig Holtfrerich: Die deutsche Inflation 1914–1923. Berlin 1981; Gerald D. Feldmann: The great disorder: politics, economics and society in the German inflation, 1914–1924. New York 1993.

34 Vgl. Andreas Graul: Die Entwicklung des Bankwesens in Sachsen im Stadium des monopolistischen Kapitalismus. Diss. Leipzig 1986, S. 37 ff.

35 Vgl. Karl Erich Born: Geld und Banken im 19. und 20. Jahrhundert. Stuttgart 1977, S. 425.

36 Vgl. Graul (wie Anm. 34), S. 17.

37 Vgl. Feldmann (wie Anm. 33), S. 233 f.

38 Vgl. Karl Hardach: Wirtschaftsgeschichte Deutschlands im 20. Jahrhundert. Göttingen 1979, S. 28.

39 Vgl. z. B.: 100 Jahre Hartmann Textilmaschinenbau. Chemnitz 1937, S. 50.

40 Vgl. Ralf Richter: Wanderer-Werkzeugmaschinen im internationalen Wettbewerb. In: 120 Jahre Wanderer 1885–2005, hrsg. von Jörg Feldkamp; Achim Dresler. Zwickau 2005, S. 59 f.

41 Vgl. Ulla Plener; Max Hoelz: »Ich grüße und ich küsse Dich – Rot Front!« Berlin 2004.

42 Vgl. Gerald D. Feldmann: Bayern und Sachsen in der Hyperinflation 1922/23. München 1984, S. 13 ff.; Benjamin Lapp: Industrie und Staat. Sachsen in der Hyperinflation. In: Unternehmer in Sachsen. Aufstieg – Krise – Untergang – Neubeginn, hrsg. von Ulrich Heß; Michael Schäfer; Werner Bramke; Petra Listewnik. Leipzig 1998, S. 157 f.

43 Vgl. Reiner Groß: Die politische Geschichte Sachsens. In: Sachsen. Eine politische Landeskunde, hrsg. von Siegfried Gerlach. Stuttgart 1993, S. 116 f.

44 Zusammengestellt nach: Reichsarbeitsblatt 1923, Nr. 3, Nr. 9, Nr. 15, Nr. 21.

45 Vgl. Feldmann (wie Anm. 33), S. 701.

46 Zusammengestellt nach: Karl-Marx-Stadt (wie Anm. 22), S. 152.

47 Vgl. Winkler (wie Anm. 30), S. 226.

48 Vgl. Gerald D. Feldmann; Carl-Ludwig Holtfrerich; Gerald A. Ritter; Peter-Christian Witt: Die Anpassung an die Inflation. Berlin; New York 1986.

49 Vgl. Gerold Ambrosius: Öffentliche Unternehmen in der Inflation 1918 bis 1923. In: ebenda, S. 357–392.

50 Vgl. Martin Fiedler: Die 100 größten Unternehmen in Deutschland – nach der Zahl ihrer Beschäftigten – 1907, 1938, 1973 und 1995. In: Zeitschrift für Unternehmensgeschichte (ZUG) 44/1999, S. 32.

51 Vgl. Graul (wie Anm. 34), S. 49.

52 Zusammengestellt nach: Christina Brückner: Die Banken im Freistaat Sachsen. In: ZSSL, 76. Jg., 1930, S. 86–108.

53 Vgl. Graul (wie Anm. 34), S. 80.

54 Vgl. Georg Hoffmann: Die Sparkassen im Jahre 1926 und im 1. Halbjahr 1927. In: ZSSL, 73. Jg., 1927, S. 296.

55 Vgl. Günter Marx; Antje Rößler; Christine Belz: Chemische Industrie. In: Wirtschaft, Innovation, Bildung (wie Anm. 17), S. 46–60.

56 Vgl. Dieter Bochman: Elektrotechnik. In: Wirtschaft, Innovation, Bildung (wie Anm. 17), S. 73.

57 Vgl. Peter Strunk: Die AEG. Aufstieg und Niedergang einer Industrielegende. Berlin 1999, S. 35.

58 Vgl. 1903–2003. 100 Jahre Sachsenwerk. Internet, Dresden 2003.

59 Vgl. Sächsische Zeitung vom 19. Januar 2006.

60 Vgl. Peter Göllner: Ernemann Cameras. Die Geschichte des Dresdner Photo-Kino-Werks. Hückelhoven 1995; Richard Hummel: Spiegelreflexkameras aus Dresden – Geschichte, Technik, Fakten. Stuttgart 1998.

61 Vgl. Günther Jornitz; Friedrich Naumann: Über ein halbes Jahrhundert Continental-Büromaschinen. In: 120 Jahre Wanderer 1885–2005 (wie Anm. 40).

62 Vgl. Michael C. Schneider: Unternehmensstrategien zwischen Weltwirtschaftskrise und Kriegswirtschaft. Chemnitzer Maschinenbauindustrie in der NS-Zeit 1933–1945. Essen 2005, S. 40f.

63 Vgl. Felix Burghardt: Die Entwicklung der sächsischen Fremdenverkehrsstatistik. In: ZSSL, 76. Jg., 1930, S. 28f.

64 Vgl. Harold James: Deutschland in der Weltwirtschaftskrise 1924–1936. Stuttgart 1988, S. 147.

65 Beatrix Heintze: Walter Cramer (1886 bis 1944). Ein Leipziger Unternehmer im Widerstand. Köln 1993, S. 16f.

66 Vgl. Peter Kirchberg: Horch, Audi, DKW, IFA. 80 Jahre Geschichte des Autos aus Zwickau. Berlin 1991, S. 24ff.

67 Vgl. Oliver Werner: Ein Betrieb in zwei Diktaturen. Von der Bleichert Transportanlagen GmbH zum VEB VTA Leipzig 1932 bis 1963. Stuttgart 2004, S. 45.

68 Zitiert nach: Graul (wie Anm. 34), S. 67.

69 Vgl. Ines Vetter: Die Entwicklung der Dresdner Zigarettenindustrie bis 1933. In: Dresdner Hefte, 18. Jg., H. 61, S. 76f.

70 Vgl. Lexikon Freenet.de, Stand Februar 2006.

71 Vgl. Heinz Müller: Geschichte des VEB Stahl- und Walzwerkes Riesa 1843 bis 1945. Berlin 1961; Thomas Ramge: Die Flicks. Eine deutsche Familiengeschichte um Geld, Macht und Politik. Frankfurt a. M. 2004.

72 Josef Reinhold: Die jüdische Bevölkerungsminorität in der Wirtschaft Sachsens. In: Sächsische Heimatblätter (SHB), 1997/1, S. 40–44.

73 Vgl. Andrea Lorz: Suchet der Stadt Bestes. Leipzig 1996; Josef Reinhold: Juden in der Wirtschaft Sachsens. In: Dresdner Hefte. Beiträge zur Kulturgeschichte, H. 45/2, Dresden 2000; Jürgen Nitsche: Juden im Wirtschaftsleben der Stadt Chemnitz. Ein Überblick. In: Juden in Chemnitz, hrsg. von Jürgen Nitsche; Ruth Röcher. Dresden 2002; Jürgen Nitsche: Juden in Chemnitz. Die Geschichte der Gemeinde und ihrer Mitglieder; mit einer Dokumentation des jüdischen Friedhofs. Chemnitz 2005.

74 Konrad Fuchs: Ein Konzern aus Sachsen. Das Kaufhaus Schocken als Spiegelbild deutscher Wirtschaft und Politik 1901 bis 1953. Stuttgart 1990.

75 Vgl. ebenda, S. 156.

76 Vgl. Ingo Köhler: Soziale und wirtschaftliche Vernetzung als Erfolgsfaktor: Das Dresdner Privatbankhaus Gebr. Arnhold (1864–1933). In: (wie Anm. 8), S. 301–316.

77 Vgl. Graul (wie Anm. 34) S. 88.

78 Vgl. Sächsische Olefinwerke Böhlen. Geschichte eines Unternehmens (1920–1995). Böhlen 1995.

79 Vgl. Weber (wie Anm. 16) S. 49.

80 Vgl. Kerstin Kretzschmer: Industrialisierung und Umwelt. Der Braunkohlenbergbau in Nordwestsachsen – Strukturveränderungen und ökologische Folgen. In: Wirtschaft und Gesellschaft in Sachsen im 20. Jahrhundert, hrsg. von Werner Bramke; Ulrich Heß. S. 135f.

81 Vgl. Manfred Unger: Ein wahrhaft königlicher Kaufmann. Philipp Rosenthal – der zweite Gründer der Leipziger Messe. In: Leipziger Blätter, Nr. 27/1. Leipzig 1995, S. 90–93.

82 Vgl. Leipzig, Stadt der Wa(h)ren Wunder. 500 Jahre Reichsmesseprivileg, hrsg. von Volker Rodekamp. Leipzig 1997, S. 337.

83 Zitiert nach: Jochen Geyer: Der langsame Abschied vom Privileg. Die Gründung des Messamtes für die Mustermessen in Leipzig. In ebenda, S. 121f.

84 Vgl. Leipziger Messe GmbH: Geschichte der Leipziger Messe. Internet 2006.

85 Vgl. Manuel Schramm: Konsum und regionale Identität in Sachsen 1880–2000. Stuttgart 2002, S. 54.

86 Vgl. Kornelia Lobmeier: Die sozialökonomische Lage und das politische Verhalten der »alten Mittelschichten« in der Kreishauptmannschaft Chemnitz 1927 bis 1935. Diss. Leipzig 1989, S. 84.

87 Vgl. Harold James: Deutschland in der Weltwirtschaftskrise 1924–1936. Stuttgart 1988.

88 Vgl. Eric Hobsbawm: Das Zeitalter der Extreme. Weltgeschichte des 20. Jahrhunderts. München 1995, S. 130.

89 Vgl. Gerhard Kroll: Von der Weltwirtschaftskrise zur Staatskonjunktur. Berlin 1958, S. 97.

90 Vgl. Konjunkturstatistisches Handbuch 1936, S. 16.

91 Vgl. Paul Bramstedt: Die Krisis der sächsischen Industriewirtschaft. Berlin 1932.

92 Vgl. Michael Rudloff: Die Strukturpolitik in den Debatten des sächsischen Landtages zur Zeit der Weltwirtschaftskrise. In: Sachsen und Mitteldeutschland, hrsg. von Werner Bramke; Ulrich Heß. Weimar 1995, S. 242ff.

93 ADCA. Sächsische Staatsbank. Vierteljahresbericht. 4. Vierteljahr 1931, S. 1.

94 Vgl. ADCA. Sächsische Staatsbank. Vierteljahresbericht. 1. Vierteljahr 1932, S. 2.

95 Zusammengestellt nach: Statistisches Jahrbuch für das Deutsche Reich 1931. Berlin 1932, S. 291ff.

96 Vgl. J. Richter: Der Rückgang der Arbeitslosenzahlen in Sachsen seit Januar 1933. In: ZSSL, 79. Jg., 1933.

97 Vgl. Zusammengestellt nach: Waldemar Heyse: Das Problem der Arbeitslosigkeit in Sachsen. Diss. Dresden 1938, S. 28.

98 Vgl. Statistik des Deutschen Reiches 1930. Berlin 1931, S. 113.

99 Vgl. Heinz Kabermann: Die Exportquote der sächsischen Industrie. Diss. Dresden 1929. Kabermann hat die Exportquote der sächsischen Industrie plausibel geschätzt. Einzelstatistiken gibt es dazu nicht.
100 Vgl. Helmut Schwarzbach: Die Differenzen zwischen dem Verband Sächsischer Industrieller und dem Reichsverband der Deutschen Industrie. In: Jahrbuch für Wirtschaftsgeschichte, 1971/III, S. 81.
101 Zusammengestellt nach: Bramstedt (wie Anm. 91), S. 11.
102 Zusammengestellt nach: ebenda S. 40.
103 Vgl. Groß (wie Anm. 26), S. 266.
104 Vgl. James (wie Anm. 87), S. 87.
105 Vgl. Jens Adolph: Der VSI-Vorsitzende Wilhelm Wittke. In: Heß (wie Anm. 42), S. 181–192; ders.: Die Wirtschaftspolitik des Verbandes sächsischer Industrieller 1928–1934. In: Bramke (wie Anm. 80), Bd. 2, S. 157–184.
106 Vgl. Schwarzbach (wie Anm. 100), S. 83.
107 Vgl. Claus-Christian Szejnmann: Sächsische Unternehmer und die Weimarer Demokratie. Zur Rolle der sächsischen Unternehmer in der Zeit der Weltwirtschaftskrise und des Aufstiegs des Nationalsozialismus. In: Heß (wie Anm. 42), S. 175.
108 Vgl. Manfred Nussbaum: Wirtschaft und Staat während der Weimarer Republik. Berlin 1978, S. 317 ff.
109 Vgl. Ingo Köhler: Die »Arisierung« der Privatbanken im Dritten Reich. München 2005, S. 52.
110 Vgl. Graul (wie Anm. 34), S. 101 f.
111 Zitiert nach: Die Deutsche Bank 1870–1995, hrsg. von Lothar Gall; Gerald D. Feldmann u. a. München 1995, S. 308.
112 Grundlegend dazu: Gerold Ambrosius: Der Staat als Unternehmer. Göttingen 1984.
113 Vgl. Hans-Joachim Braun: Automobilfertigung in den USA und Deutschland in den zwanziger Jahren – ein Vergleich. In: Traditionspflege in der Automobilindustrie, hrsg. von Hans Pohl. Stuttgart 1991, S. 183–200.
114 Vgl. Peter Kirchberg: Entwicklungstendenzen der deutschen Kraftfahrzeugindustrie 1929–1939, gezeigt am Beispiel der Auto Union AG (Chemnitz). Diss. Dresden 1964, S. 26 ff.
115 Vgl. Martin Kukowski: Die Chemnitzer Auto Union AG und die »Demokratisierung« der Wirtschaft in der Sowjetischen Besatzungszone von 1945 bis 1948. Stuttgart 2003.
116 Vgl. Kirchberg (wie Anm. 114), S. 67 ff.
117 Vgl. Eva Pietsch: Südwestsachsen als Exportregion. Zum Stand der Zulieferbeziehungen in der deutschen Automobilindustrie in den Dreißiger Jahren. Das Beispiel der Auto Union AG Chemnitz. In: (wie Anm. 8), S. 212.
118 Vgl. Caren Marusch-Krohn: Meissener Porzellan 1918–1933. Die Pfeifferzeit. Leipzig 1993.
119 Max Adolf Pfeiffer: Die kulturelle Bedeutung der staatlichen Porzellan-Manufaktur Meißen. In: Mitteilungen des Landesvereins Sächsischer Heimatschutz 18 (1929), S. 309.
120 Zusammengestellt nach: Statistisches Jahrbuch für das Land Sachsen 1935/38, Dresden 1938; Ulrich Heß: Sachsens Industrie in der Zeit des Nationalsozialismus. Ausgangspunkte, struktureller Wandel, Bilanz, S. 61 f.
121 Vgl. Rudloff (wie Anm. 92), S. 245 f.
122 Vgl. Herbert Bode: Chronik der Entwicklung der Chemiefaserindustrie in Deutschland. Dessau 2006.
123 Vgl. Hans Münch: Die Bedeutung der sowjetischen Aufträge an die sächsische Werkzeugmaschinenindustrie in der Zeit der Weltwirtschaftskrise 1929 bis 1932. In: Jahrbuch für Wirtschaftsgeschichte, 1965. Teil IV, S. 56.
124 Zitiert nach: ebenda, S. 65.
125 Vgl. Ralf Richter: Wanderer-Werkzeugmaschinen im internationalen Wettbewerb. In: 120 Jahre Wanderer 1885–2005 (wie Anm. 40), S, 56 ff.
126 Vgl. Winkler (wie Anm. 30), S. 540.
127 Vgl. Szejnmann (wie Anm. 28) S. 104 f.
128 Vgl. Groß (wie Anm. 26), S. 263.
129 Vgl. Lobmeier (wie Anm. 86), Anlage 4.
130 Vgl. Waldemar Heyse: Das Problem der Arbeitslosigkeit in Sachsen. Diss. Dresden 1938, S. 64 ff.
131 Vgl. Michael C. Schneider: Die Wirtschaftsentwicklung von der Wirtschaftskrise bis zum Kriegsende. In: Sachsen in der NS-Zeit, hrsg. von Clemens Vollnhals. Leipzig 2002, S. 76.
132 Vgl. Klaus Hesse: 1933–1945 Rüstungsindustrie in Leipzig. Teil I. Leipzig, S. 29 ff.; Frank Schulz: Demontagen in Leipzig – »geeignet, den Lebensnerv der Stadt abzutöten«? In: Sowjetische Demontagen in Deutschland 1944–1949. Hintergründe, Ziele und Wirkungen, hrsg. von Rainer Karlsch; Jochen Laufer. Berlin 2002, S. 405.
133 Vgl. Klaus Drobisch: Flick-Konzern und faschistischer Staat. In: Monopole und Staat in Deutschland 1917–1945. Berlin 1966; Thomas Ramge: Totaler Krieg, totaler Profit. In: »Die Zeit« vom 12.08.2004, Nr. 34.
134 Vgl. Lutz Budraß: Flugzeugindustrie und Luftrüstung in Deutschland 1918–1945. Düsseldorf 1998, S. 300
135 Vgl. Hubert Dörr: Zum Vorgehen der faschistischen Betriebsführung des ehemaligen Lauchhammerwerkes Gröditz im Flick-Konzern gegenüber Arbeitern und anderen Werktätigen sowie zwangsverschleppten ausländischen Arbeitskräften Kriegsgefangenen und KZ-Häftlingen während des Zweiten Weltkrieges. Diss. Dresden 1978.
136 Vgl. Müller (wie Anm. 71), S. 285 ff.
137 Vgl. H. J. Nowara: Die deutsche Luftrüstung 1933–1945. Bd. 2. Stuttgart 1986, S. 17 ff.
138 Vgl. Olaf Groehler: Leipzig im Luftkrieg (1940–1945). In: Verwundungen. 50 Jahre nach der Zerstörung von Leipzig. Leipzig 1993, S. 23 ff.
139 Vgl. Peter Kohl; Peter Bessel: Auto Union und Junkers. Die Geschichte der Mitteldeutschen Motorenwerke GmbH Taucha 1935–1948. Stuttgart 2003, S. 97ff.
140 Vgl. O. Gerlach: Die Standorte des Gewerbes in Sachsen. ZSSL. 89 Jg., 1943, S. 242.
141 Vgl. Schneider (wie Anm. 131), S. 76.
142 Vgl. Michael C. Schneider: Unternehmerische Entscheidungsspielräume im Nationalsozialismus am Beispiel der Büromaschinensparte der Wanderer Werke AG (1933–1945). In: 120 Jahre Wanderer (wie Anm. 40), S. 122 f.
143 Vgl. Eva Pietsch: Griff nach dem Weltmarkt – Die Exporte und Exportstrategien der Auto Union AG Chemnitz 1932–1945. In: Geschichte und Zukunft der deutschen Automobilindustrie, hrsg. von Rudolf Boch. Stuttgart 2001, S. 132–176.
144 Vgl. Gerd Naumann: Die Plauener Spitzen- und Stickereiindustrie in Vergangenheit und Gegenwart. In: SHB 1997/4, S. 245.
145 Vgl. Lotte Zumpe: Wirtschaft und Staat in Deutschland 1933 bis 1945. Berlin 1980, S. 229.
146 Vgl. Heintze (wie Anm. 65), S. 20.
147 Vgl. Bode (wie Anm. 122).
148 Vgl. Reichsgesetzblatt 1934, Teil 1, S. 863 f.
149 Vgl. Wolfgang Birkenfeld: Der synthetische Treibstoff. Göttingen 1964, S. 40 ff.
150 Vgl. Protokoll der Aufsichtsratssitzung der Brabag am 31.10.1935. NA Washington. T-83, Roll 53.
151 Vgl. Sächsische Olefinwerke Böhlen (wie Anm. 78), S. 9 ff.

152 Vgl. Bergbau im Erzgebirge, hrsg. von Ottfried Wagenbreth; Eberhard Wächtler. Leipzig 1990, S. 130, 142, 162, 211, 290, 466.
153 Vgl. Jahrbuch des Berg- und Hüttenwesen in Sachsen, 112. Jg., Freiberg 1938.
154 Vgl. Christopher Kopper: Zwischen Marktwirtschaft und Dirigismus. Bankenpolitik im »Dritten Reich«. Bonn 1995, S. 86ff.
155 Vgl. ebenda, S. 85.
156 Vgl. »Arisierung« im Nationalsozialismus, hrsg. vom Fritz-Bauer-Institut. Frankfurt a. M.; New York 2000.
157 Vgl. Dieter Ziegler: Die Dresdner Bank und die deutschen Juden. München 2006, S. 135ff.
158 Vgl. Reinhold (wie Anm. 72).
159 Zitiert nach: Nitsche (wie Anm. 73), S. 83.
160 Georg Lenk: Not im Grenzland Sachsen, Denkschrift vom Mai 1937.
161 Vgl. Ulrich Heß: Rüstungs- und Kriegswirtschaft in Sachsen (1935–1945). In: (wie Anm. 92), S. 76.
162 Vgl. Budraß (wie Anm. 134), S. 347.
163 Zusammengestellt nach: Statistisches Jahrbuch für das Land Sachsen 1935/38. Dresden 1938; Ulrich Heß: Sachsens Industrie in der Zeit des Nationalsozialismus. Ausgangspunkte, struktureller Wandel, Bilanz, S. 61f.
164 Vgl. Schneider (wie Anm. 131), S. 80.
165 Zusammengestellt nach: ebenda, S. 81.
166 Vgl. Hummel (wie Anm. 60), S. 155ff.
167 Vgl. Hesse (wie Anm. 19), S. 29ff.
168 Zusammengestellt nach: Müller (wie Anm. 71), S. 287.
169 Vgl. Hesse (wie Anm. 19), S. 106.
170 Vgl. Oliver Werner: Produktionswunder rückwärts. Ein Leipziger Maschinenbaubetrieb in der nationalsozialistischen Kriegswirtschaft. In: Heß (wie Anm. 42), S. 205–220.
171 Vgl. Schneider (wie Anm. 131), S. 127f.
172 Vgl. Mark Spoerer: Profitierten Unternehmen von der KZ-Arbeit? In: Historische Zeitschrift. Bd. 268 (1999). H.1, S. 61–95.
173 Vgl. Heß (wie Anm. 161), S. 81f.
174 Zitiert nach: Heintze (wie Anm. 65), S. 47f.
175 Vgl. Rainer Behring: Das Kriegsende 1945. In: Sachsen in der NS-Zeit, hrsg. von Clemens Vollnhals. Leipzig 2002, S. 225.
176 Vgl. Heß (wie Anm. 161), S. 84f.
177 Vgl. Hesse (wie Anm. 19), S. 86.
178 Vgl. Birkenfeld (wie Anm. 149), S.179ff.
179 Zusammengestellt nach: Statistisches Jahrbuch für das Land Sachsen 1935/38. Dresden 1938; Heß (wie Anm. 161), S. 61f.
180 Vgl. Heß (wie Anm. 161), S. 82.
181 Vgl. O. Gerlach: Die nichtlandwirtschaftliche Arbeitsstättenzählung am 17. Mai 1939. In: ZSSL, Jg. 89, 1943, S. 65.
182 Vgl. Noch immer grundlegend dazu: John Gimbel: Science, Technology and Reparations, Exploitation and Plunder in Postwar Germany. Stanford 1990.
183 Vgl. Klaus-Dietmar Henke: Die amerikanische Besetzung Deutschlands. München 1995, S. 762f.
184 Vgl. Technology Transfer Out of Germany after 1945, hrsg. von Burghard Ciesla; Matthias Judt. Amsterdam, 1996.
185 Vgl. Winfried Halder: Modell für Deutschland? Wirtschaftspolitik in Sachsen 1945–1948. Paderborn, 2001, S. 193.
186 Vgl. Gerd R. Hackenberg: Wirtschaftlicher Wiederaufbau in Sachsen 1945–1949/50. Köln; Weimar; Wien 2000, S. 210f.
187 Vgl. Lothar Baar; Rainer Karlsch; Werner Matschke: Kriegsfolgen und Kriegslasten Deutschlands. Studien zur Wirtschaftsgeschichte. Berlin 1993, S. 29ff.
188 Vgl. Bruno Gleitze: Ostdeutsche Wirtschaft. Berlin 1956, S. 147.
189 Vgl. Rolf Wagenführ: Die Struktur der Wirtschaft der SBZ. In: BArch Berlin-Lichterfelde, G-2, Nr. 13 573. Bl. 27.
190 Zusammengestellt nach: BArch Berlin-Lichterfelde, DE-2, Nr. 542, Bl. 20.
191 Vgl. Michael Richter; Mike Schmeitzner: »Einer von beiden muss so schnell als möglich entfernt werden.« Der Tod des sächsischen Ministerpräsidenten Rudolf Friedrichs vor dem Hintergrund des Konflikts mit Innenminister Kurt Fischer 1947. Expertise Leipzig 1999.
192 Vgl. Struktur und Zustand der sächsischen Industrie. 27.07.1945. Sächsisches Hauptstaatsarchiv (SächsHStA) Dresden, Landesregierung Sachsen (LRS), Ministerium für Wirtschaft (MfW), Nr. 615.
193 Vgl. Jan Foitzik: Sowjetische Militäradministration in Deutschland. In: SBZ-Handbuch, hrsg. von Martin Brozat; Hermann Weber. München 1993, S. 25.
194 Vgl. Arnd Bauerkämper: Problemdruck und Ressourcenverbrauch. Wirtschaftliche Auswirkungen der Bodenreform in der SBZ/DDR 1945–1952. In: Christoph Buchheim: Wirtschaftliche Folgelasten des Krieges in der SBZ/DDR. Baden-Baden 1995, S. 295–322; Jochen Laufer: Die UdSSR und die Einleitung der Bodenreform in der Sowjetischen Besatzungszone. In: »Junkerland in Bauernhand«? Durchführung, Auswirkungen und Stellenwert der Bodenreform in der SBZ, hrsg. von Arnd Bauerkämper. Stuttgart 1996.
195 Vgl. Ulrich Kluge: Agrarstruktureller Wandel in Sachsen 1945/46. In: ebenda, S. 105f.
196 Vgl. Bauerkämper (wie Anm. 194), S. 301.
197 Vgl. Wolfgang Zank: Wirtschaft und Arbeit in Ost-Deutschland (1945–1949). Probleme des Wiederaufbaus in der Sowjetischen Besatzungszone Deutschlands. München 1987, S. 154.
198 Vgl. Wer war wer in der DDR? Ein biographisches Lexikon, hrsg. von Helmut Müller-Engbergs; Jan Wielgohs; Dieter Hoffmann. Bonn 2001, S. 791.
199 Vgl. Fritz Selbmann: Reden und Tagebuchblätter 1933–1947. Meißen 1948, S. 76.
200 Vgl. Halder (wie Anm. 185), S. 114.
201 Vgl. Norman M. Naimark: The Russians in Germany. A History of the Soviet Zone of Occupation 1945–1949. Cambrigde; London 1995, S. 265ff.
202 Vgl. Winfried Halder: »Prüfstein für die politische Lauterkeit der Führenden«. Der Volksentscheid zur »Enteignung der Kriegs- und Naziverbrecher« in Sachsen im Juni 1946. In: Geschichte und Gesellschaft 25 (1999). H. 4, S. 589–612.
203 Zu den Ergebnissen des Volksentscheides: Ulrich Kluge; Winfried Halder: Die befohlene Wirtschaftsordnung in Sachsen 1945/46. In: Wirtschaftsordnung und Wirtschaftspolitik in Deutschland (1933–1993), hrsg. von Jürgen Schneider; Klaus Harbrecht. Stuttgart 1996, S. 129ff.
204 Vgl. Werner Matschke: Die industrielle Entwicklung in der SBZ 1945–1948. Berlin 1988, S. 150.
205 Vgl. Jörg Roesler: Enteignung, Verdrängung, Integration. In: Ansichten zur Geschichte der DDR. Bd. I. Bonn; Berlin 1993, S. 173.
206 Vgl. Rainer Karlsch: Das »Selbmann-Memorandum« vom Mai 1947. Fritz Selbmann und die Reparationslasten der sächsischen Industrie. In: Beiträge zur Geschichte der Arbeiterbewegung (BzG), 35 (1993), S. 88–125.
207 Vgl. Halder (wie Anm. 185), S. 458f.
208 Vgl. Jochen Laufer: Politik und Bilanz der sowjetischen Demontagen in der SBZ/DDR 1945–1950. In: Sowjetische Demontagen in Deutschland 1944–1949. Hintergründe, Ziele und Wirkungen, hrsg. von Rainer Karlsch; Jochen Laufer. Berlin 2002, S. 50f.
209 Betriebsappell im Wanderer-Werk am 09.07.1945. SächsHStA.

Außenstelle Chemnitz. Wanderer Werke AG Siegmar. Nr. 33.

210 Vgl. Rainer Karlsch: »Arbeiter schützt Euere Betriebe! Widerstand gegen Demontagen in der SBZ. In: Internationale Wissenschaftliche Korrespondenz (IWK). 30. Jg., 1994/3, S. 388.

211 Die Geschichte der Freitaler Stahl-Industrie GmbH und der Versuche ihrer Rettung vor der Demontage ist hervorragend dokumentiert: Johannes Vogler: Von der Rüstungsfirma zum volkseigenen Betrieb. Aufzeichnungen eines Unternehmers der Sowjetischen Besatzungszone Deutschlands von 1945 bis 1948, hrsg. von Burghard Ciesla. München 1992; Thomas Martin: »und nichts war uns geblieben«. Der Weg der Freitaler Stahl-Industrie GmbH zum volkseigenen Betriebe (1945–1948). Stuttgart 1997.

212 Vgl. Kurt Arlt: Die militärische und ökonomische Entwaffnung in Sachsen 1945 bis 1948. Aus einem zusammenfassenden Bericht der sowjetischen Militärverwaltung vom Oktober 1948. In: Militärgeschichtliche Mitteilungen 52 (1993). H. 2, S. 403.

213 Die russischen Angaben – einsehbar in einer vom Zentrum für Zeithistorische Forschungen Potsdam zusammengestellten Demontagedatenbank – liegen über den von der Landesregierung und der DWK zusammengestellten Demontagelisten. Dort werden 793 demontierte Betriebe angeführt (vgl. SächsHStA, MdI, Nr. 230 und MfHV, Nr. 383).

214 Zahlen zusammengestellt nach: Arlt (wie Anm. 212), S. 406f.

215 Vgl. Andrej Minjuk: Deutsche Betriebsanlagen und Technologien in der sowjetischen Automobilindustrie 1945–1950. In: Karlsch; Laufer (wie Anm. 208), S. 147–186.

216 Vgl. Rüdiger Kühr: Die Reparationspolitik der UdSSR und die Sowjetisierung des Verkehrswesens der SBZ/DDR. Eine Untersuchung der Entwicklung der Deutschen Reichsbahn 1945–1949. Bochum 1996; ders.: Die Folgen der Demontage bei der deutschen Reichsbahn. In: Karlsch; Laufer (wie Anm. 208), S. 473–506. Der Einschätzung von Hackenberg (wie Anm. 186), dass das Transportsystem nicht schwerwiegend beeinträchtigt worden sei, ist in diesem Punkt zu widersprechen.

217 Vgl. Rainer Karlsch: Allein bezahlt? Die Reparationsleistungen der SBZ/DDR 1945–1953. Berlin 1993, S. 92.

218 Vgl. Johannes Bähr; Rainer Karlsch: Die Sowjetischen Aktiengesellschaften (SAG) in der SBZ/DDR. In: Mikropolitik im Unternehmen, hrsg. von Karl Lauschke; Thomas Welskopp. Essen 1994, S. 214–255.

219 Vgl. Rainer Karlsch: Umfang und Struktur der Reparationsentnahmen aus der SBZ/DDR 1945–1953. Stand und Probleme der Forschung. In: Buchheim (wie Anm. 194), S. 64f.

220 Vgl. Friederike Sattler: Mitwirkung im SAG-Betrieb. Zur Geschichte der Bleichert Transportanlagenfabrik Leipzig. Magisterarbeit. Freiburg 1993.

221 Vgl. Hackenberg (wie Anm. 186), S. 237.

222 Die Angaben für die jährlichen Entnahmen weichen in den Unterlagen des Amtes für Reparationen (BArch Berlin-Lichterfelde, DC–2, Nr. 1480, 2105, 2383, 2478, 2854, 3837, 3864 und 12111) und des sächsischen Ministeriums für Wirtschaft und Arbeit (MfW, Nr. 612) stark voneinander ab, wofür Umbuchungen oder unterschiedliche Erfassungszeitpunkte ausschlaggebend gewesen sein dürften. In der Summe stimmen sie jedoch annähernd überein.

223 Geschätzt nach: Hackenberg (wie Anm. 186), S. 230.

224 Vgl. Arlt (wie Anm. 212), S. 374.

225 Vgl. Hermann Golle: Das Know-how, das aus dem Osten kam. Stuttgart; Leipzig 2002, S. 233.

226 Vgl. Volks- und Berufszählung vom 29. Oktober 1946 in den vier Besatzungszonen und Groß-Berlin, Berufszählung Textteil. Berlin 1953, S. 14.

227 Zusammengestellt nach: Volks- und Berufszählungen von 1939, 1946, 1950, 1964.

228 Zur Geschichte der Wismut AG siehe vor allem: Rainer Karlsch: »Ein Staat im Staate«. Der Uranbergbau der Wismut AG in Sachsen und Thüringen. In: Aus Politik und Zeitgeschichte, B. 49/50 1993: »Strahlende Vergangenheit«. Studien zur Geschichte der Wismut, hrsg. von Rainer Karlsch; Harm Schröter. St. Katharinen 1996; Chronik der Wismut. CD-Rom, Teile 1 und 2. Chemnitz 1999; Gotthard Bretschneider: Warum entstand die SAG/SDAG Wismut? Schlema 1999; Rainer Karlsch; Vladimir Zakharov: Ein Gulag im Erzgebirge? Besatzer und Besiegte beim Aufbau der Wismut AG. In: Deutschland-Archiv, 7/1999; Mario Kaden: Uranprovinz. Zeitzeugen der Wismut erinnern sich. Marienberg 2000; Ralf Engeln: Uranklaven oder Sonnensucher? Die sowjetische Aktiengesellschaft Wismut in der SBZ/DDR 1946–1953. Essen 2001; Rainer Karlsch; Zbynek Zeman: »Urangeheimnisse«. Das Erzgebirge im Brennpunkt der Weltpolitik 1936–1956. Berlin 2002; Oliver Titzmann: Uranbergbau contra Radiumbad. Die Auswirkungen des Uranbergbaus der SAG/SDAG Wismut auf die Gemeinde Radiumbad Oberschlema (1946–1955). Schlema 2003.

229 Vgl. SächsHStA Dresden, LRS, Min. Präs. Nr. 147, Bl. 4f.

230 Vgl. Abschlussdokumentation über die Tätigkeit der SDAG Wismut. Anlagenband 2. Chemnitz 1991.

231 Vgl. Aktennotiz von Minister Goschütz für Minister Hoffmann vom 14.07.1951. SächsHStA Dresden, LRS, MfW, Nr. 1175/1.

232 Vgl. Johannes Bähr: Die Firmenabwanderung aus der SBZ/DDR und aus Berlin-Ost (1945–1953). In: Wirtschaft im Umbruch, hrsg. von Wolfram Fischer; Uwe Müller; Frank Zschaler. St. Katharinen 1997, S. 229–249; Peter Hefele: Die Verlagerung von Industrie- und Dienstleistungsunternehmen aus der SBZ/DDR nach Westdeutschland unter besonderer Berücksichtigung Bayerns (1945–1961). Beiträge zur Unternehmensgeschichte. Bd. 4. Stuttgart 1998.

233 Vgl. Bähr (wie Anm. 232), S. 240. Die rein spekulativ genannten Zahlen bei Golle, ebenda, S. 227, entbehren jedes Belegs.

234 Vgl. Golle (wie Anm. 225), S. 154.

235 Vgl. Peter Hefele: Die Abwanderung von Industrie- und Dienstleistungsunternehmen aus Sachsen nach Westdeutschland zwischen 1945 und 1961. In: Heß (wie Anm. 42), S. 248ff.

236 Vgl. Rainer Gries: Die Rationen-Gesellschaft. Münster 1991, S. 110.

237 Vgl. Versorgungslage der Bevölkerung, 10.01.1949, SächsHStA Dresden, LRS, Ministerpräsident (Min. Präs.), Nr. 2082.

238 Vgl. Niederschrift über eine Besprechung mit Generalmajor Dubrowski, Oberst Smirnow und anderen Offizieren der SMAS, 28.03.1947. SächsHStA Dresden, LRS, Min. Präs., Nr. 1394.

239 Vgl. Halder (wie Anm. 185), S. 426f.

240 Vgl. z. B.: Manfred Unger: Sachsen in der antifaschistisch-demokratischen Umwälzung, seine Stellung in der DDR am Beginn des sozialistischen Aufbaus. In: SHB 30 (1984), S. 177.

241 Zitiert nach: Karl-Heinz Jacobs: Hennecke-Portrait. In: Die erste Stunde. Portraits, hrsg. von Fritz Selbmann. Berlin 1969, S. 191f.

242 Vgl. Frank Zschaler: »Die vergessene Währungsreform«. Vorgeschichte, Durchführung und Ergebnisse der Geldumstellung in der SBZ 1948. In: Vierteljahreshefte für Zeitgeschichte, Jg. 45, 1997, S. 193f.

243 Vgl. Frank Zschaler: Das Bankhaus Meyer & Co. in Leipzig. Eine sächsische Bankiersfamilie zwischen 1814 und 1972. In: Heß (wie Anm. 42), S. 259.

244 Vgl. BArch. Berlin-Lichterfelde, N-4. Nr. 1379.

245 Vgl. Matthias Ermer: Von der Reichsmark zur Deutschen Mark der Deutschen Notenbank. Stuttgart 2000; Karsten Broosch: Die Währungsreform 1948 in der sowjetischen Besatzungszone Deutschlands. Herdecke 1998.
246 Vgl.Rainer Gries: Die Mark der DDR. Eine Kommunikationsgeschichte der sozialistischen deutschen Währung. Leipzig 2003, S. 17.
247 Vgl. Gerd Hardach: Der Marshallplan. Auslandshilfe und Wiederaufbau in Westdeutschland 1948–1952. München 1994, S. 185ff.
248 Vgl. Exportquoten der sächsischen Industrie im Vergleich zum Reichsdurchschnitt. Stand 1939. SächsHStA Dresden, LRS, Min. Präs., Nr. 1 977.
249 Zusammengestellt nach: BArch Berlin-Lichterfelde, DE-1, Nr. 4628, Bl. 107.
250 Vgl. Hackenberg (wie Anm. 186), S. 145ff., 336.
251 Allerdings enthielt die Landesstatistik keine Preisbereinigungen. Obwohl die Stopppreise des Jahres 1944 galten, konnten die Unternehmen für etliche Produkte Ausnahmegenehmigungen und damit Preiserhöhungen erwirken. Dies dürfte schätzungsweise maximal einen preistreibenden Effekt von 15 Prozent gehabt haben. Insofern wird das Wachstum etwas zu hoch ausgewiesen. Dennoch ist in diesem Punkt Winfried Halder zu widersprechen, der die Wirtschaftsentwicklung in dieser Zeit nahezu durchgängig negativ bewertet (wie Anm. 185, S. 581). Seiner Analyse mangelt es an Vergleichen zur Entwicklung in anderen Zonen bzw. Ländern.
252 Vgl. Schreiben von Ministerpräsident Seydewitz an die DWK vom 15.11.1948. Betr.: Produktion von Landmaschinen. SächsHStA Dresden, LRS, MfW, Nr. 1175/1.
253 Fritz Selbmann: Demokratische Wirtschaft. Dresden 1948, S. 95f.
254 Zitiert nach: Andre Steiner: Von Plan zu Plan. Eine Wirtschaftsgeschichte der DDR. München 2004, S. 60.
255 Heinrich Rau: Begründung des Fünfjahrplanes 1951–1955 vor der Volkskammer der DDR. In: Berliner Zeitung vom 01.11.1951.
256 Berechnet nach: Wolfgang Mühlfriedel; Klaus Wiesner: Die Geschichte der Industrie der DDR. Berlin 1989, S. 222.
257 Vgl. Schwerpunktbetriebe und wichtige Betriebe des Landes Sachsen 21.03.1951. BArch Lichterfelde, DE-1, Nr. 5344, Bl. 103f.
258 Vgl. Joachim Semmann: Die Standorte der Chemiefaserindustrie der DDR. Diss. Leuna-Merseburg 1965.
259 Vgl. Michael Richter: Die Bildung des Freistaates Sachsen. Göttingen 2004, S. 46f.
260 Vgl. Karlsch (wie Anm. 217), S. 198f.
261 Vgl. Karlsch (wie Anm. 228), S. 250ff.
262 Vgl. Rainer Karlsch: »Ein Buch mit sieben Siegeln«. Die Schattenhaushalte für den Militär- und Sicherheitsbereich in der DDR und ihre wirtschaftliche Bedeutung. In: Fischer (wie Anm. 232).
263 Vgl. Harm Schröter: Die Wismut, der Umweltschutz und ein zentrales Dokument. In: Karlsch (wie Anm. 228).
264 Vgl. Jörg Roesler: Der Überlebenskampf sächsischer Aktiengesellschaften. Das Schicksal 35 privater Aktiengesellschaften von Ende der dreißiger bis Ende der vierziger Jahre. In: Heß (wie Anm. 42), S. 222ff.
265 Vgl. Heinz Hoffmann: Die Betriebe mit staatlicher Beteiligung im planwirtschaftlichen System der DDR 1956–1972. Stuttgart 1999, S. 51.
266 Zitiert in: Christian Heimann: Systembedingte Ursachen des Niedergangs der DDR-Wirtschaft. Das Beispiel der Textil- und Bekleidungsindustrie 1945–1989. Frankfurt a. M. 1997, S. 109.
267 Vgl. Jörg Roesler: Ausgangsbedingungen und Entwicklung der Textilindustrie. In: Jahrbuch für Wirtschaftsgeschichte: Industriezweige in der DDR 1945 bis 1985. Berlin 1989, S. 88.
268 Vgl. Angaben zum Bezirk Karl-Marx-Stadt. 08.10.1958. Sächs HStA, Außenstelle Chemnitz, BPA, IV–2/6/4.
269 Vgl. Hans Schurig: Die Entwicklung der Textilindustrie in Westdeutschland und in der DDR. Berlin 1959, S. 117ff.
270 Vgl. Roesler (wie Anm. 267), S. 88f.
271 Vgl. Jörg Roesler: Mauersbergers Malimo: Legenden und Tatsachen um eine originäre DDR-Innovation, Hefte zur DDR-Geschichte (48). Berlin, 1997.
272 Vgl. Jörg Roesler: Industrieinnovation und Industriespionage in der DDR. In: Deutschland-Archiv 1994/10, S. 1026ff.
273 Vgl. SächsHStA, Außenstelle Chemnitz, IFA KfZ Werk Audi, Nr. 189, 198, 359; Martin Kukowski: Findbuch zum Bestand der Auto Union im Staatsarchiv Chemnitz. Halle/Saale 2000.
274 Vgl. Kirchberg (wie Anm. 66), S. 174.
275 Vgl. Andre Steiner: Die historische Entwicklung der Einzweckautomatisierung im Maschinen- und Fahrzeugbau der DDR vom Beginn der fünfziger bis zur Mitte der siebziger Jahre. Diss. Berlin 1987, S. 44f.
276 Zitiert nach: Werner Lang: Hinter den Kulissen: Das Geheimnis der PKW-Entwicklung in Zwickau. In: Zwischen Plan und Pleite. Erlebnisberichte aus der Arbeitswelt der DDR, hrsg. von Friedrich Thießen. Köln 2001, S. 165.
277 Vgl. Steiner (wie Anm. 275), S. 62.
278 Vgl. D. Tsutomu: Der deutsche Einfluss auf die japanische Motorrad-Industrie der Nachkriegszeit. In: Technologietransfer Deutschland-Japan bis 1850 bis zur Gegenwart, hrsg. von E. Pauer. München 1992, S. 214f.
279 Vgl. P. Kurze; Ch. Steiner: Motorräder aus Zschopau, Jahr 1954.
280 Vgl. Burghard Ciesla: Die Transferfalle: Zum DDR-Flugzeugbau in den fünfziger Jahren. In: Naturwissenschaft und Technik in der DDR, hrsg. von Dieter Hoffmann; Kristie Macrakis. Berlin 1997, S. 194f.
281 Zitiert nach: Lutz Budraß; Dag Krienen; Stefan Prott: Nicht nur Spezialisten. Das Humankapital der deutschen Flugzeugindustrie in der Industrie- und Standortpolitik der Nachkriegszeit. In: Deutsch-Deutsche Wirtschaft 1945 bis 1990, hrsg. von Lothar Baar; Dietmar Petzina. St. Katharinen 1999, S. 513.
282 Vgl. Hans-Liudger Dienel: »Das wahre Wirtschaftswunder« – Flugzeugproduktion, Fluggesellschaften und innerdeutscher Flugverkehr im West-Ost-Vergleich 1955–1980. In: Innovationsverhalten und Entscheidungsstrukturen, hrsg. von Johannes Bähr; Dietmar Petzina. Berlin 1996, S. 341–370.
283 Vgl. Hummel (wie Anm. 60), S. 108.
284 Zusammengestellt nach: ebenda, S. 157ff.
285 Vgl. Raymond G. Stokes: Constructing Socialism. Technology and Change in East Germany 1945–1990. Baltimore 2000, S. 69ff.
286 Vgl. Leipzigs Messen 1497–1997, hrsg. von Hartmut Zwahr; Thomas Topfstedt; Günter Bentele. Teil 2. Köln; Weimar 1999.
287 Vgl. Steiner (wie Anm. 254), S. 129ff.
288 Vgl. Andre Steiner: Die DDR-Wirtschaftsreform der sechziger Jahre. Konflikt zwischen Effizienz- und Machtkalkül. Berlin 1999, S. 555.
289 Vgl. Werkzeugmaschinenbau in Sachsen, hrsg. von Hans J. Naumann; Reimund Neugebauer. Chemnitz 2002, S. 58.
290 Vgl. Günter Spur: Vom Wandel der industriellen Welt durch Werkzeugmaschinen. München; Wien 1991, S. 511.
291 Vgl. Jörg Roesler: Im Wettlauf mit Siemens. Die Entwicklung von numerischen Steuerungen für den DDR-Maschinenbau im

deutsch-deutschen Vergleich. In: Baar (wie Anm. 281), S. 349–389.

292 Vgl. Matthias Judt: Der Innovationsprozess. Automatisierte Informationsverarbeitung in der DDR von Anfang der fünfziger bis Anfang der siebziger Jahre. Diss. Berlin 1989.

293 Vgl. Friedrich Naumann: Feinmechanische Geräte- und Uhrenbau, Rechen- und Computertechnik. In: (wie Anm. 17), S. 95.

294 Zitiert nach: Steiner (wie Anm. 254), S. 177.

295 Vgl. Hoffmann (wie Anm. 265), S. 128.

296 Vgl. SächsHStA Dresden, LRS, Min. Präs., Nr. 1194, Bl. 1 ff.

297 Vgl. Kurt Erdmann: Entwicklungslinien im DDR-Kombinat. Rückblick und Ausblick in der Mitte der achtziger Jahre. In: Die Wirtschaft der DDR am Ende der Fünfjahrplanperiode. Teil I. Berlin 1985, S. 71 ff.

298 Vgl. Theo Pirker; Rainer Lepsius; Rainer Weinert; Hans-Hermann Hertle: Der Plan als Befehl und Fiktion. Opladen 1995, S. 348.

299 Zusammengestellt nach: Heimann (wie Anm. 266), S. 228.

300 Vgl. ebenda, S. 310.

301 Zusammengestellt nach: ebenda, S. 248.

302 Vgl. Jörg Roesler: Die Wirtschaft der DDR. Bonn 2002, S. 34.

303 Vgl. Sächsische Olefinwerke Böhlen (wie Anm. 78), S. 28.

304 Zitiert in: Dieter Grosser: Das Wagnis der Währungs-, Wirtschafts- und Sozialunion. Stuttgart 1998, S. 26.

305 Vgl. Harm Schröter: Ölkrisen und Reaktionen in der chemischen Industrie beider deutscher Staaten. Ein Beitrag zur Erklärung wirtschaftlicher Leistungsdifferenzen. In: Bähr (wie Anm. 282), S. 119.

306 Vgl. Hans-Hermann Hertle; Franz-Otto Gilles: Struktur, Entwicklung und Probleme der chemischen Industrie in der DDR. Gespräch mit Dr. Friedrich Götz. Arbeitspapier Berlin 1993.

307 Vgl. Siegfried Wenzel: Plan und Wirklichkeit. St. Katharinen 1998, S. 91.

308 Vgl. Betty Pomp: Untersuchungen zur Entwicklung der Rüstungsindustrie der DDR von 1950 bis 1980. Diss. Berlin 1991. Anhang.

309 Zusammengestellt nach: Ehrenfried Ullmann: Die Rüstungsindustrie in der ehemaligen DDR. In: Soldat und Technik 1992/1.

310 Vgl. Petra Opitz: Rüstungsproduktion und Rüstungsexport der DDR. Berlin 1991, S. 15.

311 Vgl. Olaf Klenke: Ist die DDR an der Globalisierung gescheitert? Frankfurt a. M. 2001, S. 84.

312 Vgl. Roesler (wie Anm. 272).

313 Vgl. Friedrich Naumann: Vom Tastenfeld zum Mikrochip – Computerindustrie und Informatik im »Schrittmaß« des Sozialismus. In: Hoffmann (wie Anm. 280).

314 Vgl. Roesler (wie Anm. 291), S. 367.

315 Zitiert nach: ebenda, S. 373.

316 Vgl. Susanne Franke; Rainer Klump: »Die stolzesten Grafen sind die Polygrafen«. Über Eigenbild und Fremdeinschätzung des ost- und westdeutschen Druckmaschinenbaus. In: Baar (wie Anm. 281), S. 390–421.

317 Vgl. Gerhard Schürer: Gewagt und verloren. Frankfurt/Oder 1996, S. 83.

318 Vgl. Peter Kirchberg: Plaste, Blech und Planwirtschaft. Die Geschichte des Automobilbaus in der DDR. Berlin 2000, S. 563.

319 Vgl. ebenda, S. 565 ff.

320 Zitiert nach: Hans-Hermann Hertle: Die Diskussion der ökonomischen Krisen in der Führungsspitze der SED. In: Pirker (wie Anm. 298), S. 318.

321 Vgl. Andre Steiner (wie Anm. 254), S. 197.

322 Vgl. Gernot Gutmann; Hannsjörg F. Buck: Die Zentralplanwirtschaft der DDR – Funktionsweise, Funktionsschwächen und Konkursbilanz. In: Die wirtschaftliche und ökologische Situation der DDR in den achtziger Jahren, hrsg. von Eberhard Kurth. Opladen 1996, S. 6ff.

323 Vgl. Günter Kusch; Rolf Montag; Günter Specht; Konrad Wetzker: Schlussbilanz – DDR. Fazit einer verfehlten Wirtschafts- und Sozialpolitik. Berlin 1991.

324 Zusammengesellt nach: Gerhard Kehrer: Industriestandort Ostdeutschland. Berlin 2000, S. 62.

325 Vgl. Hans-Hermann Hertle: Chronik der Wende. Berlin 1995.

326 Vgl. Michael Richter: Die Bildung des Freistaates Sachsen. Göttingen 2004, S. 46 ff.

327 Vgl. Karl-Heinz Kusch: Schlussbilanz. Berlin 1991; Manfred Wegner: Bankrott und Aufbau. Ostdeutsche Erfahrungen. Baden-Baden 1995.

328 The Guardian vom 12. 04. 1991.

329 Zitiert nach: Jörg Roesler: Ostdeutsche Wirtschaft im Umbruch 1970–2000. Bonn 2003, S. 62.

330 Vgl. BSL GmbH Unternehmensarchiv, Werk Böhlen. Nr. 7.

331 Vgl. Wolfram Fischer; Harm Schröter: Die Entstehung der Treuhandanstalt. In: Treuhandanstalt. Das Unmögliche wagen, hrsg. von Wolfram Fischer; Herbert Hax; Hans Karl Schneider. Berlin 1993.

332 Vgl. Grosser (wie Anm. 304).

333 Vgl. Kajo Schommer: Die Förderung der Kapitalbildung im Freistaat Sachsen: Der Umgang mit Zielkonflikten. In: Wiedervereinigung nach sechs Jahren: Erfolge, Defizite, Zukunftsperspektiven im Transformationsprozess, hrsg. von Karl Heinrich Oppenländer. Berlin 1997, S. 321.

334 Vgl. Ulrike Münstermann; Jürgen Riedel: Veränderungen in der Wirtschaftsstruktur: Das Fallbeispiel Sachsen. In: ebenda, S. 489.

335 Vgl. Wirtschaft und Statistik 1990/12, S. 490.

336 Vgl. Kehrer (wie Anm. 324), S. 168.

337 Vgl. Die Treuhandanstalt oder die zweite Enteignung der Ostdeutschen, hrsg. von Dietmar Lutke. Berlin 1993.

338 Zusammengestellt nach: Statistisches Jahrbuch Sachsen 2001, S. 632; Statistisches Jahrbuch Sachsen 2005, Kamenz 2005, S. 686 f.

339 Vgl. Ulrich Busch: Aufbau Ost, Bilanz und Perspektiven. In: Berliner Debatte. Initial 16 (2005). H. 1, S. 79–90; Deutsche Bank Research, Perspektiven Ostdeutschlands. 15 Jahre danach, 10. 11. 2004.

340 Vgl. Naumann (wie Anm. 289), S. 99.

341 Vgl. Statistisches Bundesamt Deutschland, Öffentliche Finanzen, Schuldenstand in Euro je Einwohner, 19.05.2006.

342 Vgl. Statistisches Jahrbuch der DDR 1990. Berlin 1990, S. 213; Statistisches Jahrbuch Sachsen 2005, S. 259.

343 Vgl. Keller (wie Anm. 6), S. 402.

344 Vgl. Statistisches Jahrbuch Sachsen 1992. Kamenz 1992, S. 147; Statistisches Jahrbuch Sachsen 2005, S. 269.

345 Vgl. Kirchberg (wie Anm. 318), S. 682.

346 Vgl. Volkswagen Sachsen GmbH 2005 gut unterwegs, Pressemitteilung 10.01.2006.

347 Vgl. Die Welt vom 15.06.2006.

348 Vgl. Simon Daum: Die Entwicklung der Automobilindustrie in Sachsen nach 1989. Diplomarbeit Eichstätt 2004, S. 68 ff.

349 Vgl. Kehrer (wie Anm. 324), S. 180.

350 Vgl. Keller (wie Anm. 6), S. 406

351 Zusammengestellt nach: Statistisches Jahrbuch Sachsen 2005.

352 Zusammengestellt nach: ebenda, S. 352 f.

353 Zusammengestellt nach: ebenda, S. 446.

354 Vgl. Naumann (wie Anm. 289), S. 105.

BILDNACHWEIS

Archiv Mario Kaden: S. 237, 249
Foto-Friedrich, Makranstädt: S. 82, 94, 159
Freitag, Dr. Thomas, Oelsnitz: S. 276
Gebauer, Peter, Chemnitz: S. 277
Haus der Geschichte der Bundesrepublik Deutschland, Bonn: S. 235
Kühne, Armin, Leipzig: S. 137, 286 oben und unten
Kunstsammlungen Chemnitz: S. 283 (Michael Moser)
Lieberknecht, Werner, Dresden: S. 88, 90
Müller, Frank Heinrich, Leipzig: S. 266
PUNCTUM Fotografie, Leipzig: S. 87, 149, 162, 167, 168, 172, 194 unten, 200, 215 (Christian Schink); 242, 280 (Bertram Kober); 281 (Peter Franke)
RWE Dea AG Unternehmenskommunikation Corporale Communications: S. 145
Sächsische Landesbibliothek – Staats- und Universitätsbibliothek, Abt. Deutsche Fotothek: S. 18, 25, 26, 35, 37, 39, 43, 44, 47, 73, 74, 75 links und rechts, 76, 83, 84, 85, 91, 103, 105, 107, 109, 110, 111, 123, 127, 130, 131, 139, 140, 144, 147, 152, 153, 156, 158, 161, 165 oben und unten, 170, 173, 177, 179, 182, 184, 185, 191, 192, 193, 194 oben, 197, 201, 202, 203, 204, 206, 207, 208, 209, 210, 218, 220, 229, 231, 241, 244 oben und unten, 247, 248, 250, 251, 252, 253, 254, 259, 260, 269,
Sächsisches Industriemuseum Chemnitz: S. 52, 141, 221, 222, 257; (Peter Träupmann) S. 166 links, 205, 274
Sitzmann, Klaus Wilem, Dresden: S. 2
Stadtarchiv Chemnitz: S. 104, 128
Stadtarchiv Leipzig: S. 50, 116
Stadtgeschichtliches Museum Leipzig: S. 22, 100, 101, 113, 114, 115, 117, 120, 125
Stadtmuseum Dresden: S. 129
Stadtmuseum Pirna (Janos Stekovics): S. 68
Stadtplanungsamt Dresden: S. 174, 212
Sikora, Bernd, Leipzig: S. 119 rechts
Stiegler, Theo, Mülsen: S. 187, 189, 255
Verkehrsmuseum Dresden: S. 164, 166 rechts
Verlagsarchiv: S. 15, 17, 21, 27, 36, 40, 42, 57, 60, 62, 65, 69 rechts und links, 72, 78, 80, 81, 86, 126, 135, 143, 196, 198, 227, 261, 262